역사와 함께 하는

인간경영

이병철 지음

UUP

역사와 함께하는 인간경영

2008년 12월 26일 초판 인쇄
2008년 12월 30일 초판 발행

지은이 | 이병철
펴낸이 | 김도연
펴낸곳 | UUP(울산대학교출판부)

출판등록 | 제370-1996-000001호(1996.3.13)
주소 | 680-749 울산광역시 남구 대학로 102
전화 | (052) 259-2488
팩스 | (052) 277-3011
홈페이지 | http://uup.ulsan.ac.kr
e-mai | press@mail.ulsan.ac.kr

값 20,000원

ISBN 978-89-7868-190-2 93350

* 이 책은 2006년도 울산대학교 저서연구비를 지원 받아 출판되었습니다.
* 잘못된 책은 바꾸어 드립니다.

머리말

누구나 성공하고 싶고, 나아가 자기가 몸담고 있는 국가나 사회나 조직의 리더가 되고 싶다. 그러나 세상의 이치가 그러하듯 거저 주어지는 것은 없다. 서양속담에 "공짜 점심은 없다."는 말이 있는 것을 보니 동서고금(東西古今)을 막론하고 이러한 이치는 거짓됨이 없이 진실인 것 같다. 남보다 더 열심히 일하고 정직하며, 탐욕으로 가득 찬 마음을 비우고 베풀며, 나아가 항상 열린 마음으로 살아가야 성공하는 리더가 될 수 있다는 것이 지난 역사가 우리에게 가감 없이 솔직하게 보여주는 교훈이라고 생각한다.

이러한 사실은 우리가 살고 있는 21세기라고 해서 예외는 아닌 듯싶다. 상황과 여건이 예전과 다르다고 하더라도 진리는 항상 진리로 그 자리에 머물고 있기 때문이리라.

과거에도 많은 변화가 없었던 것은 아니다. 동서고금의 역사서에 기록된 많은 성공한 사람들의 면면을 살펴 볼 때 모두 변화를 거부하지 않고 순기능적으로 반응을 했고 그러한 반응에서 성공했던 사람들이다.

인간의 행태나 사고는 습관에 의해 형성이 된다고 한다. 학습효과의 소산이기 때문에 그러하다. 따라서 사람들은 행동이나 사고의 관성 화에 매우 익숙해져 있다. 그래서 습관화 된 행동과 사고로 부터 벗어날 때 고통을 느낀다.

지금까지 오른 손으로 잘 먹던 식사행태를 가진 사람에게 오른 손을 쓰지 말고 왼손으로만 먹으라고 한다면, 이러한 새로운 학습이 익숙해질 때까지 매우 어렵고 불편한 고통을 감내해야 할 것이다. 그러나 그러한 고통 뒤에는 양 쪽 손을 모두 능수능란(能手能爛)하게 쓸 수 있는 양수 겸장의 달인(達人)이 되는 것이다. 비록 습관을 바꾸는 고통이 수반되었지만 새로운 기량과 장점을 갖게 된 것이다.

비록 어줍고 고통이 따르긴 하지만 올바른 습관으로 바꾸어 나간다는 것은 성공적 리더에게는 필수적인 일이다. 스티븐 코비(Stephen Covey)도 이런 점에 착안하여 성공하는 사람들의 7가지 습관을 성공적 리더들이 갖추어야 할 요건으로 제시하는 것이 아닌가 싶다.[1)]

습관과 마찬가지로 변화에 대한 적응도 이와 유사하다고 볼 수 있다. 새로운 변화가 닥치고 이에 적응을 해야 할 경우 고통스럽지만 우리는 기존의 모든 습관이나 사고의 틀을 포기해야 할지도 모른다. 그리고 변화가 요구하는 새로운 습관과 사고의 틀을 내 것으로 만들기 위해 많은 노력을 하지 않으면 안 될 것이다. 이 과정은 앞의 예에서 말한 것처럼 많은 고통을 수반할 것이다. 그러나 그 결과는 우리에게 새로운 지평을 볼 수 있게 만들어주고 또 갖게 만들어 준다.

미국 경영학의 아버지라고 불리어지는 피터 드러커(Peter Drucker)도 21세기 현재의 변화를 지난 19세기 중반에 있었던 제2차 산업혁명 때보다 그리고 경제공황과 제2차 세계대전에 의해 촉발된 변화들보다 더 급진적인 것으로 받아들이면서 아주 심대한 전환(profound transition)이 이루어지

---

1) Stephen R. Covey, *The 7 Habits of Highly Effective People*, 2nd ed. (New York : Free Press, A Division of Simon & Schuster, Inc., 2004). ; Stephen R. Covey, *The 8th Habit : From Effectiveness to Greatness* (New York : Free Press, A Division of Simon & Schuster, Inc., 2006).

고 있는 세기로 규정을 하고 있으며, 이러한 심대한 전환이 이루어지는 세기에서의 변화는 관리되어질 수 없으며 단지 변화에 앞서 우리 자신을 변모할 수 있을 뿐이라고 말해 우리 자신의 변화에 대한 사전적 준비와 대비를 강조하고 있다.2) 이러한 관점에서 "현대의 관리자는 새로운 탄생을 위해서는 자기가 아는 모든 것을 과감히 버릴 준비도 필요하다."고 말함으로써 변화의 필연성과 이에 대한 대비에 대한 생각들에 힘을 실어주고 있다.

변화에 대한 적응은 새로운 기회를 우리에게 가져다주기도 한다. 많은 미래학자들은 '변화 없이는 미래가 없다.'(No Change, No Future)는 이야기를 한다. 정말 맞는 말이다. 변화를 거부하고 자신의 현재에 집착하고 머무르려고 할 때 우리의 발전은 정체되고 만다. 심하게 표현하면 정체로 끝나는 것이 아니라 오히려 퇴보되기도 한다. 왜냐하면 변화에 적응한 사람들은 미래를 향해 달려 나가고 있기 때문이다.

혹자는 이렇게 이야기한다. "미래는 예측하는 것이 아니라 만들어 나가는 것이다." 미래를 수동적이고 운명적으로 바라보고 그에 마지못해 적응하려는 소극적 태도에서 벗어나 능동적이고 전향적으로 바라보고 이에 도전을 하고 그에 따라 적극적으로 대응하려는 그러한 태도를 가진 자가 미래를 창조하고 거머쥘 수 있다는 생각을 표현한 글이다.

우리는 새로운 변화에 즐거운 마음으로 도전하고 능동적으로 적응하고 기쁜 마음으로 미래를 창조해 나갈 수 있어야 한다. 영국의 유명한 사학자인 아놀드 토인비(Arnold J. Toynbee)는 '창조적 소수자'(creative minority)의 지혜로운 도전과 응전에 의해 역사는 새롭게 창조되어 발전되어 나간다고 주장하였다.3) 결코 현실에 안주하고 수동적이고 운명론적이고 소

---

2) Peter F. Drucker, *Management Challenges in the 21st Century* (New York : Harper Collins Publishers, 2001).

3) Arnold J. Toynbee, *A Study of History* (Oxford, New York : Oxford University Press,

극적인 마인드로는 결코 미래의 주인이 될 수 없다는 무게 있는 생각을 담고 있는 주장이라고 생각한다. 비록 시간적으로는 그와 내가 다른 시점에 머무르고 있지만 변화에 대한 창의적 도전에 대한 생각은 시대를 뛰어 넘는 통시적 진리인가 보다.

21세기의 성공하는 리더가 되기 위해선 변화에 대한 도전과 미래 창조를 위한 선구자가 되는 것 못지않게 중요한 것이 신뢰를 갖는 리더가 되어야 한다는 것이다. 명의(名醫)가 되기 위해선 훌륭한 의술을 가지는 것도 중요하겠지만 그에 못지않게 환자로부터 믿음을 얻을 수 있는 의사가 되어야 하는 것이다.

또한 신뢰는 사탕발림 같은 달콤한 말이나 언어의 유희(遊戱)에서 나오는 것이 아니라 투박하고 볼품없더라도 행동으로 표현되어 나타날 때 그 의미를 갖게 되는 것이다. 후쿠야마(Francis Fukuyama)는 사회구성원간의 신뢰가 높을 때 경제효율성을 높이고 조직의 생산성과 경쟁력을 높여나갈 수 있다고 주장을 한다.4) 바로 이러한 역량을 발휘할 수 있는 신뢰로 똘똘 뭉친 사람이 바로 이 시대가 요구하는 리더가 아닌가 싶다. 성공하는 리더는 신뢰를 기반으로 하는 사람이 되어야 하는 이유도 바로 여기에 있다.

변화에 적응하고 이를 헤쳐 나가며 신뢰에 기반을 두는 것 못지않게, 좋은 인간관계와 사회성을 갖는 것도 리더로서 매우 중요하다. 감성지수(Emotional Intelligence)나 사회성 지수(Social Quotient)가 요즈음 중시되는 이유가 바로 여기에 있다. 다니엘 골먼(Daniel Goleman)은 성공하는 사람들의 공통점으로 감성과 사회성이 매우 뛰어나다는 점을 주장하고 있는데 이것 역시 성공하기 위해선 감성과 사회성이 중요하다는 점을 지적하고 있는

1946).

4) Francis Fukuyama, *Trust : The Social Virtues and The Creation of Prosperity* (New York : Free Press, A Division of Simon & Schuster, Inc., 1995).

것이다.[5] 골먼과 같이 감성과 사회성을 중시하는 사람들은 지금 현재 우리가 어떤 사람과 어떻게 관계를 맺고 있느냐에 따라 우리의 현재 삶뿐만 아니라 미래의 삶 역시 달라질 수 있다는 점을 확실히 천명하고 있는 것이다.

그리고 감성에 기반을 두는 인간관계나 사회성은 타고나는 것 보다는 키워나가는 것이 더욱 중요하다는 주장을 하여 우리로 하여금 희망을 가지게 한다. 왜냐하면 지능과는 달리 감성이나 사회성은 우리가 우리 자신을 어떻게 가꾸고 다듬어 나가느냐 하는데 따라 우리 자신의 성공에 중요한 지렛대로 작용을 할 것이 확실하기 때문이다. 남보다 별로 뛰어날 것이 없는 평범한 사람들도 노력 여하에 따라서는 성공에 대한 희망을 가질 수 있다는 그들의 주장이 우리를 더욱 고무시킨다.

친(親)변화지향성, 신뢰구축, 그리고 폭 넓은 인적 네트워크 자원을 가지고 있는 감성적 리더 못지않게 성공하는 리더는 오케스트라를 지휘하는 지휘자처럼 화합과 포용 그리고 조정의 대가이어야 한다.

다원적 사회에서는 많은 다양한 의견들이 표출되고 이렇게 표출된 의견들이 서로 얽혀서 갈등과 대립, 분열을 야기 시킬 수 있다. 그럴 때 성공적인 리더는 실타래처럼 엉킨 난제를 쾌도난마(快刀亂麻)식으로 해결하고 대립각을 높이 세운 다양한 의견간의 충돌을 완화하고 조정하여 최종적인 합의와 화합을 도출해 내어야 하는 것이다. 한 마디로 상생의 윈-윈 게임(win-win game)으로 모두가 서로 이기며, 이러한 갈등을 시너지적 효과로 승화시킬 수 있는 리더가 이 시대의 성공한 리더가 아닌가 싶다.

변화를 적극적으로 수용하고 미래를 창조적으로 변모시켜 나가려는

---

5) Daniel Goleman, *Emotional Intelligence : Why It Can Matter More Than IQ,* 10th Anniversary Edition (New York : A Bantam Book, 1995). ; Daniel Goleman, *Social Intelligence : The New Science of Human Relationships* (New York : A Bantam Book, 2007).

용기와 의지를 지니고 신뢰의 기반을 단단히 다지며, 좋은 인간관계와 사회성을 함양하고 실천하며 나아가 다양한 의견의 불협화음을 아름다운 음률로 조화롭게 접목시킬 수 있는 화합의 리더가 곧 21세기 성공하는 사람들의 새로운 패러다임이 되어야 하지 않을까하는 생각이 든다.

'리더는 타고 나는 것일까? 아니면 만들어지는 것일까?' 지금까지 리더에 대한 연구를 하면서 가장 본질적으로 궁금해 하는 질문 중 하나이다. 여러 가지 주장과 이론들이 있지만 타고 나는 부분도 있고 만들어지는 부분도 있다는 주장이 설득력을 가지고 있다.

따로 자란 일란성쌍둥이를 대상으로 연구를 한 결과를 살펴보면 유전적인 요인이 리더의 자질에 어느 정도 영향을 미친다는 사실이 밝혀진바 있다. 그러나 개인이 가진 리더의 자질을 최대한도로 활용하는가의 여부는 여전히 각자의 능력에 달려있다는 것이 일반적인 통설이다.[6]

이러한 관점에서 보면 리더는 타고 나는 부분도 어느 정도는 있고 후천적으로 만들어지는 부분도 있다는 주장이 설득력을 갖는 이유를 알 것도 같다. 이러한 주장에 입각해 생각을 한다면, 어느 누구이든 리더가 될 가능성은 모두 다 가지고 있게 되는 셈이다. 따라서 리더가 되고자 하는데 대한 관심과 이에 집중 된 노력이 어느 정도 경주되느냐에 따라 성사여부는 결정이 될 것으로 사료가 된다.

한 걸음 더 나아가 훌륭한 리더 그리고 올바른 리더가 되기 위해선 어떠한 요소들을 구비해야 할까 하는 것도 매우 중요하게 연구되어져 왔다.

존 가드너(John W. Gardner)는 리더십 구성요소로 비전(vision)제시, 목표관리, 조직원에게 동기와 믿음부여, 변화를 위한 쇄신, 그리고 지적 능력과

---

6) B. 조셉 화이트 지음, 김정한 옮김, 『파충류처럼 냉정하고 포유류처럼 긍정하라』(서울 : 홍익출판사, 2007), 28쪽. ; B. Joseph White, *The Nature of Leadership : Reptiles, and the Challenge of Becoming a Great Leader* (New York : AMACOM, 2007).

체력을 들고 있다.[7] 데이비드 거겐(David Gergen)은 대통령이 지녀야 할 실물 리더십으로 개인적 일관성, 소명의식, 설득력, 정치인과 협력하는 능력, 취임 초에 견지한 순발력, 숙달된 참모진, 대중을 움직이는 능력 등을 들고 있으며[8] 스토질(R. M. Stogdill)은 리더십의 특성 및 구성요소로 여러 의견을 하나로 모으는 집단 결속력, 목표달성 유인책 강구, 조직목표에 구성원이 순종하도록 하는 기술, 조직을 이끄는 힘, 구성원 설득력, 구성원에 행사하는 영향력, 목표 달성에 조직원을 동원하는 술책, 지도자와 구성원 간의 의기 투합력, 상부상조의 관계 유지력, 지도자와 조직구성원 간에 존재하는 기대와 역할을 최적상태에서 유지하는 능력 등을 들고 있다.[9]

그리고 게리 유클(Gary Yukl)은 명쾌하고 호소력 있는 비전 제시, 목표 성취에 조직원을 능동적으로 참여시키는 영향력, 목표 달성에 조직의 공동노력을 유발시키는 힘 등을 들고 있다.[10] 또한 프레더릭 허즈버그(Frederick Herzberg)는 리더로 나아가려는데 따르는 심리적 만족감과 강한 동기부여를 위해서는 단순히 좋은 보수나 작업 환경 같은 외부적 요인[11] 이외에 뛰어난 리더십, 도전적인 과제, 그리고 상사로부터 인정을 받는

---

7) John W. Gardner, *On Leadership* (New York : The Free Press, 1990), pp.17-40 & 65-87.

8) 최평길, 『대통령학』(서울 : 박영사, 2007), 37쪽.

9) R. M. Stogdill, *Handbook of Leadership : A Survey of Literature* (New York : The Free Press, 1974), pp.189-195.

10) Gary Yukl, *Leadership in Organizations* (Englewood Cliffs, New Jersey : Prentice-Hall, Inc., 1994), pp.368-376.

11) 허즈버그는 이를 '위생 요인'(hygiene factors)이라고 불렀다. Frederick Herzberg, *Work and the Nature of Man* (New York : World Publishing Co., 1966). ; Frederick Herzberg, "One More Time : How Do You Motivate Employees?", *Harvard Business Review*, Vol.46, No.1 (January-February 1968), pp.53-62. ; Frederick Herzberg, B. Mausner and Barbara Snyderman, *The Motivation to Work*, 2nd ed. (New York : John Wiely & Sons, Inc., 1959), p.IX. ; Paul Hersey and Ken Blanchard, *Management of Organizational Behavior : Utilizing Human Resources*, 4th ed. (Englewood Cliffs, New Jersey : Prentice-Hall, Inc., 1982), pp.56-61.

것 같은 다른 요소들도 필요하다고 주장하였다.[12)]

그러나 정작 중요한 것은 이러한 요인이나 요소들은 훌륭하고 올바른 리더가 되기 위한 필요조건일 뿐이지 완전조건은 아니라는 사실이다. 그러기에 역설적으로 누구나 희망을 가지고 리더의 꿈을 키워 나갈 수 있는 것이다.

이 책은 리더의 길이 천부적으로 주어지는 것이 아니고 노력 여하에 따라서는 누구에게나 열려있으며, 훌륭하고 올바른 리더가 되기 위해 필요한 요소나 요인들이 필요조건이지 완전조건은 아니라는 사실 등이 던져주는 메시지에 희망을 가지고 있는 사람이나 또는 이러한 희망이 필요한 사람들을 위해 써졌다. 이를 다른 말로 보다 쉽게 표현하자면 리더는 결코 타고나는 것이 아니라는 믿음을 심어주는 한편, 리더가 되기 위해선 이러 저러한 요인이나 요소들이 반드시 필요로 된다는 그릇된 믿음으로부터 벗어나게 해주려는데 이 책의 집필 의도가 있는 것이다.

현재 숨 가쁘게 밀어닥치고 있는 세계화의 거센 물결은 공공부문이라고 해서 예외가 아니다. 동서를 막론하고 작지만 강한정부를 요구하고 있고 이를 위한 강도 높은 행정개혁이 각 나라에서 이루어지고 있다. 이럴 때일수록 방만하고 비대해진 행정조직과 자원을 최소화하고 최적의 조직과 자원을 통해 공공부문의 효율성과 생산성을 증대시키려는 노력이 다른 어느 때보다 필요하고 절실하다. 이러한 행정개혁과 혁신의 목적을 달성하기 위해서는 여러 가지 접근을 통한 해법이 있겠지만 가장 근본적이면서 적실성과 시의성을 두루 갖춘 해법은 공공부문에 몸을 담고 있는 공직자들의 마음과 동기를 혁신지향 적으로 변화시키고 자극하는 일이다.

이를 위해 공공조직의 상사나 동료 그리고 하위직공무원들 간의 인간

---

12) B. 조셉 화이트, 『앞의 책』, 38쪽.

적 유대강화와, 업무를 보다 효율적이고 생산적으로 해 내고자 하는 동기부여를 위해 무엇보다 긴요한 것이 바로 리더십이다. 종전까지의 수직적 리더십뿐만 아니라 요즈음 많은 각광을 받고 있는 수평적 리더십의 중요성과 필요성이 더욱 강조되고 있는 세태도 이와 무관치 않다. 일반적으로 이를 위해 개발된 임파워먼트 리더십(empowerment leadership), 셀프 리더십(self leadership), 섬김 리더십(servant leadership), 변화관리 리더십, 커뮤니케이션 리더십, 감성 리더십(emotional leadership) 등이 조화롭게 조직 환경과 문화에 맞도록 적용될 필요성이 높은 것도 바로 이 때문이다.

본 저서의 집필에서는 이러한 필요성에 입각하여 공공부문에 몸을 담고 있는 공직자들의 마음과 동기를 혁신지향 적으로 변화시키고 자극하기 위해 거부감이 없으면서 정감이 물씬 풍기는 인간적 향기가 나는 리더십의 개발과 적용에 초점을 맞추고자 하였다. 그래서 보다 인간적이면서도 효율적이고 생산적인 공공부문의 변화혁신의 리더십을 창출코자하는 것이 본 저서가 가지고 있는 궁극적인 목적이다.

이러한 목적을 달성하기 위해 우선 먼저 인간경영의 주체인 리더가 가지고 있는 마인드의 혁신에 초점을 맞추었다. 리더의 마인드가 변화가 될 때 조직도 변하고 그 안에 몸담고 있는 추종자로 표현되는 사람들도 변화가 될 수 있을 것이란 생각에서이다.

그리고 이러한 리더의 마인드를 변화시키는데 있어 중요한 자극제로 역사에 족적을 남긴 여러 성공하거나 실패한 리더들의 리더십과 그들의 마인드를 분석한 결과를 활용하고자 하였다. 성공한 리더는 어떠한 리더십을 통해 성공을 하였고 실패한 리더는 어떠한 리더십을 통해 실패를 하였는가를 명료하게 보여줌으로써 어떠한 것이 올바르고 좋은 리더십이며 어떤 것이 나쁘고 그릇된 리더십인가를 스스로 판단하게 하고, 나아가 그러한 리더십을 벤치마킹하거나 또는 반면교사(反面教唆)로 삼음으로써 현재의 리더십을 한 단계 더 업그레이드 시킬 수 있는 동기부여를 위한 자극제로 활용을 하고자 한 것이다.

이를 위해 이 저서는 다음과 같은 점을 크게 강조하여 인식시키고자 하였다.

첫째, 21세기로 접어들면서 공공부문에도 새로운 변화의 바람이 거세게 불고 있다는 점을 보다 명료하게 주지시키고자 하였다. 일명 세계화(世界化)로 거론되는 요즈음의 지배적 담론을 통해 글로벌화가 가져오는 엄청난 변혁의 물결을 이해하게 하였다. 그리고 이를 통해 스스로 변하지 않으면 국가이건 정부이건 민간 기업이건 심지어 개인이건 간에 살아남을 수 없다는 냉엄한 생존경쟁의 현실을 깨우치게 하였다.

둘째, 인간이 중심이 된 변화가 되어야 한다는 점 역시 강하게 주지시키고자 하였다. 인간이 외부적 환경 요인에 휘둘려지는 그러한 변화는 결코 바람직스럽지 않고, 나아가 인간이 소외된 변화 역시 바람직스럽지 않다는 점을 분명히 하고, 인간이 중심이 된 변화의 유도와 모색을 통해 지금보다 한 단계 더 업그레이드 시킬 수 있는 인간중심의 변화를 추구해 나가고자 하였다.

셋째, 이러한 급격하고 강력한 변화의 소용돌이13) 속에서 생존하기 위해선 이러한 변화를 자기가 원하는 방향으로 유도하여 몰아나갈 수 있는 능력 있는 리더가 무엇보다 필요하다는 점과 이를 위해 리더는 몇 가지의 품성과 추종자들이 스스럼없이 따를 수 있도록 하는 매력적인 흡인력이 있어야 한다는 점을 주지시키고자 하였다. 이러한 품성과 흡인력은 역사적으로 성공한 리더들과 실패한 리더들의 리더십을 분석하고 이에

---

13) F. E. Emery and E. L. Trist, "The Causal Texture of Organizational Environments," in John G. Mauser (ed.), *Readings in Organizational Theory : Open System Approach* (New York : Random House, 1971), pp.46-47. ; Shirley Terreberry, "The Evolution of Organizational Environments," *Administrative Science Quarterly*, Vol.12 (March 1963), p.609. ; Dwight Waldo (ed.), *Public Administration in a Time of Turbulence* (Scranton & London : Chandler Publishing Company, 1971).

입각하여 훌륭하고 올바른 리더가 되기 위해 필요한 요인들을 적출해 낸 것이다. 이러한 품성과 흡인력으로 이 책에서는 인격, 용기, 자기통제력, 인내, 비전과 창조적 지성, 신뢰, 사랑과 용서 그리고 관용, 긍정적 사고를 들고 있다.

인격은 제3장에서 서술이 되었고 용기는 제4장에서 기술이 되었으며 자기통제력은 제5장에서 서술이 되었다. 그리고 인내는 제6장에서 언급이 되었으며 비전과 창조적 지성은 제7장에서 서술이 되었다. 그리고 신뢰는 제8장에서 기술이 되었으며 사랑과 용서 그리고 관용은 제9장에서 언급이 되었다. 그리고 마지막으로 긍정적 사고는 제10장에서 서술이 되어졌다.

다시 한 번 더 강조를 하지만 이 책의 각 장에서 서술 된 이러한 품성과 흡인력은 역사에 남은 훌륭하고 올바른 리더와 그렇지 않고 실패한 리더로 남은 자들에 대한 저자 본인의 연구를 통해 이들이 공통적으로 가지고 있는 성공을 위한 리더십의 요인을 적출해 내서 본 저서에 제시를 한 것이다.

그리고 앞서 서술된 이러한 강조점을 충분히 리더들이 공감할 수 있고 여기에서 제시된 성공한 리더가 갖춘 품성과 매력적 흡인력을 갖추고자 하는 동기를 강하게 가지게 된다면 분명 생사를 가르는 변혁의 시대에 승자로 그리고 강자로 군림해 나갈 수 있다는 점을 분명히 하고자 하였다.

발상의 전환을 요구하는 사람들은 세상을 거꾸로 보면 세상이 달라져 보인다고 한다. 결국 사람이 어떠한 마음을 먹느냐 하는 것이 중요하다는 점을 강조한 이야기이다. 그런 실 예를 하나 살펴보면 훨씬 쉽게 이해가 될 수 있을 것이다. 그런 예로 우화에 나오는 삼천갑자를 살았다는 동방삭의 '3년 고개'라는 것을 들어보기로 하자.

3년 고개는 한번 넘어지면 3년밖에 못산다는 고개를 칭하는 것이다.

동방삭이가 여행 중에 어느 동네의 고개에서 넘어져서 굴러 떨어졌다. 그러자 그 곳 사람들은 그 고개에서 굴러 떨어지면 3년밖에 살지 못한다고 일러 주었다. 그는 그 소리를 듣고 이제 3년 밖에 못산다고 통곡하며 몸져누웠다. 이를 본 어떤 사람이 3년 고개에서 2번 넘어지면 6년을 살고 3번 넘어지면 9년을 살 수 있는 것이 아니냐고 위로하니 동방삭이가 이 말을 곰씹어 본 후 3년 고개에 나가 일부러 굴러 내려오기를 수없이 거듭한 후 다시 자기의 삶을 열심히 오랫동안 살아갔다는 해학성이 가득하지만 무언가 우리에게 중요한 메시지를 전달해 주는 옛 이야기이다.

이 우화가 우리에게 전하려는 중요한 메시지는 결국 만사는 바로 우리의 마음에 달려있다는 것이다. 내가 생각한대로 결과는 그렇게 나타난다는 것이다. 그러기에 긍정의 마음이 무엇보다 소중한 것이다. 결국 지금까지 가졌던 마음을 떨어뜨리어 내고 새로운 마음을 가질 때 새로운 세계가 우리 눈에 나타난다는 것이다. 그래서 세상을 거꾸로 보면 세상이 달라져 보인다고 하는 것이다.

이러한 의미에서 이 책은 앞서 제시된 목적이외에 또 다른 하나의 목적으로 긍정적 사고를 갖게 하는데 있다. 더 이상 돌이킬 수 없는 절망의 나락에 떨어져 있는 사람조차 이 책을 통해 새로운 희망을 발견하고 새로운 자활의 길을 걸어갈 수 있도록 하는 긍정의 마인드를 마음속에 심어주려고 하는데 목적을 두고 있는 것이다. 이러한 긍정의 마음은 역발상이라 칭해지는 새로운 변혁적 사고를 필요로 한다는 점을 인식시키기 위해 많은 노력을 기울였으며 나아가 현존하는 마음을 비우지 않고서는 새로운 긍정의 마음을 받아들일 수 없음을 공감할 수 있게 하기 위한 노력에도 많은 정성을 기울였다.

이제 3년여의 집필 기간을 마무리 지으면서 감히 이 책을 세상에 내보내기로 결심을 하였다. 그러나 한편으로는 걱정도 많이 된다. 과연 이 책이 처음의 집필 의도대로 되어졌는가하는 점에서부터 이 책에 소개된 많은 이론들이나 학자들의 주장들이 왜곡이나 굴절됨이 없이 제대로 올바르게 표출이 되어졌는가 하는 점에 이르기 까지 걱정이 많다. 표현방식도 왠지 서툴고 낯설게 보이고 필요 없이 분식되어진 부분이 행여나 있지 않나하는 우려도 깃들고 저자의 생각이 제대로 적실성 있게 반영이 되지 못한 부분도 있는 것 같아 마음이 많이 쓰인다. 그러나 무슨 일이든 '첫 숟갈에 배부르지 않다.'는 말에 기대고 싶은 마음으로 이 책을 출간을 한다. 잘못된 점이나 부족하거나 미흡한 점은 차후에 수정하고 보완하기로 하고 용기를 내어 출간하기로 마음을 다 잡은 것이다. 이 점이 독자들의 지도와 편달이 필요로 되는 이유이기도 하다. 앞으로 많은 질책과 이끌음을 주시길 바란다.

부족하나마 이러한 연구결과를 낳게 하는데 있어 많은 분들의 격려와 도움이 있었다. 아마 그 분들의 성원과 격려 그리고 관심이 없었다면 이 책은 출간되어 나올 수 없었을지도 모른다. 다시 한 번 학문적 우인들인 그분들에게 감사의 뜻을 전하고 싶다.

그리고 저자로 하여금 책을 집필하고 출간할 수 있도록 연구비를 지원해주고 인내심을 가지고 기다려 준 울산대학교 학교당국에 대해서도 감사를 드린다. 그리고 좋은 책을 만들기 위해 여러모로 노고를 아끼지 않으신 울산대학교 출판부 직원여러분들과 보이지 않는 곳에서 관심을 가지고 보살펴주시고 염려해 주신 많은 여러분들에게 진심어린 감사의 뜻을 드리고 싶다.

2008년 12월 23일

울산대학교 문수캠퍼스 연구실에서

이병철

차례

제1장 새로운 변화의 시대

현재 우리는 엄청난 변혁의 시대에 살고 있다. 생각의 속도만큼이나 빠른 변화14)가 우리의 일상을 뒤흔들어 놓고 있는 것이다. 과거에는 대학에서 4년간 배움을 닦으면 그것을 밑천으로 하여 평생을 우려먹을 수가 있었다. 그러나 지금은 스티븐 코비(Stephen Covey)가 말했듯이 우리가 어렵게 닦아 올린 지식의 절반이 매년 쓸모가 없어지고 있는 시대에 살고 있다. 평생은커녕 몇 년 우려먹지도 못하고 밑천이 다 들어나게 되는 세상에 살고 있다는 이야기이다. 그만 큼 빠르게 지식, 정보 등이 변화를 일으키고 있고 우리의 삶은 미래학자인 존 나이스비트(John Naisbitt)가 이야기하듯 대변혁(Megatrend)의 소용돌이에 휘말려 들어가고 있다.15)

이러한 대변혁은 앨빈 토플러(Alvin Toffler)가 이야기하듯 새로운 지식을 창조해 내는 것 못지않게 쓸모없어진 지식을 내다 버리는 것이 중요하게 되었고 이러한 지식들이 새로운 지식을 창조하는데 걸림돌이 되지 않도록 하는 노력을 더 필요로 하는 시대에 살고 있는 것이다.

이러한 대변혁의 소용돌이 속에서 살아남기 위해선 새롭게 급속히 변화되는 세상에 적응하는 수밖에 다른 방도가 없을 것이다. 그러나 그 적

14) 빌게이츠(Bill Gates) 지음, 안진환 옮김, 『빌게이츠 @ 생각의 속도』(서울 : 청림출판, 2006).

15) John Naisbitt, *Megatrends : Ten New Directions Transforming Our Lives* (New York : Warner Books, Inc., 1982).

응이 그리 쉽고 간단하지 않다는데 문제가 있다. 왜냐하면 변화의 속도와 그 범위가 가히 살인적이기 때문이다.

이미 이 부문에 있어서 선각적인 생각을 하고 있던 사람들에 의해 이러한 가히 살인적인 변화들이 예측이 되었다. 그 기원을 이루는 것은 1960년대에 미래학자로 활약을 하였던 다니엘 벨(Daniel Bell)과 허만 칸(Herman Kahn)이며 그들은 자신들이 만든 '후기산업' 혹은 '탈(脫)산업'(post-industrial) 사회모형을 통해 산업사회 이후의 탈산업사회의 도래를 예측해 내었다.16)

이 후 존 나이스비트(John Naisbitt)17)나 앨빈 토플러(Alvin Toffler)18) 그리고 피터 드러커(Peter Drucker)19) 등의 미래학자들에 의해 이것들은 보다 구

---

16) Daniel Bell, *The Coming of Post-Industrial Society : A Venture in Social Forecasting*, (New York : Basic Books, Inc. 1973). ; Reissue edition (January 1, 2001).

17) 『대변혁』(Megatrend)이라는 저작을 집필하고 출판한 미래학자이다. 존 나이스비트 지음, 『대변혁의 물결』(서울 : 동광출판사, 1983). ; John Naisbitt, *Megatrends : Ten New Directions Transforming Our Lives* (New York : Warner Books, Inc., 1982).

18) 『미래의 충격』(Future Shock), 『제3의 물결』(The Third Wave), 『권력이동』(Power Shift), 그리고 『부의 미래』 등의 저작을 집필하고 출판한 미래학자이다. 토플러 지음, 이규행 옮김, 『미래쇼크』(서울 : 한국경제신문사, 1970). ; 토플러 지음, 이규행 옮김, 『제3의 물결』(서울 : 한국경제신문사, 1980). ; 토플러 지음, 이규행 옮김, 『권력이동』(서울 : 한국경제신문사, 1990). ; 토플러 지음, 김중웅 옮김, 『부의 미래』(서울 : 청림출판, 2006). ; Alvin Toffler, *Future Shock* (New York : Random House, Inc., 1970). ; Alvin Toffler, *The Third Wave* (New York : A Bantam Book, & William Morrow Co., Inc., 1980). ; Alvin Toffler, *Power Shift : Knowledge, Wealth, and Violence at the Edge of the 21st Century* (New York : A Bantam Book, 1990). ; Alvin Toffler and Heide Toffler, *Revolutionary Wealth : How It Will Be Created and How It Will Change Our Lives* (New York : Alfred A. Knopf, & Random House, Inc., 2006).

19) 『변화리더의 조건』, 『21세기 지식경영』, 『자본주의 이후의 사회』, 『미래경영』, 『Next Society』, 『단절의 시대』 등의 저작을 집필하고 출판한 미래학자로 미국경영학의 아버지로 칭송을 받고 있다. 드러커 지음, 이재규 옮김, 『변화리더의 조건』(서울 : 청림출판, 2001). ; 드러커 지음, 이재규 옮김, 『21세기 지식경영』(서울 : 한국경제신문사, 2002). ; 드러커 지음, 이재규 옮김, 『자본주의 이후의 사회』(서울 : 한국경제신문사, 2002). ; 드러

체화되고 심화되었다.

1. 과거에는 변화가 없었는가?

잠깐 말을 바꾸어 우리가 살고 있는 현재에만 변화가 있고 과거에는 변화가 없었다는 말인가에 대해 대답해 보기로 하자. 물론 그 대답은 머뭇거릴 필요도 없이 한 마디로 자명하다. 과거에도 변화가 없지는 않았다는 것이다. 그러나 그 변화는 오늘의 변화와 비교해 볼 때 맞수가 되지를 못함을 알 수 있다.

일찍이 고대 희랍의 철학자이며 이오니아학파의 창시자인 밀레투스[20](Miletus)의 탈레스(Thales)[21]는 "만물은 유전(流轉)한다."라는 말을 통하여 세상만물이 끊임없이 변모한다는 점을 분명히 설파하고 있다. 그리고 독일의 철학자인 헤겔(Georg Wilhelm Friedrich Hegel)은 변증법적 역사발전론을 통해 시간이 흐르면서 역사의 변화가 이루어지고 있음을 주장하였다. 그

커 지음, 이재규 옮김, 『미래경영』(서울 : 청림출판, 2002). ; 드러커 지음, 이재규 옮김, 『Next Society』(서울 : 한국경제신문사, 2002). ; 드러커 지음, 이재규 옮김, 『단절의 시대』(서울 : 한국경제신문사, 2003).

20) 고대 그리스의 식민도시인 밀레투스는 고대 그리스인들이 소아시아의 이오니아 지방에 건설한 12개의 식민 도시 가운데 가장 큰 도시였다. 다른 11개의 식민 도시는 리디아(Lydia) 왕국에게 예속되어 있었지만, 밀레투스 시만은 독립해 있었다. 밀레투스 시에서 활약한 철학자로는 탈레스 외에도 아낙시만드로스와 아낙시메네스 등이 있다. 박덕은 편저, 『쉽고 재미있는 철학이야기』, 제1권 (서울 : 서지원, 1997), 13쪽.

21) 탈레스는 밀레투스 인으로 각지를 여행하며 견문을 넓혔는데 특히 이집트에서는 천문학과 수학을 공부했다. 탈레스는 만물의 생성 과정의 근원을 탐구한 최초의 인물이었으며 그는 신화를 배제하고 만물을 구성하는 근원은 물이라고 주장을 하였다. 그러나 탈레스와 동시대를 살았던 아낙시만드로스(Anaximandros)의 제자인 아낙시메네스(Anaximenes)는 탈레스와는 달리 만물을 구성하는 근원은 공기라고 주장을 하였다. 『앞의 책』, 14쪽, 22쪽.

런데 재미있는 사실은 과거의 변화는 그 속도와 범위가 매우 느리고 제한적이었다는 점이다.

우주관에 대한 패러다임(paradigm)적 변화를 통한 사례를 통해 이를 설명하자면 다음과 같다.

고대 사람들은 우주 천체를 바라보면서 우리가 살고 있는 지구는 그대로 있고 천체인 하늘이 움직인다고 생각을 하였다. 이것을 이론화 한 것이 클라디우스 프톨레마이오스(Claudius Ptolemaeos : Ptolemy)에 의해 제창 된 '천동설'(天動說 : geocentric theory)로서 약 1400여 년 동안 지구가 우주의 중심에 있다고 믿게 만든 이론이 되었다. 그러다가 인간의 과학적 사고가 눈을 뜨고 깊어지면서 우리가 살고 있는 지구는 둥글 뿐만 아니라 하늘이 움직이는 것이 아니라 지구가 움직인다는 사실을 인지하기에 이른다. 이것을 이론화 한 것이 16세기 들어와서부터인데 니콜라우스 코페르니쿠스(Nicolaus Copernicus), 티코 브라헤(Tycho Brahe), 갈릴레오 갈릴레이(Galileo Galilei), 이삭 뉴턴(Isaac Newton), 그리고 요하네스 케플러(Johannes Kepler) 등에 의해 주창 된 '지동설'(地動說 : heliocentric theory)이다. 천동설에서 지동설로 바뀌는데 천여 년이 넘는 장구한 세월이 필요로 되었다.

또한 고대 그리스 철학자 아리스토텔레스(Aristoteles)[22]의 절대권위는 2000년 가까이 세상을 지배했다. 그의 철학은 중세 스콜라 철학의 동반자가 되어 중세 사상을 지배하기도 하였다. 듀란트는 그의 업적을 이렇게 찬양하였다. "아리스토텔레스의 저서는 유럽 철학에 있어서 바이블과 같은 것이요, 아리스토텔레스야말로 2천년 동안 불리어 온 '위대한 철학자'라는 칭호에 적합한 인물이다."[23] 이와 같은 절대권위를 맹목적으로 따

22) 아리스토텔레스는 기원전 384년에 마케도니아 근교에 있는 전원도시 스타게이라에서 궁정의사인 니코마코스의 장남으로 태어났다. 그의 아버지는 마케도니아왕 아뮨타스 2세의 궁정의사였는데 왕궁 근처의 대저택에서 몇 명의 종을 거느리며 풍족한 생활을 하였다. 18세경에 아카데미아 학원에 들어가 플라톤이 죽을 때까지 무려 20여 년간을 플라톤의 제자가 되어 학문 탐구에 열중을 하였다. 『앞의 책』, 119-120쪽.

르지 않고 과학적 탐구방법을 적용하여 과학사에 전환점을 마련한 이가 바로 앞에서 언급한 갈릴레오 갈릴레이이다.24)

물론 이와 같이 천동설이 지동설로 바뀌고 아리스토텔레스가 세운 절대권위가 갈릴레오에 의해 허물어짐으로써, 사물이나 현상에 대한 이해와 설명에 변화가 오긴 했지만 그 시차는 몇 천 년이라는 장구한 세월을 필요로 하였던 것이다. 그러나 앞서 설명하였듯이 오늘날의 변화는 이렇게 장구한 세월을 허락하는 그런 변화가 아니라는데 문제의 본질이 숨겨져 있는 것이다.

2. 21세기 새로운 변화의 특성

1) 생각의 속도만큼이나 빠른 변화

21세기 현대의 변화는 생각의 속도만큼이나 빠른 변화라는 특성을 가지고 있다. 특히 이러한 현상이 두드러지게 나타나는 부문은 다름 아닌 정보통신(Information Technology : IT)부문이다. 그래서 혹자는 이러한 변화의 특성을 들어 '정보통신혁명의 시대'라고도 이야기를 한다. 이러한 말이 의미하듯이 정보통신분야의 발전은 그야말로 괄목할 만하다.

이러한 급격한 발전을 나타내는 용어들이 새로운 신조어들로 나타나고 있다. '무어의 법칙'과 '황의 법칙' 등이 그러한 것이다. 무어의 법칙이란 마이크로칩의 저장용량이 18개월에 2배씩 증가한다는 것을 법칙 화한 것이고 황의 법칙이란 컴퓨터의 성능이 5년에 10배, 10년에 100배씩

---

23) 『앞의 책』, 128쪽.

24) 피터 앳킨스 지음, 이한음 옮김, 『갈릴레오의 손가락』 Galileo's Finger : The Ten Great Ideas of Science (서울 : 이레, 2006).

개선된다는 법칙이다. 실제로 현재 이루어지고 있는 컴퓨터 관련 하드웨어 및 소프트웨어 그리고 인공두뇌학(cybernetics) 부문을 보면 하루가 다르게 변모되고 있음을 알 수 있다.

또한 통신부문도 괄목할 만한 발전을 거듭하고 있다.[25] 광케이블(optical cable) 등이 일반화 되고 있고 가정용LAN도 100Mbps를 능가하고 있으며 DMB 기술 등이 상용화되어 초고속 이동 간에 인터넷이나 자료전송에 하등에 지장을 초래하지 않는 단계로 까지 발전을 거듭하고 있는 것이다.

이와 병행하여 생명공학(Bio Technology : BT)이나 나노기술(Nano Technology : NT)의 혁신도 괄목할 만하다. 인간의 생체DNA구조를 밝히는 게놈(genom) 프로젝트나 인간배아줄기세포 복제 등 생명공학의 혁명적 발전은 지속되고 있으며 초미세사 생산기술 또는 반도체 칩의 미세디자인 분야[26] 등 나노기술의 혁명도 지속되고 있음이 이를 잘 대변해 주고 있다.

2) 상품 수명주기의 짧아짐

또한 시장에서 팔리고 있는 상품의 수명주기 역시 기하급수적으로 짧아지고 있다. 예를 들어 우리가 입는 면 종류의 의복 같은 것은 상품의 수명주기가 상대적으로 길다. 그러나 비디오테이프 등과 같은 저장매체는 그렇지 않다.

---

25) Frances Cairncross, *The Death of Distance : How the Communications Revolution Will Change Our Lives* (Cambridge, Mass. : Harvard Business School Press, 1997).

26) 머리카락 굵기의 1만분의 1에 불과한 '나노선'(nanowire)이 차세대 메모리와 질병 진단 센서를 만드는데 기여할 것으로 기대되고 있다. 반도체 나노선을 세로로 촘촘히 배열하면 엄지손톱 크기에 1000편 이상의 DVD 영화를 저장할 수 있는 메모리칩을 만들 수 있으며 금(金)이나 은(銀)처럼 인체에 해가 없는 물질로 나노선을 만들면 인체 내부의 분자 하나까지도 검출할 수 있어 질병 진단 센서로 활용할 수 있다. 『조선일보』, 2007년 7월 25일 ; http://news.chosun.com/site/data/html_dir/2007/07/25/2007072501449.html/.

일본 소니(Sony)사의 베타맥스 방식과 일본 빅터 주식회사(JVC)의 VHS(Video Home System) 방식을 둘러싼 싸움에서 VHS가 승리를 거두고 시장을 지배하는 듯싶었지만 VHS방식의 비디오테이프는 이내 CD 혹은 DVD저장매체에게 자리를 내어주어야 할 지경에 처하게 되었다. 그리고 잠시 이것들이 시장을 지배하는 듯싶었으나 CD나 DVD 역시 VHS방식의 비디오테이프와 비슷한 운명을 걸어가는 신세로 전락이 되고 있다.

이동성이 뛰어나고 소형화가 가능한 플래시메모리의 개발과 발전으로 USB가 대체 저장매체로 각광을 받기 시작하였고 이어 대용량의 저장매체로 소형화되고 이동성이 좋은 하드 디스크 등이 개발이 되고 있는 것이다. 이와 같이 상품의 주기가 시간이 흐름에 따라 점점 짧아지고 있는 것이다. 이러한 관점에서 볼 때 이제는 더 이상 저장매체시장에서 영원한 승자가 존재할 수 없게 된 것이다.

이 외에 다른 예(例)들도 많이 있다. 속도전에서 패배하여 뒤쳐진 기업들 중 하나로 1867년에 세워져 140여 년의 전통을 가진 독일의 필름 회사인 '아그파'(AGFA) 필름의 파산을 들 수 있다. 물론 필름제조분야에 종사했던 '후지'필름이나 '코닥'(Eastman Kodak) 등도 마찬가지이다. 이들은 필름이 필요 없는 디지털 카메라의 개발과 발 빠른 대중화로 인하여 사양길로 접어들어야 했다. 아그파 필름의 경우 빠르게 변모하는 필름산업의 미래를 정확하고 신속하게 예측하지 못했고 그로인해 생각보다 짧은 상품주기를 대체할 다른 상품개발에 빠르게 진입하지 못했던 것이 주된 파산의 원인이라고 볼 수 있다.

코닥사도 마찬가지이다. 1990년대 초반에는 『포춘』지가 선정하는 500대 기업 순위의 18위까지 올라갔던 코닥사는 디지털 시대가 오면서 그 변화에 적절하게 대응하지 못해 위기를 겪게 되었다. 사실 코닥사는 디지털카메라 제품에 있어서는 시장의 선도 기업이었다. 1975년 코닥사가 최초의 디지털카메라를 시장에 선보였을 때 경쟁사들은 아직 시제품도 만들지 못하는 상황이었다. 코닥은 경쟁사들과 엄청난 격차를 보이고 있는 자사의 기술적 우위와 기존의 필름 사업에서 나오고 있는 수익에 만족하고 있었다. 그러나 경쟁사들은 코닥이 방심을 하고 있는 사이에 카메라 디자인, 사용자 중심의 인터페이스 개발 등을 통해 고객들에게 다가갔다. 이에 놀란 코닥사는 다시 정신을 차리고 디지털 이미지 사업을 핵심 사업으로 선정하여 자원과 역량을 집중하면서 위기를 타개해나가고 있지만 뒤처짐을 낳게 했던 방심에 대한 비용을 혹독히 치르고 있다. 코닥사는 아직도 갈 길이 멀기만 하다.[27]

상품주기뿐만 아니라 상품을 파는 기술력의 개발진행 속도도 매우 빨라짐을 실감할 수 있다. 예를 들어 롯데백화점이 1조원을 매출고로 기록하는데 20년이 걸린 반면 GS홈쇼핑은 6년이 걸렸고 인터넷 경매 옵션은 4년밖에 걸리지 않았다. 점점 더 빠른 속도로 새로운 기술력에 의해 제품이 생산되고 판매되고 있는 것이다.

미국 네바다 주 라스베이거스(Las Vegas)에서 '2005 CES 가전 쇼'가 개최되었다. 이 가전 쇼에 참여한 업체들의 수만 2,500여 업체에 이를 만큼 규모나 내용에 있어서 압권을 이루었다. 이 가전 쇼에서 우리 기업인 LG가 혁신 상 16개로 1위를 차지하고 삼성은 혁신 상 13개로 2위를 차지하였다. 이때 이들 회사들이 출시한 신제품들은 과거에는 이름도 들어보지 못했던 첨단기술력이 낳은 것들이었다. 세계 최초 위성 DMB폰과 휴대용 무선 초고속 인터넷(wibro)의 개발과 16Gbit와 32Gbit의 낸드 플래시 메모리의 개발이었다.

그러나 21세기는 시간과의 싸움이고 속도와의 싸움이다. 가전 쇼에 출시된 최첨단기술력에 힘입은 제품도 내일이면 낙후된 기술로 만들어진 제품으로 전락하고 말 것이다.

중단 없는 사활을 건 기술경쟁으로 새로운 기술개발이 이루어지고 이

27) 김현기, 『선택과 집중의 기술』(서울 : 한스미디어, 2007), 47-48쪽.

에 의해 새로운 아이템들이 시간을 다투며 개발되고 발전되는 것이다. 따라서 각 상품의 수명주기는 더욱 더 짧아지고 있는 것이다.

샘 힐은 미래의 트렌드[28] 60가지를 다루면서 이렇게 급격하게 변하는 트렌드를 이해하지 못하고 이에 적응 하지 못할 경우 시장에서 도태되고 말 것임을 분명히 함으로써 끊임없이 변화에 적응해 상품을 개발해 나가야 함을 강조하고 있는 것이다.

앞서 살펴보았듯이 상품주기가 시간이 흐름에 따라 짧아지기 때문에 기업의 생존기간도 날이 갈수록 짧아지고 있다.

맥켄지 컨설팅에 의하면 기업의 평균 수명은 지난 한 세기 동안 놀라운 속도로 줄어들었다 한다. 1935년에는 90년이었던 기업의 평균존속 연도가 20년만인 1955년에는 45년으로 절반이 줄었고 1975년에는 다시 30년까지 떨어졌다고 한다. 지난 1995년에는 22년까지 내려와 급기야 2005년의 경우 평균 15년 수준으로 낮아졌다 한다.

이러한 일반적 흐름은 한국이라고 해서 예외는 아닌 듯싶다. 한국의 대표적인 10대 기업들의 변천사를 살펴보면 이러한 말이 보다 더 잘 이해가 되고 실감이 날 것이다.

<표 1>에서 보듯이 1965년에 기업순위 1위였던 동명목재는 1975년에는 10위권 밖으로 밀려 나갔고 1975년에 기업순위 1위였던 대한항공 역시 1985년에는 10위권 밖으로 나가있다. 1985년과 1999년도 사정은 이와 비슷하다. 지속적으로 1위를 고수한 기업은 하나도 없다. 그리고 10위 권 안에 들어 온 기업들도 해가 바뀜에 따라 부침(浮沈)을 거듭하여 순위 상서열이 수시로 변하고 있음을 알 수 있다.

---

28) 샘 힐은 시대적 변화의 흐름을 '트렌드'라 부르고 있다. 샘힐 지음, 형선호 옮김, 『당신의 미래를 바꾸는 Next Trend』(서울 : 한국경제신문사, 2005). ; 시대의 변화에 따라 60개의 트렌드가 나타나고 이것을 잘 활용할 경우 60개의 기회가 나타날 수 있다고 주장을 한다. 샘힐 지음, 형선호 옮김, 『60 트렌드 60 기회 : 60 TREND 60 CHANCE 』(서울 : 한국경제신문사, 2004).

〈표 1〉 한국 10대 기업들의 변천사

순위	1965년	1975년	1985년	1999년	2008년
1	동명목재	대한항공	삼성물산	현대	삼성
2	금성방직	재보공사	대우	삼성	현대자동차
3	판본방적	제일제당	현대종합상사	LG	SK
4	경성방직	삼성물산	유공	SK	LG
5	대성목재	대우실업	호남정유	한진	롯데
6	양회수출조합	삼양사	포항제철	롯데	포스코
7	동일방직	기아산업	현대건설	대우	KT
8	동신화학	금성사	동방생명보험	금호	한국토지공사
9	대한제분	럭키	삼성전지	한화	GS
10	제일제당	동양라이온	선경	쌍용	금호아시아나

자료 : 최종택, "Empowering Leadership", 『감성리더십』(울산 : 글로벌리더십칼리지, 2009), 117쪽.

이러한 사정을 보다 더 확실하게 확인하기 위해 1999년을 살펴보면 현대가 1위이지만 이것도 2000년대에 들어와서는 그룹해체에 따라 현대자동차, 현대중공업, 현대건설 등으로 세분이 되어 서열이 뒤로 처지게 된다. LG 역시 LIG, GS 등으로 세분이 되어 서열이 뒤바뀌게 된다. 그리고 대우는 몰락하고 자동차회사인 GM대우 등으로 명맥을 유지하나 그것도 서열상으로 뒤로 밀리게 되며 쌍용 역시 서열이 뒤로 밀리게 된다. 새로 포스코(POSCO), KT, 한국토지공사, 금호아시아나 등이 10위 권 안으로 진입을 하였다.

이러한 것을 볼 때 어떠한 기업이고 절대 강자로 존재하지 못함과 기업의 생명주기가 매우 빠르게 줄어들고 있음을 한국 10대 기업들의 변천사를 통해 알 수 있는 것이다.

외국의 경우도 우리와 별반 다름이 없다. 1950년대 『포춘』지 선정 500대 기업 중 2004년까지 그 자리를 지킨 회사는 단지 71개사뿐이었다.[29]

29) B. 조셉 화이트 지음, 김정한 옮김, 『파충류처럼 냉정하고 포유류처럼 긍정하라』(서울

무려 429개사가 이미 비즈니스 세계에서 종적을 감췄거나 이류 또는 삼류 기업이 되어 순위 밖으로 밀려났다는 것을 의미한다.[30] 이와 같이 극히 적은 수의 기업만이 살아남았다는 사실은 비즈니스 밀림에서의 경쟁이 얼마나 치열했는가를 잘 나타내 주고 있는 것이다.

기업이 이러한 짧은 생명주기에서 살아남기 위해선 성실과 근면 그리고 남보다 앞서는 창의력을 통해 경쟁력을 갖추어 나가야 한다. 언제라도 경쟁자보다 더 빨리 달릴 준비가 되어있어야 계속 선두를 유지할 수 있다.

호아킴 데 포사다는 다음과 같은 예로 이것을 강조하고 있다.

> 아프리카에서는 매일 아침 가젤이 잠에서 깬다. 가젤은 가장 빠른 사자보다 더 빨리 달리지 않으면 죽는다는 사실을 알고 있다. 그래서 그는 자신의 온 힘을 다해 달린다. 아프리카에서는 매일 아침 사자가 잠에서 깬다. 사자는 가젤을 앞지르지 못하면 굶어 죽는다는 사실을 알고 있다. 그래서 그는 자신의 온 힘을 다해 달린다. 네가 사자이든, 가젤이든 마찬가지다. 해가 떠오르면 달려야 한다.[31]

특히 리더는 무한 경쟁 환경에서 조직을 생존 시킬 책임을 떠맡고 있기 때문에 반드시 기업 생존을 위해 무한책임을 져야만 한다. 1864년 영국의 경제학자이면서 철학자이며 사회학자였던 허버트 스펜서(Herbert Spencer)는 『생물학의 원리』(Principles of Biology)[32]라는 책을 통해 '적자생존'(survival of the fittest)이라는 용어를 처음 사용하면서 환경에 가장 잘 적응하는 생물이나 집단만이 살아남는다고 말했다. 이 말은 나중에 찰스

: 홍익출판사, 2007), 83쪽, 87쪽.

30) 『앞의 책』, 87쪽.

31) 호아킴 데 포사다·엘런 싱어 지음, 김경환·정지영 옮김, 『마시멜로 이야기』(서울 : 한국경제신문, 2005), 121-122쪽.

32) Herbert Spencer, *The Principles of Psychology : Volume 1* (New York : D. Appleton and Company, Adamant Media Corporation, 2005).

다윈(Charles Robert Darwin)의 '진화론'(evolutionary theory)에서 생존경쟁의 원리를 함축하는 매우 중요한 개념이 되었다.[33)]

이들의 주장은 약육강식이 벌어지는 밀림에서 가장 강한 자는 힘이 센 자도 아니고 지능이 높은 자도 아니라는 것이다. 변화되는 환경에 가장 잘 적응해서 끝까지 살아남는 자가 가장 강한 자라는 것이다.

이러한 관점에서 볼 때 21세기를 살고 있는 개인이나 기업이나 국가는 현재 우리에게 몰아닥치고 있는 급변하는 경영환경에 신속히 적응하여 자신을 변모시켜 나가 끝까지 살아남지 못하면 스스로 도태될 수밖에 없다는 점을 분명히 인식해야 할 것이다.

3) 지식 수명주기의 짧아짐

이전에는 대학을 나오면 대학에서 배운 지식을 가지고 평생을 우려먹을 수 있었지만 지금은 그렇지 못하다. 아무리 첨단 지식과 기술을 대학에서 배워가지고 나왔어도 그것의 유효기간은 극히 짧다는 것이 현금의 실정이다. 왜냐하면 지식과 정보혁명으로 인해 새로운 지식과 정보의 양이 하루가 다르게 산더미처럼 늘어나기 때문이다.

또한 지식과 정보를 적용해야 할 환경이 너무나 빠른 속도로 변하기 때문에 대학에서 배운 지식과 정보로는 변화된 환경에 맞는 진단과 처방을 내릴 수 없기 때문이다.

그래서 대학에서 배운 지식과 정보는 오히려 새로운 지식과 정보를 축적해 나가는데 걸림돌이 될 뿐만 아니라 새로운 환경에 맞는 적응을 해나가는데 있어 그릇된 진단과 처방을 낳게 되는 우를 범하게 되는 것이다. 이런 시대에 뒤쳐진 지식과 정보는 오히려 없는 것이 더 나을 정도가 되는 것이다. 그래서 앨빈 토플러나 스티븐 코비(Stephen Covey)는 새로운

33) B. 조셉 화이트, 『앞의 책』, 87쪽.

지식과 정보를 받아들이는 것 못지않게 걸림돌이 되는 낡은 지식을 덜어내는 일이 무엇보다 긴요하고 화급하다는 점을 강조하고 있는 것이다.

좀 더 부연해서 설명하자면 스티븐 코비는 자신이 가지고 있는 지식이 매년 절반씩 못쓰는 것이 된다고 주장하면서 새로운 시대적 변화에 부응하는 새로운 지식을 얻기 위해 지속적인 교육이 이루어지지 않으면 시대에 뒤지고 낙오하게 된다고 주장을 하여 변화에 적응하는 지식의 필요성을 강조하고 있다. 그리고 브라이언 트레이시(Brian Tracy) 역시 이러한 지속적인 변화에 대응하기 위해 지식을 늘리는 노력이 필요로 된다고 주장하면서 짧아지는 지식수명과 길어지는 재훈련 기간의 현실적 필요를 충족시킬 수 있는 대안은 평생교육이라고 주장하고 있는 것이다.

4) 네트워크 중심 사회로의 급속한 전환

21세기의 새로운 변화로서 네트워크 중심 사회로의 급속한 전환을 들 수 있다. 네트워크 중심사회의 대표적인 예로 중국화교들을 들 수 있다. 대만을 비롯해 동남아 지역과 전 세계에 퍼져있는 중국화교는 줄잡아 1억에 육박한다고 한다. 이들은 중국과의 경제적, 심리적 공감대와 연대속에서 특히 경제적, 금융적 네트워크를 구축하여 다양한 정보교환과 재화나 용역의 유통, 그리고 생산 및 소비시스템의 상호호혜 적 교환 그리고 금융의 연계 등을 꾀하고 있다.

현재와 같은 이러한 네트워크화가 더욱 가속적으로 구사되어 질 경우 이것이 가져 올 시너지 효과는 거의 폭발적으로 엄청날 것이다. 비록 중국화교들이 대만국적, 그리고 동남아 국가들의 국적 또는 유럽이나 아메리카 국가들의 국적을 가지고 있다고 하지만 심리적 공감대 위에서 경제적으로 중국과 네트워크로 연결되어 경제적 활동을 하게 될 경우 국경이나 이들이 가지고 있는 회사국적의 의미가 퇴색될 것이기 때문이다.

또한 거대기업들이 관세를 회피하고 수출을 원활히 하기 위해서나 또는 자신의 기업에 불리한 자국의 노동조건을 회피하기 위해 공장이나 기업을 외국에 해외현지법인으로 설립을 하여 사세를 확장시켜 나갈 경우나 기업이 자본시장개방을 통해 자사의 주식을 외국인에게 매각을 해서 외국인 주식지분이 전체 주식지분에서 차지하는 비중이 50%를 넘게 된다면 그럴 경우 그 기업의 국적은 사실상 의미가 없게 되기 때문이다.

이럴 경우 다국적 기업(Multi national company)의 차원을 넘어 초국적 기업(Supra national company)이 탄생이 될 수도 있게 되는 것이다.[34] 그러한 예로 한국의 '삼성전자'나 일본의 '소니전자' 등을 들 수 있는데 이미 이런 기업들을 '한국기업이다.' 또는 '일본기업이다.'라고 이야기 하는 것 자체가 의미가 없게 되는 것이다. 이미 이런 수준의 기업들은 초국적 기업화로 진행되고 있기 때문이다. 이러한 것은 기존의 사고로는 도저히 수용하기 어려운 변화인 것이다.

이러한 변화의 바람은 국가라고 해서 예외는 아니다. 정보화 사회의 도래의 결과 이미 국가들의 모임인 국제사회에서도 새로운 질서의 하나로 네트워크에 기반을 둔 새로운 복합적 국제질서의 출현을 목격하고 있는 것이다.[35] 이제 국제사회, 국가, 기업 등에서 네트워크화는 필수조건의 단계를 넘어서고 있는 것이다.

5) 브랜드(brand)가 경쟁력

그리고 또한 21세기의 새로운 변화로 브랜드가 경쟁력인 세상이 온다

---

34) 장시복, 『세계화 시대 초국적기업의 실체』(서울 : 책세상, 2004).

35) Anne-Marie Slaughter, *A New World Order* (Princeton, New Jersey : Princeton University Press, 2004). ; Anne-Marie Slaughter, "America's Edge : Power in the Networked Century," *Foreign Affairs* (January/February 2009).

는 사실이다. 브랜드 파워를 지니고 있는 상품들로는 예시적으로 '코카콜라'(The Coca-Cola Company), '마이크로소프트'(Microsoft Corporation), '스타벅스'(Starbucks)[36], '버버리'(Burberry), '맥도날드'(McDonald's Corporation), '애니콜'(Anycall), '벤츠'(Mercedes-Benz), 'BMW', 'IBM', '제너럴 일렉트릭'(GE) 등을 열거할 수 있다.

국제 브랜드 가치 평가기관인 영국의 '브랜드 파이넌스'(BF)는 2007년 세계에서 가치가 가장 높은 브랜드 250개를 선정해 발표했는데 이 중 코카콜라의 브랜드 가치가 1위를 차지하였다. 코카콜라의 브랜드 가치를 화폐액으로 환산을 해 보면 431억4000만 달러(2009년 기준 한국 돈으로 환산을 하면 1달러 당 1,400원으로 할 때 60조원에 이름)로 2위를 차지한 마이크로소프트(MS) 370억 달러보다 약 60여 억 달러 정도를 더 상회하고 있다.[37]

브랜드 가치가 60조원에 달하는 이러한 세계적인 브랜드 파워는 하루아침에 달성되는 것이 아니다. 마치 로마가 하루아침에 이루어지지 않았듯이 이 것 역시 그러하다. 오랜 시간을 두고 소비자들을 만족시키고 만족한 소비자들이 이러한 브랜드에 대해 신뢰를 쌓이게 하고 이러한 신뢰에 바탕을 둔 명성이 빛을 발할 때 타의 추종을 불허하는 브랜드가 창출되고 여기에서 브랜드 파워가 발생하게 되는 것이다.

브랜드 창출은 '블루 오션'(blue ocean) 전략을 가능케 한다는데 매우 큰 매력을 지니게 한다. 브랜드 파워를 지니는 상품은 생산자가 부르는 것이 가격이고 그 가격이 높을수록 더 수요가 창출되는 것이다. 왜냐하면 그 브랜드의 상품에 대한 공급은 독점적이어서 제한적일 수밖에 없고 이에 반

---

36) 미국의 커피 전문점으로 본사는 시애틀에 있으며, 미국은 물론 유럽과 아시아 등 40여 개국에 총 9,000여 개의 매장을 가지고 있다. 한국에는 1997년에 스타벅스커피 인터내셔날과 (주)신세계가 라이센스를 체결하여 에스코코리아(주)로 진출하였다. 에스코코리아(주)는 2000년에 사명을 (주)스타벅스 코리아로 변경하였다.
두산백과사전 EnCyber & EnCyber.com ; http://100.naver.com/100.nhn?docid=794109

37) http://blog.joins.com/media/folderlistslide.asp?uid=olive88&folder=2&list_id=7529777

해 이 브랜드를 찾는 수요는 불균형적으로 많아질 수밖에 없기 때문이다.

그리고 고가정책을 고수 할수록 오히려 수요는 증대되는 면도 나타나게 되는 것이다. 그야말로 '물 반 고기 반'이고 '땅 짚고 헤엄치기' 식이 되는 것이다. 이렇게 되는 것을 쉽게 표현하자면 경쟁자가 없기 때문이라고 말 할 수 있을 것이다. 경쟁자가 있다면 '레드오션'(red ocean)을 각오해야 할 것이다. 정말 브랜드 파워를 가지게 되면 그 자체가 경쟁력이 되어 엄청난 부가적 이윤을 극대화해 나갈 수 있는 것이다. 그러나 앞에서도 말했지만 이러한 경지에 도달하기 위해서는 오랜 시간동안 쌓아 올린 타의 추종을 불허하는 신용관리와 비교 및 경쟁우위를 지속 시켜 나갈 수 있는 각고의 노력이 수반되어져야 하는 것이다.

이와는 정반대로 브랜드 창출을 못하면 가혹한 가격경쟁을 각오해야만 할 것이다.[38] 경쟁자들이 너무나 많고 수요는 이에 반해 매우 한정적이 될 것이기 때문이다. 그야말로 피가 터지는 출혈경쟁을 각오해야 하는 것이다. 그래서 '피바다'라는 용어의 '레드오션'이 되는 것이다.

후지와라 마사히코는 시장의 브랜드 파워를 인용하여 흥미로운 화두를 던져주고 있다. 시장경제와 세계화의 논리에 휘말려 잃어버린 국가의 색깔과 품위를 되찾자는 주장을 하고 있는 것이다.[39] 시장의 브랜드 파워를 국가적 차원으로까지 연장을 시킨 것이다. 국가적 브랜드 파워에서 밀린 나라들도 노력을 통해 옛 브랜드의 명성을 회복해 나가야 한다는 생각을 담고 있는 것이다. 이제 브랜드 파워는 시장을 지배하는 중요한 요소가 되었을 뿐만 아니라 국가 간 경쟁의 중요요소로 간주되는 새로운 변화의 장으로 나아가고 있는 것이다.

---

38) 손혜원, 『브랜드와 디자인의 힘 : Brand & Design Power』(서울 : 해냄, 2006).

39) 후지와라 마사히코 지음, 오상현 옮김, 『국가의 품격』(서울 : 북스타, 2006).

6) 양극화의 심화

양극화의 심화 역시 빼놓을 수 없는 세계적 변화 중의 하나이다.

이러한 양극화 현상에 대한 이해를 돕기 위해 잘나가는 세계적 CEO의 연봉 자료를 제시해 보면서 논의를 시작 해보기로 하자.

2007년 IT업계 CEO 연봉 순위에서 1위는 오라클(Oracle) 사의 로렌스 엘리슨(Lawrence Ellison)으로 1,900억 원, 2위는 나빌 가립(Nabeel Gareeb)으로 800억 원, 3위는 존 체임버스(John Chambers)로 550억 원, 4위는 휴렛 팩커드(Hewlett-Packard)사의 마크 허드(Mark Hurd)로 270억 원, 5위는 젠순 황(Jen-Hsun Huang)으로 240억 원, 그리고 잘 알려진 애플사의 스티븐 잡스(Steven Jobs)는 11위로 140억 원이다. 비록 순위는 1~5위에 들지는 못했지만 그는 2006년 주식 대박으로 6,400억 원의 천문학 적 소득을 기록했다고 한다.[40)]

뉴욕타임스가 2003년 4월 6일에 발표한 자료에 의하면 미국의 최고경영자 중 1~5위에 드는 자들의 연봉은 1위가 하니웰 사의 데이비드 코트로 2003년 기준으로 약 876억 원(6954만 달러), 2위는 타이코 사의 에드워드 브린으로 819억 원(6503만 달러), 3위는 시스코 사의 존 챔버스로 552억 원(4385만 달러), 4위는 MBNA 사의 알프레드 러너로 505억 원(4013만 달러), 그리고 5위는 아메리칸 스탠더드 사의 프레드릭 포세즈로 485억 원(3856만 달러)에 달한다고 한다.[41)]

좀 옛날 자료이기는 하지만 미국의 열 손가락 안에 들어가는 유명변호사들의 일 년 소득은 대략 1988년을 기준으로 할 때 최하 600만 달러에서 최고 4억5천만 달러에 이른다고 하고 200대 대기업 전문최고경영인들의 평균 연소득은 300만 달러에 달한다고 한다.[42)]

---

40) http://grant.egloos.com/3728325

41) 『조선일보』, 2003년 4월 8일, A19쪽.

42) Anthony Dalston Dawson, *The Two Faces of Economics* (London & New York :

위에서 제시한 연봉이나 소득을 볼 때 그야말로 말로 형용하기 어려운 천문학적 숫자이다.

이러한 최고 상위소득 계층을 기준으로 해서 양극화를 이야기하는데서 벗어나 전체의 틀 위에서 미국의 경우 소득 계층 간의 차이는 얼마나 나는지를 알아보기로 하자.

〈표 2〉 2003년 미국의 소득분배 상태

계 층	연간 가구 소득
최하위 1/5	$ 24,117 이하
두 번째 1/5	$ 24,117~42,057
세 번째 1/5	$ 42,057~65,000
네 번째 1/5	$ 65,000~98,200
상위 1/5	$ 98,200 이상
상위 5%	$ 170,082 이상

자료 : 미국 연방 통계국 ; 맨큐 지음, 김경환·김종석 옮김, 『맨큐의 경제학』 (서울 : 교보문고, 2007), 501쪽에서 재인용.

2003년을 기준으로 할 때 미국에서 최상위 5%안에 드는 사람들의 연간 가구 소득은 17만 달러가 넘고 있다. 이에 반해 최하위 계층의 연간 가구 소득은 2만4천 달러 이하에 머무르고 있다.

<표 3>에서 2003년에 최하위 소득계층은 총소득의 4.1%를 차지했고 상위 소득계층은 총소득의 47.6%를 점유했음을 보여주고 있다. 이를 좀 더 알기 쉽게 설명을 하자면 최하위 소득계층과 상위 소득계층에 속한 가구 수는 같지만 상위계층이 하위계층에 비해 10배나 많은 소득을 올린 것이다. 그리고 최상위 5%인 대단히 부유한 가구들이 벌어들인 소득은 총소득의 20.5%를 차지했는데 이는 하위 40%의 소득보다도 많은 것이다.

Longman & Addison Wesley Longman Limited, 1996), p.174.

〈표 3〉 미국의 소득불평등 정도

(단위 : %)

연도	최하위 1/5	두 번째 1/5	세 번째 1/5	네 번째 1/5	상위 1/5	최상위 5%
2003	4.1	9.6	15.5	23.2	47.6	20.5
2000	4.3	9.8	15.5	22.8	47.4	20.8
1990	4.6	10.8	16.6	23.8	44.3	17.4
1980	5.2	11.5	17.5	24.3	41.5	15.3
1970	5.5	12.2	17.6	23.8	40.9	15.6
1960	4.8	12.2	17.8	24.0	41.3	15.9
1950	4.5	12.0	17.4	23.4	42.7	17.3
1935	4.1	9.2	14.1	20.9	51.7	26.5

자료 : 미국 연방 통계국 ; 맨큐 지음, 김경환·김종석 옮김, 『맨큐의 경제학』
(서울 : 교보문고, 2007), 501쪽에서 재인용.

미국 전체를 기준으로 해서 보아도 분명 소득의 양극화 현상은 잘 보여주고 있음을 알 수 있다.

이러한 고소득을 올리는 사람들이나 계층이 있는가 하면 다른 지구 한 편에는 하루에 1달러도 안 되는 돈으로 생명을 유지하고 생계를 이어가는 사람들도 부지기수이다.

미국 상무성 센서스조사통계국(U. S. Commerce Department, The Census Bureau)에서 1994년 10월에 발행한 센서스보고서 자료[43]에 의하면 최저빈곤선(poverty line)[44] 이하의 생활을 하고 있는 미국인들이 3,930만 명으로 전체 인구의 15.1%를 차지하고 있다 한다. 그리고 전체인구의 27%에 달하는 어린아이들 중 40%정도가 빈곤한 가정에서 양육되고 있고 흑인의 33.1%가 빈곤하게 살고 있다는 것이다. 또한 1980년대 말까지 미국에서만 집이 없는 부랑자(the homeless)가 50여 만에 이르고 있다는 것이다.[45]

또한 인구집단에 따라 빈부격차에 차이가 있다.

43) The Census Bureau (of the U. S. Commerce Department), *The Earnings Ladder*, 1994. 10.

44) 참고적으로 1993년 최저빈곤선은 4인 가족을 기준으로 할 때 14,763달러였다.

45) Christopher Jenks, *The Homeless* (Cambridge, Mass. : Harvard University Press, 1994).

위의 통계자료는 빈곤이 인종과 상관관계가 있다는 것을 잘 보여주고 있다. 백인의 빈곤율(poverty rate)[46]은 8.2%인데 반해 흑인이나 히스패닉은

〈표 4〉 미국 인구집단에 따른 빈곤인구의 구성

(단위 : %)

인구 집단	빈곤율
전체인구	12.5
백인	8.2
흑인	24.4
히스패닉	22.5
아시아, 태평양계	11.8

자료 : 미국 연방 통계국, 2003년. ; 맨큐 지음, 김경환·김종석 옮김, 『맨큐의 경제학』 (서울 : 교보문고, 2007), 504쪽에서 재인용.

24.4% 그리고 22.5%로 나타나고 있다. 흑인이나 히스패닉이 백인보다 빈곤층이 더 많음을 알 수 있다. 그리고 흑인과 히스패닉은 백인에 비해 빈곤층에 속할 가능성이 3배나 높다는 것을 의미한다.

미국을 벗어나 세계로 지평을 넓혀보면 빈곤의 수렁은 더욱 깊어지는 듯한 느낌을 받게 된다. 국토면적 40만6천752㎢에 610만 명의 인구를 가진 파라과이는 남미의 대표적인 빈곤국 가운데 하나로써 국내총생산(GDP) 93억4천만 달러에 1인당 평균소득은 1천532 달러에 불과하며 전체 국민 가운데 36%가 빈곤층이다. 이 가운데 3분의 1에 해당하는 110만 명이 하루 평균 1달러 이하 소득으로 생활하는 극 빈곤층이다.[47]

---

46) 빈곤율(poverty rate)은 가계소득이 빈곤선에 못 미치는 가정들이 총인구에서 차지하는 비율을 의미한다. 그리고 빈곤선(poverty line)은 소득이 이 선 이하면 가계가 절대빈곤 상태에 있다고 판단되는 소득 수준을 의미한다. ; 맨큐 지음, 김경환·김종석 옮김, 『맨큐의 경제학』(서울 : 교보문고, 2007), 503쪽.

47) http://news.naver.com/main/read.nhn?mode=LSD&mid=sec&sid1=104&oid=001&aid=0002053825

파라과이와 같이 어려운 삶을 살아가고 있는 국가는 천지에 널려있다. 특히 아시아, 아프리카 그리고 남미 지역이 더욱 심하다.

이를 알아보기 위해 각 나라별 최상위 계층과 최하위 계층 간의 소득 격차를 살펴보기로 하자.

미국을 포함한 12개 나라를 비교해 볼 때 가장 분배가 균등하고 평등한 국가는 일본으로 상위 1/5계층 소득이 하위 1/5계층 소득의 3.4배 밖에 안 된다. 가장 불평등한 국가는 남아프리카와 브라질로 상위 1/5계층 소득이 하위 1/5계층 소득의 32배 이상이나 된다. 한국은 상위 1/5계층 소득이 하위 1/5계층 소득의 4.7배로 나와 상대적으로 빈부격차가 적은 것으로 나타나고 있다. 참고적으로 여기에서 나오는 비율이 커질수록 빈부격차는 크게 나타나는 것이다. 이 <표 5>를 통해 비교적 빈부격차가 큰 지역은 아시아, 아프리카, 남미지역 임을 알 수 있다.

〈표 5〉 소득불평등의 국제비교

(단위 : %)

국 가	최하위 20%	최상위 20%	비율
일본	10.6	35.7	3.4
독일	8.5	36.9	4.3
인도	8.9	41.6	4.7
한국	7.9	37.5	4.7
캐나다	7.0	40.4	5.8
영국	6.1	44.0	7.2
미국	5.4	45.8	8.5
러시아	4.9	51.3	10.5
중국	4.7	50.0	10.6
나이지리아	4.4	55.7	12.7
멕시코	3.1	59.1	19.1
브라질	2.0	64.4	32.2
남아프리카	2.0	66.5	33.2

자료 : World Development Report 2005, 258-259쪽. ; 맨큐 지음, 김경환·김종석 옮김, 『맨큐의 경제학』(서울 : 교보문고, 2007), 503쪽에서 재인용.

지금까지 살펴 본 것은 주로 소득 분야를 중심으로 해서 살펴보았다. 이번에는 좀 더 빈부의 격차를 극명하게 알아보기 위해 소유 재산의 정도를 가지고 살펴보기로 하자. 부유한 자들의 소유 재산을 살펴보면 더욱 더 큰 양극화의 괴리를 엿볼 수 있기 때문이다.

미국의 경우를 보면 미국의 전체인구 중 1%에 의해 소유되고 있는 재산이 미국이 가지고 있는 국부(國富)의 1/3을 넘고 있다 한다. 그리고 1983년을 기준으로 해서 볼 때 미국 상위가정 10%가 미국 전체 부의 72%를 가지고 있다 한다. 이를 보다 실감나게 살펴보자면 상위 0.5%를 차지하는 가정이 미국 전체 부의 35%를 가지고 있으며 이를 보다 구체적으로 살펴보면 전체부동산의 36%, 법인주식의 47%, 모든 채권의 44%, 모든 사업용 자산의 58%를 소유하고 있다. 또한 영국의 경우 토지의 3/4이상이 상류 4%의 국민들에 의해 소유되고 있다 한다.[48)]

이러한 소득과 재산에 있어서 극명한 빈부의 격차를 보면서 존 갤 브레이스(John Kenneth Galbraith)가 주장한 "풍요속의 빈곤"과 "부익부 빈익빈"(富益富 貧益貧)이라는 말의 의미를 새삼 공감하게 되는 것이다.[49)] 타우니(R. H. Tawney)도[50)] 마찬가지지만 존 갤 브레이스는 이러한 풍요 속에서의 빈곤을 통렬하게 비판했었던 것이다.

극심한 빈부의 격차인 양극화는 개인뿐만 아니라 기업, 국가에 이르기까지 모두 해당이 되는 현상이다. 기업 측면에서 보면, 패트리셔 무디와 리처드 모얼리는 2020년에는 우수성 기업군(the Island of Excellence)과 나머지 기업군(All the Rest)으로 양분될 것이라고 주장하고 있다.[51)] 이러한 양

---

48) Anthony Dalston Dawson, *The Two Faces of Economics* (London & New York : Longman & Addison Wesley Longman Limited, 1996), p.172.

49) John K. Galbraith, *The Affluent Society* (Boston, Mass. : Houghton Mifflin, 1958).

50) R. H. Tawney, *Equality* (London : Penguin Books, 1938).

51) 패트리셔 E. 무디(Patricia E. Moody)·리처드 E. 모얼리(Richard E. Morley) 지음, 이재규 옮김, 『2020년 기업의 운명』(서울 : 사과나무, 2001).

극화 현상은 국가도 마찬가지이다. 특히 저개발국가의 상황은 더욱 심각하다. 예를 들어 22개국 아랍국가의 총인구는 약 3억 정도 되지만 아랍국가의 총 GDP의 합이 스페인 보다 못하다는 것이다.52)

3. 새로운 변화를 적극적으로 수용한 사례 : 두바이 국왕 셰이크 무함마드

앞에서 살펴보았듯이 우리는 정보통신(IT)분야, 생명공학(BT)분야, 나노공학(NT)분야 등 어느 한 첨단 분야를 빼놓을 수 없을 만큼 각 개 부문에서 다른 어느 세대나 시대의 사람들이 경험해 보지 못한 급격한 변화의 시대를 살아가고 있다. 이러한 변화는 전례가 없기에 적응을 위한 노력은 더욱 더 처절하다. 그러나 안타깝게도 많은 사람들이 이러한 변화의 파도에 적응치 못하고 휩쓸려나가고 있다.

변화는 이제 새로운 도전을 하려는 자들만이 조우하게 되는 특권이 아니다. 평범한 오늘의 범부들이 너나 나나 구별 없이 모두 직면하게 되는 쓰라린 현실이기도 하다. 이를 간략한 문장을 통해 잘 설명하고 있는 것이 타마라 드라우트이다. 그는 평범한 일자리조차 구하기 어려운 급변하는 구직환경과 이것이 가져온 황량한 우리의 일터를 잘 묘사하고 있다.

> 기성세대들은 젊은이의 잦은 이직을 종종 성격적 결함 탓으로 여긴다. 그러나 이것은 무엇보다 불안정한 경제의 부산물이다..............많은

---

52) UN, 『아랍인적보고서』. ; 보고서에 의하면, 22개 아랍국가의 총인구는 2억 8천만 명이며 2020년에는 4억 1천만~4억 5천만 명에 이를 것으로 전망하고 있다. 또, 이 보고서는 아랍 22개국의 GDP를 모두 합치더라도 스페인의 국내총생산보다 적을 만큼 아랍이 낙후되었다는 사실을 지적하고 있다. 공병호, 『공병호의 10년 후, 세계』(서울 : 해냄출판사, 2005), 110쪽.

월급과 많은 혜택을 제공하는 안정적인 직장을 원하지 않는 사람이 있겠는가. 또 그들 역시 안락하고 풍족한 중산층의 삶을 향해 달린다. 그런데 안정된 삶을 제공해 주는 일자리가 30년 전에는 비교적 풍족했으나 지금은 멸종 지경에 이르렀다.[53)]

이러한 변화를 딛고 일어서기 위해선 변화를 인정하고 변화에 신속히 적응하며 변화를 딛고 새로운 도약을 하며 변화비용을 기꺼이 지불하려는 용기가 있어야 한다. 그렇지 않고 현실에 안주하려고만 한다면 그리고 기꺼이 변화에 따르는 비용을 지불할 의사가 없다면 그는 변화의 파도에 휩쓸려 사라져 버릴 것이다.

변화를 딛고 일어서기 위해 변화를 인정하고 변화에 신속히 적응하며 변화를 딛고 새로운 도약을 하고 변화비용을 기꺼이 지불하려는 용기를 가진 대표적인 사람으로 두바이의 셰이크 무함마드 국왕을 들 수 있다.

그는 1960년대에 두바이에 유전이 발견되어 개발되고 오일마니가 쏟아져 들어올 때 이것을 기회가 아니라 위기로 생각을 하였다. 보통사람들과는 다르게 변화가 일어나는 현상을 이해한 것이다. 다른 인접한 국가들처럼 오일마니를 거저 생긴 공짜로 여기고 흥청망청 쓰게 될 경우 천재일우의 기회를 놓칠지도 모른다는 생각을 했는지도 모른다. 그는 다른 인접 국가들보다 두바이의 석유매장량이 상대적으로 적다는 것을 알고 그는 이 한정된 석유자원을 새로운 국가 발전의 기틀로 사용해야 되겠다는 생각을 가지게 된다.

그는 그러한 생각의 연장선상에서 이 석유자원을 가지고 새로운 두바이를 만들기 위한 전략적 사고를 가지게 되는데 그것이 바로 두바이를 세계의 관광명소로 탈바꿈시켜야 한다는 것이다. 그리고 두바이에 있는 것이면 무엇이든 파는 '두바이'(Do Buy!)가 되어야 한다고 생각하였다.

---

53) 타마라 드라우트 지음, 에밀리 문 옮김, 『빈털터리 세대』(서울 : 오픈마인드, 2006), 226쪽.

그래서 그는 오일마니로 벌어 들여오는 부를 관광자원화를 위해 사용하기 시작했다.

사막에 스키장을 만들고 바다에 세계지도 모양으로 된 인공 섬 '더 월드'를 만들고 야자 잎 모양의 '팜 아일랜드'라는 인공 섬을 만들고 '버즈 두바이'라는 높이 810m, 160층이 예정인 세계 최대 최고층 건물을 건설하고, 세계의 어느 호텔보다 더 웅장하고 멋있으며 최고급 시설을 갖춘 7성급 호텔 '부리 알 아랍'(Burj Al Arab)을 만들고 관련 관광인프라를 다각적으로 구축하였다.

이러한 관광을 위한 하드웨어의 구축뿐만 아니라 이를 보다 효율적으로 가능케 할 소프트웨어를 구축하는데도 게을리 하지 않았다. 노 텍스 정책, 오픈 스카이 정책, 규제완화와 해지 그리고 행정의 효율성 증대 등을 위한 시스템을 개선하고 만드는 일도 게을리 하지 않았다. 이러한 그의 변화에 대한 능동적 자세와 이에 따른 행동은 두바이를 몇 차원을 뛰어 넘는 새로운 국가로 탈바꿈시켜 놓았다.

변화를 막연히 기다리고 그것이 왔을 때 적응을 하려는 안이하고 수동적인 자세가 아니라 미래를 미리 내다보고 이에 대처하기 위해 변화를 스스로 유도해 내고 이를 기회로 탈바꿈시키기 위해 적극적으로 유도된 변화를 관리하고 대처해 나가는 그의 혜안이 오늘의 그리고 미래의 두바이를 건설하게 만든 것이다.

이와 같은 두바이 주식회사의 새로운 변화에 대한 적응을 서정민은 다음과 같은 글로 잘 표현을 해내고 있다.

> 비즈니스 천국을 꿈꾸는 '두바이 주식회사'의 중심에는 셰이크 무함마드 국왕이라는 거인이 서있다. 투자유치를 위해서는 물과 불을 가리지 않는다는 그의 철학은 두바이를 10여 년 만에 송두리째 바꿔놓았다. '두바이의 마술사'라 불리는 그는 금융허브의 토대가 된 '노 텍스'(no tax) 정책, 항공운행 편수를 무제한 허용해 물류, 관광 허브를 가

능케 한 '오픈 스카이 정책' 등 다양한 아이디어를 내 놓고 이를 실행에 옮겼다. 외국계 은행에 단 2시간 만에 등록증을 내주는 효율적인 행정시스템과 빛의 속도로 움직이는 의사결정과정을 가능케 한 그의 지도력에 세계는 감탄하고 있다.[54)]

4. 21세기 새로운 변화를 상징하는 세계화

1) 경제를 연결고리로 하여 이어지는 세계화에 대한 미국과 일본의 시각들

이 시대에 있어 커다란 변화 중의 하나가 되어버린 세계화는 이미 대세가 되어버렸다. 누구도 부정하고 거역할 수 없는 거대한 시대적 조류가 되어버린 것이다. 소련(蘇聯) 붕괴로 인한 냉전 종식 후 신 자유주의[55)]와 신 보수주의가 대세가 되어 버렸고 이것이 미국 레이건(Ronald Reagan) 행정부나 영국의 대처(Margaret Thatcher) 내각을 움직여 나갔다. 세계는 이제 이 틀 속에서 움직이게 된 것이다. 그리고 이 틀 속에서 가장 중요한 화두는 경제가 되어버렸다. 세계화는 이제 경제라고 하는 기본 고리를 중심으로 하여 하나로 서로 엮여나가는 형국을 가지게 된 것이다.

리처드 로즈크레인스(Richard Rosecrance)는 무역에 일찍 눈을 뜨고 이를 잘 활용하는 국가가 흥성하고 그렇지 못한 국가는 쇄락의 길을 걸어가야 할 것이라고 예단하고 있다.[56)] 그리고 레스터 써로우(Lester C. Thurow)는

54) 서정민 지음, 『두바이』(서울 : 글로연, 2006). ; 『중앙일보』, 2006년 12월 9일., 18쪽에서 재인용.

55) 실뱅 알르망 지음, 김태훈 옮김, 『세계화 : 세계화는 신자유주의의 승리인가』(서울 : 웅진지식하우스, 2007). ; 서울사회경제연구소, 『신자유주의와 세계화』(서울 : 한울아카데미, 2005).

56) Richard Rosecrance, *The Rise of The Trading State : Commerce and Conquest in the*

이미 세계경제대전은 발발하였다고 주장하면서 미국, 유럽, 일본을 중심으로 하는 각 개 국가들이 국익을 극대화하기 위해 경제전쟁에 참여하여 자국의 전리품을 챙기는 노력을 필사적으로 펴나가고 있다고 주장을 한다. 그는 자신이 쓴 저서의 제목 『Head to Head』에서도 잘 나타내고 있지만 서로 머리를 디밀고 거칠고 세차게 치받는 그런 육박전 양태의 경제 전쟁이 일어나고 있는 현 실상을 적나라하게 서술하고 예측해 나가고 있다.[57]

조지 프리드먼(George Friedman)은 미국이 앞으로의 경제전쟁에서 일본과 싸울 전의를 다져야 할 것이며 이 전쟁에서 일본과의 싸움은 거의 필연적이라는 점을 과거의 일본과의 전쟁이었던 태평양전쟁을 분석하고 이에 입각하여 자신 있게 예측하고 있다.[58]

이에 대해 이시하라(Shintaro Ishihara)는 일본이 미국의 터무니없는 주장이나 강요에 분명히 '아니오.'라고 말할 수 있는 그런 용기와 능력을 가진 국가가 되어야 한다고 말하면서 만약 미국과의 21세기 경제 전쟁이 일어난다면 일본이 이 전쟁에서 승리 할 것으로 예측을 하고 있다.[59]

2) 세계화 시대의 경제전쟁 양태

미국과 일본의 입장과 시각을 살펴보았지만 분명한 점은 경제전쟁이

Modern World (New York : Basic Books, Inc., Publishers, 1986). ; 로즈크레인스 지음, 이태섭 옮김, 『무역이냐! 전쟁이냐!』(서울 : (주)시사영어사, 1987).

57) Lester C. Thurow, *Head to Head : The Coming Economic Battle Among Japan, Europe, and America* (New York : Warner Books Edition, 1993). ; 레스터 써로우 지음, 이근창 옮김, 『세계경제전쟁』(Head to Head) (서울 : 고려원, 1992).

58) George Friedman & Meredith Lebard, *The Coming War With Japan* (New York : St. Martin's Press, 1991).

59) Shintaro Ishihara, *The Japan That Can Say No* (New York : Simon & Schuster Publishing, 1989).

도래되었다는 것이다. 총알이 날라 가고 대포알이 날라 가며 피가 흐르고 살이 찢겨져 나가는 이전의 전쟁과는 달리 경제 전쟁은 무장한 군인이나 무장전력이나 화력이 없이 평범한 샐러리맨들이 전화나 팩스 그리고 컴퓨터 등의 정보통신 메커니즘을 통해 전쟁을 수행하는 그러한 전쟁으로 전쟁양상이 바뀌어 졌다는 것이 차이 날 뿐이다. 비록 이 전쟁에서 피해를 입거나 패배를 당한 사람들은 피를 흘리거나 살이 찢겨져 나가지는 않았지만 직장을 잃고 생계를 잇기 어렵고 찌들은 삶의 무게에 눌려 스스로 목숨을 끊는 그런 처참한 현실에 직면하게 된 것이다.

우리도 이러한 시대적 조류인 세계화의 흐름에 편승하기 위한 노력의 와중에 1997년 11월 외환유동성위기에 몰려서 '국제통화기금'(IMF)에서 구제 금융을 받아 국가부도를 모면했던 쓰라린 경험을 가지고 있다.[60] 많은 금융기관들과 기업들이 무너져 내렸고 강도 높은 구조조정이 이루어졌으며 이로 인한 희생자들이 속출하였다. 희생자들은 스스로 목숨을 끊는 자까지 나타나게 되었다. 국가의 국부(國富)가 반 토막이 나고 국민의 삶의 질은 현격히 저하가 되었다.

비록 도심에 우뚝 솟은 건물은 무너져 내리지 않았지만 그리고 종전처럼 전쟁으로 인한 흉악한 몰골의 폐허는 재현되지 않았지만 건물은 우리의 것이 아닌 남의 나라 것이 되었고 폐허대신 삭막한 실업자의 대열로 얼룩진 그리고 힘들여 쌓아올린 부가 반 토막이 난 그런 나라가 되어버린 것이다. 경제전쟁은 어떻게 보면 군사적 무력수단을 통한 전쟁보다 더 참혹하고 잔인했던 것이다.

3) 새롭게 재편되는 세계경제질서

세계경제전쟁이 발발되었다는 사실을 기정사실로 받아들인 많은 나라

60) 박정태, 『아시아 경제 위기, 1997~1998』(서울 : 부·키, 1998).

들은 스스로 이 흐름에서 낙오되지 않기 위한 많은 노력들을 경주하고 있다.

세계무역기구(WTO), 세계자유무역협정(FTA), 유럽연합(EU), 북미자유무역협정(NAFTA), 전미자유무역지대(FTAA), 안데스 공동체, 남미공동시장(MERCOSUR), 남아시아지역협력(SAARC) 등 새로운 틀로 짜여 지는 세계 및 아시아 경제를 지켜 볼 수 있다. 목적이나 설립이유 등은 서로 다 다르겠지만 이러한 국가적 통합경제체제로의 이행이 이루어지고 있다는 점이 이제 하나의 시장으로 달려가고 있는 세계경제를 그리고 급격히 변모되고 있는 세계를 피부로 절실하게 느끼게 해주고 있는 것이다.

이러한 변모 중 몇 가지 의미 있게 이루어지는 변화들에 주목할 필요가 있다.

하나는 새롭게 부상하는 신흥국가들인데 특히 브라질, 러시아, 인도, 중국 등으로 대변되는 BRICs 국가들의 놀라운 변화와 약진이다.

뉴스위크 편집장 파리드 자카리아(Fareed Zakaria)는 21세기 국제질서의 변화를 '나머지의 부상'(the rise of the rest)으로 집약하여 표현하고 있다.[61] 그는 중국과 인도 등 국제정치에서 규모는 크지만 그동안 경제적으로 침체해 있었던 이른바 나머지 국가들에 속한 거대국가들이 세계화의 영향으로 급격한 경제성장을 경험하면서 국제질서에서 미국 패권을 상대적으로 위축시키고 있다면서 이로 인해 '반미주의'(Anti-Americanism) 시대에서 '탈미주의'(Post-Americanism) 시대로 전환하는 단계에 있다고 주장하고 있다.

그에 의하면 현대 세계에서 세 번에 걸친 권력이동(power shift)이 있었다고 한다. 첫 번째 권력이동은 15세기에 걸쳐 이루어진 서구세계의 부상이고, 두 번째 권력이동은 19세기말에 걸쳐 이루어진 미국의 부상과 '범

61) Fareed Zakaria, *The Post-American World* (New York : W. W. Norton & Company, Inc., 2008).

미주의'(Pax Americana) 시대의 개막이고 세 번째 권력이동은 21세기에 걸쳐 이루어지고 있는 중국이나 인도 등 지금까지 주요세력이 아닌 주변세력으로 간주되어진 나머지 국가들의 부상이라고 주장하고 있다.

자크 아탈리(Jacques Attali)는 이러한 나머지 국가들의 부상으로 인해 미국이 더 이상 세계를 경영하려는 욕심을 내지 않을 것으로 내다보고 있다. 왜냐하면 이미 세계는 재정적으로나 군사적으로나 외교적으로 미국의 세력권을 벗어나 버렸기 때문이라는 것이다. 앞으로 미국은 체념이나 의무가 아닌 자발적 선택에 의해서 지배적인 제국이나 상업적 체제의 '거점'이 되기를 거부할 것이라고도 내다보고 있다. 그리고 역사적으로 볼 때 제국의 수명이 점점 짧아지고 있는 점을 감안할 때 미국이라는 제국도 그 자리를 내주어야 할 때가 머지 않았다고 주장을 하고 있다.[62)]

이러한 나머지 국가들의 부상 중 특히 최근에 들어 중국의 부상은 가히 살인적이다. 두 자리 수 이상의 경제성장을 일구어내면서 세계 경제의 중심으로 야심차게 전진하고 있는 중국의 발 빠른 변화는 주의 깊게 주시해야 할 새로운 변화의 움직임이다.

이와 관련하여 주목해 볼만한 주장은 앙트완 반 아그마엘 EMM(Emerging Market Management) 회장[63)]이 제시하고 있는 미래전망이다. 그는 향후 세계 경제를 주도할 25개 다국적기업은 미국보다는 다음과 같은 국가들에서 나올 것으로 전망하고 있다. 브라질, 멕시코, 한국, 대만에서 4개씩, 인도

62) 자크 아탈리 지음, 양영란 옮김, 『미래의 물결』(서울 : 위즈덤 하우스, 2007), 223쪽.

63) 아그마엘 회장은 1987년에 이머징마켓 전문 투자자문사 EMM을 설립하여 현재 약 220억 달러의 자금을 운용하고 있다. 1981년에 사모펀드 '이머징마켓 성장펀드'를 출시하면서 잠재력 넘치는 개발도상국을 가리키는 '이머징마켓'이란 용어를 처음으로 사용하였다. 최근엔 국내에도 소개된 『이머징마켓의 시대』(The Emerging Markets Century)란 책을 통해 "세계 경제의 구심점이 선진국에서 이머징마켓으로 바뀌는 경제혁명"이 일어나고 있다며 글로벌 경제를 주도할 25개의 이머징마켓 기업들을 선정하여 소개했다. 『머니투데이』, 2008년 1월 1일 ; http://www.mt.co.kr/view/mtview.php?type=1&no=2007122920010192223&outlink=1

에서 3개, 중국 2개, 아르헨티나, 칠레, 말레이시아, 남아공 각 1개씩이라는 것이다.[64] 그리고 이러한 새롭게 떠오르는 신흥 시장 이른바 '이머징 마켓'의 시대가 도래 할 것을 예측하고 있는 것이다.

이와 같은 맥락에서 유럽의 유명한 미래학자인 자크 아탈리가 일본, 중국, 인도, 러시아, 인도네시아, 한국, 오스트레일리아, 캐나다, 남아프리카 공화국, 브라질, 멕시코 등 11개 나라(자크 아탈리는 이러한 열 한개 나라를 '일레븐'이라는 이름으로 명명을 하고 있음)가 앞으로 새로운 경제적, 정치적 세력으로 부상할 것으로 전망하고 있는 것[65]과 상당부분 일치하고 있는 점에 주목을 할 필요가 있다.

둘째는 잃어버린 10년이라고 자탄을 하고 있던 일본의 새로운 재도약의 움직임이다. 잠시 주춤하던 일본의 경제는 21세기를 맞이하여 다시 재도약의 전환기를 맞이하고 있다. 미국을 제외한다면 세계 최고의 경제력을 가지고 있는 일본의 새로운 재도약 역시 주의 깊게 주시해야 할 새로운 변화의 움직임이다.

셋째는 '마스트리히트조약'(Maastricht Treaty)[66]을 바탕으로 하여 탄생한 '유럽연합'(EU)의 약진의 움직임이다. 이제 경제적 통합을 거쳐 정치적 통합으로까지 나아가려는 유럽연합은 경제력에 있어서 미국과 일본에 버금가는 수준으로까지 발전이 되었다. 그들이 꿈꾸는 정치적 통합까지 이루어낸다면 이것이 가져 올 시너지 효과는 대단할 것으로 판단이 된

64) 앙트완 반 아그마엘 지음, 김민주 옮김, 『이머징마켓의 시대』(서울 : 김영사, 2007).

65) 자크 아탈리 지음, 양영란 옮김, 『미래의 물결』(서울 : 위즈덤 하우스, 2007), 164쪽.

66) 유럽공동체가 시장통합을 넘어 정치·경제적 통합체로 결합하기 위한 터전이 된 조약이다. 네덜란드의 소도시인 마스트리히트에 EC정상들이 모여 가조인한 데서 이름을 따왔다. 마스트리히트 조약은 유럽중앙은행 창설과 단일통화 사용의 경제통화동맹(EMU), 노동조건 통일의 사회부문, 공동방위정책, 유럽시민권 규정 등 4개의 핵심내용을 담고 있다. 마스트리히트 조약은 1992년 2월 EC외무장관회의에서 정식 조인되었으며 각국의 비준을 거쳐 1993년 10월 독일의회의 비준을 마지막으로 11월부터 발효되었다. 이에 따라 EC는 유럽연합(EU)으로 명칭을 바꾸었다. http://terms.naver.com/item.nhn?dirId=105&docid=4237

다. 이러한 유럽연합의 세계경제에서 차지하는 비중의 증대 역시 주의 깊게 주시해야 할 새로운 변화의 움직임이다.

(1) 새롭게 부상하는 BRICs

이러한 세계경제의 변화되는 흐름 속에서 주의 깊게 살펴보아야 할 것이 있는데 바로 BRICs 국가의 태동과 성장이다. BRICs란 브라질, 러시아, 인도 그리고 중국의 영문 앞 자를 조합하여 만든 합성어이다. 이 네 나라는 세계경제에 차기 주자로 급부상하고 있는 신흥시장(emerging market)으로서 현재 중국이 선두주자의 지위를 차지하고 있다.

이 네 나라는 우선 넓은 영토를 가지고 있다. 가장 넓은 영토를 가지고 있는 나라가 러시아이다. 러시아는 1,700만㎢의 광대한 영토를 가지고 있다. 이해를 돕기 위해 한국과 비교를 해보면 한국(남한)이 10만㎢ 조금 안 되니까 거의 170배나 더 넓은 영토를 가진 셈이 된다. 다음이 중국으로 960만㎢의 영토를 가지고 있다. 우리나라와 비교를 하면 거의 96배나 더 넓은 영토를 가진 셈이 된다. 다음이 브라질로 851만㎢의 영토를 가지고 있고 인도는 328만㎢의 영토를 가지고 있다. BRICs국가 중 가장 작은 영토를 가지고 있는 인도도 한국보다 약 33배나 더 넓은 영토를 가진 셈이 되는 것이다.

그 다음 이들 국가들은 풍부한 인적 자원을 가지고 있다. 가장 풍부한 인적 자원을 가진 나라는 중국이다. 13억 명이 넘는 인구를 가지고 있어 세계 제1위의 인구 대국이다. 그 다음이 인도이다. 11억5천만 명의 인구를 가지고 있어 중국에 이어 세계 제2위의 인구 대국이다. 브라질 역시 1억 9천만 명의 인구를 가지고 있고 러시아도 1억 4천만 명의 인구를 가지고 있다.

다음 이들 국가들은 광대한 영토를 배경으로 하여 막대한 물적 자원과 에너지자원을 가지고 있다. 브라질의 삼림자원과 러시아의 원유 및 천연

가스 등이 바로 이러한 사실을 뒷받침하고 있는 것 들이다.

이에 덧붙여 이들의 과학기술력 역시 세계 수준급이다. 피터 드러커(Peter Ferdinand Drucker)는 "국가경쟁력을 가리는 평가기준은 토지, 자본, 생산설비나 국가의 인구, 면적, 천연자원의 과다가 아니라 기업이나 국가가 보유하고 있는 지식, 정보, 기술 및 문화의 질과 양이다."라고 주장을 한 바 있다. 그리고 폴 케네디(Paul Michael Kennedy)는 "자본, 노동, 자원은 이제 정보, 지식, 기술로 대체되고 있다."고 예견하였다.[67]

이제 21세기에는 피터 드러커나 폴 케네디의 주장과 같이 국가의 영토나 인구 그리고 천연자원의 많고 적음보다는 그러한 국가들이 가지고 있는 지식이나 정보 그리고 문화의 질과 양이 더욱 중요시되는 그런 시대가 되고 있다. 이러한 차원에서 볼 때 이들 국가들의 과학기술력 등에 담긴 잠재력을 포함한 실제 능력은 대단하다고 평가해도 지나침이 없을 것이다.

우선 러시아는 소련을 계승한 국가로써 세계 최고의 과학 기술력을 자랑하는 미국과 1945년 이후 1991년까지 서로 어깨를 겨루고 국방과학 분야를 비롯하여 여러 과학부문에서 경쟁을 해 온 국가이다.

그 예로 소련은 1957년 10월 4일에 5개의 추진엔진으로 구성된 스푸트니크(Sputnik) 1호[68]라는 세계 최초의 인공위성을 지구 궤도에 쏘아 올렸을 뿐만 아니라 1961년 4월 12일에 유리 가가린(Yuri Gagarin)이라는 우주인

---

67) Paul Kennedy, *Preparing for the Twenty-first Century* (New York : Random House, Inc., 1993) ; 폴 케네디 지음, 변도은 외 옮김, 『21세기 준비』(서울 : 한국경제신문사, 1993).

68) 무게가 83.5Kg이며 직경이 57Cm(22인치)이고 대기에 관한 데이터를 기록하고 전송할 수 있는 장치를 갖고 있는 둥근 금속구로서 고도 940Km에 로켓이 도달 한 후 시속 약 28,800Km로 지구 주위를 선회한 후 인공위성은 다 타버린 로켓을 분리시키고 지구상공 약 880Km 높이에 궤도를 만들었다. 약 한 달 후인 11월 3일 소련은 스푸트니크 2호를 발사했다. 무게가 500Kg인 이 인공위성은 스푸트니크 1호보다 여섯 배나 무거우며, 라이카란 이름의 개를 태우고 매 시간마다 지구궤도를 돌았다. 양동주, 『한 권으로 보는 20세기 대사건 79장면』(서울 : 가람기획, 1997), 238-239쪽.

을 우주선에 실어 우주궤도에 올려놓는 세계 최초의 유인우주선 발사성공[69]이라는 위업을 달성하여 미국을 위시한 세계를 놀라게 하였고 기초과학분야에서도 괄목할 만한 성과를 내 놓은 국가이다.

중국 역시 고대 시대부터 찬란한 문화와 문명을 발전시켜 온 국가이고 근자에 들어서도 기초과학분야에서 괄목할 만한 성과를 내 놓은 국가이다.

중국은 등소평 시절 '863계획'에 의거하여 생물공학, 항공우주, 정보기술, 레이저기술, 자동화기술, 에너지기술과 신소재 등의 7개 영역에서 15년 내에 국제수준을 따라잡아서 다른 나라와의 기술격차를 줄이고 우수한 성과를 얻어 20세기말 특히 21세기 초의 경제발전과 국방안전을 도모한다는 계획을 야심차게 밀고 나갔으며 863계획의 후속으로 2001년부터 2010년까지 환경 분야를 추가해 10년 계획을 실시해 나가고 있다.

특히 우주항공분야에서의 괄목할만한 발전이 눈에 띈다. 선저우 1호 발사가 있었던 1999년부터 시작된 우주개발은 현재 유인우주선과 달 탐사선을 쏘아 올리는 수준으로까지 발전을 하였다.

인도역시 탄탄한 기초과학기술력을 기반으로 하여 정보통신(IT)분야 등에서 괄목할만한 발전을 일구어 내고 있다.

BRICs국가들의 제조업을 중심으로 하는 생산력도 결코 무시할 수 없는 수준에 도달해 있다. 중국이 자동차, 조선, 철강 부문 등에서 매우 빠른 속도로 성장을 하고 있는 것이나 인도가 정보통신 부문, 자동차, 철강 부문 등에서 가파른 성장을 하고 있는 것들이 바로 그러한 것을 입증해 주고 있다. 이러한 발전과 성장에 힘입어 이들 국가들은 괄목할만한 경

---

69) 소련은 스푸트니크 위성 발사 후 4년 만인 1961년 4월 또 다시 세계최초로 유인 우주위성 발사에 성공했다. '보스토크'라는 이름의 이 인공위성은 무게가 4,715Kg으로 27세의 소련 공군대위인 유리 가가린을 태우고 지구궤도에 진입한 후 지구를 한 바퀴 도는데 89.1분이 소요된 것으로 알려졌다. 이후 가가린은 무사히 지구로 귀환하여 미국과 소련의 우주전쟁에서 소련에 승리를 안겨주었다. 『앞의 책』, 241쪽.

제력 증대를 낳고 있다.

또한 상대적으로 정치적 안정을 누리고 있으며 활성화되고 있는 내수 시장을 가지고 있기도 하다. 그러기에 이러한 모든 것들을 종합적으로 평가해 볼 때 그들이 가지고 있는 미래의 세계경제에 있어서의 폭발력은 대단하다고 볼 수 있는 것이다.

(2) 중국의 부상

앞에서도 살펴보았지만 중국의 약진은 대단하다. 1978년에 개혁, 개방 정책을 실행한 이래, 여러 부문에서 세계 수위를 향한 발 빠른 행보를 계속하고 있다.

지난 10여 년간 연평균 경제성장률이 7~8%를 유지하고 있다.[70] 이미 조선부문 등은 세계 1위인 한국의 자리를 위태롭게 하고 있고 철강부문도 매우 빠르게 성장을 하고 있어 위협적이며 자동차 부문 역시 세계 5대(Global Top 5) 자동차 제조업체로의 자리 매김을 굳혀가고 있는 상태이다. 섬유, 의류, 신발 등 경공업분야에서도 발전의 속도는 늦추어지지 않고 있다. 이미 중국은 현재 한국과 일본의 최대 무역상대국으로 자리매김을 하고 있다.

그리고 첨단과학부문에서도 미국, 러시아, 일본과 어깨를 겨눌 수 있는 수준으로 까지 발전을 해나가고 있다.

예를 들어 설명하면 이 중 특히 우주항공분야의 약진이 이미 앞에서 언급을 하였듯이 아주 괄목 할만하다. 1999년 11월 19일 첫 번째 우주선 선저우(神舟 : '하늘이 내린 배'라는 의미를 담음) 1호가 발사됐고 2001년 1월 2호, 2002년 3월과 12월에 3호와 4호가 각각 발사된 뒤 2003년 10월 15일

70) 김태호 외, 『중국외교 연구의 새로운 영역』(서울 : 나남, 2008). ; 이태환, "동아시아 공동체와 중국," 하영선 편, 『동아시아 공동체 : 신화와 현실』(서울 : EAI, 2008). ; 쩡비젠 지음, 이희옥 옮김, 『중국 평화부상의 새로운 길』(오산 : 한신대학교 출판부, 2007).

역사적인 첫 유인우주선 발사를 통해 중국의 우주영웅 양리웨이(楊利偉)가 탄생했다.[71] 이후 2005년 10월 두 번째 유인우주선인 선저우 6호가 발사되고 2008년 9월 25일 세 번째 유인우주선인 선저우 7호 발사에 성공하면서 미국과 러시아가 독주하는 우주 개발 경쟁 대열에서 어깨를 나란히 할 수 있음을 확인시켜줬다.

그러나 중국은 이에 그치지 않고 2007년 10월 24일 최초 달 탐사위성 '창어(嫦娥) 1호' 발사를 기점으로 하여 2010년 달에 무인우주선을 착륙시키고 2017년까지 달에 우주인을 보낸다는 구상이며 궁극적으로는 2020년 자체 우주정거장 건설을 추진하고 있다.[72]

이러한 맥락에서 볼 때 중국의 약진은 어떤 시각에서 볼 땐 매우 위협적으로 보인다. 그러나 중국의 부상을 세계경제를 살찌울 수 있는 가능성으로도 엿볼 수 있다는 또 다른 시각에서 볼 땐 기회도 되는 것이다.

미래학자인 자크 아탈리는 중국이 2025년에 13억5천만 인구와 더불어 세계 제2의 경제세력으로 자리를 굳힐 것으로 내다보고 있다. 중국의 GNP는 2015년에 일본의 GNP를 추월하고, 2040년에는 미국의 GNP를 넘어설 것으로 전망을 하고 있다.[73]

또한 보스턴 컨설팅 그룹(BCG)에 따르면 중국은 원가경쟁력을 향후 10년 간 유지할 것으로 전망하고 있다. 그리고 토머스 프리드먼(Thomas Friedman)이 이야기 하듯이 중국은 거대한 내수시장을 세계에 제공하기도 하겠지만 다른 한편으로는 마치 스펀지처럼 세계자본을 세차게 빨아들이기도 할 것이다. 나아가 중국은 세계의 시장이며 세계의 공장으로 세계경제성장의 견인차 역할도 해 낼 것으로 기대가 된다.

---

71) 『조선일보』, 2007년 10월 24일. ; http://news.chosun.com/site/data/html_dir/2007/10/24/2007102400147.html

72) http://science777.tistory.com/1293

73) 자크 아탈리 지음, 양영란 옮김, 『앞의 책』, 165쪽.

변화무쌍한 위협과 기회의 양면성을 지닌 중국카드는 이것을 어떻게 활용하고 구사해 나가느냐에 따라 세계에 득이 되기도 하고 실이 되기도 할 것이다.

(3) 일본의 재부상

BRICs국가들을 중심으로 하는 신흥시장의 대두와 중국의 부상, 그리고 유럽연합의 결성 등은 미국을 중심으로 했던 종전의 세계 경제 질서를 재편해야 된다는 방향으로 선회를 하는 양상을 보여주고 있다.

일본도 1990년대 이후 '잃어버린 10년'을 살았던 일본이 더 이상 아니다. 전여옥이 써서 베스트셀러가 되었던 『일본은 없다』[74]라는 제목에 쓰여 진 글처럼 일본이 없어지거나 사라진 것도 아니다. 일본인들이 아쉬워하면서 잃어버린 10년이라고 했지만 아직 일본은 미국을 제외하면 세계 제1의 경제대국으로 남아있다. 오히려 일본은 과거의 일본과 달리 잃어버린 10년을 교훈삼아 보다 강인하고 지혜로운 국가로 재도약을 하고 있다.[75]

이제 유럽연합의 경제적 힘이 탄력을 받고 있고 일본의 경제력도 새로운 도약을 위한 강한 발 돋움을 하고 있고 그리고 중국 등 신흥시장의 경제력도 나름대로의 파괴력을 가지게 되었다. 특히 앞에서도 살펴보았지만 일본사람들이 잃어버린 10년이라고 이야기 하는 침체의 늪에서 새로이 부활하는 일본을 주목해 볼 필요가 있다. 핵심경쟁력으로 미국과 대적하면서 미국과 분업관계를 통한 공존을 모색하는 일본을 가벼이 여겨서는 안 될 것이다. 일본은 세계가 부러워하는 첨단기술과 노하우를 바탕으로 강한 경쟁력을 유지해 나가고 있고 축적된 자본(national wealth)

74) 전여옥, 『일본은 없다』(서울 : 지식공작소, 1993).

75) 박영준, 『제3의 일본 : 21세기 일본외교·방위정책에 대한 재인식』(서울 : 한울, 2008). ; 배정호, 『일본의 국가전략과 안보전략』(서울 : 나남, 2006).

을 기반으로 한 경쟁력 역시 세계 수위권이다. 또한 미국과 상호보완적인 분업을 통한 시너지 효과 역시 대단한 것으로 평가해 볼 수 있을 것이다. 이러한 관점에서 볼 때 일본의 경제적 파워를 과소평가할 수는 없다. 일본은 21세기에 분명히 자신의 몫을 해 낼 역량을 갖춘 국가이기 때문이다.

세계화로 인한 경제적 다극체제로의 전환은 세계 경제의 다원화를 의미하고 보다 복잡한 협력과 상생을 위한 노력이 필요로 됨을 의미한다. 그리고 보다 치열한 국가 간 경쟁을 예고하는 것이다. 이 경쟁에서 탈락하는 국가는 경제적 종속국가로서의 수모와 고통을 감내해야 할 것이다. 처절한 변화가 세계화와 세계경제전쟁의 와중에 놓여있는 것이다. 이러하기에 변화하지 않으면 안 되는 이유를 열거하고 변화의 필연성을 이야기하고 있는 것이다.

5. 변화의 필연성과 인간이 중심이 된 변화

1) 변화의 필연성

지금까지 살펴보았듯이 분명한 점은 이 시대의 가장 으뜸 되는 화두는 변화라는 것이다. 변화를 인정하지 않고 과거에 연연하려는 자는 결국 자기의 무덤을 파는 결과를 초래하게 되는 것이다.

변화는 여러 가지 모양을 하고 우리 앞에 나타난다. 중요한 것은 이러한 변화의 모양에 맞도록 우리 자신을 변화시키는 일이다. 그것이 둥근 모양이라면 둥글게 변해야 하고 그것이 네모난 모양이라면 네모나게 변해야 하는 것이다.

이러한 변화에 대한 적응을 가장 잘 대변해 주는 것이 물이 아닌가 싶다. 물은 모양이 원래 없다. 그릇의 모양에 따라 물은 재빨리 변모한다. 둥근 그릇에 담기면 둥글게 되고 네모난 그릇에 담기면 네모 모양으로 변한다. 이렇게 신속하고 정확하게 자신을 변신하는 것도 드물 것이다. 그렇다고 해서 물이 자기의 정체성을 잃어버리는 것도 아니다.

또한 물은 필요할 경우에는 변화를 주도하기도 한다. 옛 사람들이 '물이 배를 띄우기도 하지만 배를 뒤집기도 한다.'는 말이 바로 이를 두고 하는 말이다. 물은 흐름에 따라 어떤 곳에든 적응하여 모양을 바꾸지만 거친 암석이 있다면 이것을 뒤나 앞 또는 옆으로 밀쳐내고, 모가 난 암석이 있다면 끊임없이 다듬어서 둥근 암석으로 바꾸어 놓기도 하는 것이다. 물은 이와 같이 스스로를 주위의 환경에 맞추어 바꾸기도 하지만 필요에 따라서는 주위의 환경을 자신의 의도에 따라 바꾸는 역할도 수행을 하는 것이다.

이와 같이 물은 결코 멈추지 않고 내적으로나 외적으로나 언제나 변화한다. 그래서 빨리 움직일수록 물은 더욱 맑아지는 것인지도 모른다.[76] 물을 통한 교훈에서 변화가 던져주는 깊은 의미를 헤아릴 수 있는 것이다. 변화하지 않으면 존재할 수 없는 것이다.

그런데 만물의 영장이라 스스로 칭하는 인간들이 바보스럽게도 이러한 진리를 외면하는 경우가 너무나 많다. 너무나 자연스럽게 변화를 거부하고 현실에 안주하려는 바보들이 너무나 많은 것이다.

그러한 바보들 중에 이라크 독재자였던 사담 후세인(Saddam Hussein)을 들 수 있다. 그는 미국이라는 환경적 변수의 변화를 무시했다. 아니 어쩌면 자신이 보고 싶은 것만 보고 정작 보아야 할 것을 애써 외면하려고 했을지도 모른다. 미국이 아직도 베트남전의 악몽에서 깨어나지 못하고 있으며 미국의 전술, 전략도 변함이 없을 것으로 믿은 것이다. 그래서 자연스럽게 그는 똑같은 전쟁 양태가 반복 될 것으로 생각을 하였다. 그러

76) 로버트 그린 지음, 안진환·이수경 옮김, 『전쟁의 기술』(서울 : (주)웅진씽크빅, 2007), 57쪽.

나 그것은 커다란 오판이었다.

역사적으로 최악의 군사적 재앙은 과거의 전쟁을 반복했을 때가 아니라 상대편이 과거의 전쟁을 반복할 것이라고 추측했을 때 일어났다.[77] 이 역사적 사실이며 교훈은 그대로 이라크 전에서 나타났다.

1990년 사담 후세인이 이끄는 이라크 군이 쿠웨이트를 침공했을 때 사담 후세인은 미국이 베트남증후군에서 회복하지 못했다고 생각했고, 그렇다면 전쟁을 피하거나 이전과 같은 방식으로, 즉 지상전 대신 공중전을 통해 승부를 걸리라고 생각했다. 후세인은 미군이 새로운 형태의 전쟁에 대한 준비를 완료했다는 사실을 깨닫지 못했다.[78]

이러한 변화에 대한 오판은 이라크 국민과 이 전쟁으로 피해를 입은 모든 사람들에게 커다란 비용을 지불하게 만들었을 뿐만 아니라 작전명 '사막의 폭풍'(Sand Storm)이라 이름 불려진 '걸프전'에서 이라크는 쓰디쓴 패배를 맛보아야만 되었으며 이는 사담 후세인의 입지를 아주 좁히는 결과를 초래하였고 결국 자신의 운명을 비참하게 앞당기는 결과를 낳게 만들었던 것이다. 자신을 둘러싼 주변 환경은 변화하고 있고 변화 했는데 그 자신만 변화를 감지 못하고 더 나아가 자신도 변화를 하지 못했던 것이다. 그 결과는 참담한 패배였다.

린다 맥퀘이그(Linda McQuaig)는 "현대의 관리자는 오직 두 가지 형태의 관리자만 있는데 하나는 빠른 사람이고, 다른 하나는 죽은 사람이다."라고 주장을 하고 있는데 이는 이와 맥을 같이하는 말이다. 즉 변화에 재빠르게 적응하는 사람은 살아남지만 그렇지 못한 사람은 죽을 수밖에 없다는 의미를 담고 있는 것이다.

이미 허버트 스펜서(Herbert Spencer)나 찰스 다윈(Charles Robert Darwin)은 이러한 진리를 '적자생존'(survival of the fittest)이라는 이론으로 담아내었

77)『앞의 책』, 58쪽.

78)『앞의 책』, 58쪽.

다.[79] 이들은 "밀림과 같은 이 세상에서 가장 강한 자는 힘이 센 자도 아니고 지능이 높은 자도 아니다. 가장 오래 살아남는 자가 가장 강한 자이다."라고 주장하였다.

변화가 무쌍한 밀림에서 살아남기 위해선 변화에 적응하는 수밖에 없는 것이다. 중생대 쥐라기와 백악기를 지배했던 종은 공룡이었다. 거대한 몸집과 강한 힘으로 생태계를 주름 잡았다. 그러나 그들은 급변하는 지구환경에 적응을 하지 못했다. 가장 강한 힘을 가지고 있었지만 그들은 멸종할 수밖에 없었다.

오히려 힘에 있어서 공룡과는 비교가 되지도 못하는 모기나 바퀴벌레 같은 곤충이 연약해 보이지만 이러한 급변하는 변화를 이겨내고 지금까지 생존하고 있는 것이다. 찰스 다윈의 시각에서 본다면 곤충이 공룡 보다 더 강한 자인 것이다. 변화에 적응하지 못하는 자는 죽음뿐이라는 찰스 다윈의 생각을 린다 맥퀘이그는 확인을 해주고 있는 것이다.

정말 변화는 필연적이며 이에 적응을 해야만 살아남을 수 있다는 것은 부인할 수 없는 현실적 진리이다. 이러한 생각은 여기서 멈추지만은 않는다. 톰 피터스(Tom Peters) 역시 "세상에서 변하지 않는 것은 없고, 변하지 않는 것이 있다면 그것은 변화 그 자체일 것이다."라는 주장을 통해 변화의 거부할 수 없는 필연성을 강조하고 있다. 또한 미국의 유명한 경영학자인 피터 드러커(Peter Drucker) 역시 "현대의 관리자는 새로운 탄생을 위해서는 자기가 아는 모든 것을 과감히 버릴 준비도 필요하다."고 주장을 하였는데 이것도 변화를 긍정적이고 적극적으로 받아들여야 한다는

---

79) 원래 적자생존이란 용어를 처음으로 사용한 것은 찰스 다윈이 아니라 스펜서이다. 영국의 철학자이자 경제학자인 스펜서는 1864년 그의 저서 『생물학의 원리』에서, "생존 경쟁에서 가장 좋은 종족만이 살아남는다."고 주장했다. 이것이 '적자생존의 법칙'의 탄생이다. 이후 진화론으로 유명한 다윈은 이 적자생존이란 말을 '자연선택'이란 말로 치환해서 그가 발표한 『종의 기원』의 기본원리로 사용했다. ; http://www.ibulgyo.com/archive2007/200709/20070921190380950.asp

앞의 주장들을 보다 극화시킨 것으로 그와 맥을 같이하는 것이다.

스펜서 존슨(Spencer Johnson)은 재미있는 비유를 통해 변화의 필연성에 관련 된 메시지를 우리에게 던져주고 있다. 그는 '누가 내 치즈를 옮겼을까?'[80]라는 저술을 통해 우리에게 변화 필연성에 대한 화두를 던지고 있는 것이다.

우리 눈에 보이는 치즈는 음식의 일종이지만 이 책에서는 치즈란 우리가 생활 속에서 얻고자 하는 직업, 인간관계, 재물, 근사한 집, 자유, 건강, 명예 등을 모두 아우르는 개념으로 우리들은 나름대로 자신만의 치즈를 마음속에 두고 그것을 추구하며 살아간다고 전제를 한다. 왜냐하면 그것이 자신을 행복하게 해줄 것이라 믿기 때문이다. 또 자신이 그토록 갈구하던 치즈를 얻게 되면 누구나 그것에 집착하며 얽매이고 만약 치즈를 상실하게 된다면 급격한 변화를 수용하지 못하고 심리적인 공황 상태에 빠져 버린다는 것이다.

이 책의 주인공들로 나오는 작은 생쥐인 '스니프'와 '스커리' 그리고 변화를 두려워하는 '햄'과 변화에 도전하는 '허'는 각자의 치즈를 통해 우리가 지향해야 할 삶의 모습들을 제시해 주고 있다. 이들을 통해 우리는 편안한 안주라는 감미로운 유혹과 변화라는 험난한 여정을 통해 삶의 참 의미를 깨닫게 되는 것이다.[81]

우리는 앞서 소개한 스펜서 존슨의 '누가 내 치즈를 옮겼을까?'에서 나오는 비유처럼 변화를 긍정적으로 받아들이는 사고에 익숙하지 않다. 낯익은 환경이 주는 안락에 취해 다가오는 변화의 기미를 애써 외면해버린다. 참으로 안타까운 일이다. 변화가 당장은 어렵고 힘들지만 먼 장래로

---

80) 스펜서 존슨 지음, 이영진 옮김, 『누가 내 치즈를 옮겼을까』(서울 : 진명출판사, 2008). ; Spencer Johnson, *Who Moved My Cheese? : An Amazing Way to Deal with Change In Your Work and In Your Life* (New York : G. P. Putnam's Sons Publishers, 1998).

81) 『앞의 책』.

보아서는 보다 더 큰 이익을 가져다 줄 수 있는 것인데도 말이다.

2) 인간이 중심이 된 변화

변화의 필연성을 기정사실로 받아들인다면 이러한 변화의 주체는 누가 되어야 하느냐 하는 것이 중요하다. 불문가지로 변화의 주체는 바로 우리 인간이 되어야 한다. 변화에 적응하는 것만으로는 부족하다. 변화를 적극적이고 능동적으로 유도해 낼 수 있어야 한다. 바로 이러한 역할을 해 낼 수 있는 사람들이 인간이며 그 중에서도 변화수용 적이고 변화 유도적인 리더들이다.

인류 역사를 통틀어 볼 때, 위대한 리더는 바로 중대한 변화를 통해 훌륭한 업적을 달성하는 사람이다.[82] 변화를 기피하고 적응하지 못하고 두려워한 자들은 결코 리더로서 역사의 장에 설 수가 없었다.

앞서 살펴보았듯이 우리가 살아가고 있는 이 시대는 변화를 받아들이지 않으면 안 되는 시대이다. 변화의 거부할 수 없는 필연성을 받아들일 수밖에 없는 세상이 되어버린 것이다. 따라서 변화는 당연한 것으로 받아들인다는 전제하에 이를 어떻게 우리 자신 즉 인간들에게 유리하게 받아들일 것인가에 대해 보다 깊이 있는 심사숙고가 있어야 할 것이다.

즉 거부할 수 없는 변화를 딛고 일어서기 위해선 우선 거부 할 수 없이 밀려오는 변화를 인정하고 둘째, 가능하면 변화에 신속히 적응하며 셋째, 변화를 딛고 새로운 도약을 하며 넷째, 변화에 따르는 비용을 기꺼이 지불하려는 용기가 있어야 한다는 점에 유념을 하여야 할 것이다.

이러한 것을 해낼 수 있다는 생각이 가능할 때 변화는 우리에게 기회라는 얼굴로 다가오게 될 것이다. 항상 우리 앞에 나타나는 변화는 그 속에 위기와 기회라는 두개의 가치를 동시에 같이 가진다. 결국 위기를 가

82) B. 조셉 화이트, 『앞의 책』, 173쪽.

질 지 그렇지 않으면 기회를 가질 지는 선택을 하는 우리의 몫이다. 변화를 기피하거나 두려워한다면 우리는 위기를 선택하는 것이고 변화를 수용하고 이에 적응할 뿐만 아니라 이를 우리의 필요에 따라 유도해 낼 수 있다면 우리는 기회를 선택하는 것이 된다.

변화는 위기와 기회 그리고 성공과 실패라는 양날을 가진 칼이다. 결국 나를 베는 칼날을 집을 것인지 그렇지 않다면 내가 필요로 하는 것을 베어 줄 수 있는 칼날을 잡을 것인지 그 선택은 우리 인간들에게 달려있다는 이야기이다.

변화의 시대에 이러한 생존을 위한 적응과 위기를 기회로 탈바꿈시킬 수 있는 동력은 어디에서 찾을 수 있을 것인가? 이 책의 저자는 바로 우리 자신에게서 찾아야 한다고 주장하고 싶다. 왜냐하면 바로 우리가 변화의 대상이 되기도 하지만 변화의 주체도 될 수 있기 때문이다. 기꺼이 변화의 주체가 되어 변화를 우리의 의도에 맞도록 또 우리에게 이익이 되도록 탈바꿈시킴으로써 위기를 기회로 승화시키는 지혜를 짜내야 한다. 이러한 관점에서 우리 자신인 인간이 중심이 된 변화를 생각해 보게 되는 것이며 그러한 맥락에서 인간의 슬기롭고 지혜로운 인간 경영을 통해 새로운 변화의 창조물을 만들어 나가 보려고 하는데 이 저술의 목적을 두게 되는 것이다.

제2장 우리의 삶에서 인간이 중시되는 이유와 책의 구성

1. 인간이 중시되는 이유

인간(人間)이 가장 중심이 되는 것이 바로 우리 사회이다. 인간이 없는 사회란 상상하기조차 어렵다. 옛 부터 전해 내려오는 말 중에 '모든 문제는 인간이 만들어내지만, 이러한 문제도 결국 인간이 풀게 된다.'는 말이 있듯이 인간이 모든 것을 주관해 나간다고 해도 지나침이 없을 것이다.

서양의 철학자 중에는 인간을 소우주(Cosmopolitan)에 비견하기도 하였고 '클레오파트라(Cleopatra VII)의 코가 조금이라도 낮았다면 세계의 역사가 달라졌을 것.'이라는 말을 하여 유명해 진 프랑스의 철학자인 파스칼(Blaise Pascal)[83]은 그의 유명한 저서인 『팡세』(Pensées)에서 "인간은 연약한 갈대이지만 생각하는 갈대"[84]라고 주장을 하면서 인간의 위대성을 크게 부각시키고 있다.

---

83) 파스칼은 프랑스 남부 오베르뉴의 클르몽에서 1623년에 태어났다. 그는 4세 때 어머니를 여의고, 소년 시절에 아버지를 따라 파리로 거처를 옮겼다. 그는 독학으로 유클리드 기하학을 연구했으며, 이미 17세 때 '원추곡선시론'이라는 수학 논문을 발표하여 당시 수학자들의 주목을 끌기도 하였다. 박덕은 편저, 『쉽고 재미있는 철학이야기』제1권 (서울 : 서지원, 1997), 245쪽.

84) 원어로 표현하면 다음과 같다. L'homme n'est qu'un roseau le plus faible de la nature : mais c'est un roseau pensant.

이와 같이 인간은 만물의 영장이면서 나아가 이 세상, 이 사회를 주관하는 존재로 각인되어 있다. 이렇게도 중요한 인간의 존재와 이들과의 관계를 배제하고 리더십을 논하고 경영을 이야기한다는 것은 상상하기도 어려운 일이다. 이러한 관점에서 이곳에서는 인간을 중심으로 한 리더십과 경영을 보다 분명히 하고 나아가 인간의 본질을 꿰뚫고 이를 효율적으로 관리 운영해 나가는 자가 진정한 지도자로서의 길로 나아갈 수 있음을 전제로 하여 글을 써 내려가고자 하는 것이다.

우리가 지도자가 가지고 있는 자질과 품성 그리고 능력을 리더십이라고 볼 때 이러한 리더십은 사람들이 자신의 가치와 잠재능력을 볼 수 있도록 분명하게 알려 주는 것으로 이해 할 수 있다. 결국 인간의 가치를 가늠하지 않고서는 리더십에 대한 이해는 한 걸음도 나아가기 어렵게 되는 것이다. 인간의 본질을 이해할 때 리더십의 개념뿐만 아니라 리더십의 이론과 방법론도 그 의미를 가지게 되는 것이다. 인간을 배제한 리더십은 존재하지 않는다고 이야기하는 것도 이와 무관하지 않은 것이다.

우리가 인간을 중시하는 또 다른 이유는 인간이 중요한 생산주체라는 점에 근거한다. 우리가 앞서 살펴보았지만 요즈음 세계화라는 말이 범람하고 있다. '세계는 하나의 지구촌이다.' 또는 '세계는 하나가 되었다.' 또는 '세계화의 덫', '세계화의 음모', '세계화는 미국화', '세계화 경영' 등등 셀 수 없는 말들이 세계화라는 용어를 통해 이해되고 설명되고 있다. 또한 앞의 말들에서 알아챘을지도 모르지만 세계화에 대한 긍정적 시각과 부정적 시각이 상호 교차하고 있다.

중요한 것은 이제 세계화는 거스를 수 없는 대세가 되었고 이것을 인정하고 이를 어떻게 받아들여 유리한 방향으로 승화시켜 나가느냐 하는 것이 중요한 화두가 되었다는 점이다. 이렇게 볼 때 세계화는 우리에게 던져 진 하나의 기회이고 이를 잘 활용하여 이익을 극대화시켜 나가야 한다는 생각을 해 볼 수 있다. 바로 이러한 과정에서 인간의 역할이 매우 크다고 볼 수 있다는 점이다.

세계화 시대의 경영에 있어 전략적 우위를 점하기 위한 새로운 자원으로 우리는 크게 네 가지를 들 수 있다. 천연자원, 자본, 기술 그리고 숙련된 노동력이다. 앞의 기술된 네 가지 자원은 세계화 이전의 시대에도 나름대로 중요성을 인정받고 있었으며 또한 생산의 중요한 요소로 인정받고 있었다. 그러나 세계화 시대에 있어서 이러한 자원 요소들은 한 단계 더 업그레이드 될 필요가 발생한다.

즉 천연 자원은 존재 그 자체만으로는 의미가 없고 이것을 인간에게 유익한 것으로 탈바꿈시키고 또 이왕이면 생산성 높은 자원으로 전환시키는 노력이 필요로 된다는 점이다. 그리고 자본 역시 첨단금융자본으로 변화시켜 나갈 수 있는 능력을 가져야 하고 기술 역시 하이테크와 하이터치가 가능토록 변모시켜야 하며 숙련된 노동력 역시 창조적 지식노동력으로 전환되어져야 한다는 것이다. 그리고 바로 이러한 변화나 전환의 주체가 바로 인간이라는 것이다. 다른 말로 말해 이러한 모든 자원의 창조적 활용은 바로 인간에 의해 이루어진다는 것이다.

인간의 창조적 활용이 없다고 한다면 천연자원, 자본, 기술 그리고 숙련된 노동력은 한계를 가지게 될 것이다.

예를 들어 중국의 사례를 들어보도록 하자. 중국은 땅 넓이로 보아서는 미국과 필적을 하며 인구수로 보아서는 세계에서 최고이다. 그리고 문화적 전통으로 보아서는 이와 필적할 수 있는 국가가 그리 많지 않을 것이다. 고대 문화부터 현세에 이르기 까지 많은 문화적 유산을 남긴 국가이기 때문이다. 또한 광활한 영토에 매장되어있는 지하자원도 무궁무진하다고 평가할 수 있다.

이러한 중국은 20세기에 영국을 제치고 세계 최강대국으로 부상한 미국과 비교를 해도 결코 뒤질 것이 없는 잠재력을 지닌 국가였다. 그래서 19세기에 나폴레옹은 이러한 잠재력을 높이 평가하여 중국을 사자로 비유하면서 '잠자는 사자를 깨우지 말라.'는 이야기를 하였다고 한다.

그러나 이러한 막강한 잠재력을 지닌 중국은 근세에 들어 매우 큰 어려움과 수난을 당하였다. 서세동점(西勢東占)의 제물이 되어 광활한 영토와 수많은 민중들이 외세에 의해 이리 찢기고 저리 뜯기었고 1949년의 공산화는 중국의 성장 동력을 완전히 멈추게 하였다.

그러다가 등소평(鄧小平 : Deng Shao Ping)이라는 인물이 정치전면에 나타나면서 중국은 오랜 잠에서 깨어 새로운 세계를 향해 표호하게 되는 것이다. 지금 등소평의 개혁개방정책에 힘입어 중국은 새로운 웅비의 터전을 마련해 나가고 있다. 일부 정평 있는 외신들조차 21세기가 중국의 시대가 될 것이라고 반지빠른 전망을 내 놓고 있기도 하다.

결국 이러한 중국의 변화는 등소평이라는 한 인간의 리더십 변화에 따른 것이다. 중국의 새로운 웅비는 인간의 창의적 노력에 기인 한 것이지 다른 그 어떤 것에 의한 것이 아니었다. 어려울 때의 중국에 천연자원이 부족했던 것도 아니고 자본과 기술 그리고 숙련된 노동인력이 없었던 것도 아니다. 단지 잠들어 있었을 뿐이었다. 이를 일깨운 것이 바로 등소평이라는 인간인 것이다. 중국의 이러한 사례에서 우리가 느낄 수 있는 중요한 교훈은 바로 이 세상을 바꾸는 것은 인간이며 인간에 의해 세상은 변모한다는 점이다.

따라서 인간경영에서 중요한 것은 인간이 가질 수 있는 생각이 행동을 낳게 되며, 위대한 역사도 만들어 낸다는 점을 사람들에게 인식시켜야 한다는 점이다.

이러한 맥락에서 인간경영의 중요성을 아무리 크게 강조한다고 해도 지나침이 없을 것이다. 미래를 앞서서 내다보는 혜안을 가진 많은 선각자들은 이미 이러한 맥을 이해하고 인간경영과 관련된 뛰어난 이론 들을 많이 제시해 놓았다.

대표적인 것들을 열거하라면 미국의 대표적인 현장 기술자이면서 학자 못지않은 좋은 연구결과를 창출 해 낸 프레더릭 테일러(Frederick Taylor)의 '과학적 관리법'(Scientific Management), 하버드 대학교 경영대학원 교수였던 엘톤 메이요(Elton Mayo)의 '인간관계론'(Human Relations), 그리고 에드가 샤인(Edgar Schein)의 '조직발전론'(Organization Development) 등을 들 수 있다.

프레더릭 테일러는 과학적 관리법을 통해 생산성을 높였고 이를 통해 보다 큰 파이(pie)를 만들어냈고 이를 통해 보다 많은 분배를 해 줄 수 있었다. 그리고 높은 생산성은 노동자들에게 보다 많은 여가시간을 가능케 해 줌으로써 노동자들의 노동 강도를 유연하게 해주는데 큰 도움이 되었다. 이러한 과학적 관리법의 기여는 결국 삶의 질을 높여줌으로써 노동자들의 인간적 삶을 보다 풍요롭게 만들어 주었고 인간이 중심이 되는 경영을 가능케 해주었던 것이다.

물론 과학적 관리법이 가지는 어두운 면도 없지 않다. 표준화 된 시간과 틀에 따라 작업이 이루어지는 관계로 노동자들의 인간적 측면이 가벼이 여겨지는 면들이 없지 않았다. 다른 시각에서 보면 노동자들의 노동착취 적 요소도 없지 않았던 것이다.

이러한 어두운 면을 해소하고자 나타난 엘톤 메이요의 인간관계론 역시 인간경영을 가능케 해준 새로운 시각이었고 기법이었다. 생산에 참여하는 같은 조직성원들 간의 인간관계가 생산성에 끼치는 영향관계를 과학적 실험을 통해 확인을 하고 이러한 인간관계에 초점을 맞추어 조직을 구성하고 조직원을 관리 운영하는 메커니즘은 인간이 중심이 되는 경영의 초석으로서 자리매김을 할 수 있었던 것이다. 물론 에드가 샤인의 조직발전 역시 이러한 것들과 맥을 같이하는 인간이 중심이 되는 경영철학에 기반을 둔 관리기법이 되어 주었던 것이다.

이러한 인간경영에 맥을 두고 있는 관리이론이나 기법들의 근저에 흐르고 있는 철학과 사상은 앞으로 인간 중심의 경영을 이끌어 나가고자 하는 리더들에게 많은 영향을 끼칠 것이며 또한 리더십 관련 이론들이 개발되고 발전되는데 많은 힘이 되어 줄 것이다.

2. 책의 구성 : 인간중심의 리더십의 구성요소들

우선 리더십이라는 것이 무엇인가에 대한 이해가 선행이 되어 질 필요가 있다. 홀(Richard H. Hall)은 리더십을 '권력의 특별한 유형'(a special form of power)으로 보고 있다.[85] 피프너(J. M. Pfiffner)는 리더십이란 '희구하는 목표를 달성하기 위하여 개인 및 집단을 조정하며 동작케 하는 기술'로 이해하고 있다.[86] 데이비스(Keith Davis)는 '집단구성원으로 하여금 규정된 목적을 열성적으로 수행할 수 있도록 설득하는 능력 내지 영향력'으로 보고 있으며,[87] 허시(Paul Hersey)와 브랜차드(Ken Blanchard)는 '주어진 상황 하에서 목표달성을 위해 노력하는 개인 및 집단의 활동에 영향을 주는 과정'으로 규정을 하고 있다.[88] 베니스(W. Bennis)는 리더십을 영향력을 발휘하는 기술로 정의하고 이해하고 있다.[89]

---

85) Richar H. Hall, *Organizations : Structure and Process* (Englewood Cliffs, N.J. : Prentice-Hall, Inc., 1982), p.159.

86) J. M. Pfiffner and R. V. Presthus, *Public Administration* (New York : Ronald, 1960), p.92.

87) Keith Davis, *Human Relations at Work*, 3rd ed. (New York : McGraw-Hill Book Co., 1967), p.96.

88) Paul Hersey and Ken Blanchard, *Management of Organizational Behavior*, 4th ed. (Englewood Cliffs, New Jersey : Prentice-Hall, Inc., 1982), p.83.

89) Warren G. Bennis, *Changing Organizations* (New York : McGraw-Hill, 1966). ; Warren G. Bennis, *On Becoming a Leader* (New York : Basic Books, Warren Bennis Inc., 2009). ; Warren G. Bennis and Burt Nanus, *Leaders : Strategies for Taking Charge* (New York : HarperCollins Publishers Inc., 2003). ; Warren G. Bennis and Robert J. Thomas, *Leading for a Lifetime : How Defining Moments Shape Leaders of Today and*

유클(Yukl)은 리더십이란 '다른 사람들로 하여금 해야 할 일이 무엇인지, 어떻게 해야 할지를 이해하고 동의하도록 하는데 영향을 미치고, 공유된 목적을 달성하기 위해 개인적이고 집합적인 노력을 촉진하도록 돕는 과정'으로 정의를 하고 있다.[90)]

에치오니(Amitai Etzioni)는 리더십을 추종자의 자발적인 동의를 이끌어 내어 일을 가능토록 만들 수 있는 개인적인 리더로서의 역량으로 보고 있으나 홀(Richard Hall)과는 다르게 리더십과 권력을 구별하고 있다.[91)]

백완기는 리더십을 특정의 인간이 다른 사람들을 자기가 바라는 방향으로 유도하는 능력이라고 말하고 여기서 리더십은 끌려 다니고 인도되는 것이 아니라 행동하게끔 유도하는 것이라는 점을 강조하고 있다.[92)]

이상의 여러 학자들의 주장을 종합해 보면 리더십이란 조직 구성원으로 하여금 바람직한 조직 목적에 자발적으로 협조하도록 하는 일종의 기술 및 영향력으로 볼 수 있으며, 리더가 추종자들로 하여금 소망스러운 상태로 행동시키는 과정이고 목표설정에서 목표달성에 이르기까지 이를 위하여 노력하는 조직적 집단 활동에 영향을 미치는 행위라고 규정을 해 볼 수 있을 것이다.[93)]

Tomorrow (Cambridge, Mass. : Harvard Business School Press, 2007). ; Warren G. Bennis and Michael Mische, *The 21st Century Organization : Reinventing Through Reengineering* (San Francisco, California : Jossey-Bass Inc., Publishers, 1995).

90) Gary Yukl, *Leadership in Organizations*, 7th Edition (Englewood Cliffs, New Jersey : Prentice Hall, 2009). ; Gary Yukl and Richard Lepsinger, *Flexible Leadership : Creating Value by Balancing Multiple Challenges and Choices* (New York : Pfeiffer, 2004). ; Gary A. Yukl, *Skills for Managers and Leaders : Text, Cases and Exercises* (Englewood Cliffs, New Jersey : Prentice Hall, 1990).

91) Amitai Etzioni, "Dual Leadership in Complex Organizations," *American Sociological Review*, Vol.30, No.5 (October, 1965), pp.688-691.

92) 백완기, 『행정학』(서울 : 박영사, 2006), 245쪽.

93) 유종해, 『현대조직관리』(서울 : 박영사, 1986), 363쪽.

1) 리더십의 구성요소들

심리학 박사로 존슨 대통령 당시 보건교육복지부 장관을 역임하고 스탠포드 대학교 경영대학원 교수를 지낸 존 가드너(John M. Gardner)는 리더십 구성요소로 비전(vision)제시, 목표관리, 조직원에게 동기와 믿음부여, 변화를 위한 쇄신, 그리고 지적 능력과 체력을 들고 있다.[94]

4명의 대통령을 곁에서 지켜보면서 클린턴 대통령 공보 수석 비서관으로 임기를 마치고 하버드 대학교에서 교수로 있는 데이비드 거겐(David Gergen)은 대통령이 지녀야 할 실물 리더십으로 개인적 일관성, 소명의식, 설득력, 정치인과 협력하는 능력, 취임 초에 견지한 순발력, 숙달된 참모진, 대중을 움직이는 능력 등을 들고 있다.[95]

스토질(R. M. Stogdill)은 리더십의 특성 및 구성요소로 여러 의견을 하나로 모으는 집단 결속력, 목표달성 유인책 강구, 조직목표에 구성원이 순종하도록 하는 기술, 조직을 이끄는 힘, 구성원 설득력, 구성원에 행사하는 영향력, 목표 달성에 조직원을 동원하는 술책, 지도자와 구성원 간의 의기 투합력, 상부상조의 관계 유지력, 지도자와 조직구성원 간에 존재하는 기대와 역할을 최적상태에서 유지하는 능력 등을 들고 있다.[96]

게리 유클(Gary Yukl)은 명쾌하고 호소력 있는 비전 제시, 목표성취에 조직원을 능동적으로 참여시키는 영향력, 목표 달성에 조직의 공동노력을 유발시키는 힘 등을 들고 있다.[97]

에드가 샤인(Edgar Schein)은 비전의 제시, 조직원의 자발적 참여를 가능

---

94) John W. Gardner, *On Leadership* (New York : The Free Press, 1990), pp.17-40 & 65-87.

95) 최평길, 『대통령학』(서울 : 박영사, 2007), 37쪽.

96) R. M. Stogdill, *Handbook of Leadership : A Survey of Literature* (New York : The Free Press, 1974), pp.189-195.

97) Gary Yukl, *Leadership in Organizations* (Englewood Cliffs, New Jersey : Prentice-Hall, Inc., 1994), pp.368-376.

케 하는 조직문화의 창시자, 과감성과 용기 등을 들고 있다.[98)]

B. 조셉 화이트는 천부적인 자질과 후천적 능력, 그리고 비록 현실적이지는 않지만 더 없이 소중한 비전, 영감, 상상력, 혁신적인 사고, 위험을 감수하는 능력, 열정, 활기, 그리고 품성 등을 들고 있다.[99)]

고대 로마에서 전해져 내려오는 로마 장군의 리더십에 관련된 교훈도 리더십이 갖추어야 할 요소나 덕목들을 이해하는데 많은 도움을 주는 것이다. 이를 살펴보면 첫째, 공과 사를 구분하라. 둘째, 마음의 벽을 허물어라. 셋째, 때로는 멈춰 서라. 넷째, 성공한 방침도 필요하면 바꾸라. 다섯째, 내일의 승리를 바라보라. 여섯째, 물러날 때를 알라 등이다. 진정한 리더십은 이러한 여섯 가지 리더의 자세를 기반으로 리더의 의지나 행동을 아랫사람이 사랑이나 아름다움처럼 편안하게 느끼고 공감할 수 있도록 하는 것이다.

앞서 언급한 로마 장군이 우리에게 주는 교훈 중에서도 특히, 성공한 방침도 필요에 따라 바꿀 수 있다는 자세는 변화의 시대를 살아가는 현대의 기업 경영자에게 절실히 요구된다고 하겠다.

기업의 패러다임이 급격하게 변화하는 현 시점에서 경영자가 종래의 방식만을 고집하고 주위의 환경에 유연히 대처하지 않는다면, 그 기업은 멀지 않은 장래에 사라지고 말 것이다. 과거에 성공을 가져왔던 황금 알을 낳는 거위가 지금도 똑같은 황금 알을 낳아 주리라고 확신할 수 없다. 따라서 경영자는 기업을 변화시키는 주역으로서 끊임없는 자기성찰과 혁신이 필요한 존재임을 명심해야 한다.

한비자(韓非子)[100)]는 법(法), 술(術), 세(勢)를 들고 있다. 지도자는 원칙

---

98) Edgar H. Schein, *Organizational Culture and Leadership* (San Francisco, CA : Jossey-Bass Publishers, 1992), pp.211-253. ; Edgar H. Schein, "Leadership and Organizational Culture," in Frances Hesselbein, Marshall Goldsmith, and Richard Beckhard (eds.), *The Leader of the Future* (San Francisco, CA : Jossey-Bass Publishers, 1996), pp.59-69.

99) B. 조셉 화이트 지음, 김정한 옮김, 『파충류처럼 냉정하고 포유류처럼 긍정하라』(서울 : 홍익출판사, 2007), 24쪽.

을 기반으로 전략전술 기법을 구사하고 시의성이 있는 세몰이와 동원력을 가져야 함을 의미한다.101)

손자(孫子)는 지도력으로 지(智), 용(勇), 엄(嚴), 인(仁), 신(信)을 드는데 지식, 지혜를 행동으로 옮기면서 자신에게 엄격하고 타인에게 어진 예로서 대하여 믿음을 갖게 하는 자질을 습득할 것을 강조한다.102)

최평길은 리더십의 덕목으로 비전제시와 목표 명확화, 위기관리 문제해결 능력, 조직원에게 동기를 부여하고 목표달성에의 믿음과 확신을 부여하는 능력 다시 말하자면 조직인사관리능력, 정치협상력과 조정력, 자신감, 결단력, 긍정적이고 낙관적인 사고와 행동, 전문지식과 강인한 체력, 그리고 깊은 역사의식과 고도의 도덕성을 들고 있다.103)

위에 서술한 여러 학자들이나 이와 관련 된 전문가들이 제시한 모든 리더십의 구성요소 또는 덕목을 살펴보고 이를 저자 나름대로 정리하면 다음과 같다. 또한 이를 본 연구의 리더십 덕목으로 여기고 이러한 준거틀에 따른 기술을 해 나가고자 한다.

2) 인간중심의 리더십의 구성요소들

인간중심의 리더십을 이루어 나가는데 있어 없어서는 안 되는 인간경

---

100) 한비는 전국시대 말기, 한(韓)나라의 귀공자로 태어났다. 천성적으로 그는 말더듬이였다고 한다. 진시황제가 그의 저작을 읽고 감동하여 초대해서 진나라에 부임했지만, 그를 중상모략하는 자가 있어 비명의 죽음을 당했다고 한다. 그러나 한비의 '법술'(法術)이론은 진시황제에게 큰 영향을 주어서 천하통치의 이론적인 지주가 되었다한다. 그는 철저하게 인간불신에 입각해서 리더의 모습을 추구하고 있다. 서양의 마키아벨리나 홉즈와 같은 인간관을 가지고 있었음을 알 수 있다. 모리야 히로시 지음, 박연정 옮김, 『성공하는 리더를 위한 중국고전 12편』(서울 : 예문, 2002), 80-81쪽.

101) 최평길, 『앞의 책』, 33쪽.

102) 『앞의 책』, 33쪽.

103) 『앞의 책』, 33-35쪽.

영의 중요한 가치 또는 덕목으로 인격, 용기, 자기통제력, 인내, 비전(Vision) 그리고 창조적 지성, 신뢰, 사랑 그리고 용서와 관용 그리고 긍정적 적극적 사고를 제시하고자 한다.

이러한 덕목들이 제대로 그리고 올바르게 성취되어졌을 때 인간경영리더십은 달성이 되는 것이다. 그리고 인간경영리더십이 이루어졌을 때 조직의 생산성이 올라가게 되고 결국 조직의 목적이 달성이 되는 것이다. 조직의 목적을 달성하는 것이 가장 중요한 궁극적 가치라고 한다면 인간경영리더십의 달성은 이러한 목적달성을 위해 없어서는 안 되는 것이며 이를 이루기 위해 앞에서 제시된 여러 덕목들이 활성화 되어져야 하는 것이다.

(1) 인격

우선 자기 자신을 다스릴 수 있고 다른 사람들에게 모범이 되고 귀감이 될 수 있는 인격을 갖추는 것이 선행이 되어야 다른 사람들을 이끌고 지도하는 리더십을 가질 수 있다는 생각에 기인을 한다. 공자(孔子)께서도 '수신제가 치국평천하'(修身齊家治國平天下)라는 말씀을 하셨다. "자신의 몸과 마음을 바르게 한 사람만이 가정을 다스릴 수 있고, 가정을 다스릴 수 있는 자만이 나라를 다스릴 수 있으며, 나라를 다스릴 수 있는 자만이 천하를 평화롭게 다스릴 수 있다."는 말씀에도 자기 자신의 몸과 마음을 먼저 올바르게 수양해야 다른 사람을 지도하고 계도할 수 있으며 나아가 국가와 천하를 이끌어 나갈 수 있음을 강조하고 있는 것이다.

우리 주변에서 자기 자신을 제대로 관리하지 못해 어려운 처지에 빠진 사람들을 많이 볼 수 있으며 이들에게서 어떠한 리더십도 발견할 수 없음은 바로 이에 연유한다고도 볼 수 있는 것이다. 따라서 인간경영의 시작은 바로 올바른 인격에서부터 출발을 한다 해도 과언이 아니다.

(2) 용기

용기를 인간경영의 덕목으로 제시를 하였다. 진정한 리더십은 용기에서 비롯된다. 옳지 못한 것을 보고 다른 사람들이 모두 '옳은 것'이라고 대답할 때 분명하게 '옳지 못한 것'이라고 이야기할 수 있는 그런 행위가 바로 용기라고 규정 할 수 있다. 옳은 것을 옳다고 이야기하고 그른 것을 그르다고 이야기할 수 있는 그런 용기를 가질 때 그는 진정한 인간경영의 승리자가 될 수 있을 것이다.

시류에 영합하거나 자신의 개인적 욕심과 야망을 위해 그리고 이기적인 계산속에 입각하여 자신의 언행을 수시로 바꾸는 행위는 결코 용기있는 행위라 말 할 수 없을 것이다.

옳고 바른 것을 위해 목에 칼이 들어와도 끝까지 옳은 것은 옳은 것이라 이야기하고 그른 것은 그른 것이라 이야기할 수 있는 그런 용기 있는 행위가 바로 진정한 리더십의 요체가 되는 것이라는 생각에서 이러한 덕목을 인간경영을 성공으로 이끄는 리더십의 구성요소로 보고 이를 중심으로 서술해 나갔다.

(3) 자기 통제력

자기 통제력을 인간경영을 성공으로 이끄는 리더십의 덕목으로 제시를 하였다. 자기 자신을 스스로 다스릴 수 없는 자는 결코 다른 사람을 다스릴 수 없다는 생각이 진실 된 진리라는 생각에서 이를 인간경영의 중요한 요체로 이해를 하였다. 싸움 중에 가장 어려운 것이 다른 사람과의 싸움이 아니라 바로 나 자신과의 싸움이다. 자기 자신과의 싸움에서 패배하여 큰일을 그르친 사람들이 역사적으로 얼마나 많은 가하는 것을 상기해 보면 이 점이 보다 분명해 질 것이다.

대부분의 범부들은 자기 자신에 대해서는 매우 관대한 반면 남에게는 매우 모질고 엄격하다. '자기 자신의 눈에는 대들보가 박혀있으면서 남의 눈에 든 티끌을 탓한다.'는 말이나 'X 묻은 개가 겨 묻은 개를 욕한다.'는 말들은 모두 이를 두고 말함이다.

제갈공명이 자기가 총애하는 마속(馬謖)을 패전의 책임을 물어 눈물을 흘리면서 일벌백계하여 참수하는 '읍참마속'(泣斬馬謖)의 고사는 바로 이러한 범부들의 생각을 뛰어 넘는 것이요 나아가 자기 통제력의 극치를 느끼게 해주는 대목이다.

남에게는 관대하고 나 자신에 대해서 엄격하고 모질은 처사는 분명 리더들이 지녀야할 중요한 덕목이다. 이러한 솔선수범 적인 자기희생이 전제될 때 비로소 부하들이 그를 따르지 않겠는가.

(4) 인내

인내를 인간경영의 덕목으로 제시를 하였다. 고통을 참아낸다는 것은 매우 어려운 일이다. 또한 쾌락의 유혹을 이겨내는 것 역시 매우 힘든 일이다. 인간은 강한 것 같으면서도 한편으로는 매우 약하기 그지없다. 고통과 쾌락 앞에 여지없이 무너지는 많은 인간 군상들을 우리는 역사 속에서 많이 만나게 된다.

고통의 두려움과 쾌락의 유혹은 매우 강렬하기조차 하다. 그러나 인간경영의 승자이며 진정한 리더는 이러한 것을 참고 이겨낼 수 있어야 할 것이다. 고통과 쾌락을 극복한다는 것은 매우 어려운 일이다. 인간은 이러한 것에 노출될 때 너무나 나약한 존재이기 때문이다. 그래서 역설적으로 들릴지는 모르지만 고통과 쾌락을 딛고 일어설 수 있을 때 진정한 리더로서의 위상을 갖게 되는 것이다.

(5) 비전(Vision) 그리고 창조적 지성

비전을 인간경영의 덕목으로 제시를 하였다. 미래를 내다보고 자신이 몸을 담고 있는 조직의 구성원들에게 보다 밝고 올바른 미래상을 제시할 수 있는 사람은 분명 지도자로서의 올바른 품성을 가지고 있음이 분명하다 할 수 있다. 인간은 현재적 존재이기는 하지만 과거와 미래에 대해서도 많은 시간과 노력을 경주하는 존재이기도 하다. 특히 미래는 우리가 앞으로 나아가야 할 공간이요 시점이기 때문에 많은 호기심과 경외(敬畏) 적 두려움을 지니게 한다.

이러한 성격을 가지는 미래에 대해 혜안을 가지고 올바르고 정당한 길로 인도하고 나아가 준비된 미래를 가질 수 있도록 대비케 하는 사람은 분명 인간경영에 성공한 사람이다. 아무리 현실이 비참하고 보잘 것 없더라도 희망찬 미래를 꿈꾸는 자의 현재는 아름다운 것이다.

그러나 현실이 부유하고 풍요롭다고 하더라도 절망적인 미래로 몸부림을 치고 있는 자의 현실은 참담 그 자체일 것이다. 그래서 많은 현인들이 아무리 현실이 고달프다고 해서 희망의 미래를 저버려서는 안 된다는 경구를 우리에게 전하고 있는 것이다.

아무리 그대의 삶이 힘들다 하더라도 미래의 희망을 버리지 말라는 푸시킨(Aleksandr Sergeevich Pushkin)의 '삶'[104]이라는 시(詩)도 바로 이러한 것과 그 맥을 같이 하는 것이다.

희망찬 미래의 비전은 오늘의 어려움을 딛고 일어설 수 있는 힘을 줄 뿐만 아니라 미래로 나아가야 할 올바른 길을 제시해 준다는 점에서 매우 유용한 지도자의 품성이 된다고 볼 수 있다. 이런 관점에서 볼 때 보다 올바르고 정당하며 밝고 맑은 미래상을 제시할 수 있는 사람은 조직의 지도자로서 뿐만 아니라 인간경영의 성공자로 추앙받아도 지나침이 없을 것이다.

비전과 연관 지어서 생각해 볼 수 있는 리더의 덕목으로 창조적 지성

104) 시의 내용은 "삶이 그대를 속일지라도 슬퍼하거나 노하지 말라 설움의 날을 참고 견디노라면 머지않아 기쁨의 날이 오리니 현재는 언제나 슬픈 것 마음은 미래에 사는 것 그리고 지난 것은 그리워지느니라."이다.

을 들 수 있다. 창조적 지성이 전제되지 않고는 올바른 비전이 설정되어 제시될 수가 없기 때문이다. 이를 뒤집어 설명을 한다면 올바른 비전의 설정을 위해서는 창조적 지성을 아무리 강조한다해도 지나침이 없으며 그런 맥락에서 창조적 지성을 리더가 지녀야 할 인간경영의 덕목으로 제시를 하였다.

인간경영에 성공한 지도자가 되기 위해서 무엇보다 필요한 것이 정보와 지식이다. 21세기는 정보의 시대이다. 남보다 먼저 정보를 갖는 자가 성공하는 시대라는 의미를 갖는다.

정보라고 하는 것은 종전의 자본주의 사회의 가장 중요한 자원이었던 돈과 여러 가지로 차이를 가지고 있다. 우선 정보는 타이밍이라고 이야기되어지는 시의성이 매우 중요하다는 것이다. 돈은 얼마든지 저장하거나 저축할 수 가 있다. 그리고 필요한 때에 인출하여 사용을 할 수가 있다. 그러나 정보는 때를 놓치게 되면 아무런 의미가 없어진다. 적시적소에 정보가 사용되지 못한다면 그러한 정보는 있으나 마나한 것이 되어버린다. 정보화 사회에서 정보의 양보다 정보의 질과 시의성에 맞게 정보가 획득되어 사용되었는가가 더 중요한 이유가 바로 여기에 있다.

인간경영에 성공하기 위해서는 남보다 먼저 질 높은 정보를 확보하여야 될 뿐만 아니라 이러한 정보를 시의성에 맞게끔 사용을 할 줄 알아야 되는 것이다.

이러한 정보의 중요성 못지않게 지식이라는 것도 인간경영에 있어 매우 중요한 덕목이 된다. 21세기에 있어 지식을 가지고 있지 못할 경우 그는 자신의 의사결정이나 정책결정을 합리적이고 설득력 있게 해 낼 수가 없다. 21세기는 드넓은 지식의 바다에서 보다 유용하고 시의성에 맞는 지식을 누가 더 많이 가지고 적시에 사용할 수 있는가가 큰 관건이 되기 때문이다.

지식이나 정보는 모두 남이 해결하지 못하는 문제를 풀고 이를 기반으로 하여 한 단계 의사결정 능력이나 정책결정 능력을 업그레이드 시키는데 필요불가결한 요소인 것이다.

정보나 지식은 21세기에 있어서는 동전의 양면이다. 지식이 정보가 되고 정보가 지식이 되는 사회로 탈바꿈하게 된 것이다. 그러나 문제는 이것이 돈과 다른 성질을 가지고 있다는 것이다. 이미 앞에서 잠깐 언급을 하였지만 정보나 지식은 돈처럼 저장만 많이 해 놓는다고 만사형통인 것은 아니라는 점이다. 정보나 지식은 시의성이 매우 중요하고 시간이 지나면서 그 가치가 급격히 저하를 한다는 것이다.

스티븐 코비가 이야기 했듯이 우리가 알고 있는 지식이 매년 절반 이상씩 쓸모없는 지식이 되어버리는 것이다. 더 이상 그것은 유용한 지식이 아니라 쓰레기가 되어버리는 것이다. 시간이 지날수록 쓰레기는 쌓이게 마련이다. 그래서 새로운 지식을 받아들이는데 걸림돌이 되기조차 한다. 새로운 지식을 받아들이는 것도 중요하지만 그것 못지않게 쓸모없게 된 지식을 신속하게 내다버리는 것도 중요한 까닭이 여기에 있는 것이다.

따라서 정보와 지식은 가치가 없게 될 경우 신속히 내다버려야 하고 반대로 가치가 있는 것은 계속적으로 계발되고 습득이 되어져야 한다. 그래야 시시각각으로 변모해 가는 세상에 적응하여 문제를 해결하고 새로운 미래의 대안을 만들어 갈 수 있는 원천적인 무기가 될 수 있기 때문이다.

인간경영에 성공하기 위해서는 반드시 지식을 지속적으로 습득하고 관리해 나갈 수 있는 능력을 갖추어야 할 것이고 정보역시 지속적으로 획득 관리하여야 하며 이를 시의성에 맞도록 활용할 수 있는 능력도 갖추어야 할 것이다. 이러한 능력들을 가지게 된다면 그는 분명히 인간경영에 성공한 지도자로 우뚝 설 것이다.

(6) 신뢰

신뢰를 인간경영의 덕목으로 제시를 하였다. 다른 사람을 믿을 수 있다는 것은 매우 어려운 일이다. 그러나 인간사회에서 신뢰만큼 중요한 것도 그리 많지 않다. 특히 인간경영을 성공적으로 이끌어 나가기 위해선 믿음이 그 바탕에 깔려 있어야만 한다.

'믿음이 있으면 태산도 옮길 수 있다.'는 이야기가 있듯이 믿음은 모든 인간관계의 기본을 이루는 것이다. 문명화 된 사회일수록 약속과 신용이 중요시 되는 것도 믿음에 근거한 사회가 가장 바람직한 사회라는 인식이 보편화되었기 때문이다. 서로의 이기심으로 뭉쳐진 사회에서 믿음이라는 연결고리가 없다면 더 이상 그러한 사회는 존재할 수 없는 것이다.

따라서 공고한 믿음에 바탕을 둔 인간사회가 도래될 때 비로소 올바른 인간경영이 가능하게 되는 것이다. 예부터 전해 내려오는 이야기 중 친구의 믿음에 근거한 우정에 대해 이야기하는 것들이 많은 것도 바로 믿음이 전제가 되어야 올바른 인간관계가 정립될 수 있고 그러한 기반위에 정당한 사회가 존재할 수 있기 때문이다.

믿음 즉 신뢰는 인간경영의 성공을 위해 가장 중시되는 요소 중 하나라는데 이의가 있을 수 없다.

(7) 사랑 그리고 용서와 관용

사랑을 인간경영의 덕목으로 제시를 하였다. 종교적 차원을 떠나서라도 '성경'만큼 많은 인류에게 읽혀지고 회자 된 책도 그리 많지 않을 것이다. 이 성경에서 가장 많이 나오는 단어 중 하나가 바로 사랑이다. 예수께서는 사랑의 복음을 전했고 심지어는 자신을 핍박하는 원수까지 사랑할 것을 명하셨다.[105)]

---

105) "나는 너희에게 이르노니 너희 원수를 사랑하며 너희를 핍박하는 자를 위하여 기도하라." 『마태복음』 5:44.

동양사상적 관점에서 볼 때 사랑은 석가모니의 자비(慈悲)나 공자의 인(仁)과도 일맥상통하는 것으로 볼 수 있다. 자신을 버리고 희생하면서까지 타인을 위하는 애타적 마음이 깊게 배어있다. 사랑을 이해할 때 우리는 잘못된 오해를 하기도 한다. 왜냐하면 가장 흔하게 사용하는 것이 이성간의 사랑이기 때문이다.

그러나 여기에서 의미하는 사랑은 이러한 이성적 사랑을 훨씬 뛰어 넘어 아주 넓은 의미의 희생적이고 애타적인 마음 씀을 의미한다. 인간이 가지고 있는 사단(四端)[106] 중의 하나인 측은지심(惻隱之心)[107] 역시 이러한 사랑과 상통하는 일면을 가지고 있다. 어려운 처지에 빠져있는 남을 마치 자기의 어려움인양 받아들이고 이를 측은하고 가엾게 여겨 베풀음을 주려는 마음 이것도 바로 사랑의 한 단면이라 볼 수 있는 것이다.

이러한 사랑을 베푸는 사람은 다른 사람들의 가슴을 감동시켜 그들의 마음을 가질 수 있게 될 것이다. 그는 다른 사람의 마음을 가질 수 있게 되었다는 그 사실만으로도 인간경영에 성공한 사람이 될 것이다.

사랑과 더불어 용서와 관용을 인간경영의 덕목으로 제시를 하였다. 다른 사람의 허물을 덮어줄 수 있는 것은 말은 쉽지만 행동으로 옮기기는 그리 쉬운 일이 아니다. 하물며 서로 불구대천의 원수지간이라면 섣불리 용서를 구하기도 매우 어려운 것이 사실이다. 또한 상대편의 모자람이나 부족함을 싸안아주고 자신에게 돌을 던지는 자를 자기의 사람으로 포용하기도 그리 쉬운 것이 아니다. 그러나 진정한 리더가 되기 위해선 이러한 허물이나 부족함이나 모자람을 용서하고 관용할 수 있어야 한다.

일반적인 사람들은 다른 사람의 약점을 물고 늘어진다. 그리고 상대편의 허물을 예리하게 공격한다. 그러나 인간경영에 성공한 사람들은 이와

---

106) 사단(四端)은 인간의 본성에서 우러나오는 마음씨 즉 선천적이며 도덕적인 능력을 말한다.

107) 측은하고 불쌍히 여기는 마음을 의미한다.

정반대되는 행동을 통해 주위사람들 뿐만 아니라 적대적 입장에 있는 사람들까지 감복시키고 감동시킨다. 바로 그들이 가지고 있는 가장 커다란 리더십 덕목 중에 하나가 바로 용서와 관용이다.

용서와 관용을 베풀 줄 아는 지도자는 진정한 인간경영의 승리자요 나아가 리더로써의 품격을 갖춘 지도자가 될 수 있는 것이다.

(8) 긍정적 적극적 사고

원효대사(元曉大師)께서는 '모든 것이 마음에 있다.'(一切唯心造)고 하였다. 그가 선진 불교문물을 받아들이기 위해 당나라로 유학길에 올랐을 때 그는 먼 이국에서의 화려하고 폼 나는 그런 유학을 꿈꾸었을 것이다. 그가 당나라로 가는 항구어귀에 도착했을 때 그는 먼 여로에 피곤을 느꼈고 어둠이 짙게 깔린 움막에 몸을 뉘였을 때 그의 심신은 아마 탈진상태였던 것 같다. 그는 어둠속에서 조갈을 느꼈고 이를 해소하기 위해 손을 뻗어 바가지에든 물을 맛있게 먹었다. 물맛은 감로수와 같았다.

그가 다음 날 아침 잠에서 깨어 자신이 맛있게 먹은 바가지의 물이 죽은 자의 해골에 담겨있는 썩은 물이었음을 알고 소스라치게 놀라게 된다. 이 찰나 그는 커다란 배움을 얻게 되는 것이다. 모든 것이 나의 마음속에 있구나. 어제 그렇게도 맛있던 그 물이 오늘 해골 안에 담긴 썩은 빗물이라는 것을 알았을 때 구토를 할 만큼 역한 것으로 와 닿음이 모두 나의 생각 탓이 아닌가하는 영감이 그의 머리를 스쳤던 것이다.[108]

그는 모든 것이 자기 마음속에 있다는 커다란 깨우침[109]을 얻은 후 유학을 포기하고 그 깨달음을 깊게 하고 이를 널리 전파하려는 노력으로 일생을

108) 김정빈, 『리더의 아침을 여는 책』(서울 : 동쪽나라, 2007), 267-268쪽.

109) "삼계유심조"(三界唯心造)라는 『화엄경』(華嚴經)의 가르침을 일컫는다. 원효는 당시의 깨달음을 게송(偈頌)으로 읊었다. '마음이 일어나면 모든 법이 일어나고/ 마음이 소멸하면 모든 법이 소멸한다.' 『앞의 책』, 268쪽.

보내게 된다.

원효대사와 연관 된 일화에 나오는 이 이야기처럼 모든 것은 자기 생각 여하에 달려있는 것이다. 내가 나쁜 것으로 보면 나쁜 게 되고 내가 좋게 보면 좋은 것이 되는 것이다. 원래부터 자연적 현상이나 사물이 좋은 것이 있고 나쁜 것이 있었던 것이 아니다. 모든 현상이나 사물은 본래 어떤 의미도 없이 그 자리에 그렇게 놓여 있었던 것뿐이다. 그러나 그런 현상이나 사물에 자기 나름대로의 의미를 부여한 것은 바로 인간인 것이다.

우리가 그렇게 의미를 부여했기에 황금이나 다이아몬드가 그렇게 좋은 것이 된 것이고 배설물이나 오물은 나쁜 것, 더러운 것이 된 것이다. 배설물도 잘만 활용한다면 거름으로 농사를 짓는데 없어서는 아니 되는 좋은 것이 되는데도 말이다.

인간경영에 성공한 지도자는 무엇보다 현상이나 사물을 긍정적으로 볼 수 있는 안목과 사고의 틀을 갖추어야 한다. 그렇지 못하다면 그는 인간경영에 성공하기 매우 어려울 것이다. 모든 일을 부정된 눈으로 보지 말고 긍정의 눈으로 쳐다볼 수 있는 그런 마음가짐을 가질 수 있어야 할 것이다. 인간경영에 성공하기 위해서는 모든 것을 긍정적으로 받아들일 수 있는 넓은 가슴이 필요로 되는 것이다.

그리고 하나 더 첨언하고 싶은 것은 리더의 훌륭한 리더십 못지않게 멋지고 훌륭한 추종자(follower)의 역할도 매우 중요하다는 것이다. 아무리 뛰어난 지도자라고 해도 주위에서 보좌하고 따르는 사람이 절대적으로 필요하다. 그래야 권한을 위임하고 리더십을 효율적으로 발휘할 수 있는 것이다. 정말로 독불장군은 존재할 수 없는 것이다.

미국의 경영학자 로버트 켈리는 “지금은 20%의 리더가 아닌 80%의 팔로워가 조직의 운명을 결정하는 변화의 시대”라는 점을 강조하고 있는 것도 이와 맥을 같이 하는 것이다.[110] 그리고 성공적인 리더십은 훌륭한 팔로워십(followership)의 뒷받침이 있어야 한다는 뜻이기도 하다.

따라서 리더십과 팔로워십을 별개로 보아서는 안 되고 이 둘이 조화롭게 접목될 수 있도록 노력 해 나가는 것이 리더십의 성공을 이루어 나가는 또 다른 길이라는 점을 깊이 유념해 볼 필요가 있는 것이다.

앞에서 인간경영에 성공하는 사람이 갖추어야 할 품성들을 열거하고 이러한 품성들이 왜 인간경영과 관련성을 가지는가 하는 이유에 대해 간단히 설명을 하였다. 이에 대한 깊은 설명은 장(章)과 절(節)을 바꾸어 뒤에서 구체적으로 논의를 하기로 하겠다.

---

110) 신인철, 『팔로워십 : 리더를 만드는 힘』(서울 : 한스미디어, 2007).

제3장 인격

인격이란 아무도 보는 사람이 없을 때 우리가 하는 행동을 의미한다.[111] 따라서 일반적으로 우리가 이야기하는 평판이나 성공이나 성취와는 다르다고 볼 수 있다. 결국 인격이란 우리가 어떤 사람인가 하는 것이다.

인격은 인간경영을 성공으로 이끄는 가장 중요한 품성 중에 하나라고 볼 수 있다. 올바르고 정당한 인격을 소지한 사람은 주위의 사람들로 하여금 스스로 존경심을 가지게 만들고 이를 통해 자발적인 복종과 추종을 가능케 하기 때문이다. 그래서 많은 사람들이 리더가 되기 위해서 또는 인간경영에서 성공하기 위해 인격을 갈고 다듬는 이유가 바로 여기에 있는 것이다.

그러나 인격이라는 것이 하루아침에 이루어지는 것은 아니다. 그러기에 인격을 수양하는 데는 오랜 시간을 갈고 다듬어야 하는 것이기에 아무나 손쉽게 습득할 수 있는 것은 아니다. 피터 드러커 역시 "일은 배우면 되지만 경영자에게 꼭 필요하면서도 배울 수 없는 게 인격"[112]이라고 주장하면서 인격의 중요성을 강조하는 한편 습득의 어려움을 토로하고

111) 빌 하이블즈 지음, 박영민 옮김, 『아무도 보는 이 없을 때 당신은 누구인가?』(서울 : 한국기독학생회출판부, 2001), 7쪽.

112) 드러커 지음, 황병준 옮김, 『현대의 경영』(상), (하) (서울 : 서음출판사, 1981 & 1991).

있는 것이다.

이렇게 습득하기 어렵지만 지도자로써 반드시 갖추어야 할 고매한 인격을 가지기 위해서는 지도자의 솔선수범과 겸손 그리고 무엇보다 정직성과 청렴성을 기반으로 하는 도덕성이 무엇보다 전제가 되어야 한다. 솔선수범을 기피하고 겸손하지 못하고 정직하지 않으며 부패한 지도자에게서 고매한 인격을 느낄 수하들은 아무도 없을 것이기 때문이다.

> 성서에 의하면 이 세계는 하루, 이틀, 사흘......, 차례차례로 만들어져 엿새째 되는 날에 완성되었다. 그런데 마지막 날인 엿새째 날에 만들어진 것이 바로 인간이다. 당신은 그 의미를 어떻게 해석하는가? 한 마리의 파리까지도 인간보다 먼저 만들어졌다는 사실을 생각한다면, 인간은 결코 오만해질 수가 없다. 그것은 인간에게 자연에 대하여 겸손한 마음을 가지라는 것을 가르쳐 주기 위한 것이다.[113]

지도자가 솔선수범과 겸손 그리고 무엇보다 정직성과 청렴성을 기반으로 하는 도덕성을 지닌 고매한 인격을 형성시키기 위해서는 어릴 때부터 올바른 인성교육이 절실히 요구된다.

이렇게 인성교육이 필요로 되는 이유는 여러 가지가 있을 수 있다. 그중 하나는 인성교육이 제대로 되지 못해 그릇된 인성을 가지게 될 경우 그릇된 인성을 가진 당사자는 물론 그 당사자가 몸담고 있는 사회에까지 엄청난 비용을 지불해야 할 것을 강요받기 때문이다.

예를 들어 칼이 하나 있다고 가정을 해 보자. 칼은 사용하는 사람의 의도에 따라 문명의 이기(利器)가 될 수도 있고 흉기(凶器)로 돌변할 수도 있다. 살인의 의도를 가지고 있는 연쇄살인범이 사람을 칼로 살상을 하였을 경우 분명 그 칼은 문명의 흉기가 된다. 그러나 가족을 위해 음식을

---

113) 이희영, 『솔로몬 탈무드』(서울 : 동서문화사, 2004). ; 편집부 지음, 이동민 옮김, 『탈무드』(서울 : 인디북, 2001).

장만하는 가정주부의 손에 쥐어진 칼이나 내과수술을 하기 위해 의사의 손에 쥐어진 칼은 분명히 문명의 이기가 된다.

자동차의 경우도 마찬가지이다. 자동차를 잘못 사용하였을 경우 가져올 여러 피해를 잘 숙지하고 있는 사람은 자동차를 조심스럽게 법규에 맞도록 운행을 할 것이다. 이럴 경우 자동차는 문명의 이기가 된다. 그러나 그렇지 않을 경우 자동차는 문명의 흉기로 돌변하여 무고한 사람들의 생명과 신체 그리고 재산을 침해할 것이다.

법을 운영하는 것도 이와 마찬가지이다. 법률가가 무고하게 피해를 입고 어찌할 바를 모르는 사람을 도와 법률적 문제를 해결해 주었다면 그의 행위는 분명 사회에 도움을 준 것이고 그의 법률지식은 사회에 기여한 것이 된다. 그러나 반대로 법률가가 자신이 가진 법률지식을 악용하여 자신의 사욕을 채우고 남에게 피해를 끼치는 일을 하였다면 그의 행위나 그의 법률적 지식은 사회에 반하는 것이 된다.

올바른 인성을 가지게 함은 앞에서 든 예들과 다를 바가 별로 없다.

올바른 인성을 가진 지도자는 남을 위해 희생하고 헌신하는 일을 앞장서서 행한다. 솔선수범이란 말 뜻 그대로 남보다 앞서서 자의에 의해 희생적이거나 힘든 일을 모범적으로 해 나가는 것을 의미한다.

정우일은 솔선수범하는 지도자는 첫째, 위험하고 힘든 일에 늘 앞장을 서야하며 둘째, 탐욕하지 말고 언제나 자신감이 넘치는 신념을 가져야한다고 주장하고 있다.[114)]

이러한 관점에서 볼 때 리더가 공(功)을 독차지하는 것은 대단히 우둔한 일이다. 설사 리더의 공이 크다고 하더라도 부하들에게 돌리고 뺐지 않는다면 리더의 공은 더욱 빛이 나고 부하들로부터 더욱 헌신적인 충성심을 얻게 될 것인데 말이다.[115)]

---

114) 정우일, 『리더와 리더십』(서울 : 박영사, 2006), 77-85쪽.

115) 『앞의 책』, 77쪽.

제프리 폭스(Jeffrey J. Fox)가 훌륭한 최고경영자(CEO)가 되기 위해서는 무엇보다 목표를 명확히 세우고, 항상 고객(여기에서는 리더를 따르는 부하를 의미함)들을 우선적으로 생각하고 배려하고, 나아가 어떤 일을 할 땐 모름지기 최선을 다하고 홀로 솔선수범을 다할 것을 주문하고 있는 것도 이와 맥을 같이 하는 것이다.116)

지금까지 과연 어떻게 해야 지도자로써 반드시 갖추어야 할 고매한 인격을 가질 수 있을지에 대해 심사숙고를 해 보았다. 다음으로는 이러한 생각에 기반을 두고 지도자의 솔선수범과 겸손 그리고 무엇보다 정직성과 청렴성을 기반으로 하는 도덕성을 가져서 역사적으로 훌륭한 족적을 남긴 사례들을 통해 고매한 인격의 소유자들이 인간경영에 성공하여 후세에 남겨 준 교훈을 살펴보고자 한다.

1. 고매한 인격을 가지고 인간경영에 성공한 역사적 사례들

고매한 인격을 가지고 인간경영에 성공한 몇 가지 역사적 사례들을 열거하여 설명하면 다음과 같다.

1) 나폴레옹(Napoleon Bonaparte)

솔선수범을 통해 두려움에 떨고 있는 부하들을 고무, 격려시켜 백중지세의 전투양상을 자신에게 유리하도록 뒤바꾸어 놓은 나폴레옹에 대한 이야기이다.

1809년 7월 5일 오스트리아 비엔나 근교 바그람(Wagram)에서 프랑스와

116) Jeffrey J. Fox, *How to Become CEO : The Rules for Rising to the Top of Any Organization* (New York : Hyperion, 1998).

오스트리아군이 다뉴브(Danube) 강을 사이에 두고 대치한 채 감히 어느 쪽도 먼저 선공을 하지 못하고 있을 때였다. 선공을 위해서는 하나 밖에 없는 다리를 이용할 수밖에 없었기 때문이다.

이 때 돌연 프랑스군 쪽에서 돌격 명령이 떨어지면서 마(馬)상의 한 장군이 오스트리아군을 향해 무섭게 질주하기 시작하였다. 그는 바로 나폴레옹이었다. 무수한 적들이 앞에 도사리고 있는 위험한 다리 위를 맨 먼저 달려가는 총사령관을 보고 나 몰라라 하고 엎드려 있을 병사가 어디 있겠는가? 마치 눈사태가 일어나듯 용기를 얻은 프랑스군이 큰 파도를 이루며 오스트리아군을 덮쳤다. 나폴레옹이 이끄는 프랑스군이 카를 대공(Archduke Charles)의 오스트리아군과의 격전에서 대승을 한 그 유명한 바그람 전투(Battle of Wagram)의 시말이다.[117)]

나폴레옹은 어려운 전투장에서 죽음을 담보로 한 솔선수범을 통해 자신의 군을 승리의 군으로 탈바꿈시켜 놓은 것이다. 이 전투의 대승으로 인해 4일 후인 7월 10일에 오스트리아군의 지휘관인 카를 대공은 휴전을 요청했으며 1809년 10월 14일에 '쇤 부른 조약'(Treaty of Schönbrunn)을 맺어 제5차 대프랑스 동맹(the Fifth Coalition) 의 끝을 알렸다.

2) 이순신(李舜臣)

1598년(선조 31년) 11월 19일 충무공 이순신도 노량해전(露梁海戰)에서 선봉에 서서 싸우다 유명(幽明)을 달리하였다. 죽음으로써 솔선수범을 몸소 실천한 것이다. 얼마든지 핑계를 대고 명나라 제독 진린(陳璘)처럼 퇴각하는 왜군의 퇴로를 열어줄 수 도 있었고 또한 선봉에 서지 않을 수도 있음에도 불구하고 이순신은 이를 거부했다. 조선의 적인 왜군들이 대규모로 퇴각하는 퇴로를 막아 그들을 섬멸함으로써 왜군들이 다시 조선을

117) 정우일, 『앞의 책』, 79쪽.

침탈하려는 전력(戰力) 자체를 와해시키고 나아가 그들의 침략의지 자체를 말살하려했던 이순신은 많은 이들의 만류에도 불구하고 손수 노량해전에 임하였고 위험을 무릅쓰고 선봉에 나섰던 것이다.

이러한 그의 솔선수범에서 이순신의 부하들은 지도자의 가슴 속 깊이 자리 잡은 그의 마음을 읽을 수 있었고 그들의 사기는 하늘을 찌르듯 충천하였으며 전의는 불타올랐던 것이다. 이순신의 솔선수범에 힘입어 임진왜란과 정유재란을 통틀어 마지막 해전이었던 노량해전에서 이순신은 23전 23승의 믿기 어려운 승전고를 울릴 수 있었던 것이다.

비록 그는 이 해전에서 전사를 하였지만 그의 살신성인의 솔선수범 정신은 많은 이들의 가슴속에 교훈으로써 깊이 각인되어지고 있는 것이다.

3) 알렉산더(Alexander the Great)

마케도니아의 알렉산더 대왕 역시 1만 명이 넘는 자신의 휘하 장병들의 이름을 기억했을 뿐만 아니라 전쟁을 수행하면서 자신의 병사와 함께 먹고 마시고 잠을 청하는 등 일거수일투족을 휘하 장병들과 같이 하였다.

그리고 무엇보다 그의 장병들을 용맹한 투사로 바꾼 것은 항상 적과 대치하고 있는 최전선에서 가장 선봉에 서서 병사들을 이끌었고 그들과 함께 싸우다가 부상을 당하는 일이 비일비재하였다는 것이다. 심지어 자신이 큰 상처를 입었을 때도 병사들의 상처를 먼저 돌보게 하였다는 것이다.[118]

이러한 솔선수범의 행동이 부하들로 하여금 알렉산더 대왕을 위대한 리더로 자연스럽게 받아들이도록 만들었고, 그의 명령에 죽음을 마다않고 따르는 열광적인 추종자(follower)들을 만들어 낼 수 있었던 것이다.

---

118) 『앞의 책』, 79-80쪽.

4) 한신(韓信)

솔선수범과 겸손으로 고매한 인격을 다듬어 나간 위인으로 한(漢) 고조(高祖) 유방(劉邦)을 도와 한을 세우는데 큰 역할을 했던 한신 장군을 들 수 있다. 그는 중국 한 나라 초의 무장으로 고조 유방을 도와 새로운 왕조를 건국하는데 지대한 공헌을 했던 것으로 역사는 기록하고 있다. 그런 한신이 불우하던 젊은 시절에 시비를 걸어오는 시정잡배의 가랑이 밑을 태연히 기어나갔다는 일화가 있다.

어린 시절에 너무도 빈천하여 한신은 늘 주변 사람들로부터 차디 찬 냉대를 받으며 자랐다고 한다. 그런 시절에 있었던 일화이다. 시장을 지나가던 한신을 본 어떤 시정잡배가 한신을 가로막으며 이렇게 말했다 한다. "네 놈이 비록 몸집은 크다지만 칼을 차고 다니기 좋아하는 걸 보니 간이 매우 작은 놈이로구나. 죽음이 두렵지 않다면 그 칼로 나를 찔러 보거라. 그러나 만약 죽음이 두렵다면 내 가랑이 사이로 기어나가거라!"

이 말을 들은 한신은 그 시정잡배를 한참 노려보다가 머리를 숙이고 치욕을 참으면서 그의 가랑이 사이로 기어나갔다 한다. 그때부터 온 동네 사람들이 그를 겁쟁이라고 조롱하였다 한다.119)

이것이 그 유명한 한신의 "과하지욕"(跨下之辱)의 고사이다. 이 일화에서 한신의 인내심 못지않게 그의 내면 깊숙이 자리 잡고 있던 자기를 낮출 줄 아는 겸손함을 읽을 수 있다.

어린 시절부터 싹 튼 겸손함은 장성을 하여 고조 유방을 도와 한 나라를 창업한 이후에 절정에 달하였다. 그의 절정에 닿은 겸손함이 그대로 여과 없이 묻어나오는 일화가 있어 여기에 소개를 하려 한다.

이 일화는 한 왕조를 건국한 후 개국공신들이 모인 자리에서 유방이 신출귀몰한 한신의 용병술에 질투를 느끼며 던진 질문을 자신을 낮추고

---

119) 김정빈, 『리더의 아침을 여는 책』(서울 : 동쪽나라, 2007), 222-223쪽.

유방을 높이는 방법을 통해 화(禍)를 비껴간 그의 언사에 얽힌 것이다. 그 일화의 내용은 다음과 같다.

한고조 유방은 한신의 재능이 출중하여 그를 두려워하였으며, 심지어 그를 의심하기도 하였다 한다. 이러던 차에 한신의 신출귀몰한 용병술[120]에 질투를 느껴 어전회의에서 이렇게 질문을 던졌다 한다. "장군은 얼마만큼의 병사들을 지휘할 수 있는가?" 이에 대해 한신은 "많으면 많을수록 좋습니다."(多多益善)라고 대답을 하였다 한다.[121]

한신의 당당한 응답에 은근히 화가 치밀어 오른 유방은 "그렇다면 짐은 얼마만큼을 지휘할 수 있는가?"하고 짓궂게 질문을 다시 던졌다고 한다. 이에 한신은 머뭇거림이 없이 바로 "천여 명 정도입니다."라고 대답을 하였다 한다. 순간 어전은 얼음처럼 얼어붙어 버렸다한다. 왕의 휘하에 있는 장군이 자신의 지휘역량은 무한대에 가깝고 왕의 지휘역량은 천여 명에 불과하다고 했으니 대역죄로 다스려도 할 말이 없게 될 처지였던 것이다.

유방은 치받아 올라오는 화를 참고 "장군은 많으면 많을수록 좋다고 하고 짐(朕)은 천여 명 정도라고 말을 하였는데 어찌 그대는 나의 신하가 되었는고?"하고 물었다 한다. 한신은 이 질문에 "제가 다다익선이라 말한 것은 병사들을 대상으로 말씀드린 것이고 폐하께 천여 명이라 말씀드린 것은 저와 같은 장군들을 많이 다스린다는 뜻이었습니다."라고 말하였다고 한다.

이 일화 역시 한신의 지혜로움 못지않게 내재된 겸손함을 마음 속 깊이 느끼게 해준다. 노자가 말하듯이 "낮은 자가 높아지고, 부드러움이 강

---

120) 한신은 천재적 군사 전략가로, 배수진을 쳐서 1만의 군대로 20만의 대군을 이기는 등 그의 용병술은 가히 비범하였다. 렁청진 편저, 장연 역, 『지전(智典) : 춘추전국시대편』 (서울 : 김영사, 2003), 191쪽.

121) 김정빈, 『앞의 책』, 133쪽.

함을 이기는 것"처럼 진정한 리더십은 자기를 낮추는데서 나오는 것이다.[122)]

5) 그랜트(Ulysses S. Grant)와 리(Robert E. Lee)

솔선수범과 겸손을 바탕으로 한 고매한 인격을 갖추고 많은 사람들로 하여금 존경을 받으면서 인간경영에 성공한 사람들 중 하나로 남북전쟁 당시의 북군 총사령관이었던 그랜트 장군과 남군 총사령관 리 장군을 들 수 있다.

미국의 남북전쟁 당시 남군의 리(Lee) 장군은 "나는 고대와 근대 전쟁사를 통틀어 그랜트보다 훌륭한 장군은 보지 못했다."고 말했다 한다. 적장이었던 그랜트를 치켜세운 리 장군의 넓은 가슴도 대단하지만 그에게 칭송을 들은 그랜트 장군 역시 명장이었음은 자명한 일로 생각이 된다.

적장에게 칭송을 들을 만큼 그랜트는 명성이 높아졌어도 항상 겸손했으며 모든 업적을 부하들의 공으로 돌렸고 이들을 치하했다 한다. 이러한 행동이 리더십을 가진 지도자로서 부하들로 하여금 그를 따르게 만든 원동력이 된 것으로 판단이 된다.[123)]

리 장군 역시 당대에 있어 국가의 최고 장군이라고 평가가 되었기 때문에 링컨 대통령으로부터 연합군의 지휘를 제의받았다. 그러나 그는 이에 응하지 않았다. 그는 고향 버지니아를 향해 총부리를 겨눌 수 없었기 때문이었다. 그는 고심 끝에 결국 남군에 합류를 하였다. 이를 지켜 본 많은 유능한 장군들이 그의 결단을 높이 사고 그를 따랐다. 그의 올바른 판단과 그에 연유하는 고매한 인품에 매료가 되었기 때문이다.

역사에는 만약이라는 가정이 없다고 하지만 그래도 가정을 해본다면 만

---

122) 김정빈, 『앞의 책』, 214쪽.

123) 정우일, 『앞의 책』, 67쪽.

약 리 장군이 남부대신에 북부의 연합군을 선택했다면 다른 유능한 장군들도 그의 인품에 매료되어 그를 따랐을 것이고 남북전쟁은 훨씬 짧게 끝났을지도 모른다.[124)]

그만큼 리 장군의 인품은 출중했고 이를 높이 평가한 주변의 유능한 장군들이 어떠한 조건도 붙임이 없이 그를 추종했던 것이다. 국운(國運)을 가르는 역사적 순간에도 고매한 인격은 이렇듯 큰 영향력을 가지고 지도자의 역량을 저울질하게 되는 것이다.

6) 모한다스 간디(Mohandas Karamchand Gandhi)

솔선수범과 겸손을 바탕으로 한 고매한 인격을 갖추고 많은 사람들로 하여금 존경을 받으면서 인간경영에 성공한 사람들 중 하나가 바로 인도를 영국의 식민지에서 독립시키는데 혁혁한 기여를 한 간디를 들 수 있다.

그는 그 당시의 독립투사나 정치인들과는 다르게 "비폭력은 사람으로서 할 수 있는 가장 완벽한 자기 정화(淨化)이다."[125)]라는 소신에 입각하여 비폭력(total non-violence), 무저항, 불복종주의(mass civil disobedience)를 통해 약 300년 동안 영국의 식민 지배를 받아 온 인도를 독립시키려고 노력을 하였으며 이를 위해 인도국민을 교화시키려는 노력을 아끼지 않았다.

그가 이를 위해 밀고 나간 '사티아그라하'(Satyagraha) 운동은 인도의 독립을 쟁취하는 방법으로 불의에는 정의로 대항을 하고, 폭력에는 비폭력으로 그리고 제국주의 권력에는 비협력적 운동(Non-cooperation movement)으로 대항해 나간다는 것을 골자로 하고 있었다.[126)] 또한 간디는 이러한 운

---

124) 존 맥스웰 지음, 김환영·홍석기·우덕삼 옮김, 『리더십 21가지 법칙 : 워크북』(서울 : 청우, 2007), 150쪽.

125) 양동주, 『한 권으로 보는 20세기 대사건 79장면』(서울 : 가람기획, 1997), 31쪽.

동이 제대로 이루어지기 위해선 무엇보다 대중들에 대한 교육이 선결적이라는 사실을 깨닫게 되었다. 그래서 그는 사티아그라하 운동에 '스와데시'(Swadeshi)라고 하는 자급자족 운동을 전개하여 인도인들에게 영국인이 준 지위와 명예를 버리고, 영국인이 운영하는 학교를 그만두게 하였으며, 영국정부가 주는 관직이나 선거 그리고 영국 상품 일체를 보이콧(boycott)했다.[127] 인도전역에서 영국 상품들이 불태워지고 스스로 짠 무명옷차림의 항의군중들이 거리를 메웠다.

> 총독부의 전매품목인 소금을 직접 제 손으로 만들어 갖기 위해 한때 인디아 반도 해변으로 까맣게 몰려나오던 인도인들, 영국 방직공장에서 뽑아져 나온 와이셔츠 바지들을 죄다 벗어버리고 길쌈과 물레질로 손수 흰사리를 만들어 입던 인도인들,.......[128]

간디의 이러한 사상은 전국으로 퍼져 나갔으며 영국으로부터 인도가 1947년 8월 15일 독립을 쟁취하는데 커다란 역할을 하였다.

이러한 그의 사상과 헌신적인 노력은 사심 없는 위국헌신(爲國獻身)의 충정에서 나온 것이었고 이는 바로 그의 높은 인격으로부터 나왔던 것이다. 그리고 이러한 그의 고매한 인격이 인도 국민들의 마음을 사로잡았으며 이것이 인도 독립의 커다란 힘이 될 수 있었던 것이다.

또한 그의 고매한 도덕적 인격이 세계인들의 보편적 양심에 호소하게 만들었고 그러한 힘이 바로 인도를 영국의 식민지에서 독립을 하게 만드는 유·무형의 커다란 힘이 되어 주었던 것이다. 비록 그는 힌두교와 회교도 간의 갈등을 풀기 위해 노력 하던 중 1948년 1월 30일 밤에 뉴우 델리(New

---

126) 『앞의 책』, 32쪽. ; 한겨레신문 문화부 편, 『20세기 사람들』 상권 (서울 : 한겨레신문사, 1995), 123-124쪽.

127) 양동주, 『앞의 책』, 33쪽.

128) 한겨레신문 문화부 편, 『앞의 책』, 124쪽.

Delhi)에서 군중집회를 하던 도중 힌두교의 과격분자였던 고드세(Nathuram Godse)에 의해 저격을 받아 안타깝게도 암살을 당하였지만 모든 세계인이 존경하는 세계의 인권운동가로 또한 인도의 상징 중 하나로, 나아가 '위대한 영혼'이라는 뜻의 '마하트마(Mahatma)'로 불리게 되었으며 인도의 국부(國父)로까지 칭송을 받고 있는 것이다.

7) 넬슨 만델라(Nelson Rohihlahla Mandela)

간디 못지않게 고매한 인격으로 깊게 패인 흑백 인종 갈등의 골을 뛰어넘어 흑백 인종 화합의 장을 열게 만들어 결국 인간경영의 성공을 이루어낸 사람으로 남아프리카 공화국의 전 대통령이었던 만델라를 들 수 있다.

그는 간디의 사상을 이어받아 무저항 비폭력을 통하여 남아프리카 공화국의 뿌리 깊은 '인종차별 및 분리정책'(Apartheid Policy)을 종식시키는데 기여를 하여 인류평화에 이바지 하였다.

그는 인종차별 및 분리정책이 극에 달했을 때 이의 부당함을 국내외에 호소를 하였으며 그런 그의 행위의 대가(代價)로 1964년 반역죄라는 굴레를 뒤집어쓰고 종신형을 선고받고 감옥에서 27년간을 살아야 했었다. 그러나 그는 이에 굴하지 않고 지속적으로 인종차별 및 분리정책의 부당성을 호소하였으며 이러한 그의 노력에 힘입어 결국 남아프리카공화국의 인종차별 및 분리정책은 종식을 하게 되었다.

그의 고매한 인격이 수반된 비폭력 무저항 운동은 결국 국내외의 높은 지지를 받았고 그 결과 그는 1994년 일흔 여섯의 나이에 흑인으로서는 최초로 민주적 절차를 거쳐 남아프리카공화국 대통령에 당선이 되었으며 이로 인해 평화적인 정권교체를 낳았다.

그러나 그의 고매한 인격은 그 곳에서 그치지 않고 지속되어 그의 대통령 재임 중에도 결코 백인 정치인들에 대한 정치적 보복이 이루어지지 않았다. 만약 그가 인격이 제대로 갖추어지지 못한 사람이었다면 아마 정치권력을 사유화하여 개인의 한(恨)이나 욕망을 채우는데 그릇되게 사용을 했을지 모른다. 반역죄라는 명목으로 27년간 억울하게 옥살이를 하도록 한 것만을 생각해도 그는 인종차별정책을 가혹하게 자행했던 백인 정부의 책임자들에게 그에 상응한 보복을 했을지도 모른다. 그러나 그는 그러한 짓을 결코 하지 않았다. 심지어 인종차별정책을 펼쳤던 과거 백인정권의 책임자들을 기념하기 위해 세워진 동상(銅像)조차 허물어 내리지 않았다.

오히려 그는 그들을 용서하고 더불어 하는 미래의 동반자로 삼았다. 흑과 백이 함께 할 수 있는 미래의 사회를 구상하고 이를 위해 흑과 백의 화합을 이룰 수 있는 성숙된 시민의식을 요구했다. 이러한 그의 호소에 흑과 백으로 구성된 남아프리카 시민들도 성숙한 자세로 화답을 하였다.

이러한 결과는 바로 그가 평생을 걸쳐 갈고 닦고 다듬어 온 인격의 결정체에서 비롯되어진 것이었다. 그의 이러한 시민적 가치에 대한 믿음과 평화 애호 그리고 도덕적 우월성이 세계의 인권운동가로 높게 자리매김을 할 수 있게 해주었고 나아가 아프리카 흑인들의 우상으로 칭송을 받게 만든 것이다.

이러한 그의 노력의 결실은 1993년 노벨 평화상 수상[129]이라는 결과로 화답을 하였다. 그는 분명 고매한 인격을 통해 인간경영의 성공을 이루어 낸 것이다.

---

129) 인종차별(아라파르트헤이트 제도)을 불식한 민주헌법의 제정을 위해 긴밀히 협조를 한 '데 클레르크'(F. W. DeKlerk) 총리와 만델라가 인종차별주의를 종식시키기 위한 노력을 높이 평가받아 공동으로 노벨평화상을 수상하였다. 데 클레르크는 기득권인 자기 자신의 지위 자체를 희생시키는 어려운 일을 해냈다.

8) 데스몬드 투투(Desmond Mpilo Tutu)

또한 넬슨 만델라 못지않게 남아프리카공화국에서 인종차별정책 철폐를 이끌어 낸 위대한 지도자로 데스몬드 투투 대주교를 빼놓을 수 없다. 그는 남아프리카 공화국 성공회(Anglican Church of Southern Africa) 성직자로서 넬슨 만델라와 함께 역사적으로 매우 중요한 도덕적, 정치적 성과인 인종차별정책 철폐를 이끌어 내었던 것이다.[130)]

넬슨 만델라와 데스몬드 투투 대주교가 감옥에 수감된 상태임에도 불구하고 그들이 존재하고 있다는 그 사실자체만으로 남아프리카공화국에서의 인종차별 철폐와 다수결 원칙의 도입을 위해 30년 이상 운동을 이끌었던 것이다.[131)] 이러한 것만 보더라도 그들의 영향력이 얼마나 대단했던가를 미루어 짐작할 수 있는 것이다.

이들은 자신들의 원칙과 기본에 충실하였으며 이러한 것이 많은 사람들에게 존경으로 와 닿았고 그러한 존경심이 이들에 대한 인격적 믿음으로 와 닿았으며 비록 그들이 영어(囹圄)의 생활로 묶여있는 관계로 그들과 피부로 대면할 수는 없었지만 많은 뜻을 같이 하는 사람들을 이끄는 영적 존재가 되어있었던 것이다. 바로 이러한 영적 존재로 그들이 존재할 수 있었던 것은 그들이 가진 고매한 인격에서 우러나오는 것이었다.

데스몬드 투투 대주교의 고매한 인격 역시 넬슨 만델라 못지않게 이러한 대업을 성취하는데 큰 몫을 하였음은 재론의 여지가 없다 하겠다. 이러한 그의 노력의 결실은 1984년 노벨 평화상 수상이라는 결과로 화답을 하였다. 그러나 그는 이에 그치지 않고 1980년대 남아공교회협의회의 인종차별 반대운동을 주도하였으며, 1994년 흑백연합정부가 수립된 후에는 진

---

130) B. 조셉 화이트 지음, 김정한 옮김, 『파충류처럼 냉정하고 포유류처럼 긍정하라』(서울 : 홍익출판사, 2007), 18쪽.

131) 『앞의 책』, 186쪽.

실과 화해위원회(TRC : Truth and Reconciliation Commission)위원장으로 활동하면서 깊어질 대로 깊어진 흑백의 갈등을 치유하는데 몸과 성의를 다했다. 이러한 공을 기려 2005년에 간디평화상(Gandhi Peace Prize)을 수상하기도 하였다. 이러한 그의 모든 지금까지의 행적을 되돌아 볼 때 그는 넬슨 만델라처럼 분명 고매한 인격을 통해 인간경영의 성공을 이루어 낸 것이다.

9) 마틴 루터 킹(Martin Luther King)

간디나 넬슨 만델라 못지않게 고매한 인격을 통해 흑인들을 감화시키고 그들을 백인과 하나로 화합하게 만들고 나아가 흑백갈등으로 치닫는 국론분열을 치유하고 마무리한 인간경영의 성공자로 마틴 루터 킹(Martin Luther King) 목사를 손꼽을 수 있다.

그는 미국 침례교의 흑인 목사로서 미국의 흑인해방운동의 중추적 역할을 하였으며 인종차별정책의 종식과 민권운동을 위해 일생을 헌신하였다. 그는 리더십이란 관리가 아닌 격려를 지향해야 하고, 변화란 혁명이 아니라 진화를 지향해야 하며, 진정한 리더는 반대자를 설득하고 추종자들에게는 동기를 자극해야 한다는 위대한 가르침을 남겼다.[132)]

마틴 루터 킹 목사가 활약을 하던 1960년대 초는 미국 내의 흑백갈등이 매우 심각한 사회적 이슈로 비화가 된 시대였다. 잠시 이해를 돕기 위해 마틴 루터 킹 목사가 살았던 60년대의 인종차별과 흑백갈등에 대해 설명을 하고자 한다.

그 당시 미국은 겉으로 보기에는 민주적인 사회이고 모든 사람들이 자신이 가진 피부색과는 관계없이 공평하고 평등하게 대우받는 사회로 인식하고 있었다. 그러나 이것은 겉으로 드러나는 민주국가 미국을 의미하는 것이지만 실제 깊숙이 내면으로 들어가면 이와는 양상이 완전히 다름을 알

132) 정우일, 『앞의 책』, 62쪽.

수 있으며 특히 60년대 초는 이러한 양상이 여과됨이 없이 더욱 노골 적으로 표출되고 있었던 것이다.

우선 소수민족은 그들이 흑인이건 황인종이건 미국의 주류계층이 될 수 없었다는 것이다. 미국을 기회의 땅이라고 한다면 그리고 그러한 믿음을 가지고 '아메리칸 드림'(american dream)을 좇아 이민을 왔다면 그들도 이러한 꿈을 실현시킬 수 있는 제도적 장치가 존재해야 하며, 실제로 이 장치가 제대로 기능을 해주어야 한다고 굳게 믿었을 것이다.

그러나 이러한 뜻을 담은 헌법은 존재하였으나 실제 빚어지고 있는 현실은 이와는 사뭇 다른 양상을 보여주고 있었다. 그들은 아무리 노력해도 미국의 주류계층이 될 수는 없었던 것이다. 이미 미국에는 먼저 이민을 와서 기득권을 탄탄하게 다지고 쌓아올린 주도적인 지배계층이 존재하고 있었던 것이다.

일명 WASP라고 하는 계층이 바로 미국의 지배 계층이며 주류세력이었던 것이다. 여기에서 W는 희다(white)는 영어 단어의 첫 글자를 의미하고, A와 S는 앵글로 섹슨(anglo-saxon)의 영어 단어의 첫 글자를 의미하고 P는 기독교(protestant)라는 단어의 첫 글자를 의미한다.

이러한 WASP계층을 이해를 돕기 위해 풀어서 설명한다면 우선 백인이어야 한다는 것이다. 이 첫 번째 조건에 따른다면 황인종이나 흑인종과 같은 유색인종은 미국의 주류 지배계급이 될 수 없는 것이다. 그 다음 앵글로 섹슨 족이어야 한다는 것이다. 백인이긴 하지만 켈트 족이나 라틴 족이나 슬라브 족 등은 안 된다는 것이다. 그러면서 세 번째로 종교는 기독교를 믿어야 한다는 것이다. 천주교라든가 불교라든가 하는 것을 믿으면 주류계층이 될 수 없는 것이다.

이를 종합해서 이야기하면 미국의 주류 지배계층이 되기 위해선 백인이면서 동시에 앵글로 섹슨 족이어야 하고 그러면서 종교는 기독교를 믿어야 한다는 것이다. 겉으로 보기는 평등한 미국이 사실 상 있어서는 안 되는 이러한 엄격한 차별적 계층구조를 가지고 있었던 것이다.

예를 들어 미국의 최고지위 중 하나라고 할 수 있는 미국 대통령직에 선임된 사람들의 면모를 살펴보면 이것이 얼마나 설득력이 있는 설명인가를 알 수 있다. 역대 대통령들을 살펴보면 백인이 아닌 사람은 한 사람도 없다. 그리고 앵글로 섹슨 족이 아니거나 기독교 신자가 아닌 사람도 별로 없다.

그런데 특이하게도 이러한 흐름에 예외적인 사람이 대통령이 되었다. 그 사람이 바로 존 케네디(John F. Kennedy)이다. 그는 백인이기는 했지만 앵글로 섹슨 족이 아니었다. 그의 조상들은 잉글랜드 출신이 아니라 아일랜드 출신들로서 앵글로 섹슨 족이 아니었다. 그리고 그는 기독교 신자가 아니었고 천주교 신자였다.

그런 그가 대통령이 되었고 이러한 것은 아마 미국의 주류 계급인 WASP계층의 마음을 편치 못하게 했던 것 같다. 특히 60년대의 미국의 사회적 정서가 그러했던 것이다. 이 당시는 인종 간 갈등이 여과 없이 그대로 나타나기도 했던 시대였다. 백인우월주의를 굳게 믿고 피부색이 다른 소수민족들을 탄압하고 박해하는 그런 보수우익 적 백인단체들이 많았다. 세간에 널리 잘 알려진 'KKK'(Ku Klux Klan)단도 그런 단체들 중 하나였다. 그들은 유색인종들을 적으로 간주하고 무차별적인 테러와 박해를 가하였다.

일설에 의하면 케네디 대통령의 암살의 배후에는 바로 이러한 주류계급의 편치 못한 불만을 해소하려는 음모가 도사리고 있었다는 주장도 있다. 즉 미국의 보수적인 주류계층이 자신들과는 다른 케네디 대통령을 제거하였다는 것이다.

어떻게 보면 순혈주의의 희생양으로 케네디가 암살되었다는 뜻도 함축한다고 볼 수 있는 것이다. 이러한 시각에서 보는 사람들은 리 하비 오스왈드(Lee Harvey Oswald)에 의한 단독 범행 설을 일축해 버린다. 그들이 생각하기로는 소련의 사주를 받은 리 하비 오스왈드의 단독범행으로 몰아감으로써 겉으로는 동서냉전시대의 희생양으로 케네디의 죽음을 오도하려고 했지만 실제의 진실은 그렇지 않다는 것이다.

마피아개입설, 쿠바의 보복설, CIA의 음모설, 에드가 후버(J. Edgar Hoover)가 책임자로 있던 FBI의 개입설 등이 회자되는 이유도 바로 여기에 있는 것이다. CIA나 FBI 등은 미국에서 가장 보수적인 집단이며 이곳의 수장을 비롯한 지도층은 대부분 미국의 주류계층에 속하는 사람들인 것이다.

케네디 대통령의 암살사건을 조사한 '워런 위원회'(Warren Commission)가 발표한 조사 보고서에는 분명히 리 하비 오스왈드가 대통령을 암살하려는 음모에 가담하여 암살을 행하였다는 명백한 증거가 없으며 따라서 그가 홀로 범행을 저질렀다고 결론을 내리고 있으나 워런 위원회의 보고내용을 믿는 사람은 지금도 많지 않은 것 같다.

2003년 ABC여론 조사에 의하면 미국인 10명 중 7명이 케네디 대통령의 암살은 리 하비 오스왈드에 의한 단독범행이 아니라 다수의 이해관계자의 음모에 의해 이루어졌다고 믿고 있기 때문이다. 어쨌든 시간이 지나고 보다 많은 관련 자료들이 나오고 그러다보면 보다 선명한 진실의 일부가 드러나겠지만 이러한 음모와 관련 된 의혹들이 그 시대의 사회적 상황과 연계되어 많은 사람들에게 진실로 받아들여지는 면이 많았었다는 점을 부인하기는 어려울 것이다.

흑백갈등으로 표현되는 인종갈등의 문제는 이러한 미국의 백인주류계층이 존재하고 이들이 자신들의 기득권을 지키기 위해 다른 인종에 대해 불평등을 강요하고 이러한 것을 제도화하려는 노력을 기울여 나갔고 이에 대해 유색인종인 소수민족 들이 반발을 하고 나선 것으로 정리할 수 있을 것이다. 여기에서 이러한 사회적 현안에 대해 가장 강력한 문제를 제기하고 나온 인종이 소수민족 중 가장 비중이 높은 흑인들이었다.[133]

그들은 1865년 남북전쟁의 종식과 더불어 합법화 된 노예해방을 통해 진정한 민주국가가 미국 땅에 세워졌다고 생각을 하였지만 100년이 지난 1960년대까지 특히 남부 등에서 이러한 차별이 치유되지 않고 오히려 악화되고 있는 현상에 대해 우려를 하면서 자신들의 이익을 위해 싸워 그 이익을 쟁취하려고 하였다.

사실 이 당시 남부에서는 흑인들에 대해 엄청난 차별을 하고 있었다. 흑인들이 가는 식당이 따로 있고 그들이 가는 화장실이 따로 있고 그들이 타는 버스가 따로 있었다. 백인들이 가는 식당, 화장실 그리고 그들이 타는 버스에 탈 수가 없었다. 백인과 흑인을 넘을 수 없는 신분의 벽으로 갈라놓고 차별화된 정책을 펼쳐 나갔던 것이다. 이러한 차별에 흑인들의 불만은 더욱 더 커져 갈 수 밖에 없었던 것이다.

> 노예로부터 해방된 흑인들은 1900년대에 생겨난 이른바 짐 크로(Jim Crow)라고 불리는 흑백인종분리제도에 의한 차별대우를 받아왔다. 학교, 식당, 극장, 버스, 기차, 심지어 법정좌석과 증언대에서 사용하는 성경책에 이르기까지 극심한 차별을 받아왔던 흑인들은 이보다 먼저 1896년 대법원이 내린 '플레시 대 퍼그슨'(Plessy vs. Ferguson) 소송사건에서의 흑백인종분리의 합헌적 재판에 기초했다. 짐 크로 제도에 의한 흑백차별정책은 연방차원에서 2차 대전 이전까지만 해도 서로 다른 군병영 막사를 사용할 정도였다. 또한 1950년대까지 비록 남부에서는 특히 백인의 우위를 유지하기 위해 창설된 KKK단의 흑인에 대한 살인, 방화, 폭파, 린치 등 공포와 폭력이 극심했다.[134]

그들은 이러한 차별에서 벗어나기 위해 싸울 것을 촉구했고 그런 목적을 위해 많은 흑인 강경 투쟁단체들이 만들어지고 행동에 들어갔던 것이

---

133) 현재 미국은 흑인보다 히스패닉인 들이 소수민족 중 가장 인구가 많다.

134) 양동주, 『앎의 책』, 286쪽.

다. 미국 전체로 볼 때 국론분열의 단계를 넘어 내란의 단계 그리고 더 나아가 국가분열의 단계로 들어설지 모른다는 위기감이 팽배했던 것이 바로 부인할 수 없는 이 시대의 모습이었다.

이러한 위기감이 실제 현실로 나타나기 시작하였다. 흑인들의 데모나 폭동이 산발적으로 일어나다가 드디어 시카고(Chicago)에서는 인종갈등을 이유로 한 대규모 흑인폭동이 일어나 미국의 전체 사회를 뒤흔들어 놓았다. 그리고 일각에서는 미합중국에서 떨어져 나와 독립한 흑인 공화국 설립이라는 극단적이고 초강경의 대안이 고개를 강하게 들고 나오고 있는 상태였다. 많은 초강경흑인단체들은 지금까지의 차별과 불평등에 치를 떨면서 폭력적 저항을 지지하고 있었다.

그러나 마틴 루터 킹 목사는 이러한 주류적 의견에 따르지 않았다. 진정한 흑인의 자유는 더불어 살고 있는 백인과의 화합이 전제될 때 가능하다고 보았으며 그런 전제하에서 비폭력적이고 합리적인 저항만이 의미를 가질 수 있다고 생각을 하였다. 그는 자신을 통해 우러나오는 고매한 인격을 통해 이러한 주장을 강변하였고 결국 그의 생각은 많은 흑인 동조자들을 갖게 하는데 성공을 하였다.

그가 1963년 8월 28일 미국 정치일번지라고 할 수 있는 수도 워싱턴DC의 링컨 기념관 앞에서 행한 유명한 연설 '나는 꿈을 가지고 있습니다.'(I have a dream.)에서 그의 화합과 비폭력에 의한 인종갈등문제의 해결의지를 잘 읽어 볼 수 가 있다. 여기 그의 이러한 마음이 담긴 일부 내용을 인용해 본다.

> 나는 모든 인간이 평등하게 태어났다는 자명한 진리가 모든 사람들에게 진실 된 의미로 다가설 수 있는 그러한 나라가 도래할 것이라는 꿈을 가지고 있습니다. .... 나는 조지아 주의 붉은 언덕 위에서 과거의 노예주인의 아들과 노예의 아들이 함께 동료의 따뜻한 우의를 다지는 그러한 날이 도래할 것이라는 꿈을 가지고 있습니다. .... 나

는 나의 사랑스러운 딸들이 그들이 가지고 있는 피부색깔이 아니라 그들의 인격과 품성에 의해 평가되는 그러한 나라에서 살아갈 수 있는 날이 도래할 것이라는 꿈을 가지고 있습니다.

비록 그가 1968년 4월 4일 테네시 주 멤피스의 한 모텔 난간에서 젊은 나이에 암살을 당해[135)]그의 뜻을 모두 펼칠 수 는 없었지만 그의 정신은 흑인들 그리고 그 시대를 살았던 양심 있는 미국인들을 통해 계승 발전해 나가 오늘의 미국을 새롭게 일구어내는데 값진 밑거름이 되어 줄 수 있었던 것이다.[136)] 이러한 그의 숭고한 인격과 그의 빛나는 업적으로 1964년 노벨 평화상을 수상하였다.

이러한 맥락에서 볼 때 그 역시 간디나 넬슨 만델라 못지않게 그가 지닌 사심 없는 고매한 인격을 통해 인간경영에 성공을 이루어 낸 위인으로 기억될 수 있을 것이다.

10) 박정희(朴正熙)

박정희 전 대통령에 대한 평가는 양극단을 걷고 있는 듯싶다. 독재자였다는 평가와 경제를 일구어 낸 선각자였다는 평가가 서로 맞물려 있는 것이다. 어떠한 평가가 더 옳은 것이냐는 질문에 대해선 정답이 없는 듯

---

135) 킹의 암살사건은 전국 도시에서 흑인폭동을 불러일으켜 1주일 동안 시카고, 디트로이트, 볼티모어, 워싱턴 등 125개 도시에 폭동이 일어났다. 그 와중에 46명이 사망하고 3천 500여명이 부상을 당했으며 4천 500만 달러 상당의 재산피해가 났다. 『앞의 책』, 288쪽.

136) 흑인 스스로의 투쟁에 의해 1964년 인권법이 제정되어 흑인선거권의 보증, 공공시설의 차별 철폐, 흑백인 공학, 취업기회 평등화, 차별조사를 위한 연방인권위원회 존속, 인권관련 사건에 관한 법정절차 보호 및 법무장관이 흑인피해자를 대신하여 소송을 제기하는 등 흑인의 인권신장이 대폭 이루어졌다. 또한 1965년에는 투표권이 주어졌다. 『앞의 책』, 288쪽.

싶다. 타당성이 양 주장과 평가에 있기 때문이다. 그리고 여기에서 이것에 대해 시시비비를 따지듯 이야기하는 것은 어떻게 보면 논점을 벗어난 이야기가 될 수도 있다.

그러나 한 가지 분명히 하고자 하는바는 어떤 위대한 인물이고 공과(功過)는 있다는 것이다. 잘한 점도 있고 못한 점도 있다는 뜻이다. 완벽하다면 아마 신(神)일 것이다. 산이 높으면 골짜기가 깊듯이 장점이 크면 그에 비례하여 단점도 큰 법이다. 박정희에 대한 정치적 평가는 잠시 뒤로 하고 그가 '잘 살아보겠다.'는 의지를 가지고 반만년의 가난을 벗어 던지려했던 몸부림에 대해서는 긍정적으로 평가를 할 수 있지 않을까 싶다.

그가 지난 반만년 동안 국민의 어깨위에 무겁게 내리누르고 있던 멍에와 같던 가난을 벗어 던지고 경제적 풍요의 세계로 이 나라를 이끌고 나가려했던 점과 이를 위해 솔선수범을 하고 청렴하고 정직하게 노력을 하면서 국민을 이러한 방향으로 이끌고 나간 점은 지도자로서 올바른 길을 걸어 나간 것으로 평가를 할 수 있을 것이다.

이미 그가 고인이 되었지만 그에 대한 부정적 증언 못지않게 긍정적 증언도 많다. 우리가 역사를 통해 배울 수 있는 점은 부정적인 것은 타산지석(他山之石)이나 반면교사로 삼고 긍정적인 것은 사표로 삼아 교훈 화 하라는 것이다.

그에 대한 긍정적 증언 중에는 그가 명색이 대통령임에도 불구하고 청렴하였다는 것이다. 거의 같은 시대를 살았던 인도네시아의 지도자 수카르노(Sukarno)나 필리핀의 대통령 마르코스(Ferdinand Edralin Marcos)와 비교를 하면 이러한 증언이 힘을 얻을 것 같다. 그는 대통령으로서 나아가 독재자로서 비극적인 삶을 살았고 비극적으로 죽음을 맞이하였지만 치부를 했다거나 돈과 연루되어 더러운 손으로 거래를 했다는 말들이 거의 나오지 않는 것을 보아도 알 수가 있다.

물론 스위스 은행의 비밀 계좌에 돈이 있었다든가 하는 말들이 항간에 돌기는 했지만 어느 누구도 이를 확인한 사람이 없다. 어느 누구의 증언에 따르면 박정희가 그의 측근인 김재규에 의해 시해를 당한 후, 새로운 권력으로 떠오른 신군부가 청와대를 접수한 후 집무실 금고를 열고 그 안의 내용물을 보고 새삼 더 박정희의 청렴성에 고개를 숙였다는 말도 있다. 사실 여부와는 관계없이 분명 박정희는 축재나 치부와는 거리를 두면서 오로지 이 나라를 가난으로부터 벗어나게 하는 경제발전에 집착한 점은 인정해야만 할 것 같다.

박정희를 부정적으로 보는 사람들이 그의 경제발전에 대한 집착을 정치적 정통성을 가지지 못한 자가 국민으로부터 신뢰를 받고 정통성을 인정받기 위해 경제발전에 올인(all in)을 한 것이라고 말하고 있긴 하지만 어쨌든 그가 경제발전을 이루기 위해 노력한 것 자체를 부정하는 것은 아니다.

이러한 관점에서 솔선수범과 청렴을 바탕으로 한 인격을 갖추고 많은 사람들로 하여금 무에서 유를 만들어내듯이 경제를 일구어내는 목표를 향해 한 방향으로 움직여 나갈 수 있게 만들어 나간 그를 인간경영에 성공한 사람들 중 하나로 거론한다고 해서 지나침은 없을 것으로 사료가 되는 것이다.

국가의 안위를 우선시하고 청렴을 드러내는 그의 인품과 관련 된 일화[137]가 있어 소개를 하려고 한다.

찌는 듯이 더운 여름 어느 날 청와대 집무실로 미국의 소총 생산업체인 맥도널 더글러스 사의 중역인 데이비드 심프슨이 방문을 하였다. 대통령은 집무실에서 에어컨을 켜지 않고 부채질을 하고 있었다. 그는 박 대통령에게 자신의 회사 소총을 구입해준데 대해 사의를 표하고 그에 대한 정성의 표시로 100만 달러가 든 돈 봉투를 건넸다. 박 대통령은 "이게

137) M16 소총 제조사인 미국 맥도널 더글라스 사의 중역인 데이비드 심프슨이 기록한 박정희 대통령의 일화이다. ; 김성진, 『박정희를 말하다』(서울 : 삶과 꿈, 2006).

무어요?" 하고 그에게 되물었고 그는 저희 회사가 대통령에게 드리는 조그마한 정성의 표시라고 이야기를 하였다. 박 대통령은 그것이 흔히 이루어지는 뇌물임을 알고 이렇게 말을 건넸다. "귀 회사의 배려에 감사를 하오. 귀 회사의 정성의 표시라 하니 내가 이 돈을 받기로 하겠소. 그런데 내가 한 가지 청을 합시다. 현재 우리 군에서는 귀사의 소총이 한 정이라도 더 필요하답니다. 내가 받은 이 돈으로 귀 사의 소총을 더 사고 싶소. 이 돈만큼 귀사의 소총을 더 우리 군에게 납품해주시기 바라오." 이 말을 들은 소총 생산업체의 중역 데이비드 심프슨은 뒤통수를 맞은 듯 신선한 충격과 감동을 받았다고 한다.138)

이러한 지도자의 솔선수범과 청렴성 그리고 자신이 이끌고 있는 조직과 그 성원에 대한 배려와 충성은 다른 사람의 눈에 뛰어나고 고매한 인품으로 와 닿게 될 것이다. 그러한 언행은 결국 상대방의 감동을 얻어내게 되고 결과적으로 상대방의 마음을 갖게 되는데 성공을 하게 되는 것이다. 또 하나의 인간경영의 성공이라 말 할 수 있을 것이다.

나폴레옹, 이순신, 그리고 알렉산더 대왕은 솔선수범을 통해 지도자로서의 고매한 인격을 검증받았고 한신, 그랜트와 리, 간디, 넬슨 만델라, 데스몬드 투투, 마틴 루터 킹은 솔선수범과 겸손을 통해 지도자로서의 고매한 인격을 검증받았으며 박정희는 솔선수범과 청렴성을 통해 지도자로서의 고매한 인격을 검증받았다. 이들은 이러한 검증된 인격을 통해 지도자로서의 역량을 십분 발휘하여 자신들이 가지고 있던 높은 이상과 꿈을 실현시켜 나갔던 것이다.

고매한 인격을 지닌 지도자가 되기 위해 필요한 것은 앞서 누차 강조하였지만 솔선수범, 겸손 그리고 정직성과 청렴성 등이다. 그 중 특히 겸손이 돋보이기도 한다. 지도자는 항상 나보다 못한 자가 없다는 마음을 가지고 낮은 자세로 임하는 것이 필요한 이유도 여기에 있는지 모른다.

---

138) 『앞의 책』.

겸손이란 불가(佛家)에서 말하는 하심(下心)과 맥락을 같이 하는 마음의 자세이다.

2. 고매한 인격을 가지지 못해 인간경영에 실패한 역사적 사례들

고매한 인격을 가지지 못해 인간경영에 실패한 몇 가지 역사적 사례들을 열거하여 설명하면 다음과 같다.

1) 선조(宣祖)

선조는 조선의 제14대 임금으로 재위 중에 임진왜란을 맞게 되었다. 거칠 것이 없이 부산으로부터 물밀듯 한양으로 올라오는 왜군을 막기 위해 신립(申砬) 장군을 충청지역으로 급히 내려 보내지만 신립 장군이 충주 탄금대에서 왜군에게 대패를 하자 위기감을 느끼고 급히 서둘러 한양을 탈출하여 북쪽으로 이어(移御)를 하였다. 이를 지켜 본 백성들이 이를 가로막자 무력으로 이들을 제지하고 몽진(蒙塵)을 갔다. 이에 격노한 백성들이 "백성을 버리고 자기만 살겠다고 도망을 치는 왕이 어디 있느냐?"고 하면서, 왕이 떠난 텅 빈 경복궁에 난입하여 불사름을 하였다.

그는 종묘사직의 보전이라는 핑계를 방패삼아 자신의 안위만 걱정했을 뿐 국가의 근본인 백성을 초개와 같이 내다버린 소인배였고 지도자로서의 자격도 없는 인격의 파탄 자였다.

여러 문헌들을 종합해 볼 때 그는 승승장구하는 이순신에 대해 매우 심한 열등감과 질투를 느꼈던 것으로 판단이 된다. 그는 심지어 백성의 절대적인 지지를 받고 있는 이순신이 쿠데타 등을 통해 왕권을 찬탈할지도 모른다는 두려움을 가지고 있었으며 이를 매우 경계한 듯하다.

1597년 2월 이순신은 한산도에서 체포되었다. 죄목은 무군지죄! 임금을 무시하고 업신여긴 죄였다............. 일본 측은 이순신을 제거할 계략을 세웠다. 그들은 요시라 라는 승려를 이용, 정보를 흘렸다. 가토 기요마사가 부산 앞 바다에 나타날 것이니 그때 그를 친다면 잡을 수 있다고 했다. 이 말을 들은 조선 조정은 앞 뒤 가릴 것 없이 이순신에게 부산 앞바다로 나아가 가토 기요마사를 잡으라고 했다. 그러나 이순신은 신중했다. 적이 흘린 정보를 곧이곧대로 믿을 수 없었다. 이순신이 출전을 미루는 사이 가토 기요마사 부대가 울산의 서생포로 상륙하였다. 이 소식을 들은 선조는 이 나라는 끝장이라며 탄식했다. 그리고는 이순신을 잡아들이도록 했다. 막을 수 있었던 일본 부대를 막지 않았다는 것이었다. 그것은 곧 임금의 명을 어긴 죄가 되었다.[139)]

이순신에 대한 선조의 불신은 .... 이순신의 한산도 시절부터 싹튼 것으로 보인다. 자신은 전란을 맞아 북으로 북으로 몽진을 갔던 임금, 반면 이순신은 왜적을 막아내고 백성들의 신망을 받는 장수가 되었다. 선조의 불신의 근원은 이런 것이 아닐까 싶다. 어느 군왕인들 자신을 젖혀두고 민심을 얻는 장수를 좋아하겠는가. 만약 전쟁이 이대로 끝난다면 그의 권력유지에 이순신이 가장 위협이 될지 모른다고 생각할 수도 있었다.[140)]

심지어 선조는 자신의 이러한 마음을 간파한 간신들의 이간질에 놀아나고 그 놀아남 속에 이순신은 어명을 거역했다는 반역죄로 살이 찢기고 뼈가 으스러지는 국문을 당하게 된다.

이순신을 대신하여 삼도수군통제사가 되어 부임을 한 원균이 싸움다운 싸움도 제대로 해보지 못하고 칠천량 해전에서 죽고 대패를 하자 지금까지 이순신이 굳건히 지켜오던 서해안으로의 해상통로가 왜군에게 뚫려버리게 되는 것이다. 이것이 의미하는 바는 이 서해안의 해상통로를

---

139) 윤영수, 『불패의 리더 이순신, 그는 어떻게 이겼을까』(서울 : (주)웅진 씽크빅, 2005), 192쪽.

140) 『앞의 책』, 192-193쪽.

통해 왜군이 북상을 하여 한양을 칠 경우 방어책이 거의 전무하다는 사실이다. 또한 이 통로를 통해 병참선을 확보하게 되면 왜군을 사력을 다해 저지하고 있는 조선군으로서는 그만큼 엄청난 부담을 떠안게 되는 것이다. 그리고 곡창지대인 호남지역이 왜군의 말발굽아래 유린되고 그들의 병참기지로 전락되고 마는 것이다.

이러한 사실에 크게 당황한 선조는 다시 이순신을 백의종군을 명해 사지로 밀어 넣는다. 이순신은 국가의 위난을 잠재우고 백성의 안위를 염려하여 사지로 뛰어들고 결국 그는 장렬하게 노량해전에서 전사를 한다. 그 전사소식을 들은 선조는 국가와 백성을 위한 그의 죽음을 귀찮아했다 한다.

『선조실록』은 이순신이 전사한 지 닷새 뒤인 11월 24일 밤, 이 정보를 명나라 군대 쪽에서 입수한 승정원이 급히 왕에게 보고했다고 기록한다. 소식을 들은 왕은 "오늘은 밤이 깊었다."하며 "내일 승정원이 알아서 하라."고만 한다. 이순신의 죽음에 대해 한마디 말도 하지 않은 것은 물론, 어딘가 귀찮아하는 기색까지 보인다.

며칠 뒤 명나라 장수 형개가 왕 앞에서 이순신의 죽음을 애석해 할 때도 선조는 전혀 반응하지 않았다. 오히려 '황제의 은덕이 고맙다.'며 세 번 머리를 조아리더니 명나라 등자룡(鄧子龍)의 죽음만을 안타까워할 뿐이었다. "조정에서 사람을 제대로 쓰지 못해 이순신이 재능을 한껏 펴보지 못했다."며 애통해 한 사람은 임금인 선조가 아니라 실록을 기록한 사관(史官)이었다.141)

이러한 것을 볼 때 그는 옥석을 가릴 줄 아는 혜안이 없고 매우 편협하면서 지도력을 상실한 허울뿐인 지도자였던 것으로 사료가 된다.

이에 반해 이순신은 노량해전에서 적의 조총을 가슴에 맞고 숨을 거두면서 자신의 조카 이완과 예하 부장들에게 자신의 모습을 방패로 가리게

---

141) 박기봉, 『충무공이순신 전서』(서울 : 비봉출판사, 2006).

하고 "싸움이 급하다. 나의 죽음을 알리지 마라."(戰方急 愼勿言我死)는 유언을 남기고 운명하였으며[142] 이러한 배려에 힘입어 부하들은 지휘관을 잃었다는 사실조차 모르고 동요됨이 없이 마지막 전투를 성공적으로 마무리 지을 수 있었던 것이다.[143]

최후의 순간까지 이순신의 마음은 바다와 같이 넓었던 것이다. 선조의 편협한 사람됨과 이순신의 넓은 마음이 너무나 극명하게 대비가 되는 것이다. 선조는 고매한 인격을 갖지 못함으로써 인간경영에 실패한 자로 역사에 남게 된 것이다.

2) 리처드 닉슨(Richard Nixon)

정직성과 청렴성을 기반으로 하는 도덕성에서 함량미달인 실패한 지도자로 리처드 닉슨 대통령을 들 수 있을 것이다.

그는 정치인으로서 성공한 사람이었다. 1946년 캘리포니아 주에서 연방의회 하원의원에 공화당후보로 출마하여 당선됨으로써 정치계에 첫 입문을 하였다. 그는 반공주의자로서 열심히 의정활동을 하였고 그런 결과 1950년에 캘리포니아 주에서 상원의원에 당선되었다.

그의 행운은 여기에 그치지 않았다. 1952년 드와이트 아이젠하워(Dwight David Eisenhower)의 러닝메이트로 부통령에 당선되었으며, 1956년 재선되었다. 그는 상원의원으로서 그리고 부통령으로서 자신의 역할을 잘 해냈

---

142) 영국의 넬슨(Horatio Nelson)제독은 트라팔가르 해전(Battle of Trafalgar)에서 스페인과 프랑스의 연합함대를 깨트리고 전투 중에 입은 총상으로 죽으면서 "하나님께 감사한다. 나는 나의 임무를 완수하였다."(Thank God, I have done my duty.)라고 하였다. 그는 트라팔가르 해전에 임하면서도 자신의 부하들에게 "너희들의 조국 영국은 너희들이 최선을 다해 임무를 완수할 것을 기대한다."(England expects that every man will do his duty)라는 말로 부하들을 독전하였다.

143) 윤영수, 『앞의 책』, 264쪽.

을 뿐만 아니라 정치적 역량과 경륜도 깊어만 갔다.

그러나 그에게도 악운이 닥쳤다. 1960년 대통령선거에 공화당후보로 출마하였으나 민주당후보인 존 케네디(John Fitzgerald Kennedy)에게 패배하였고, 설상가상으로 1962년 캘리포니아 주의 주지사선거에서도 실패를 하였다. 그는 이러한 불운에 낙담하여 한때 정계에서 물러나 변호사 생활을 하기도 하였다.

그러다가 그는 이러한 불운을 딛고 일어나 재기에 성공을 한다. 1968년 대통령선거에서 민주당의 허버트 험프리(Hubert Horatio Humphrey, Jr.) 대통령 후보를 누르고 당선이 되었다. 그리고 그는 1972년 재선에도 성공을 하게 된다. 그러나 그의 행운도 여기까지로 마무리를 지게 된다. 바로 그 계기가 된 사건이 '워터게이트사건'(Watergate Case)이다.

그는 이 사건으로 인해 1974년 8월 대통령직을 사임하게 되는 것이다. 그는 미국 역사상 처음으로 임기 중에 사임한 대통령이 되었다. 이러한 그의 불명예는 그가 모든 사람들이 신뢰할 수 있고 이에 기인한 고매한 인격을 가지지 못했기 때문에 비롯된 비극으로 이해할 수 있다.

그는 공인으로써 넘어서는 안 되는 선을 넘어버린 것이다. 그는 자기 자신을 합리화하고 자신의 행위를 정당화시키기 위해 거짓말을 한 것이다. 그의 정직하지 못함이 그를 파멸로 이끌었던 것이다.

1972년 6월에 민주당전국위원회 사무실이 있는 워터게이트빌딩에 불법도청을 한 사실을 입수한 밥 우드워드(Bob Woodward)와 칼 번스타인(Carl Bernstein) 등의 기자들이 이를 폭로 기사화하여 '워싱턴 포스트'(The Washington Post)지를 통해 세간에 알려지게 함으로써 워터게이트 스캔들은 그 여파가 일파만파로 번져나가기 시작하였다. 사태가 이쯤 이르게 되자 위기감을 느낀 닉슨 대통령은 이 사건과 자신은 무관한 것으로 계속 주장을 하면서 자신의 연루사실을 교활하게 은닉하고 은폐시켰다.

그리고 이 사건으로 자신의 입지가 점점 궁지로 몰리는 형국이 되자 이를 모면하기 위해 리처드 헬름스(Richard Helms)[144] 중앙정보부(CIA) 부장까지 동원시켜 더럽고 추한 꼼수정치(dirty politics)를 기도하려 하였다. 즉 닉슨 대통령은 이 사건과 대통령이 무관하다는 사실을 수단과 방법을 가리지 말고 어떻게든 국민들에게 주지시켜 이 사건을 무마토록 하라고 지시를 내렸으나 헬름스 부장은 이를 거절하였으며 이에 대한 보복적 인사 조치로 닉슨은 그를 물러나게 하였다.

이 뿐만 아니라 닉슨 대통령은 비판적인 언론에 대해서는 철저하게 보복했다. 워싱턴 포스트 지가 워터게이트 사건을 터뜨리자 그는 '연방방송위원회'를 통해 이 신문이 운영하는 방송국의 허가 갱신을 불허토록 압력을 행사했으며 그에게 비판적인 CBS(Columbia Broadcasting System) 방송 등 3대 방송을 독과점법으로 제소하고, 대통령을 더 이상 비판하지 못하도록 협박했다. 이에 그치지 않고 그는 비판적인 신문을 골라 이들이 운영했던 3개의 방송국에 대해서는 허가를 취소했다. 그러나 이러한 그의 감정적이고 보복적인 언론에 대한 횡포가 가장 큰 정치적, 개인적 약점이 되어 주지하듯 그는 결국 무너지고 말았던 것이다.[145]

이러한 그의 행동은 정치와 행정 분야에서 가장 먼저 솔선수범을 해야 하는 제1의 공직자로서의 올바른 리더십과 도덕성에까지 심한 상처를 내는 것이었고 이러한 행위의 결과는 결국 그로 하여금 대통령직을 스스로 내놓아야 하는 사면초가의 국면으로까지 내몰리게 만들었던 것이다. 그리고 이에 그치지 않고 그의 후임으로 대통령이 된 포드(Gerald Ford)에게까지 그릇된 악영향을 끼쳤던 것이다.

포드 대통령은 닉슨을 사면하였으며 이는 많은 국민들의 분노를 사기

---

144) 헬름스 중앙정보부 부장은 존슨 대통령에 의해 중앙정보부 부장으로 임명되었으며 닉슨 대통령에 의해 연임되었으나 워터게이트사건을 무마하라는 닉슨의 명령을 거절하다가 1973년 부장직에서 물러나게 되었다.

145) 그는 검찰총장, 비서실장 등 역대 미국 대통령 가운데 자신의 참모를 가장 많이 감옥에 보낸 대통령으로 기록되고 있다. 『중앙일보』, 2001년 1월 15일.

에 충분한 것이었다. 그 결과 포드는 도덕정치를 표방하고 대통령선거에 나온 카터(Jimmy Carter)에게 패배의 쓴잔을 마시지 않으면 안 되었던 것이다.

닉슨은 '한 번 속이기 시작하면 끝도 없이 복잡해진다.'고 말 한 자신의 어머니의 말[146]을 그가 듣지 않으므로 서 그는 화를 자초하게 된 것이다. 지도자는 무엇보다 정직하고 도덕성에 흠결이 없어야 한다. 그리고 이러한 것으로 인해 추종자들로부터 믿음을 얻을 수 있을 때 지도자로서의 존재의 의미를 갖게 되는 것이다. 닉슨의 워터게이트 사건에서 우리는 이러한 진리를 다시금 명료하게 확인 할 수 있었던 것이다.

3) 파르마르트(PARMALAT) 사의 최고경영자(CEO)

2003년에 터진 이탈리아 파르마르트 사의 분식회계 부정 사건도 좋은 사례가 될 수 있을 것이다. 세계적인 유제품 업체로 유럽과 미국 등 전세계에 판매망을 가지고 있던 파르마르트 사는 2003년 9월 초에 1주 당 3.09 유로로 연중 최고치를 기록하는 등 괄목할 만한 성장을 자랑하고 있었다.

그런데 그로부터 불과 3개월 뒤에 파르마르트 사의 주식은 1주 당 0.11 유로까지 급락하였고 12월 말에는 이탈리아 증권거래소가 구체적인 그룹 정상화 조치가 취해질 때까지 무기한 주식매매를 금지한다고 발표하는 등 급격한 몰락의 길로 접어들었다.

그 뒤 미국 증권감독위원회(SEC)는 파르마르트 사를 재무제표를 허위 조작해서 공시한 금융사기 혐의로 고발함은 물론 법적인 보상을 요구했다. 법원에 제출된 검사단의 기소장에 의하면 당시 파르마르트 사의 은행 부채는 82억 유로, 회사 부채는 56억 유로에 달했다.[147]

146) B. 조셉 화이트, 『앞의 책』, 76쪽.

이것 역시 정직하지 못한 최고경영자와 그를 둘러싼 측근세력(inner circle)들의 더러운 위선과 거짓에 의해 명망 있던 한 회사가 몰락의 길을 걸어가게 되는 과정을 잘 보여주고 있다. 또한 이를 통해 공공의 가치를 담고 있는 기업의 책무가 얼마나 중요한 것이며 이러한 기업들의 정직성이 얼마나 중요한 것인가를 새삼 느끼게 하는 사례라 사료된다.

4) 엔론(Enron) 사와 아더 앤더슨(Arthur Andersen) 사의 최고경영자(CEO)

미국 텍사스(Texas) 주 휴스턴(Houston)에 본사를 두고 있었던 세계적인 에너지회사인 엔론 사(Enron Corporation)는 창업 15년 만에 미국과 유럽에서 거래되는 에너지의 20%를 담당하는 세계 최대 에너지 그룹으로 명성을 떨치던 회사였다.

1996년부터 2001년까지 6년 동안 『포춘』지에 의해 '미국에서 가장 혁신적인 기업'으로 뽑히기도 했던 엔론 사는 2001년 12월 파산신청을 냈을 때, 부채 총액은 131억 달러로 이는 미국 연방정부의 파산법 시행 이후 최대 규모였다.[148]

엔론 사의 파산의 원인은 앞에 소개된 파르마르트 사의 분식회계 부정사건과 같은 회계부정사건이었다. 파산 직전까지 엔론 사의 재무제표는 100% 완벽한 상태임을 자랑했지만 그 모든 게 허위로 작성된 것이라는 사실이 파산 후에 밝혀졌다.[149]

엔론 사의 회계부정이 세간에 발표가 되자 엔론 사의 주식은 한 때 1주당 90달러에 달하던 것이 50센트도 안 되는 수준으로 폭락을 하였다. 이 엔론 사 스캔들로 인해 직접 이 회사의 회계부정에 관여했던 세계에서

---

147) 『앞의 책』, 111-112쪽.

148) 『앞의 책』, 91쪽.

149) 『앞의 책』, 111쪽.

다섯 손가락 안에 들었던 전문회계법인인 '아더 앤더슨'(Arthur Andersen) 사도 동반 와해가 되어버렸다.150)

결국 엔론 사와 아더 앤더슨 사의 최고경영자를 비롯한 기업 관리자들의 정직하지 못함으로 인해 회사의 도덕성에 금을 가게하고 이것이 결국 파산이라는 최악의 상황을 맞게 만들어버린 것이다.

이러한 최고경영자를 위시한 기업 관리자들의 정직하지 못한 기업경영에 의해 파산이 되거나 명예를 더럽힌 회사들로는 데니스 코즐로스키(Dennis Kozlowski)의 타이코 사 분식회계151) 스캔들(Tyco Scandal), 그리고 임클론(ImClone) 사 주식 내부자 거래 관련으로 최고경영자(CEO) 자리에서 낙마한 마사 스튜어트(Martha Helen Stewart) 등을 들 수 있다. 그리고 덧붙여 월드컴(WorldCom) 역시 분식회계와 같은 회계부정사건으로 파산을 하였다.

이러한 정직하지 못함으로 인한 기업의 파산은 최고경영자의 제대로 된 인격의 부재에서 비롯된 점이 매우 크다고 볼 수 있다. 그들이 고매한 인격자로써 정직함을 기반으로 하여 기업을 투명하게 이끌어 나갔다면 기업도 살고 그들 자신들도 인간경영의 성공자로 자리매김을 할 수 있었을 것이다.

5) 항우(項羽)

불세출의 영웅 초패왕 항우가 동네 건달 비슷하던 유방에게 패한 것은 자기 자신을 낮추는데 서툴렀고 겸손함을 드러내는데 부족함이 있었으며 부하들의 능력을 과소평가한 탓이다.152) 그는 넓고 커다란 인격으로

150) http://en.wikipedia.org/wiki/Enron_scandal

151) B. 조셉 화이트, 『앞의 책』, 75쪽.

152) 김정빈, 『리더의 아침을 여는 책』(서울 : 동쪽나라, 2007), 160쪽.

부하들에게 비쳐지지 않았던 것이다.

한비자(韓非子)는 삼류의 리더는 자기의 능력을 사용하고, 이류의 리더는 남의 힘을 사용하고, 일류의 리더는 남의 지혜를 사용하는 것처럼 부하가 가지고 있는 각자의 능력을 잘 발휘하도록 하는 것이 참된 리더십이라고 주장했다.[153] 닭이 울어 때를 알리고, 고양이는 쥐를 잡고 하듯이 부하 한 사람 한 사람의 능력을 발휘시키면 위에 선 사람은 스스로 할 일이 없어지는 것인데 위에 선 사람이 능력을 발휘하면 일이 제대로 되지 않는 법이라는 말도 하였다[154].

한비자가 말하는 일류 리더란 감정을 드러내지 않고 행동을 적게 하고 침착하고 안정된 자세를 취하며, 조직 및 인간 관리 술을 알고 있으되 겉으로 보이지 말고 자기를 낮추고 부하들의 장점을 살리도록 한다는 것이다.

이러한 한비자의 말과는 달리 항우는 자기의 힘만 믿고 부하의 말을 잘 듣지 않았다.[155] 항우 밑에도 범증(范增)과 같은 훌륭한 부하가 많았지만 그들이 어렵사리 좋은 계책을 내 놓으면 그들을 퉁명스럽게 힐난하고 질책하면서 그들의 말을 듣지 않아 실패하곤 했다.[156] 한마디로 독단전횡의 표본이었다.

이러한 항우의 언행에서 고매한 인격은 느껴질 수 없었고 그로 인해 많은 유능한 부하들이 그의 곁을 떠나거나 그 앞에서 침묵하게 되는 결과를

---

153) 모리야 히로시 지음, 박연정 옮김, 『성공하는 리더를 위한 중국고전 12편』(서울 : 예문, 2002), 86쪽.

154) 『앞의 책』, 86쪽.

155) 『앞의 책』, 94쪽.

156) 유방은 압도적으로 우세했던 항우가 결국 자신에게 무릎을 꿇은 원인에 대해 이렇게 말했다한다. "나에게는 소하, 장량, 한신이라는 세 사람의 걸물이 옆에 있어 이들을 잘 기용한 것이 승리의 원인이다. 그러나 항우는 범증이라는 장군이 있었으나 그 한 사람도 잘 기용하지 못했다. 이것이 항우의 패인이다." 『앞의 책』, 172쪽.

초래하게 된 것이다. 결국 그는 유방보다 좋고 유리한 입장에 서있었지만 유방에게 패배할 수밖에 없었던 것이다. 항우가 넓고 커다란 인격으로 부하들에게 비쳐지지 않았던 것이 패인이었다고 볼 수 있을 것이다.

아무리 지도자라고 하더라도 조직 구성원으로서 규범과 책임을 다 해야 한다는 것을 솔선수범하여 보여주어야 할 뿐만 아니라, 부하들이 조직성원으로 마땅히 하여야 할 규범과 책임을 제대로 해내지 못했을 때 생기는 결과에 대해 리더는 어느 누구에게 떠넘김이 없이 분명한 태도를 보여야 한다. 고매한 인격을 모태로 하는 확고한 도덕성이 리더에게 풍겨 나오고 확실한 행동으로 공동체의 규범을 세워나갈 때 그 리더는 인간경영에 성공자로 자리매김을 할 수 있는 것이다. 리더가 이런 일을 하지 않으면 제아무리 탁월한 능력자라도 인간경영에서 실패하고 마는 것이다.[157]

---

157) B. 조셉 화이트, 『앞의 책』, 92-93쪽.

제4장 용기

두려움으로 약해지지 않고 어려운 상황에서 신념을 굽히지 않고 어려운 문제라고 해서 포기하지 않는 행위가 바로 용기라고 말 할 수 있다.[158] 인간은 누구나 두려움을 가지고 있다. 그러나 그러한 누구나 가지고 있는 두려움을 잘 다스리고 이를 극복해 나갈 수 있는 자만이 그리고 자신이 가지고 있는 믿음과 신념을 이러한 두려움 때문에 굽히지 않고 소신껏 밀고 나갈 수 있는 자만이 진정한 인간경영의 성공 자가 될 수 있는 것이다.

지도자란 체력이 다하고, 가진 것을 다 잃고, 그리고 홀로 남았어도 자신이 하는 일이 옳다고 생각하고 용기를 잃지 않고 최선을 다 하는 사람이다.[159]

이러한 맥락에서 용기는 '성취하는 것이 아니라 시도하는 것'이며 따라서 끊임없이 도전하는 사람은 자신이 열망하는 꿈의 주인공이 될 수 있지만, 두려움에 앞으로 나가지 못하는 사람은 아무 것도 이룰 수 없다는 진리를 터득할 필요가 있는 것이다.[160]

158) 빌 하이블즈 지음, 박영민 옮김, 『아무도 보는 이 없을 때 당신은 누구인가?』(서울 : 한국기독학생회출판부, 2001), 14쪽.

159) 정우일, 『리더와 리더십』(서울 : 박영사, 2006)., 98쪽.

160) 유영만, 『용기』(서울 : 위즈덤하우스, 2007).

용기는 또한 실패의 두려움을 극복하고 이겨나가는 것이다. '실패는 성공의 어머니'라는 말도 있다. 어떻게 보면 성공보다 더 많은 것을 가져다주는 것이 실패일지도 모른다.

존 템플턴(John Templeton)은 일찍부터 "작은 실수로부터 큰 성과를 얻을 수 있다."며 실수를 두려워하지 말고 기꺼이 받아들일 것을 강조했다. 실제 투자세계에서 실패는 둘도 없는 소중한 경험으로 받아들여지고 있다. 실패에 따른 후회나 미련은 시각을 좁히거나 판단실수를 유도하는 바이러스와 마찬가지로 위험하다.

또한 용기란 위기에 처했을 때 위험 적 요소만을 염두에 두고 두려워하고 이를 기피하려고 하는 자세가 아니라 위험의 다른 면 즉 기회를 보고 어려움을 극복하고 이를 활용하려고 하는 도전적 자세인 것이다.

넬슨 만델라는 "용기는 두려움이 없는 것이 아니라 두려움을 넘어서도록 힘을 주는 것이다."[161]라고 주장을 하였는데 이 말도 이와 맥을 같이 하는 것이다.

사실 기회는 좀처럼 만날 수 없는 것이 아니라, 언제 어느 때에도 찾아올 가능성이 있는 것이다. 그렇기 때문에 항상 기회를 만났을 때에 활용할 수 있도록 준비해 둘 필요가 있는 것이다. 그 준비에 필요한 것은, 이제까지 호기를 찾아내고 그것을 살려서 성공한 경험에서 얻은 육감과 결단, 그리고 실행할 수 있는 용기이다.

기회는 준비되지 않은 자에게는 보이지도 않을 뿐만 아니라 설혹 보인다 하더라도 그것을 잡을 수 있는 방법도 모르고 실패를 두려워하여 잡으려는 용기도 갖지 못하게 함으로써 기회를 놓치게 되는 것이다. 그래서 기회를 잡기 위해선 준비되어 있어야 하고 기회가 왔을 때 실패를 두려워하지 않고 이를 거머쥘 수 있는 용기가 무엇보다 필요로 되는 것이다. 그래서 지도자로서 인간경영에 성공한 사람들은 대부분 용기 있는

---

161) *Time*, 2008. 7. 8. ; 『조선일보』, 2008년 7월 12일 재인용.

사람들인 것이다.

1. 용기를 가지고 인간경영에 성공한 역사적 사례들

이러한 용기 있는 행위를 통해 인간경영에 성공한 사람들이 역사적으로 적지 않다.

고대 희랍의 많은 인근도시국가들의 견제와 압박에도 굴하지 않고 이를 오히려 평정한 후 소아시아를 정벌하고 인도까지 침공하여 광대한 영토를 차지하고 동양과 서양의 예술을 상호 조화롭게 접목시킨 간다라예술을 일구어 낸 마케도니아 왕 알렉산더(Alexander the Great)부터 1930년대 자동차 왕 헨리 포드(Henry Ford), 그리고 2000년 컴퓨터 황제 마이크 델(Michael Dell) 등 천재기업가들[162]도 이러한 사람들이다.

여기에서는 용기 있는 인간 경영의 승리자들로 파산직전의 크라이슬러 자동차회사를 기적적으로 회생시킨 리 아이아코카(Lee Iacocca), 자신보다 몸집이 더 큰 상대를 겁도 없이 합병해 버린 칼리 피오리나(Carly Fiorina), 불굴의 도전정신과 용기 그리고 창의력 등에서 인간경영에 성공한 마이클 델(Michael Saul Dell), 노르망디 상륙작전을 주도하여 2차 대전의 승리를 안겨주는데 큰 역할을 한 드와이트 아이젠하워(Dwight D. Eisenhower), 그리고 한산대첩 등 23전 23승 불패의 신화를 만들어 낸 이순신(李舜臣), 그리고 현대그룹 신화를 일구어 낸 정주영(鄭周永), 나치의 독재자 히틀러로 인해 고통 받고 있는 독일국민과 세계시민들을 위해 참된 용기를 보여 준 클라우스 폰 슈타펜버그(Claus von Stauffenberg), 해상왕국을 건설하고 이를 통해 신라의 위대함을 몸소 표현하려했던 용기를 지닌 장보고(張保皐), 그리고 트라팔가르 해전을 통해 나폴레옹의 꿈을 좌절시킨 영국이 낳은 명 제독

162) 진 랜드럼 지음, 조혜진 옮김, 『기업의 천재들』(서울 : 말글 빛냄, 2006).

호레이쇼 넬슨(Horatio Nelson) 등에 대해 집중적으로 조명을 해 보고자 한다.

1) 리 아이아코카(Lee Iacocca)

리 아이아코카는 1978년 그 해에 이윤을 20억 달러를 창출했지만 포드(Henry Ford II) 사주와의 불화와 갈등으로 포드 자동차회사(Ford Motor Company)의 회장직에서 결국 해고를 당하였다. 그러나 그는 이에 굴하지 않고 도산위기에 있는 크라이슬러 자동차회사(Chrysler Corporation)를 다시 기적적으로 회생163)시키는 용기 있는 경영활동을 함으로써 인간경영에 성공을 하였다.

1970년대에 크라이슬러사는 급속히 쇠퇴하고 있었다. 25퍼센트였던 크라이슬러사의 시장점유율은 1978년에 11퍼센트로 하락했고 상황은 계속 악화되고 있었다. 당시 크라이슬러사의 회장이었던 존 리카도(John Riccardo)는 절대 절명의 위기상태에 있는 회사를 살리기 위해서는 자신보다 유능한 리더가 절실히 필요하다는 것을 알았다. 그래서 그는 리 아이어코카에게 크라이슬러사의 사장이 되어 줄 것을 간곡하게 제의하였다. 존 리카도가 내건 파격적인 조건은 리 아이어코카가 사장 자리에 오르고 2년이 지나면 자신은 일선에서 물러나고 리 아이어코카에게 회장 자리를 넘기겠다는 것이었다.

존 리카도 회장의 파격적인 제안이 가지고 있는 깊은 의미는 회사를 위해 자신을 희생하는 용기를 보여준 것이다. 리 아이어코카는 이러한 제의를 받아들임으로써 자동차 업계의 빅3중 한 회사의 대표가 되겠다는 평생의 꿈을 실현시킬 기회를 가지게 되었다. 이렇게 해서 회사가 부도로 향하던 1978년 11월에 크라이슬러사는 리 아이어코카를 새 리더로 영

163) Lee Iacocca, *Talking Straight* (New York : Bantam Books, 1988).

입하게 되었던 것이다.[164]

물론 크라이슬러사의 새 대표가 되었다고 해서 리 아이어코카에겐 기쁨만 있는 것은 아니었다. 어떻게 보면 리 아이어코카 역시 희생을 각오해야만 하는 용기가 필요로 되었다. 우선 재정적인 면에서 그는 포드사의 사장으로 있을 때 받았던 연봉의 반을 조금 넘는 액수를 받아들여야만 했다. 그리고 크라이슬러사를 운영하면서 거의 24시간 일을 함으로써 가족과 함께 하는 귀한 시간을 희생해야만 했다.[165]

그는 크라이슬러사의 사장이 된 후 크라이슬러사의 실상을 파악하고 망연자실하였다. 그는 다 죽어가고 있는 조직을 회생시키기 위해서는 희생을 각오해야만 한다는 것을 알게 되었다. 리 아이어코카는 가장 먼저 3년에 걸쳐 서른다섯 명의 부사장 중 서른세 명을 해고했다. 그야말로 놀라운 결단이고 용기 있는 행동이었다.

그리고 미국의 자동차 빅3의 하나로서 미국의 제조업을 이끌어 온 성장 동력으로서 자부를 하고 있는 크라이슬러사의 명예와 결코 기업경영에는 국가가 개입해서는 안 된다는 지론을 가지고 있던 자신의 자존심을 버리고 정부에 대출보증을 요청하였다. 사실 그는 포드사의 사장으로 있을 때 정부의 기업경영에 관해 상당히 비판적인 자세를 취한 것으로 유명했다. 그런 그가 입장을 180도 바꾸어서 정부에 대출보증을 요청 한 것이다.

이러한 자존심을 포기한다는 것은 최고경영자들이라면 결코 하지 않을 희생이며 리 아이어코카에게도 대단한 희생이었다. 그러나 회사를 회생시키기 위해 꼭 해야만 할 일이기에 그는 용기를 내어 희생을 선택한 것이다.

---

164) 존 맥스웰 지음, 김환영·홍석기·우덕삼 옮김, 『리더십 21가지 법칙 : 워크북』(서울 : 청우, 2007), 271쪽.

165) 『앞의 책』, 272쪽.

이러한 희생만으로 끝 난 것이 아니었다. 그는 사기가 떨어지고 좌절하고 있는 조직원들에게 희망을 보여주기 위해 솔선수범을 하였다. 그 자신의 연봉을 1달러로 줄인 것이다. 그는 "리더십이란 본보기를 보이는 것이다. 사람들은 리더인 당신의 모든 행동을 따른다."고 말하면서 솔선수범하여 자신의 연봉을 최저로 깎아 내린 것이다.

그런 후 그는 다른 사람들에게도 동일한 희생을 요구했다. 그는 크라이슬러사의 핵심경영자들에게 10%의 감봉을 수락할 것을 요청한 것이다. 그리고 노동조합과 거래 은행으로부터 양보를 요청해서 승낙을 받아 내었다.[166]

크라이슬러사를 살리기 위해 그들은 함께 희생했으며 결국 성공을 일구어 내었다. 1982년에 크라이슬러사는 9억 2,500만 달러의 흑자를 기록했다. 크라이슬러사 건립 이후 최대의 흑자였으며 이에 힘입어 1983년에 회사는 빚을 갚게 되었다.[167] 이후 크라이슬러사는 계속해서 성장했으며 미국과 캐나다 시장을 합쳐 16%의 시장 점유율을 가지게 되었다. 리 아이어코카가 회사를 처음 맡았을 때보다 두 배나 상승을 시킨 것이다.

여기에서 우리가 새겨 보아야 할 대목은 존 리카도 회장이나 리 아이어코카의 희생을 각오하는 용기이다. 존 리카도 회장은 크라이슬러사를 회생시킬 수 있는 자신보다 더 유능한 인재를 얻기 위해 자신의 지위를 희생시킬 용기를 가졌다.

그리고 이에 화답이나 하듯이 리 아이어코카는 크라이슬러사의 회생을 위해 자신의 연봉을 포기하고 가족과의 고귀한 시간을 포기하고 절친한 동료이며 동지인 자신의 분신들을 잘라내고 그들의 희생을 요구하고 자존심을 버리면서까지 정부로부터 대출 보증을 받아내고 노동조합과

---

166) 『앞의 책』, 272-274쪽.

167) Lee Iacocca and William Novak, *Iacocca : An Autobiography* (New York : Bantam Books, 1984).

은행으로부터 양보를 얻어냈다. 그러한 자신의 희생이 결국 크라이슬러 사의 꺼져 가는 동력을 다시 살아나게 만든 것이다.

이러한 희생에 대한 각오를 할 수 있었던 것은 바로 그가 용기 있는 사람이었기 때문이다. 그가 진정한 용기가 없는 사람이었다면 다 쓰러져 가는 크라이슬러라는 난파선의 선장을 맡을 수도 없었을 것이며 난파선을 이끌고 무사히 항구에 귀항을 할 수도 없었을 것이다. 그의 끊임없는 도전의식과 희생의식이 결국 용기라는 날개를 타고 커다란 대업을 일구어 낸 것이다. 그는 그러한 용기 있는 행동을 통해 인간경영에 성공을 한 것이다.

2) 칼리 피오리나(Carly Fiorina)

경제 전문지 『포춘』에 6년 연속 세계최고의 여성 최고경영자(CEO)로 이름을 날렸던 칼리 피오리나(Carly Fiorina) 역시 실리콘 벨리(Silicon Valley)의 여제(女帝)라 불리는 전(前) 휴렛팩커드(HP) 사의 최고경영자였다.[168] 그녀는 세계 PC시장을 석권한 휴렛 팩커드 신화의 주역으로, 자신보다 몸집이 더 큰 이 당시 PC제조업체 2위의 컴팩(Compaq)과 합병을 추진하여 세간을 놀라게 하였다.

그 당시 컴팩의 합병을 결심한 칼리 피오리나를 염려하고 이러한 결단

---

168) 칼리 피오리나에 관해 참고할 수 있는 책으로는 다음과 같은 것이 있다. 칼리 피오리나 지음·공경희 옮김, 『칼리 피오리나, 힘든 선택들』(서울 : 해냄출판사, 2006). ; 조지 앤더스 지음, 이중순 옮김, 『세계최고의 여성 CEO 칼리 피오리나』(서울 : 해냄출판사, 2007). ; 로이스 P. 프란켈 지음, 정준희 옮김, 『최고의 여자에게 배워라 : 힐러리 클린턴에서 칼리 피오리나까지』(서울 : 해냄출판사, 2008). ; 하동식 편저, 『칼리 피오리나의 좌절을 컴백 기회로 바꿔라』(서울 : 텐북, 2007). ; 데보라 M.콜브 지음, 김성 옮김, 『칼리 피오리나처럼 당당하게 일하고 마사 스튜어트처럼 우아하게 설득하라』(서울 : 비전코리아, 2007).

이 잘못되어질 것이라고 예측하고 예단하는 사람들이 많았다. 그러나 칼리 피오리나는 이러한 염려와 우려를 불식하고 컴팩과의 합병을 실행에 옮겼다. 이러한 칼리 피오리나의 결단은 그 당시 상황으로 볼 때는 정말 대단한 용기를 필요로 하는 것이었다.

그리고 이러한 컴팩과의 합병은 계속 그녀의 발목을 잡았다. 칼리 피오리나를 둘러싼 많은 사람들이, 심지어는 이사회의 구성원들까지 이 합병이 잘못되었다는 많은 비판과 비난을 내 놓았고 이러한 비판과 비난의 십자포화에 직면을 한 그녀는 결국 휴렛팩커드 사의 최고경영자 자리를 내 놓게 되었다. 그러나 그녀는 컴팩과의 합병이 최선의 선택이었으며 그러한 자신의 결정에 대해서 지금도 후회하지 않는다는 강한 소신과 신념을 표출하였다.

"원칙을 지켜 온 삶에 아쉬움은 없다. 내 영혼은 여전히 내 것이다."라는 그 녀의 말 속에 인문학도에서 마케터로 그리고 평사원에서 최고경영자로 발 돋음을 해 나간 치열한 도전과 용기가 깃든 삶의 편린을 엿 볼 수 있을 뿐만 아니라 두려움 속에서도 결코 용기를 잃지 않은 치열한 커리어 우먼으로서의 그녀의 강한 속내를 느낄 수 있다.[169)]

지금에 와서는 그녀에 대한 평가가 많이 바뀌고 있다. 그녀가 시기적절하게 컴팩과 합병을 함으로써 컴퓨터업계에서 휴렛 팩커드가 컴퓨터 주변기기 회사에서 일약 컴퓨터 주요업체로 발 돋음을 하였고 오늘의 성장 동력을 마련하였다는 평가가 나오고 있는 것이다. 이것은 그가 자신의 자전적인 책의 제목에서도 썼듯이 힘든 선택의 긍정적 결과였던 것이다.

이러한 관점에서 볼 때 이러한 힘든 선택의 과정 속에서도 결코 비굴하게 굽히지 않고 그릇되게 타협하지 않은 그녀의 참 된 용기를 높이 평가할 수 있는 것이다. 그리고 이러한 힘든 선택을 할 수 있었던 그녀의

169) 칼리 피오리나 지음·공경희 옮김, 『앞의 책』.

용기를 높이 살 수 밖에 없는 것이다. 그녀는 이러한 참된 용기를 통해 인간경영에 성공한 사람으로 자리매김을 하게 된 것이다.

3) 마이클 델(Michael Saul Dell)

칼리 피오리나 못지않게 급격히 변화하는 컴퓨터 업계에서 성공을 거둔 델 컴퓨터 사의 최고경영자인 마이클 델 역시 불굴의 도전정신과 용기 그리고 창의력 등에서 인간경영에 성공한 사람으로 평가 할 수 있을 것이다.170)

그는 텍사스 대학 내 기숙사 방에서 단돈 1,000달러를 밑천으로 델 컴퓨터를 창업하였고 현재는 시장점유율 세계 제1위의 기업으로 델 컴퓨터를 성장시켰다. 이러한 그의 도전정신과 용기가 바로 이러한 기적적인 일을 현실로 바꾸어 놓은 것이다.

또한 불필요하고 쓸모없는 중간 단계를 없애버리고 고객에게 직접 컴퓨터를 팔고, 제조업자와 직접 거래하고, 직접 의견을 나누는 '다이렉트 방식'과 고객에게 유용한 최신 기술과 최고의 성능을 제공하는 고품질의 '맞춤형 컴퓨터'를 생산함으로써 고객의 수요와 만족을 우선시하는 판매전략을 써 왔던 것이 그의 성공비결 중 하나였다.171) 그의 이러한 창의적이면서도 고객감동적인 판매방식이 앞서 언급한 도전정신과 용기와 어우러져 또 하나의 기적을 현실로 일구어내었던 것이다.

4) 드와이트 아이젠하워(Dwight D. Eisenhower)

아이아코카와 칼리 피오리나 그리고 마이클 델 못지않게 용기 있는 행

170) 진 랜드럼 지음·조혜진 옮김, 『앞의 책』.

171) 마이클 델 지음, 김중찬 옮김, 『다이렉트 경영』(서울 : 동방미디어, 2001).

동을 통해 인간경영에 성공한 자로 드와이트 아이젠하워(Dwight D. Eisenhower) 장군을 들 수 있다. 그는 2차 대전 당시 노르망디 상륙작전인 '오버로드' 작전을 통해 전황을 역전시켜 연합군에게 결정적인 승리를 가져올 수 있도록 한 장본인이다.

그가 행한 노르망디 상륙작전은 많은 군사전문가들이나 심지어는 자신의 군 작전참모들로부터도 거의 불가능한 작전이라는 반대에 부닥치게 만들었다. 그러나 그는 적의 허(虛)를 찌르는 대규모상륙작전만이 열세에 처해있는 전황을 역전시킬 수 있다고 생각을 하고 일관되게 노르망디 상륙작전을 주도해 나갔다.

이런 상황 속에서 설상가상(雪上加霜)으로 D-데이(상륙예정일)인 1944년 6월 5일의 일기상태가 좋지 않다는 예보가 나왔다. 상륙작전에 반대를 해왔던 많은 군 작전참모나 군 기상장교들이 보란 듯이 작전을 연기해야 한다는 조언을 하였지만 아이젠하워는 외로운 고민 끝에 원래 D-데이에서 하루밖에 지나지 않은 날인 6월 6일을 정해 일기불순에도 불구하고 대규모 상륙작전을 감행한다는 결단을 내렸다. 일기와 기상문제로 차일피일 상륙을 미룰 경우 오히려 적의 허를 찌르기는커녕 이쪽의 허를 찔릴 가능성이 높다는 판단에 따른 그의 용기 있는 결단이었다. 결국 그의 판단은 적중했고 노르망디 상륙작전의 성공으로 2차 대전의 전황이 새로운 국면을 맞이하게 되었던 것이다.

만약 스티븐 앰브로스(Stephen E. Ambrose)가 가정을 하듯이 드와이트 아이젠하워의 오버로드 작전이 실패를 했다면 유럽은 공산화되었을지도 모른다. 히틀러와 스탈린은 이를 계기로 하여 다시 의기투합하였을지도 모르고 더 가능성이 높은 가정은 미국을 중심으로 한 서방국가들이 오버로드 작전의 실패로 인해 영국에서 묶여있는 동안 스탈린이 전격전을 통해 빠르게 독일의 나치를 제압하고 프랑스를 침략하였을지도 모른다. 그리고 프랑스에 이어 유럽은 공산화되고 영국해협까지 위협받았을지도 모르는 일이다.

> 연합군의 작전 실패를 내세우며 괴벨스(독일 나치스 정권의 선전 장관)와 나치 선전 기관은 자본가들이 결국은 소련과 싸울 것이라며 스탈린을 설득 할 수도 있었을 것이다. 그리하여 히틀러와 스탈린이 1939년으로 되돌아가기 위해 암중모색 할 수도 있었다. 1939년 당시 두 사람은 동반자로서 서로 협력했고 나치 - 소련조약을 체결하기도 했다. 하지만 스탈린이 독일을 제압하고 프랑스를 침략할 수도 있는 일이다. 유럽의 전쟁은 공산주의자들이 대륙을 장악하는 것으로 끝날 수도 있었다. 붉은 군대가 영국해협을 장악하는 일도 있을 수 있다. 이보다 더 나쁜 결과를 상상할 수 있을까? .... 172)
>
> D데이가 실패했다면 결국 파멸이 초래됐을 것이 분명하다. 그 파멸이 어떤 모습이었을까는 누구나 마음대로 추측할 수 있다. 내 눈길을 끄는 결과 중 하나는 그래도 나치는 결코 승리하지 못했을 것이라는 점이다. 하지만 또 다른 결과는 유럽이 공산화됐을지 모른다는 것이다. 독일, 프랑스, 베네룩스 국가, 이탈리아 등이 공산화되었다면 나토(NATO)라는 기구는 아예 없었을 것이고 영국도 머지않아 공산화되었을지 모른다. 이렇게 되었다면 미국의 대 소련 관계는 엄청나게 까다롭고 위험했을 것이다. 이것은 정말 끔찍한 전망이다. 하지만 독일이 노르망디 해안에서 연합군을 물리쳤다면 그런 일이 벌어 질 수도 있었다.[173)]

많은 사람들이 옳은 것을 그른 것이라고 이야기 할지라도 그것이 옳다는 확신이 서있다면 혼자라도 옳은 것이라 주장할 수 있는 것이 바로 용기 있는 결단인 것이다. 바로 그것을 아이젠하워는 몸소 실천적 행동으로 보여 준 것이다. 그의 이러한 용기 있는 행동은 하루아침에 만들어진

---

172) 스티븐 앰브로스 외 지음, 로버트 카울리 엮음, 이종인 옮김, 『만약에』, 제1권 군사 역사편 (서울 : 세종연구원, 2003), 438쪽.

173) 『앞의 책』, 439-440쪽.

것이 아니라 평소 그의 생각과 소신에서 자연스럽게 우러나온 것이었다.

그는 "생사를 가르는 전투에서 앞에 서는 것이 바로 지도자의 본분이다."라는 점을 누차 강조했다.[174] 바로 용기 그 자체가 지도자의 가장 중요한 덕목이라는 것을 스스로 느끼고 그에 따라 행동을 했던 것이다.[175] 그러한 그였기에 이러한 용기를 통해 올바른 결단을 내렸을 뿐만 아니라 용기 있는 그의 소신이 담긴 결단이 부하들을 감동시켰고 결국 2차 대전을 승리로 이끄는데 결정적 역할을 한 노르망디 상륙작전을 성공적으로 이끌어 낼 수 있었던 것이다. 이러한 관점에서 볼 때 그도 용기 있는 행동을 통해 인간경영에 성공한 사람으로 평가 할 수 있을 것이다.

이렇게 지도자가 용기를 내어 선두에 서고 솔선수범하는 것은 문명된 사회에서만 적용이 되는 지도자의 덕목이나 길은 아닌 듯싶다. 문명된 사회이건 미개한 사회이건 인간인 이상 이 덕목은 리더십의 요체가 되는 것이 확실한 것 같다.

프랑스 철학자 몽테뉴가 남미를 여행을 했을 때 이야기이다. 그가 어느 추장을 만나 그에게 "추장의 특권이 무엇입니까?"하고 물었더니 그 추장이 서슴지 않고 대답하기를 "추장의 특권은 전쟁이 났을 때 선봉에 서는 것이요."라고 말하였다 한다.[176] 이 일화도 모두 맥을 같이 하는 이야기라 사료가 된다. 미개한 사회라고 해서 다른 것이 아니다. 시공을 초월하여 용기는 사람을 다루고 경영하는데 있어서 없어서는 안 되는 매우 중요한 리더십 덕목이란 점을 이 이야기를 통해서도 느낄 수 있다.

---

174) 미국 보병의 돌격명령 구호는 "나를 따르라!"(Follow Me!)이다. 지휘자나 지휘관이 용기를 내어 솔선수범을 하지 않으면 그를 따르는 부하들은 용기를 갖지 못하고 전의를 상실하게 되는 것이다.

175) 이러한 비범한 결단력을 가지고 있었기에 그는 계급사회인 군대에서 기적적인 일을 행하였던 것이다. 즉, 그는 불과 3년 만에 대령에서 5성 장군으로 승진을 했던 것이다. 김정빈, 『리더의 아침을 여는 책』(서울 : 동쪽나라, 2007), 173쪽.

176) 『앞의 책』, 126쪽.

5) 이순신(李舜臣)

아이아코카와 칼리 피오리나, 마이클 델, 그리고 아이젠하워 못지않게 용기 있는 행동을 통해 인간경영에 성공한 자로 이순신(李舜臣) 장군을 들 수 있다. 그는 첫 해전 옥포에서부터 마지막 해전 노량전투 까지 23차례의 해전을 치렀지만 단 한 차례도 패하지 않았다.

그가 보여준 용기의 이면에는 솔선수범(率先垂範)과 부하 신뢰(empowerment)의 마음이 깊게 뿌리내리고 있었다. 그가 치룬 23차례의 해전에서 그가 보여준 용기는 절대적으로 열세에 놓여있는 전력을 충분히 상쇄하고도 남음이 있었다. 23차례의 해전 중 가장 극적인 해전은 명량해전이 아닌가 싶다.

그 당시 조정은 매우 시끄러웠다. 이순신의 연이은 승전을 배 아파하고 질투하는 신하들이 많이 있었으며 그들은 남의 말에 쉽게 잘 넘어가는 선조의 성격을 간파하고 이순신을 모함하고 무고하는 말들을 쏟아 내었다.

그 당시 왜군의 총 본영은 부산이었다. 부산이 바로 조선침략의 발판이었고 교두보였다. 당연히 많은 병력과 군선 그리고 무기들이 모여들었으며 또한 조선침략의 지휘소였다. 선조는 신하들의 간언을 받아들여 이순신으로 하여금 지휘본부가 있는 부산을 공격하도록 명을 내렸다. 그러나 이순신은 지금까지의 전투에서도 그러했듯이 이길 수 있게 만들어 놓고 싸움을 하는 사려분별력이 뛰어난 장군이었다. 그는 지금 이 상태로 어명을 받들다간 모두가 죽음을 당할 수밖에 없을 것이라는 판단이 들었다. 그는 옳지 않은 명령을 내리는 선조의 명을 따르지 않고 자신의 소신을 지켜 나가는 보다 큰 결단을 내리는 용기를 보여 주었다.[177)]

평소에 이순신은 이기는 것도 지는 것도 습관이라고 생각을 하였다. '이겨본 자만이 이긴다.'[178)]는 신념을 가지고 그는 이길 수 있게 해 놓은

177) 『앞의 책』, 298-299쪽.

이기는 싸움에서 승리를 거두어 들였던 것이다. 그의 이러한 신념에 바탕을 둔 승리는 차기 전투의 새로운 승리의 밑바탕이 되었다. 그러나 이순신의 이러한 일관되고 분별력 있는 깊은 생각이 난신(亂臣)들에게 둘러싸여 있는 선조에게 제대로 보일 리가 그리고 들릴 리가 없었던 것이다.

지휘본부가 있는 부산을 공격하라는 자신의 명을 따르지 않는 이순신의 처사가 선조의 심기를 건드렸고, 보라는 듯이 이를 빌미삼아 이순신을 어명을 거슬리는 난신으로 몰아세우는 간신무리들의 중상과 모략이 판을 쳤으며 왜군의 첩자들까지 이순신 제거를 위한 음모를 꾸며 나갔다.179)

결국 선조는 진노하여 이순신을 어명을 거스른 대역죄인 으로 압송하고 보직을 해임하는 동시에 국문을 열어 심판하였다. 한편 정3품 자리인 삼도수군통제사 자리는 1597년 2월 3일 원균에게 떨어졌다.

> 하루는 적장 소서행장(小西行長)이 사졸 요시라(要時羅)를 시켜 상우병사 김응서(金應瑞)의 진중에 왕래하게 하며 은근히 호의를 보여오더니, 가등청정(加藤淸正)이 재차 나오려 할 즈음에 요시라가 김응서에게 가서 말했다.
>
> "우리 장수 행장이 말하기를 '지금 강화문제가 해결되지 않고 있는 것은 청정 때문이므로 나도 몹시 그를 미워하고 있다. 아무 날에 청정이 틀림없이 바다를 건너 올 것이다. 조선은 해전을 잘하니, 만일 그를 바다에서 요격을 한다면 패살할 수 있을 것이다.'라고 하였습니다. 부디 이 기회를 놓치지 마십시오."
>
> 김응서가 이 문제를 조정에 보고했더니 조정에선 그 말을 그대로 믿었다. 특히 해평군 윤근수(尹根壽)는 좋아 날뛰며 이 기회를 놓쳐서는 안된다고 누차 아뢰어 빨리 이순신 장군이 출동하기를 재촉하였다. 이순신은 적에게 기만 술책이 있으리라 의심하고 여러 날을 머뭇거리며 출동하지 않았다.

---

178) 윤영수, 『불패의 리더 이순신 그는 어떻게 이겼을까』(서울 : 웅진지식하우스, 2005).

179) 김정빈, 『앞의 책』, 299쪽.

이러는 중에 요시라가 다시 또 찾아왔다. "청정이 이미 상륙했는데 조선은 왜 요격하지 않았습니까?" 그는 거짓으로 애석해 하는 시늉을 지었다. 그일이 보고되자 조정의 논의는 이순신의 잘못을 책망하는 쪽으로 기울어졌다. 대간에서는 이순신을 잡아다 국문할 것을 요청했고 심지어 현감 박성(朴惺)이란 자는 상소를 올려 이순신을 목베야 한다고 주장했다. 그래서 선조는 의금부 도사를 보내어 이순신을 잡아 오게 하고, 원균(元均)을 대신 수군통제사에 임명하였다.180)

원균은 보라는 듯이 어명을 받들어 나갔다. 6월에 안골포와 가덕도 지역에서 무모한 공격을 시도하여 수군 장수 안홍국을 전사시켰을 뿐만 아니라 아군의 피해도 컸다.

7월 들어 왜군의 본진인 부산을 치려고 떠났으나 준비가 제대로 되어 있지 못한 군을 성급히 이동한 탓에 왜군이 칠천량에 쳐 둔 매복과 유인 전술에 걸려 대패를 하게 되고 결국 그 자신도 도망을 하다가 왜군의 손에 걸려들어 처참하게 전사를 하게 된다.

이로 인해 이순신이 힘들여 쌓아 올린 공든 탑이 모두 무너져 내린 것이다. 조선수군은 100여 척의 배를 잃었고 원균 자신을 포함해 1만 명의 수군을 잃었다.181) 그 나마 12척의 배가 남게 된 것이 이순신과 조선으로서는 천만다행이란 생각이 들 정도로 완전하면서도 처참한 패배였다.

선조는 원균의 대패소식에 당황하였다. 지금까지 호남지역을 왜군의 진군으로부터 막아내고 남해와 서해를 봉쇄하여 왜선의 범접을 허락하

---

180) 박상진, 『짝짓기로 배우는 세계사』(서울 : 모아, 1996), 257-258쪽.

181) 정유재란이 일어나던 그 시점에 이순신은 체포되었고 대신 원균이 삼도수군통제사가 되었다. 1597년 7월 5일 원균은 조선수군을 이끌고 출전을 감행했다. 원균이 지휘한 칠천량해전에서 조선 수군은 전멸하다 시피 했다. 그 때 잃은 판옥선이 100여 척이 넘고 적게 잡아도 1만 이상의 조선 수군이 전사했다. 전멸이나 다름없었다. 삼도수군통제사 원균이 전사하고 전라우수사 이억기 역시 전사했다. 충청수사 최호도 죽었다. 최고 사령관이 전사한 보기 드문 패전이었다. 『앞의 책』, 193쪽, 200쪽.

지 않았던 조선수군의 와해는 조선의 명줄을 옥죄어오는 악몽이었다. 선조는 망연자실하던 중 이 난국을 수습하는 데는 역시 이순신 밖에 없다는 생각에 도달하게 되고 결국 국문으로 몸이 망가진 이순신을 불러 다시 전쟁터로 되돌아가 싸울 것을 명한다. 물론 선조는 이순신에게 삼도수군통제사라는 보직을 주지 않고 백의종군(白衣從軍)하라는 명을 내린다. 이순신에 대한 선조의 두려움이 비쳐지는 대목이다.

왜군에게 참화를 입을 백성을 가엾게 여겨 명을 받든 이순신은 망가진 몸을 이끌고 칠천량 패전 이후 흩어진 자신의 부하들을 재규합하고 그나마 다행스럽게 존재하고 있던 12척의 배로 왜군의 공격에 대비하게 된다. 다행히 선조도 상황의 심각성과 이순신이 아니면 안 된다는 생각을 했던 탓인지 이순신을 삼도수군통제사로 재임명한다는 교지를 내리고 있던 차에 일본군 전선 8척이 어란포의 이순신을 공격하였다. 이때 경상우수사 배설은 도망치고 군사들은 두려움에 떨며 동요했으나 이순신은 국문으로 망가진 몸을 일으켜 세우고 부족한 전력으로 막대한 전력의 왜군을 맞아 싸울 준비를 하는 과정에서 과로하여 누었던 몸을 곧추 세우고 선두에서 진두지휘를 하였다.

이런 이순신의 솔섬수범의 자세는 병사들의 마음을 흔들었고 그들은 사기충천하여 일본군 전선에 대적을 했고 이 기세에 놀란 일본군 군선들은 방향을 돌려 도망을 쳤다.

> 이순신을 삼도수군통제사로 재임명한다는 교지를 내렸고 다음날 이순신은 삼도수군통제사 취임식을 거행했다. 곧이어 이순신은 함대를 해남의 이진으로 옮겼다. 이때부터 이순신은 몹시 아팠다는 기록이 남아있다. 곽란과 통증, 병세는 위독할 정도였다고 한다. …………… 칠천량 패전 소식 이후 무리한 강행군이 그의 건강을 위협했을 것이다. 두 달에 걸친 옥고와 조선 수군의 전멸 소식, 그리고 합천 초계에서 장흥 회령포까지의 대장정…… 이 모든 것이 이순신을 고통스럽게 했

을 것이다.[182)]

8월 28일 일본군 전선 8척이 어란포의 이순신을 공격했다. 경상우수사 배설은 도망쳤고 군사들은 두려움에 떨며 심하게 동요했다. 그러나 이순신은 직접 진두지휘하여 일본군과 맞서 싸웠다. 이순신의 진두지휘는 조선 수군들에게 깊은 인상을 남겼다. 그들이 목격했듯이 이순신의 몸은 정상이 아니었다. .... 그런데도 적이 나타났다는 소식을 듣자 이순신은 분연히 자리를 떨치고 일어나 자신의 위치에 우뚝 섰던 것이다................. 오랜 전투와 참혹한 옥고를 치른 쉰셋의 이순신, 그가 적이 나타나자 누구보다 먼저 나섰으며 조선국 삼도수군통제사로서의 면모를 유감없이 보였던 것이다................... 패잔병 조선 수군을 우습게보고 다가오던 일본전선 8척은 급히 배를 돌렸다. 12척의 조선수군의 기세가 칠천량 해전 전처럼 기세등등했기 때문이다.[183)]

이 당시 왜수군의 전력은 이순신이 가진 것보다 너무도 큼에도 불구하고 이와 같이 결코 위축되지 않고 당당히 그들과 싸울 만반의 준비를 하면서 다른 한편 선조의 염려를 덜어주기 위해 왕에게 올리는 장계를 쓴다. 내용인 즉 "신(臣)이 있고 배 12척이 있사오니 심려하지 마옵소서."(尙有十二舜臣不死) 이 글에서 나라를 구하고자하는 이순신의 강한 자신감과 용기를 읽을 수 있다.

바로 이러한 것이 진정한 용기가 아닐 까 싶다. 이순신은 칠천량 패전 이후 남은 12척의 배를 가지고 첫 해전인 옥포해전에서 자신에게 패배를 했던 도도 다카도라, 안골포해전에서 자신에게 패하고 걸어서 도망을 쳤던 구키 요시하키, 그리고 당항포해전에서 전사한 구루지마 미치유키의 동생인 구루지마 미치후사 등 이름 난 수군들의 연합함대로 구성된 수백척의 왜군함정과 싸우게 되는데 그것이 바로 명량해전이다.

압도적으로 열세에 처해있었지만 유비무환(有備無患)의 마음가짐으

182) 『앞의 책』, 206쪽.

183) 『앞의 책』, 206-207쪽.

로[184] 이길 수 있는 묘책을 가지고 있었던 이순신은 "죽으려고 하는 자는 살 것이요, 살려고 하는 자는 죽을 것이다."(必死則生, 必生則死)라는 명언을 남기면서[185] 죽기를 각오하고 싸워 결국 빛나는 승리를 검어 쥐게 된다. 바로 진정한 용기의 승리가 아닌가 싶고 용기를 통해 인간경영에 성공한 장군으로 평가 할 수 있는 것이다.

참고적으로 이순신의 지휘통솔법 중 하나는 죽기를 각오하고 싸울 수 밖에 없는 상황을 조성하는 것이다.[186] 그리고 항상 이길 수 있는 조건을 갖춘 뒤에 싸우는 것이다. 만반의 전투준비 태세는 승리의 기초라고 생각한 것이다. 이러한 그의 지휘통솔법이 '죽으려고 하는 자는 살 것이요, 살려고 하는 자는 죽을 것이다.'라는 명언을 남겼고 유비무환(有備無患)의 마음가짐을 중시 했던 것이다. 또한 이러한 그의 지휘통솔법이 23전 23승의 기적적 전과를 일구어낼 수 있게 하였던 것이다.

임진왜란 당시 이순신에게 대패를 한 왜수군 장군들의 머나먼 후예인 도고 헤이하치로(東鄕平八郞) 제독은 1905년 5월 27일 러시아의 발틱 함대(Baltic Fleet)를 대한해협에서 패퇴시켜 러일전쟁(Russo-Japanese War)의 승기를 굳히는데 크게 기여를 하였다. 일본에서는 도고 제독의 승전을 크게 기뻐하였고 그를 개선장군으로 맞이하였다. 일본 조야는 그를 이순신이나 트라팔가르 해전(Battle of Trafalgar)의 영웅 호레이쇼 넬슨(Horatio Nelson)과 필적할 수 있는 인물로 크게 치켜세웠다.

그 때 도고 제독은 이러한 분위기에 찬물을 끼얹는 진실 된 발언을 하였다. "나를 넬슨과 비교하는 것은 가한 일이지만 이순신과 비교하는 것은 가당치도 않은 일이다. 그와 비교를 한다면 나는 사관에 불과하기 때문이다."

---

184) 『앞의 책』, 227쪽.

185) 『앞의 책』, 229쪽.

186) 임원빈, 『이순신 병법을 논하다』(서울 : 신서원, 2005).

러일전쟁에서 일본 연합함대사령관으로서 전 해군을 지휘하여 동해해전에서 러시아의 발틱 함대를 유명한 정자전법(丁字戰法)으로 격파하였던 도고 헤이하치로 제독은 "나를 이순신 제독에 비교하지 말라. 그 분은 전쟁에 관한 한 신의 경지에 오른 분이다. 이순신 제독은 국가의 지원도 제대로 받지 않고, 훨씬 더 나쁜 상황에서 매번 승리를 끌어내었다. 나를 전쟁의 신이자 바다의 신이신 이순신 제독에게 비유하는 것은 신에 대한 모독이다."라고 말하였다 한다. 또한 그는 이순신과 자신을 비교하면서 "이순신 장군에 비하면 나는 일개 하사관에 불과 하다. 만일 이순신 장군이 나의 함대를 가지고 있었다면 세계의 바다를 제패했을 것이다."라는 말까지 하였다 한다.[187)]

비록 시대는 다르지만 자신의 선배장군들을 욕보이고 일본을 욕보인 적국의 장수를 이렇게 객관적으로 칭송할 수 있는 도고 제독의 사람됨도 대단하지만 적국의 장수한테 이러한 평가와 칭송을 받을 만큼 이순신의 능력과 용기 그리고 우국충정의 마음가짐이 대단하고 뛰어났음을 부인하기는 어려울 것이다.

영국의 조지 밸라드(George Alexander Ballard) 제독 역시 "영국인으로서 넬슨 제독과 어깨를 견줄만한 인물이 있다는 것을 시인하기는 어렵지만 만일 인정될만한 인물이 있다면 전쟁에 한 번도 패한 적이 없는 위대한 동양 해군 사령관 이순신이라는 것은 틀림없다."는 말을 통해 비록 피부색깔이 다르고 동양과 서양의 차이에도 불구하고 그가 지닌 용기와 천재성 그리고 우국충정의 마음가짐에 기반을 둔 이순신의 위대성을 부각시키고 있는 것이다.

해전사연구가(海戰史研究家)이며 이순신을 연구한 발라드(G.A.Ballard) 제독은 그에 대하여 다음과 같이 평하였다.

"어떠한 전투에서도 그가 참가하기만 하면 승리는 항상 결정된 것

187) http://blog.naver.com/didoycs/110046288187

과 같았다. 그의 물불을 가리지 않는 맹렬한 공격은 절대로 맹목적인 모험이 아니었다. 그는 싸움이 벌어지면 강타하기를 주저하지 않았으나, 승리를 확보하기 위하여 신중을 기하는 점에 있어서는 넬슨(Nelson)과 공통된 점이 있었다.…………영국 사람으로서는 넬슨과 어깨를 견줄 사람이 있다는 것을 시인하기란 항상 어렵다. 그러나 만일 그렇게 인정할 만한 인물이 있다면 그는 한 번도 패배한 일이 없고 전투 중에 전사한 이 위대한 동양의 해군사령관이라는 것은 틀림없는 것이다."라고 평하였다.[188]

오늘날 이순신이 우리에게 다시 울림을 주는 것은 고집스럽게 자신의 길을 걸어간 그 용기 때문이라고 사료가 된다. 자신을 향해 불어오는 매서운 바람을 스스로 맨몸으로 막아섰던 그 용기로 그는 자신의 인생을 스스로 완성해 나갔던 것이다.[189]

6) 정주영(鄭周永)

현대 그룹의 신화를 일구어 낸 정주영(鄭周永) 역시 진정한 용기를 가진 사람이다. 그는 무에서 유를 창조해 낸 사람이며 이를 가능케 한 것이 바로 그의 배짱, 다른 말로 표현하자면 진정한 용기이었다.

그는 무일푼으로 시작을 해서 한국 최고의 재벌(財閥)이 되었을 뿐 만 아니라 세계를 놀라게 하였다. 그리고 지금 세계 최고의 조선소를 가지게 만드는 기반을 마련하였다.

정주영은 1971년 9월 영국의 A&P 애플도어사 및 스코트리스고우 조선소와 기술 협조 계약을 체결하고 그때까지 별무신통으로 남아있던 차관 도입이라는 난제 중의 난제와 승부를 내기 위해 런던으로 날아가 A&P

188) http://blog.naver.com/didoycs/110046288187

189) 윤영수, 『앞의 책』, 268쪽.

애플도어사의 롱바톰 회장을 만났다.[190] 그는 그 자리에서 바지 주머니 안에 있던 5백 원짜리 지폐를 꺼내 테이블 위에 펴 보였다. 그리고 그는 롱바톰 회장에게 설명을 하였다. "이 돈을 보시오. 이것이 거북선이오. 우리는 1천5백 년대에 이미 철갑선을 만들었던 실적과 두뇌가 있소. 영국 조선 역사는 1천8백 년대부터로 알고 있습니다. 우리가 3백년이나 앞서 있었소. 다만 쇄국 정책으로 산업화가 늦어졌고 그 동안 아이디어가 녹슬었던 것이 불행 한 일이지만 그러나 잠재력은 그대로 갖고 있습니다." 이러한 그의 설명에 롱바톰 회장은 빙그레 웃었다 한다.[191]

정주영이 보여준 배짱과 그에 기반을 둔 기개가 롱바톰 회장을 감동시킨 것이다. 물론 그의 도움으로 정주영은 버클레이 은행(Barclays Bank) 과 차관 도입협의를 시작할 수 있었다 한다. 그러나 이러한 과정에 새로운 난항이 기다리고 있었다. 차관도입협의과정에 버클레이 은행 부총재를 만났다. 그 자리에서 부총재는 정주영이가 무엇을 전공하였는지를 물었으나 이를 유머러스하게 잘 넘겨 분위기를 반전시켰다 한다.[192] 그의 배짱과 기개를 다시 한 번 더 느껴보는 장면이라 할 수 있다.

정주영의 사람됨과 그릇 크기를 가늠한 부총재는 정주영이 제시한 사업계획서를 수출보험국으로 보내기로 결정을 하였다. 영국 은행이 차관을 줄 때는 영국 수출보증기구(ECGD) 총재 보증을 받아야 한다. 차관 해간 나라에서 상환 받지 못하면 영국 정부가 책임지고 보상해 준다는 보증이었다.[193] 이 보증 기구의 승인이 없으면 버클레이 은행이 돈을 빌려줄 수 없는 제도였다.

이 관문을 뚫는 것은 바늘구멍 중의 바늘구멍을 뚫기였지만 버클레이

---

190) 정주영, 『시련은 있어도 실패는 없다』(서울 : 제3기획, 1991), 120쪽.

191) 『앞의 책』, 120쪽.

192) 『앞의 책』, 121쪽.

193) 『앞의 책』, 122쪽.

은행 베네트 부장의 도움으로 비교적 수월하게 보증기구 총재와의 면담까지 얻어냈다. 그와 만난자리에서 그는 배를 살 사람이 있다는 확실한 증명을 갖고 올 것을 요구하였다. 그의 말은 너무나 논리정연하고 한 치의 오차도 없이 정확했기 때문에 어떤 설득이나 변명 따위가 비집고 들어갈 틈이 없었다.[194]

그는 선주를 찾아 나서야만 했다. 그러나 그는 조선소 땅을 확보해 놓은 것도 아니고 아무 구조물도 없는 황량한 바닷가에 소나무 몇 그루와 초가집 몇 채가 선 초라한 백사장을 찍은 사진이 전부였다. 그는 봉이 김선달이 될 수밖에 없었다. 그는 미친 듯이 세계의 유수 기존 조선소를 사진을 들고 다니면서 쫓아 다녔다.

'지성이면 감천'(至誠感天)이라고 했던가. 그의 앞에 정주영보다 더 미친 사람이 나타난 것이다. 1세기 가까이 해운업을 해 오는 그리스 거물 해운업자이면서, 한때는 처남이었던 선박왕 오나시스(Aristotle Onassis)를 능가한 적도 있는 리바노스였다.[195] 이 사람이 "나는 어쩌면 하나의 도박을 하고 있는지 모르겠소. 그러나 나는 상담을 성사시키기로 결심했습니다. 가격은 척당 3천95만 달러이고 5년 반 후에 배를 인도해 주시오."하고 26만 톤짜리 배 두 척을 주문해주었다.[196] 이 결과는 바로 정주영의 배짱과 용기가 만들어 낸 쾌거였던 것이다.

그의 배짱과 용기는 이 것 말고도 너무나 많다. 그 중 대표적인 것 하나를 더 들어보라면 서해안 지도를 바꾸어 놓은 천수만 서산 간척지 공사를 들 수 있을 것이다. 서산 간척지의 넓이는 총 4천7백만 평으로 쉽게 말 해 여의도의 33배에 해당하는 것이다.[197] 이 간척지를 만드는 일은 그

---

194) 『앞의 책』, 122-123쪽.

195) 『앞의 책』, 123-124쪽.

196) 『앞의 책』, 124쪽.

197) 아산 정주영과 나 편찬위원회, 『아산 정주영과 나』(서울 : 정문출판(주), 1997), 282쪽.

렇게 간단한 것이 아니었다. 왜냐하면 이 지역의 조석간만의 차이가 심할 뿐만 아니라 특히 썰물 때는 물오리의 다리가 부러질 정도로 물살이 세고 유속이 거세어 방조제 공사가 거의 불가능한 곳이었기 때문이다.[198] 실제 공사를 할 때 어느 지점은 승용차만한 바윗덩이도 들어가자마자 흔적도 없이 쓸려 내려가고 30톤짜리 덤프트럭 들이 철사로 엮은 돌망태들을 가득 실어다가 계속 쏟아 부어도 별 흔적이 보이지 않는 곳이었다.

그래서 정주영이 생각해 낸 것이 언젠가 사들여 울산에 정박시켜 놓은 스웨덴 고철선 '워터 베이' 호를 여기로 끌어와 급류 물줄기를 막는 것이었다. 이것은 성공을 거두었다. 그리고 유조선 공법이라는 새로운 공법으로 항간의 화제가 되었다.[199] 정주영의 용기와 배짱이 없었다면 유조선 공법도 없고 어쩌면 천수만 서산 간척지도 없을 뻔 했던 것이다.

무엇보다 정주영이 인간경영에서 성공할 수 있었던 것은 말보다는 실천을 중시하고 이를 행하려는 용기를 강조했기 때문이다. 정주영이 가장 잘 썼던 말이 "해 봤어?"였다. 해보지도 않고 지레짐작으로 또는 염두구상으로만 반대를 하는 사람들에게 주로 던진 말이다. 그런 그였기에 경부고속도로의 공사 난코스인 추풍령을 가로 지르는 옥천-영동선을 뚫었고 거의 불가능에 가깝다는 바다 간척지 방파제를 막았으며 무에서 유를 창조하고 한국 최고의 재벌이 될 수 있었던 것이다.

7) 클라우스 폰 슈타펜버그(Claus von Stauffenberg)

히틀러의 독재에 항거하기 위한 여러 움직임들이 있었고 이 중 직접적으로 그를 제거하려는 암살음모와 실행은 15차례나 지속되었다. 그러나

198) 『앞의 책』, 284쪽.

199) 『앞의 책』, 284쪽.

모두 실패하였다. 그의 목숨을 제거함으로써 나치의 독재를 종식시키고 그 세력들을 몰아내겠다는 생각이 좌절된 것이다. 그러나 히틀러에 대한 15번의 암살기도에서 히틀러에게 적지 않은 심적, 육체적 상처를 입히고 성공할 뻔 했던 시도도 있었다. 그것이 바로 15번 째 마지막으로 시도 된 슈타펜버그 대령 등 일단의 반 히틀러세력에 의한 암살기도이었다.

역사에는 만약이라는 가정이 없다고 하지만 그들이 만약 이 암살기도에서 성공을 했다면 세계의 평화는 좀 더 일찍 다가올 수 있었을지도 모르고 보다 많은 무고한 생명 들을 구해낼 수 있었을지도 모른다. 어쨌든 슈타펜버그 대령 등 일단의 히틀러 독재에 반대하는 사람들에 의해 시도된 이 암살기도는 비록 실패로 끝났지만 그들이 이 암살기도 과정에서 보여 준 생각과 행동은 바로 용기 있는 자의 표상이라고 볼 수 있다.

서슬이 퍼런 독재치하에서 모든 권력을 한 손에 거머쥐고 있는 신격화된 최고 권력자를 시해하려고 했던 그 생각 하나만 본다하더라도 그들이 자신의 생명을 담보로 하여 얼마나 커다란 용기를 보여주었는가 하는 것을 알 수 있게 해 주기 때문이다.

프로이센 제국의 백작 작위의 집안 출신인 슈타펜버그 대령은 히틀러의 독재와 무모한 전쟁으로 인해 많은 사람들이 희생되는 것과 독일이 세계평화를 어지럽히는 전범국가화 한다는 사실에 대해 동의할 수 없었다. 그는 이러한 생각을 생각만으로 끝나게 하지 않고 이것을 실행에 옮기려는 진정한 용기를 가진 자였다.

이러한 성품과 그의 생각을 높이 평가한 베를린 주재 보충군 부사령관이었던 프레드리히 올브리히트(Friedrich Olbricht) 장군은 그를 보충군으로 전속명령을 내려 데려오게 된다. 그리고 일단의 반 히틀러세력과 뜻을 같이 하도록 연결을 시켜주고 그들과 결속을 다지게 만든다.

여기에서 반 히틀러세력의 구심점은 루드비히 베크(Ludwig Beck) 전 육군참모총장(the Chief of the Army General Staff)이었고 그의 인품은 독일군 전체가 인정하는 그런 인격적으로 존경받는 인물이었다. 그를 구심점으로 하여 칼 괴들러(Carl Friedrich Goerdeler) 박사와 에리히 회프너(Erich Hoepner) 장군, 프레드리히 올브리히트 장군, 에리히 펠기벨(Erich Fellgiebel) 장군, 클라우스 폰 슈타펜버그 대령, 메르츠 폰 크비른하임 대령 등 많은 히틀러에 반대하는 뜻있는 인사들이 모여들었고 이를 기반으로 하여 히틀러 제거에 대한 용기 있는 결단과 행동들이 이루어졌다. 실패를 하면서도 결코 좌절하지 않고 끝까지 히틀러를 제거하겠다는 의지로 이들의 결속은 더욱 다져진다.

드디어 그들에게 또 하나의 새로운 기회가 다가오게 된다. 슈타펜버그 대령은 프로이센 제국의 백작 작위 집안이라는 자신의 가족력과 1943년 북아프리카 전선에서 한쪽 눈과 한쪽 팔을 잃을 만큼 용감히 싸운 전공 등에 힘입어 그리고 기회주의자였던 프롬 장군이 이끌고 있는 보충대 참모라는 직책 등으로 인해 히틀러를 가까이 할 수 있는 기회를 가지게 된다. 이 기회를 반 히틀러세력은 이용하려 했던 것이다.

드디어 7월 20일 운명의 날이 왔다. 소위 '늑대 굴'이라 불리는 히틀러의 비밀사령부 내에 자리 잡고 있는 벙커에서 히틀러를 위시한 독일군 수뇌부들의 작전회의가 열리게 되는 자리에 슈타펜버그 대령이 참석을 할 수 있게 된 것이다. 그는 이 기회를 통해 히틀러를 제거하기 위해 고성능폭약을 지참하고 사랑하는 가족들을 뒤로 하고 역사적인 이 자리에 서게 된다.

이 거사를 성공시키기 위해 많은 반 히틀러세력은 심혈을 기울여 단결을 한다. 베크 전 육군참모총장은 자신과 뜻을 같이하는 전 현직 군 장성들을 물밑으로 조용히 규합하는데 총력을 기울이고 울브리히트는 베를린에 주둔하면서 베를린 경비를 책임지고 있는 보충대 사령관인 프레드리히 프롬(Friedrich Fromm)의 동정을 살피고 그를 이 거사에 참여시키려는 노력을 아끼지 않는다. 그리고 거사가 이루어졌을 때 늑대굴과 외부와의 통신을 차단하기 위해 육군 통신대 사령관이었던 에리히 펠기벨 장군 등이 그 역할을 자임하고 나선다. 이 외에 많은 사람들이 위험을 무릅쓰고 거사에 기꺼이 동참을 한다.

거대한 국가권력 앞에 어떻게 보면 초라하고 작게 보여 지는 이들이 그 거대한 골리앗을 쓰러뜨리려는 노력을 하는 것 같아 안타깝게도 보인다. 그러나 그들은 대의를 위해 자신들을 희생시키기로 작정을 하고 용기 있는 결단의 행동을 보여주었다.

그러나 그들의 이러한 용기 있는 행동에 행운의 여신은 미소로서 화답해 주지를 않았다. 우선 늑대 굴의 창문도 없는 벙커 안 내실에서 늘 작전회의가 이루어졌는데 그날따라 날씨가 너무 덥다는 이유로 장소가 창문이 있는 지상가옥으로 바뀐 것이다.

이것은 반 히틀러 세력으로 볼 때는 매우 불운한 것이었다. 왜냐하면 밀폐된 공간에서 폭약이 폭발을 하여야 살상효과를 더욱 크게 볼 수 있는데 창문이 있는 관계로 그러한 효과를 극대화할 수 없다는 한계를 가지게 되었기 때문이다.

히틀러입장에서 볼 땐 행운이었던 것이다. 그리고 또 다른 문제점은 히틀러의 측근인 게슈타포 친위대 대장인 하인리히 히믈러(Heinrich Luitpold Himmler)가 오지 않은 것이다. 히틀러와 같이 폭사를 시켜야 베를린을 장악하고 군부를 장악하고 새로운 정권을 세우는데 걸림돌이 되지 않는데 그를 제거시키지 못할 경우 이러한 거사에 커다란 부담으로 남게 되기 때문이다. 이것 역시 반 히틀러 세력이 볼 때는 커다란 문제점이었고 불운이었다.

그러나 이런 기회가 흔치 않은 관계로 7월 20일 운명의 날에 슈타펜버그 대령을 중심으로 한 반 히틀러 세력은 거사를 결행한다. 슈타펜버그 대령은 직접 히틀러를 폭사시켜 제거할 폭약을 가방에 넣은 채 늑대 굴로 들어가 이를 폭발시킨다. 그러나 그 결과는 실패였다. 회의에 참석한 히틀러의 부관이 히틀러가 불편해 할까봐 폭탄이 든 가방을 자기 쪽으로 가져갔기 때문에[200] 히틀러는 가벼운 찰과상 정도만 입었고 반 히틀러세력이 도모하려고 했던 베를린 장악의 꿈도 그리고 새로운 정권의 탄생도 모두 물거품처럼 사라지게 된다.

결국 슈타펜버그 대령을 위시한 반 히틀러 세력은 모두 체포가 되고 형장의 이슬로 사라져버린다. 그리고 히틀러 암살계획을 눈치 채고서도 슈타펜버그 대령을 체포하는 등 반 히틀러세력의 진압에 적극적으로 나서지 않고 이를 묵인하고 자신의 안일에만 신경을 쓰면서 기회주의적 행동을 보인 프롬 장군 역시 암살사건과 연루되었다는 혐의를 받아 1945년 3월 12일 처형되었다.

또한 이 사건을 빌미로 하여 이 당시 독일 국민들에게 매우 큰 인기를 얻고 있던 육군 원수 에르빈 롬멜(Erwin Johannes Eugen Rommel)까지 처단하였다. 히틀러는 북아프리카 전선에서 독일 아프리카 군단을 능수능란하게 지휘하여 적과 아군 모두로부터 "사막의 여우" (The Desert Fox)라는 별명으로 불리어졌으며, 싸우는 전투마다 이긴 일로 인해 국민적 영웅으로 인기를 한 몸에 받고 있던 롬멜을 부담스러워하고 있던 때였다. 히틀러는 롬멜 원수가 이 암살계획에 직접적으로 동참한 것이 아니었음에도 불구하고 사전에 이 사실을 알고 있었다는 이유만으로 그를 죽여 버림으로써 정치적 걸림돌을 제거해 버린 것이다. 히틀러의 악행이 악랄하고 도를 지나친 것은 롬멜 원수를 죽일 때 국민들의 눈이 두려워 자살하도록 강요하여 죽인 후 국민들에게는 전쟁 중 연합군의 공습에 의해 사망했다고 거짓말을 하여 사실을 오도했다는 것이다.[201]

슈타펜버그 등 반 히틀러세력의 7월 20일 거사에서 히틀러 제거에는 실패했지만 그들이 이 날 보인 용기는 역사적으로 높이 평가를 받고 있

200) 이경윤·정승원, 『세계 악남 이야기』(서울 : 삼양미디어, 2009), 262쪽.

201) 『앞의 책』, 263쪽.

다. 그들은 직업적인 혁명가도 아니었다. 그리고 그 체제에서 버림을 받은 사람들도 결코 아니었다.

대부분이 명문가문의 출신들이었고 군의 고급 지휘관들이었고 히틀러에 의해 신임을 받던 사람들이었다. 히틀러를 추종하고 그의 제국에 충성을 바치면 보다 더 큰 영달을 누릴 수 있는 사람들이었다. 그러나 그들은 그러한 사소한 일신영달에 목매지 않았다. 보다 더 큰 대의에 따라 그들은 용기 있는 행동을 보여준 것이다.

비록 히틀러 암살에는 실패를 하였지만 히틀러의 생각과 뜻이 잘못된 것이라는 점을 같은 독일인으로써 독일인과 세계인들에게 보여주었을 뿐 만 아니라 한 미치광이에 의해 무모하게 벌어진 전쟁을 하루빨리 종식시켜 세계 평화를 일구어내자는 보다 높은 뜻을 펼쳐 보였다는데 그들의 용기 있는 기개를 높이 평가하게 되는 것이다.

어떻게 보면 계란을 바위에 내리치는 것처럼 또는 골리앗과 다윗의 싸움과 같이 국가의 모든 권력을 거머쥐고 있는 거대 독재 권력에 맞서서 맨 몸으로 항거한 무모한 암살기도였지만 그들이 보여준 대의와 그리고 그것을 실행에 옮긴 용기 있는 행동은 역사에 길이 남을 것이다.

8) 장보고(張保皐)

장보고가 해적을 소탕하고 민간교역의 신기원을 연 건 고정관념에 사로잡히지 않은 탓이다. 골품제에서 자유로웠던 장보고는 청해(淸海 : 莞島)에 진(鎭)을 설치하고 민간교역 과정에서 끝없이 제기되는 많은 새로운 가능성에 도전을 하였다. 남들이 미처 보지 못한 가능성을 정확히 읽고 이를 두려움 없이 용기 있게 실천하는 기업가 정신(Entrepreneurship)이야말로 기업과 국가의 국운을 좌우하는 관건이기도 하다.[202]

202) 한창수, 『천년전의 글로벌 CEO 해상왕 장보고』(SERI연구에세이 10) (서울 : 삼성경제연구

특히 840년(문성왕 2) 일본에 무역사절을 보내고 당나라에 견당매물사(遣唐賣物使)를 보내어 삼각무역을 했던 것 등은 그 아니면 그 시대에 그러한 생각과 실천을 할 만한 사람은 없었을 것이다. 그런 의미에서 장보고는 시대를 앞서 가는 사람이었을 뿐만 아니라 도전 정신을 실천에 옮긴 용기 있는 지도자로 평가할 수 있다. 또한 그 역시 이런 것으로 인해 인간경영에 성공한 사람으로 볼 수 있는 것이다.

9) 호레이쇼 넬슨(Horatio Nelson)

역사가 조르지 뤼데(George Rude)가 이야기하였듯이 나폴레옹 보나파르트[203]는 "판단이 빠른 행동형의 인간이었지만, 동시에 시인이며 세계 정복을 꿈꾸는 몽상가였다. 정치와 관련하여 탁월한 현실주의자이면서도 큰 도박을 거는 저속한 모험가였다."[204] 어쩌면 뤼데의 말이 맞을는지도 모른다. 그는 판단이 빠른 행동형의 인간이었지만 지나친 몽상과 야심으로 인해 지도록 되어져 있는 큰 도박에 겁도 없이 뛰어드는 저속한 모험가였는지도 모른다.

나폴레옹 보나파르트는 전 유럽을 점령하여 지배하려는 야욕과 몽상으로 불타고 있었다. 야심과 몽상 그리고 도취된 모험심으로 가득 찬 그의 눈에는 영국이 눈에 가시처럼 느껴졌다. 영국을 꺾지 않고서는 유럽을 손아귀에 전부 넣는 것은 불가능한 일이었기 때문이다. 그러나 문제는 영국을 공격하는데 있어 가장 커다란 벽이 바로 유럽대륙과 영국 사

소, 2004).

203) 나폴레옹 보나파르트는 1769년 8월 15일 지중해에서 네 번째로 큰 섬인 코르시카에서 태어났다. 그의 아버지는 카를로 마리아 디 부오나파르테(코르시카식 이름)였으며, 어머니는 마리아 레티치아 라몰리노였다. 이경윤·정승원 공저, 『세계 악남 이야기』(서울 : 삼양미디어, 2009), 190쪽.

204) 스티븐 앰브로스 외 지음, 로버트 카울리 엮음, 이종인 옮김, 『앞의 책』, 261쪽.

이에 놓여 져 있는 바다였다. 지상에서는 날고뛰는 나폴레옹 보나파르트이었지만 바다에서는 그렇지가 않았다.

그는 영국을 공격하기 위해서는 영국군을 압도하는 군사력을 가져야 할 뿐만 아니라 특히 영국 해군을 능가하는 해군력이 필요로 된다는 것을 알았다.

그러나 그가 지휘하고 있는 프랑스 해군력은 영국과 견주어 비교 해볼 때 너무나 초라한 것이었다.

대혁명 이후의 프랑스는 신세계에 거점을 확보해 줄 해군력을 보유하지 못했다. 대혁명 기간 동안에 상류계급 출신인 고급 해군 장교들은 혁명의 폭풍에 휘말려 대부분 은퇴를 하였고 전함들은 보수 유지가 제대로 되지를 않은 상태였다. 프랑스의 해군력은 그야말로 바닥수준이었다. 그러한 확실한 실예가 바로 1789년 프랑스와 이집트 간에 벌어진 전쟁에서 확연히 드러났다. 지상전에서는 프랑스가 압도적으로 승리를 하였지만 해상에서는 영국의 호레이쇼 넬슨 제독에 의해 처절한 패배를 맛보아야만 하였다. 또한 3년 후 그러한 쓴 맛은 코펜하겐에서도 되풀이 되었다.[205)]

이러한 쓴 교훈에도 불구하고 1803년 7월 나폴레옹 보나파르트는 영국을 침공하겠다는 확고한 목표를 가지고 '국립 함대'의 창설을 발표하였다. 그가 생각하기로는 일단 프랑스 지상군만 영국본토에 상륙을 시키면 수적 우위 등을 통해 영국 지상군을 제압하는 것은 손쉬운 일이라 여겼다.

그는 이러한 생각에 입각하여 영국 침공을 위한 대규모 지상군병력을 위주로 하는 군대를 조직하였고 더불어 강력한 해군력을 건설해 나갔다. 이를 위해 1,000척이 넘는 방대한 바지선 함대 역시 구축을 하였다. 바지선은 영국 해안과 강어귀에 상륙을 용이하게 해 줄 수 있는 선박이었다.[206)] 물론 그 당시 동맹국이었던 스페인과 연합함대를 구성하여 전력

---

205) 『앞의 책』, 263-264쪽.

206) 『앞의 책』, 264쪽.

을 보강하였다.

이러한 나폴레옹 보나파르트의 영국침공에 대한 야심이 무르익어갈 때 호레이쇼 넬슨은 프랑스 침공에 대비하여 영국 해협을 방어하는 임무를 맡게 되었다. 그러다가 1801년 10월 22일 영국과 프랑스 간에 휴전 협정이 맺어지면서 호레이쇼 넬슨은 악화된 건강상의 이유를 들어 퇴역하여 전장을 떠나 영국으로 돌아갔다.

그러나 영국과 프랑스 간에 체결된 아미앵 휴전협정(Peace of Amiens)은 오래 가지 않았고 그로 인해 영국과 프랑스 간에 긴장이 고조되자 호레이쇼 넬슨은 곧 전선으로 복귀하여 지중해 총사령관의 임무를 맡았다. 1803년 들어서는 '빅토리'(HMS Victory) 호를 지휘하여 프랑스의 툴롱(Toulon) 항구 봉쇄에 참가하였다.

1805년 나폴레옹 보나파르트는 지상전에서 그의 능력을 마음껏 발산을 하고 있었다. 아우스터리츠 전투[207]에서 오스트리아, 러시아 군을 꺾고 유럽 열강이었던 프로이센, 폴란드마저 제압을 함으로써 영국을 제외한 전 유럽을 지배하는 초강국의 위치로 부상을 하였던 것이다.[208]

나폴레옹 보나파르트는 이러한 승기의 기세를 몰아 대규모 군대를 모아 다시 한 번 영국에 대한 침공에 나섰다. 침공 직전 영국 해협에 대한 제해권을 확보하기에는 해군력이 부족하다고 판단한 나폴레옹 보나파르트는 유럽 각지에서 배를 끌어 모았다. 그리고 스페인과 연합 함대를 구성하였다.

이렇게 해서 구성 된 33척의 프랑스와 스페인 연합 함대는 1805년 9월 말 피에르 샤를 비유네브(Pierre-Charles Villeneuve) 제독의 지휘 하에 카디스 항을 출발하여 이탈리아 남부로 이동하였다. 이들의 항해 목적은 이탈리

---

207) 나폴레옹이 치른 최고의 전투로 기록이 되며 나폴레옹은 이 전투를 기념하기 위해 개선문을 만들도록 지시를 하였다. 이경윤·정승원 공저, 『앞의 책』, 200쪽.

208) 『앞의 책』, 200쪽.

아의 나폴리로 가서 그 곳의 프랑스군을 지원하는 일이었다. 비유네브 제독은 함대가 별 일 없이 지중해로 진입해 들어가 작전명령을 차질 없이 수행할 수 있기를 기대했을 것이다.[209]

그러나 호레이쇼 넬슨 제독은 이것을 아주 좋은 기회로 생각을 하였다. 그는 1805년 10월 21일 호레이쇼 넬슨 제독으로서는 마지막 전투인 트라팔가르 해전에 27척의 배를 끌고 참가하여 트라팔가르 곶을 지나는 비유네브의 함대를 기습하였다. 이 해전이 벌어진 트라팔가르 곶은 스페인 최남단 지브롤터와 카디스의 중간에 위치하고 있는 곳이다.

호레이쇼 넬슨은 자신의 빅토리 호 후미 돛대에 '영국은 모든 이들이 자신의 의무를 다하길 기대한다.'[210]는 글귀가 적힌 깃발을 내걸었다. 여기에서 엿볼 수 있는 그의 리더십은 자신의 부하들에게 엄청나면서도 거창한 애국을 원하지 않았다는 것이다. 그리고 눈에 띄지 않는 그런 구호나 수사적인 미사여구를 늘어놓지도 않았다는 것이다. 그런 것은 실제 전투에서 별 도움이 되지 않는다는 것을 잘 알았던 것이다. 그래서 그는 간단명료하게 자신의 현 위치에서 자신이 맡은 임무에 최선을 다 해 줄 것만을 요구한 것이었다. 이런 관점에서 보면 그의 리더십은 간단명료하면서도 단호한 결의가 느껴진다.

이윽고 영국과 프랑스·스페인 연합함대는 맞부딪치고 격전에 들어갔다. 프랑스의 기함 부상테르(Bucentaure) 호에 심각한 손상을 안긴 빅토리 호는 르두타블(Redoutable) 호로 돌진하여 들어갔다. 이내 두 함선은 뒤엉켜졌고 르두타블 호의 전투실 상부에 있던 프랑스 저격수들은 빅토리 호의 갑판을 향해 사격을 가할 수 있었다.

갑판에서 진두지휘를 하고 있던 호레이쇼 넬슨에게 불운이 닥쳤다. 불행하게도 이들이 쏜 탄환 중 한발이 호레이쇼 넬슨의 왼쪽 어깨에 적중하

209) http://blog.naver.com/braveattack?Redirect=Log&logNo=10036288187

210) England expects that every man will do his duty.

여 폐를 관통하고 척추에 박혔던 것이다. 그러나 호레이쇼 넬슨은 이러한 중상을 입은 상태임에도 불구하고 장장 네 시간 동안 의식을 잃지 않고 전투 지휘를 계속하였다. 그런 후 전투가 영국의 승리로 끝난 것을 확인한 이후 숨을 거두었다.[211] 전투결과는 프랑스·스페인 연합함선 22척이 파괴되었으나 영국 함선은 1척도 파괴되지 않은 완벽한 승리였다.[212]

이러한 그의 임종 자세는 이순신의 죽음과도 유사하다. 죽음을 목전에 두고도 결코 나약해지지 않고 자신의 임무를 끝까지 해내고야 말겠다는 투혼이 뚝뚝 묻어 나옴을 느낄 수 있다. 죽음 앞에서도 결코 굴복하지 않고 자신의 임무를 관철시키는 그의 마지막 모습에서 강한 투혼과 불굴의 용기를 읽어 낼 수 있는 것이다.

호레이쇼 넬슨의 사망 당시 곁에 있었던 빅토리 호의 외과의사 윌리엄 베티(William Beatty)에 따르면 넬슨의 마지막 말은 '내 임무를 다 할 수 있게 해준 신께 감사드린다.'는 것이었다. 그는 말을 할 수 없게 되기까지 이 말을 몇 번이고 되풀이했다고 한다.[213] 그는 어떠한 유혹에도 굴하지 않고 더 나아가 죽음의 두려움 앞에서도 굴하지 않고 자신의 임무에 최선을 다 하는 용기를 가질 수 있도록 해 주신 신께 감사를 표하는 겸손함도 보여줌으로써 자신에게도 승리를 하고 그를 신뢰했던 모든 사람들에게 승리를 안겨준 인간경영의 승리자가 되었던 것이다.

호레이쇼 넬슨은 자신의 부하들의 잠재력을 최대한 이끌어내는 능력으로 유명하였으며 전투 전의 치밀한 계획, 전투 중도에서도 유연했던 부대 이동뿐 아니라 고위 장교들부터 최하급 수병들에 이르기까지 고무하고 격려할 수 있었던 그의 능력이야말로, 그의 승리의 가장 큰 원인이라고 믿는다. 바로 이러한 리더십이 있었기에 트라팔가르 해전의 완벽한

---

211) http://ko.wikipedia.org/wiki/%EB%84%AC%EC%8A%A8_%EC%A0%9C%EB%8F%85

212) http://blog.naver.com/braveattack?Redirect=Log&logNo=10036288187

213) http://ko.wikipedia.org/wiki/%EB%84%AC%EC%8A%A8_%EC%A0%9C%EB%8F%85

승리도 가능할 수 있었던 것이다.

이상으로 리 아이아코카와 칼리 피오리나, 마이클 델, 드와이트 아이젠하워, 이순신(李舜臣), 정주영, 클라우스 폰 슈타펜버그, 장보고 그리고 호레이쇼 넬슨 등을 통해 진정한 용기라는 것이 무엇인지 새삼 깨닫게 되고 나아가 인간경영의 개가를 올리기 위해 리더들의 용기가 얼마나 중요한 것인가를 알게 되는 것이다.

2. 용기를 가지지 못하여 인간경영에 실패한 역사적 사례들

1) 김질(金瓆)

세조 1년인 1455년에 성삼문(成三問), 박팽년(朴彭年) 등의 집현전학사와 함께 단종복위를 꾀하는 모임을 수차 가졌다. 이러한 복위모의를 하던 중 성사가 안 될 경우 자신에게 닥칠 위험을 생각하여 1456년 장인인 정창손(鄭昌孫)과 함께 세조에게 단종복위 모의를 고변하였다. 이로써 단종복위를 꾀하였던 성삼문, 박팽년, 이개(李塏), 하위지(河緯地), 유응부(兪應孚), 유성원 등이 체포되는 사육신사건을 발생케 하였다.[214)]

그는 고변이후 세조의 신임을 두텁게 받아 출세의 가도를 달렸다. 좌익공신(佐翼功臣) 3등에 추봉되고 판군기감사에 승진되었으며 이어 승정원의 동부승지 · 우부승지 · 좌승지를 거쳐, 1463년에 공조판서에 오른 뒤 병조·형조의 판서를 거쳐 1466년 의정부우참찬에 승진되었다. 이듬해에 경상도관찰사가 되고 1468년(예종 즉위년)에는 우의정에 올랐다. 이어 좌의정에 승진된 뒤 영의정 한명회(韓明澮)와 신숙주(申叔舟) 등과 함께 이른

214) http://user.chollian.net/~kp8chol/wojia/jokbo/gim_jil.htm

바 원상세력(院相勢力)을 형성하였다.[215]

그러나 이러한 그의 화려한 출세와 부귀영화에도 불구하고 그는 인간 경영에 실패한 자로 남게 되었다. 그는 대의를 따르지 않고 일신의 안위와 영달을 뒤쫓았기 때문이다. 단종의 왕위를 찬탈한 세조를 징벌하고 정치적 정통성을 가진 어린 단종을 복위시키는 일이 정당한 일임에도 불구하고 그는 자신의 안위와 영달을 위해 같이 뜻을 모아 거사를 이루어 내려던 이들을 밀고하여 죽음으로 내치고야 만 것이다.

그는 진정한 용기가 없었던 졸렬한 인물이었던 것이다. 자기희생을 마다하고 대의를 위해 자신의 목숨을 초개와 같이 버릴 줄 아는 용기 있는 장부는 아니었던 것이다. 그는 은밀히 진행되고 있는 모의에 대한 밀고를 통해 출세를 보장 받고 그 길을 걸어가며 온갖 부귀공명을 다 누렸을지는 모르지만 그는 리더로서 또 지도자로서 마땅히 갖추어야 할 용기 있는 행위를 하지 못함으로써 대의를 그릇 치게 한 밀고자로서 평가절하 되었고 이로인해 인간경영에 실패를 하였던 것이다.

그러나 이와 대조적으로 비록 성삼문을 비롯한 사육신은 단종 복위에 실패를 하여 처참한 고문으로 몸이 뭉그러지고 극형을 당하였지만 그들이 가진 '불사이군'(不事二君)이라는 지조와 절개는 높이 평가되었고 비록 그들의 목에 칼이 들어와도 자신들이 가진 대의를 위해 의연하게 그리고 당당하게 일을 도모한 점은 역사적으로 높은 평가를 받게 됨으로써 인간경영의 성공자로 자리매김을 하게 되는 것이다.

2) 조광조(趙光祖)

조광조는 조선시대의 뛰어난 문신이자 성리학자이며 개혁적 정치가이었다. 일찍부터 학문의 뜻이 컸으며, 14세 때 성리학자 김굉필 문하에서

215) http://kin.naver.com/open100/db_detail.

공부를 시작했다. 그 후 부제학이 되어 소격서의 폐지를 단행하고 유학자 정치를 구현하려 함으로써 유학과 문치에 뜻을 둔 조선 제11대 왕이었던 중종(中宗)[216]에게 각별한 대우를 받았다.

중종은 조광조 등 갑자사화로 밀려났던 사림파를 중심으로 현량과를 실시하는 등[217] 철저한 유교적 개혁 정치를 행하여 문벌세가를 누르고자 하였다. 조광조를 중심으로 한 사림파들은 성리학에 의거한 철인 군주주의(哲人君主主義)를 내세우고 기성 귀족들을 소인(小人)이라 지목했으며 양풍미속을 기르기 위해 미신의 타파와 여씨 향약을 도입하여 실시케 하고 민중의 정신생활과 물질생활에 유익한 여러 가지 서적을 번역, 인쇄하여 널리 퍼뜨리는 등 이상주의에 치우친 정치를 실시하려 했다.

그러나 신진의 청년들이라 생각이 너무 급진적이고 특히 경연(慶筵) 때마다 간언하는 바른 소리가 그치지 않아 중종도 차츰 그 응대에 지치기 시작했는데, 당시 조광조 등에 의하여 벽지로 좌천되어 있던 남곤(南袞)·심정(沈貞) 등이 이를 알게 되었다.

조광조는 왕도가 일조일석에 이루어지지 않는 것임을 알고 항상 자리를 내놓으려 했으나 중종은 허락하지 않았으며, 이로 말미암아 과격파 선비들로부터 우유부단하다는 비난을 받기에까지 이르렀다.

그가 이러한 비난의 참 뜻을 올바르게 받아들이고 자신이 머무른 자리를 훌훌 털고 일어나는 용기 있는 결단이 이루어졌다면 그의 삶의 결과도 비극적으로 마무리 되지는 않았을 것이다. 그는 용기를 필요로 하는 결단의 시기에 우유부단으로 인해 실기를 하였던 것이다.

1519년 음력 10월 조광조는 자신의 운명에 커다란 획을 긋게 되는 결정을 내리게 된다.

---

216) 1506년에 음력 9월 2일 연산군의 폭정에 반발한 성희안(成希顔), 박원종(朴元宗), 유순정(柳順汀) 등이 일으킨 중종반정이 성공함에 따라 조선의 새 임금으로 추대되었다.

217) 이현희, 『이야기 인물 한국사』(서울 : 청아출판사, 1996), 203쪽.

조광조는 대사간 이성동(李成童) 등과 함께 1506년에 일어난 중종반정 때 정국공신(靖國功臣)이 문란하게 책록되었다고 주장하면서 공신 명부에 올라온 공신들이 진짜 공을 세웠는지를 확인하는 작업을 하여 이 때 부당하게 공신으로 책록 된 자들을 훈록에서 깎아 버리라고 소를 올렸다. 이러한 조광조 등의 이른바 위훈삭제 주장에 대신 6경(六卿)들도 이를 지지하는 계청을 올렸다.218)

이렇게 되자 중종은 하는 수 없이 심정, 홍경주(洪景舟) 등 전 공신의 4분의 3에 해당하는 76명을 공신 훈적에서 깎아 버렸다. 이 때문에 조광조는 훈록을 깎인 자들로부터 깊은 원망을 받게 되었으며 이것이 그의 비극적 운명을 결정하게 되는 첫 단추가 되어버렸다.

사무친 원한을 품은 자들의 조광조에 대한 공격은 아주 거칠고 거세게 가해지기 시작했다.

먼저 공격의 활시위를 당긴 자는 홍경주였다. 그는 조광조의 탄핵으로 파면되어 원한을 품고 있었다. 남곤, 심정 등과 기맥을 통해 서로 소통을 하고 있었던 홍경주는 자신의 딸 희빈으로 하여금 백성의 마음이 온통 조광조에게 기울었다고 말하게 하였다.

훈록이 깎인 심정도 이러한 공세에 가세를 하였다. 그는 경빈 박씨(敬嬪朴氏)의 궁비(宮碑)를 통해 조광조 등이 국정을 마음대로 농단을 하며 백성들이 그를 왕으로 세우려 한다는 말을 궁중에 퍼뜨리게 했다. 또 궁 안의 나뭇잎에 꿀물로 '조씨가 왕이 된다.'(주초위왕 : 走肖爲王)는 뜻의 글을 써 벌레가 파먹게 하여 글자를 새기게 하고 이렇게 글이 새겨진 나뭇잎을 궁인의 손을 거쳐 왕에게 전해지게 하였다.219)

이렇게 하여 왕의 뜻을 움직이려고 갖은 수단 방법을 쓰자 왕도 어찌할 수 없이 뜻이 움직이지 않을 수 없었고, 다른 한 편으로 왕의 속마음에

---

218) 신규호, 『한국역사인물사전』(서울 : 석필, 1998), 510쪽.

219) 이현희, 『앞의 책』, 204-205쪽.

는 이들을 통해 새로이 왕권에 부담이 되고 있는 조광조를 비롯한 사림세력을 쳐내려고 하였다. 원한에 사무쳐 조광조를 찍어내려는 훈구세력과 토사구팽을 시키려는 중종의 마음이 서로 접목되어 조광조에 대한 사냥이 시작이 되었던 것이다.

사정이 이렇게 진행이 되자 고무가 된 심정은 홍경주를 시켜 밀서를 가지고 실의(失意)한 여러 재상들에게 찾아가 조광조를 죽일 것을 모의케 하였다.

드디어 음력 10월 15일 밤 홍경주, 김전, 남곤, 심정 등이 신무문으로 궐내에 들어가 왕께 입대하고 조광조 등이 당파를 조직하여 구신들을 몰아내고 나라를 뒤집어 놓았으니 그 죄를 밝혀 달라고 주청하였다.

내심 조광조를 부담으로 여겨 찍어낼 명분을 찾고 있던 중종은 이를 빌미로 하여 조광조를 위시하여 형조 판서 김정(金淨), 대사성 김식(金湜), 부제학 김구(金絿), 승지 박세희(朴世熹), 응교 기준(奇遵), 윤자임(尹自任), 박훈(朴薰) 등을 체포하라는 교지를 내리게 된다. 이로인해 이들은 체포가 되었고 조광조는 능주(綾州)[220]에 귀양 가 있다가 음력 12월 20일 결국 사약을 받고 38세를 일기로 하여 숨졌다. 이것이 바로 기묘사화의 결말이다.

여기에서 우리가 배울 수 있는 교훈은 이상적이고 급진적인 개혁의 한계를 알게 된다는 것이다. 물이 흐르는 것처럼 자연스럽게 변화가 와야지 인위적으로 너무 무리수를 두어가면서 변화를 꾀할 경우 엄청난 저항에 직면하게 되고 결국 개혁의 뜻을 제대로 펼치지도 못하고 역공을 당해 침몰하게 된다는 점이다.

항상 이상적이고 급진적인 것이 참신성을 가지고 발랄함을 갖기는 하지만 숙성의 부족으로 인해 현실에서 어려움에 조우되는 경우를 많이 볼 수 있다. 조광조도 이러한 한계에 부닥치게 된 것이다. 그는 이러한 한계에 부닥쳤을 때 개혁의 범위를 좁히거나 또는 그 내용을 변화시키는 방

220) 지금의 전라남도 화순이다.

향으로 그리고 보다 현실적인 대안을 유연하게 제시하는 것 등으로 보다 신속하고 재빠르게 방법을 바꾸거나 방향을 선회했어야 했다. 그러나 그의 젊음과 그에 의해 수반되는 혈기 방자한 변화에의 의지 그리고 이상사회를 하루 빨리 실현시켜야 하겠다는 조급증이 그가 현실을 냉철하게 직시하는 것을 가로 막았다.

그는 개혁의 속도도 늦추기를 원하지 않았고 그 내용 역시 바꿀 의도가 없었다. 그는 어느 누구도 손대기 어려워하는 가장 민감한 뇌관을 겁도 없이 건드렸던 것이다. 그러한 결과는 참담한 실패였다. 그가 정작 이런 민감한 문제를 건드리면서 까지 개혁을 일구어내려고 했다면 그는 주도면밀하게 시간을 가지면서 그 대안을 강구했어야 했다.

이것이 가져 올 후폭풍을 충분히 예상했어야 하며 그것을 차단할 수 있는 효과적인 대안들을 강구했어야 했다. 그리고 자신의 이상을 현실로 바꾸어 줄 수 있는 가장 중요한 원동력이며 뒷배인 중종의 의지와 속내를 분명히 읽을 수 있어야 했으며 그의 지지나 후원을 확실히 약속을 받았어야 했다. 그러한 것이 없이 이러한 민감한 문제의 뇌관을 건드리는 것은 무모한 일이며 용기가 아닌 만용에 지나지 않는 우매한 일이었다.

사실 중종은 이 당시 조광조를 비롯한 젊은 사림들의 개혁적 요구에 식상을 하고 있었고 기존 훈구세력들의 줄기찬 강도 높은 저항에 부담을 가지고 있었다. 중종이 원하는 것은 왕권 강화 차원에서 훈구세력들을 적당히 견제해 줄 젊은 신진 사림들이 필요로 되었던 것이지 도가 지나쳐 새로운 왕권의 부담으로 다가오는 그런 세력들을 원했던 것은 아니다.

이런 중종의 속내를 좀 더 깊이 있게 파헤쳐서 알고 있었다면 토사구팽의 대상이 되지는 않았을 것이다. 중종은 훈구세력을 견제해 줄 사냥개가 필요했고 이러한 역할을 조광조 등이 잘 해 내어 주었으나 그들이 새로운 세력으로 부상하여 왕권에 부담을 가중시키는 일을 원했던 것은 아니었다.

이제 충성스런 사냥개를 잡아먹거나 퇴출시킬 시간이 된 것이다. 중종은 조광조를 비롯해 젊은 사림들을 훈구세력의 모함의 올가미에서 구해내지 않았다. 새롭게 떠오르는 왕권의 걸림돌을 기존의 걸림돌을 통해 제거를 시키는 것이다. 이이제이 전법을 구사했던 것이다. 결국 조광조를 위시한 이상주의를 추구한 젊은 사림들은 역사의 장에서 사라지게 되는 것이다.221)

이러한 결말을 조광조는 어느 정도 알고 있었고 그러기에 그는 중종에게 여러 번 주청을 하여 관직에서 물러나려고 했던 것이다. 그러나 중종의 만류와 불허도 있긴 했지만 그는 이상주의적 개혁에 대한 꿈과 조선사회를 성리학을 중심으로 하는 새로운 유교적 이상사회로 만들어 놓겠다는 협상 불가능한 배타적 야심이 그를 그 자리에서 떠나지 못하게 얽어매었던 것이다. 그가 진정 용기 있는 자였다면 그러한 야심과 꿈을 사정없이 잘라내었어야 한다. 그에게는 용기를 수반한 의연한 결단이 필요했던 것이다. 그러나 그는 그것을 하지 못했다.

그 결과 훈구세력뿐만 아니라 불교, 도교, 무격신앙 등 모든 종교를 칼로 무 자르듯이 배척하였고 그에 대한 역 폭풍은 정확히 부메랑이 되어 그를 파멸시켰다. 소격서 혁파 논쟁 등이 그러한 것이다. 결국 그는 그래서 자신의 신념을 실현시키지 못한 인간경영의 실패자로 역사에 기록이 되게 되는 것이다.

---

221) 역사를 살펴보면 2인자는 주군에게 이용당한 다음 버려지는 경우가 많다. 월나라의 범려와 문종은 모두 2인자였다. 범려와 문종은 월왕 구천을 도와 오나라를 무찌르고 그 기세를 몰아 제, 전, 송, 노 등의 제후를 집합시켜 주(周)에 조공케 함으로써 천하의 맹주가 되려 하였다. 범려는 일을 이룬 다음 떠남으로써 월왕 구천으로부터 그리움과 흠모를 얻어내지만 문종은 남아 있다가 버려져 죽음을 당하였다. 일을 이룰 때의 기준과 일을 이룬 다음의 기준은 다르다. 시기가 달라지면 기준도 달라지는 것이다. 창업기의 중요한 인물이 수성기에도 중요한 인물이 되라는 법은 없다. 김정빈, 『리더의 아침을 여는 책』(서울 : 동쪽나라, 2007), 117-119쪽.

제5장 자기통제력

자기통제력이란 자신의 즐거움을 유보하고 성공을 달성하는 것으로 이해 할 수도 있다.[222] 그런 의미에서 자기통제력이란 자기 자신을 이겨내는 것을 의미한다. 무엇보다 나의 가장 치열한 경쟁자는 바로 나 자신이기 때문이다.[223]

> 무서운 적은 등 뒤에 있고 그 보다 더 무서운 적은 내 안의 방심에 있다. 등 뒤의 적을 허용하는 것은 바로 나 자신이다. .... 탑은 높을수록 위태롭고 자만은 클수록 위험하다.[224]

로버트 그린(Robert Green)은 가장 싸우기 힘든 상대가 바로 자기 자신임을 분명히 하고 있다. 자기 자신을 넘어 설 수 있을 때 비로소 참다운 전사(戰士)가 될 수 있다는 것이다.

---

222) 빌 하이블즈 지음, 박영민 옮김, 『아무도 보는 이 없을 때 당신은 누구인가?』(서울 : 한국기독학생회출판부, 2001), 25쪽.

223) 호아킴 데 포사다·엘런 싱어 지음, 김경환·정지영 옮김, 『마시멜로 이야기』(서울 : 한국경제신문, 2005), 142쪽.

224) 윤영수, 『불패의 리더 이순신, 그는 어떻게 이겼을까』(서울 : (주)웅진씽크빅, 2005), 52-53쪽.

> 매일같이 당신은 전투에 직면한다. 이것이야말로 생존을 위해 투쟁하는 모든 생명체의 현실이다. 그러나 가장 싸우기 힘든 것이 바로 자기 자신과의 전투다. 당신 자신의 약점과 감정, 끝을 내려는 의지 부족 등과 싸우는 일은 언제나 힘겹다. 당신은 스스로에게 부단한 전쟁을 선언해야 한다. 일상의 전사로서, 전투나 충돌 상황을 기꺼이 맞이하여 스스로를 증명하거나 역량을 강화하거나 용기와 자신감과 경험을 얻는 방편으로 삼아라. 의심이나 두려움이 생기면 속으로 참는 대신, 그것들에 맞서 윽박지르고 전투를 벌여라. 더 많은 도전을 원하고, 더 많은 전쟁을 초대하라. 당신은 전사의 정신을 벼리고 있는 중이니, 지속적인 훈련을 통해서만 거기에 도달할 수 있음을 잊지 마라.[225]

앞서 말했듯이 스코트 팩(Scott Peck)은 자기통제력을 "자기 자신의 즐거움을 유보하고 성공을 달성하는 것."이라고 정의하고 있기도 하다.[226] 그는 "즐거움을 유보하는 것은 삶의 고통과 기쁨을 적절히 배열하는 과정이다. 곧 삶의 고통을 먼저 접하고 극복함으로써 나중에 기쁨이 배가 되도록 말이다. 그리고 이것이야말로 삶을 제대로 살아가는 유일한 방법이다."라고 주장을 하고 있다.[227]

자기관리를 철저히 하기 위해서는 다음과 같은 핵심요소들을 충족시켜야 한다. 목표설정, 업적 성취방법 강구, 자신의 감정통제, 실용적 사고와 행동, 격려와 동기부여, 기회포착, 적응력 향상, 발 빠른 적응, 새 정보와 새로운 현실에의 민감성, 투명성, 정직성, 공개성, 그리고 일관성 등이 자기관리의 핵심요소인 것이다.[228]

---

225) 로버트 그린 지음, 안진환·이수경 옮김, 『전쟁의 기술』(서울 : (주)웅진씽크빅, 2007), 18-19쪽.

226) 스코트 펙(Scott Peck), 『아직도 가야 할 길』(The Road Less Traveled) (서울 : 열음사). ; 스코트 펙 지음, 김창선 옮김, 『끝나지 않은 길』(서울 : 소나무, 1988).

227) 『앞의 책』.

228) 최평길, 『대통령학』(서울 : 박영사, 2007), 32쪽.

첫째, 자기관리를 위한 올바른 목표설정을 하여야 한다. 목표설정이 잘못되어질 경우 아무리 관리를 그 목표에 맞게 유지해 나간다고 해도 자기관리를 성공적으로 일구어내기는 어렵다.

둘째, 자기관리의 목표를 달성하는데 있어 최적의 업적 성취방법을 강구하여 이를 실행해나가는 것이 무엇보다 중요하다. 목표도 중요하지만 이를 가장 효율적이고 합리적으로 실행해 나가는 것도 중요하기 때문이다. 방법이 잘못될 경우 많은 시간적 그리고 물질적 비용을 지불해야하며 경우에 따라서는 소기의 목표를 달성하지 못할 수도 있다.

셋째, 자기 자신의 감정을 잘 통제하여야 한다. 감정을 통제하지 못하면 합리적이고 이성적인 판단을 하기가 어렵다. 감정에 치우쳐 일을 하다보면 모든 사물을 보는 눈이 맹목적이 되어서 일을 그르치는 경우가 많다. 따라서 자기관리를 올바르게 제대로 해 나가기 위해서는 충동적이거나 감정적인 욕구를 최대한 억제할 필요가 있다. 감정의 통제는 자기관리에 있어 아무리 강조한다해도 지나침이 없다.

넷째, 실용적 사고와 행동을 하여야 한다. 너무 이상적인 사고를 가진다거나 그러한 행동을 하는 것은 현실과 괴리감을 갖게 되기 때문에 자기관리를 해 나가는데 있어 부담이 된다. 항상 현실을 인정하고 이에 기반을 둔 사고와 행동을 해 나가야 한다.

다섯째, 자기 자신에 대한 격려와 동기부여를 아끼지 말아야 한다. 흔히 자기 자신에 대해서는 생각 밖으로 무관심하거나 소홀히 대하는 사람이 많다. 그러나 자기 자신의 생각이나 행동에 대해 격려를 아끼지 않고 자기 자신에 대해 동기를 지속적으로 부여하는 사람이 자기 자신의 관리에서 성공을 하는 경우가 많다. 자기 자신에게 마음을 돌려 관심을 가지고 스스로 격려와 동기부여를 해 나가는 방법도 자기 자신의 자신감 회복과 긍지를 갖게 하는데 많은 도움이 된다.

여섯째, 자기관리를 잘 하기 위해서는 기회를 잘 포착할 필요가 있다.

자기가 교만하거나 오만해 질 때 또는 좌절이나 체념으로 자포자기 심정이 될 때 등이 바로 자기 자신의 관리와 통제가 가장 필요한 시기이다. 이 시기를 잘 포착해서 자기관리를 해나가는 것이 중요하다. 선택과 집중이 가져올 수 있는 효율성을 극대화시키기 위해서도 필요한 시기를 잘 포착하여 집중적으로 노력과 에너지를 쏟아 부어야 하는 것이다.

일곱째, 적응력을 향상시켜나가는 것도 자기관리에는 매우 필요하다. 항상 주위 환경은 변하기 마련이다. 주위 환경의 변화를 기대하거나 주위환경의 변화가 멈추는 것을 기대하기 보단 내 자신이 변화하는 것이 더 빠르고 효율적인 방법이다. 따라서 주위환경의 변화에 따라 자신을 변화시키면서 적응해 나가는 능력을 증대시키는 것이 자기관리를 해나가는데 있어 매우 중요하다.

여덟째, 기회는 순간적으로 왔다가 순간적으로 가버린다. 그래서 무엇이든 타이밍이 매우 중요하다. 변화하는 현상에 발 빠른 적응을 해나갈 때 자기관리의 성공을 기약할 수 있다. 사후약방문(死後藥方文)이라는 이야기가 있다. 죽은 다음에 아무리 좋은 약을 써보아도 의미가 없듯이 타이밍을 놓치면 아무리 좋은 처방이라도 소용이 없는 것이다. 따라서 발 빠른 적응을 통해 자기관리에 만전을 기해 나갈 필요가 있다.

아홉째, 새 정보와 새로운 현실에의 민감성이다. 새롭게 변화하는 주위 환경이나 내부 환경에 대해 현실적으로 신경을 곤두세우고 촉각의 날을 예리하게 세울 필요가 있으며 이와 관련된 최신의 정보를 수시로 수집하고 이를 분석하고 평가하여 이에 입각한 자기관리에 총력을 기울여 나가야 할 것이다.

열 번째, 투명성, 정직성, 그리고 공개성이다. 자기관리에 있어 최상의 방책은 정직성을 확보하는 일이다. 이러기 위해서는 모든 일을 투명하고 공개적으로 운영해 나가야 할 것이다.

열 한 번째, 일관성 있는 사고와 행동은 주변사람들로부터 안정적 사고와 기대 가능한 대응능력을 갖게 함으로서 예측 가능한 사고와 행동을 하는데 도움을 준다. 또한 이러한 일관성 있는 행동은 다른 주변사람들에게 변함없는 신뢰감을 주게 된다. 따라서 자기관리를 잘 해나가기 위해서는 일관성 있는 행동을 통해 예측 가능한 메시지를 주어 주변사람들로부터 신뢰를 얻을 수 있어야한다.

짐 콜린스(Jim Collins)는 '좋은 기업'에서 '최고기업'을 만들기 위한 리더십의 덕목 중에서 지도자는 항상 해야 할 일과 해서는 안 되는 일을 균형 잡히게 균등히 통제하는 데 집중할 수 있어야 함을 강조하고 있다.[229] 이러한 것이 가능하기 위해선 지도자의 자기 통제력이 없이는 불가능 한 일인 것이다.

고대 로마시대의 철학자였던 세네카(Seneca)는 "자기 자신을 지배하는 사람이 가장 강한 사람이다."라고 주장을 하였다. 또한 필립 메신저(Phillip Massinger) 역시 "다른 사람을 지배하려는 사람은 먼저 자기 자신을 지배해야 한다."라고 주장을 하였다. 중국의 사상가인 노자(老子) 역시 "남의 일을 잘 알고 있는 사람은 똑똑한 사람이다. 자기 자신을 잘 알고 있는 사람은 더 총명한 사람이다. 그리고 자기 자신을 이겨내는 사람은 그 이상으로 강한 사람이다."라고 말하였다. 자기 자신을 극복할 수 있어야 진정한 리더가 될 수 있음이 이러한 말들에서 진하게 묻어 나온다.

내 삶의 주인이 되려면 자기통제와 자기조절이 가능하여야 하며[230] 탈무드에서 말하듯이 '강한 사람이란 자기를 억누를 수 있는 사람과 적을 벗으로 바꿀 수 있는 사람이다.' 그래서 세상에서 가장 강한 인간은 자신의 마음을 통제할 수 있는 인간이라는 것이다.

---

229) Jim Collins, *Good to Great : Why Some Companies Make the Leap and Others Don't* (New York : Harper Collins Publishers, Inc., 2001).

230) 이민규, 『1%만 바꿔도 인생이 달라진다 - 셀프 리모델링을 위한 25가지 프로젝트』(서울 : 더난출판, 2006).

영국철학자 버트런드 러셀(Bertrand Russel)은 "아버지의 치명적 결함은 자녀에게 자신의 명예를 빛내주길 바라는 것이다."[231]라고 말하였는데 이것은 자녀를 자신의 소유물로 여기고 자기가 다 이루지 못한 한을 대신 풀어줄 것을 희망하고 이러한 과정에서 그 결과를 통해 대리만족을 하려는 인간들의 욕망을 경계하여 던진 말로 사료가 된다.

자녀가 자신의 명예를 빛내주길 바라는 것은 자녀가 올바르게 자라 홀로서기를 하고 자신의 삶을 분별력 있게 그리고 행복하게 꾸려갈 수 있기를 기원하는 아버지로서의 자식에 대한 진정한 바램 이 아니다. 이러한 소망은 탐욕으로 가득 찬 한 인간으로서의 욕망을 절제하지 못해 자녀들에게 자신의 한을 대신 풀어 줄 것을 요구하므로 써 결국 자기 자신뿐만 아니라 자신의 분신인 자녀에게 까지 피해를 주게 되는 결과를 초래하게 되는 것이다.

이러한 맥락에서 볼 때 '버리고 비우는 일'은 결코 소극적인 삶이 아니다. 그것은 지혜로운 삶의 선택이다. 버리고 비우지 않고서는 새것이 들어설 수 없기 때문이다. 일상의 격렬한 소용돌이에서 한 생각 돌이켜 뒤돌아보며 선뜻 버리고 떠나는 일은 새로운 삶의 출발로 이어지는 것이다. 이러한 관점에서 미련 없이 자신을 떨쳐내고 마음을 비우고 버리는 일은 결코 소극적인 삶이 아니다. 어떻게 보면 그것은 지혜로운 삶의 선택일지도 모른다.

제임스 로벨(James Russell Lovell)은 "자신에게 완전히 솔직할 수 없는 사람은 아무 것도 할 수 없다."라고 말하였다. 훌륭한 리더는 누구나 자기 자신을 읽는 능력을 가지고 있다. 리더는 본인의 강점, 기술, 약점 그리고 자신의 현재 마음상태를 읽을 수 있어야 한다.[232]

그리고 무엇보다 중요한 것은 자기 자신에 대한 믿음이 있어야 한다는

---

231) 『중앙일보』, 2007년 5월 1일., 26쪽.

232) 존 맥스웰, 『앞의 책』, 134-135쪽.

것이다. 자기통제를 하는데 있어 이것은 매우 중요한 전제조건이며 필요조건이다. 앞에서 기술 된 이순신 장군을 통해 알 수 있었지만 그 누구보다 자신을 믿는 것이 제일 중요하다. 무엇보다 자신의 선택을 믿는 것이다.

이순신 장군은 스스로 믿을 수 있을 때까지 준비했으며 그에 입각하여 공격을 하였고 그로 인해 승리를 거머쥐었다. 주먹은 남이 쥐어주는 것이 아니라 결국 자신이 쥐는 것이다. 자신을 신뢰할 때 적을 공격할 수 있다는 것을 이순신 장군을 통해 우리는 배울 수 있는 것이다. 믿음으로 불확실성을 극복하는 이순신 장군을 보면서 자기 자신에 대한 믿음이 얼마나 중요한 것인가를 새삼 느끼게 된다.[233)]

한산대첩에서 과연 학익진(鶴翼陣)을 펼칠 것인가 말 것인가 그 선택의 기로에서 이순신이 택한 것은 자신이 펼치려는 진법에 대한 확고한 믿음이었다. 그 누구도 아닌 자신을 믿었던 것이다.[234)] 문제를 풀어갈 수 있는 열쇠는 바로 자신의 손 안에 있는 것이다.[235)] 그러기에 자기하고의 싸움이 무엇보다 선결적이고 긴요하고 중요한 것이다.

자기 자신을 통제하고 경우에 따라서는 이겨야 하는 이유는 이렇게 하는 것이 이렇게 하지 않을 때보다 더 큰 만족과 보상을 가져다주고 나아가 성공을 견인하는 강력한 지표가 되기 때문이다. 호아킴 데 포사다는 아이들의 욕망과 자제심에 관한 마시멜로 실험결과를 통해 이러한 생각을 강하게 피력하고 있다.

이해를 돕기 위해 실험 내용을 요약하면 다음과 같다.[236)]

실험 대상이 된 아이들 앞에 맛있는 마시멜로 1개를 탁자 위에 올려놓

---

233) 윤영수, 『앞의 책』, 124쪽.

234) 『앞의 책』, 127쪽.

235) 『앞의 책』, 128쪽.

236) 호아킴 데 포사다·엘런 싱어 지음, 김경환·정지영 옮김, 『앞의 책』, 25-32쪽.

고 15분후에 먹으라고 하고 그 때까지 먹지 않고 있는 아이에게는 상으로 1개의 마시멜로를 덤으로 주겠다는 것이다. 물론 15분을 참지 못하고 탁자 위에 놓여 진 마시멜로를 먹은 아이에게는 1개의 덤이 주어지지 않았다. 끝까지 참고 견딘 주인공은 1개의 마시멜로를 먹었을 뿐만 아니라 1개의 덤까지 얻어내었다.

10년의 세월이 흐른 후 그 실험에 참여했던 아이들을 다시 모아 설문평가를 하였다. 15분을 기다려 마시멜로를 한 개 더 상으로 받은 아이들과 15분을 참지 못해 탁자 위 마시멜로를 먹어치우고 만 아이들의 10년 성장과정을 상호비교 한 연구결과 15분을 참았던 아이들이 그렇지 못한 아이들보다 학업 성적도 뛰어나고 친구들과의 관계도 훨씬 원만하고 스트레스를 효과적으로 관리하고 있다는 사실이 밝혀졌다.

겨우 15분이었지만 눈앞의 마시멜로에 만족한 아이들보다는 한 순간의 유혹을 참고 기다렸던 아이들이 성공적으로 성장하고 있었다는 사실이 밝혀진 것이다. 더 큰 만족과 보상을 위해 당장의 욕구충족을 미룰 줄 아는 의지가 바로 성공을 견인하는 강력한 지표가 된다는 사실이 밝혀진 것이다.

어떤 일을 결정해야 하는 순간이 왔을 때 딱 30초만 더 생각하라는 것이다. 우유부단하게 망설이라는 뜻이 아니라 30초만 더 자신에게 겸허하게 물어보라는 것이다. 이 결정이 내 삶과 일에 어떤 영향을 미칠 것인지 신중하게 판단해 보라는 것이다. 이 30초의 짧은 순간이 인생을 결정적으로 뒤바꾸어 놓을 수도 있기 때문이다.[237)]

그러나 무엇보다 중요한 것은 이러한 생각을 실천으로 옮기는 것이다. 자기통제도 그것이 실천으로 옮겨지지 않는다면 아무런 의미도 없어지는 것이다. 물론 끊임없이 결심만 하는 삶이 결심조차 하지 않는 삶보다는 희망이 있다. 그러나 무엇보다 중요한 것은 자신의 결심을 행동을 통

237) 『앞의 책』, 126쪽.

해 결실로 이어가고자 하는 노력이 필요하다는 것이다.[238]

영국의 철학자 프랜시스 베이컨(Francis Bacon)이 '아는 것이 힘이다.'라는 말을 하였는데 이 문장을 보다 완벽하게 만들려면 '아는 것을 실천해야 힘이다.'라고 바꾸어야 할 것이다. 왜냐하면 실천하지 않는 앎은 진정한 배움이 아니기 때문이다. 삶속에서 얻고 깨달은 모든 것을 실천을 해야 하는 것이다.[239]

자기 통제력도 이러한 끊임없는 실천의 부단한 노력이 경주될 때 그 의미를 발하게 되는 것이다.

제1차 걸프전(Persian Gulf War) 당시 전쟁영웅이었던 노만 슈워츠코프(Norman Schwartkopf) 장군은 "적과의 싸움보다 더 어려웠던 것은 바로 나 자신과의 싸움이었다."고 술회를 함으로써 자기 자신을 통제하는 것이 얼마나 실제적으로 어려운 것인가를 잘 보여주고 있다. 그리고 그는 자기 자신과의 싸움에서 자신의 결단을 실천에 옮길 수 있었기 때문에 승리를 거머쥘 수 있었던 것이다. 자기통제는 그러한 굳은 마음을 가지게 하는 것도 매우 중요하지만 그 것 못지않게 중요한 것이 바로 그러한 마음을 실천해 내는 것이다.

앞에서 논의 된 자기통제와 연관 지워 이것을 통해 도출 될 수 있는 리더의 덕목 중 하나가 겸손이다. 능력이 있으면 있을수록 더욱 겸손해야 한다. 바닥끝까지 겸손할 필요가 있다. 그것은 미덕이며 경우에 따라서는 훌륭한 전략이 될 수도 있다.

그러나 유념해야 할 점은 겸손과 소극적인 태도는 전혀 다르다는 점이다. 겸손하되 적극적이어야 한다.[240] 그래서 겸손을 행하기 위해선 절제된 언행이 요구되는 것이다. 겸손이 비굴과 다른 이유가 바로 여기에 있

238) 『앞의 책』, 13쪽.

239) 『앞의 책』, 17-18쪽.

240) 윤영수, 『앞의 책』, 142-143쪽.

는 것이다. 능력이 있으되 자신을 스스로 낮추는 자세는 자기통제의 경지가 절정에 도달하였음을 의미한다.

특히 리더는 자신을 낮추고 상대를 그리고 필요하다면 부하들을 높일 수 있어야 한다. 그리고 모든 공(功)을 부하들이나 상대에게 돌리고 그 반대로 과(過)는 자기 자신이 솔선하여 떠안아야 한다. 이러한 서슬이 퍼런 자기통제의 아픔이 전제될 수 있을 때 겸손은 빛을 보게 되고 리더로서 그리고 인간경영의 성공자로 자리 매김을 할 수 있는 것이다.

1. 자기 자신의 통제를 통해 인간경영에 성공한 역사적 사례들

역사적으로 자기 자신의 통제에서 성공한 사람들, 다시 말하자면 스스로의 다스림을 통해 인간경영에 성공한 사람들을 살펴보자면 다음과 같은 사람들이 있다.

1) 루트비히 베토벤(Ludwig van Beethoven)

바흐(Johann Sebastian Bach)로부터 하이든(Joseph Haydn), 모차르트(Wolfgang Amadeus Mozart)로 이어져 내려오는 비인고전학파를 집대성한 베토벤은 음악사에 길이 남을 족적을 남겼다. 특히 그는 어려운 시련을 극복하고 불후의 명곡들을 작곡하였다는 점에서 높이 평가되고 있다.

여기서 강조하여 말하고자 하는 시련은 음악가로서는 치명적이라고 말할 수 있는 귀머거리가 되었다는 것이다. 점점 청력을 잃어가다가 결국 귀가 먹게 되는 상황에 이르게 된 것이다. 시력을 잃으면 더 이상 화가가 될 수 없듯이 청력을 잃은 베토벤은 더 이상 음악가일 수가 없는 것이다.

웬만한 사람이라면 아마 음악가로서의 자리를 포기했을 것이다. 그러나 그는 이러한 시련에 무릎을 꿇지 않고, 체념하고 포기하려는 자기 자신을 추스르고 일으켜 세워 불후의 명곡으로 회자되는 월광 교향곡(Piano Sonata No. 14 ; "Moonlight" Sonata)을 작곡하였던 것이다. 스러져 내리는 자기 자신을 끝까지 추슬러서 새로운 창조를 이룩한 그의 자기 통제력은 많은 사람의 귀감이 될 수 있는 좋은 본보기라고 말 할 수 있을 것이다.

2) 테레사 수녀(Mother Teresa)

루트비히 베토벤 못지않게 자기 통제를 통해 세계에 밝은 빛을 던져 준 사람으로 알바니아 태생의 테레사 수녀(Mother Teresa)를 들 수 있다. 자신에게는 엄격한 규율을 통해 청빈, 순결, 조직에 대한 복종서약을 몸소 실천하면서 가난하고 어려운 자들에게 진실 되고 무한한, 그리고 무조건적인 봉사[241]로 일생을 마친 그녀의 일생은 바로 자기통제의 표상으로 받들어졌고 그러한 노고에 대한 조그마한 보답으로 1979년에 노벨평화상(Nobel Peace Prize)을 수상하기도 하였다.

남에게는 한 없이 자애롭고 너그럽고 관대하며 따스했던 그녀이었지만 자기 자신에 대해서는 칼날 같은 엄격함과 검약 성을 강조했던 그녀의 마음가짐과 행동은 바로 자기통제의 극치였다고 표현해도 지나침이 없을 것이다.

3) 아브라함 링컨(Abraham Lincoln)

링컨이 위대한 리더라고 하는데 이의를 제기하는 사람은 많지 않을 것이다. 그러나 그런 그에게도 약점과 과오가 없지는 않았다. 우울증도 있었고 변덕스러움도 있었으며 이따금 발생하는 심각한 판단 오류도 있었

241) 인도 캘커타의 극빈층을 위해 많은 봉사를 하였다.

다. 예를 들어 남북전쟁 중에 그를 크게 낙담시킨 맥도웰 장군, 헨리 할렉(Henry W. Halleck) 장군, 조지 맥클란(George B. McClellan) 장군들을 전쟁 초기에 지명한 것과 같은 그런 흠결이 없었던 것은 아니었다.[242)]

물론 그는 이들 장군들의 우유부단성과 위험을 두려워하는 성격 등을 간파한 다음 보다 성취욕이 높고 강하며 보다 적극적인 율리시스 그랜트(Ulysses S. Grant)와 윌리엄 셔먼(William Tecumseh Sherman) 장군을 지휘관으로 임명을 하여 남북전쟁을 승리로 이끌었다. 그는 자신의 잘못과 흠결을 인정할 수 있는 사람이었고 그것을 바로 수정할 수 있는 그런 사람이었다.

그를 인간경영에 성공한 리더로 평가하는 이유는 그가 이러한 사례들에서 볼 수 있는 것처럼 흠결을 딛고 일어나 보다 커다란 리더십을 발휘하여 역사와 인류에게 보다 커다란 가치를 실현시켜주었기 때문이다.

그의 이러한 리더십은 자기 자신에게 엄격하고 타인에게 너그럽고 관대하며 배려 적인 그의 심성에서부터 우러나왔다. 그는 타인의 충고에 자주 귀를 기울이는 그런 사람이었다. 비록 자기보다 여러 면에서 아래이거나 보잘 것 없는 사람의 충고라고 하더라도 그것이 옳고 그에게 도움이 된다고 생각을 하면 어김없이 그러한 충고를 스스럼없이 받아들였다.

예컨대 링컨은 뉴욕 웨스트필드에 사는 열한 살짜리 소녀 그레이스 베델이 편지로 권한 것을 보고 턱수염을 길렀다.[243)]

그는 자신의 마음을 활짝 열어버린 열린 세계에 사는 사람이었던 것이다. 그의 이러한 열린 마음도 결국 잘 절제된 자기통제가 있었기에 가능한 일이었다. 자기의 것이 옳지 않거나 잘못되어져 있거나 다른 사람들에게 해악이 된다고 판단이 되면 그는 결단코 자신의 이익을 저버리고서라도 다른 사람들을 위한 일에 몸서 나섰던 것이다. 분별력 있고 절제된

---

242) B. 조셉 화이트 지음, 김정한 옮김, 『파충류처럼 냉정하고 포유류처럼 긍정하라』(서울 : 홍익출판사, 2007), 176쪽.

243) 『앞의 책』, 177쪽.

자기통제력이 결여되어있었다면 이러한 언행은 결코 나올 수 없었을 것이다.

또한 링컨은 게티즈버그 연설(Gettysburg Address)에서 국가상황에 대한 합리적인 분석과 노예제도에 대한 자신의 소신을 분명하게 담음으로써 역사의 흐름을 바꿔놓는 일대 충격을 던졌다. 그는 반대 세력과 찬성 세력 사이에 긴장감이 최고조로 달했던 상황에서 대통령으로서 자신이 무엇을 해야 하는지를 확실하게 알고 있었지만 연설에 앞서 링컨은 자신의 감정이 제대로 조절되지 않을까 두려워했다는 일화가 있다.

하지만 그는 결연한 태도로 자신의 소신을 말하면서 소용돌이에 휘말린 거친 시대에 국가의 나아갈 바를 정하기 위해서는 반드시 냉정하고 계산적이며 냉철한 이성을 따라야만 한다고 말했다 한다.[244)]

그는 또한 공화당 대선 후보 경선 과정에서 함께 치열하게 경합을 했던 윌리엄 슈어드(William H. Seward)와 새만 체이스(Salmon P. Chase)를 나란히 국무장관과 재무장관에 임명을 하여 결과적으로 성공한 내각을 구성케 하였던 것이다.[245)] 일반적인 사람이라면 자기와 사활을 걸고 경선을 했던 사람들을 멀리하거나 내쳤을 것이다. 그러나 그는 그러한 좁은 그릇의 행위를 하지 않고 그들의 역량과 경륜을 높이 사서 내각의 중요 직책을 그들에게 내주었던 것이다. 그들 역시 자신들에게 손을 내밀어 어려운 시기에 행정부에 같이 동참을 해서 함께 국정을 이끌어가자는 링컨의 큰마음에 감동을 받아 그러한 제의를 받아들였던 것이다.

결국 상생의 길을 택한 것이며 이것이 가능할 수 있었던 것은 절제된 자기 통제력이 공과 사를 분명히 구별 지을 수 있게 하였고 자신의 사리사욕보다는 국가적 이익이 우선된다는 점을 분명히 할 수 있도록 작동이

---

244) 『앞의 책』, 178쪽.

245) Doris Kearns Goodwin, *Team of Rivals : The Political Genius of Abraham Lincoln* (New York : Simon & Schuster, Inc., 2005).

되었기 때문이다. 그러한 절제된 자기 통제력을 가질 수 있었기에 그는 일반인이 하기 어려운 통합과 포용의 정치를 해 낼 수 있었던 것이다.

그는 적당히 시대적 조류나 대세에 편승할 수도 있었다. 대통령으로서 편한 길을 갈 수도 있었다. 그러나 그는 국가와 국민을 위해 옳다고 생각되는 험한 길을 마다하지 않고 스스로 택하고 그 길을 걸어 나갔다. 대통령으로서 마땅히 하여야 할 최선의 길을 그는 걸어갔던 것이다. 국론이 분열되고 국가가 반 동강이 날 위기의 상황에서도 그는 전쟁의 수행이 국가를 위해 국민을 위해 필연적이라는 사실을 냉정하고 냉철하게 받아들이고 이의 수행을 결단한 일이나 노예제도를 종식시킴으로써 수백만의 미국인에게 자유를 준 것이나 이 모든 것이 그의 절제된 자기통제의 힘에서 기인된 것이라고 말할 수 있는 것이다.

그는 어떤 위기의 상황에서도 다른 길로 우회하거나 피해가려는 그러한 얕은 유혹을 단연코 거부하고 정도(正道)를 향해 정정당당히 나아가려는 그러한 소신을 가지고 있는 잘 정제되고 절제된 자기 통제에 앞 선 정치인이었기에 지금까지 많은 미국인과 세계인들의 존경을 한 몸에 받는 역사적 인물로 승화한 것이다.

4) 세종대왕

세종대왕의 애민(愛民)사상은 어느 누구도 부인하기 어려운 것이다. 세종대왕은 글을 알지 못해 어려움을 겪는 백성들을 매우 애처롭게 생각을 했던 듯싶다. 훈민정음 머리말에서도 잘 나타나고 있지만 그는 백성의 어려움을 해결해 주기 위해 한글을 창제하였던 것이다. 머리말에서 나라의 글이 중국과 달라서 백성들이 이글을 가지고 서로의 뜻을 통하기가 어려워 많은 고초를 겪는 것을 안타깝게 생각한 것이 한글 창제의 동기라는 것을 분명히 밝히고 있다.

그러나 이러한 세종대왕의 백성사랑의 큰 뜻을 미처 헤아리지 못하고 한글 창제에 반대하는 사람들도 꽤나 많았다. 그들은 세종대왕의 이러한 노력을 폄하도 하였다. 그러나 그들의 진정한 반대의 의도는 백성들이 글을 통해 깨우침을 얻게 될 경우 우민(愚民) 정책이 더 이상 먹혀 들어가지 않을 것을 염려한 것이다. 백성이 깨우치게 되면 기득권을 누리고 있는 지배계급의 위치가 위협을 받을 것으로 생각을 하였던 것이다.

글을 익힌다는 것은 글을 통해 지식을 얻는 것 이외에도 사상이나 이념을 습득하게 되고 이것이 사람의 마음을 바꾸고 보다 나은 창조의 세계로도 나갈 수 있게 해주는 것이기에 그들은 백성들이 쉽게 글을 익혀 깨우치는 것을 두려워했던 것이다.

그러나 오직 백성만을 생각하고 홀로 선각자 역할을 했던 조선시대 임금이었던 세종대왕의 생각은 달랐다. 백성들을 깨우쳐야 나라가 올바로 설 수 있다고 생각을 한 것이다. 그는 필요하다면 현상에 집착해 있는 지배세력의 기득권을 혁파해야 할 필요성을 강하게 느끼고 있었는지도 모른다.

이러한 그의 면모는 조선시대 초기에 과학자로 높은 명성을 쌓아 올렸던 장영실의 중용에서도 엿볼 수 있다. 장영실은 양반계층의 사람이 아니었고 관노(官奴)였다. 그러나 그는 매우 뛰어난 총명함과 과학기술적 재능을 가지고 있었다. 세종대왕은 능력과 실적을 중시하였지 그의 태생이나 사회적 신분을 중요시 여기지 않는 매우 실용적이고 합리적인 성향을 지닌 군주였다. 장영실이 비록 양반반열에 있는 자가 아니라고 하더라도, 그리고 많은 기득계층의 반발이 있었지만, 이에 개의치 않고 그를 높이 사서 활용을 했던 것이다. 이런 면을 볼 때 세종대왕에게 있어서는 나라를 올바로 세울 수 있고 백성을 편안케 하는 것이 더욱 중요한 것이었지 지배계급의 기득권이나 지위고하의 신분관계 등의 변화에 대해서는 별다른 관심과 중요성을 두지는 않은 듯싶다.

그래서 세종대왕은 그 많은 반대에도 불구하고 조선 역사상 최대의 국가적 프로젝트인 한글 창제를 밀고 나갔다. 한글 창제라는 목적을 달성하기 위해 우수한 인재들을 등용하여 이들을 활용하고 필요하다면 지위고하를 막론하고 문제해결을 위해 머리를 모으고 쥐어짜는 수평적 협력활동을 마다하지 않았다. 그는 얼마든지 이러한 힘든 노력을 기울이지 않아도 제왕적 권위와 안락을 누릴 수 있는 위치에 있는 절대 군왕이었던 것이다. 그러나 그는 백성사랑이 넘쳐 났고 올바른 나라를 세워나가기 위해서는 백성들이 깨어있어야 한다는 생각에 대한 믿음을 굳게 갖고 이를 위해 매진하는 자기통제와 관리에 철저한 계몽군주였던 것이다.

한글을 창제함에 있어 그는 이 대역사를 마무리 짓기 위해 무수한 사람들과 난제들을 헤쳐 나가야 했다. 바로 그의 위대성은 이러한 것에서 찾을 수 있다. 그는 자기 자신을 낮추고 남의 말을 높이 받들어 받아들였으며 탁월한 능력을 갖춘 훌륭한 인재를 적재적소에 시의성과 적실성을 갖도록 끔 경영한 탁월한 지도력을 발휘하였을 뿐 만 아니라 그에 앞서 무리를 이끌기 위한 피나는 자기 수련과 자기절제도 마다하지 않았다.

세종대왕은 최고 권력자로서 모든 책임을 떠안고 있기에 스스로를 끊임없이 질책하고 벼랑 끝으로 내몰아야 했다. 이를 위해 부단히 학문을 연마하고, 항상 몸을 낮추고 삼가며, 자신의 의견을 섣불리 주장하기보다는 경청하는 데 귀를 기울이고, 조금의 흐트러짐 없이 생각을 가다듬고 경계하는 데 있어 방심하는 법이 없었다.[246]

그리고 세종대왕은 어떠한 경우에도 희망과 가능성을 버리지 않는 끊임없는 도전정신을 지닌 열정의 소유자였다. 밝은 세상을 꿈꾸고 평화로운 시대를 일군 세종대왕의 부단한 노력과 열정 그리고 이러한 희망과 가능성 그리고 열정을 식지 않게 부단히 갈고 닦은 그의 자기 통제의 노력은 이 시대 지도자가 갖추고 되새겨야 할 필수 덕목이라 할 수 있다.[247]

246) 최기억, 『CEO 세종대왕 인간경영 리더십』(서울 : 이지북, 2004).

5) 칭기즈칸(成吉思汗)

칭기즈칸은 바이칼 호 근처에서 출생하였으며, 어릴 때의 이름은 '테무친'이었다.[248] 그가 9살 때 아버지[249]가 타타르 부족에게 꾀어 넘어가 독살되었다. 그러자 아버지가 이끌던 부족은 테무친 가족을 추방해 버렸다. 추방된 일가는 풀이나 나무 열매를 먹고 물고기를 잡으며 비참하게 생활을 해나가면서 근근이 생명을 이어나갔다.[250] 그는 어렵게 성장을 하였던 것이다. 그러나 그는 이러한 역경을 이겨내고 자신을 잘 다듬어서 당시 강세를 자랑하던 케레이트 부족의 완 칸 아래서 점차 세력을 키워 1189년 몽골씨족연합의 맹주에 추대되어 세계의 왕이라는 뜻의 '칭기즈칸'이라는 칭호를 얻었다.

1201년 자다란 부족의 자무카를 격파하고, 1203년 타타르, 그리고 토그릴의 케레이트족을 토벌하여 동부 몽골을 평정하였으며 군제(軍制)를 개혁한 후 1204년 서방의 알타이 방면을 근거지로 하는 나이만 부족을 격멸하고 몽골 초원을 통일하였다.[251]

1206년 몽골제국의 칸에 오르면서 군사조직에 바탕을 둔 천호라고 하는 유목민집단을 95개 편성하였다. 1215년 금나라의 수도 베이징에 입성했으며 서아시아 이슬람 세계의 패자(霸者)였던 호레즘 국과 교역하려고

---

247) 『앞의 책』.

248) 예수게이는 자신의 아이에게 '테무친'이라는 이름을 지어주었는데 그 이유는 이 아이가 태어날 무렵 타타르 족장 테무친을 죽인 것을 기념하기 위해서였다고 한다. 이경윤·정승원, 『세계 악남 이야기』(서울 : 삼양미디어, 2009), 77쪽.

249) 칭기즈칸의 아버지는 예수게이였으며 어머니는 호엘룬이었다. 호엘룬 역시 이름난 여걸이었다고 한다. 예수게이는 호엘룬을 납치하여 결혼을 했다고 한다. 『앞의 책』, 77쪽.

250) 『앞의 책』, 78쪽.

251) 두산백과사전 ; http://100.naver.com/100.nhn?docid=149758 ; 이경윤 · 정승원, 『앞의 책』, 81쪽.

파견한 사절단이 살해되자, 이것을 계기로 1219년에 서역 정벌에 올라 1223년 캅카스 산맥을 넘어 남러시아로 출동, 러시아 제공(諸公)의 연합군을 하르하 강변에서 격파하였으며, 크림을 정복한 후 본군에 합류하였다.

본군은 그에 앞서 1221년 발호를 점령하고 무하마드의 아들 잘랄웃딘과 인더스 강변에서 싸워 크게 격파하였다. 이 당시 칭기즈칸 군에게 가장 심하게 살육당하고 유린 된 도시는 니샤푸르였다. 이유는 니샤푸르 군과 맞서던 칭기즈칸의 사위 토쿠차르가 그들이 쏜 화살에 맞아 죽었기 때문이었다. 칭기즈칸은 미망인이 된 딸에게 니샤푸르에 대한 전권을 일임했다 한다. 복수심에 불탄 딸은 니샤푸르의 주민은 물론이고 개, 고양이 등 생명이 있는 것은 모두 목을 쳐 죽였다 하는데 이렇게 해서 목숨을 잃은 주민의 수가 700만 명에 이른다고 한다.[252)]

이러한 처절한 복수전을 펴면서 이곳을 유린하던 본군도 결국 뜨거운 열기에 견딜 수 없어 철군하기로 결정하고, 1225년 차가타이와 오고타이 군과 합세하여 귀국하였다. 이때 이슬람교도의 공예가와 장인(匠人)의 기술을 높이 평가하고 그들을 포로로 데리고 왔다.

이어 1226년 가을 서역 정벌 참가를 거부한 서하를 응징하려고 서하의 수도 닝샤(寧夏)를 포위하였으나 간쑤성 칭수이현(淸水縣) 시장(西江) 강변에서 1227년 60세를 일기로 병사 하였다. 그는 샤머니즘 신자였으나 다른 종교와 문화에 관대했으며 특히 위구르 문화를 사랑했다.[253)]

칭기즈칸 시대에 정복한 땅은 777만 평방킬로미터에 이른다. 이는 알렉산더 대왕, 나폴레옹, 그리고 히틀러가 차지한 땅을 합친 것보다 넓으며[254)] 오늘날 지도로 본다면 30개국에 달하고 인구는 30억이 넘는다.[255)]

---

252) 이경윤·정승원, 『앞의 책』, 75쪽.

253) 두산백과사전 ; http://100.naver.com/100.nhn?docid=149758

254) 김종래, 『CEO 칭기스칸』(SERI연구에세이2)(서울 : 삼성경제연구소, 2002).

255) 이경윤·정승원, 『앞의 책』, 71쪽.

김종래는 세계화, 정보화, 첨단기술, 무한경쟁이라는 단어들로 요약되는 오늘날의 환경 속에서 살아남아야 하는 개인과 조직에게 요구되는 삶의 방식을 그들은 이미 800년 전에 터득해서 실천했다면서 그렇기 때문에 그들을 "800년 전에 21세기를 살다 간 사람들"이라고 부르고 있다.256) 또한 칭기스칸을 신 노마드(nomad)의 시대를 예고하는 21세기의 꿈에 대한 실현을 낳게 한 원형으로 이해를 하고 있는 것이다.

칭기즈칸은 지도자의 길을 걸어가는데 있어 가장 경계해야 할 것이 바로 자기 자신임을 항상 강조하였다. 누구나 자기 자신에 대해서는 관대하고 너그럽다. 그리고 자기 합리화를 당연한 것으로 받아들인다. 그리고 모든 잘못을 남의 탓으로 쉽게 돌린다. 바로 그러한 자기 자신에 대한 관대와 너그러움, 자기합리화 그리고 남의 탓이 결국 자기 자신을 갉아 먹고 급기야 자신을 망치고 해하는 독약인 줄 모른다는 것이다.

칭기즈칸의 어록을 보면 자기 자신에 대해 보다 엄격하고 모든 것을 남이 아닌 자기 탓으로 돌려야 위대한 지도자가 될 수 있음을 실감할 수 있다.257) 칭기즈칸의 이러한 생각에서 리더의 자기 통제의 중요성을 읽어 낼 수 있는 것이다.

그러나 많은 사람들이 칭기즈칸을 잘못 이해하고 있는 면이 없지 않다. 그를 야만스럽고 탐욕스럽고 잔인한 정복자로 생각을 하고 있는 것이다. 프랑스의 동양사학자 르네 그루세의 평가는 이러한 잘못된 이해를

256) 김종래, 『앞의 책』.

257) 쓰마안 지음·김보경 옮김, 『CEO 칭기즈칸처럼 경영하라』(서울 : 일빛, 2006). ; 해럴드 램 지음·문선희 옮김, 『해럴드 램의 칭기즈칸 : 폭풍의 심장을 가진 세계의 정복자』(서울 : 대성닷컴, 2009). ; 르네 그뤼쉐 지음·김정수 옮김, 『칭기즈칸의 생애』(서울 : 간디서원, 2006). ; 신현덕, 『징기스칸은 살아있다』(서울 : 강, 1998년). ; 신완선, 『CEO 칭기즈칸처럼 경영하라』(서울 : 디지털교보문고, 2006). ; 르네 그루세 지음·최한식 옮김, 『칭기즈칸』(서울 : 정음문화사, 1999). ; 이호종, 『칭기즈칸 리더십』(서울 : 오늘의책, 2006). ; 라인홀트 노이만 지음·배인섭 옮김, 『칭기즈칸』(서울 : 한길사, 1999). ; 매일경제신문사, 『칭기즈칸 경영전략』(서울 : 매일경제신문사, 1991).

바로 잡는데 도움이 된다. 르네 그루세의 평가에 따르면 그는 공정한 지도자의 면모를 보여주고 훌륭하고 현명한 통치자였던 것이다.

> 당시 숲의 사냥꾼 몽골족은 원시적이었다. 적어도 당시에는 아는 것이라곤 파괴뿐이었다. 그러나 이처럼 한정된 여건 속에서도 칭기즈칸은 완벽한 인간이자 공정한 지도자의 면모를 보였다. 훌륭한 통치자이자 현명한 정치가였다.[258]

6) 제갈공명

촉(蜀)나라의 책사인 제갈공명이 자기가 총애하는 부장 마속(馬謖)을 패전의 책임을 물어 눈물을 흘리면서 일벌백계하여 참수하는 '읍참마속'(泣斬馬謖)의 고사[259]에서 절제된 자기통제의 힘을 느낄 수 있다.

제갈공명이 아끼는 장수중에 하나인 마속이 가정(街亭)의 싸움에서 제갈공명의 명령과 지시를 따르지 않고 독단적인 행동을 하며 제멋대로 싸우다가 사마의에게 패하고 만다. 마속은 이 싸움에서 군량의 중요한 보급로인 산을 맡아 보는 중책을 짊어지게 되는데, 마속은 이에 소홀하여 산을 빼앗기고, 촉군은 후퇴할 수밖에 없게 되는 곤경에 빠지게 된 것이다. 촉군이 후퇴를 한다는 것은 여러 해 동안 준비해 온 위나라 정벌을 포기한다는 것을 의미하는 것이다.[260] 일찍이 마속의 인물됨을 꿰어본 유비는 마속을 아끼던 제갈공명에게 "마속이 재주는 있으나 큰 인물이 되기는 어려우니 그를 중용하지 말라!"며 유언을 남기지만[261] 유비의 충

258) 이경윤·정승원, 『앞의 책』, 85쪽.

259) '제갈량휘루참마속'(諸葛亮揮淚斬馬謖)이라고도 한다. http://ko.wikipedia.org/wiki/%EB%A7%88%EC%86%8D

260) 김정빈, 『리더의 아침을 여는 책』(서울 : 동쪽나라, 2007), 171-172쪽.

261) 유비는 임종 때 '마속은 말이 사실보다 지나치니(言過其實) 중용하지 말라'고 제갈량에

고를 가벼이 여겼던 것이 화근이 된 것이다. 일설에 의하면 가정전투에 산을 맡아보는 중책에 대해 경험이 많은 위연이 추천되기도 했지만 제갈공명에 의해 묵살되고 마속이 이를 담당했다고도 한다.[262)]

제갈공명은 자신의 부족함을 한탄하며[263)] 그 전날의 공과 두터운 친분에도 불구하고 울며 마속의 목을 베어 전군의 본보기로 삼는다.

2. 자기 자신을 통제 못해 인간경영에 실패한 역사적 사례들

베토벤이나 테레사수녀, 아브라함 링컨, 세종대왕, 칭기즈칸, 그리고 제갈공명 등과는 달리 자기 통제에 실패한 역사적 인물도 적지 않다. 나폴레옹 보나파르트(Napoleon Bonaparte)나 아돌프 히틀러(Adolf Hitler), 빌 클린턴, 루이 14세(Louis XIV), 연산군 등도 이러한 부류에 넣을 수 있는 사람들이다.

나폴레옹과 히틀러는 자신의 야심과 욕망을 채우기 위해 많은 사람들을 고통과 죽음으로 몰아넣었으며 결국 자기 자신까지 파멸시키는 어리석음을 저질렀다. 이들이 이러한 야심과 욕망을 잠재우고 이를 제어할 수 있는 자기 통제력만 있었다면 처참한 역사적 비극은 없었을 지도 모른다.

게 경고했다고 한다. http://100.naver.com/100.nhn?docid=58642

262) http://ko.wikipedia.org/wiki/%EB%A7%88%EC%86%8D

263) 마속이 형장으로 끌려갈 때 공명은 마루에 엎드려 울었다 한다. "마속, 용서하기 바란다. 정작 죄는 내게 있다. 내가 현명하지 못하여 너를 장수로 임명했기 때문이다. 그러나 나는 죽을 수 없다. 나는 살아남아 나라를 위함으로써 너의 죽음을 살려야 한다." 이러한 울부짖음을 듣는 전군의 장수들도 모두 같이 울었다 한다. 공명은 자신의 부족함을 한탄하면서 황제에게 주청하여 자신의 직위를 스스로 세 단계 깍아 내렸다 한다. 김정빈, 『리더의 아침을 여는 책』(서울 : 동쪽나라, 2007), 171-172쪽.

1) 나폴레옹(Napoleon Bonaparte)

나폴레옹의 자기통제력 실패 사례 중 대표적으로 손꼽을 수 있는 것은 러시아 원정이다. 나폴레옹은 대륙에서 거둔 승리에 서서히 도취되어 가고 있었다. 그의 앞을 가로 막는 영국을 제거하기 위해 1805년 10월 트라팔가르(Trafalgar)에서 영국 제독 호레이쇼 넬슨(Horatio Nelson)과의 한판 대결을 벌렸으나 결과가 쓰디 쓴 패배로 나타나 영국을 점령한다는 웅대한 계획은 수포로 돌아갔다. 그러나 트라팔가르 해전에서의 패배에도 불구하고, 대륙에서의 크고 작은 전투에서 연이은 승리를 거둠으로써 그의 대륙에 대한 영향력에는 커다란 변화가 없었다.

나폴레옹은 이러한 행운을 딛고 대륙의 완전한 도모를 위해서는 러시아를 평정해야 한다고 생각을 하고 있었다. 그러던 차에 러시아가 프랑스 몰래 영국과 교류를 하고 있다는 사실이 나폴레옹의 귀에 전달이 되었던 것이다.[264)]

이 당시 나폴레옹은 영국을 위협하기 위해 대륙봉쇄령을 내려놓고 있는 상황이었다. 대륙봉쇄령은 유럽의 모든 나라가 영국과 교류를 할 수 없게 만든 조약이었다. 그러나 러시아는 영국에 대한 의존도가 커서 영국과의 교류단절은 국가의 생존권까지 위협받을 수 있는 중요사안이었던 것이다. 러시아는 생존을 위해서도 영국과의 교류를 지속해야 했던 것이다. 그런데 이런 영국과 러시아의 교류가 들통이 난 것이다.[265)]

나폴레옹은 이를 빌미삼아 러시아 침공에 대한 생각을 실행에 옮기기 시작하였다. 그러나 러시아 원정은 생각처럼 그렇게 간단한 문제가 아니었다. 배후에 영국을 두어야 한다는 부담뿐만 아니라 강력한 지상군을 가지고 있는 러시아의 군사력을 과소평가할 수도 없었으며 넓은 영토를

264) 이경윤·정승원, 『앞의 책』, 203-204쪽.

265) 『앞의 책』, 203-204쪽.

가진 러시아를 침공하기 위해선 과도하게 신장된 병참선을 유지하고 운영해야 한다는 부담도 크게 작용을 하였다. 이에 부가하여 러시아의 혹독한 추위, 일명 동장군(冬將軍)도 결코 가볍게 간과할 수 있는 사안이 아니었다.

나폴레옹의 많은 참모들이 이러한 점들을 염려하여 러시아 원정을 만류하는 분위기였다. 그러나 나폴레옹은 오스트리아를 정벌하기 위해 알프스 산을 넘으면서 자신의 의지를 내비친 "나에게 불가능이란 없다."는 말을 다시 한 번 더 증명이라도 해보려는 듯 러시아 원정을 강행하게 된다.

일설에 의하면 아이를 낳지 못한 본처 조세핀(Joséphine de Beauharnais)을 내치고[266] 새롭게 결혼한 오스트리아 황제 프란츠 1세의 딸 마리 루이즈(Marie Louise)[267]와의 사이에서 태어난 나폴레옹 제국의 후계자인 아들(Napoleon Francis Joseph Charles)에게 러시아를 포함한 광대한 유럽의 영토를

---

266) 조세핀은 나폴레옹보다 6살이나 연상이었고 아이가 둘이나 딸린 과부였음에도 불구하고 총각이던 나폴레옹은 1796년 3월 그녀와 결혼을 하였다. 이러한 결혼을 두고 호사가들이 많은 뒷이야기를 남겼다. 이러한 뒷이야기 중 그 당시 사교계의 여왕으로 불리며 정부의 고위 핵심관료들과 애인 관계를 갖고 있던 조세핀에 대한 매력에 빠져 나폴레옹이 그녀에게 접근을 하여 결혼을 성사시켰다는 이야기가 보다 설득력을 지니며 회자되고 있다. 결혼 후에도 나폴레옹의 조세핀에 대한 사랑은 대단했던 것으로 알려지고 있다. 조세핀이 황후가 된 후에 다른 남자와 바람도 피우고 온갖 사치를 누려도 그는 이를 묵인할 정도였다. 그러나 조세핀은 아이를 갖지 못하였다. 결국 그는 조세핀과의 이혼을 결심하고 이를 실행에 옮긴다. 그런 후 오스트리아의 황녀 마리 루이즈와 정략적인 결혼을 한다. 그러나 나폴레옹은 재혼을 한 후에도 조세핀을 잊지 못해 그녀에게 거액의 돈을 보내어 생활을 하도록 도왔다. 훗날 나폴레옹은 이렇게 말했다 한다. "조세핀은 늘 거짓말을 했어. 하지만 늘 우아하게 처리했지. 그녀는 내가 일생동안 가장 사랑한 여자였어. 마리 루이즈도 사랑했지만 조세핀과의 사랑은 특별했어. 그녀가 아이만 낳아 주었더라면 헤어지지는 않았을 텐데......" 『앞의 책』, 194-203쪽.

267) 1810년 1월 10일 나폴레옹은 14년 동안 함께 살아온 황후 조제핀과 이혼하고, 오스트리아 황제 프란츠 1세의 딸인 마리 루이즈와 혼인하였다.

물려주려는 탐욕에서 그릇된 판단을 했다고도 한다.

진실이야 어찌되었든 1812년 50만에 가까운 대군을 동원한 나폴레옹의 러시아 원정은 처절하게 패배로 끝나고[268] 그가 어렵게 쌓아올린 나폴레옹 제국을 허물어뜨리는 단초가 되었던 것이다. 러시아 원정 실패 이후 그는 이탈리아 서해안 티레니아 해(海) 토스카나 열도에 딸린 섬 중 하나인 엘바(Elba) 섬에 귀양을 갔다가 프랑스 정정의 불안을 틈타 1815년 2월 다시 귀국하여 재기를 꿈꾸지만 결국 1815년 6월에 치러진 워털루 전투(Battle of Waterloo)에서 웰링턴(Arthur Wellesley, 1st Duke of Wellington) 장군에게 대패함으로써 백일천하의 막을 내려야 했다.

그는 그 후 아프리카 대륙 서쪽 기슭에서 약 1,900km 떨어진 남대서양에 위치한 절해고도(絶海孤島)인 세인트헬레나(Saint-Helena) 섬으로 추방되어 그 곳에서 한 많은 생을 마감하게 되었던 것이다.

화려하게 정복자의 삶을 살아왔던 영웅치고는 말년의 유폐생활은 처절한 것이었다. 이곳의 총독인 허드슨 로우는 나폴레옹에게 썩은 포도주를 따라 주며 마시게 했고 병에 걸려도 치료를 받지 못하게 막았다. 그래서 이후에 나폴레옹이 병으로 죽은 것이 아니라 독살되었다는 주장까지 여러 곳에서 제기가 되었던 것이다.[269]

그의 이러한 몰락은 탐욕이나 야망도 일조를 하였지만 지나친 자기 과

---

268) 러시아와의 마지막 협상이 실패한 뒤 1812년 6월말에 그의 대군(Grande Arm'ee), 즉 프로이센과 오스트리아군에서 빼내온 부대를 포함해 총 45만 3천 명 가량의 병력은 러시아 국경을 넘기 시작했다. 러시아군은 초토전술을 펼치면서 퇴각했고 나폴레옹 군대는 9월초에야 모스크바 근처에 다다랐으며 1주일 뒤 나폴레옹은 텅빈 모스크바에 입성했고 같은 날 엄청난 화재로 인해 모스크바의 대부분이 타버렸다. 더구나 러시아 황제 알렉산더가 뜻밖에도 나폴레옹과 협상하려 들지 않았기 때문에 나폴레옹은 퇴각해야 했는데, 설상가상으로 때 이르게 찾아온 겨울 한파는 퇴각하는 프랑스군에게 커다란 재앙을 안겨 주었다. 그 결과 베르지나 강을 건너 살아 돌아온 나폴레옹 군대는 1만 명도 채 못 되었다 한다.

269) 『앞의 책』, 205쪽.

신을 통제하지 못한 탓이 크다는 것이 일반적인 평가인 듯싶다. 실제로 나폴레옹은 자기 자신을 샤를마뉴(Charlemagne)의 후계자로 생각을 하였을 뿐만 아니라 부하들의 의견을 듣는 것을 꺼렸다고 한다. 그리고 부하들이 자기의 자리를 넘볼지 모른다는 의심을 가지고 있었으며 부하들의 아주 작고 사소한 생각이나 태만에도 분노했다고 한다. 그는 겸손이나 자제력을 보이지 못하고 지나친 과신과 확신으로 꽉 찬 패배가 예정 된 리더였던 것이다.

이러한 관점에서 볼 때 자신의 측근 참모들까지 반대하거나 꺼렸던 러시아 원정을 자신의 야망을 위해 자기 과신과 확신으로 밀어 붙이고 강행했던 나폴레옹 역시 자기통제에 실패한 역사적 인물로 기록이 될 수 있을 것이다.

2) 히틀러(Adolf Hitler)

히틀러의 자기통제력 실패 사례 중 대표적인 것으로 손꼽으라고 하면 유태인박해 정책을 들 수 있다. 그는 유태인 박해와 학살 정책을 통해 공식적으로 600만 명이 넘는 유태인들을 살해하였다. 인류 역사상 보기 드문 홀로코스트(holocaust), 즉 대학살이며 인종청소였다고 볼 수 있다. 왜 히틀러는 유독 유태인을 대학살의 대상으로 삼았던 것일까?

이에 대해 여러 가지 대답들이 나와 있다. 1차 세계대전이후 패배주의에 빠져있던 독일인들을 하나로 통합시키기 위한 구심점으로 아리아인의 우수성이라는 피의 신화가 필요로 되었고 이를 위해 유태인들을 희생양으로 삼았다는 설도 있고, 당시 독일 경제를 장악하고 있던 유태인들을 쳐 내지 않고서는 히틀러가 원하는 독일 경제를 일구어 낼 수 없었기 때문이라는 설도 있고, 오랜 기간 동안 타국을 전전하며 유랑생활을 해 온 유태인 특유의 생존행태로 지나친 배타주의 적 배금주의 추구에 대한 독일인들의 시기심과 질투심 그리고 혐오감 때문이라는 설 등 다양하다.

그러나 그 답을 히틀러의 개인적 심리성향에서 찾으려는 노력도 있다. 바로 히틀러의 유태인박해정책이 그가 가지고 있던 비합리적 감정에 의해 촉발되고 심화되었다는 점을 지적하는 입장이다.[270]

그의 왜곡된 유태인에 대한 심리적 증오는 그의 이성을 마비시켰고 급기야 권력을 쥔 다음에 정책으로 실현되었다는 것이다. 한 마디로 그는 자기 통제에 실패를 하였으며 그로인해 유태인 대학살이라는 끔찍한 역사적 비극을 만들어 내었다는 것이다.

그렇다면 그는 왜 유태인 문제에서 자기 통제를 마비시킨 이러한 심리적 동인을 가지게 되었을까? 이에 대해 몇 가지의 추론들이 제시되고 있는데 이를 소개하면 다음과 같다.

첫째, 그가 반유태주의자가 되는 심리적 동인을 오이디푸스 콤플렉스(Oedipus complex)에서 찾고 있는 것이다.

히틀러는 유방암으로 사망한 어머니인 클라라에게 근친상간의 욕망을 느끼고 아버지에게는 적의를 품고 있었다.

그의 아버지인 알로이스 히틀러는 당시 오스트리아 세관 관리로 일을 하고 있었다. 그래서 알로이스는 비교적 유복한 생활을 하였다. 그는 세 번째 아내를 맞이하였는데 그녀가 바로 클라라이고 그녀가 낳은 아들이 바로 아돌프 히틀러였다. 그런데 알로이스가 세 번째로 맞아들인 히틀러의 어머니인 클라라는 알로이스의 친형제이거나 아니면 이복형제의 딸이었다. 원래 알로이스는 클라라를 집안일을 부리기 위해 데려왔으나 그의 두 번째 아내인 프란지스카가 갑자기 폐병으로 죽자 조카딸을 아내로 맞이한 것이다. 일설에 의하면 알로이스는 두 번째 부인이 살아 있을 때 이미 클라라를 범했다고도 한다. 이것은 엄연한 근친상간이었던 것이다.[271] 알로이스는 상당히 엄격했고 권위적이었으며 폭력적이었다고 한

270) Gerald Green, *Holocaust* (New York : Bantam Books, Inc., 1978), p.2.

다. 그래서 히틀러는 아버지인 알로이스를 멀리했다고 한다. 그리고 이성에 대해 눈을 뜰 시기에 들어서서는 어머니에 대한 아버지의 거친 성적 폭력에 대해 충격을 받고 아버지에 대한 적개심을 키워 나갔다고 한다.

그런데 아버지가 사망 한 이후 그러한 적의는 어머니의 병을 돌보아준 유태인 의사 블로흐에게로 전가가 되었다 한다. 히틀러는 무의식적으로 블로흐를 그가 증오했던 아버지의 자리를 차지한 새로운 연적이라고 간주하고서 그를 미워하고 두려워했다. 왜냐하면 블로흐의 의학적 진료행위는 히틀러에게 아버지가 어머니에게 했던 음위(陰痿)한 행동을 연상시켜 주었기 때문이다.

예를 들어, 블로흐는 히틀러의 어머니였던 클라라를 치료하는 과정에서 그녀의 침실을 자주 출입했고, 그녀의 나신을 보았으며, 그녀의 가슴을 진찰했다. 더욱이 나중에는 어머니의 유방을 절제함으로써 아버지의 난폭한 행위가 환기되었으며, 블로흐가 날마다 어머니의 혈관 속에 모르핀을 주사하는 장면을 목격함으로써 아버지가 어머니의 피를 오염시켰다는 공포가 다시 그를 두렵게 했다. 결국 이 유태인 의사는 히틀러가 증오했던 아버지 대체물이 되었던 것이다. 따라서 이것은 그가 유태인을 증오하는 무의식적 동기가 되었다.

둘째로 히틀러의 자서전『나의 투쟁』(Mein Kampf)[272]에도 나와 있듯이 히틀러가 의식적이고 과격한 반유태주의자가 된 것은 그가 사춘기를 보낸 비인(Vienna)에서 비롯되었다. 히틀러는 자신에게 예술적 재능이 있다고 확

---

271) 이경윤·정승원,『앎의 책』, 248-249쪽.

272) 히틀러는 나치당의 세력을 더 키우려는 목적으로 뮌헨에 있는 한 맥주홀에서 폭동을 일으켰으며 이로 인해 감옥에 투옥되고 말았다. 히틀러는 감옥에 투옥되어 있는 동안 허송세월하지 않고 책을 집필하였는데 그것이 바로 훗날 1천만 부에 달하는 베스트셀러를 기록한『나의 투쟁』이다. 이 책은 독일 국민들을 열광시켰으며, 히틀러를 영웅화시키는 계기를 마련케 하였다. 이 책이 많이 팔린 덕에 히틀러는 감옥에서 출옥한 후 나치당을 재건하는 데 필요한 자금을 충분히 얻을 수 있었다.『앎의 책』, 254쪽.

신하고서 소년 때부터 위대한 화가가 될 것을 소망해 왔다. 그래서 그는 1907년 미술학교에 입학하기 위해 비인으로 갔는데 입학시험 결과는 불합격이었다. 일 년 후 그는 재 응시했지만 이번에도 실패하여 결국 화가에로의 꿈은 좌절되고 말았다.

그런데 히틀러는 낙방의 원인을 심사위원들에게 전가시켰다. 그는 그에게 불리한 결정을 내린 심사위원들을 뒷조사한 결과 일곱 사람 중에 네 사람이 유태인이라는 사실을 발견했다. 그러자 그는 즉시 미술학교 교장에게 "나를 낙방시킨 유태인들은 보복을 받게 될 것" 이라는 내용의 협박 편지를 보냈다고 한다.[273] 이렇게 해서 그는 화가가 되려는 소망을 좌절시킨 장본인이 유태인이라고 간주해 버렸던 것이다.

셋째로 히틀러가 반유태주의자가 된 것은 부분적으로는 연애의 실패, 즉 성적 동기에 있다는 견해이다. 이 좌절은 그가 사춘기에 이성문제로 심적 외상을 받았다는 확증이 되며 따라서 이것은 오이디푸스 콤플렉스에 이어 그의 반유태주의가 발전하는 제 2단계라고 보는 것이다.

비인에서 생활할 당시 히틀러는 속옷 선전 모델을 하는 소녀에게 심취해 있었는데 그녀는 시를 써 보내며 구애하는 히틀러의 시와 예술에 대해 비웃기까지 하였다. 이런 태도에 격분한 히틀러는 그녀를 구타하기도 했는데 얼마 후 그녀는 유태인청년 사업가와 약혼했다. 그러자 그는 분노하여 두 연인이 거리를 지나갈 때 광기어린 협박을 하면서 길거리의 행인들에게 '우리들의 게르만 여성을 유혹하는 유태인을 공격하자'고 촉구했다. 그리고 그의 폭력적인 행동은 이에 그치지 않고 그들의 결혼식장에서 이러한 행동을 되풀이하다 경찰에 의해 쫓겨났다고 한다.

입학시험의 실패와 그의 연애가 유태인에 의해 패배 당했다는 사실은 히틀러의 무의식 속에 잠재된 유태인에 대한 피해의식과 증오를 표면화시켰을 뿐만 아니라 유태인과 아리안 인종간의 결혼으로 인한 인종의 오

273) 『앞의 책』, 251쪽.

염을 방지해야 한다는 강박관념을 더욱 견고하게 만들었을 것이다.

더욱이 히틀러의 가족사는 이러한 경험들과 더불어 증폭되어 그를 유태인 말살이라는 벼랑의 끝까지 몰아가게 되는 것이다. 그의 아버지인 알로이스 히틀러의 어머니 역시 유태인 밑에서 일하다가 유태인의 아들에게 강제로 추행을 당했으며 이때 그의 할머니가 낳은 아이가 바로 히틀러의 아버지인 알로이스라는 것이다. 아마도 히틀러가 유태인을 그토록 잔인하게 학살했던 것이 이와는 무관하지 않을 것이다.[274]

또한 히틀러의 어머니인 클라라가 낳은 아이가 총 일곱 명인데 그 중 네 명이 죽었으며 살아남은 히틀러 외 두 명도 한 사람은 정신박약아, 또 한 사람은 백치였다고 한다. 근친상간의 결과로 해석이 되는 이러한 현실 앞에 던져진 히틀러가 이러한 비정상적인 가정환경 속에 과연 정상적으로 성장을 하고 제대로 된 삶을 살아 나갈 수 있었는지에 대해서는 의문이 들 수밖에 없다. 훗날 역사학자들은 비이성적인 독재자가 된 것이 바로 이러한 근친상간에 의한 출생 때문이라고 주장을 하기도 하였다.[275]

독일의 유명한 정신과 의사인 오스월드 붐케는 히틀러를 정신분열증과 히스테리 성격이 강한 잔혹한 성품의 소유자라고 밝혔으며 그 이유가 성(性)적인 문제 때문이었다고 밝혔는데 이것 역시 근친상간과 연관되는 듯싶다.[276] 종합적으로 지금까지 이야기되어진 것을 정리해보면, 이 시기에 그가 경험한 좌절과 실패, 정신적 위기 그리고 비인(Vienna)의 정치적 현실과 사회문제 등은 그의 개인적 반 유태 감정을 국가적 차원으로 발전시켰으며, 이러한 과정에서 히틀러는 반유태주의를 정치적 신념으로 확립하게 되었고 그 결과는 600만 명이 넘는 유태인들에 대한 대학살을

---

274) 『앞의 책』, 249-250쪽.

275) 『앞의 책』, 249쪽.

276) 『앞의 책』, 257쪽.

낳게 하였다는 것이다.277)

이러한 히틀러의 유태인박해정책의 실제 사례나 아프리카로 부터의 철수작전 그리고 '바바로사 작전'(Operation Barbarossa)으로 잘 알려진 소련의 '스탈린그라드(Stalingrad)278) 침공 작전' 등 주요 정책결정과정279)에서 보듯이 한 국가의 정책도 얼마든지 비합리적인 개인의 감정과 욕망 그리고 무의식적 심리나 동기에 의해 형성될 수 있다는 점과 이러한 감정과 욕망 그리고 무의식적인 심리나 동기가 제대로 제어되고 통제되지 못할 때 엄청난 비극을 가져 올 수 있다는 사실을 역사를 통해 알 수 있는 것이다.

3) 빌 클린턴(William Jefferson Bill Clinton)

빌 클린턴만큼 타고난 재능과 기회를 낭비한 이가 흔치 않을 것이다. 그는 자기 제어 능력과 청렴성 부족으로 스스로의 얼굴에 먹칠을 하는

---

277) 켈러만(Barbara Kellerman)은 히틀러가 자행했던 유태인 박해정책은 놀라운 성과를 거두었다고 보고 있다. 1941년부터 1945년까지 600만 명이 넘는 유태인을 학살하였기 때문이다. 그가 자신의 부하들에게 영향력을 행사하고 부하들을 격려하고 동원하여 짧은 시간에 걸쳐 이렇게 많은 인명을 살해할 수 있었던 것도 리더로서의 능력으로 보아야 한다는 것이다. 단지 그의 리더십이 옳지 못한 방향으로 사용이 되었기 때문에 비난을 받는 것이지 그렇지 않고 리더십의 발휘라는 측면에서 볼 때는 성공적인 리더십행사로 볼 수 있다는 것이다. Barbara Kellerman, *Bad Leadership : What It Is, How It Happens, Why It Matters* (Boston, Mass. : Harvard Business School Press, 2004). ; 바바라 켈러먼 지음·한근태 옮김, 『배드 리더십』(서울 : 랜덤하우스코리아, 2005), 51-52쪽.

278) 지금의 볼고그라드이다.

279) 히틀러는 2차 세계대전을 치루는 동안 아프리카로 부터의 철수작전이나 스탈린그라드 침공 작전 등 주요 정책결정과정에서 참모들의 의견을 별로 수렴하지 않고 독단적으로 충동적, 감정적인 결정을 한 경우가 많았다. William L. Shirer, *The Rise and Fall of the Third Reich* (Greenwich, CT : Fawcett Books, 1959), pp.1040-1220. ; John Toland, *Adolf Hitler* (New York : Ballantine Books, 1976), p.740.

행위를 서슴지 않았다.[280)]

그는 대통령이 되기 전부터 많은 여성들과의 염문을 퍼트리고 다녔다. 아칸서스 주지사 시절에도 여성과의 스캔들로 곤욕을 당하기도 하였다. 그러한 그의 행태는 대통령이 되었다고 해서 사라진 것이 아니었다. 그는 대통령으로 재임하는 중에 새로운 스캔들에 휩싸였다. 백악관 인턴직원으로 일하던 모니카 르윈스키(Monica Lewinsky)와 부적절한 관계를 맺은 것이다. 이러한 스캔들이 표면화되어 언론에 보도되고 세간에 회자되자 그는 강력하게 이러한 스캔들의 실체를 부인하였다. 절대로 그런 일이 없었다는 것이다. 심지어 클린턴 대통령의 영부인이었던 힐러리에게도 클린턴은 그런 일이 없다고 부인을 하였다.

그러나 결국 스캔들의 전모가 드러나고 그가 거짓말을 하였다는 사실이 백일하에 드러나게 되었다. 모니카 르윈스키가 클린턴과의 부적절한 관계 시에 입었던 드레스에서 클린턴의 체액을 추출하여, 이에 대한 DNA검사 결과 클린턴의 정액임이 판명된 것이다. 명명백백한 사실 앞에 클린턴은 결국 무릎을 꿇은 것이다. 그는 자신의 거짓을 사죄하는 대국민 연설을 하였다.

그가 모니카 르윈스키와 대통령의 신분을 망각하고 부적절한 관계를 맺었다는 점도 물론 잘못된 것이지만 그가 그러한 사실을 철저히 은폐하고 이를 위해 거짓말을 했다는 것이 더 큰 문제였다. 그는 국민의 제1의 공복으로써 가장 대표되는 공인이었던 것이다. 닉슨 대통령이 워터게이트 사건으로 대통령직에서 스스로 물러나야했던 것도 도청장치를 지시한 것이 문제가 되긴 했지만 그 보다 더 큰 문제가 되었던 것은 그가 그러한 사실을 철저하게 은폐, 은닉하려고 했다는 점이었다. 그는 은폐, 은닉을 위해 거짓말을 했던 것이며 이 점을 미국 국민들은 더욱 용서할 수 없었던 것이다.

---

280) B. 조셉 화이트, 『앞의 책』, 32쪽.

클린턴의 요리조리 빠져나가는 능란한 달변도 명명백백한 진실 앞에서 더 이상 효능을 발휘할 수 없었다. 너무나도 명확한 사실 앞에서 그는 자신의 그릇된, 올바르지 않은 행동에 대해 사과를 하여야만 되었다.

그는 모니카 르윈스키에 대한 성적 욕망을 제어하지 못했다는 점에서 자기통제에 1차적으로 실패를 하였다. 그리고 그 사실이 언론 등을 통해 드러났을 때 그는 용기 있게 불편한 진실을 밝히지 않고 이를 호도하려는 악의를 제어하지 못했다는 점에서 자기통제에 2차적으로 실패를 하였다.

자기통제의 실패는 그의 지금까지 쌓아올린 모든 공적을 일순간에 무력하게 만들어버렸다. 그의 리더십은 추풍낙엽처럼 땅바닥에 내동댕이쳐졌다. 그리고 그의 도덕성은 만신창이가 될 정도로 무참하게 찢겨나갔다. 그는 일반 사람이 상상하기 어려울 만큼의 큰돈을 들여 자신을 법률적으로 보호하기 위해 안간힘을 썼고 탄핵의 위기에서 벗어나기 위해 몸부림을 쳐야 했다. 다행히도 그는 닉슨과 같은 전철을 밟지는 않았다. 재임 중에 대통령직에서 하야를 하는 두 번째 대통령이 되지는 않았다. 그러나 그의 대통령으로서의 리더십은 엄청난 손상을 입었던 것이다. 자기통제를 통해 자기 자신을 올바르고 제대로 다스리지 못한 자의 벌거벗겨진 초라한 모습을 미국 국민과 전 세계인들에게 보여주고 만 것이다.

조셉 화이트는 모니카 르윈스키와의 분별없는 행동으로 웃음거리가 되었던 클린턴 대통령의 리더십 오용으로부터 도출되는 교훈을 이야기하면서 "도덕에 기반 하지 않는 리더십은 쓰레기에 불과하다."고 확언을 하였다.281)

4) 루이 14세(Louis XIV)

나폴레옹과 히틀러 그리고 빌 클린턴 못지않게 자기통제에 실패한 사

281) 『앞의 책』, 150쪽.

람으로 '태양왕'(The Sun King ; Le Roi Soleil)으로 불리어진 루이 14세(Louis XIV)를 손꼽을 수 있다. 그는 프랑스를 절대왕정체제로 공고히 뿌리내리게 하고 이를 바탕으로 강력한 프랑스를 건설해 나간 왕으로 유명하다. 또한 그는 "짐이 곧 국가다."(I am the State ; L'État, c'est moi)라는 말을 할 만큼 절대적 왕권을 구사해 나갔다.

자신의 절대 권력을 보다 공고화하고 유럽에 있어서 프랑스의 위대성을 과시하고 영향력을 확대하기 위해 '프랑스·네덜란드 전쟁'(the Franco-Dutch War), '대 플랑드르 전쟁', '대 아우크스부르크 동맹 전쟁'282), '스페인계승 전쟁'(the War of the Spanish Succession) 등 크고 작은 전쟁을 일으켰고 또한 자신의 권세를 대내외에 과시하고 사치스런 생활을 위해 엄청난 재물을 쏟아 부으면서 화려한 베르사유 궁을 건설하였다.283)

이러한 베르사유 궁을 짓는 것과 연관된 루이 14세의 질투심과 시기심, 다른 말로 하자면 자기통제력의 부족을 드러내는 일화가 있어 소개를 하고 넘어가기로 하자.

루이 14세는 귀족계급을 견제하기 위해 부르주아지(Bourgeoisie) 출신으로 구성된 최고의사결정기관을 자신의 직속으로 두고 국사를 결정했는데 이때 두각을 나타냈던 인물 중 니콜라 푸케(Nicolas Fouquet)와 콜베르(Jean-Baptiste Colbert)란 인물이 있었다. 푸케는 어린 루이14세 대신 섭정을 주도했던 재상 마자랭(Jules Mazarin) 시절부터 정부의 재무관리를 맡는 장관으로 임명되어 부정축재를 통해 막대한 부를 챙겼고 이를 가지고 1661년 유럽의 어느 궁정도 부럽지 않을 화려한 자신의 저택 '보르 비 꽁트'(Vaux le Vicomte) 대 저택을 지었다. 그는 자만심에 도취되어 어느 날 자

---

282) 영국, 네덜란드, 스페인, 신성로마제국, 브란덴부르크, 작센, 바이에른, 사보아 등의 연합군과의 전쟁을 일컫는다. 이경윤·정승원, 『세계 악남 이야기』(서울 : 삼양미디어, 2009), 178쪽.

283) 『앞의 책』, 178쪽.

신의 대저택에서 연회를 열고 루이 14세를 초대를 하였다.[284]

초대에 응해 이 대저택을 방문한 루이 14세는 수만 권의 책이 진열된 웅장한 도서관과 당대 최고의 예술가들이 그린 그림, 조각물이 전시되어 있었고, 실제 그 예술가들이 드나들고 있었고 그 날 연회를 위한 화려한 연극공연이 열리는 것을 보고 루이 14세는 엄청난 충격을 받았다. 그의 심기는 매우 불편해졌다. '신하가 황제보다 더 화려한 저택을 가질 수 있다니.' 이러한 루이 14세의 불편한 심기를 읽은 콜베르는 자신의 정적인 푸케를 비판하는 말을 하였다. '푸케 장관은 그 모든 재산을 부정축재로 모은 것이라고.' 이 말을 듣고 루이 14세는 푸케의 저택을 수색할 것을 명하고 급기야 역모를 꾸민다는 단서까지 추가하여 그를 체포하여 고문을 가한 후 종신형에 처해 버렸다.[285]

그런 후 그는 자신의 왕권이 신하에게 실추되는 것 같은 모멸감을 없애기 위해 '보르 비 꽁트' 대 저택보다 더 화려하고 웅장한 궁정을 짓겠다는 결심을 한다. 당장 푸케의 대저택을 설계한 자들인 앙트레 르 노트르 등을 불러들여 화려한 정원을 비롯하여 궁정을 설계하게 만들고 이에 따라 수만 명에 달하는 백성들과 수많은 화가와 조각가, 장식가들을 강제로 동원하였고 엄청난 재원을 쏟아 부었다. 그렇게 해서 만들어 진 것이 바로 베르사유 궁전이다.[286] 신하에게 뒤질 수 없다는 왕으로서의 자존심과 마음속에 내재된 허영심의 발로가 결국 무리수를 두게 만든 것이다.

이렇게 루이 14세의 허영심과 사치심 그리고 탐욕이 결국 잦은 전쟁과

---

284) 『앞의 책』, 174쪽.

285) 『앞의 책』, 175-176쪽. ; 푸케는 국고횡령죄로 재판을 받았고, 그 결과는 유죄 판결이었다. 그는 피레네 산맥에 있는 외딴 감옥에 갇혀 20년 동안 쓸쓸히 지내다가 죽었다. 로버트 그린 지음, 안진환 · 이수경 옮김, 『권력의 법칙』(서울 : 웅진 지식하우스, 2009), 260-261쪽.

286) 이경윤 · 정승원, 『앞의 책』, 176-177쪽.

엄청난 대규모 건축 토목사업을 무리하게 추진하게 만들고 이것이 결국 어려운 나라 재정을 더욱 곤궁스럽게 만든 결과를 초래하게 만들었으며, 혁명의 기운을 서서히 나타나게 만들었던 것이다.

> 그가 일으킨 잦은 전쟁으로 나라의 빚은 산더미처럼 쌓여 갔으며, 엎친 데 덮친 격으로 프랑스에 흉년까지 들어 굶주려 죽어 가는 백성들이 점점 늘어 갔다. 그럼에도 아랑곳하지 않고 루이 14세는 여전히 화려한 궁정 생활에 필요한 자금을 거두어들이기 위해 백성들에게 막대한 세금을 부과했다. 그 결과 나라에는 거지가 들끓고, 굶어 죽거나 전염병에 걸려 죽은 사람들의 시체가 즐비하게 되었다. 이는 결국 백성들을 분노하게 만드는 계기가 되었고, 서서히 시민운동의 기운이 싹트게 되었다.[287]

1715년 76살의 늙은이가 되어죽을 때 "나는 사라지지만 국가는 영원할 것이다."라는 자신의 위업에 대한 자신감과 만족감을 유언으로 남기면서도 다른 한편으로는 자신의 경박하고 탐욕스런 전쟁과 방만하고 무절제적인 씀씀이로 인해 나라의 형편이 피폐해지고 어려워짐을 알고 이를 후회하면서 경계하는 유언을 자신의 증손자인 루이 15세에게 남겼다.

> 너는 나처럼 이웃 나라와 싸우지 말고 평화를 유지하도록 하라. 그리고 백성들을 고통에 빠뜨린 나를 닮지 말고 부디 백성들의 고통을 덜어 주는 정치를 하도록 하라.[288]

그러나 피폐해질 대로 피폐해진 프랑스의 재정은 결국 1789년에 발발한 프랑스 혁명의 발단이 되었으며[289] 이로 인해 루이 16세(Louis XVI)와

---

287) 『앞의 책』, 183쪽.

288) 『앞의 책』, 184쪽.

289) Crane Brinton, *The Anatomy of Revolution*, Revised edition (New York : Vintage, 1965).

왕후 마리 앙투아네트(Marie Antoinette)를 단두대(guillotine)의 이슬로 사라지게 만들었다.

역사에는 만약이 있을 수 없지만 만약 루이 14세가 자신의 마음을 잘 다듬고 다스렸다면 이러한 역사적 비극은 발생하지 않았을지도 모르는 일이다.

5) 연산군(燕山君)

조선 제10대 왕 연산군은 1498년(연산군 4년) 훈구파(勳舊派)로 분류되는 이극돈(李克墩), 유자광(柳子光) 등의 계략에 빠져서 과거 세조의 왕위찬탈을 비난하기 위해 쓴 '조의제문'(弔義帝文)이라는 사초(史草)를 문제 삼아 이를 지은 김종직(金宗直)은 물론 그의 제자로 이 글을 역사기록에 적어 넣은 김일손 등 많은 신진 사류(士類)를 죽이는 최초의 사화인 무오사화(戊午士禍)를 일으키게 하였다.[290]

그리고 이에 그치지 않고 1504년(연산군 10년)에 연산군은 자기 자신의 생모인 윤 씨를 당파의 모함으로 폐비가 되고 사약까지 받아 죽음에 이르게 한 윤필상, 김굉필(金宏弼) 등 수십 명의 신하들과 성종의 후궁인 정 씨(鄭氏), 엄 씨(嚴氏) 등을 죽임으로써 신하들 간의 패거리 다툼에 원하거나 그렇지 않으면 원치 않건 간에 끼어들게 되었다. 신하들 간의 패거리 다툼 즉 당파싸움은 결국 연산군까지 이 다툼에 끼어들게 만든 것이다.

임사홍이라는 자의 고자질에 의하여 연산군은 자신의 생모의 억울한 죽음을 알 수 있었고 이에 격분한 연산군은 자신의 생모의 죽음에 연루된 신하와 후궁들을 참혹하게 살해를 하였던 것이다. 또한 조모 인수대비(仁粹大妃)까지 구타하여 죽게 만들었다. 이러한 연산군의 행동은 뜨겁

290) 김종직은 이미 죽은 상태였으므로 무덤에서 관을 끄집어내어 시신에 목을 베어내는 부관참시를 당하였다.

게 달구어지고 있던 신하들 간의 세력다툼에 기름을 붓는 격이 되었고 결국 그 거세진 불길은 연산군에게까지 해를 끼치게 되었던 것이다.

결국 연산군은 1506년(연산군 12년) 이조참판(吏曹參判)을 지낸 성희안(成希顔)과 중추부지사(中樞府知事) 박원종(朴元宗) 등에 의해 거사된 중종반정(中宗反正)으로 인해 패주로 전락하고 강화도로 귀양살이 끝에 처참한 최후를 마치고 만다.

그가 좀 더 훌륭한 인간경영의 성공 자였다면 이러한 상황을 애당초 만들지도 않았을 뿐만 아니라 문제가 크게 불거져 나왔다손 치더라도 이것을 슬기롭게 잘 봉합하고 마무리를 지었을 것이다. 그러나 그는 자신의 신하들 간의 세력다툼과 패거리 싸움을 원천적으로 봉쇄하지도 못했을 뿐만 아니라 오히려 이들의 계략에 빠져 이 들 싸움에 끼어들어 이를 더욱 격화시키는 결과를 가져 오게 한 것이다.

생모의 억울한 죽음이라는 사실을 인지하고 이에 격분하여 자기 분별력과 통제력을 상실하고 자기의 한을 감정적으로 풀려고 했던 것이 그의 인간경영의 첫 번째 실패이고 이를 기폭제로 악용하고 이를 기회로 삼아 자신의 세력을 넓히고 상대 패거리를 제압하려고 했던 일부 신하들의 간악한 음모를 알아채고 이를 제지하지 못한 것이 두 번째 실수라고 말 할 수 있을 것이다. 이러한 자기통제력의 상실이 결국 그를 패주로 전락하게 만들었던 것이다.

결국 자기 자신을 잘 다스리고 이겨낼 수 있는 사람만이 지도자로서 대성할 수 있을 뿐만 아니라 역사적으로도 훌륭한 족적을 남길 수 있다는 사실을 역사적 사실들을 통해 알 수 있는 것이다.

이러한 역사적 사실들을 통해 배우는 교훈들은 '마음을 비운다'는 의미를 우리에게 새롭게 던져준다.

요즈음 언론매체에서 무한정 쏟아내고 있는 온갖 비리들이 우리들의 마음을 무겁고 답답하게 만들고 있다. 게이트로 표현되는 정치권의 비리뿐만 아니라 여성연쇄살인사건 등 우리의 일상에서 흔히 접할 수 있는 잡다한 비행까지 어우러져 가뜩이나 얼어붙은 우리의 마음을 더욱 굳게 닫게 만든다.

이 모든 사회적 악은 바로 인간의 탐욕에서 비롯된다. 부귀공명(富貴功名)을 위해서는 어떠한 수단과 방법도 가리지 않겠다는 인면수심(人面獸心)의 탐욕에 노예가 될 때 바로 이러한 일이 일어나게 된다. 인간의 탐욕은 정말 끝이 없다. 적당한 선에서 절제되거나 통제되지 않을 때 그러한 탐욕은 다른 사람뿐만 아니라 자기 자신까지도 해치게 된다. 탐욕은 그래서 날카로운 양날을 가진 칼이다.

그러한 사실을 우리는 알고 있기에 적당한 선에서 탐욕의 무한질주를 멈출 수 있는 지혜와 마음을 비울 수 있는 혜안(慧眼)을 가져야 한다. 마음을 비운다는 의미를 담고 있는 허심(虛心)이 바로 그것이다. 이것은 인간이 가장 인간적일 수 있는 인간본질에 접근하는 최선의 길이다. 모든 탐욕을 버리고 인간으로서의 길을 걸어 나갈 수 있을 때 자기 자신 뿐만 아니라 다른 사람들을 위한 삶을 살아갈 수 있게 되는 것이다.

이 세상에 변하지 않는 것은 없다. 모든 것이 변화한다. 그래서 밀레토스학파(Milesian school)의 시조인 희랍의 철인 탈레스(Thales)는 "만물은 유전(流轉)한다."라는 말을 하였다. 부귀공명(富貴功名)도 뜬구름(浮雲)과 같다는 이야기는 이런 맥락에서 상통하는 말인 듯싶다. 진시황이 영생을 누리기 위해 불로초(不老草)를 구하려고 노력했던 일도 허심의 입장에서 보면 그야말로 덧없는 일에 불과하다. 초로(草露)와 같이 잠깐 왔다가 사라지는 이승의 삶을 오히려 욕되게 하는 도로(徒勞)가 아니었을까 자문해 볼 만한 대목이다.

삶의 본질을 이해하는 자들은 자연스런 변화의 흐름에 몸을 의탁한다. 그리고 그 속에서 삶의 진면목을 발견하고 그에 순응하기 위한 노력을 기울이는 것이다. 자신의 수양을 통한 마음의 비움은 인간의 생리적 욕망과 욕구를 절제하고 자제하는 힘을 보태어 준다. 반야심경(般若心經)에 나오는 "색즉시공 공즉시색"(色卽是空 空卽是色)은 바로 우리가 가져야 할 마음의 창(窓)이다. 마음여하에 따라서는 사단칠정(四端七情)의 모든 감성이 하나의 선(善)으로 합일되는 기적을 맛볼 수도 있을 것이다.

신라시대 '당항 성'을 통해 당나라로 유학을 떠나려던 원효대사의 장삼을 붙잡아 맨 것도 바로 모든 사물의 이치와 근본이 바로 마음에 있다는 깊은 깨달음이 아니었을까 싶다. 자기 자신의 마음을 다스릴 수 없는 자는 이승의 온갖 오욕과 고뇌에서 자유로울 수 없을 뿐만 아니라 이를 통해 다른 사람들에게 엄청난 고통을 떠 안기는 부담스런 존재로 남아있을 수밖에 없다.

아직도 시대착오적인 왕후장상(王侯將相)의 부귀영화와 공명이라는 허상을 쫓고 이를 위해 모든 패악거리들을 서슴없이 저지르는 자들의 비행이 우리 사회의 일각을 오염시키는 세태는 마음을 비운다는 깊은 의미를 담고 있는 허심이 던져주는 가르침을 아직 깨닫지 못하는 사람들이 아직도 우리의 삶의 터전에 많이 있음을 의미한다.

언론매체를 화려하게 장식하는 비리와 부조리의 장본인으로 주연과 조연을 맡은 그들에게 자기 자신의 다스림에 의해 빚어 나올 수 있는 허심의 깊은 깨달음을 전해줄 수 있으면 하는 마음이 새삼스러워짐은 저자만의 생각만은 아닐 것이다. 자신을 다스림이 모든 만물과 천하를 다스림이 아니겠는가.

제6장 인내

앞에서 말한 자기 통제력과 인내의 차이와 관련성에 대해 이야기를 하자면 인내는 자기통제력이 지속될 수 있도록 하는 힘을 주는 것을 의미한다.[291] 자기통제력이 진정한 빛을 보기 위해서는 인내가 이를 뒷받침해주어야 가능한 것이다. 어떻게 보면 자기통제력과 인내는 동전의 양면으로 이해할 수 있다.

프랑스의 사상가이며 소설가인 루소(Jean Jacques Rousseau)는 "인내는 쓰다. 그러나 그 열매는 달다."(The patience is bitter but its fruit is sweet.) 고 이야기 하였다. 인내는 고통스러운 것이다. 그러나 그것을 참고 이루어냈을 때 얻을 수 있는 것은 고통을 충분히 보상을 하고도 남을만한 것이라는 의미를 가지고 있는 말로 해석이 된다.

고대 희랍의 철학가였던 소크라테스(Socrates)[292]는 "배부른 돼지보다는 고뇌하는 인간이 되겠다."고 이야기 하였다. 이러한 맥락에서 인내의 대가(大家)로 소크라테스를 드는 것이 어떻게 보면 자연스럽다. 이것과 연관된 일화

---

291) 빌 하이블즈 지음, 박영민 옮김, 『아무도 보는 이 없을 때 당신은 누구인가?』(서울 : 한국기독학생회출판부, 2001), 57쪽.

292) 기원전 469년 아테네에서 조각가인 소프로니코스(Sophroniskos)의 아들로 태어났다. 그의 어머니 파이나레테(Phainarete)는 산파였다. 박덕은 편저, 『쉽고 재미있는 철학 이야기』 제1권 (서울 : 서지원, 1997), 73쪽.

들이 몇 개 있어 이해를 위해 소개를 하면서 논의를 계속해 나갈 까 한다.

소크라테스는 50대 중년의 나이에 늦은 결혼을 했고 세 아들을 두었다. 그가 독배를 마시고 사형을 당할 때 그의 맏아들의 나이는 17세였다.[293] 그는 조선시대에 양반들이 그러했듯이 전혀 가사를 돌보지 않고 철저하게 외면했다. 그래서 더욱 가난한 형편에 처하게 되었고, 그의 아내 크산티페(Xanthippe)로부터 심한 푸대접을 받았다.[294] 어떤 이가 그에게 물었다. "선생님은 어떻게 사모님의 잔소리를 견디십니까?" 그러자, 그는 무덤덤한 표정으로 이렇게 대답했다 한다. "물레방아 돌아가는 소리도 귀에 익으면 괴로울 것이 없지."[295]

하루는 소크라테스가 집에서 제자들을 가르치고 있었다. 그때 그의 아내가 잔소리를 늘어놓았다. 그가 들은 척도 하지 않고 강론을 계속하자, 그녀는 큰소리로 욕을 해대며 그에게 구정물 세례를 퍼부었다 한다. 그런데도 그는 태연스레 말했다. "천둥이 친 다음에 소나기가 오는 것은 당연한 일이지!"[296]

어느 날 소크라테스는 한 사람으로부터 질문을 받았다 한다. "잔소리 많은 부인과 함께 사시는 이유가 뭡니까?" 그러자, 그는 대답을 했다 한다. "내가 잔소리 많은 부인과 함께 사는 것은, 기수가 준마를 좋아하는 것이나 마찬가지지. 기수는 그 녀석을 잘 길들이고 나면 그 다음은 누워서 떡먹기거든. 내가 크산티페를 잘 길들이게 되면 내가 제어하지 못할 사람도 없을 것이고, 또 다른 사람들하고 잘해 나갈 수 있을 거니까".[297]

---

293) 『앞의 책』, 75쪽.

294) 소크라테스는 크산티페 이외에 뮬트라고 하는 아내가 또 있었다. 이것은 펠로폰네소스 전쟁 중 인구 감소를 막기 위하여 아테네 정부가 중혼(重婚)을 장려했기 때문이다. 박상진, 『짝짓기로 배우는 세계사』(서울 : 도서출판 모아, 1996), 35쪽.

295) 김진혁, "소크라테스가 강조하는 인내심", 『한국재경신문』, 2008년 10월 13일. ; 박상진, 『앞의 책』, 34쪽. ; 박덕은, 『앞의 책』, 75쪽.

296) 박상진, 『앞의 책』, 34쪽. ; 박덕은, 『앞의 책』, 75쪽.

한 제자가 소크라테스에게 질문했다. "선생님! 결혼하는 것이 좋습니까, 하지 않는 것이 좋습니까?" 그러자, 그가 답변했다. "결혼하게나. 온순한 아내를 얻으면 행복할 것이고, 사나운 아내를 얻으면 철학자가 될 테니까!"[298]

그는 젊은이들을 타락시켰다는 이유로 사형이 선고되었는데[299] 그 때도 크산티페는 평소와 마찬가지로 고래고래 소리를 질렀다한다. "당신은 무죄예요! 부당한 죽음을 당하는데도 가만히 있어야 하나요! 그래도 사내 대장부라고 할 수 있어요?" 소크라테스는 그 때 조금도 당황하지 않고 이렇게 말했다고 한다. "그러면 당신은 내가 정당한 죽음을 당하기를 바라고 있는 거요?"[300]

이를 소위 '소크라테스의 변명'이라 하여 폄하하는 사람도 없지 않지만, 역시 철학의 거목인 소크라테스다운 대답이라는 생각이 든다. 그는 철저하게 인내하면서 필요하다면 현상을 뒤집어서 거꾸로 보는 재주를 익혔던 듯싶다. 아무리 절망적이고 부정적이라 해도 그것을 거꾸로 뒤집어 보고 그것을 희망적이고 긍정적인 것으로 바꾸었던 것이다. 그래서 그는 인내의 대가가 될 수 있었던 것이다.

탁월한 세일즈맨인 해리 콜린스에게 누군가가 물었다. "당신도 고객에게서 거절당할 때가 있죠?" "당연히 있죠. 아주 많습니다." "당신이 전화를 했을 때 상대방이 거절을 하면 당신은 몇 번 만에 포기하나요?" 콜린스는 이렇게 대답했다. "우리 두 사람 중 한 사람이 먼저 죽기 전까지는 포기하는

297) 박상진, 『앎의 책』, 34쪽.

298) 박상진, 『앎의 책』, 35쪽. ; 박덕은, 『앎의 책』, 75쪽.

299) 소크라테스는 기원전 399년 봄, 자신의 나이 71세 때에 세 사람의 아테네 시민들에 의해 고소를 당하였다. 고소의 내용은 이러했다. "소크라테스는 국가가 인정하는 신들을 믿지 않고 괴이한 신, 즉 다이모니온(Daimonion)을 끌어들여 청년들을 부패, 타락시키고 있다. 그 죄는 모름지기 사형에 해당된다." 박덕은, 『앎의 책』, 80-81쪽.

300) 박상진, 『앎의 책』, 36쪽.

법이 없습니다."301)

인내를 한 마디로 표현하라면 한자의 뜻을 새기는 것 이상 좋은 비유는 없을 듯싶다. 한자의 인(忍)자를 보면 밑에 마음 심(心)이 있고 위에 칼 도(刀)가 마음을 겨누고 짓누르는 듯 한 형상을 하고 있다. 마음에 칼을 꽂고 있으니 그 고통이야 말로 형용하기 어려울 것이다. 한 마디로 이러한 고통을 참고 이겨내는 것을 의미하는 것이 인내가 아닌가 싶다.

이와 다르게 인내를 한 마디로 표현하자면 '포기의 순간을 넘기는 것'이라고 설명할 수 있겠다.302) 인간은 누구나 한계를 가진다. 육체적이든 정신적이든 또는 금전적이든 한계를 가지게 마련이다. 이러한 한계에 도달하게 되면 인간은 모두 좌절하고 체념을 하게 된다. 그래서 자신이 추구해 오던 일을 포기하게 되는 것이다. 그러나 인내는 이러한 체념과 포기의 순간을 한 단계 뛰어 넘는 것을 의미한다. 따라서 인내는 고통을 수반하며 지구력을 요구한다.

이러한 인내의 실천은 결국 강인한 용기와 엄정한 자기통제력을 가지게 만든다. 빌 하이블즈(Bill Hybels)는 "인내는 용기를 유지시켜주고 자기통제력이 지속될 수 있는 힘을 준다."는 말도 이와 맥을 같이 하는 말이다.303)

그리고 에센바흐는 '인내는 힘이 낳은 딸, 고집은 약함이, 다시 말하면 약한 이성이 낳아 놓은 딸이다.'라고 이야기하는 것 역시 맥을 같이 하는 것이다.

이 외에도 인내를 표현하는 여러 가지 말들이 많다. 그 중 하나가 죠지 그랜빌이 말한 말이다. 그는 '인내란, 무거운 짐을 지고 불평 없이 달리고 있는 나귀의 덕이다.'라고 말했다. 그리고 프랭클린은 '인내를 지닐 수 있

---

301) 호아킴 데 포사다·엘런 싱어 지음, 김경환·정지영 옮김, 『마시멜로 이야기』(서울 : 한국경제신문, 2005), 168쪽.

302) 빌 하이블즈(Bill Hybels) 지음, 박영민 옮김, 『아무도 보는 이 없을 때 당신은 누구인가?』(Who You Are When No One's Looking) (서울 : 한국기독학생회출판부, 2001), 53쪽.

303) 『앞의 책』, 56-57쪽.

는 사람은 그가 바라는 것은 무엇이든 손에 넣을 수가 있다.' 라고 말했고 레이 헌트는 '인내와 시간과 돈이 있으면 안 되는 일이 없다. 인내와 온화는 힘이다.'라고 주장을 하였다.

"무조건 휘두르기보단 찬스 때만 노려라."는 워렌 버핏의 말처럼 좋은 공이 올 때까지 묵묵히 기다리면 반드시 배트를 휘두를 기회는 생기는 것이다.

물론 앞에서 이미 언급했지만 최대의 적은 바로 자기 자신이다. 나를 넘어서야 다른 사람을 극복 가능한 것이다.

그리고 인내는 사실 일반사람들이 해내기 어려운 것이다. 쉬운 일이라면 많은 사람들이 인내를 통해 좋은 기회도 얻고 또 인생에 성공도 했을 것이다. 그런데 인생사를 둘러보면 성공한 사람보다는 실패한 사람이 더 많다. 그 만큼 인내는 어려운 것임을 알 수 있다. 따라서 인생사에 성공하기 위해선 다른 사람들이 가지 않는 어려운 길을 기꺼이 갈 때 비로소 성공에 다다를 수 있는 것이다.304)

인내를 하기 위해선 눈앞에 펼쳐진 작은 만족과 유혹을 참고 견디면 언젠가 그 보상이 반드시 돌아온다는 굳건한 믿음이 필요로 된다.305)

그래서 앞에서도 언급을 하였지만 루소는 '인내는 쓰다. 그러나 그 열매는 달다.'고 이야기를 한 것이다. 한자 고사성어로 표현을 한다면 '고진감래'(苦盡甘來)이다. 즉, 괴로움이 다하면 달가움이 온다는 뜻이다.

호아킴 데 포사다는 인내가 상상하기 어려운 엄청난 보상을 가져오는 예를 잘 보여주고 있다.

> 오늘 내가 자네에게 100만 달러를 준다고 해보세. 아니면 오늘 1달러, 내일 2달러, 모레 4달러..... 이 처럼 날마다 그 금액을 배로 늘려가며 30

---

304) 호아킴 데 포사다 · 엘런 싱어 지음, 김경환 · 정지영 옮김, 『앞의 책』, 73쪽.

305) 『앞의 책』, 34쪽.

일 동안 내가 자네에게 준다고 가정해 보세. 자네는 어느 쪽을 선택하겠나?" 조나단의 말이 채 끝나기도 전에 마치 100만 달러를 자신의 손에 쥐기라도 한 듯 찰리는 어깨를 들썩이며 흥분된 목소리로 외쳤다. "오, 사장님,.... 당연히, 당연히 100만 달러를 택하죠. 설마 사장님은 30일 동안 돈을 매일 배로 늘려서 받는 쪽을 선택하지는 않으시겠죠?" 조나단은 안타까운 얼굴로 혀를 차지 않을 수 없었다. "찰리, 자네는 또 아무 생각 없이 마시멜로를 먹어치운 셈이네..... 자네는 장기적인 안목으로 생각하지 않고 또다시 눈앞의 욕구만을 충족시키기에 급급하고 말았네. 1달러 쪽을 선택하면 5억 달러 이상을 받을 수 있는데도 자네는 그만 100만 달러에 만족하고 말았어. 지금까지의 내 이야기는 모두 공염불이 된 셈이지.".... "찰리, 사실이네. 5억 달러일세. 그것이 바로 마시멜로 한 개를 성급하게 먹어치우지 않고 꾹 참았을 때 얻을 수 있는 놀라운 힘일세. 하하, 한 달에 5억 달러를 얻는 것이 하루에 100만 달러를 갖는 것보다 훨씬 낫지 않은가?[306]

고통스런 상황을 겪을 때 그걸 피하려고 자꾸 다른 생각을 하지 말고 그 고통에서 배움을 얻도록 노력해야 한다.[307] 실패는 성공보다 더 많은 것을 가져다준다고 한다. 성공을 통해 얻는 것보다 실패를 통해 얻는 것이 더 많기 때문이다. 성공보다 실패는 보다 많은 고통을 가져다준다. 그러나 그 고통은 더 많은 배움을 주게 마련이다. 그 배움을 통해 인간은 보다 더 성숙되어지는 것이다. 이러한 성숙이 결국 보다 더 큰 성공을 가져오게 하는 것이다. 실패라는 고통을 통해 올바른 배움을 얻을 수만 있다면 성공 못지않게 실패도 커다란 의미를 갖게 되는 것이다.

인내는 우선 자신의 말을 다스리는 것에서부터 시작이 된다. 말이 모든 화(禍)나 재앙(災殃)의 근원이 되기 때문이다. 옛 성현들은 '너의 혀는 너의 몸을 베는 칼이다.'라는 말을 통해 말이 가지는 해악 성을 경계해 왔다. 물

---

306) 『앞의 책』, 48-49쪽.

307) 스펜서 존슨 지음, 형선호 옮김, 『선물』(서울 : 랜덤하우스, 2007), 52쪽.

론 '말 한마디로 천 냥 빚을 갚을 수 있다.'라는 말도 있다. 말을 잘하면 커다란 득을 볼 수 있다는 말이기도 하다. 그러나 이 것 역시 말이 가지는 중요성을 우리에게 시사하고 말을 조심스럽게 해야 함을 긍정적 표현을 써서 경계하는 것이라 볼 수 있다. 이런 의미에서 지도자는 말을 아낄 줄 아는 사람이 되어야 한다. '남아일언중천금'(男兒一言重千金)이라는 예부터 전해 내려오는 말도 이와 맥을 같이 한다.

또한 예부터 전해 내려오는 말 중에 '다언중실언'(多言中失言)이란 말이 있다. 이것은 말을 많이 하다보면 본의 아니게 말실수를 하게 된다는 의미를 담고 있는 말이다. 또한 귀가 두개이고 눈이 두개인 반면 입이 하나인 것은 많이 보고 듣되 말은 아끼라는 것으로 이것 역시 같은 의미를 지니고 있는 말이다.

물론 자기가 알고 있는 생각을 남에게 드러내고 표현하고 싶은 것을 참는 것은 매우 고통스러운 일일 것이다. 더욱이 남의 말을 들어주는 것은 어떤 의미에서는 매우 고통스런 일일 수도 있다. 그러나 중요한 것은 이러한 욕구를 참고 견디어 내는 것이 지도자로서는 매우 중요하다. 말을 아끼고 삼가며 보다 많이 남의 말을 듣는 것이 보다 큰 의미를 지니기 때문이다. '말을 하는 것을 배우는데 는 3년이 걸렸지만 말을 하지 않고 남의 말을 경청하는 것을 배우는데 는 60년이 걸렸다.'는 말은 이런 맥락에서 시사하는 바가 매우 크다.[308]

프랑스의 사상가 몽테뉴(Michel Eyquem de Montaigne)도 '마음에도 없는 말을 하는 것보다는 오히려 침묵을 지키는 편이 얼마나 사교적인지 모를 일이다.'는 말을 하였는데 이것도 맥을 같이하는 것이다. '침묵은 금이다.'라는 말이나 앞서 언급한 '남아일언중천금'이라는 말도 이런 맥락에서 뜻을 같이하는 의미라고 생각을 한다. 말을 아끼고 남의 말을 경청하는 태도는 인내의 실천으로 볼 수 있다. 말하고픈 욕망을 이겨내고 남의 말을 들을

308) 조신영, 『경청』(서울 : 위즈덤하우스, 2007).

수 있을 때 그는 성공의 계단을 한 단계 더 올라 설 수 있을 것이다. 왜냐하면 내 자신이 말을 할 땐 배움으로 얻을 게 없지만 남의 말을 들을 땐 새로운 배움을 얻을 수 있기 때문이다.

나폴레옹조차 "말을 적게 하면 할수록 좋다. 침묵은 지식을 과시하는 데 효과적이기 때문이다."라고 주장을 하였다 한다.[309]

조셉 화이트는 진짜 리더는 말하는 시간의 상당 부분을 질문하고, 듣고, 관찰하고, 배우는 데 활용해야 한다고 주장을 한다. 그는 진정한 리더는 자기가 알고 있는 문제점보다는 자신이 모르는 일이 일어나고 있다는 사실에 대해 더 많이 고민할 필요가 있다는 것이다. 무슨 일이 일어나고 있는지 어떻게 알 수 있을까? 호기심을 갖고 질문하고, 관찰하고, 듣고, 듣고, 또 들으라는 것이다. 그 안에 답이 있다고 그는 확언을 한다.[310] 이러한 경청을 위해서는 끈질긴 집념과 인내가 요구되는 것이다.

1. 인내를 통해 인간경영에 성공한 역사적 사례들

1) 한석봉(韓石峰)

조선시대 때 명필가로 이름을 날린 한석봉이란 사람이 있다. 그의 어머니는 떡을 파는 사람이었다. 어렵고 고단한 삶 속에서도 밝은 미래를 위해 한석봉은 배움이 필요하다는 생각을 하고 그것을 얻기 위해 정든

---

309) 윌리엄 J. 오닐(O'neil) 지음, 이근수·이덕로 옮김, 『정치·군사 리더와 성공(Military and Political Leaders & Success) : 최고는 무엇이 다른가 3』(서울 : 지식의날개, 2005), 305쪽. ; 정우일, 『리더와 리더십』(서울 : 박영사, 2006), 78쪽에서 재인용.

310) B. 조셉 화이트 지음, 김정한 옮김, 『파충류처럼 냉정하고 포유류처럼 긍정하라』(서울 : 홍익출판사, 2007), 165쪽.

어머니의 곁을 떠나 수학의 길로 떠났다. 어느 정도 세월이 흘러 그는 자신의 능력에 자신감을 가지게 되었고 이것이 그를 자만에 빠지게 하였다. 그는 오랫동안 떨어져 뵙지 못한 어머니를 보고 싶은 마음에 한달음에 어머니 곁으로 달려왔다. 그러나 그의 어머니는 반기는 기색은 보이지 않고 냉정하게 그에게 충분히 수학을 하였는가 하고 묻는다. 그는 어머니가 자신을 반겨 맞이해 줄줄 알았지만 그렇지 않은 어머니의 태도에 일순 놀라면서 그렇다고 대답을 한다.

어머니는 내가 배운 것이 없지만 떡 파는 일만 오랫동안 해 온 덕에 떡은 잘 써니 나와 내기를 하자고 한다. 어머니의 떡 써는 것과 그의 글자실력을 비교해 보자는 것이다. 그는 흔쾌히 이 내기를 받아들이고 등잔불을 끈 채 내기를 한다. 시간이 지난 후 불이 켜지고 어머니가 썬 떡과 그가 쓴 글씨가 비교가 된다. 어머니가 썬 떡은 자로 잰 듯 일정하게 썰어져 있는 반면 그의 글은 알아보기도 어려울 정도로 엉망진창이 되어 있었다.

그는 이것을 보고 어머니의 깊은 뜻을 헤아리게 된다. 어머니에 대한 그리움과 자신의 경솔한 행동으로 어머니의 마음을 아프게 하였다는 죄책감에 가슴 아파하며 그는 그길로 어머니를 뒤로 하고 다시 수학의 길로 떠나게 된다.

우리가 흔히 들어 온 한석봉에 얽혀 전해 내려오는 이야기이다. 이 이야기에서 우리는 한석봉 어머니의 깊은 마음을 헤아리게 된다. 왜 그의 어머니인들 자식이 그립지 않았겠는가. 오랫동안 먼 타지에서 수학을 하고 돌아 온 아들이 왜 가슴이 시리도록 보고 싶지 않았겠는가. 그러나 어머니는 그러한 사심과 얇은 정을 단호히 끊고 무엇이 보다 올바른 길인가를 냉철하게 판단을 하고 아픈 마음을 추스르면서 아들의 귀향을 반기지 않았던 것이다.

어머니의 참는 마음, 인내하는 마음이 바로 한석봉을 조선 최고의 명필가로 오늘 날 남게 해 준 것이 아니겠는가. 아마 그런 어머니의 단호한 인내가 없었다면 명필가 한석봉은 역사 속에 존재할 수도 없었을 것이다.

프랑스의 사상가 루소(Jean-Jacques Rousseau)는 '인내는 쓰다. 그러나 그 열매는 달다.'는 말을 하였다. 정말 올바른 일을 위해 그릇됨을 참는 것은 너무나 어려운 일이지만 이러한 고통을 이겨낼 때에만 기쁨이 우리에게 미소를 짓는다는 평범한 진리를 진정 이 시대의 지도자들은 새겨들어야 할 것이다.

2) 유비(劉備)

중국의 춘추전국시대에 위, 오, 촉이라는 세 나라가 쟁패를 하였다. 이 때 가장 약소국이었던 촉나라가 강대국인 위나라와 오나라에 맞설 수 있었던 것은 제갈공명(諸葛孔明)의 신책(神策) 때문이었다. 유비(劉備)는 약소국인 촉나라가 난세에 생존할 수 있는 길은 훌륭한 책사를 얻어 이의 신책을 통해 위와 오나라를 견제해 나가는 길이라 생각을 하였다. 그는 이러한 생존을 위한 길을 가는데 있어 조금도 머무름이 없었다.

유비의 삼고초려(三顧草廬)로 널리 알려진 고사이지만 유비는 제갈공명을 얻기 위해 그가 거주하고 있던 곳을 세 번이나 방문을 하여 그를 설득한다. 비록 약소국이긴 하나 황제의 자리에 있는 그가 신하를 얻기 위해 이렇게 세 번씩이나 노고를 아끼지 않았음은 그 당시의 왕과 신하, 즉 주종(主從)의 관계를 고려해 볼 때 그리 쉬운 일만은 아니었다.

그럼에도 불구하고 유비는 인내하며 그 길을 걸어갔고 결국 제갈공명은 유비의 신하가 되어 촉을 위와 오나라와 당당히 견주어 버티는 국가로 신책을 통해 일구어 나가게 된다. 유비의 인내를 통해 제갈공명이라는 인재를 얻음이 바로 이러한 일을 가능케 한 것이다. 여기에서 유비가 가지고 있는 덕(德)과 인내(忍耐)를 읽어 볼 수 있다.[311]

---

311) 청권이 지음, 박미경 옮김, 『유비처럼 경영하고 제갈량처럼 마케팅하라』(서울 : 랜덤하

유비는 결코 관우 운장(雲長)이나 장비 익덕(益德)보다 더 훌륭한 장수가 될 수는 없었다. 그렇다고 제갈공명보다 더 훌륭한 전략가나 책사가 될 수도 없었다. 그런 그가 관우나 장비를 이끌고 제갈공명을 거느릴 수 있었던 것은 그가 자신의 능력과 자신이 설 자리를 정확히 알고 이들을 적재적소에 잘 활용하면서 인적 네트워크를 제대로 활용할 수 있는 능력을 가졌기 때문이다.[312)]

물론 이러한 것을 가능케 한 바탕은 그의 넓은 도량에서 우러나오는 인내의 소산이라 이야기 할 수 있을 것이다. 관우나 장비를 훌륭한 장수로 여겨주고 또 제갈공명을 자신의 중요한 책사로 대우해 줌으로써 그들의 능력을 극대화 할 수 있도록 밀어 준 바로 그의 사려 깊은 인내심의 소산이었던 것이다.[313)]

3) 도쿠가와 이에야스(德川家康)

일본 역시 중국과 같은 춘추전국시대가 있었다. 그야말로 난세의 시대였다. 먹지 않으면 먹히는 그런 세상이었다. 일본을 분할하여 지배하고

우스코리아, 2004).

312) 이러한 유비의 지도력을 잘 나타내고 있는 일화가 있어 소개를 한다. 조조의 공격을 받아 쫓기던 중 유비는 가족들과 헤어지고 마는데 그의 가족을 책임진 장수는 조운(趙雲)이었다. 조운은 악전고투 끝에 유비의 두 부인 중에 한 부인을 잃었으나 나머지 한 부인과 아들 아두를 구해 뒤늦게 유비일행을 따라왔다. 그러나 조운으로부터 아들을 받아 든 유비는 아들을 땅바닥에 내동댕이치며 말했다. "이 작은 놈 때문에 장수 하나를 잃을 뻔 하였구나!" 이에 조운은 크게 감격하여 죽을 때까지 유비에게 충성을 다했다. 또 유비는 죽음에 임하여 승상 제갈공명에게 말하였다. "내 아들은 어리석으니 그대가 보아 섬길 만하면 섬기고 그렇지 못하거든 그대가 임금이 되도록 하시오." 이에 공명이 머리를 땅에 찧으며 충성을 맹세했다. 그는 죽을 때까지 혼신의 힘을 다하여 후주 유선(아두)을 보좌하였다고 한다. 김정빈, 『리더의 아침을 여는 책』(서울 : 동쪽나라, 2007), 137쪽.

313) 청권이 지음, 박미경 옮김, 『앞의 책』.

있던 다이묘들 간의 쟁패가 이루어진 시기였다. 여기에서 다이묘란 넓은 영지를 소유한 무사를 가리키는데 특히 에도(江戶) 시대에는 봉록이 1만 석 이상인 무가(武家)를 가리켰다.[314]

이 춘추전국시대에 불세출의 세 영웅이 많은 이들의 입을 통해 회자가 되고 있다. 그들이 바로 오다 노부나가(織田信長), 도요토미 히데요시(豊臣秀吉), 그리고 도쿠가와 이에야스(德川家康)이다.

오다 노부나가는 일본 전국시대의 무장으로, 각지에 할거한 봉건영주들을 차례로 평정하여 전국 통일의 길을 열어가고 있던 중에 가신(家臣)인 아케치 미쓰히데의 기습을 받고 자결을 하였다. 뒤이어 오다의 부장(副將)인 도요토미 히데요시가 아케치를 토벌한 뒤 통일의 위업을 마무리했다.[315]

오다나 도쿠가와 이에야스와 달리 도요토미 히데요시는 귀족출신이 아니었다. 그래서 그는 통일 위업을 달성하고서도 쇼군이 되지를 못하고 간바꾸(관백)로 만족하여야 했다. 그는 오다의 충실한 부하였다. 그런 점이 가진 것이 별로 없는 그 이지만 오다에게 많은 신임을 얻게 하였고 그가 오다의 부장으로 중용되게 된 이유이기도 하였다.

그는 오다의 사후 라이벌인 도쿠가와 이에야스를 적절히 견제하면서 그와 화친의 길을 선택하였다. 싸워 이길 수는 있었지만 도쿠가와 이에야스와의 싸움은 결국 자신의 세력기반을 약화시키거나 와해시킬 수 있었으며 이것은 자신을 노리는 또 다른 적에게 이익을 줄 것이 뻔했기 때문이다. 이 대목에서 '어부지리'(漁父之利)라는 고사가 자연스럽게 떠오른다. 그래서 그는 자신의 경쟁자인 도쿠가와 이에야스를 적절히 견제하면서 그와 화친의 길을 걸어가는 것이 보다 더 많은 것을 얻을 수 있다는

---

314) 도몬 후유지 지음, 이정환 옮김, 『도쿠가와 이에야스의 인간경영』(서울 : 작가정신, 2000), 19쪽.

315) 시오노 나나미 지음, 김석희 옮김, 『로마인 이야기 : 율리우스 카이사르(하)』(서울 : 한길사, 1999), 380쪽.

생각을 갖게 만든 것이다.

한편 도쿠가와 이에야스의 생각 역시 도요토미 히데요시와 별반 다르지 않았다. 도요토미 히데요시와 자웅을 겨루기 보단 도요토미 히데요시 이후의 미래를 깊이 있게 생각하고 있었다. 도요토미 히데요시와의 싸움은 공멸을 의미하기 때문에 차후를 기약하는 것이 보다 나은 길이라는 믿음을 가지고 있었던 것이다. 그래서 그는 도요토미 히데요시와 절묘한 전략적 제휴를 하게 되는 것이다. 그렇지만 도쿠가와 이에야스는 '능구렁이'라는 별명에 걸 맞는 인내의 달인답게 도요토미 히데요시에게 머리를 조아리면서도 때를 기다리며 자신의 발톱을 예리하게 다듬고 있었던 것이다.

도요토미 히데요시가 조선을 침략했을 때, 그의 가신인 가토 기요마사(加藤淸正)나 고니시 유키나가(小西行長) 등은 많은 병사들을 출정시켰으나 도쿠가와 이에야스는 병사를 한 명도 출정시키지 않았다. "새로 내려주신 간토 지방을 다스리기 어렵기 때문에 그럴 여유가 없습니다." 그것이 이유였다. 그러나 그는 이 침략전쟁에 처음부터 반대했다. 그렇기 때문에 도요토미 히데요시가 사망한 후에 도쿠가와 이에야스가 가장 먼저 한 일은 조선에 나가 있는 일본 병사들을 모두 철수시키는 것이었다.

자신의 병사를 잃지 않아 도요토미 히데요시 사후의 패권을 검어 쥐는데 있어서 유리한 국면을 갖게 만들었을 뿐만 아니라, 자진해서 왜군을 철수시키는 도쿠가와 이에야스의 행위에 호감을 느낀 조선은 사실은 국교를 단절하고 관계를 끊었어야 할 일본과 교류를 다시 회복하게 만들었던 것이다.[316]

인내의 달인으로 회자되는 도쿠가와 이에야스의 인내를 설명하기 위해 자주 인용되는 이야기가 하나 있다. 바로 세 사람이 두견새를 소재로 하여 하이쿠를 읊었던 이야기이다.

오다 노부나가는 "울지 않는 두견새는 죽여야 한다."고 읊었고, 도요토

316) 도몬 후유지 지음, 이정환 옮김, 『앎의 책』, 21쪽.

미 히데요시는 "울지 않는 두견새는 울게 해야 한다."고 읊었으나, 도쿠가와 이에야스는 "울지 않는 두견새는 울 때까지 기다려야 한다."고 읊었다. 이 단 시들은 그들 각자의 인간성과 성격을 잘 표현해주고 있다. 즉 오다 노부나가는 성격이 급하고 도요토미 히데요시는 자신감이 넘치며 도쿠가와 이에야스는 인내심이 강하다고 말 할 수 있는 것이다.[317)]

바로 이 인내심이 도쿠가와 이에야스로 하여금 세키가하라 전투를 승리로 이끌고 이를 통해 천하를 통일하고 명치유신 전까지 250여 년 간 자신의 바쿠후를 펼쳐 최후의 승자로 남게 한 것이다.

이렇듯 최후의 승자로 남을 수 있도록 한 도쿠가와 이에야스의 지독한 인내심을 몸서리치게 느낄 수 있는 일화가 있어 소개를 한다.

그는 어린 시절부터 10년 남짓 오다 가(家)와 이마가와 가에서 인질생활을 했으며 그래서 그런지 그는 매우 강한 인내력을 가졌다. 특히 그에게 엄청난 인내를 강요한 사건이 터졌다. 인질이 된 도쿠가와 이에야스의 범상하지 않은 심성과 배포를 보고 그를 제거시키기 위한 일환으로 오다 노부나가가 직접 내린 처와 아들을 죽이라는 명령이었다. 약자이었기에 겪어야 했던 아픔이었다. 그가 평범한 필부였다면 그는 오다의 명을 거역하고 오다와 맞서 싸우다 장렬한 최후를 맞이했을지도 모른다. 그러나 만약 그렇게 했다면 도쿠가와 이에야스는 역사에 남는 인물이 되지 못했을 것이다.

그는 사마귀가 굴러가는 수레를 세우기 위해 수레바퀴에 맞서는 형상을 고사화한 '당랑거철'(螳螂拒轍)의 우둔함을 행하지 않았다. 그는 오장육부를 후벼 파고 뼈를 깎는 아픔을 인내하며 후일을 위해 자기의 사랑하는 처와 장남을 오다 노부나가의 명에 따라 죽인다. 일반인으로서는 상상도 하기 어려운 끔찍한 일을 그는 서슴없이 행했던 것이다. 보다 큰 그림을 그리기 위해 지금의 아픔을 그의 가슴에 깊게 묻어버린 것이다.

---

317) 『앞의 책』, 26쪽.

인내의 달인이 아니고서는 행하기 어려운 일을 한 것이다.

확증이 있는 것은 아니지만 도쿠가와는 막부를 연 후 맹자가 주장하는 '덕왕(德王)'을 지향했다 한다.

4) 도요토미 히데요시(豊臣秀吉)

이순신의 숙적인 도요토미 히데요시는 젊은 시절, 주군이었던 오다 노부나가의 신발을 가슴에 품고 있다가 내 놓은 일화로도 유명하다. 추운 겨울 오다 노부나가가 방에 있다가 나와 신발을 신을 때 신발이 차갑지 않도록 자신의 가슴에 따뜻하게 품고 있었던 것이다. 아무리 자신의 주군이라지만 남의 신발을 가슴에 품은 채 온기를 간직하는 것이 쉽게 할 수 있는 일은 아니다. 그런데도 그는 가슴에 야망을 깊이 감춘 채 남의 비웃음을 견뎌냈던 것이다.[318]

5) 이순신

이순신은 갖은 횡포를 부리는 명나라 도독 진린(陳璘)의 오만방자함을 묵묵히 받아들였다. 명목상 그가 작전권을 가지고 있었기 때문만은 아니었다. 만에 하나 진린과 갈등을 겪게 되고 그것이 조선과 명나라 사이에 외교적인 문제로 비화한다면 왜적을 섬멸하겠다는 자신의 목적을 이룰 수 없다는 것을 이순신은 잘 알고 있었기 때문이다.

자신이 뜻한 바를 이루기 위해 그는 판옥선을 바치거나 전공을 나타내는 적의 수급을 양보하는 등 모진 수모와 굴욕까지 견뎌냈던 것이다.[319]

---

318) 윤영수, 『불패의 리더 이순신, 그는 어떻게 이겼을까』(서울 : (주)웅진 씽크빅, 2005), 256쪽.

319) 『앞의 책』, 256쪽.

이는 한신이 때를 기다리기 위해 불량배들의 가랑이 사이를 기었던 고사에서 나오는 인내와 다를 바가 없다. 사람들은 그런 한신을 보고 모두 비웃었으나 굴욕의 세월을 견딘 한신은 마침내 자신의 뜻을 세상에 펼칠 수 있었던 것이다.[320] 이와 마찬가지로 이순신은 이러한 수모와 굴욕을 견뎌냄으로써 진린을 자기 사람으로 끌어당길 수 있었고 결국 자신이 궁극적으로 얻으려했던 목적을 얻을 수 있었던 것이다.

6) 김춘추(金春秋)

김춘추는 고구려에 구원병을 청하러 가서 실력자인 연개소문(淵蓋蘇文)을 만났으나, 국경의 영토문제 등으로 첩자로 몰려 감옥에 갇히는 수모를 당하기도 하였다. 그러나 그는 이러한 일들을 딛고 일어나 타고난 달변과 뛰어 난 외교적 수완을 발휘하면서 사신으로 당나라에 여러 차례 왕래를 하였다. 그리고 이를 기반으로 삼국통일의 토대를 닦는데 절대적으로 필요했던 외교적 성과를 거두고 군사원조까지 약속을 받게 된다. 김춘추는 후일 김유신(金庾信) 장군과 함께 백제 고구려를 통합하여 삼국통일을 일구어낸 태종무열왕(太宗武烈王)이다.

그러나 그가 손수 구원병을 청하러 갈 이 때만 하더라도 신라는 백제와 고구려의 틈바구니에 끼어 매우 어려운 사정에 처해있던 터였다. 그는 백제의 압박을 벗어나고 자신이 가진 뜻을 펼치는데 는 신라의 힘만으로는 어렵다는 현실을 직시하고 있었다. 그래서 고구려의 힘을 빌려 자신이 구상하는 목적을 달성하려고 고구려에 굴욕적인 청병외교를 펼치기 위해 스스로 나섰던 것이다.[321] 그러나 고구려에서는 청병외교를 펼치기 위해 온 김춘추를 첩자로 몰아 감옥에 투옥을 시킨 것이다. 그는 이러한 수모를

---

320) 『앞의 책』, 255쪽.

321) 『앞의 책』, 255쪽

강인한 인내력과 목적을 달성하겠다는 큰 뜻으로 이겨내었다.

또한 김춘추는 반도의 한 쪽에 치우쳐져있는 신라가 신라보다 더 강력한 백제나 고구려를 상대하기 위해서는 국론의 일치와 지배계층의 단결과 민관통합이 전제되어야한다고 생각을 하였다. 그래서 그는 우선 병권을 검어 쥐고 있는 김유신을 자신의 사람으로 끌어안아야 된다고 생각을 하였다.

그래서 그는 김유신의 포용을 위해 자신의 젊디젊은 셋째 딸 '지소'로 하여금 백발 노장(老將)과 혼인하게 만든다.[322] 지소 역시 아버지의 큰 뜻을 이해하고 비록 자신은 꽃다운 젊은 나이임에도 불구하고 백발 노장과 결혼하는 희생을 감내한다. 이러한 지소나 김춘추 등의 깊은 희생과 이를 가능하게 했던 인내의 발현이 가장 약한 신라가 문물이 앞서고 국력이 보다 강한 고구려와 백제를 이기고 통일을 할 수 있었던 힘이 된 것이다.[323]

7) 계백(階伯)

이러한 김춘추와 그 여식의 행동은 의자왕의 아들 41명이 각 지방을 말아먹은 백제와는 선명하게 대비가 되는 것이다.[324] 이 당시 백제의 지배계층은 말로 형용하기 어려울 정도로 부패하고 방탕한 생활들을 하고 있었다. 왕이 주색에 빠져 정사를 돌보지 않자 이를 간(諫)하다가 감옥에 간

322) 지소부인(智炤夫人)이라 칭한다. 지소부인은 신라 태종무열왕 김춘추(金春秋)의 셋째 딸이다. 그리고 김유신(金分信)의 부인이다. 김유신과 사이에 삼광(三光) · 원술(元述) · 원정(元貞) · 장이(長耳) · 원망(元望) 등 아들 다섯과 딸 넷을 두었다. 자녀교육이 매우 엄격하여 당나라 군대와의 싸움에서 패한 원술이 숨어 지내다 아버지가 죽은 후 그녀를 뵙기를 청하였으나, "원술은 이미 선군(先君)에게 아들 노릇을 하지 못하였으니 내가 어찌 그의 어미가 될 수 있겠느냐" 하면서 거절하였다고 전한다. http://100.naver.com/100.nhn?docid=142674

323) 박순교, 『김춘추, 외교의 승부사』(서울 : 푸른 역사, 2006).

324) 『앞의 책』.

히고, 옥중에서 임종을 맞을 때 앞으로 닥칠 위난에 대해 대비책을 유언으로 남긴 성충(成忠)과 같은 충신이 없었던 것은 아니지만 대부분의 지배계층은 말로는 국가의 장래를 걱정하고 국가의 발전을 위해 노고를 아끼지 않는다는 명분을 가지고 논쟁을 일삼았지만 속으로는 자신의 사리사욕을 챙기기 급급할 뿐이었다. 이미 백제는 스스로 망해가고 있었던 것이다.

황산(黃山)벌에서 최후의 전투에 임하기 전 자신의 처자까지 먼저 베고 결연한 전의를 가지고 전장에 임했던 계백 장군의 살신성인의 희생정신과 초인적인 인내심도 이렇게 썩어가는 백제를 구제할 수는 없었다. 황산벌 전투에서 5,000여명의 장졸들은 최후의 결사대로서 사력을 다해 김유신 장군이 이끄는 나당연합군에 맞서 싸웠으나 이미 부패할 때로 부패되어진 나라의 국운을 다시 일으켜 세울 수는 없었다.

“5,000여 명에 이르는 백제의 군인들은 모두 화살과 칼을 맞고 처참하게 죽었으되 애국과 국사를 논하던 정객들은 털끝 하나 다치지 않은 채 모두 몸을 보전하여 신라에게 투항을 하였던 것이다.”[325] 황산벌 전투가 끝난 후의 전황보고 내용 중 일부에서도 이러한 백제의 참담한 몰 꼴을 접할 수 있는 것이다.

애시 당초 계백 장군은 나당연합군과의 싸움에서 승리를 기대했던 것은 아니었을 것이다. 계백 장군은 이렇게 참담한 몰 꼴로 쓰러질 백제를 이미 알고 있었을지도 모른다. 그러나 그는 자신이 쇠망해가는 국가의 장군으로서 해야 할 일이 무엇인지를 정확하게 알았고 이를 행하였던 것이다. 자신의 행동이 장군으로서 청사에 기록될 때 한 점에 부끄러움도 없게끔 쓰여 질 수 있기를 기대했는지도 모른다.

그가 자신의 분신인 가족들을 먼저 벤 것도 전투에 임하는 전의를 높이기 위한 것이기도 했지만 그 것 못지않게 전투에 패했을 때 받을 가족들의 수모와 모욕을 염려했기 때문일 것이다. “살아서 적의 노비(奴婢)가

325) 『앞의 책』.

됨은 차라리 죽음만 같지 못하다."라는 말을 하면서 자기의 처자를 모두 죽인 것[326]이 이를 대변해주고 있는 듯 싶다. 그는 가족을 자신의 칼로 벰으로써 패망한 국가의 신민이 겪어야 할 수모와 굴욕을 갖지 않게 만든 것이다. 가족을 먼저 베고 나가는 장군의 마음에는 국가의 패망이라는 슬픔과 더불어 그 한을 참고 나가 싸워야 한다는 그 고통이 더욱 컸을지도 모른다.

그는 살을 깎는 고통이 수반된 인내로 자신의 사랑하는 가족들을 베고 황산벌에서 몰락하는 백제의 마지막 장군으로서 마지막 해야 할일을 해내었던 것이다. 바로 그러한 계백장군의 인내가 황산벌의 마지막 혈전에 임했던 5,000명의 백제 최후의 결사대의 장졸들이 초개와 같이 목숨을 바쳐 몰락하는 백제를 위해 싸웠던 힘이 되었던 것이다.

8) 힐러리 클린턴(Hillary Diane Rodham Clinton)

힐러리는 클린턴의 여자를 밝히는 천부적인 바람기에 어떻게 보면 식상을 했는지도 모른다. 클린턴은 대통령이 되기 전부터 많은 염문을 뿌리고 다녔고 이것이 대통령 선거기간이나 당선기간 그리고 대통령 재직기간에 심심치 않게 매스컴에 오르내렸다. 폴라 존스 스캔들, 제니퍼 플라워즈(Gennifer Flowers) 스캔들 등 많은 성적 스캔들이 힐러리를 괴롭혔겠지만 그녀는 "나는 남편을 믿는다."는 말 한마디로 이것들을 일축해 버렸다. 그러나 그녀의 가슴은 시커멓게 타들어갔을 것이라 쉽게 생각해 볼 수 있을 것이다.

그런데 운명의 장난인지 아주 결정적인 사건이 발생을 하고 마는 것이다. 1997년 백악관에 인턴직원으로 채용된 여자와의 성적 스캔들이 터져 나온 것이다. 클린턴과 부적절한 관계를 맺은 여성은 뒤에 모니카 르윈

---

326) http://100.naver.com/100.nhn?docid=11864

스키(Monica Lewinsky)로 밝혀졌으며 이로 인해 클린턴은 아주 어려운 국면으로 빠지게 되는 것이다. 클린턴은 르윈스키와의 부적절한 성적 관계를 계속 확고하게 부정을 했고 이로 인해 클린턴이 위증을 했다는 이유로 기소를 당했으며 이것은 국가적 이슈로 클로즈업이 되어버렸다.

결국 르윈스키의 옷에 묻은 정액에 대한 DNA검사를 통해 클린턴의 혐의가 입증이 되자 그때서야 클린턴은 자신의 행위를 부끄러워한다는 이야기로 르윈스키와의 부적절한 관계를 시인하고 나왔다. 르윈스키와의 부적절한 관계가 매스컴에 오르내리고 국가적인 가십으로 이슈화될 때에도 힐러리는 줄곧 "나는 남편을 믿는다."는 말로 남편의 쪽에 서서 그에 힘이 되어져 왔었다. 그러나 결과가 그렇게 나오고 클린턴이 부적절한 관계를 시인하게 되자 힐러리의 분노는 가히 어떠했겠는가 하는 것은 쉽게 상상이 되는 일이다.

그러나 힐러리는 보통 사람들로는 해 내기 어려운 엄청난 자제심을 발휘하였다. 그는 클린턴을 지지한다는 메시지를 이 세상에 내보냈다. '이혼을 할 것이다.' 또는 '별거를 할 것이다.' 등 호사가들의 말과는 달리 힐러리는 웃음을 잃지 않고 자기 자신의 남편을 지지하는 발언과 행동을 보여주었다. 그녀의 자제심은 놀라운 것이었다.

일부에서는 이러한 그녀의 행동을 곱지 않게 보는 시각도 나타났다. 권력의 맛을 본 그녀가 그 권력을 탐하기 위해 현재의 아픔을 딛고 일어서려는 것이라는 것이다. 쉽게 말해 큰 것을 위해 작은 것을 희생한다는 논리이다.[327]

---

327) 힐러리 클린턴에 대해 참고할 수 있는 서적은 다음과 같다. 힐러리 로댐 클린턴 지음, 김석희 옮김, 『힐러리 로댐 클린턴 : 살아 있는 역사』(서울 : 웅진지식하우스, 2007). ; 강인선 지음, 『힐러리처럼 일하고 콘디처럼 승리하라』(서울 : 웅진지식하우스, 2006). ; 에드워드 클라인 지음, 서영조 옮김, 『힐러리의 진실』(서울 : 행간, 2006). ; 이지성 지음, 『여자라면 힐러리처럼』(서울 : 다산북스, 2007). ; 김용철 지음, 김&정 옮김, 『힐러리 클린턴』(서울 : 에버그린문고, 2008). ; 조앤 브렌 구언지 지음, 신영주 옮김, 『힐러리 클린

그녀의 진짜 속마음을 알기는 어렵지만 어쨌든 그녀는 확고히 자신의 남편을 지지했고 이것이 결과적으로 클린턴으로 하여금 위증을 했음에도 불구하고 탄핵을 당하지 않게끔 만든 커다란 힘이 되어 주었던 것이다. 힐러리는 커다란 인내와 자제심으로 결국 그 일을 해냈고 클린턴은 하야를 하는 일 없이 자신에게 부여 된 임기를 모두 마칠 수 있었다.

바로 그것이 가능했기에 그녀의 다음 단계의 진군이 가능하게 된 것이다. 이미 다 알고 있듯이 그녀는 뉴욕 주 상원의원선거에 나가 당선이 되었고 상원의원의 자격으로 대통령 선거에도 나가 버락 오바마(Barack Hussein Obama II)와 민주당 대통령 경선까지 나갈 수 있었다. 비록 이 경선에서 오바마에게 패배는 했지만 이를 깨끗이 받아들여 승복을 하는 인내심이 그녀를 한 단계 더 업그레이드 시키는 활력소가 되었던 것이다. 힐러리는 경선 결과의 승복 이후 자신과 정치적 라이벌이었던 오바마를 지지하고 그가 대통령이 되도록 노력을 아끼지 않았다.

결과적으로 이러한 인내심은 대통령으로 당선된 오바마로 하여금 그녀를 오바마 첫 내각의 수장인 국무장관으로 발탁하게 만드는 원동력이 되었던 것이다. 힐러리는 각별한 분별력과 자제심이라는 인내를 통해 인간경영에 성공하였을 뿐 만 아니라 자기 자신을 세상에 크게 부각시키는 데도 성공을 거두게 되는 것이다.

도쿠가와 이에야스나 도요토미 히데요시 그리고 이순신, 김춘추, 힐러리 클린턴 등 큰 업적을 이룬 사람들을 존경하는 진짜 이유, 그것은 그가 견뎠을 모욕감과 굴욕을 높게 평가하기 때문이다. 그 모든 것을 이겨낸

턴 : 선생님도 놀란 인물뒤집기』(서울 : 성우(주성우), 2006). ; 김종현 지음, 『힐러리의 수퍼 리더십』(서울 : 일송북, 2008). ; 고광철 지음, 『오바마의 희망과 힐러리의 슈퍼리더십』(서울 : 북리슨, 2008). ; 칼 번스타인 지음, 조일준 옮김, 『힐러리의 삶』(서울 : 현문미디어, 2007). ; 오정은 지음, 이일선 그림, 『내 딸아 힐러리 같은 리더십을 키우렴』(서울 : 글고은, 2008). ; 서지원 지음, 임미란 그림, 『어린이를 위한 여자라면 힐러리처럼』(서울 : 다산어린이, 2008).

진정한 승리라는 점을 인정하기에 우리는 그들을 인간경영의 성공자로서 존경하는 것이다.328)

9) 나폴레옹

나폴레옹은 전투 중에도 매일 18~20시간 동안 일했다. 며칠씩 눈을 붙이지 못할 때도 있었지만 수면 부족도 그의 능력과 전의를 퇴색시키지는 못했다. 그는 목욕 중에도, 극장에 가서도, 만찬 도중에도 일했다. 전쟁의 모든 세부사항에서 눈을 떼지 않으면서, 지치거나 불평하지 않고 말안장 위에서 끝없이 행군을 했다.329) 이러한 면모를 볼 때 나폴레옹은 분명 비범한 인내력을 갖춘 인물이었다.

2. 인내하지 못해 인간경영에 실패한 역사적 사례들

지금까지 인내를 통해 인간경영에 성공한 사람들을 살펴보았는데 이번에는 그와 정반대로 인내를 하지 못해 인간경영에서 실패를 하고 더 나아가 자기 자신까지 어렵게 만든 사례들을 살펴보면서 인내의 중요성을 다시 한 번 되새겨 보고자 한다.

1) 빌 클린턴(William Jefferson Bill Clinton)

우선 먼저 빌 클린턴의 화이트워터 스캔들을 살펴보기로 하자.

---

328) 윤영수, 『앞의 책』, 256쪽.

329) 로버트 그린 지음, 안진환·이수경 옮김, 『전쟁의 기술』(서울 : (주)웅진씽크빅, 2007), 93쪽.

1994년 사건이 본격화된 '화이트워터 스캔들'(Whitewater Scandal)은 1978년 당시 아칸소 주 검찰총장(Attorney General)이었던 클린턴(Bill Clinton)이 자신의 부인인 힐러리(Hillary Clinton)와 함께 주(州) 북부지역의 휴양지 개발 프로젝트사업 제안자인 제임스 및 수잔 맥두걸(James & Susan McDougal) 부부와 함께 『화이트워터 부동산개발 회사』(Whitewater Development Corporation)를 차리는 때에서부터 시작이 되었다.

맥두걸 부부는 1982년 저축대부회사를 인수한 후 이를 기반으로 하여 자금을 끌어 모아 사업을 추진해 나가지만 결국 대부회사는 부실여신으로 1989년 파산하고 휴양지 개발도 자금난으로 1992년에 무산되고 말았다. 이것이 정치적 스캔들로 문제가 불거지게 되는 것은 대부회사의 파산원인을 조사한 미국 연방정리신탁공사(Resolution Trust Corporation)가 클린턴 부부를 불법 금융행위의 잠재적 수익자로 규정한 점과 땅 투기에다 불법적인 내부대출, 그리고 힐러리가 1985년에 대부회사의 법률자문을 맡아 재정 상태에 이상이 없다는 해석을 내린 뒤 맥두걸이 클린턴에게 5만 달러의 정치자금을 제공한 것 등이 발단이 되기 시작하면서부터이었다.

이에 덧붙여 아칸소 주 주지사 시절인 1986년에 클린턴이 한 금융기관에 압력을 넣어 화이트워터에 30만 달러를 빌려주게 했다는 의혹과 함께 화이트워터의 세금탈루 문제도 제기가 되었고, 설상가상으로 1993년 화이트워터의 세금환급 자료를 관리하던 포스터(Vincent Foster) 백악관 자문위원이 공원에서 숨진 채 발견되었을 뿐만 아니라 힐러리와 함께 대부회사에 법률자문을 하던 허벨(Webster L. Hubbell) 법무차관보도 전격사임을 하게 됨으로써 이와 관련 된 의혹이 더욱 증폭되었다.

결국 1994년 특별검사로 임명된 스타(Kenneth W. Starr)가 화이트워터와 저축대부회사의 금융 비리에 클린턴 부부가 연관됐는지, 그리고 백악관이 사건을 은폐하려 했는지, 더 나아가 힐러리가 위증을 했는지 등을 조사하고 그 해 9월 클린턴 탄핵보고서를 하원에 제출하였다. 그러나 증거 불충분으로 클린턴 대통령에 대한 탄핵은 이루어지지 못하였다.

스타 특별검사의 후임으로 레이(Robert Ray) 특별검사가 임명되어 조사를 하였으나 그는 2000년 9월 사건 종료를 선언하였다. 이로 인해 화이트워터 사건은 막을 내리게 되고 의혹만 남긴 스캔들로 기록되게 되었다.

비록 클린턴이 탄핵은 모면했지만 특별검사까지 임명이 되어 화이트워터 사건을 수사하게 만들고 여러 가지 미심쩍은 혐의점까지 드러났다는 것은 그가 인간경영에서 가장 중시하는 것 중 하나인 자기관리에서 실패를 했다는 것을 의미하며 나아가 이러한 결과를 낳게 한 것은 그 자신이 인내를 제대로 하지 못한 결과라고 이해를 할 수 있는 것이다. 보다 사리분별을 잘하고 인내를 가지고 자기 자신의 관리를 철저히 했다고 한다면 이러한 스캔들은 존재하지도 않았을 것이다.

앞서 살펴보았듯이 클린턴과 같이 연루되었던 힐러리는 이러한 상처에도 불구하고 자기 자신의 관리를 보다 더 철저하게 가꾸어 나감으로써 뉴욕 주 상원의원, 연방정부 국무장관이라는 좋은 결과를 가져오게 만든다. 어떻게 보면 힐러리는 매우 영리하고 또 분별력이 있는 여성으로 볼 수 있는 것이다.

2) 에드워드 케네디(Edward Moore Ted Kennedy)

매사추세츠(Massachusetts) 주 상원의원인 에드워드 케네디는 자신의 지도자로서의 본분을 망각하고 도덕성에 금이 가게 만든 '채퍼퀴딕 사고'(Chappaquiddick incident)로 대통령의 꿈을 접어야 했던 불운한 정치가였다.

에드워드는 형들인 제35대 미국 대통령 존(John F. Kennedy)과 대통령 선거 중에 암살을 당한 로버트(Robert F. Kennedy)에 뒤를 이어 대통령의 꿈을 이루기 위한 여정을 시작을 하였다. 존은 대통령이 되었지만 1963년 중도에 암살을 당하였고 로버트는 이루지 못한 형의 위업을 달성하겠다는 명분으로 대통령 선거에 나왔지만 1968년 역시 암살을 당하는 비운을 겪어야 했다.

에드워드는 이러한 형들의 이루지 못한 꿈을 이루어내겠다는 생각으로 1980년 대통령 민주당 후보 경선에 나왔다. 그의 민주당 대통령 경선 상대는 현역 대통령인 카터(Jimmy Carter)였다. 카터 대통령은 이 당시 인기가 곤두박질치고 있었다. 에드워드가 보기에는 대통령 후보로 결정되기에는 아주 호기로 보였다. 그는 사납게 카터를 한 쪽 구석으로 몰아붙였다. 승기가 에드워드에게 있는 것처럼 보였다. 그러나 행운의 여신의 미소는 에드워드 것이 아니었다. 이란 대사관 인질 사건(Iran hostage crisis)이 발발 한 것이다.

이란은 팔레비(Mohammad Reza Shah Pahlevi) 국왕의 친미정권이 무너지고 호메이니(Ayatollah Ruhollah Khomeini)가 영국의 망명생활을 접고 이란으로 귀국을 하여 새로운 이란을 일으켜 세우는 중에 있었다. 이란의 근본주의자들의 반미감정은 그 당시 극에 달해 있었다. 결국 이란 대학생들을 주축으로 한 일단의 무리가 이란에 주재하고 있는 미국대사관을 불법적으로 점령을 하여 대사관 직원과 가족들을 인질로 억류하였다.

미국 국민들은 위기감을 느꼈고 미국 정부를 구심점으로 하여 결집되기 시작하였다. 바로 이러한 사건이 현직 대통령이었던 카터에게는 유리하게 작용을 하였던 반면 에드워드에게는 불리하게 작용을 하였던 것이다. 하락하던 카터에 대한 지지율이 에드워드를 밀어내고 상승하기 시작했던 것이다.

그리고 또 하나 에드워드를 어렵게 만드는 악령이 나타났던 것이다. 바로 체퍼퀴딕 사건의 악령이 다시 되살아났던 것이다. 에드워드에게 악령과 같은 체퍼퀴딕 사건은 1969년에 일어난 사건이었다. 에드워드는 어느 날 늦은 밤 파티석상에 참석을 하여 시간을 보내다가 파티에 같이 참석했던 자신의 여비서인 메리(Mary Jo Kopechne)와 함께 파티석상을 떠나 자신이 운전하는 자동차를 타고 모처로 이동 중에 체퍼퀴딕 섬(Chappaquiddick Island)과 케이프 포그 해변(Cape Poge barrier beach)사이에 있는 포우차 못(Poucha Pond)위를 가로지르는 다이크 다리(Dike Bridge)를 건너다가 차와 함께 못에 빠지는 불운을 겪게 된다.[330)]

메리는 1968년 로버트가 대통령 선거를 할 당시 선거본부의 참모로 활동을 했던 여성이었다. 그는 안전하게 차에서 빠져나와 수영을 쳐서 못 밖으로 나와 목숨을 구하였으나 동승하고 있던 여비서는 차에서 빠져 나오지 못하고 불행하게도 운명을 달리하였다. 사람이 하나 죽어나간 커다란 사고임에도 불구하고 에드워드는 곧바로 사고현장을 빠져나갔고 메리의 시신이 다음날 발견되어 인양이 될 때까지도 경찰에 자신이 연루된 이 사고를 신고하지 않았다.

그는 사고현장에서 뒷수습을 하지 않고 자리를 뜬 뺑소니 혐의를 인정받아 2개월의 수형생활을 하였다. 메리의 시신에 대한 검시가 이루어졌는데 에드워드 변호인단의 요청이 법원에 받아들여져 비공개로 이루어졌다. 보일(James A. Boyle) 판사는 에드워드가 다이크 다리로 차를 돌진시키려는 의도성이 엿보인다는 점을 지적하고 에드워드의 이러한 잘못된 운전부주의가 결국 메리의 죽음에 이르게 한 결과를 야기했다는 취지의 판결을 내렸다.[331)]

매사추세츠 주법에 따르면 얼마든지 이러한 혐의가 입증이 된다면 살인죄를 적용시켜 체포 구금을 시킬 수 있었지만 무슨 이유때문인지 모르지만 그는 그러한 판결을 내리지 않았고 검사 역시 그를 살인죄로 기소를 하지 않았다.[332)]

---

330) http://en.wikipedia.org/wiki/Edward-Kennedy

331) http://en.wikipedia.org/wiki/Edward-Kennedy

이 사건으로 그 당시 미국의 조야는 발칵 뒤집어 졌었다. 늦은 밤에 여비서와 단둘이서 함께 차를 타고 가다가 못에 빠졌다는 사실은 성적 스캔들로 비화가 되었지만 이 보다 더 에드워드에게 치명적인 것은 그의 정적들이 그의 지도자로서의 도덕적 자질을 거론하고 나와 공격을 했다는 점이다. 즉 그는 위기의 상황에서 자신의 여비서를 구하려는 행동은 하지 않고 자신의 안위만 우선적으로 염두에 두고 혼자 차에서 빠져나와 목숨을 구했다는 것이다.

더욱이 그는 수영을 쳐서 뭍에 나온 다음에 연약한 여성이 물에 빠진 차에 있음에도 불구하고 그녀를 구하려는 자구적 노력도 하지 않고 또 경찰이나 인근 지역 사람들에게 도움도 청하지 않고 사고 현장을 벗어나 뺑소니를 쳤다는 것이다. 그런 비도덕적인 사람이 어떻게 비중 있는 정치적 공인이 될 수 있느냐는 논리였다.

어쨌든 이러한 파문은 시간이 지나면서 점차로 수그러들었으나 자취를 감춘 것은 아니었고 수면 아래에 내쳐져 있었던 것이다. 그런데 에드워드가 대통령이 되고자 출사표를 던지자 이 사건이 다시 악령이 되어 에드워드 앞에 나타난 것이다. 그의 정적들이 이 사건을 빌미삼아 도덕적으로 비난을 받아 온 그가 어떻게 미국이라는 이 거대한 배의 선장으로 뽑혀질 수 있느냐고 핏대를 올리면서 반대를 하고 나온 것이다.

카터 대통령의 지지율 회복과 체퍼퀴딕의 악령 때문에 결국 에드워드는 민주당 대통령 후보경선에서 도중하차를 하지 않을 수 없게 되었던 것이다. 그의 꿈은 이렇게 해서 물거품이 되어버린 것이다. 조금만 평정심을 갖고 자기 자신을 자제하고 인내를 했다면 그는 자신의 꿈을 이룰 수 있었을지도 모르는 일이다. 불행하게도 에드워드는 그것을 하지 못해 자신의 꿈을 포기해야만 되었던 것이다.

---

332) http://en.wikipedia.org/wiki/Edward-Kennedy

3) 루이 14세

프랑스의 경우 '태양 왕'(the Sun King) 이라 칭하고 "짐이 곧 국가이다."(L'Etat, c'est moi)라고 말하면서 철권을 휘두르고 나선 루이 14세를 인내심 부족으로 인해 인간경영에 실패한 사례로 들 수 있다.

프랑스는 그에 의해 절대 왕정체제가 자리를 잡게 된다. 그는 자신의 탐욕과 허영을 충족시키고 절대왕권을 과시하기 위해 그 당시 재정적 여건으로는 거의 불가능한 베르사유 궁전(Palaces of Versailles)을 무리하게 신축하도록 한다. 그러나 이것이 가져 온 재정적 파탄으로 인하여 후에 결국 프랑스 혁명이 일어나게 되는 것이다.[333] 국가권력을 통한 착취와 폭거가 결국 국민들의 재산과 희망을 앗아가고 그러한 국민적 절망은 결국 자국의 왕과 왕비까지 죽음으로 해하는 유혈혁명이라는 결과를 가져왔던 것이다. 지도자의 탐욕과 부패하고 사리사욕에 눈이 감겨진 국가권력은 결국 그 자신도 파멸하고 국민까지 피폐하게 만들고 마는 것이다.

4) 의자왕(義慈王)

의자왕은 즉위하고 나서 아버지 무왕의 뜻을 이어받아 왕위 초기에는 영토를 넓히고 민생을 돌보는 아주 훌륭한 정치를 폈다. 642년에는 친히 군사를 이끌고 신라의 미후성(獼猴城) 등 40여 성을 빼앗았으며 이어 장군 윤충(允忠)이 신라의 구 가야지역 최대 거점인 대야성(大耶城)을 함락하는 등 백제의 힘을 떨쳤다. 649년 신라의 7성을 습격하다가 김유신(金庾信)에게 역습을 당하기도 했으나 그 후 백제는 이를 다시 빼앗았으며, 655년에는 고구려, 말갈과 연합해 신라의 성 30여 개를 빼앗았다.[334]

---

333) Crane Brinton, *The Anatomy of Revolution*, Revised and Expanded Edition (New York : A Vintage Book, 1965).

그러나 즉위 후의 이러한 의자왕의 노력은 20세를 넘어서면서 차츰 약해졌다. 그를 둘러싼 간사한 신하들은 전쟁을 하면 자신들의 사병들이 군사로 동원 될 뿐만 아니라 전쟁자금도 내야했으므로 전쟁보단 평화를 더 원했다. 그래서 그들은 나라가 평안하다는 식으로 의자왕에게 말을 하여 의자왕의 용안을 흐리게 하여 의자왕이 정말로 그런 줄 알고 믿게 하였다.

간신들이 쳐 놓은 인의 장벽에 가로막혀진 의자왕은 점차로 국정운영에 대해 싫증을 느끼고 자만해지고 방탕해져서 국정은 뒤로 하고 애첩 은고와 함께 사치스러운 주연을 매일 열었다. 성충과 같은 신하들이 이를 보다 못해 충언을 아끼지 않았지만 총기가 흐려지고 방종해져서 의자왕은 이런 충신들의 말을 새겨듣지 않고 오히려 그들을 귀찮아하고 멀리 하였다. 그러면서 3천 궁녀를 자신의 주변에 두고 주지육림의 여흥에 빠졌다.[335] 결국 충신 성충은 올바른 소리를 간하다가 감옥에 갇혀 옥사를 하였다.

의자왕은 주색잡기에 침잠하면서 이미 정사와는 먼 거리를 두는 군주가 되었다. 이렇게 되자 정사의 대부분은 간신들에 의해 주도되었고 그들의 손바닥위에서 좌지우지되는 몰 꼴이 되어버렸다.

이에 반해 신라에서는 자신보다 강한 고구려와 백제의 침략을 받으면서 상당한 위기의식을 느끼고 있었다. 상대편보다 강하지 않으면 죽을 수 밖에 없는 생존경쟁의 장에서 자신들이 상대적으로 약자의 입장에 서 있다는 생각의 공감대가 신라 사회의 고위층이나 백성들 모두에게 형성이 되어졌던 것이다. 이런 위기의식에 의해 생성 된 공감대는 신라 민들을 하나로 결집시키는데 커다란 작용을 했던 것이다. 신라는 자신의 국방력을 극대화시키는 노력을 아끼지 않으면서 타방으로는 고구려와 백제를

334) http://ko.wikipedia.org/wiki/

335) http://ko.wikipedia.org/wiki/

견제하고 더 나아가 제압할 수 있는 제3의 힘을 찾아 나섰던 것이다.

당시 고구려에 의해 어려움을 겪고 있던 당나라는 신라의 입장에서 볼 때 이런 제휴상대로는 아주 좋은 상대가 되었던 것이다. 당나라에 대한 적극적 외교가 김춘추 등에 의해 이루어졌고 눈에 가시처럼 여기던 고구려를 제거하려는 그들의 의도는 신라의 생각과 맞아 떨어지는 것이었다. 당나라는 신라와 손을 잡게 되었고 이를 통해 고구려를 멸하고 백제를 멸한 후 한반도를 자신의 영향권 안으로 집어넣으려는 계책에 의해 신라와 손을 잡게 되는 것이다.

이제 신라는 예전의 약체 신라가 아니었다. 자주국방 역량을 극대화하여 상당한 전력과 사기를 갖춘 군대를 가지게 되었고 당나라라는 외세를 끌어들여 안팎으로 강력한 군사력을 지닌 국가로 변모된 것이었다.

그러나 백제는 이러한 신라의 변신과정과는 정 반대로 스스로 나라를 약화시키는 자해적 행위를 지배계급에서 서슴없이 자행하고 있었던 것이다. 왕은 주지육림에 빠져 헤어 나오지 못하고 간신들은 자신들의 사리사욕을 채우기 위해 혈안이 되어있고 군사력은 이러한 국정의 표류로 약화되고 있었다. 이렇게 안에서부터 썩어 들어가는지도 모르고 허세를 부리며 백제군은 신라를 압박하고 있었다.

신라는 드디어 당과 뜻을 모아 660년 나·당연합군으로 백제를 협공을 하였다. 강력한 기습적 군사력에 직면한 백제는 당황할 수밖에 없었다. 의자왕은 혼비백산하여 귀양 가있던 홍수에게 사신을 급히 보냈지만 그가 하는 말은 성충의 말과 전혀 다르지 않았다. 성충은 옥중에서 임종을 당하여 왕에게 상소를 올려 외적의 침입이 있을 것을 예언하고, 육로는 신라군이 백제로 들어오지 못하게 탄현(炭峴)을 막고 수로(水路)는 당나라군이 백제로 들어오지 못하게 기벌포(伎伐浦)를 방비하라 말하고 죽었었다.[336] 의자왕은 성충과 똑 같은 말을 하는 홍수의 말을 믿지 못했다. 마지막 기회

---

336) http://ko.wikipedia.org/wiki/%EC%84%B1%EC%B6%A9

조차 그는 스스로 버리고 만 것이다.

상황은 악화되어 기벌포에서 당군의 상륙을 저지하려던 백제군이 대패를 하였고 황산벌에는 계백(階伯) 휘하의 5천의 군사를 보내어 4번을 막아냈지만 화랑 반굴과 관창(官昌)[337]의 희생으로 사기를 되찾아 공격을 재개하자 결국 계백과 그의 군사는 신라에게 두 무릎을 꿇게 되었다.

전황은 더욱 다급해져서 의자왕이 기거하는 사비성(泗沘城) 부근으로까지 확전이 되었다. 나당연합군의 진군이 의자왕의 목을 서서히 조여오고 있었다. 사비성에서 나당연합군에 대항하여 사력을 다한 결전을 벌였으나 백제군 1만이 전사하며 대패하였다. 결국 나당연합군에게 수도인 사비성이 포위되자 태자와 함께 웅진성(熊津城)으로 피난했지만 사비성이 함락되었다는 소식을 접하자 가망 없다고 여기고 의자왕을 배신한 웅진성 방령 예식(禰植, 예식진(祢寔進))에 의해 항복이 진행되었으며 의자왕도 웅진성 함락과 함께 나당연합군에게 체포를 당하였다.

의자왕의 방탕을 상징하는 3천 궁녀들도 사비성이 함락되기 직전 지조와 절개를 지키기 위해 낙화암에서 백마강으로 떨어져 망국의 한을 안고 스스로 자결을 하였다고 전해진다.[338]

그 후 왕자들과 대신 88명을 포함하여 백성 1만 2천 명과 함께 의자왕은 당나라 수도로 압송되었으며 그 후 채 일 년도 안 되어 병으로 죽었으

---

337) 그는 신라 좌장군 김품일의 아들이자 김유신의 조카이다.

338) 자살한 궁녀에 대한 내용이 언급된 최초의 기록은 일연의 『삼국유사』권1 태종춘추공조에서 "궁녀들이 왕포암(王浦巖)에서 올라가 물로 뛰어들어 자살함으로써 타사암(墮死巖)이라는 이름을 얻었다."라는 내용이다. 그 뒤 고려 시대에 낙화암이라는 이름이 나오고, 안정복의 『동사강목』권2에서 "여러 비빈"(諸姬)이라고 표현하고 있다. 조선 초의 문신 김흔(金訢)이 『낙화암』이란 시에서 "삼천의 가무 모래에 몸을 맡겨 / 꽃 지고 옥 부서지듯 물 따라 가버렸네(三千歌舞委沙塵 / 紅殘玉碎隨水逝)"라고 읊은 것이 "3천"이라는 수효에 대한 첫 언급이다. "3천 궁녀"를 맨 처음 언급한 글은 윤승한(尹昇漢)이 지은 소설 『김유신』(野談社, 1941년)이고, 최초의 공식 기록은 이홍직(李弘稙)이 쓴 『국사대사전』(서울 : 지문각, 1962년)의 "낙화암" 조항이다. http://ko.wikipedia.org/wiki/

며 망국의 군주가 묻힌다는 낙양의 북망산에 묻혔다.339)

충언을 멀리하고 간신이 내뱉는 아첨의 말만을 들으려하고 주색잡기의 방탕한 생활로 정사를 그르친 의자왕은 결국 망국의 군주가 되었다. 그는 즉위 초의 초심과 기상을 잃어버리고 간악한 세치의 혀에 놀아나는 군주가 되었고 주지육림의 쾌락에 허덕이는 군주가 되어 백제를 창업한 온조왕(溫祚王)이래로 유지해 온 육백여년 사직을 일순간에 허물어버리고 만 장본인이 된 것이다.

그는 한 마디로 인내하지 못했다. 그는 참고 견디어내는데 실패하고 만 것이다. 즉위 초의 초심과 기상을 가지고 자신을 계속 경계하고 관리하면서 국력을 신장하고 민생을 돌보았다면 그리고 고구려와 외교관계를 극대화하고 신라와 상생적인 협력관계를 꾀하여 나갔다면 육백여년 사직을 한 순간에 무너뜨리는 망국의 군주가 되지는 않았을 것이다.

그는 자기관리에서 실패를 했고 자기통제를 끝까지 지속시켜주는 원동력인 인내를 끝까지 유지해 나가는데 실패를 하였던 것이다. 그러한 결과는 그를 주지육림에 빠지게 하였고 결국 정사를 소홀히 하게 만들고 그것이 급기야 국가의 기틀을 무너뜨리는 결과를 가져오게 만든 것이다.

이러한 관점에서 그는 인내를 하지 못해 인간경영에 실패한 지도자로 역사적으로 낙인찍히게 만들었던 것이다.

5) 경애왕(景哀王)

이 점에 있어서 신라의 경애왕도 예외가 될 수 없다. 그 역시 결론부터 말하자면 인내를 하지 못해 망국을 재촉한 군주가 되었고 인간경영에 실패한 지도자로 역사적으로 낙인찍히게 만들었던 것이다.

경애왕(景哀王)은 917년(경명왕 1년) 이찬(伊飡)으로서 상대등(上大等)이 된

339) 『조선일보』, 2006년 11월 9일 ; 『한국일보』, 2008년 11월 15일 ; http://ko.wikipedia.org/wiki/

뒤, 서기 924년에 신라 제55대 왕으로 즉위하였으나 그의 재위기간(924 ~ 927년)은 신라 말기의 가장 혼란한 시기였다.340)

신라는 견훤의 후백제에게 치이고 왕건의 고려에도 눌려 지내야 하는 매우 고단한 시기였다. 거기에다가 경애왕 자신도 이러한 난국을 수습하고 새로운 나라로 거듭나려는 노력이 부족했던 듯 싶다. 그는 오히려 현실을 도피하려했고 그러한 수단으로 매일 향락만 일삼았다 한다. 백성들의 고달픈 삶을 외면한 것이다. 그래서 백제 견훤이 경애왕을 죽였을 때 신라백성들이 즐거워했다는 일화도 있다.

그렇다면 왜 신라백성들이 자신의 왕이 적국의 왕에 의해 참살이 되었을 때 기뻐했을까하는 점이 궁금하다. 그리고 왜 견훤이 신라로 침략을 해 들어와서 경애왕을 죽였을까 하는 점 역시 궁금하다. 다음과 같은 사실을 알게 되면 이러한 궁금증이 다소 풀리지 않을까 싶다.

궁예가 신라에 대해 원한이 있는 고구려 지역에서 세력을 얻기 위해 일부러 더 신라 측에 강경한 태도를 취했다는 설도 있다. 그러나 고려와 신라의 관계에 있어서 더 중요한 것은 궁예의 뒤를 이은 왕건의 태도였다. 왕건은 궁예보다 신라에 대해 매우 온건한 태도를 취하였다. 이로 인해 신라는 고려에 호감을 가지고 친 고려 정책을 취하게 되었다.

사실 후백제나 고려 모두 신라의 옛 영토에 자리 잡고 일어난 일종의 반역세력이기 때문에 신라 조정과의 관계가 껄끄러울 수밖에 없었다. 그러나 왕건의 경우 신라의 정서를 제대로 파악하고 이를 외교정책에 반영을 하여 실행에 옮김으로서 후백제보다 먼저 신라의 호의를 살 수 있게 된 것이다.341)

이렇게 하여 고려와 신라가 가까워지자 삼국각축을 벌이고 있던 후백제로서는 상대적으로 불안해질 수밖에 없었다. 후삼국의 세 국가 중에

340) http://100.naver.com/100.nhn?docid=10646

341) http://kin.naver.com/detail/detail.php?d1id=11

고려와 신라라는 두 국가가 손을 잡고 그 세를 몰아 나머지 한 국가를 친다면 후백제의 멸망뿐이었다. 그래서 후백제의 견훤은 927년 9월에 이르러 선수를 치기 위해 신라를 침략하게 되는 것이다.

견훤의 군대는 파죽지세로 신라 깊숙이 진격을 해 들어와서 고울부(지금의 영천)까지 점령을 당할 위기에 처해지게 되었다. 위기를 느낀 경애왕은 고려 태조 왕건에게 구원병을 요청하였고 태조는 부하 장수들에게 정예병 1만 명을 거느리고 가서 신라를 구원하게 하였다. 그러나 불행히도 고려의 구원병이 당도하기 전 견훤의 군대가 신라의 수도인 경주에 먼저 들이닥쳤다.

『삼국사기』에 남아있는 기록에 의하면 경애왕은 경주 포석정(鮑石亭)에서 신하, 비빈 그리고 종척, 외척들과 더불어 주연을 베풀고 노천 파티를 벌이다가 갑자기 나타난 후백제 견훤의 군사들에 의해 습격을 당한다. 경애왕은 놀라 호위병도 없이 병풍을 손수 가리고 광대들에게 군사를 막게 한 후 이궁으로 달아났지만 곧바로 견훤에게 사로잡혀 왕비와 부하들 앞에서 자결을 하고 왕비는 강간을 당하고 왕의 비첩들은 능욕을 당했다는 것이다.

> (경애왕 4년) 가을(9월) 견훤이 고울부에서 우리 군대를 쳤으므로 왕은 태조에게 구원을 청하였다. 태조(왕건)는 날랜 병사 1만을 내어 가서 구원하게 했다. 견훤은 구원병이 이르기 전인 겨울 11월에 별안간 왕경(王京, 경주)으로 들어왔다. 경애왕은 비빈·종척·외척들과 더불어 포석정에 가서 잔치를 하며 놀다가 적병이 닥치는 것을 알지 못하였기에 창졸간에 어찌할 바를 몰랐다. …… 왕과 비첩 몇 사람이 후궁에 있었는데 군영에 잡아다 왕을 강제로 자살하도록 하고 왕비를 강간했다. 그리고 부하들을 놓아 왕의 비첩들을 욕보였다. 그리고 왕의 족제를 세워 나라 일을 맡기니 이가 경순왕이다.342)

342) 『삼국사기』, "경애왕전", 4년. : http://cafe.naver.com/ygsm7.cafe?frame_url=/ArticleRead.

정말로 처참하기 그지없는 역사적 장면이다. 천년 사직을 지녀 온 신라의 국왕이 신라의 입장에서 볼 때 역도에 불과한 견훤에 의해 자진을 명받고 자결을 하는 어처구니없는 장면이 실제로 연출이 된 것이다. 이것도 모자라 주연이 베풀어진 포석정은 일국의 국모가 역도들에 의해 강간을 당하고 왕의 비첩들이 능욕을 당하며 많은 신료들과 종친들이 살해되는 피비린내 나는 살육의 현장이 되어버린 것이다.

견훤의 군대가 신라 깊숙이 침략을 하여 들어오고 있다는 급보를 접한 후 위기를 느끼고 왕건에게 구원병을 요청한 경애왕이 견훤의 군대를 막을 준비는 하지 않고 포석정에서 신하와 비빈 그리고 종친들을 거느리고 주연을 베풀고 잔치를 치렀다는 것은 상식적으로 이해가 되지 않는 대목이다.

그래서 삼국사기의 기록을 비판적으로 보는 사람들은 이러한 기록을 승자에 의한 역사의 왜곡으로 해석을 하기도 한다. 고려의 정통성을 찾기 위해 신라를 멸도로 몰아갔다는 것이다. 그런 과정에 경애왕이 주연이 자주 벌어져 왔던 포석정에서 살해되었다는 것을 빌미로 하여 그를 방탕하고 주지육림에 빠져 허덕이는 구제불능의 군주로 폄하함으로써 신라 패망의 희생양으로 삼았다는 것이다. 실제로는 포석정과 그에 접한 사찰에서 불력을 빌려 견훤의 군대를 막기 위해 호국불사를 치루고 있었다고 해석하는 사람들도 있다. 이들의 생각이 진실일지도 모른다.

그러나 다르게 생각을 할 수도 있을 것이다. 경애왕이 정말 구제불능의 군주였다면 삼국사기에 묘사된 것처럼 그렇게 될 수도 있다는 것이다. 그는 저물어가는 신라를 다시 일으켜 세울 힘도 의지도 없다고 생각했는지도 모른다. 한 편에서는 점점 강성해지는 후백제가 압박을 가하고 또 다른 한편에서는 견훤보다는 부드럽게 다가오지만 신라를 결국에는 집어 삼킬 고려가 존재한다는 사실에 그는 자신감을 상실하고 자포자기

---

nhn%3Farticle=18944에서 재인용

가 되었을 수도 있다.

그리고 마지막으로 꺼져가는 신라의 불길을 되살리려는 노력도 갑론을박 논쟁에 빠져있고 사리사욕을 챙기는데 혈안이 되어있던 그 당시 부패한 신라의 관료들을 고려할 때 경애왕의 실망감과 초가사면(楚歌四面)적 딜레마는 충분히 공감이 되는 것이다.

그는 자포자기적 또는 체념적 상태에 빠져 그리고 행여나 행운이 따른다면 견훤이 왕궁에 당도하여 자신의 목숨을 앗아가기 전에 고려의 구원병이 도착하여 자신을 구해줄 것이라는 안이한 생각들, 그리고 견훤이 자신을 죽일 것이라는 불안감 등을 잊기 위한 생각들이 겹쳐 그를 보다 더 주지육림 적 쾌락에 밀어 넣었는지도 모르는 것이다. 그가 평소에도 포석정에서 주연을 자주 베풀고 백성을 돌보는 것을 등한시 한 적이 많음도 이러한 생각을 더욱 단단하게 만드는 것이다.

결국 그는 견훤에 의해 비참한 최후를 마쳤다. 그리고 그것은 자기혼자만의 비극이 아니었다. 천년 사직을 지닌 신라를 몰락의 길로 몰아넣게 된 것이다. 그 역시 자기 자신을 관리하고 통제하는데 실패를 하였다. 그는 끝까지 인내하며 자신을 부여잡고 신라의 중흥을 꾀해 나가야 했을 것이다. 그는 비록 신라가 쇠망의 길로 접어들고 있다고 생각을 했다하더라도 다시 중흥을 시키기 위해 최선의 노력을 경주했어야 했을 것이다.

후백제의 침공을 저지하기 위해 군사력을 강화시키고 외교력을 극대화시켜 나가야 되었을 것이다. 이를 위해 필요하다면 고려의 군사력을 활용하는 지혜도 짜내었어야 할 것이다. 삼각구도 속에서 신라가 유리하게 얻을 수 있는 실익이 무엇인가를 알아내고 이를 얻기 위해 노력을 했어야 했다. 그리고 신라가 가지는 단점이나 약점을 최대한 보강하고 보완해 나가야 했을 것이다. 그리고 신라가 가진 상대적 강점을 극대화하는 노력을 경주했어야 할 것이다.

이를 위해 신라의 내부결속부터 다질 수 있도록 노력했어야 할 것이다.

내부적으로 사분오열되는 그런 리더십의 실패를 가지지 말았어야 했다. 적극적이고 긍정적인 사고의 기반위에서 자신의 살을 찢는 아픔을 인내하며 이러한 노력을 경주해 나가야 했음에도 불구하고 그는 안이한 자세로 임했다는 데 신라의 비극이 있었던 것이다. 자신의 힘을 키우는 노력을 게을리 하고 고려라는 외세에 의존하려했고 후백제와의 관계를 긴장으로 몰아넣는 외교력의 부족으로 인해 도끼로 자기가 자기 발등을 찍는 그런 어리석음을 저질렀던 것이다.

결국 이로 인해 자기 자신의 관리를 위해 끝까지 인내하지 못한 또 하나의 인간경영의 실패한 지도자로 역사에 남게 된 것이다.

사람들은 누구나 다 자기에게 주어진 삶을 살아가면서 많은 아픔을 숙명처럼 안고 간다. 그래서 불가(佛家)에서는 우리가 살아가는 속세를 고해(苦海)라고 일컫는가 보다. 태어나서 늙고 병들어 죽는 삶이 초로(草露)와 같지만 사람들은 이 속에서 마치 영원한 삶을 가질 것처럼 착각하고 살거나 여러 형태의 많은 아픔을 겪으면서 좌절하거나 체념하여 삶 자체를 포기하듯 살아간다. 그러나 삶을 살아가는 우리에게 무엇보다 중요한 것은 어떠한 시련과 역경이 닥쳐온다 하여도 자신의 삶을 사랑하고 자신에게 주어진 삶의 의미를 값지게 승화시키기 위한 노력을 기울여 나가는 것이다.

"겨울이 깊으면 봄이 가까이 있다."는 말과 "새벽의 일출직전이 가장 어둡다."는 말이 의미하듯이 절망과 체념이 깊으면 깊을수록 희망과 기쁨 역시 가장 가까이 있는 것이며 또한 어두움이 있어야 밝음이 있듯이 고통이 있어야 기쁨과 행복이 있는 것이다.

서정주의 "국화(菊花) 옆에서"라는 시에서 보듯이 '한 송이의 국화꽃을 피우기 위해 봄부터 소쩍새가 그리 많이 울고 천둥은 먹구름 속에서 또 그렇게 울고 간밤엔 무서리가 저리 내린 것'이다. 새로운 꽃을 피우기 위한 개화의 고통이 있기에 한 송이의 국화꽃이 그렇게 아름다울 수 있는 것이고 피 섞인 절규의 소쩍새의 울음이 있었기에 거울 속에 되돌아 온 나의 누님과 같은 자태와 이를 뽐낼 수 있는 개화의 환희를 느낄 수 있었던 것이다.

그렇기에 사람들은 절망과 좌절 속에서도 그 너머에 있는 희망과 기쁨을 상정하고 마치 균열에 따르는 개화의 아픔을 맛보려 하는 것이다. 그러기에 사람들은 절망 속에서 가느다란 희망을 발견하고 인내하면서 최후까지 최선의 몸짓을 다하려고 노력을 하는 것이다.

진하게 배어 나오는 고통의 바다에서 어느 인간인들 자유로울 수 없다. 많은 사람들이 겪는 아픔과 시련도 보다 나은 내일을 위한 희망의 절규라 생각해야 할 것이다. 그러면서 우리가 오히려 경계해야 할 점은 오늘의 고통을 고통으로 여길 줄 모르는 무지와 무관심 그리고 오늘의 고통을 내일의 기쁨으로 바꾸려고 하지 않는 준비되지 않은 생각들이다.

"진정한 슬픔과 고뇌 속에서 눈물로 점철된 빵을 씹는 자만이 삶의 의미를 절감할 수 있다."는 말이나 "비록 그대의 삶이 그대를 속이더라도 결코 실망하거나 좌절하지 말라."는 말이 의미하듯 진정한 삶의 본질은 아픔 속에서 느껴지고 자각되는 것이며 이러한 슬픔과 아픔을 느끼는 자만이 진정한 삶을 소유하게 되는 것이다.

지금 어려운 번뇌와 고뇌로 슬픔과 아픔에 처해있지만 그것은 진정한 삶의 본질을 배태하는 것이고 나아가 보다 나은 삶을 위한 가치 있는 투자라 생각해야 할 것이다. 또한 "비 온 뒤에 땅이 더 굳어진다."는 말이 있듯이 이러한 갈등이 일고 이를 해결하기 위한 진한 고통과 슬픔이 있었기에 우리의 내일은 더욱 단단하고 공고해지는 것이 아닐까 뒤집어 생각도 하여야 할 것이다.

바로 이러한 생각들이 고통을 수반하는 인내에 대해 다시금 생각해 보도록 하는 말없는 교훈이다.

제7장 비전 그리고 창조적 지성

1. 비전(Vision)

효과적인 리더십은 비전을 현실로 바꾸는 능력이다.[343] 성공은 미래를 위해 준비된 자만이 가질 수 있다.[344] 성공의 가능성은 누구에게나 열려있고 성공은 과거나 현재의 위치에 달려있는 게 아니라 성공하는데 필요한 준비를 하고자 하는 의지에 달려있는 것이다.[345]

어느 누구도 미래를 통제하거나 예측할 수는 없다. 그러나 앞으로 원하는 것에 더 많은 계획을 세울수록 현재의 걱정과 불안이 줄어든다. 그리고 미래를 더 잘 알 수 있다.[346] 유비무환(有備無患)이라는 고사도 이와 맥을 같이 하는 것이다. 미래에 대한 준비가 되어있다면 그만큼 걱정도 줄어들게 되는 것이다.

스펜서 존슨은 "멋진 미래의 모습은 어떠한지 그림을 그려라. 현실적인 계획을 세워 그것을 달성할 수 있게 하라. 계획을 지금 이 순간 행동으

---

343) 박홍윤, 『전략적 기획론』(서울 : 대영문화사, 2009), 105쪽.

344) 호아킴 데 포사다·엘런 싱어 지음, 김경환·정지영 옮김, 『마시멜로 이야기』(서울 : 한국경제신문, 2005), 76쪽.

345) 『앞의 책』, 93쪽.

346) 스펜서 존슨 지음, 형선호 옮김, 『선물』(서울 : 랜덤하우스, 2007), 81쪽.

로 옮겨라."고 주장한다.347) 실현 가능한 미래를 그려보고 나아가 그려진 미래를 이루기 위해 실천하라는 메시지를 던지고 있는 것이다.

비전이 무엇인가 하는데 대한 여러 개념정의 들이 있다. 일반적으로 비전이란 '현상 너머에 있는 것을 바라보는 것'으로 이해 할 수 있다.348) 추상적이긴 하지만 상당한 내용을 함축적이고 포괄적으로 담고 있는 개념정의로 볼 수 있다.

스티븐 코비(Stephen Covey)는 "지성의 눈으로 미래를 보는 것"이라고 정의를 내렸고 워렌 베니스(Warren Bennis)는 "리더십은 비전을 실현할 수 있는 능력이다."라고 정의를 내렸다. 이는 실천성에 무게를 싣는데 강조점을 두고 있는 듯 싶다.

제너럴 일렉트릭(GE)사의 최고경영자였던 잭 웰치(Jack Welch)는 기업의 비전이 기업의 미래가치라고 생각하였다. 비전이 제대로 잘 투사되고 있는 기업의 미래가치는 올라가서 희망적이지만 그렇지 않은 기업의 미래는 어둡다는 생각을 강하게 담고 있다. 이러한 시각에서 보자면 기업의 장래성은 제대로 된 올바른 미래비전이 존재하느냐 혹은 그렇지 않느냐에 따라 달려있다고 해도 과언이 아닐 것이다.

비전이란 약간 다른 시각에서 보자면 조직이 달성하고자 하는 바람직한 미래에 대한 개념적인 이미지이다. 비전은 조직에 대한 감정, 신념, 미래에 대한 그림과 관련이 있으며 비전은 조직이 추구하는 단순한 꿈이나 희망이 아니라 장기적인 시각에서 현실과 미래를 연결시키는 전략적 구상이다.349) 그리고 비전선언(vision statement)은 조직에 관심을 가지고 있는 사람들이 원하는 바람직한 미래의 조건이나 삶의 질을 기술한 것이

---

347) 『앞의 책』, 84쪽.

348) 빌 하이블즈 지음, 박영민 옮김, 『아무도 보는 이 없을 때 당신은 누구인가?』(서울 : 한국기독학생회출판부, 2001), 39쪽.

349) 박홍윤, 『앞의 책』, 219쪽.

다.[350]

엘리노 루즈벨트(Anna Eleanor Roosevelt)는 "미래는 자신들의 꿈의 아름다움을 믿는 그런 사람들이 소유하는 것이다."라고 주장을 하였고 윈스턴 처칠(Winston Churchill)과 프랭클린 루즈벨트(F. D. Roosevelt)는 "최고지도자는 성원들에게 꿈과 희망과 믿음을 심어주어야 한다."고 주장하였다. 이는 제대로 된 꿈을 꿀 줄 알고 이를 성원들에게 믿음과 희망으로 전파시킬 수 있는 사람이 바로 리더라는 것을 의미하는 말이다.

존 가드너(John W. Gardner)는 자신의 공직생활과 리더십 연구를 통해 얻은 결론에서 리더십 구성요소로 비전제시를 제일 먼저 들고 있으며[351] 게리 유클(Gary Yukl) 역시 리더십은 명쾌하고 호소력 있는 비전을 조직 구성원에게 제시하는 지도자의 행동으로 개념을 정의하고 있다.[352] 또한 애드가 샤인(Edgar H. Schein) 역시 지도자는 조직이 살아 숨 쉬는 비전을 제시하는 활력소 역할을 맡아야 한다고 강조하였다.[353]

왕양명(王陽明)은 동양의 전통적 리더십으로 입지(立志), 근학(勤學), 개과(改過), 책선(責善)을 들었다. 입지란 뜻을 세우는 비전을, 근학은 오늘날의 연구개발(Research & Development)을, 근학은 시행착오과정의 오류시정을, 책선은 조직과업 달성을 의미한다.[354]

---

350) Mark G. Popovich (ed.), *Creating High-Performance Government Organizations : A Practical Guide for Public Managers* (San Francisco, CA : Jossey-Bass, 1998).

351) 가드너는 리더십 구성요소로 비전 제시, 목표관리, 조직원에게 동기와 믿음 부여, 변화를 위한 쇄신, 지적 능력과 체력을 들고 있다. John W. Gardner, *On Leadership* (New York : The Free Press, 1990), pp.17-40 & 65-87.

352) Gary Yukl, *Leadership in Organizations* (Englewood Cliffs, New Jersey : Prentice-Hall, Inc., 1994), pp.368-376.

353) Edgar H. Schein, "Leadership and Organizational Culture." in Frances Hesselbein, Marshall Goldsmith, and Richard Beckhard. (eds.), *The Leader of the Future* (San Francisco, CA : Jossey-Bass Publishers, 1996), pp.59-69 & 211-253.

354) 모로야 히로시 지음, 박화 옮김, 『중국 3천년의 인간력』(서울 : 청년정신, 2004), 30-32쪽,

최평길은 비전을 모두가 공유하고 지향하는 호소력 있는 가치로서 이해하고 이것이 집단결속력으로 작용을 한다고 주장을 하면서 지도자는 끊임없는 자기 쇄신으로 항상 새로운 가치를 추구하고 다양한 논리를 개발하고 매력 있는 슬로건을 내걸고 과거사례를 들어가며 무릇 조직이 살아 숨 쉬는 그런 비전을 제시하는 조직문화를 만들어 가야한다고 주장을 한다. 그리고 이러한 비전을 실현하기 위해서는 구체적인 목표설정과 실현능력이 있어야 한다고 주장을 한다.355)

B. 조셉 화이트 역시 리더는 착오 없이 임무를 수행해야 하고, 동시에 조직의 역동적인 비전을 통해 다른 사람들을 이끌어야 한다고 주장하고 있다.356) 또한 리더십은 빠르고 역동적으로 변화하는 세계에 대항하는 힘, 즉 리더를 일으켜 세우는 힘이라고 정의를 한다.357)

비전을 설정하는 것 못지않게 설정되어진 비전을 제대로 올바르게 달성하기 위해서는 그 방법에 대하여 성원 간에 공유된 합의가 존재해야 한다. 그래야 높은 성과를 기대할 수 있기 때문이다.358)

역사적으로 살펴 볼 때 민간기업의 경우 성공한 경영자들의 공통점은 이들에게 확고한 비전이 있었다는 것이다. 이를 알기 쉽게 풀어 설명하자면 확고한 비전을 가지고 있는 경영자가 결국 성공을 거두는 기업을

122-123쪽, 180쪽. ; 최평길, 『대통령학』(서울 : 박영사, 2007), 32-33쪽 재인용.

355) 최평길, 『앞의 책』, 33쪽.

356) B. 조셉 화이트 지음, 김정한 옮김, 『파충류처럼 냉정하고 포유류처럼 긍정하라』(서울 : 홍익출판사, 2007), 9쪽.

357) 『앞의 책』, 16쪽.

358) B. Nanus, *Visionary Leadership : Creating a Compelling Sense of Direction for Your Organization* (San Francisco, CA : Jossey-Bass, 1992). ; John P. Kotter, "Leading Change : Why Transformation Efforts Fail," *Harvard Business Review*, Vol.73, No.2., pp.59-67. ; John P. Kotter, *Leading Change* (Boston, MA : Harvard Business School Publishing, 1996). ; 존 코터 지음, 한정곤 옮김, 『기업이 원하는 변화의 리더』(서울 : 김영사, 1996).

만들어 내고 자신도 이를 통해 성공을 하더라는 것이다.

비전을 가지고 조직을 관리하게 되면 다음과 같은 이점을 얻을 수 있다. 즉 비전은 조직 변화의 동인이 되며, 성과지향의 조직을 구축 할 수 있으며, 조직구성원에게 방향과 목표의식을 제고시켜주고, 조직의 주체성을 확립하고 조직에 대한 몰입을 유도하고 조직구성원의 사고와 행동을 확대시키고 조직 의사결정 및 성과 평가의 중요한 지침 역할을 해주고 조직 관리의 중요한 수단이 된다는 것이다.359)

비전은 구성원에게 영감을 불어넣고 도전 의식을 주어야 하며 바람직하고 높은 이상을 나타내야 한다. 그리고 무엇보다 구성원과 이해관계자의 마음을 끌고 감동을 주어야 한다.360)

프랑스 작가인 앙드레 모르는 '인간에게 가장 무서운 것은 정신의 감옥에 갇혀 지내는 것'이라고 주장하였다. 비전이 없다면 이러한 정신의 감옥에 갇혀 지낼 수밖에 없는 것이다.

아무리 절망적인 상황에서도 희망이 있으면 그 절망을 이겨낼 수 있는 힘이 생긴다는 것이다. 키르케고르(Søren Aabye Kierkegaard)는 1849년에 출간해 낸 『죽음에 이르는 병』에서 절망을 죽음에 이르는 병으로 이해하고 있다. 현재가 아무리 좋아도 미래가 절망적이면 삶의 의욕은 상실되지만 이와 반대로 현재가 아무리 절망적이라고 해도 미래가 희망적이면 삶은 윤택해질 수밖에 없는 것이다.

목표에서 눈을 떼는 순간 현실이나 조건, 환경이 더 커보이게 된다. 당신을 좌절시켰던 바로 그 지점에서 한 걸음만 더 나가보자. 가장 큰 성공은 대개 그곳에 있다.361)

케네디(John F. Kennedy) 대통령이 인간을 달에 보낸다는 목표를 세웠을

359) 박홍윤, 『앞의 책』, 222-224쪽.

360) 『앞의 책』, 225쪽.

361) 윌리엄 앳킨슨 지음, 권인택 옮김, 『생각 한 스푼의 기적』(서울 : 파워북, 2008).

때, 그리고 빌 게이츠(Bill Gates)가 모든 가정의 책상 위에 컴퓨터를 놓게 하겠다는 결심을 하였을 때 그들은 가치 있고 성취 가능한 목표를 설정한 것이 되며 바로 이러한 목표는 비전이 될 수 있는 것이다.[362]

비전이란 현재 존재하지 않으며 과거에도 존재한 적이 없는 바람직한 상태를 일구어 내겠다는 의지의 표현이자 조직의 현재와 미래를 연결하는 연결고리에 해당한다. 이러한 비전은 조직성원들에 의하여 공유될 때 전체조직과 각 부서 심지어는 각 개인에 이르기까지 그들의 효율성을 증대시키는데 크게 기여하게 되는 것이며 이러한 맥락에서 비전이 가지는 중요한 의미를 이해할 수 있게 되는 것이다.[363]

처음부터 비전을 마음에 품고 있는 리더는 거의 없다. 올바른 비전을 제시하기 위해선 리더가 깊이 사고하고 공식적, 비공식적 커뮤니케이션 경로들을 통해 다른 사람의 말에 주의를 기울이고 올바른 정보의 해석에 몰두해야만 하는 것이다. 이렇게 하여 만들어진 비전은 리더를 통해 미래를 구체화하고 이끄는데 영향력을 행사하게 되는 것이다.[364]

2. 창조적 지성에 기반을 둔 미래비전

비전을 가진 리더는 창조적인 리더라고 이야기 할 수 있다. 미래에 대한 비전을 갖기 위해서는 창조력을 가지지 않으면 어렵다. 전례가 없는 새로운 것을 만들어 내야 하기 때문이다. 조직 성원들에게 꿈을 꾸도록 만들어야 하고 이를 실천 할 수 있도록 하는 강한 동기를 부여해 주어야 한다. 이렇게 하기 위해선 기존의 틀을 깰 수 있고 새로운 미래의 변화에

---

362) 정우일, 『리더와 리더십』(서울 : 박영사, 2006), 26-27쪽.

363) 『앞의 책』, 27쪽.

364) 『앞의 책』, 28쪽.

도전할 수 있는 강한 동기를 부여할 수 있어야 하는 것이다. 바로 그것이 창조력인 것이다.

이러한 창조력을 통해 미래 비전은 만들어 지고 이것은 조직 성원에게 꿈과 희망과 실천하고자 하는 강한 동기를 부여해 주는 것이다. 따라서 비전은 무한 경쟁시대를 헤쳐 나가는 데 있어 강한 성공의 열쇄라고 볼 수 있는 것이다. 그리고 비전은 창조적 경영을 가능케 함으로써 무한경쟁시대를 헤쳐 나가는 강한 동력을 갖게 해 줄 수 있는 것이다. 21세기에는 단순한 모방으로 성공을 얻어내긴 어렵다. 창조적인 지적 능력과 인적 네트워크를 결합 해 얻은 시너지가 발휘될 때 비로소 창조적인 리더가 될 수 있는 것이다.365)

과거의 성공들이 미래에도 당연히 계속될 것이라고 생각하지 마라. 실제로는 과거의 성공이야 말로 가장 큰 장애물이다. 모든 전투, 모든 전쟁은 과거와는 다르다. 예전에 통했던 것이 오늘도 통하리라고 가정해서는 안된다. 과거와의 끈을 끊고, 현재를 향해 눈떠야 한다. 당신은 과거의 전쟁과 싸우려 하는 성향 때문에 결국 최후의 전쟁을 맞이할지도 모른다.366)

톰 피터스(Tom Peters)는 산업화시대를 뒤로하고 지식, 정보화 사회를 거치면서 창조력이 가장 큰 경쟁력으로 떠올랐다고 주장하고 있다. 창조력이 수반된 혁신적인 미래 비전은 바로 무한경쟁을 헤쳐 나가는 동력이다.

창의적인 조직을 만들어 나가기 위해선 최고경영자는 관료주의와 맞서 싸워 나가야 한다. 관료주의가 판을 치는 조직은 아이디어가 수용되지 않으며, 개인에게 동기를 부여하지 않는다. 그리고 내용보다 형식에 우선순위를 두며, 밖으로 돌리지 않고 안에 집착하며, 명령과 통제에 의해 움직이고, 계약과 책임을 가볍게 여긴다는 것이다. 이러한 조직은 경쟁에서 실패하게 되어있는 것이다.

---

365) 손욱, 『지식을 넘어 창조로 전진하라』(서울 : 웅진씽크빅, 2007).

366) 로버트 그린 지음, 안진환·이수경 옮김, 『전쟁의 기술』(서울 : 웅진씽크빅, 2007), 47쪽.

고르바초프(Mikhail Sergeyevich Gorbachev)는 1991년 12월 25일 고별연설에서 다음과 같이 말을 하였다고 한다.

“제가 이 나라의 지도자 직을 넘겨받는 운명의 길로 들어섰을 때 이미 이 나라가 잘못되고 있다는 것을 분명히 느꼈습니다. 우리는 땅, 석유, 가스, 기타 천연자원 및 하늘이 주신 지성과 재능을 겸비하고 있습니다. 그러나 선진국보다 훨씬 못 살고 있었으며 날이 갈수록 그들보다 뒤떨어지고 있습니다.

그 이유는 분명합니다. 사회가 명령체제와 관료주의 체제하에 질식당하고 있었습니다. 관료주의는 조직에서 가장 경계해야 할 병입니다. 거기에 비능률과 낭비, 침체가 있습니다.”

이러한 관료주의의 역기능이나 병폐를 막기 위해서는 우선 중앙통제를 약화시키고 말단 조직의 자율성을 함양시켜야 한다. 그리고 형식적인 틀보다 실질과 사실을 중시해야 하며 개성을 살리고 창의성을 발휘해야 한다. 그리고 한 사람 한 사람의 사고와 행동양식을 바꾸어야 한다. 명령과 통제에 움직이지 않는 행동의 주체로 만들고 계약과 책임을 아는 사람이 되게 해야 한다.

바로 이러한 것을 최고경영자는 그리고 조직의 리더는 해내야 하는 것이다.

3. 훌륭한 비전을 제시하여 인간경영에 성공한 역사적 사례들

1) 존 케네디(John F. Kennedy)

앞에서도 잠깐 언급을 하였지만 역사적으로 비전을 가장 잘 나타내고 활용한 인물로 미국 대통령이었던 케네디를 들 수 있다. 그는 ‘뉴 프런티어'(New Frontier)를 미국의 새로운 비전과 새로운 희망으로 제시한 미국의 정치지도자로 유명하다.

> 우드로우 윌슨의 신자유주의(New Freedom)는 우리 미국이 새로운 정치, 경제적인 틀을 갖출 것이라고 약속했고, 프랭클린 루스벨트의 뉴딜(New Deal) 정책은 도움이 필요한 모든 사람들에게 안전과 구원을 약속했습니다. 그러나 내가 말하고 있는 신개척자 정신(New Frontiership)은 약속이 아닌 일련의 도전입니다.[367]

당시의 미국은 국가적 목적을 상실한 상태였다. 1950년대의 물질적 행복은 권태와 무기력, 불안, 무관심을 만연하게 만들었다. 또한 동서냉전은 절정기를 맞고 있었다.[368]

그는 많은 시간을 들여서 역사를 읽고 위대한 사상가들의 생각을 공부했다.

1960년 민주당 대통령 후보 지명 수락 연설에서 건국 당시 개척자 정신을 다시 일깨웠다. 그리고 그의 뉴 프런티어 정신은 대통령 취임 연설에도 이어졌다.

1961년 1월 20일에 있은 대통령 취임식에서 연설한 내용을 살펴보면 그의 이러한 의지를 읽을 수가 있다.

> 기나긴 세계 역사 속에서, 단지 몇 세대만이 가장 위기의 시기에 자유를 지키기 위한 중요한 역할을 부여 받아왔습니다. 나는 이러한 신성한 책무로부터 도피할 생각이 전혀 없습니다. 나는 오히려 저에게 부여된 신성한 책무를 환영합니다................................

---

367) 존 케네디 대통령 후보가 미국의 새로운 자유와 과거 민주당 행정부들의 정책을 설명하면서 '신개척자'로서의 진로와 미국이 나아가야 할 비전을 천명한 내용이다. 양동주, 『한 권으로 보는 20세기 대사건 79장면』(서울 : 가람기획, 1997), 247쪽.

368) 로버트 댈럭 지음, 정초능 옮김, 『JFK 케네디 평전 1, 2』(서울 : 푸른숲, 2007).

> 친애하는 미국 국민 여러분, 국가가 여러분을 위해 무엇을 할 수 있는지를 묻지 말고, 여러분이 국가를 위해 무엇을 할 것인지를 먼저 물어 주십시오.
>
> 친애하는 세계의 시민 여러분, 미국이 여러분을 위하여 무엇을 할 것인지를 묻지 말고, 우리가 다 같이 인류의 자유를 위해 무엇을 할 수 있는지를 물어 주십시오.

그는 이러한 것 외에 미국의 개척이 종결되지 않음을 국민에게 호소를 하였다. 그는 서부개척으로 미국의 개척이 종결된 것이 아니며 새로운 개척지가 존재함을 분명히 하였다. 미국은 개척정신을 통해 세계 최강의 국가로 발 돋음을 하였지만 아직 아시아, 아프리카의 많은 국가들이 이러한 경지에 도달하지 못하고 미개하고 힘든 삶을 살아가고 있음을 미국 국민들에게 인식시켰다.

그리고 이러한 곳의 국민들을 계도하고 올바른 방향으로 이끌기 위해선 미국의 민주주의와 자유 시장 경제체제를 전파하여 그들이 진정한 자유 시민으로 살아갈 수 있도록 지도해야 된다는 생각을 바탕으로 하여 평화봉사단(peace corps)을 만들었다. 그에게는 새로운 개척지로 아시아, 아프리카를 생각하게 하였으며 바로 이러한 곳에 미국의 가치를 전파하는 것을 개척으로 보았던 것이다.

개척이 종결되었다고 자만하거나 체념을 하고 있던 미국인들에게는 새로운 개척지가 나타났으며 많은 미국인들은 이를 위해 시간과 노력을 제공했던 것이다. 실제로 평화봉사단은 아시아, 아프리카 지역에 미국의 가치를 전파하고 접목시키고 토착화하는데 많은 기여를 하게 되는 것이다. 바로 미래의 비전을 제시할 수 있었던 지도자의 역할을 느낄 수 있는 대목이다.

또한 그가 10년 안에 인간을 달에 착륙시키겠다는 비전을 제시하며 '항공우주국'(National Aeronautics and Space Administration : NASA)을 창설하고 '아폴로 프로그램'(Apollo program)[369]으로 이름 붙여진 달 착륙계획으로 우주개발에 박차를 가했던 사실도 이러한 미래의 새로운 비전을 미국 국민에게 제시하여 국민들을 하나로 묶고 구심점으로 작용할 수 있도록 나아가야 할 방향을 제시했다는데서 지도자로서의 무거운 역량을 느끼게 한다. 결국 1969년 7월 20일 닐 암스트롱(Neil Alden Armstrong)이 아폴로 11호를 타고 달에 착륙함으로써 그의 비전은 현실로 실현이 되었다.

2) 프랭클린 루즈벨트(Franklin Delano Roosevelt)

루즈벨트 역시 국민들에게 미래적 비전을 제시한 지도자로 손꼽을 수 있다. 그는 뉴딜(New Deal)이라는 새로운 국가발전의 비전을 통해 대공황을 타개한 미국의 정치지도자로 잘 알려져 있다.

1929년에 촉발된 증권파동은 1930년대 들어서면서 미국경제에 커다란 공황을 가져오게 하였다. 그 당시 대통령이었던 허버트 후버(Herbert Hoover)는 자유방임주의 적 정치지도자로서 시장을 과도하게 신봉하는 정치인이었다. 그 당시 자유방임주의자들이 늘 상 그러했듯이 그 역시 시장의 보이지 않는 손(invisible hand)이 예정조화 적으로 움직여 어려운 시장경제를 다시 살려낼 것이라는 생각을 가지고 있었다. 그래서 그는 가능하면 시장에 정부가 개입하는 것을 극단적으로 꺼렸다. 그러나 그가 생각한대로 시장은 풀리지를 않았고 결국 그는 경제공황타개에 실패를 하였다.

이에 반해 존 케인즈(John Maynard Keynes)의 경제정책을 받아들인 루즈벨

369) 아폴로 계획(Project Apollo 혹은 Apollo program)은 1961년부터 1972년까지 미국항공우주국에 의해 이루어진 일련의 유인 우주 비행 탐사 계획이다. 아폴로 계획의 목표는 1960년대 존 F. 케네디 대통령의 연설에서 언급되었던 "인간을 달에 착륙시킨 후 무사히 지구로 귀환시키는" 것으로 요약할 수 있다. 이 목표는 1969년 아폴로 11호에 의해 달성되었다. http://ko.wikipedia.org/wiki/%EC%95%84%ED%8F%B4%EB%A1%9C_%EA%B3%84%ED%9A%8D

트는 자유방임주의의 틀에서 벗어나 시장에 정부가 적극적으로 개입하는 정책을 통해 경제공황을 극복하는데 성공을 하였다. 뉴딜(New Deal)정책은 이러한 그의 사상을 대변하는 정책이었다. 그는 경제공황으로 좌절하고 체념에 빠진 미국 국민들에게 정부를 믿고 정부정책을 밀어주면 반드시 이 위기에서 벗어날 수 있다는 자신감을 주었으며 바로 이러한 정책적 선택이 뉴딜이었던 것이다. 대법원의 위헌판결을 받으면서까지 밀어 붙인 그의 뉴딜정책은 결국 미국경제를 살려냈고 미국 국민들에게 위기를 벗어나게 하려는 자신감을 심어주었던 것이다. 그의 비전은 그렇게 성공을 위한 포석이 되어준 것이다.

그러나 이러한 루즈벨트의 노력에 대한 긍정적 평가에 비판을 가하는 사람들도 없지 않다. 시카고학파를 대표하는 프리드먼(Milton J. Friedman) 같은 사람은 루즈벨트의 정책에 대한 비판을 아끼지 않는다. 그는 오히려 루즈벨트의 뉴딜정책이 경제공황을 더욱 심화시키고 장기화시켰다고 비판을 한다. 그리고 이 경제공황을 타파한 것은 결국 제2차 세계대전이라고 주장하면서 현재까지 미국경제를 옭아매고 있는 정부부채의 상당부분이 루즈벨트의 잘못 된 경제정책 탓이라고 비판하는 것이다.

그들의 논리는 뉴딜정책에 의해 실업자 문제들이 해결된 것이 아니라 전쟁이 일어나 실업자들을 군인으로 징병해가고 군수물자를 생산하기 위해 공장이 재가동되고 이러면서 경제가 풀려나가기 시작했다는 것이다. 뉴딜정책은 이러한 일을 이루어 내지 못하고 오히려 문제를 더욱 어렵고 복잡하게 얽어매는 역할만 했다고 보는 것이다.

어느 쪽의 주장이 옳은 지는 더 두고 보아야 하겠지만 일반적인 평가는 루즈벨트가 어려운 경제적 난국에서 국민들을 결속시키고 이끌고 나가는 리더십을 발휘하였으며 2차 대전에서 미국을 주축으로 한 연합군이 승리를 할 수 있도록 이끈 그의 리더십을 높이 평가하고 있는 것이다. 미래를 내다보는 비전과 통찰력이 결국 경제공황을 타개하고 2차 대전을 승리로 이끌어내는데 크게 기여를 했다고 보는 것이다.

3) 광개토대왕(廣開土大王)

나라 안팎으로 피폐하고 혼란했던 시기에 18세의 어린 나이로 왕위에 올라 산적한 정치, 경제, 사회적 문제들을 타개하기 위해 외부로 눈을 돌려 드넓은 왕국을 개척해내기 위한 발전적 국가전략을 수립하고 실행에 옮긴 위대한 인물, 그가 바로 고구려의 광개토대왕이다. 그의 발전적 국가전략의 핵심을 이루는 동북아 정책은, 만주점령을 통한 대륙의 통로 확보 목적의 북진정책과 해양영토 확대를 통한 동북아시아 중핵의 위상 정립을 목표로 한 남진정책 등 크게 두 가지로 나뉘어져 있었다.370)

그는 이러한 북진정책과 남진정책을 강력하게 실행을 하였고 그의 아들인 장수왕(長壽王)에 이르러서는 이러한 정책의 결과로 역사상 가장 넓은 영토를 가지는 국가로 자리매김을 하였다.

그의 이러한 미래를 내다보는 혜안과 이를 실천으로 옮기는 강력한 리더십이 있었기에 700년 이상의 존속기간과 정체성에 충실한 역사를 지닌 고구려를 만들었고 우리 역사상 가장 넓은 영토를 소유한 성공적인 국가로 역사적으로 자리매김을 할 수 있었던 것이다. 또한 고구려는 이러한 광개토대왕의 노력에 힘입어 중국과 북방국가들에 대해 자주적이고 능동적인 자세를 가질 수 있었으며, 일본에 대해서도 절대 우위를 점유할 수 있었고 질적으로도 매우 우수한 고유문화를 꽃피울 수 있었던 것이다.371)

이러한 성공은 광개토대왕의 강력한 리더십에서 나왔고 이러한 리더십은 미래를 내다보는 발전적 국가전략의 실천에서 가능했던 것으로 사

---

370) 윤명철, 『광개토태왕과 한고려의 꿈』(SERI 연구에세이 32) (서울 : 삼성경제연구소, 2005).
371) 『앞의 책』.

료가 된다. 그가 현실을 정확히 직시하고 이에 입각하여 다가 올 미래를 설계하고 이를 실천함으로써 강력한 리더십의 기틀을 만들고 이를 발휘할 수 있었기 때문이다. 자신을 비롯하여 자신의 신하들과 백성들에게 현실을 정확히 인식시키고 이에 기반을 둔 미래에 대한 비전을 제시하고 이를 같이 공유함으로써 다양한 문화와 민족으로 구성 된 고구려를 하나로 통합하고 아우르면서 자신의 국가발전전략을 펼쳐 나갈 수 있었던 것이다.

다양한 문화와 민족을 통합하고 아울러 대제국을 건설할 수 있었던 인간경영의 성공은 바로 미래에 대한 혜안과 이를 실천에 옮긴 리더십에서 비롯되었던 것이다. 바로 그의 미래적 비전이 빛을 발해 인간경영의 성공을 가져 올 수 있게 하였던 것이다.

4) 스티브 잡스(Steven Paul Jobs)와 존 스컬리(John Sculley)

꿈을 가질 수 있게 한다는 것은 리더십을 제대로 올바르게 행사하는데 있어 무엇보다 중요한 것이다. 리더 자신이 꿈을 가지는 것도 매우 중요하지만 그에 못지않게 그를 따르는 추종자들에게 꿈을 가지도록 한다는 것도 매우 중요한 일이기 때문이다.

1980년대에 스티브 잡스는 펩시콜라(Pepsi Cola)의 전도유망한 자리에 있던 존 스컬리에게 그 자리를 포기하고 자신이 창업한 애플 컴퓨터(Apple Computer)의 최고경영자가 될 의향이 없느냐는 제의를 했다. 코카콜라(Coca Cola)사와 함께 세계 음료시장을 양분하고 있는 식품업계의 거인인 펩시콜라 사의 최고경영자 자리에 내정되어 있었던 것이 바로 존 스컬리였다. 그런 그에게 유망해보이기는 했지만 완전히 새로운 PC산업 분야의 소규모 회사에 불과했던 애플 컴퓨터 사의 최고경영자 자리를 맡아 달라는 권유를 했던 것이다.

존 스컬리는 당연히 처음에는 스티브 잡스의 제안을 일언지하에 거절해 버렸다. 그 때 스티브 잡스는 "여보게, 스컬리, 자네는 여생을 달달한 물이나 팔며 보낼 텐가, 아니면 세상을 바꾸는 데 쓰겠는가?"라는 말을 통해 존 스컬리의 영입에 성공을 하였다.[372] 비록 간결하고 단순한 문장이지만 이것이 존 스컬리의 마음에 강력한 꿈을 심어 주었고, 그는 그 꿈을 실현 할 기회를 잡기로 했던 것이다.

조셉 화이트는 최고의 리더들은 사람들로 하여금 꿈을 있는 그대로 수용하게 하는 게 아니라 기존의 것을 초월하는 새로운 꿈을 꾸게 만든다는 사실을 상기시켜 준다는 것이다. 또한 그들은 그것에서 그치는 것이 아니라 그 꿈을 꾸는 사람들이 리더와 조직을 향한 노력과 재능을 통해서 꿈을 실행할 수 있게 한다는 점을 강조하고 있다.[373]

존 스컬리에게 있어 펩시콜라의 최고경영자가 되고자 했던 바램은 애플 컴퓨터의 최고경영자가 되어 개인 수준에서의 정보 기술력으로 세상을 바꾸는 새로운 꿈으로 대체가 되었던 것이다. 조셉 화이트가 이야기하듯이 꿈을 제시하고 사람들에게 그것을 실현시키게 만드는 꿈의 거래는 미국의 기업 시스템 전체를 동기유발적인 관점으로 이끌어가는 막강한 원동력인지도 모른다.[374]

꿈을 꾸고 이를 실행해 나가는 도전 정신 그것이 바로 리더십의 요체인 것이다. 꿈을 다른 말로 표현하자면 미래에 대한 비전이며 이러한 비전을 제대로 만들어 내고 이를 다른 사람에게 전파하고 그들이 리더와 같은 꿈과 비전을 공유하면서 실천하고 노력해 나갈 때 새로운 세계는 그들 앞에 거짓없이 펼쳐지게 되는 것이다. 바로 스티브 잡스와 존 스컬리가 행동으로 우리에게 보여준 것이다.

---

372) B. 조셉 화이트, 『앞의 책』, 151-152쪽.

373) 『앞의 책』, 152쪽.

374) 『앞의 책』, 152-153쪽.

5) 칭기즈칸

김종래는 칭기즈칸과 그 민족의 성공비결을 한마디로 '꿈'이라고 요약하고 있다. 그들은 한사람이 꿈을 꾸면 꿈으로 끝날지 모르지만, 만인이 꿈을 꾸면 얼마든지 현실로 가꿔낼 수 있다는 신념을 지니고, '열린 사고'를 통해 '꿈의 공유'를 이룰 줄 아는 사람들이었다고 주장한다. 만약 칭기즈칸이 난폭하고, 독선적이고 독재적이어서 부하들과 백성들에게 일방적인 복종과 희생만을 강요하는 유아독존적 리더였다면 '꿈의 공유'가 가능 했었을까? 절대로 그렇지 않았다는 것을 또한 암시하고 있다.[375)]

김종래는 '그렇다면 도대체 무엇이 가난한 유목민들로 하여금 세계를 정복한다는 거대한 꿈을 꾸게 만들었을까?'하고 질문을 던진다. 그는 제로섬 게임(Zero Sum Game)의 땅, 성을 쌓는 사람이 아니라 길을 닦는 사람들, 태어난 곳은 달라도 죽는 곳은 같은 평생의 동지, 개인적인 약탈을 금하는 평등, 공평주의, 신속한 기동을 신조로 하는 속도 숭배주의자들, 눈과 귀를 열어놓는 개방적 경영철학이 그들로 하여금 꿈을 실현시켜 대제국을 일구어내었다고 설명하고 있다.[376)] 이를 좀 더 구체적으로 김종래의 글을 빌려 설명을 해보자면 다음과 같다.

첫째, 제로섬 게임의 땅이라는 운명적 한계가 그들을 단결하고 결속하여 외부로 향하게 하고 더욱 강하게 만들어 나가야만 한다는 꿈을 주었다는 것이다. 그들이 동족끼리 죽고 죽이는 내전을 그치고 살 수 있는 길은 오로지 밖을 정복하여 파이를 키우는 길밖에 없었다. 게다가 그들은 '자연에 맞서는 생존본능'에서 비롯된 강인함 즉, 막강한 개인 전투력을 지니고 있었다. 그 힘으로 살 길을 찾아 나선 결과가 세계 정복으로까지 확대되었던 것이다.[377)]

---

375) 김종래, 『CEO 칭기스칸』(SERI연구에세이2)(서울 : 삼성경제연구소, 2002).

376) 『앞의 책』.

둘째, 그들에게 던져진 자연환경은 길을 닦는 사람들이 성을 쌓는 사람들보다, 보다 더 성공적이라는 믿음을 꿈으로 공유할 수 있었다는 것이다. 수직적 정착 사회에서는 모험이 필요치 않다. 자연히 창의력보다는 기억력이 중요해지고 머리가 좋다는 것은 곧 기억력이 좋다는 것을 의미하게 된다. 기억력을 중시하는 사회는 미래를 사는 게 아니라 과거를 산다. 그런 사회는 닫힌 사회에 그치는 것이 아니라 아예 갇힌 사회가 된다.

그러나 유목 이동 민 들은 항상 옆을 바라 봐야 살아남을 수 있다. 바로 그러한 수평 마인드의 사회가 유목사회이다. 사방이 트인 초원에서는 동지가 많아야 살고 적이 많으면 죽게 된다. 그 곳에서는 민족이, 종교가, 국적이 다른 것도 무시하고 한 사람이라도 더 내편으로 끌어 들여야 한다. 그런 사회에서는 완전개방이 최상의 가치로 통한다. 그래서 그 사회는 출신이나 조건에 얽매이지 않는, 능력에 따라 무한가능성을 보장하는 사회가 된다. 이와 같이 울타리를 치고 성을 쌓는 사람들이 길을 만드는 사람을 이길 수 없는 것이 21세기의 사회인 것이다.[378]

셋째, 평생의 동지로서 태어난 곳은 달라도 죽는 곳은 같아야 한다는 그들의 깨우침이 바로 꿈의 공감대를 형성 시킨 원동력이라고 할 수 있다. 칭기즈칸의 곁에는 '4준마'(駿馬), '4맹견(猛犬)'이 포진하고 있었다. 이 칭호는 그들이 스스로 만들어 칭한 것이 아니라 그들과 싸웠던 적들이 붙여 준 것이었다. 적의 찬탄을 자아낼 만큼 그들은 무섭고 용맹했던 것이다.

> 멀리서 모래바람을 헤치며 돌격하는 몽골군을 보며 적장은 나라에 떠돌고 있는 괴소문을 떠올렸다.
>
> "이리가 양 떼를 몰 듯 부대를 몰아대는 자는 바로 칭기즈칸의 네

377) 『앞의 책』.

378) 『앞의 책』.

마리 개라 불리는 장수들입니다. 그들은 사람 살코기를 먹고 쇠사슬에 묶여 자랐습니다. 이마는 청동, 입은 끌, 혀는 송곳, 심장은 강철, 꼬리는 칼날과 같습니다. 밤이면 이슬로 목을 축이고 바람을 타고 달려갑니다. 싸움이 있는 날에는 사람고기를 먹습니다. 지금 저들은 사슬에서 풀려나 기쁜 나머지 입에서 침을 흘리고 있습니다."

적장의 얼굴은 아예 백지장처럼 하얗게 변했다.[379)]

4준마는 참모이거나 정책 쪽에서 활동한 측근들이었고, 4맹견은 전투의 지휘관들이었다. 그들의 역할은 다양했고 칭기즈칸과 만난 인연도 갖가지였지만 하나같이 결속을 중시하고 배신을 혐오하는 공통점을 지니고 있었다. 최고경영자로서 칭기즈칸의 곁에는 최고의 역량과 충성심으로 무장된 사업부장들과 참모들이 있었던 것이다.[380)]

넷째, 개인적인 약탈을 금하게 함으로써 공평한 보상과 이익 분배를 가져오게 하였고 이것이 조직의 높은 사기와 성장의 원동력을 마련케 하여 서로 결속할 수 있는 꿈을 낳게 하였다는 것이다. 당시 전쟁에서 승리한 부족들은 패배한 부족의 가축과 재산, 때로는 여인들까지 전리품으로 취했다.

그 과정은 적진에 먼저 도착한 순서대로 개인적인 약탈을 하는 일종의 선착순 약탈방식이었다. 이 방식으로는 맨 앞에서 싸우는 사람만이 득을 볼 수밖에 없었다. 다른 여러 가지 방식으로 전쟁에 기여한 사람들에게는 돌아오는 것이 없었다. 칭기즈칸은 이런 불공평을 해소하여 조직 전체의 전투력과 사기를 높이기 위해 혁신적인 조치를 단행한다. 전리품을 공동의 몫으로 두고 공(功)에 따라 배분하였다. 개별적인 약탈금지로 모든 병사들은 성취욕을 불사르게 되었다. 전쟁에서 승리하면 기여한 만큼 반드시 대가가 돌아온다는 믿음을 갖게 되었기 때문이다. 현대의 우량기

379) 이경윤·정승원, 『세계 악남 이야기』(서울 : 삼양미디어, 2009), 74쪽.

380) 김종래, 『앞의 책』.

업들이 시행하고 있는 스톡옵션 등의 이익분배제도와 같은 효과이다.[381]

다섯째, 속도만이 그들의 생존을 가능케 한다는 사실을 체험을 통해 터득한 그들은 이 점에서 쉽게 그 꿈을 공유할 수 있었다. 몽골군이 놀라운 전투력을 발휘할 수 있었던 원동력은 스피드였다. 적들이 미처 대비할 여유를 두지 않고 바람처럼 들이 닥쳤다가, 바람처럼 사라져 버리는 기마군단이 몽골군의 이미지이다.

넓은 초원을 가축을 돌보며 이동해야 하는 유목민족의 스피드는 전투수단이 아니라 이미 생업의 수단으로 체득되어 있었을 것이다. 그들은 군대의 이동속도, 전투 시의 진격속도를 높이기 위해 불필요한 것은 소지하지 않고, 꼭 필요한 것은 가볍게 만들었으며, 병참기능이 따로 없는 군대를 운용하였다. 이 점은 현대의 기업이 반드시 배워야 할 점이다. 유연한 조직, 감량경영, 슬림화 된 조직, 지원기능의 폐지 등 경영용어들이 지향하는 바를 몽골 인들은 이미 실천하고 있었던 것이다.[382]

여섯째, 눈과 귀를 열어놓게 하였다는 것이다. 칭기즈칸의 또 하나의 승리의 비결은 정보 마인드에 있다. 초원지대는 사방이 평평하여 언제 갑자기 적들이 들어 닥칠지 알 수 없고 숨거나 피할 곳도 마땅치 않다. 그리고 가축을 잘 먹이기 위해서는 어디에 좋은 풀들이 많이 있는지도 알아야 한다. 이처럼 유목민들은 끊임없이 뭔가를 알아내야만 살 수 있다. 그들에게 정보는 생존의 수단이었고 외지인은 정보를 가져다주는 고마운 사람이었으므로 나그네를 환대하였다. 이와 같은 유목민의 정보 마인드가 전쟁에서도 발휘되어 몽골군은 첩보전, 심리전에 매우 능했다고 한다. 이 또한 21세기의 개인과 조직이 반드시 갖추어야 할 요소 중 하나이다.[383]

---

381)『앞의 책』.

382)『앞의 책』.

383)『앞의 책』.

이러한 김종래의 생각과 유사한 마인드를 지닌 사람이 마이크 예이츠(Mike Yates)이다. 그는 칭기즈칸 리더십에 대해 이야기를 하면서 그의 리더십의 요체가 비전, 능력, 열정 그리고 권한위임이었다고 주장을 하고 있다.384)

칭기즈칸은 정복을 통한 영토 확장만이 빈약한 자원을 놓고 벌이는 만성적인 동족 간 전쟁을 막을 수 있는 길임을 비전으로 설정하였고(Envision), 효율적인 군사행정조직 등을 통해 군사능력을 극대화함으로써 능력을 갖추게 하였고(Enable), 부하들에 대한 이익분배 시스템을 구축함으로써 열정을 이끌어 내었으며(Energizing), 싸움터에서 능력을 발휘한 사람이면 누구나 지휘관으로 발탁하는 권한 위임을 함으로써(Empowering) 당시 몽골 인구 고작 1백만 명밖에 되지 않고 이 중 20만 명의 기마군단을 가지고 세계인구 3억 명 중 1억 명을 지배하에 둘 수 있는 칭기즈칸 리더십을 일구어내었다고 주장을 하고 있는 것이다.

마이크 예이츠도 앞에서 살펴보았듯이 김종래와 같이 칭기즈칸 리더십에서 미래비전의 제시를 중요한 리더십 요체 중 하나로 적시하고 있는 것이다. 훌륭한 리더가 되기 위해선 명료하면서도 미래로 나아갈 수 있는 비전을 희망적으로 제시할 수 있어야 하는 이유가 바로 여기에 있음을 알 수 있는 것이다.

6) 누르하치(奴爾哈赤)

누르하치는 중국 청(淸)나라의 창건자이며 초대 황제였다. 그의 재위기간은 1616년부터 1626년까지이다. 그는 여진의 대부분을 통일하여 한(汗)의 지위에 올라 국호를 후금(後金)이라 하였으며 이는 명나라에 큰 위협이 되어 마침내 명과 충돌하게 되었다. 그는 명과의 싸움 중 병사하였지

384) 전옥표, 『이기는 습관』(서울 : 쌤앤파커스, 2008), 228쪽.

만 그가 확립해 놓은 기초 위에 아들 홍타시가 국호를 대청(大淸)으로 고치고 연호를 숭덕(崇德)이라고 하면서 세력을 더욱 확장하였고 결국 대업을 완수하였다.[385]

누르하치가 우리에게 매력적으로 다가오는 이유는 꿈을 이룬 자의 실행력에 있을 것이다.

400년 전 변방의 일개 부족장이었던 누르하치는 쉼 없이 뻗어나가는 글로벌 정신으로 마침내 제 몸집의 20여 배나 달하는 강대국 명(明)을 멸하고 중원의 지배자로 등극하였다. 청(淸) 왕조는 오랑캐라 불린 여진족이 특유의 기동력과 지혜를 동반한 야생성으로 일어나 중국 대륙을 인수함으로써 그들의 생활과 경제 여건을 개선하고 삶의 비전과 꿈을 실현시킨 완성 체였다. 이로써 창업 최고경영자 누르하치의 꿈은 이루어졌다. 한 사람의 최고경영자가 세상을 바꾼 것이다.

누르하치를 통해 신 노마드(nomad)의 시대를 예고하는 21세기의 꿈에 대한 실현을 짚어내는 일은 결코 무의미하지 않을 것이다.[386]

7) 이병철(李秉喆)과 이건희(李健熙)

삼성그룹의 모태를 마련한 기업인이면서 최고경영자였던 이병철과 그의 셋째 아들로 아버지의 가업을 승계하여 이를 번창시킨 최고경영자 이건희 역시 미래비전을 만들고 실천해나가는데 성공한 기업인이었다고 평가 할 수 있다. 이들은 시대적 변화를 감지하고 이에 적극적이고 능동적으로 적응하면서 앞으로 다가올 미래적 상황에 맞는 비전을 사업아이템과 연결지우면서 미래를 개척하고 이에 맞는 기업 경영적 패러다임을 만들어 나가 오늘의 세계굴지 기업 삼성을 만들어 낸 것이다.

---

385) http://100.naver.com/100.nhn?docid=40165

386) 전경일, 『글로벌 CEO 누르하치』(SERI 연구에세이 23)(서울 : 삼성경제연구소, 2005).

기업인 이병철은 1950년대 60년대에는 백색가루를 통해 삼성을 이끌어 나갔다. 그 당시는 시대적 상황이 배고픔을 극복하는 것이 가장 중요한 일이었던 것이다. 이러한 시대적 상황에 신속히 적응을 하여 3가지 백색가루 산업을 이끌어 나가서 성공을 한 것이다. 3가지 백색가루산업이란 밀가루, 설탕, 조미료였다.

그러나 그는 이러한 현실적 적응에만 얽매이지는 않았다. 새로이 도래할 환경을 미리 내다보고 이에 대한 준비를 한 것이다. 그는 배고픔이 해결되면 그 다음에는 헐벗음을 해결하려는 욕구가 나타날 것으로 내다보고 의류 업으로 사업 아이템의 전환을 꾀하게 되는 것이다. 사업의 목적과 방향을 의류 및 섬유업으로 전환하면서 미래의 비전으로 제시하고 이에 매진토록 독려해 나간 것이다.

1960년대와 70년대에는 이병철이 예견했듯이 경제발전을 통해 배고픔을 웬만큼 해결하게 되었다. 그리고 이러한 배고픔의 해결은 헐벗음의 욕구로 전환이 되었고 이로 인해 의류에 대한 수요변화가 나타나기 시작하였다. 그는 이러한 시장의 변화를 신속히 간파하고 의류 및 섬유산업에 뛰어들게 된다. 제일모직과 제일합섬이 바로 그것이다. 시대와 시장의 변화를 읽고 식품에서 의류 및 섬유 쪽으로 미래의 비전을 제시하고 이에 맞도록 변신을 해나간 것이다.

1970년대와 1980년대에는 의식주에 대한 문제들이 대부분 해결이 이루어지자 시대와 시장의 변화는 냉장고, 텔레비전, 세탁기 등 백색가전 쪽으로 바뀌게 된다. 이러한 변화를 감지하고 재빠른 변화를 모색하게 된다. 삼성은 이 분야에서 두각을 나타내면서 괄목할 만한 기업신장을 꾀해 나간다. 그의 미래비전의 제시가 정확했고 이러한 비전에 맞추어 사업을 구상하고 추진시켜 나감으로써 한 치의 오차 없이 성공의 반열을 달려 나가게 되는 것이다. 한편 이병철의 타계에 이어 이건희의 사업계승이 이루어진다. 이건희는 백색가전은 막차를 타게 될 것으로 생각을 하였다. 그래서 사업이 더 이상 악화되기 전에 새로운 미래 아이템이 필요하다고 생각을 하고 새로운 미래 아이템에 대한 미래적 구상을 하게 된다.

1990년대와 2000년대에는 백색가전이 중국과 같은 신흥 개도국들에 의해 도전을 받게 되자 이러한 미래적 사고에 의해 삼성은 반도체 쪽으로 눈을 돌린다. 시대와 시장의 변화를 정확히 읽고 이에 적극적이고 능동적으로 변화를 스스로 유도해 나가는 것이다. 삼성은 반도체분야에 막대한 자금을 투자하고 기술력을 증진시켜 나간다. 그 결과 선두그룹이었던 일본 등을 제치고 반도체분야의 맹주로 군림을 하게 된다.

그러나 2000년대 들어서면서 새로운 도전이 삼성의 앞을 가로막고 나섰다. 즉 세계적으로 반도체 생산이 과잉에 이르고 치열한 경쟁에 의해 이윤창출이 어렵게 되었다. 삼성의 이건희는 시장의 변화를 재빨리 읽고 LCD, PDP, LED 등을 생산하는 분야로 방향을 선회하여 높은 첨단기술력을 바탕으로 시장을 주도해 나가는 노력을 경주하였다.

그러나 최근에 이러한 분야 역시 맹렬한 후발국의 추격과 반도체, LCD, PDP, LED 등의 수요 둔화 그리고 세계경제 침체 등에 의해 어려움에 처하게 된다. 삼성은 새로운 아이템 개발과 또 하나의 신화를 이루어 나가야 할 미래적 비전이 필요로 되는 시점에 서있는 것이다.

이건희는 자신의 글에서 앞으로 10년 후 삼성이 어떠한 것을 가지고 먹고살아야 할지 생각을 하면 자다가도 벌떡 일어나게 된다는 말을 하였다. 그는 이러한 도전에 대응해 나가기 위해선 또 다른 미래비전이 필요하다는 것을 인지하고 이에 대한 해결책을 요구하고 있는 것이다. 그는 자신이 쓴 글에서 이러한 도전에 대응하기 위해서는 두 가지만 빼고 모두 바꾸어야 한다고 말하였다. 여기에서 두 가지란 자기의 부인과 자식들을 의미한다. 한 마디로 기존의 모든 것을 다 바꾸어야 한다는 것이다.

이러한 삼성의 변화에 대한 신속하고 올바른 변화에 대한 적응은 삼성을 반도체와 LCD, 핸드폰 등 분야에서 세계최고의 기업으로 올려놓게 되는 기반을 제공하게 된다.

변화되는 시대와 시장의 변화를 신속히 꿰뚫고 이에 능동적으로 적응을 하고 필요하다면 변화를 유도해 내는 적극적 변화 전략을 통해 그리고 이러한 것을 미래적 비전으로 제시를 하고 이를 실천해 나갈 수 있도록 노력과 가능성을 만들어 나가는 것이 삼성을 이제 세계적 기업으로 거듭나게 만들어왔고 만들어 나가게 하는 것이다.

8) 잭 웰치(Jack Welch)

기업의 비전이 기업의 미래가치라고 생각한 사람이 바로 잭 웰치였다. 잭 웰치는 '제너럴 일렉트릭'(GE)의 가치를 새로이 창조해 내었다.[387] 그는 잘 나가는 기업도 매각을 하려고 하였다. 흑자를 내는 기업도 매각을 하려고 하였다. 많은 사람들이 이러한 잭 웰치의 결정에 대해 의아해 하면서 갸우뚱 거렸다. 잘 나가지 못하거나 적자를 내는 기업을 그가 매각을 하려고 했다면 많은 사람들은 수긍을 하였을 것이다. 그러나 그는 그렇지 않았다. 그는 과거와 현재를 본 것이 아니라 미래를 보았던 것이다.

잭 웰치의 리더십의 요체는 미국 내 1, 2등 하는 기업은 살리고 3, 4등 하는 기업은 신속히 매각하는 것이다. 많은 사람들이 왜 3, 4등하는 기업을 매각하느냐고 반문을 하였다. 그는 3, 4등할 때 매각을 하여야 더 나은 조건에서 매각을 할 수 있기 때문이라고 말을 하였다. 3, 4등이라는 것에 미련을 두고 그냥 붙들고 있을 경우 필연적으로 3, 4등 기업은 미래의 어느 날 망할 수밖에 없고 그때서야 현실을 직시하고 이 기업들을 매각하려고 해도 이미 때가 늦는다는 것이다. 이렇게 될 경우 헐값으로 매각을

387) B. 조셉 화이트, 『앞의 책』, 187쪽.

하려고 해도 매각이 제대로 이루어지지도 않을 뿐만 아니라 매각을 한다 해도 엄청난 손해를 보고 매각을 할 수 밖에 없게 된다는 것이다. 그러기 전에 미리 잘나가고 흑자를 보고 있는 이런 기업들을 매각하는 것이 최고의 선택이라고 잭 웰치는 본 것이다.

그는 미래에 살았던 것이다. 그는 이러한 3, 4등 하는 기업을 매각하고 이것을 1, 2등 기업에 집중적으로 투자할 때 얼마나 많은 이익이 GE에게 쏟아 질 것인가를 조직 성원들에게 비전으로 보여주었다. 잭 웰치의 이러한 비전은 조직 성원들에게 꿈을 주었고 이를 실천하고자 하는 강한 동기와 힘을 주었던 것이다. 잭 웰치는 이러한 비전을 통해 GE의 새로운 역사를 써 내려갔던 것이다.

이러한 잭 웰치의 성공사례를 한국에서 벤치마킹을 하여 성공한 사례가 있다. 바로 두산그룹이다. 두산그룹의 회장 박용성은 동양맥주(OB)를 매각하는 어려운 결정을 하였다. 사실 두산그룹의 모태는 바로 이 동양맥주였기 때문이다. 자신의 뿌리를 다른 기업에게 매각을 한다는 것이 쉬운 일은 아니었을 것이다. 조직 내부에서도 이러한 박용성의 결단에 이의를 제기하는 목소리가 많았다. 그러나 박용성은 잭 웰치와 같은 생각을 가지고 있었다. 그는 미리 미래를 내다보고 회사가 그래도 온전한 값을 받을 수 있을 때 매각하는 것이 최상의 방책이라 생각을 한 것이다.

그래서 그는 두산그룹의 모태가 된 동양맥주를 매각하고 장래성이 좋은 한국중공업을 사들였다. 그리고 한국중공업을 견실한 기업으로 업그레이드를 시켰다. 이것이 지금의 두산중공업이다. 두산중공업은 한국을 대표하는 기업 중 하나가 되었고 이를 통해 두산그룹은 성장해 나갔으며 그 여력으로 육영사업 부문에도 뛰어들어 명문사학 중 하나인 중앙대학교를 인수하였다.

박용성이 그때 시의 적절한 동양맥주의 매각결정을 내리지 않았다면 지금과 같은 두산그룹의 실체를 접하기 어려웠을지도 모른다. 박용성은 잭 웰치와 같은 생각을 하였고 그것을 실천에 옮겼기에 기업도 살고 기업인도 사는 상생의 결과를 거두어들일 수 있었던 것이다.

다시 본론으로 돌아와 잭 웰치는 이러한 3, 4등 하는 기업들을 잘라내는 작업에 성공을 하였고 이와 병행하여 조직을 슬림화하려는 구조조정에서 하위 10%를 잘라내는데 성공을 하였다.

그는 조직을 이끌어 나가고 자발적이고 적극적이고 능동적으로 조직을 운영하는 핵심 상위계층을 20%로 보았다. 그리고 이러한 핵심 상위계층의 이끌림에 성실하고 착실하게 따라가는 중간층을 70%로 보았다. 그리고 조직에 도움이 되지 않고 오히려 조직의 전진과 발전에 걸림돌이 되고 해악을 주는 하위 층이 10% 된다고 생각을 하였다. '2대 7대 1'이라는 등식으로 잘 알려진 그의 조직구성에 대한 리더십 그리고 경영철학의 요체이다.

그는 매년 하위 층 10%를 가차 없이 잘라냈다. 이에 대해 처음에 반발이 없었던 것이 아니다. 강력한 반발에 그는 부딪쳤다. 그가 이러한 구조조정 정책을 시작했을 때 노동조합을 비롯해 이러한 정책에 이해관계를 달리하는 그의 반대자들이 그를 여러 가지 형태의 수단을 강구해서 압박을 하였다. 심지어 그를 살해하겠다는 협박도 있었고 실제로 그의 집에 폭발물이 포장이 되어 배달이 되기도 하였다.

그러나 그는 이러한 여러 종류의 압박에 굴하지 않았다. 그는 어렵긴 하지만 이러한 조치가 이루어지지 않으면 GE의 미래는 없다고 생각을 한 것이다. 그는 결심을 하였다. 조직 성원들을 직접 만나 대화를 통해 그들을 설득해야 한다고 생각을 한 것이다. 그는 전국을 누비며 GE부서의 구조조정 대상이 된 사람들에게 설득을 위한 노력을 기울였다.

그의 설득의 논리는 다음과 같은 것이었다. 여러분들이 GE에 신입사원으로 들어올 수 있었던 것은 여러분들이 그 당시 매우 유능한 인재들이었기 때문이라는 것이다. 여러 분들은 미국의 굴지의 기업인 GE에 들어와 일반적인 남과는 차별되는 출세의 길을 고속으로 걸어가려고 왔다는 것이다. 승진도 빠르게 하고 소득도 남과 다르게 높게 벌어들이고 그리고 많은 명예를 가지기 위해 어려운 공부와 과정을 통해 GE에 들어오게 되었다는 것이다. 그런데 여러분들은 지금 구조조정의 대상이 되었다는 것이다.

그것은 여러분의 책임이 아니라는 것이다. 여러분의 그러한 잠재력을 제대로 인정하지 못하고 또 그러한 잠재력을 보지 못하고 잠재우게 한 것은 바로 회사의 잘못이라는 것이다. 회사가 여러분의 잠재력을 충분히 인지하고 이를 개발하려는 노력을 경주하고 여러분들을 승진시키고 소득을 높여 주어 사기를 진작시키고 동기화를 낳도록 해주었어야 한다는 것이다. 그것을 회사는 해 줄 수가 없었다는 것이다.

여러분들은 충분히 잠재력이 있고 또 능력을 갖춘 사람들이다. 그러기에 여러분들은 그러한 것을 몰라준 회사에 계속 머물러 있어서는 안 된다는 것이다. 또한 여러분 정도의 능력과 잠재력을 가진 사람이라면 여러분의 역량을 충분히 인정해 줄 수 있는 회사로 옮기는 것이 여러분의 미래를 위해 훨씬 나은 선택이라는 점을 분명히 주지시켜 주었다.

한마디로 유능한 여러분의 능력을 못 알아준 회사인 GE를 떠나 여러분의 역량을 인정해주고 그 것을 키워 줄 회사를 찾아가는 것이 남은 여러분의 시간을 가장 효율적으로 사용하는 선택이라는 점을 분명히 하였던 것이다.

더욱이 그의 설득이 주효했던 것은 그가 행한 이러한 설득이 말로만 이루어진 것이 아니었기 때문이다. 그는 실제로 회사를 떠나는 사람들에게 새로운 일자리로 전업을 하기 위한 모든 지원을 아끼지 않았다. 그들을 위해 그들에게 가장 알맞은 새로운 회사를 소개시켜주고 또 그들의 적성과 능력에 따라 그들에게 맞는 회사로 옮겨가기 위해 필요한 제반 정보 그리고 교육 훈련 등을 지원하였던 것이다. 이러한 명실상부한 그리고 말과 행동이 일치하는 설득이 이들의 마음을 움직이게 만든 것이다.

많은 구조조정 대상자들이 이러한 그의 이야기를 듣고 그리고 그의 후속적인 실천적 행동을 보고 수긍을 하기 시작하였다. 그들은 떠날 짐을 자발적으로 챙겼다. 그리고 보란 듯이 회사를 떠났다. 여기에서보다 더 자기를 필요로 하고 인정을 하는 회사로 가서 보란 듯이 성공하겠다는 믿음과 신념을 가지고 말이다.

결과적으로 그의 설득은 주효했던 것이다. 그는 구조조정 대상자를 결코 조직의 실패자로 보지 않았다. 오히려 그들을 미래의 성공 자가 될 수 있는 잠재력을 가지고 있는 사람들로 이해를 해주었다. GE에서의 실패는 새로운 미래에 있어서의 새로운 삶을 가능케 해줄 수 있는 발판으로 생각하게 만들었다. 조직 성원들은 모멸감과 배신감 그리고 분노를 가지고 억지로 회사를 떠난 것이 아니라 희망과 자긍심을 가지고 회사를 떠난 것이다. 그들에겐 과거의 어두움보단 미래의 밝은 희망이 가슴 깊이 용틀임 치고 있었던 것이다.

이러한 면에서 잭 웰치의 설득은 조직 성원들에게 새로운 희망과 꿈을 실천하고 이룰 수 있는 비전으로 와 닿았던 것이다. 그리고 이것은 GE를 새로운 지평의 장으로 이끌어 갔던 것이다. 남은 자와 떠난 자 모두 상생을 하는 그런 비전을 제시 할 수 있었던 것이다.

남은 자들은 해가 바뀌자 1년 동안의 성과를 가지고 또 평가를 받았다. 그리고 하위 10%는 예외 없이 또 잘라져 나갔다. 이러한 것이 반복되자 정예 중의 정예만이 GE에 남게 된 것이다. 그래서 항상 정예의 인간들만을 대상으로 한 인간경영을 가능케 했던 것이다.

모든 조직성원이 함께 이길 수 있는 상생의 경영이 가능했던 것은 잭 웰치의 미래를 내다보는 혜안과 이것에 기반을 둔 모든 조직성원들이 공유할 수 있는 확실하고 명료한 미래비전을 제시해 줄 수 있었기 때문이다.

9) 빌 게이츠(Bill Gates)

세계적인 기업이었던 IBM을 딛고 세계 최강의 컴퓨터 운영체계를 구축한 빌 게이츠는 IBM과의 협상과정에서 보여준 미래를 내다보는 전략적 사고를 통해 우리에게 매우 유용한 교훈을 던져주고 있는 것이다.

마이크로 소프트(MS)사를 새로 차린 빌 게이츠와 그 당시 컴퓨터 업계의 최강자였던 IBM의 협상은 역사적으로도 회자되는 명 사건이었다. 이 일화를 간단히 소개하면 다음과 같다.

마이크로소프트사가 소프트웨어 사업을 막 시작하려던 단계에 IBM으로부터 컴퓨터 운영체계를 개발해 달라는 의뢰를 받게 된다. 빌 게이츠는 IBM이 주문한 컴퓨터 운영체계로 MS-DOS체계를 개발해 낸다. IBM측에서는 개발비용으로 100만 달러를 지불할 테니 MS-DOS체계에 대한 모든 권리를 IBM에게 양도하라는 조건을 내세운다. 웬만한 사람 같으면 이러한 IBM의 요구를 감사하게 생각하고 이를 선뜻 받아들였을 것이다. 왜냐하면 이 당시 100만 달러라고 하는 돈은 일반인으로서는 손대볼 수 없는 거액이었기 때문이다.

그러나 빌 게이츠는 이러한 IBM의 요구를 냉정하리만큼 차갑게 거절을 한다. 그리고 한 술 더 떠서 자신이 개발한 MS-DOS 프로그램을 IBM의 모든 컴퓨터에 탑재를 시키고, 이렇게 해서 자사의 제품 MS-DOS 소프트웨어를 사용하는 컴퓨터 사용에 대한 값을 직접 자신이 받을 것이며, 나아가 자신이 개발한 소프트웨어를 다른 회사들에게 팔아도 이의를 제기하지 않는다는 조건을 받아들일 것을 요구하였다. IBM으로서는 도저히 받아들이기 어려운 조건이었던 것이다. 그러나 IBM은 안이한 생각으로 빌 게이츠를 깔보고 정 그렇게 나온다면 다른 거래처를 통해 운영체계를 개발하여 사용하겠다고 협박을 했지만 그는 눈썹하나 흔들리지 않았다.

빌 게이츠가 이렇게 강한 요구조건을 가지고 이 당시 최고의 컴퓨터 업계 최강자였던 IBM을 몰아붙일 수 있었던 것은 미래의 세계에서는 자신이 개발한 MS-DOS 소프트웨어와 같은 프로그램 소프트웨어들의 세상이 될 것이라는 강한 확신을 가지고 있었기 때문이다. 그는 먼 미래를 바라보는 혜안을 가졌을 뿐만 아니라 이를 실천할 수 있는 강한 의지를 가지고 있었던 것이다. 그리고 자기 자신 뿐만 아니라 자신이 경영하는 회사의 구성원들에게 이러한 꿈을 비전 화하여 보여 줄 수 있었기 때문이다.

이러한 희망적인 미래적 비전을 투사할 수 있었기에 자기 자신은 물론이고 자신이 창업한 기업의 조직 구성원들을 이길 공산이 거의 없는 협상의 장에서 의연하게 행동하게 만들었던 것이며 IBM의 어떠한 협박에도 굴하지 않는 강한 투지를 가질 수 있게 하였던 것이다. 결국 IBM은 빌 게이츠에게 굴복을 하고 빌게이츠가 요구한 조건을 수용하게 된다. 그 이후 IBM은 컴퓨터 업계의 최강의 자리를 내주어야 하는 비극을 자초하게 되는 것이다.

빌 게이츠의 미래를 내다보는 혜안과 이에 입각하여 멋진 비전을 창조해 냄으로써 그는 어려운 협상에서 승자가 될 수 있었던 것이다.

미래의 비전제시가 왜 지도자들에게 절대적으로 필요한 것인가를 잘 설명해주고 있는 교훈 적인 사례라 판단된다.

10) 허브 켈러허(Herb Kelleher)

허브 켈러허는 텍사스 주 댈러스에 본사를 둔 '사우스웨스트 항공'(Southwest Airlines)을 설립하여 32년간 연속 흑자경영을 일구어내었다. 그리고 20년 주가 수익률 1위로 21,775%의 신장률을 기록하였다. 연평균 주가 수익률은 26%에 달했으며 미국의 직장인들이 가장 일하고 싶어 하는 기업 1위에 오르기도 하였다. 그리고 미국에서 가장 존경받는 기업 2위에 오르고 세계에서 가장 안전한 항공사로 1위에 오르기도 하였다. 더불어 노사분규와 정리해고가 없는 그런 회사를 만들어냈다.

더 더욱이 사우스웨스트 항공이 여타 항공사와 차별지어지는 것은 펀경영(fun management)을 한다는 것이다. 고객들의 욕구와 수요를 충족시키는 유머경영을 도입하여 실시함으로써 고객만족도에 있어서 타 항공사를 압도한다는 것이다. 이러한 차별화된 경영전략을 통해 사우스웨스트 항공은 동종 기업군에서 발군의 실력을 인정받고 그에 대한 보답으로 많은 이윤을 획득할 수 있었던 것이다.

지속적인 이윤획득이라는 경영전략 하에 사우스웨스트 항공을 창립하고 여타 항공사들이 그의 방식을 따르도록 이끌어냄으로써 30년이 넘는 시간 동안 미국 항공 산업 전체를 바꾸어 놓았던 것이다.[388)]

위대한 리더는 창조적인 생각의 소유자이기 때문에 타인과 다른 의견을 보이는 경우가 잦다. 그러나 그는 의견충돌을 두려워하지 않고 상대방의 아이디어를 통해 더 큰 도움을 받는다. 그는 항상 세계를 향해 열려있다.

그들은 또한 전혀 새로운 개념의 창조자이기도 하다. 도미노 피자(Domino's Pizza)의 설립자인 톰 모너건 형제가 개발한 아이디어는 간단하면서도 훌륭한 식사 메뉴로 고객을 끌어 모으는 것이었다.[389)] 워렌 버핏(Warren Edward Buffett)은 "이제 한 바구니에 계란을 몽땅 집어넣고 나서 바구니에 바짝 붙어 앉아 지켜보는 것의 문제가 무엇인지 아시겠습니까?"라는 화두를 통해 투자액을 분산시킴으로써 한 군데에만 집중 투자하던 기존의 투자 방식에 도전을 하였다.[390)]

켈러허도 이러한 창의적 아이디어로 유머경영을 내 놓았고 이것은 이

---

388) 『앞의 책』, 187쪽.

389) 『앞의 책』, 187쪽.

390) 『앞의 책』, 188쪽.

항공사의 멋진 꿈과 비전이 되었다. 고객만족 없이는 회사의 미래가 없다는 생각에서 만들어진 그의 펀 경영은 이제 항공사 직원들뿐만 아니라 이 항공사를 이용하는 고객들의 꿈이 되었고 미래로 나아가야 할 비전이 되어버린 것이다. 그의 창의적 아이디어는 이렇게 결실을 맺어나갔던 것이다. 이러한 의미에서 그는 비전제시를 통해 새로운 인간경영의 새 장을 연 성공자로 간주되는 것이 마땅할 것이다.

11) 이이(李珥)

이이는 1583년에 올린 상소인 시무 6조(時務 六條)에서 10만의 군사를 양성할 것을 간청하였다. 그러나 유성룡을 비롯한 여러 신하들의 반대에 부닥쳐 뜻을 이루지 못하였다. 반대의 논리는 태평 시에 군사를 양성한다는 것은 공연히 민심만 불안케 할 뿐이라는 것이다.[391]

그러나 이이는 이에 굴하지 않고 또 다시 이 문제를 들고 나왔다. 경연석상에서 이이는 선조에게 군사 10만을 양병하자고 재차 주장을 했던 것이다. 이에 반대를 해왔던 신하들이 들고 있어나 반대의 뜻을 분명히 하였다. 그러자 이이는 선조에게 다음과 같이 아뢰었다.

"이 상태로 가다가 만일에 내란이 일어나거나 외적이 침략해 오면 토붕와해(土崩瓦解)의 세(勢)를 면치 못할 것이옵니다. 신의 정책을 변함없이 3년 동안 써보시다가 만일에 민생이 불안하고 재정이 부족하고 양병이 여의치 않거든 신의 목을 부월(斧鉞)로 베어 버리소서. 그리한다 하여도 달게 받겠나이다."[392]

1592년에 발발할 임진왜란을 예견한 그의 미래를 내다보는 혜안과 이에 대한 방비를 위해 그가 주창한 10만 양병의 미래 비전은 동료들의 비

391) 박덕은 편저, 『쉽고 재미있는 철학 이야기』 제3권 (서울 : 서지원, 1997), 240쪽.
392) 『앞의 책』, 241쪽.

협조와 왕의 비적극성 그리고 좁은 안목에 의해 무위로 끝나고 말았던 것이다.

만약 그의 미래비전인 10만 양병만 이루어졌더라면 임진왜란이라는 참혹한 국란이 존재하지도 않았을지도 모르고 설혹 발발이 되었다고 해도 그렇게 싸움다운 싸움 제대로 해보지도 못하고 속절없이 무너져 내리지는 않았을 것이다.

그나마 불행 중 다행이라고 이이의 이러한 예리한 미래 혜안과 선견지명이 빛을 발한 경우도 있어 다행이란 생각이 드는 대목이 있다. 바로 이순신을 유성룡에게 천거를 한 일이다.

1583년 선조 15년 어느 날 48세의 이이가 병조판서 직에 있을 때 그의 눈에 내금위에 있는 하급관리 한 사람이 눈에 띄었는데 그가 바로 이순신이었던 것이다. 그는 한 눈에 그가 범상치 않은 인물임을 간파하였다. 그는 당시 도승지였던 유성룡에게 "장차 3한을 구제할 인물이니 등용하도록 하시오."라는 말과 함께 이순신을 선뜻 천거를 하였다.[393] 유성룡은 이이의 말을 흘려듣지 않고 이순신을 등용하여 임진왜란 발발 시 나라와 백성을 구하는데 혁혁한 전공을 세우도록 돕게 되는 것이다.

미래에 대한 예리한 혜안을 가지고 다가올 국란을 미리 예견하고 이에 대한 방비책으로 10만 양병을 주창한 그의 창조적 미래비전의 제시는 비록 뜻을 펼치지는 못했지만 시의성과 적실성을 가진 정책으로서의 의미를 크게 가지는 것이었다. 또한 장차 이 나라를 구할 동량으로 이순신을 천거한 일 역시 그가 얼마나 미래에 대한 혜안을 가지고 이를 실천하고자 했는지 알게 하는 것이다.

393) 『앞의 책』, 238-239쪽.

4. 훌륭한 비전을 제시하지 못해 인간경영에 실패한 역사적 사례들

1) IBM의 최고경영자

제너럴 일렉트릭(GE)사의 전(前) CEO였던 잭 웰치(Jack Welch)는 기업의 비전이 기업의 미래가치라고 생각을 하였다. 그러나 이와는 반대되는 결정을 하여 실패 한 대표적인 사례가 있다. 바로 IBM의 실패 사례이다.

IBM은 먼 미래를 바라보는 기업의 비전이 취약했기 때문에 실패를 자초하였던 것이다. 그 당시 IBM은 타이프라이터, 팩스 등 사무자동화부문에서는 타의 추종을 불허하는 매우 독보적인 존재였다. IBM은 이러한 상황을 즐겼고 어떤 의미로는 안이하고 교만에 빠졌을지도 모른다. IBM은 당시 잘나가던 사무자동화부문에 매료되어 새롭게 떠오르는 컴퓨터부문을 가볍게 여겼다. 이러한 판단에 입각하여 당시로서는 물이 좋았던 사무자동화부문에 전념하기 위해 미래적 가치가 어마어마한 컴퓨터 부문을 소홀히 하였고 그래서 마이크로 소프트(MS)사와 인텔(Intel)사에게 아웃소싱을 주는 결정을 하게 되는 것이다. 그리고 MS사의 빌 게이츠와의 컴퓨터 운영체계에 대한 협상에서도 안이한 태도로 일관하다가 결국 불리한 입장으로 전락하게 되는 것이다.

주지의 사실이듯 IBM의 아웃소싱 업체인 마이크로 소프트와 인텔은 지금 컴퓨터업계의 총아로 가장 막강한 권력으로 군림을 하고 있다. IBM은 이런 뼈아픈 미래 판단의 실책으로 인해 영향력 있던 자리를 이들에게 빼앗기고 회사 존폐의 위기로까지 밀렸던 뼈아픈 경험을 하게 되었던 것이다.

최고경영자의 미래에 대한 판단부족과 비전의 부재는 바로 이와 같이 엄청난 영향력을 가진 기업이라 하더라도 정상의 자리를 지켜낼 수 없다는 교훈을 던져주고 있는 것이다.

2) 모세(Moses)

IBM의 실패 사례 이 외에 또 다른 하나의 실패 사례를 들어보라면 구약성경(Old Testament)에 나오는 모세(Moses)의 출애굽(Exodus)을 들 수 있다.

모세는 하느님의 말씀을 받들어 이집트에 노예로 잡혀가있던 이스라엘 민족들을 이끌고 하느님의 보호를 받으며 이집트를 탈출한다. 그러나 그들은 젖과 꿀이 흐르는 가나안에 이르는데 40년이란 세월을 허송하게 되는 것이다. 내분이 일어나고 믿음이 사라지고 서로 불신하고 이러는 동안 세월이 유수와 같이 흘러버렸던 것이다.

모세는 초기에는 이스라엘 민족을 잘 인도할 수 있었지만 오래 지속시키지는 못하였다. 그는 이끌음이 힘들어지자 시나이 산(Mount Sinai : the Mountain of God)에 올라 하느님께 계율을 요청 하였고 하느님은 이에 응답을 하셔서 '십계명'(the Ten Commandments)을 내려주었다. 그가 하느님에게 십계명을 받는 사이에도 산 아래에서는 이스라엘 민족들이 타락을 하여 황금으로 된 송아지(golden calf)를 우상으로 만들고 이를 섬기는 작태를 벌리기도 하는 것이다.

> 백성이 모세가 산에서 내려옴이 더딤을 보고 모여 아론에게 이르러 가로되 일어나라 우리를 인도할 신을 우리를 위하여 만들라. 이 모세 곧 우리를 애굽 땅에서 인도하여 낸 사람은 어찌 되었는지 알지 못함이니라. 아론이 그들에게 이르되 너희 아내와 자녀의 귀의 금고리를 빼어 내게로 가져오라.......... 아론이 그들의 손에서 그 고리를 받아 부어서 각도로 새겨 송아지 형상을 만드니 그들이 말하되 이스라엘아 이는 너희를 애굽 땅에서 인도하여 낸 너희 신이로다 하는지라.......... 여호와께서 모세에게 이르시되 너는 내려가라 네가 애굽 땅에서 인도하여 낸 네 백성이 부패하였도다. 그들이 내가 그들에게 명한 길을 속히 떠나 자기를 위하여 송아지를 부어 만들고 그것을 숭배하며 그것

> 에게 희생을 드리며 말하기를 이스라엘아 이는 너희를 애굽 땅에서 인도하여 낸 너희 신이라 하였도다.......... 그런즉 나대로 하게 하라. 내가 그들에게 진노하여 그들을 진멸하고 너로 큰 나라가 되게 하리라.394)

물론 하느님이 이들을 용서하시지만 그들의 믿음은 지속적으로 도전을 받았고 그들은 그러한 어려움 속에서 지쳐 쓰러져 갔다. 깊은 회의의 그늘이 그들의 마음속에 깊게 드리워져 간 것이다. 그들은 일상의 일 조차 하느님의 것과 연관을 지우고 그러한 어려움을 내리는 하느님에 대해 불평을 하기조차 하였다.

이집트에서 탈출을 하여 광야를 방황할 때 뜨거운 열사에 물까지 부족하게 되자 이러한 곤궁함에 대해 불평하는 이가 많이 속출하였다. 이렇게 되자 인심은 아주 흉흉하게 되고 급기야는 불평으로 가득 찬 이스라엘 사람들은 그들의 인도자이며 지도자인 모세에게 까지 불평을 하고 분위기가 험악하게 되어 돌로 쳐 죽이려는 상황으로 까지 내몰리게 된다. 모세는 이러한 상황을 감지하고 하느님께 호소를 한다. 물을 달라고 말이다. 하느님께서 그에게 명하여 지팡이를 가지고 호렙 산 반석을 치시게 한다. 하느님이 시킨 대로 장로들을 배석시키고 반석을 지팡이로 치니 그 반석이 갈라지며 물이 쏟아져 나와 이스라엘 전체 사람들의 목마름을 해소하게 해 준다. 그러나 모세의 지도력은 방황이 길어지면서 점차적으로 회의와 의심을 품는 많은 무리들에 의해 훼손이 되고 약화가 된다.

> 이스라엘 자손의 회중이 여호와의 명령대로 신 광야에서 떠나 그 노정대로 행하여 르비딤에 장막을 쳤으나 백성이 마실 물이 없는지라. 백성이 모세와 다투어 가로되 우리에게 물을 주어 마시게 하라. 모세

394) 출애굽기, 32장, 『아가페 큰글성경』(서울 : (주)아가페 출판사, 1999), 130-131쪽.

가 그들에게 이르되 너희가 어찌하여 나와 다투느냐. 너희가 어찌하여 여호와를 시험하느냐. 거기서 백성이 물에 갈하매 그들이 모세를 대하여 원망하여 가로되 당신이 어찌하여 우리를 애굽에서 인도하여 내어서 우리와 우리 자녀와 우리 생축으로 목말라 죽게 하느냐. 모세가 여호와께 부르짖어 가로되 내가 이 백성에게 어떻게 하리이까 그들이 얼마 아니면 내게 돌질하겠나이다. 여호와께서 모세에게 이르시되 백성 앞을 지나가서 이스라엘 장로들을 데리고 하수를 치던 네 지팡이를 손에 잡고 가라. 내가 거기서 호렙 산 반석 위에 너를 대하여 서리니 너는 반석을 치라. 그것에서 물이 나리니. 백성이 마실라. 모세가 이스라엘 장로들의 목전에서 그대로 행하니라.395)

결국 하느님으로부터 버림받은 이들은 40년이란 긴 세월을 방황 속에 헤매게 되는 것이다.

모세라는 지도자가 미래에 대한 비전을 제시하지 못하고 이스라엘 민족을 제대로 이끌지 못한 결과였던 것이다. 결국 가나안 복지로 들어갈 때 제대로 된 비전을 제시하지 못해 이스라엘 민족의 가나안 입성을 지체시키고 어렵게 한 죄를 물어 하느님은 모세의 가나안 복지 입성을 막게 되는 것이다. 결국 그는 그 오랜 세월의 고난과 어려움 속에 이스라엘 민족을 가나안 복지에 까지 이르게 하였지만 그 자신은 정작 가나안 복지에 발을 디디지 못하고 숨을 거두게 되는 것이다.

모세가 모압평지에서 느보 산에 올라 여리고 맞은편 비스가 산 꼭대기에 이르매 여호와께서 길르앗 온 땅을 단까지 보이시고 또 온 납달리와 에브라임과 므낫세의 땅과 서해까지의 유다 온 땅과 남방과 종려의 성읍 여리고 골짜기 평지를 소알까지 보이시고 여호와께서 그에게 이르시되 이는 내가 아브라함과 이삭과 야곱에게 맹세하여 그 후손에게 주리라 한 땅이라. 내가 네 눈으로 보게 하였거니와 너는 그

395) 출애굽기, 17장, 『앞의 책』, 108쪽.

리로 건너가지 못하리라 하시매 이에 여호와의 종 모세가 여호와의 말씀대로 모압 땅에서 죽어 벧브올 맞은편 모압 땅에 있는 골짜기에 장사되었고 오늘까지 그 묘를 아는 자 없으니라. 모세의 죽을 때 나이 일백이십세나 그 눈이 흐리지 아니하였고 기력이 쇠하지 아니하였더라.......... 모세가 눈의 아들 여호수아에게 안수하였으므로 그에게 지혜의 신이 충만하니 이스라엘 자손이 여호와께서 모세에게 명하신대로 여호수아의 말을 순종하였더라.[396)]

모세가 죽자 그를 대신하여 여호수아가 이스라엘 사람들을 이끌고 가나안의 복지로 들어가게 된다. 이제 그들의 지도자는 모세가 아닌 여호수아로 바뀐 것이다.

여호와의 종 모세가 죽은 후에 여호와께서 모세의 시종 눈의 아들 여호수아에게 일러 가라사대 내 종 모세가 죽었으니 이제 너는 이 모든 백성으로 더불어 일어나 이 요단을 건너 내가 그들 곧 이스라엘 자손에게 주는 땅으로 가라. 내가 모세에게 말한 바와 같이 무릇 너희 발바닥으로 밟는 곳을 내가 다 너희에게 주었노니 곧 광야와 이 레바논에서부터 큰 하수 유브라데에 이르는 헷 족속의 온 땅과 또 해지는 편 대해까지 너희 지경이 되리라. 너의 평생에 너를 능히 당할 자 없으리니 내가 모세와 함께 있던 것 같이 너와 함께 있을 것임이라. 내가 너를 떠나지 아니하며 버리지 아니하리니.........[397)]

이러한 모세의 사례에서 보듯이 지도자가 미래에 대한 올바르고 정확한 비전을 제시하지 못할 경우 그 자신은 물론 그를 따르는 많은 중생들이 고통과 실패 속에 신음하게 된다는 것을 교훈으로 얻게 되는 것이다.

---

396) 신명기, 34장, 『앞의 책』, 319쪽. ; 모세의 죽음은 기원전 1410년경이다. 1절에서 9절까지 모세의 죽음과 지도자가 된 여호수아에 대해 언급하며 10절-12절 모세와 같은 선지자가 일어나지 못하였다는 말로 결론짓고 있다.

397) 여호수아, 1장, 『앞의 책』, 320쪽.

3) GM의 최고경영자

세계자동차시장은 지금 요동을 치고 있다. 버락 오바마 미국 대통령이 당선인 자격으로 기자회견을 할 때 그는 지금 다시 미국의 산업이 일어나고 경제가 회생하기 위해서는 자동차 산업이 회복되어져야 한다고 강한 톤으로 주장을 하였다. 그리고 그 기회는 다시 돌아오지 않을 것이라고 이야기 하였다. 만약 이 기회를 살리지 못하면 결국 일본과 한국 차에 의해 미국의 자동차산업은 몰락의 길로 접어들 것이란 경고를 하였다.

현재 추진되고 있는 한미자유무역협정(FTA) 비준도 자동차분야의 협상난항으로 인하여 체결을 미루고 있는 실정이다. 자동차의 원조이며 메카였던 미국이 현재 자동차부문에서 누렸던 과거의 영광을 다시 거머쥐기 위해 와신상담(臥薪嘗膽)의 자세로 달려오고 있다.

그러면 새로 취임한 미국 대통령이 무엇보다 먼저 자동차산업을 국익과 연관 지어 들고 나오는 이유가 무엇인가 그 이유를 알 필요가 있을 것이다. 세계자동차시장의 엄청난 규모와 이에 연유된 경제력 그리고 자동차와 연관되어진 부가적인 기술개발이 가져다주는 가치가 너무나 크기 때문이다.

2006년도 자동차 생산국을 순위별로 살펴보면 일본이 11,484,000대로 1위이고 미국이 11,264,000대로 2위이며 한국은 3,840,000대로 6위권에 머물러 있다. 그리고 국가별 자동차 내수규모 순위를 살펴보면 미국이 1,705만대로 1위이고 중국이 772만대로 2위이며 일본이 574만대로 3위이고 독일이 377만대로 4위이며 한국이 121만대로 13위에 머물러 있다. 그리고 자동차 한 대 생산하는데 걸리는 시간에 있어서는 도요타 자동차가 21.3시간, GM자동차가 22.7시간, 한국의 현대자동차가 32시간이다.[398] 그리고 2006년도 자동차 판매 상승률을 살펴보면 도요타 자동차가 10.9%

---

398) 『조선일보』, 2007년 3월 9일.

상승한 반면 GM 자동차는 6.3% 감소를 하였다.[399]

이러한 통계자료에서도 알 수 있듯이 GM 자동차는 일본의 도요타 자동차에 뒤지고 있었던 것이다. 이렇게 된 이유는 여러 가지가 있지만 그 중 하나로 비전을 제대로 제시하지 못했다는 것을 들 수 있다. 이에 반해 도요타는 2005년 10개년 계획을 발표하였다. 첫째, 2015년까지 한 번 기름 주유로 미국 대륙을 횡단할 수 있는 차를 만들겠다는 것이었고 둘째, 세계 자동차 판매시장의 15%를 점유하겠다는 선언이었다.

이렇게 야심차면서도 명료한 비전을 제시하고 조직성원을 하나로 모아 거친 경쟁의 세계를 헤쳐 나가는 도요타 자동차와 비교하여 GM 자동차는 너무나 안이한 사고의 틀 속에서 미래를 위한 준비를 제대로 하지 않았던 것이다.

최고경영자와 그를 위요한 경영진은 노조의 요구에 밀려 임금, 연금, 의료 혜택을 끊임없이 올리기만 했다. 그리고 노조와의 잘못된 협의에 의해 공장가동률을 80% 이하로 내릴 수 가 없었다. 그리고 공장을 닫거나 직원을 해고하면 회사는 그에 상응한 패널티를 물어야만 되었다. 일거리 없이 조립 라인이 멈추어 서도 일시 해고된 근로자에게 나가는 비용은 줄지 않았다. 그리고 노동자들의 평균 연령이 51세에 달하였다. 그리고 연간 의료비 부담이 60억 달러를 육박하였다. 그 중 3분의 2 가량이 퇴직자들에게 들어갔다. 현직 근로자 1명이 퇴임직원 2.5명의 의료비를 부담하였다. 그래서 자동차 1대 당 생산비용이 1,500달러에 달하였으나 도요타는 미국 생산의 경우는 201달러였고 일본 생산의 경우는 97 달러였다.

이에 반해 도요타는 1962년에 '노사선언'을 채택한 이후 56년간 무분규를 일구어 내었다. 경영자는 투명한 윤리경영을 한 것이고 노동자들은 협력적 노동운동을 펼친 결과였다. 그러한 노력에 힘입어 2001년에는 1

---

399) 『조선일보』, 2007년 3월 9일.

조 엔의 이윤을 창출해 내었다. 그런데 주목해 보아야 할 점은 이러한 이윤에서 나오는 이익금을 연구개발(R&D)과 생산라인 증설에 우선적으로 투입하는 것에 회사 구성원 모두가 합의를 했다는 것이다.

노동조합 역시 예외는 아니었다. 보다 중요한 것은 노동조합이 이러한 움직임에 앞장을 섰다는 것이다. 노동조합은 이러한 우선적 투자 이후에 남는 이익금을 자신들의 성과에 따라 실적급으로 배분해 줄 것을 요구했던 것이다. 더 나아가 그들은 회사에 부담을 덜어주기 위해 임금 역시 동결을 선언했던 것이다. GM 이 이루지 못한 것을 도요타는 하나하나 일구어 나갔던 것이다.

또한 GM 자동차의 최고경영자와 경영진들은 미래를 위한 신차 개발에 소홀하였다. 도요타는 89년에 렉서스(Lexus)를 생산하여 미국 시장의 25%를 점유하였다. 그리고 97년에 하이브리드카를 생산하여 1리터 당 35.5㎞를 주행하였으며 이 연비도 2003년에 업그레이드를 통해 더욱 개선을 시켰다. 그리고 끊임없는 기술개발과 품질 향상을 위한 개선 운동(카이젠 운동)을 펼쳐 나갔다. 연간 30만에서 35만 건에 이르는 아이디어를 창출해 내었고 이를 기업을 개선시켜 나가고 기술을 개발시키고 품질을 향상시키는데 반영을 해나갔던 것이다.

그러나 GM 자동차는 차가 안 팔리니까 디자인과 품질 개선보다는 염가 판매 마케팅에 주력을 하였다. 그리고 5개 공장을 문 닫고 3만 명을 해고하고자 시도를 하며 닛산, 르노와 합작을 모색하고 있지만 주변에서의 이러한 노력에 대한 평은 돼지 입술에 립스틱 바른다고 달라질게 있느냐는 반응을 보이고 있는 것이다. 오죽했으면 피터 드러커가 “내 책은 미국 기업, 공공기관, 정부에 즉각적인 영향을 주었지만 막상 GM 에서는 통하지 않았다.”고 말을 하였겠는가.

결국 미래를 위한 준비인 신차개발이나 노동생산성 증대 계획, 그리고 판매전략, 그리고 노사관계 전략 등 모든 부문에서 도요타를 압도하지 못했던 것이다. 미래를 준비하지 못한 기업의 미래는 몰락의 길로 접어들 수밖에 없는 것이다.

비전 제시에서 GM 자동차는 도요타에 뒤졌고 그 결과는 참담한 패배였다. 결국 GM 자동차는 지금까지 누려왔던 자동차 업계순위 1위의 자리를 일본의 도요타 자동차에게 내주어야 하는 아픔을 갖게 되었던 것이다. 그리고 2005년 부도위기를 맞았을 때 도요타에서 GM의 주식을 사주어 유동자금을 돌게 해주어 GM을 위기에서 구제를 해주었던 것이다. 도요타의 정서는 "이미 게임은 끝났다. 반 도요타 정서를 잠재우기 위해 주식을 사주었을 뿐이다."라는 것이었다.

그러나 해가 거듭될수록 앞에서 언급한 문제들이 상승작용을 일으키면서 GM의 부실로 인한 회사경영의 위기가 빠르게 진행이 되고 있다. 이러한 위기적 상황은 2008년 들어 GM의 사정을 더욱 악화시키고 있는 것이다. 서브프라임 모기지(sub-prime mortgage) 파동을 계기로 촉발된 미국의 금융 불안과 경기침체는 급기야 GM의 목줄을 조이고 있는 상황이 되었다.

GM은 이를 감당하기 어려워 결국 연방정부에 구제금융 신청을 하였고 연방정부는 GM의 몰락이 미국경제에 가져다 줄 역풍을 고려하여 134억 달러의 구제금융을 허용하였다. 그러나 이미 쌓일 데로 쌓여버린 GM의 고질병은 이러한 천문학적 숫자의 돈으로도 해결의 기미가 보이지 않자 연방정부는 GM의 경영진과 현 최고경영자(CEO)로 있는 릭 왜고너 회장의 퇴진과 구조조정에 대한 약속을 전제로 하여 구제금융에 대한 허용여부를 저울질 하고 있다. 현재 GM에서 요구하고 있는 추가 구제금융 액수는 166억 달러에 달하고 있는 것이다.

월스트리트저널(WSJ) 등 미국 언론에 따르면, 미국 정부는 릭 왜고너 제너럴 모터스(GM) 회장에게 경영 실패에 대한 책임을 물어 사임

> 을 요구했으며, 왜고너 회장이 이 같은 요구를 받아들여 사임하기로 합의했다고 보도했다. 지난 8년 동안 GM을 이끌어온 왜고너 CEO는 이달 중순까지만 해도 CEO에서 물러날 뜻이 없다는 입장을 밝혔었다. 하지만 미 정부가 지난달 GM이 제출한 구조조정 계획이 미진하다며 구제금융 지원에 앞서 획기적인 조치를 요구하면서, 결국 CEO 교체로까지 이어진 것으로 알려졌다. GM은 지금까지 정부로부터 134억 달러에 달하는 구제금융을 받았으나 지난달 추가로 166억 달러를 요구한 상태다.[400]

1970년대까지만 해도 세계 최대의 회사이면서 미국 자동차 시장을 50% 이상 점유를 하고 고급 승용차하면 '캐딜락'(Cadillac)을 떠 올리게 했던 미국의 자랑이며 상징이었던 GM은 이렇게 몰락하고 있는 것이다.

만약 GM 자동차의 최고경영자가 도요타 자동차처럼 명료하고 그러면서 야심찬 비전을 제시했다면 그리고 그 비전을 하나하나 추진시켜 나갔다면 현재의 상황과는 다른 양태를 나타냈을지도 모른다. 꿈이 없는 조직은 나아갈 수 없다는 평범한 진리를 우리는 GM 자동차의 몰락과 도요타의 약진에서 다시 확인할 수 있는 것이다.

5. 창조적 지성과 이와 관련 된 성공 및 실패 사례

1) 창조적 지성이란 무엇인가?

워렌 베니스(Warren Bennis)와 버트 내너스(Burt Nanus)는 "리더와 리더의 추종자를 구분하는 것은 자신의 기술을 개발하고 향상시키는 리더의 역량이다."라고 말했다. 이 말이 내포하고 있는 뜻은 리더로서 성공한 사람

---

400) 『조선일보』, 2009년 3월 30일. ; http://news.chosun.com/site/data/html_dir/2009/03/30/

은 곧 학습하는 사람이며 학습의 결과는 자기 수양과 인내에 따라 매일 달라지게 나아지는 것이라는 점이다.401)

영국의 수상이었던 벤저민 디스레일리(Benjamin Disraeli)는 "모른다는 것을 인식할 때 당신은 지식을 향해 한 발짝 더 다가갈 수 있다."라고 말했다.402) 무지가 앎을 향한 갈구를 더 크게 한다는 의미를 가지는 말이다.

고대 희랍의 철학자였던 소크라테스는 무지를 인식하게 함으로서 배움을 얻도록 하였다. "너 자신을 알라."403)는 말은 너의 무지를 깨달으라는 이야기이다. 사람이 자신은 너무나 많은 것을 알고 있어서 더 이상 배울 것이 없다고 생각하는 그 순간부터 그는 배움을 잃게 되는 것이다. 항상 지식에 대해 겸손하고 지식을 찾기 위한 열의로 노력할 때 그는 한 걸음씩 진리 앞으로 다가서는 것이다.

영국의 유명한 과학자였던 이삭 뉴턴(I. Newton)은 주변사람들로부터 자기 자신의 지식을 높게 평가 받을 때마다 자신을 스스로 낮춘 것으로 유명하다. 그는 "나는 마치 커다란 바다를 뒤로 하고 해변 가에서 파도에 밀려온 조그마한 조개를 신기한 듯 들고 바라보는 어린 소년에 불과하다."고 말했다. 이 말이 의미하는 바는 거대한 진리와 지식의 보고(寶庫)를 커다란 바다에 비유를 하고 있고, 파도에 의해 밀려 와 해변 가에 놓여있는 조그마한 조개를 자기 자신이 알고 있는 지식으로 비유를 하고 있는 것이다. 자기 자신을 조그마한 지식만을 가진 어린 소년으로 비유를 함으로써 그 자신의 앎을 매우 겸손하게 표현을 하고 있는 것이다.

이러한 벤저민 디스레일리, 소크라테스, 그리고 이삭 뉴턴의 지적 겸

401) 존 맥스웰 지음, 김환영·홍석기·우덕삼 옮김, 『리더십 21가지 법칙 : 워크북』(서울 : 청우, 2007), 49-50쪽.

402) 『앞의 책』, 51쪽.

403) 소크라테스는 인간의 지혜가 신에 비하면 하찮은 것에 불과하다는 입장에서, 무엇보다 먼저 자기의 무지(無知)를 아는 엄격한 철학적 반성이 중요하다고 하여 이 격언을 자신의 철학적 활동의 출발점에 두었다. http://100.naver.com/100.nhn?docid=37210

손을 배울 필요가 있는 것이다. 지적 교만이나 오만은 더 이상 자기개발을 이룰 수 없게 만들기 때문이다.

그리고 리더는 지적 겸손 못지않게 한 조직이나 집단을 이끌고 나가기 위해서는 많은 지식과 이러한 것이 모여서 숙성되어 나타나는 지혜를 가져야 한다. 그리고 이러한 지식과 지혜를 가지고 자신이 이끄는 조직이나 집단을 책임지고 이끌고 나가야 한다. 그래야만 그는 무지에서 오는 잘못을 막을 수 있고 자신이 이끄는 조직과 집단에게 피해를 주지 않게 되는 것이다. 어떻게 보면 리더는 모를 권리가 없는 것이다.

그래서 리더는 항상 지식을 얻는데 최선의 노력을 다해야 하며 나아가 위기의 상황에 처했을 때 자신을 믿고 따르는 조직이나 집단의 성원들에게 리더가 올바르게 알고 있다는 확신을 심어 주어야 한다. 그러지 못할 경우 리더의 추종자들은 자신의 지도자를 불신하고 위기를 극복하려는 지도자의 노력을 외면할 수 있기 때문이다.

그래서 클라렌스 B. 랜달은 "리더는 알아야 하고 본인이 알고 있다는 것을 스스로 알고 있어야 하며 본인이 알고 있다는 사실을 사람들에게 아주 명확하게 보여 줄 수 있어야 한다."라고 말했던 것이 아닌가 싶다.[404]

그리고 덧붙여 훌륭한 리더는 지식의 중요성을 잊지 말아야 한다. 전문지식은 실전에서 도움이 될 뿐만 아니라 상대로부터 정보를 얻어 낼 때에도 필요하다. 리더는 가지고 있는 지식의 유무에 따라 상대에게 얻어낼 수 있는 정보의 양의 차이는 매우 크다. 지식은 서로간의 커뮤니케이션의 깊이를 더 할 뿐만 아니라 문제의 해결에 필요한 힌트를 제공할 수도 있다. 어드바이스가 될 수도 있고 그 해결법을 제안할 수도 있기 때문에 지식은 매우 유효한 것이다. 예를 들어 의사라면 환자가 앓고 있는 병의 구체적인 증세와 그 치료방법을 알고 있어야 한다. 의사의 지식이

404) 존 맥스웰, 『앞의 책』, 111쪽.

불충분하다면 환자의 병을 치료하기는커녕 오히려 환자의 생명을 위협할 수도 있기 때문이다.405)

그리고 훌륭한 리더가 되기 위해선 항상 창조적 긴장감(creative tension)을 가지고 있어야 한다는 것이다. 이 말을 보다 쉽게 표현을 하자면 리더는 항상 열려있어야 하고 깨어있어야 한다는 것을 의미하는 것이다. 조금 잘 나간다고 또 만사형통이라고 방심하고 교만과 자만에 빠져 중요한 일을 간과해버린다면 리더가 지금까지 쌓아 올린 모든 공든 탑이 하루아침에 무너질 수도 있기 때문이다. 그래서 창조적 긴장감은 계산된 위기의식에서 나오는 것이다. 리더는 지속적으로 관리할 수 있는 위기를 필요에 따라서는 조성해 나가야 한다. 그래야 나태해지지 않고 지속적으로 창의적 지식이나 정보를 창출해 나갈 수 있기 때문이다.

이와 관련된 실제 사례를 간단히 소개해 보고자 한다. 삼성전자가 58조원의 매출을 올리고 12조원의 영업이익을 창출하는 대업을 일구어냈을 때였다. 그리고 삼성전자가 기존의 독보적인 전자산업부문의 황제였던 소니(Sony)를 제치고 수위로 나설 때였다. 일본이 삼성에 의해 피폭을 당했다고 일본 언론들이 난리를 피우던 그때였다.

어떻게 보면 삼성전자로서는 샴페인을 터트려야 할 시점이었는지도 모른다. 그러나 삼성전자는 그렇게 하지 않았다. 이 당시 이건희 삼성그룹 회장은 "가장 잘 나가는 시기가 가장 위험한 시기입니다. 우리는 여전히 위기상황에 처해 있으며 초 일류기업으로서의 도약을 지속적으로 준비해야 합니다."라는 메시지를 전 사원들에게 전달을 하였던 것이다. 이러한 메시지의 상징적 의미는 매우 큰 것이었다.

이 회장은 재임 중 "마누라와 자식 빼고 다 바꿔라"는 혁신과 '품질

---

405) 쓰지 슈이치 지음, 배정숙 옮김, 『Power Coach : 사람을 움직이는 20가지 원칙』(서울 : 다리미디어, 2002), 40-41쪽.

> 중시 경영'으로 대표되는 신(新)경영, IMF 외환위기를 극복한 '선택과 집중'의 구조조정으로 삼성의 글로벌화에 성공했다. 아울러 "앞으로 20년이 더 걱정이다." "정신 차려야 한다. 5년, 10년 뒤에는 혼란이 올 수도 있다." "중국은 쫓아오고 일본은 앞서가는 상황에서 한국은 샌드위치 신세다." 등 위기론, 샌드위치론 등으로 끊임없이 변화와 혁신을 강조해 한국사회에 경각심을 불어넣기도 했다.[406]

삼성전자는 지속적으로 창조적 긴장감을 통해 세계 최고의 기술력을 증대시켜 나갔던 것이다. 삼성전자의 이건희는 가장 앞장을 서서 위기적 긴장감에 바탕을 둔 창조적 변화와 혁신의 중요성을 강조해 나갔다. "우리는 새로운 창조적 혁신의 물결을 맞이하고 있습니다. 영원한 1등은 존재하지 않고, 여기에서는 삼성도 예외일 수 없습니다. 우리만의 경쟁력을 갖추지 못하면 정상의 발치에서 주저앉을 것입니다." 삼성그룹 이건희의 2007년 신년사 내용이다. 이건희는 '창조경영'을 천명하면서 "무에서 유를 만들어내는 것도 창조이지만, 기존의 것에서 새로운 것을 발견하는 것 역시 창조다."라고 정의했다.[407]

이러한 삼성전자의 창조적 긴장감이 존재했기에 일본의 쟁쟁한 전자업체들이 합동을 하여 삼성전자를 제치기 위한 협공작전에 들어갔지만 아직도 삼성전자는 전자업계 수위의 기업으로 나가고 있는 것이다.

이 창조적 긴장감과 연계된 또 하나의 사례가 있다. 바로 도요타 자동차의 사례이다. 도요타 자동차가 162조원의 매출을 올리고 16조원의 영업이익을 창출했을 때 많은 사람들이 이제 도요타의 앞날은 탄탄대로위에 있기 때문에 걱정이 없을 것이라는 발 빠른 판단을 내 놓았다. 그러나 도요타 경영진의 생각은 그렇지 않았다. 이제부터라는 생각이 주류를 형성하고 있었던 것이다. 그들은 창조적 긴장감을 늦추지 않았다.

406) 『조선일보』, 2008년 6월 25일. ; http://news.chosun.com/site/data/html_dir/2008/06/25/

407) 전옥표, 『앞의 책』, 57쪽.

기업 회장은 "우리는 운전석에 앉아 백미러를 조정하는 기술 밖에 없습니다."라고 말함으로써 조직성원들의 창조적 긴장감의 고삐를 바짝 죄는 이야기를 하였다. 그의 말은 백미러를 조정하는 기술 이외에 대부분의 나머지 기술들은 다른 회사들의 기술이며 그것을 우리가 벤치마킹해서 사용하고 있다는, 어떻게 생각하면 매우 겸손하면서도 그 내면에 숨어있는 의미로는 매우 무서운 말이었다.

그들이 가지고 있는 세계적인 기술력은 하이브리드카를 개발하여 최고효율을 자랑하는 연비증진효과를 달성하였고, 지금까지의 기술력으로 닦아 올린 품질 제일의 자동차라는 인식이 만들어 낸 세계 최고 자동차 회사라는 브랜드 파워를 통해 시장점유율을 증대시켜 나가 세계 제1위의 자동차 회사가 되었다는 점을 생각 할 때 그렇다는 이야기이다.

그들은 적절한 위기의식과 긴장을 통해 창조성을 신장시켜나가고 있는 것이다.

이에 덧붙여 무엇보다 중요한 것은 항상 지식을 쌓으려고 노력하는 자세가 더욱 중요하다는 점이다. 그러므로 매일 상대를 위한 정보나 지식을 넓혀 나가도록 노력을 해야 한다. 다시 말해 직접 경험하거나 책을 읽거나 남의 이야기를 듣거나 학습을 해 나가는 노력이 무엇보다 중요하다.408)

요즈음 우리 주변에서 일어나는 모든 변화가 생각의 속도만큼이나 빠르게 이루어지고 있다. 이로 인해 우리의 지식 수명은 점점 짧아지고 있다. 어제의 지식이 이제 오늘 쓸모가 없어지고 오늘의 지식이 내일 무용지물이 되는 그런 시대에 살고 있는 것이다.

따라서 이를 극복해 나가기 위해서는 부단한 자기개발과 지적 탐구가 수반되어져야 하는 것이다. 그래서 배움은 죽을 때 까지 끝이 없다는 이

---

408) 쓰지 슈이치 지음, 배정숙 옮김, 『Power Coach : 사람을 움직이는 20가지 원칙』(서울 : 다리미디어, 2002), 41쪽.

야기를 자연스럽게 내뱉게 되는 것이고 실제적으로 교육훈련 기간도 예년에 비해 점차적으로 길어지고 있는 것이다. 요즈음 평생교육이라는 말이 일반화 된 것도 이러한 시대적 필요성에 기인되는 것으로 여겨진다.

이러한 시대에 자신에게 의지하고 있는 조직이나 집단의 성원을 올바로 이끌기 위해서는 이러한 조직이나 집단을 책임지고 있는 리더들은 지식과 경험이 풍부해야만 한다. 그렇지 못할 경우 그는 리더로서의 자격을 상실할 수 밖에 없기 때문이다.

따라서 올바른 리더가 되기 위해선 브라이언 트레이시(Brian Tracy)가 말하듯이 끊임없는 지적 탐구의 일환으로 독서나 전문 강좌의 수강에 많은 시간과 정력을 안배하여야 할 것이다. 자신과 관련된 그리고 자신이 이끄는 조직과 집단의 일과 연관된 일들과 관련 된 전문 또는 전공서적들이나 학술논문들을 매일 읽고 그것을 현실과 접목 시키는 노력을 게을리 해서는 안 된다는 것이 브라이언 트레이시의 주장이다.

또한 자신의 리더로서의 역량을 증대시켜주고 자신이 조직이나 집단을 이끄는데 꼭 필요한 지식을 전문 강좌들을 통해 습득토록 해야 한다는 것이다. 특히 그는 전문 강좌들을 수강할 것을 강력하게 권하고 있는데 그 이유는 이러한 전문 강좌를 이끌어 나가는 강사들이 그 분야의 전문가일 뿐만 아니라 그 강좌를 강의하기 위해 수천시간을 투자했을 뿐만 아니라 그들이 심혈을 기울여 행하는 강좌는 수천, 수만 명의 수강자들에 의해 검증되어진 것이므로 그 만큼 객관성과 타당성 그리고 신뢰성을 갖고 있기 때문이라는 것이다. 물론 이러한 것을 통해 습득한 지식은 당연히 리더의 문제해결능력을 높여주게 된다는 것이다.

이러한 끊임없는 지적 탐구는 리더들에게 실패에 대한 두려움을 없애주는데 커다란 도움을 줄 수 있을 뿐만 아니라 이를 통해 다양한 교훈을 얻게 해 줄 수 있는 것이다. 꼭 직접 체험을 통해서만 지식을 습득하는 것이 아니기 때문이다.

이러한 지적탐구를 통해 우리는 추 체험적으로 지식을 습득할 수 있으며 나아가 체험적 교육이 가지는 시간적 공간적 한계를 극복하게 해주어 지식의 지평을 넓혀줄 수 있기 때문이다. 또한 이러한 지적 지평의 확대는 리더들로 하여금 의사전달과 소통(communication)의 능력을 높여줌으로써 보다 올바른 지도자의 길을 걷게 하는데 많은 도움을 주게 되는 것이다.

여기에 덧붙여 중요한 것은 인간적 사랑과 정이 동반된 지식의 습득이 필요로 된다는 것이다. 인간 적 사랑과 정이 동반되지 않는 지식은 잘못되면 이기적 수단으로 전락된 지식으로 악용될 소지가 크기 때문이다. 의사가 가시고 있는 지식이 질못 사용될 경우 그리고 법조인이 자신이 가지고 있는 지식을 자기 자신만을 위해 악용을 할 경우 그 해악이 어떠할지는 그리 상상하기 어렵진 않을 것이다.

특히 인간경영을 성공적으로 이루어 내기 위해선 이러한 인간적 사랑과 정이 동반된 지식경영이 무엇보다 필요로 되는 것이다. 따뜻함을 잃지 않는 인간적 지식경영을 강조한 다산(茶山) 정약용(丁若鏞)의 생각이 인간경영의 사고와 일맥상통 하는 것도 바로 이와 맥을 같이 하는 것으로 볼 수 있는 것이다.[409]

2) 창조적 지성을 통해 인간경영에 성공한 사례

(1) 스티브 잡스(Steven Paul Jobs)

스티브 잡스는 미국 캘리포니아 주 샌프란시스코에서 세상 물정을 제대로 잘 알지 못하는 한 여자 대학원생의 잘못된 행동으로 인해 잉태되어 세상에 태어났다. 스티브 잡스의 모친인 여자 대학원생은 자신이 키울 수 없는 아이라는 생각을 하고 태어난 지 1주일 후에 그를 캘리포니아 주 산타클라라에 사는 폴 잡스, 클라라 잡스 부부에게 입양을 시켰다. 스

409) 정민, 『다산선생 지식경영법』(서울 : 김영사, 2006).

티브 잡스는 이 세상에 태어나면서도 축복을 받지 못했던 것이다.

잡스를 입양한 부부는, 그에게 스티브 폴 잡스라 이름을 지어줬다. 그의 모친은 입양조건으로 그를 대학원까지 보내야한다는 단서를 달았던 모양이다. 그러나 모친이 몰랐던 사실은 입양을 한 양부모들이 그렇게 재정적으로 여유가 있는 사람들이 아니었다는 사실이다. 양부모들은 입양을 위해 이러한 사실을 그의 모친에게 숨겼던 것이다.

스티브 잡스는 성장을 하였고 1972년 고등학교를 졸업한 잡스는 오리건 주 포틀랜드에 위치한 리드 대학교에 등록하였으나 1학기만 수강한 후 중퇴하였다. 그는 대학에 등록을 하고 1학기를 다니면서 많은 생각을 했던 모양이다. 대학을 다니면 많은 돈이 들 것이고 이것을 양부모들이 감당을 해야 한다면 재정적으로 많은 어려운 부담으로 와 닿을 것이라는 사실을 말이다. 사실 잡스는 양부모들이 비싼 학비를 내는데 대해 부담스러웠다고 2005년 스탠포드 대학교 졸업식장에서 축사를 하며 자신의 마음에 오랫동안 담아두었던 생각을 꺼내 이야기를 했다.

그러면서 그는 이런 마음의 무거운 짐을 가슴에 안은 채 대학을 가고 그 곳에서 공부하는 것이 그만한 가치를 충분히 자기에게 보상해 줄 수 있을 것인가를 반문해 보았다. 그가 이러한 고뇌의 과정을 통해 얻은 것은 대학에 가서 얻을 수 있는 가치라는 것이 그로 인해 잃게 될 비용보다 적다는 판단에 이르게 된다. 그는 그래서 대학에서 계속 등록을 하며 학업을 지속하는 것을 포기한다.

그는 미래의 가치를 현재보다 더욱 중요시 여긴 것이다. 아무 생각 없이 대학을 가고 보자는 그런 생각을 한 것이 아니라 미래의 가치를 위해 어떠한 결정을 하는 것이 더 중요한가 하는 것을 고민해 보고 그 결과에 입각하여 현실적인 자기 결단을 내린 것이다.

그런 의미에서 그는 미래에 살았던 것이다. 그리고 그는 용기 있게 미래를 받아들이고 결단을 내렸던 것이다. 그는 이러한 미래적 사고를 가지고 애플(Apple)사를 창업한다. 그리고 매킨토시의 발명으로 전혀 새로운 산업을 창조해 낸다. 그리고 윈도우(Window)라는 개념을 처음으로 컴퓨터에 접목을 시킨다. 그야말로 혁명적인 컴퓨터 소프트웨어 발전의 기틀을 마련하게 되는 것이다. 문자로 구성되는 MS-DOS 방식을 넘어 윈도우 그래픽을 통해 컴퓨터를 운영하는 그의 윈도우 개념은 컴퓨터 운영방식으로 많은 사람들에게 각광을 받았던 것이다.

그는 이렇게 새로운 아이디어를 상품으로 접목을 시켰고 항상 미래를 향해 앞서가는 경영을 솔선수범 적으로 이루어 나갔다. 그러면서 자신의 조직성원들과 자신의 생각과 이러한 아이템과의 접목을 통해 새롭게 발전되어 나타날 미래의 세계를 꿈꾸고 실천해 나갔던 것이다. 이러한 실천의 결과로 그는 컴퓨터 업계의 최고의 강자로 떠올랐던 것이다. 그의 강력한 미래에 대한 꿈과 이를 실천시키고자 하는 용기 있는 행동이 빛을 발하게 되었던 것이다.

그러나 그에게 시련이 다가왔다. 그에게 어려움의 시기가 도래한 것이다. 빌 게이츠의 마이크로 소프트에게 윈도우체제 경쟁에서 패배를 하는 아픔을 갖게 된 것이다. 그는 윈도우체제는 자신이 원조임을 내세워 마이크로 소프트와 법적 다툼을 벌렸으나 결국 이러한 싸움에서 그는 지고 말았다. 마이크로 소프트의 운영체계도 윈도우시스템을 구동할 수 있게 된 것이다. 막강한 자본력과 IBM을 기조로 하는 마이크로 소프트의 약진은 애플사가 만들어 낸 매킨토시의 설 자리를 위태롭게 하였던 것이다. 그는 약진하는 마이크로 소프트의 뒷모습을 외롭게 지켜보아야하는 입장으로 전락했던 것이다. 설상가상으로 그는 자신이 영입한 CEO인 존 스컬리에 의해 경영일선에서 물러나게 되었다. 그는 모든 것을 잃어버리는 듯 했다.

그러나 그는 이에 좌절하지 않고 다시 용기를 내어 재기에 성공을 하였다. 그는 다시 애플사로 되돌아 왔고, 아이포드(iPod)를 만들어 낸 것이다.[410] 이동성을 최대한 충족시키면서 전자메커니즘으로 충족될 수 있는 모든 수요를 충족시킬 수 있는 아이포드를 상용화 시켜 성공을 거두게 된 것이다. 엄청나게 많은 수익을 창출해 낼 수 있게 된 것이다. 그의 이러한 성공은 그가 미래적 가치를 가져 올 수 있는 아이디어를 끊임없이 재생산을 해내면서 이러한 창조적 아이디어를 새로운 제품 아이템과 접목시켜 나갈 수 있었기 때문이다. 그리고 조직 성원에게 이러한 믿음을 심어주고 이러한 미래적 가치의 실현의 꿈을 지속적으로 제시할 수 있었던 것이다. 끊임없는 창조적 아이디어의 생산과 이를 용기 있게 밀고 나갈 수 있는 그의 실천력이 바로 그의 성공의 열쇄였던 것이다.

(2) 위니아만도의 경영진

냉장고하면 생각나는 것이 삼성과 LG이다. 그만큼 이 회사들이 가지는 브랜드 파워는 이 부문에서 타의 추종을 불허한다. 그만큼 역사도 상대적으로 오래되었고 지금까지의 품질이 이를 뒷받침하고 있기 때문이다. 그런데 이런 난공불락의 아성에 도전장을 내민 기업이 있었다. 그것이 바로 위니아만도이다. 위니아만도는 에어컨과 냉난방기 등을 만들어 파는 것을 주력으로 하는 기업이다. 냉장고와는 어느 정도 거리를 두고 있는 기업이라는 뜻이다. 그런 위니아만도가 냉장고부문에 뛰어들어 삼성과 LG의 아성을 허물고 자기의 브랜드 파워를 높게 쌓아올리고 있다.

어떻게 이것이 가능할 수 있었을까? 많은 사람들이 의아해하는 점이다. 바로 이러한 질문에 대한 가장 정확한 답을 창조성에서 찾을 수 있을 것이다.

위니아만도 역시 여타 부문과 마찬가지로 점차적으로 커지는 불확실성으로 가득 찬 기업의 미래를 고민하지 않을 수 없었다. 현재의 자동차 냉방기 부문만으로는 불확실한 미래를 담보할 수가 없다고 생각을 한 것

410) B. 조셉 화이트, 『앞의 책』, 187쪽.

이다. 자동차 냉방기 부문 간의 경쟁이 날로 치열해지고 있을 뿐만 아니라 과열경쟁으로 인한 수익성이나 채산성의 악화와 경쟁사들의 브랜드 파워가 계속 위니아만도를 어렵게 몰아붙이는 상황에서 무언가 새로운 활로를 뚫어야 되겠다는 강박관념이 강하게 작용을 하였던 것이다. 이러한 강한 압박은 경영진들로 하여금 새로운 활로를 모색하게 만들었다. 그들은 고민하였다. 미래의 새로운 아이템으로 어떤 것이 가장 좋을 것인가? 그리고 그것은 미래의 수요를 창출해 낼 수 있을 것인가?

뜻이 있으면 길이 있다고 했던가. 이러한 고민의 결과 새로운 아이템이 떠오르게 되었던 것이다. 바로 틈새시장(niche market)을 비집고 들어가 보자는 것이었다. 그들은 프랑스에는 와인(포도주) 전용 냉장고가 있고 일본에는 초밥 전용 냉장고가 있다는 점에 착안을 하였다. 프랑스 사람들은 그들이 좋아하는 와인을 상하지 않고 신선한 상태로, 제대로 된 맛을 가진 상태로 보존하기 위해 와인 전용의 냉장고를 생각해 내었던 것이다. 그리고 바로 잡은 신선한 활어를 회로 떠서 바로 먹는 것을 좋아하는 한국인들과는 달리 일본인들은 바로 잡은 활어를 회로 떠서 일정 시간 숙성을 시킨 후 먹는 것을 즐기는 만큼 이를 제대로 숙성시켜 줄 수 있는 회 전용 냉장고를 필요로 하였던 것이다. 그래서 그들은 이런 창조적인 아이디어를 바탕으로 해서 와인 전용 냉장고 그리고 초밥 전용 냉장고를 만들어 내었던 것이다.

이런 점에 착안하여 이들은 한국을 대표하는 식품인 김치를 제대로 올바르게 보존할 수 있는 냉장고를 만들면 어떨까하는 생각을 해 보았던 것이다. 김치는 모든 한국인이 좋아하는 음식인 만큼 이에 대한 수요와 시장 역시 어마어마하게 클 것이라는 점도 커다란 매력이었다. 그들은 과거에 김칫독을 땅에 묻어 김치의 신선함을 유지하면서 김치 고유의 맛을 유지시켜 준 그런 향수를 가지고 그에 상응한 김치 전용 냉장고를 만들어 내서 시판을 한다면 대박을 터트릴 수 있을 것이란 생각을 했던 것이다. 그리고 이런 생각에 더 가속을 붙여준 것은 현재 냉장고시장에서 맹위를 떨치고 있는 삼성이나 LG에서 이러한 냉장고를 생산하여 시판하고 있지 않다는 점이었다. 그야말로 틈새시장이고 김치냉장고 1호를 만들어내는 것은 블루 오션(blue ocean) 전략을 성공적으로 선점하는 결과를 낳게 된다는 생각이 이들로 하여금 창조적 아이디어를 실행에 옮기게 하는 힘 즉 동기가 되었던 것이다. 그들은 드디어 김치 냉장고를 한국 최초, 아니 세계 최초로 만들어 냈다. 그들이 에어컨이나 냉난방기를 만들면서 이미 갖고 있는 냉방기술과 이에 관련된 노하우가 이러한 냉장고를 만들어내는데 커다란 힘으로 작용을 하였다.

김치냉장고를 만들어 내긴 하였는데 그 다음이 문제였다. 어떻게 이 신제품을 시장에 출시를 할 것인가 하는 문제였다. 다른 말로 표현을 하자면 어떻게 소비자에게 다가가서 이 창조적 아이디어의 산물인 김치 냉장고를 소비자의 품에 안기게 하느냐하는 문제에 봉착을 한 것이다. 그들은 고민을 했고 결국 새로운 창조적 광고 기법을 창안해 내었다. 그들은 기존의 광고방법인 CF를 이용한 방식으로는 소비자에게 커다란 반향을 일으킬 수 없다고 생각을 하였다. 이미 이 부문의 소비자들은 이런 방송매체나 활자매체를 통한 CF광고에는 익숙해져 있어서 커다란 감동과 반향을 기대하기 힘들다고 생각을 한 것이다. 그래서 그들은 차별화 된 다른 광고 방법을 모색하였다. 그래서 나온 것이 입소리 소문을 통한 광고 방법이었다. 일명 버즈마케팅(buzz marketing)이라 하는 것이다.[411] 여기에서 버즈는 일벌들이 날개 짓을 하면서 내는 소리를 의미한다. '발 없는 말이 천리를 간다.'는 속담이 있다. 사람의 입에서 입으로 구전되는 소문이 이렇게도 멀리까지 전파력을 지니고 있다는 것을 나타내는 속담이다.

411) 버즈마케팅이란 "소비자들을 자발적인 메시지전달자로 전환함으로써 상품에 대한 긍정적인 입소문을 발생시키는 것"이다. 공병호, 『공병호의 10년 후, 세계』(서울 : 해냄출판사, 2005), 136쪽.

입소문이 가지는 위력은 대단하다. 바로 이점에 이들은 착안을 한 것이다. 그들은 CF광고에 드는 비용으로 2,000대의 김치냉장고를 만들었다. 이제 그들의 다음 선택은 입소문을 내 줄 사람들을 선정하는 일이었다. 김치 냉장고의 주된 소비층이며 광고 효과를 극대화시켜 줄 수 있는 전파력을 가진 사람들이 타깃이 되었다. 그래서 선정된 사람들은 서울 강남에 거주하는 중산층 이상 아파트촌에 사는 부녀회장 등이었다.

선정된 이들에게 새로이 개발 된 김치냉장고를 주고 6개월간 사용할 것을 권유하고 6개월이 지난 후 사용결과에 대한 의견을 주면 사용하던 김치 냉장고를 무료로 주겠다는 제의를 하였다. 이로써 새로운 판촉 전략이 실행에 옮겨졌다.

놀랍게도 이러한 새로운 판촉 전략은 주효를 하였고 전국적으로 김치냉장고라는 새로운 아이템이 주부들 사이에 널리 회자를 하게 되었다. 그 결과 수요는 폭발적이었다. 이로서 위니아만도가 창조적 아이디어를 통해 틈새시장을 통해 새롭게 내놓은 아이템이 빛을 발하게 된 것이다.

이제 김치냉장고 하면 위니아만도가 내 놓은 브랜드 이름 '딤채'를 제일 먼저 떠 올리게 되는 것이 상식이 되어버렸다. 김치냉장고하면 딤채라는 등식이 성립되게 된 것이다. 김치냉장고라는 새로운 아성을 통해 위니아만도는 새로운 미래를 바라보게 되었고 이러한 위업은 창조적 아이디어에 입각한 것이다.

딤채의 이러한 성공은 우선 틈새시장을 효율적으로 공략을 하였다는 데서 찾을 수 있다. 기존의 냉장고 업체들과의 불필요한 경쟁과 마찰을 피하고 그들이 선점하고 있는 곳이 아닌 무주공산의 새로운 영역을 만들어서 그 곳으로 새로운 시장을 개척해 나갔다는 것이다. 그리고 창조적 아이디어를 통해 새로운 아이템으로 신상품을 개발해 내었고 주부들로부터 좋은 품질을 검증받았으며 나아가 버즈 마케팅을 통한 나름대로의 창조적 마케팅을 통해 효과적으로 새로운 시장의 수요를 창출하고 이를 유지 발전시켜 나갔다는 것이다. 실제적으로 이러한 성공은 블루 오션 전략의 성공을 의미하는 것이다. 무주공산의 새로운 시장에서 경쟁 없이 이 부문의 최초의 선두기업으로서의 프리미엄을 향유할 수 있게 되었다는 것을 의미하는 것이다. 이제 딤채는 김치 냉장고 원조브랜드라는 새로운 브랜드 파워를 가지고 15년 동안 선두 자리를 지켜오면서 냉장고시장의 다른 한 축을 구축하게 된 것이다.

국가고객만족지수(NCSI)에서 4년 연속 정상을 차지했으며 또 국가브랜드경쟁력지수(NBCI) 6년 연속 1위, 그리고 대한민국 브랜드스타 10년 연속 1위에 올라 국내 최고의 김치냉장고 브랜드로 자리매김을 하고 있으며 이에 힘입어 15년간의 누적 판매량 500만대를 돌파했다.[412]

이러한 성공의 이면에는 창조적 지성과 연관된 틈새시장 공략이라는 참신한 노력이 자리를 잡고 있었던 것이다. 딤채의 성공은 바로 이러한 창조적 지성을 현실로 일구어 낸 위니아만도 경영진들의 노력의 결정체였던 것이다.

3) 창조적 지성을 이루지 못해 인간경영에 실패한 사례
: 장영실(蔣英實)의 반대편에 섰던 대신들

미국의 발명왕 토머스 에디슨(Thomas Edison)은 전기를 발명하기 위해 400번 이상의 실패를 하였다고 한다. 전기를 발명한 후 주변 사람들이 이러한 실패 속에 성공을 거둔 에디슨에게 이런 질문을 하였다고 한다. 어떻게 400번 이상의 실패를 하면서도 이를 굳세게 딛고 일어설 수 있었느냐는 것이었다. 에디슨은 미소를 던지며 이들의 질문에 답변을 해주었다고 한다. “실패라니요? 저는 전기를 만드는데 있어서 해서는 안 되는 방

412) http://www.hankyung.com/news/app/newsview.php?aid=2009042112961&type=&nid=&sid=0104&page=1

법 400여 가지를 알았는데요!"

이러한 그의 전기발명과 연관된 일화[413]에서도 알 수 있듯이 그의 발명왕이라는 칭호는 바로 그 자신의 피눈물 나는 노력의 결과였으며 그의 긍정적 마인드의 소산이었던 것이다. 그는 그러한 노력을 자각했는지 "천재는 99%의 노력과 1%의 영감에 의하여 만들어진다."고 말한바 있다.

그의 피눈물 나는 노력과 관련 된 또 다른 일화도 있다. 그는 기차에서 화학실험에 몰두하다가 실수로 화재를 일으켜 기차의 객실을 태워버리고 말았다고 한다. 화가 난 기관사는 그의 뺨을 세게 내리쳤고 불행히도 이로 인해 그의 청력에 상당한 손상을 입었다고 한다. 이 일화에서 알 수 있듯이 청력손상을 입는 것도 불사하고 연구와 발명에 몰두했던 에디슨이었기에 발명왕이라는 칭호가 가능했을 것이다.

이와 같이 창조적 지성은 올바른 방향 및 목적 설정과 이를 달성하려는 지속적인 노력의 산물인 것이다.

'살아 있는 경영의 전설'로 불리는 잭 웰치의 '경영 7원칙'도 창조적 지성이라는 화두 앞에서는 맥을 못 추는 것 같다. 이것이 나온 지 불과 몇 년밖에 되지 않았는데 벌써 퇴물로 취급받고 있기 때문이다.

최근 미국의 경제전문지 『포춘』(Fortune)은 이제는 시대 흐름에 따라 잭 웰치의 경영방식에 도전하는 새로운 전략이 필요하다며 잭 웰치의 경영원칙을 정면으로 뒤집는 '7가지 안티 잭 웰치 경영원칙'을 제시했다. 한때 비즈니스계에서는 생존의 바이블처럼 여겨졌던 잭 웰치의 경영원칙이 채 한 세기도 지나기 전에 뒤집혀 빛을 잃게 될 위기에 처하게 된 것이다.

창조적 지성이 요구되는 세계에서 생존하기 위해선 혁명적인 시각이나 발상의 전환이 무엇보다 요구된다는 점을 이러한 사실을 통해 피부로

---

413) 조 루비노 지음, 정은비 옮김, 『석세스 코드 45』(서울 : 쌤앤파커스, 2007). ; 전옥표, 『앞의 책』, 159쪽.

느낄 수 있는 것이다.[414)]

리엔지니어링을 통해 기업을 혁신하려고 했던 마이클 해머(Michael Hammer)는 "변화를 두려워하고 현재 상황을 유지하려는 사람들이야말로 가장 위험한 내부의 적이다."[415)]라고 말하였는데 이것은 바로 창조적 지성을 거부했을 때 생존할 수 없다는 사실을 다르게 표현한 말이다.

창조적 지성은 이제 선택의 문제가 아니다. 이제 이것은 반드시 하지 않으면 안 되는 필수의 문제가 되어버린 것이다.

그러나 이러한 위대한 창조적 지성 이면에는 이것을 이루지 못해 실패의 쓴 잔을 마신 사례들도 적지 않다. 여기에 그 사례를 하나 소개할 까 한다.

창조적 지성이란 꽃을 다 피워보지도 못하고 중도에 꺾이게 한 사례가 있는데 바로 조선 세종대왕 때의 장영실의 경우이다. 원래 장영실의 신분은 동래현(東萊縣)의 관노(官奴)였다. 그러나 어려서부터 너무나 총명하고 과학적인 재능이 뛰어나서 태종 때 이미 발탁되어 궁중기술자 업무에 종사를 하였다. 그러나 이러한 장영실의 진가를 제대로 파악하고 그를 보물과 같은 존재로 갈고 다듬어낸 것은 바로 세종대왕이었다.

1423년(세종 5년)에 왕의 특명으로 장영실은 관노라는 노예 신분을 벗을 수 있었다. 그리고 정5품 상의원(尙衣院) 별좌가 되어 궁정기술자로 역할을 해나가게 되었다. 그러나 이 과정에서 상당한 저항에 부딪쳤다. 관노에게 어찌 관복을 입힐 수 있느냐고 극구 반대하는 대신들 때문에 세종대왕이 밥을 굶는 시위를 벌렸다는 이야기도 있다. 그만큼 유교적 신분질서를 중시하는 대신들의 반대는 거세었던 것이다.

그러나 세종대왕의 뜻은 확고했다. 대신들의 이러한 반대에도 불구하고 그의 창조적 천재성을 확인한 세종대왕은 그를 과학자로 그리고 기술

414) 전옥표, 『앞의 책』, 56쪽.

415) 『앞의 책』, 63쪽.

자로 요긴히 쓸 인재로써 총애를 아끼지 않았다.

1433년(세종 15년) 정4품 호군(護軍)에 오르고 혼천의(渾天儀) 제작에 착수하여 1년 만에 완성하고 한국 최초의 물시계인 보루각(報漏閣)의 자격루(自擊漏)를 만들었으며 1441년 세계 최초의 우량계인 측우기와 수표(水標)를 발명하여 하천의 범람을 미리 알 수 있게 했다. 그 공으로 상호군(上護軍)에 특진되었다.[416] 그는 세종대왕이라는 현군을 만나 자신의 천재성을 마음껏 발휘하면서 웅비하고 있었던 것이다.

그러나 그의 이러한 왕으로부터의 총애와 그의 거듭되는 승진은 주변 사람들에겐 눈에 가시이며 질투의 빌미가 되었다. 이러한 질투와 시기의 결과가 대사건으로 장영실의 앞을 가로막고 나서게 되었던 것이다.

이듬해 세종대왕이 병이 생겨 이를 치료하기 위해 이천으로 온천욕을 떠나게 되었다. 그는 세종대왕이 타고 갈 어가(御駕)를 만드는 책임을 지고 이를 제작하고 감독을 하였다. 그런데 이 어가가 세종대왕을 태우고 길을 떠나려던 참에 갑자기 부서지는 사건[417]이 발생한 것이다. 이로 인해 어가에서 떨어진 임금이 엉덩방아를 찧는 일이 발생하였던 것이다. 이것은 당시 장영실의 거듭된 승진과 세종대왕의 총애에 배 아파하고 그를 질투하고 시기하고 있던 주변의 사람들에겐 무척이나 좋은 기회가 되었다.

그들은 임금의 몸에 훼손을 가한 장영실을 임금에 대한 불경죄를 저지른 중죄인으로 엄히 다루어야 할 것을 강력히 주청하였고 이러한 기세가 너무나 강했기에 세종대왕도 어쩔 수 없이 그를 벌할 수밖에 없었다. 임금에 대한 불경죄라 하여 의금부에 잡혀가 곤장100대와 파직을 구형받았으나 임금이 2등을 감해 주었다고 한다.[418] 그래서 20대를 빼고 80대를

416) http://100.naver.com/100.nhn?docid=133128

417) 『조선왕조실록』, 세종 24년 1442년 3월 16일.

418) 『조선왕조실록』, 세종 24년 5월 3일.

맞고 장영실은 관직을 박탈당하고 궁을 떠 날 수밖에 없었다 한다. 그 후 장영실의 생애에 대한 어떤 기록들도 남아있지를 않은 관계로 그의 이후의 일에 대해서는 전혀 알 수가 없다 한다.

이러한 사건을 두고 많은 추측들이 오가고 있다. 그 당시 그 많은 발명품을 성공적으로 만든 장영실이 어가 정도를 그리 허술하게 만들 수는 없는 일이라는 의문도 일었고, 노골적으로 반대파 사람들이 장영실을 내쫓기 위해 담합을 해서 이러한 사건을 꾸몄다는 추측도 있다. 이 추측은 장영실을 음해하고 중상하는 무리들이 일부러 어가의 일부를 고장 나게 만들어 이런 불상사를 만들어냈다는 것이다.

또 다른 추측은 장영실 자신이 어가를 고장 나게 만들어서 이런 일을 꾸몄다는 추측도 있다. 이 추측은 장영실이 세종대왕의 고뇌를 덜어주기 위해 일부러 가마를 부서지게 만들었다는 설에 근거를 하고 있다. 이 설에 따르자면 명나라에서는 조선 조정에 압력을 가하여 천재적 기술자인 장영실을 명나라로 데리고 가서 최신 무기를 만드는 등 자신들의 야욕을 채우는 일을 시키고 싶었던 것이다. 그 속내를 잘 알고 있는 장영실이 왕의 번뇌와 갈등을 이런 식으로 풀어주려 했다는 것이다.

어느 것이 진실인지 밝혀진 것은 없다. 단지 여러 정황을 고려 해 볼 때 장영실에 대한 세종대왕의 특별한 총애와 그의 거듭된 승진 등에 자극을 받은 주변 관료들이 장영실을 축출하기 위해 꾸민 일이 아닌가 하는 쪽으로 생각이 기울고 있다는 것뿐이다.

또한 세종대왕이 어가의 파손에 따라 낙상을 하고 몸에 상처를 입은 것에 대해 죄를 묻는 것에 대해서도 많은 추측이 난무를 하고 있다. 우선 왕의 몸에 상처를 입힌 사건이므로 그냥 넘어 갈 수 없다는 왕실의 법도에 따른 처분일 수 있다는 생각이다. 이와는 다르게 장영실을 시기하고 질투하며 그 반대편에 서있던 사람들이 이를 빌미로 삼아 장영실을 숙청하려는 의도에서 내려진 처분이라는 생각이다. 또 다른 생각은 세종대왕이 장영실을 아끼는 마음에서 더 큰 해악이 장영실에게 미치는 것을 우려하여 이 정도의 형벌로 그를 징치하였다는 추측이다.

이 것 역시 여러 가지 정황을 고려해 볼 때 장영실의 반대편에 서 있는 사람들이 장영실을 찍어 내기위한 수단으로 이러한 처분을 강하게 밀어붙였다는 추측이 힘을 얻고 있는 것 같다. 그러나 세종대왕이 장영실을 아끼고 보호하고픈 마음에서 더 큰 해악이 장영실에게 미치는 것을 우려하여 이 정도의 처분으로 마무리를 지으려했다는 추측도 상당한 설득력을 지니는 것이다.

더욱이 명나라가 장영실의 재주를 높이 사서 그를 이용하기 위해 그를 명나라에 인도하기를 원했던 상황이라면 세종대왕은 이러한 사건을 통해 이 문제까지 해결하려고 했던 것이 아닌가 하는 생각도 설득력을 얻는 추측이 되는 것이다.

중요한 것은 어떠한 추측이거나 간에 장영실이 그 당시 국내외적으로 어려움을 당하고 있었다는 점이다. 특히 장영실을 시기하고 질투하여 그에 반대하는 사람들이 많았으며 이들이 장영실을 축출하려고 하였고 이를 알고 있는 세종대왕이 그를 보호하기 위해 읍참마속의 결단을 이런 식으로 내리지 않았는가 하는 점이다.

또한 장영실 자신이 관직에서 물러나려는 의지가 확고했던 것으로 보여지는 대목들이 있는데 이런 것도 이러한 어려움의 타개를 위한 고육지책으로도 볼 수 있게 하는 것이다. 그리고 앞서 말한 장영실 자신이 어가를 고장 나게 만들었다는 설이 있는데 이것이 이러한 생각을 뒷받침해주고 있는 것이다.

이 사례를 통해 중요하게 각인되어야 할 사실은 장영실이 신분의 벽을 완전히 허물어 내지 못하고 결국 그 벽에 의해 자신이 가진 천재적 창조성을 완성해 내지 못하고 중도하차를 해야만 했다는 점이다. 관노에서 면천을 하고 벼슬길에 오름에 있어, 신분의 차이를 극복하지 못한 잘못된 생각을 가진 관료들 때문에 고통을 당해야 했다는 점과 세종의 총애와 승진 속에서 많은 적을 만들어 낼 수밖에 없었다는 점 등으로 인해 그는 보다 더 많은 천재적 창의성을 다 발휘하지 못하고 결국 파직되어 역사의 뒤안길로 사라지는 신세가 되었던 것이다.

결론적으로 말하자면 세종과 함께 500년 조선의 과학기술적 발판을 마련했던 장영실은 결국 그의 면천과 이에 따른 출세 그리고 세종대왕으로부터의 총애를 부담스러워하고 시기하고 질투한 대신들에 의해 그의 뜻이 꺾이고 말았다는 것이다. 그의 천재적 과학성과 창의성은 이렇게 해서 더 이상 나래를 펼치지 못하고 추락하고 말았던 것이다.

이런 면에서 볼 때 이 당시 세종대왕이 했던 것처럼 장영실의 천재성과 창의성을 제대로 인정만 해주었더라면 그리고 그의 노력을 더욱 격려하고 후원을 해 줄 수 있었더라면 조선의 과학적 발전은 더욱 업그레이드되어질 수 있었을 것이다. 그러나 그의 창의성은 세종대왕의 어가를 만드는 선에서 마무리를 지어야 했다.

그러한 면에서 볼 때 장영실의 창의성을 질투하고 부담스럽게 생각하여 그를 폄하하고 제거하려고 했던 그 당시 지배계급에 몸담고 있던 대신들은 리더로서의 자격을 가질 수 없을 뿐만 아니라 인간경영에도 실패한 지도자들이라 말 할 수 있을 것이다.

제8장 신뢰

존 맥스웰은 "신뢰는 리더십의 근본요소이다."라고 주장을 한다. 그는 리더가 신뢰를 쌓기 위해서 자신감과 인간관계 그리고 성품 등 모든 면에서 모범이 되어야 한다고 주장을 한다.[419] 그는 그만치 리더십에서 신뢰의 중요성을 강조하고 있는 것이다. 조지 맥도널드(George Mcdonald) 역시 "사랑 받는 것보다 신뢰받는 것이 더 영광스럽다."고 이야기를 하였다. 그는 남에게서 사랑을 받는 것보다 남에게서 믿음을 얻는 것을 더 중요시 여긴 것이다. 이런 맥락에서 사람 간에 믿음을 주고받는 것은 마음이 할 수 있는 가장 고상한 행위가운데 하나라고 보아도 지나침은 없을 것이다.

권민은 한 사람에 집중된 리더십을 나누고 공유하는 '양손잡이 리더'가 되라고 강조한다. 그러면 약점을 보완하고 강점을 극대화할 수 있다는 것이다. 그리고 경영이 주는 고독감에서 벗어날 수 있고, 서로의 네트워크를 결합해 보다 탁월한 네트워크를 만들 수 있으며, 입체적이고 균형 잡힌 시각을 가지고 의사를 결정할 수 있다는 점을 강조하는 것이다.[420] 이러한 양손잡이 리더가 가능할 때 그러한 리더에 대한 믿음은 더욱 커지는 것이다.

419) 존 맥스웰 지음, 김환영·홍석기·우덕삼 옮김, 『리더십 21가지 법칙 : 워크북』(서울 : 청우, 2007), 98쪽.

420) 권민, 『양손잡이 리더십』(서울 : 고즈윈, 2006년).

양손잡이 리더가 가져다 줄 수 있는 약점의 보완과 강점의 극대화를 잘 이해시키고 있는 우화가 있어 소개를 한다.

> 앞을 못 보는 사람이 산길을 가고 있었다. 지팡이가 있지만 초행길이라 한발을 떼기가 보통 힘든 게 아니었다. 움푹 파인 구덩이에 걸려 넘어지기도 하고, 나뭇가지에 얼굴을 긁히기도 했다. 마음이 다급해질 무렵, 다리를 심하게 절며 지나가는 사람이 있었다. "여보시오. 나를 좀 도와주시오. 앞이 보이질 않으니 가기 힘들구려." "나도 다리가 불편해서 여간 힘든 게 아니라오." 도움이 절실히 필요했던 두 사람은 의논 끝에 다리를 질던 사람이 맹인의 등에 업혀 길을 안내하기로 했다.[421]

서로 부족한 부분을 믿음으로 채워가는 것이 이 우화의 이면에서 진하게 배어 나온다. 앞을 보지 못하는 사람이지만 튼튼한 두 다리로 걸을 수 있을 것이라 믿고, 다리를 저는 사람이지만 두 눈으로 똑바로 볼 수 있을 것이라는 믿음 말이다.[422]

다른 사람에게서 믿음을 얻는다는 것은 매우 중요한 일이다. 오늘날과 같은 믿음을 기초로 만들어진 신용사회에선 더 더욱이 그러하다. '양치기 소년'이라는 이솝의 동화이야기에서 보듯이 믿음을 상실한 사람의 말로는 너무나 비참하다. 양치기 소년은 거짓으로 늑대가 나왔다는 말로 동네사람들을 놀라게 하고 재미있어하지만 정작 진짜로 무서운 늑대가 나타나 양치기 소년의 양들을 잡아먹을 때 그의 처절한 절규를 믿는 사람이 하나도 없었던 것이다.

이 이솝 동화에서 우리에게 던지는 메시지는 내가 원하는 것을 남에게서 얻으려면 그 사람이 나를 돕고자 하는 욕구를 느끼게 해야 한다는 것

---

421) 김익겸, "신뢰하면 신뢰 받는다." 『행복한 동행』, 2009년 5월호., 13쪽.

422) "앞의 글", 13쪽.

이다. 그리고 무엇보다 나를 믿게 만들어야 한다는 것이다.[423] 믿음이 상실되었을 때는 다른 사람으로부터 내가 원하는 것을 얻을 수 없게 되는 것이다.

이런 관점에서 볼 때 신뢰를 얻는데 있어 정직만큼 좋은 것이 없다. 루즈벨트(Franklin Delano Roosevelt) 대통령도 "정직이 최상의 방책"(honest is the best policy)이라고 이야기를 하였다. 있는 것을 있다고 하고 없는 것을 없다고 하는 것이 정직인데 인간사를 살다보면 이렇게 간단한 말이 그렇게 어려울 수밖에 없다는 것을 종종 경험하게 된다. 상황에 따라 거짓을 말하는 것이 더 유리하게 보일 때도 있고 진실을 은닉하거나 호도하는 것이 보다 나은 듯이 보일 때도 있는 것이다. 그러나 옛말에 "하나의 거짓말을 합리화하기 위해 다른 거짓말을 하게 됨으로 거짓말은 눈덩이처럼 불어난다."는 것처럼 거짓말을 하다보면 정말 거짓말쟁이가 되어버리는 것이다.

진실은 하나일 수밖에 없다. 솔직하게 진실을 이야기하는 것이 최상의 방책인 것이 바로 이러한 이유에서이다.

미국의 초대 대통령이었던 조지 워싱턴(George Washington)은 어린 시절 자기 집 정원에 서있는 사과나무를 자른 적이 있었다고 한다. 그 사과나무는 조지 워싱턴의 아버지가 아주 아끼던 것이라 한다. 그 내용을 조지 워싱턴도 모르는 것이 아니었다. 사과나무를 실수로 자르게 된 조지 워싱턴은 아버지에게 이 사실을 고해야 하는 것이 죽기보다 더 어려웠을는지도 모른다. 그러나 아버지가 사과나무가 잘려진 것을 알고 "누가 이런 짓을 했느냐?"고 물었을 때 조지 워싱턴은 비록 나이가 어린 소년에 불과했지만 "제가 그랬다."고 분명한 어조로 진실을 고백하였다고 한다. 그러한 심성을 가진 인물이었기에 성장을 해서 미국 독립의 아버지로 행해야

---

423) 호아킴 데 포사다·엘런 싱어 지음, 김경환·정지영 옮김, 『마시멜로 이야기』(서울 : 한국경제신문, 2005), 72쪽, 102쪽.

할 올바른 길을 걸어갔던 것이다.

이러한 정직은 비록 그 당시에는 인정을 받지 못하고 또 어려움을 당할 수 도 있지만 장기적인 관점에서 볼 때는 가장 뛰어난 방책이 될 수 있는 것이다.

조지 워싱턴의 사례에서도 알 수 있듯이 정직은 자기 자신뿐만 아니라 나아닌 모든 사람에게 믿음을 줄 수 있는 가장 좋은 방책인 것이다. 그래서 인간경영에 성공하기 위해서는 정직해야 하는 것이다. 에머슨이 '상식이나 솔직한 처신만큼 사람을 놀라게 하는 것은 없다.'고 말한 것도 이와 맥을 같이하는 것이라 사료가 되는 것이다.

또한 정직을 행하여 나가는데 있어 가장 큰 장애 중에 하나는 진실을 크게 과장하려는 마음이다. 누구나 남보다 앞서는 것을 원하고 남보다 크고 높은 것을 원한다. 인간이 가지는 기본적인 욕망이다. 따라서 진실을 사실 그대로 이야기하지 못하고 경우에 따라서는 이러한 욕망에 포로가 되어 진실을 크게 과대포장을 하여 왜곡을 시키는 경우가 비일비재하다. 그러나 정직하려면 이러한 욕망의 사슬을 결연히 끊어버려야 한다. 그리고 사실을 사실대로 이야기 할 수 있어야 한다. 윌리엄 포크너도 "남들보다 더 잘하려고 고민하지 마라. 지금의 나보다 잘하려고 애쓰는 게 더 중요하다."는 말을 하였는데 이것도 이와 같은 맥락에서 이해를 할 수 있을 것이다. 정직은 항상 진솔한 마음 씀에서 비롯된다는 점에 유념을 하여야 하는 것이다.

믿음을 낳는 정직의 문제는 개인에게만 국한되는 문제가 아니다. 정부도 국민에게 신뢰를 얻어야 국민을 이끌어 나가는데 어려움을 적게 받게 된다. 국민이 정부를 믿지 않고 불신을 한다면 정부가 정책을 통해 국민을 이끌어 나가는데 많은 어려움을 가지게 될 것이다.

그러면 정부가 국민에게 신뢰를 얻으려면 어떻게 하여야 할 것인가 하는 것이다. 지금까지 수차례 논의해 왔지만 가장 기본적인 이에 대한 대답은 정직이다. 정부가 정직할 때 국민은 정부를 신뢰할 수 있는 것이다. 정부가 무능하고 정부의 관료들이 부패하고 부조리와 무사안일에 빠져 있다면 그런 정부를 믿고 따르는 국민들은 없을 것이다.

그렇기 때문에 정부지도자는 무엇보다 정직해야 하는 것이다. 절대로 부패하거나 부정하거나 부조리에 연루되어서는 안 되며 국민에게 신뢰받을 수 있는 청렴하고 정직한 지도자이어야 하는 것이다.

미국의 국부 중 한명인 토머스 제퍼슨(Thomas Jefferson)도 1785년 자기 조카에게 편지를 쓰면서 그 내용에 정부의 신뢰를 증진시키고 공직자로서의 의무와 책임을 다하기 위해서는 정직해야 함을 누차 강조하고 있는 것도 이와 맥을 같이 하는 것이다.

> 어떤 일을 할 때마다 너 자신만 그 일을 알게 할 수는 없다. 어떻게 행동 할 것인가를 너 자신에게 묻는 것은 모든 세상 사람들이 너를 쳐다보게 만드는 것이니 그에 따라 처신하도록 하라.[424)]

다산 정약용이 쓴 책자 중 『흠흠신서』(欽欽新書)라는 것이 있다. 이 책을 보다보면 옥화강앙(獄貨降殃)이라는 말이 나온다. 이 말 뜻은 '죄 있는 사람을 뇌물로 풀어주거나, 죄 없는 사람을 뇌물이 없다고 벌을 준다면 하늘이 재앙을 내린다.'는 것이다. 인본주의와 인도주의 사상을 몸소 실천한 다산은 사법정의를 실천해야하는 판관들에게 청렴하고 정직해야 함을 이렇게 표현을 하여 경계로 삼도록 한 것이다.

우리나라도 이제 나라가 발전함에 따라 부패정도가 많이 희석이 되고 있으며 지도자들의 인식도 올바른 방향으로 많이 바뀌어 지고 있다. 그리고 사회자체가 투명하게 바뀜에 따라 정치나 행정도 이전과는 다르게

---

424) Thomas Jefferson, "Letter to Peter Carr, August 19, 1785," *The Portable Jefferson* (New York : Viking Penguin, 1975), p.381.

많은 변화를 가져오고 있다.

이러한 변화를 알기 위해 독일 베를린(Berlin)에 본부를 두고 있는 국제투명성기구(TI : Transparency International)가 매 년 발표하는 부패인식지수를 살펴보기로 하자. 우선 1995년부터 2008년까지의 부패인식지수의 변화추이를 살펴보자. (<표 1> 참고>)

〈표 1〉 한국의 부패인식지수(CPI) 변화 추이(1995~2008)

연도	CPI지수	순위	조사대상국
1995	4.29	27위	41개국
1996	5.02	27위	54개국
1997	4.29	34위	52개국
1998	4.2	43위	85개국
1999	3.8	50위	99개국
2000	4.0	48위	101개국
2001	4.2	42위	91개국
2002	4.5	40위	102개국
2003	4.3	50위	133개국
2004	4.5	47위	146개국
2005	5.0	40위	159개국
2006	5.1	42위	163개국
2007	5.1	43위	180개국
2008	5.6	40위	180개국

자료 : 울산투명사회협약실천협의회, "2008 대한민국 부패인식지수(CPI) 세계 40위," 『투명울산소식』, 제3호 (2009), 27쪽. ; 국제투명성기구, 1995~2008년도 자료 재구성.

한국은 2008년도에 10점 만점에 5.6점으로 조사대상 180개국 가운데 40위를 차지하였다. 이는 지난해에 비해 점수에서는 0.5점 개선된 것이고, 국가별 순위에서는 세 단계 상승한 결과이다. 국제투명성기구는 한국의 지수 상승요인으로 공공부문의 윤리와 반부패 실천의 진전에 대한 국제적 인식을 반영한 것으로 설명을 하고 있다. 한국의 CPI지수는 1999년의

3.8로 99개국 가운데 50위를 최저점으로 하여 지난해의 5.1로 180개국 가운데 43위까지 지속적인 개선을 보여 오고 있다.

2008년도 OECD 30개국의 평균은 7.11이며 한국은 22위를 차지하여 지난해보다 세 단계 상승을 하였다. (<표 2> 참고)

〈표 2〉 OECD 국가 2008년 CPI 현황

전체 순위	OECD 순위	국가	2008 CPI	2007 CPI	전체 순위	OECD 순위	국가	2008 CPI	2007 CPI
1	1	덴마크	9.3	9.4	18	16	벨기에	7.3	7.1
1	1	뉴질랜드	9.3	9.4	18	16	일본	7.3	7.5
1	1	스웨덴	9.3	9.3	18	16	미국	7.3	7.2
5	4	핀란드	9.0	9.4	23	19	프랑스	6.9	7.3
5	4	스위스	9.0	9.0	28	20	스페인	6.5	6.7
7	6	아이슬란드	8.9	9.2	32	21	포르투갈	6.1	6.5
7	6	네덜란드	8.9	9.0	40	22	대한민국	5.6	5.1
9	8	호주	8.7	8.6	45	23	체코	5.2	5.2
9	8	캐나다	8.7	8.7	47	24	헝가리	5.1	5.3
11	10	룩셈부르크	8.3	8.4	52	25	슬로바키아	5.0	4.9
12	11	오스트리아	8.1	8.1	55	26	이탈리아	4.8	5.2
14	12	독일	7.9	7.8	57	27	그리스	4.7	4.6
14	12	노르웨이	7.9	8.7	58	28	폴란드	4.6	4.2
16	14	아일랜드	7.7	7.5	58	28	터키	4.6	4.1
16	14	영국	7.7	8.4	72	30	멕시코	3.6	3.5
OECD 국가 CPI 평균			7.11	7.18	세계 CPI 평균			4.02	4.40

자료 : 울산투명사회협약실천협의회, "2008 대한민국 부패인식지수(CPI) 세계 40위," 『투명울산소식』, 제3호 (2009), 28쪽. ; 국제투명성기구, 1995~2008년도 자료 재구성.

그리고 2008년도 아시아 태평양 지역 국가의 평균은 3.98이며 한국은 7위를 차지하였다. (<표 3> 참고)

〈표 3〉 2008년 아태지역 CPI 현황

전체 순위	아태지역순위	국가	2008 CPI	전체 순위	아태지역순위	국가	2008 CPI
1	1	뉴질랜드	9.3	109	17	솔로몬제도	2.9
4	2	싱가포르	9.2	109	17	바누아투	2.9
9	3	호주	8.7	115	19	몰디브	2.8
12	4	홍콩	8.1	121	20	네팔	2.7
18	5	일본	7.3	121	20	베트남	2.7
39	6	대만	5.7	126	22	인도네시아	2.6
40	7	대한민국	5.6	134	23	파키스탄	2.5
43	8	마카오	5.4	138	24	통가	2.4
45	9	부탄	5.2	141	25	필리핀	2.3
47	10	말레이시아	5.1	145	26	동티모르	2.2
62	11	사모아	4.4	147	27	방글라데시	2.1
72	12	중국	3.6	151	28	라오스	2.0
80	13	태국	3.5	151	28	파푸아뉴기니	2.0
85	14	인도	3.4	166	30	캄보디아	1.8
92	15	스리랑카	3.2	176	31	아프가니스탄	1.5
96	16	기리바티	3.1	178	32	미얀마	1.3
아태지역 국가 CPI 평균			3.98	세계 CPI 평균			4.02

자료 : 울산투명사회협약실천협의회, "2008 대한민국 부패인식지수(CPI) 세계 40위," 『투명울산소식』, 제3호 (2009), 29쪽. ; 국제투명성기구, 1995~2008년도 자료 재구성.

이상의 자료를 통해 볼 때 우리 사회도 보다 더 투명해지고 있음을 알 수 있다. 따라서 신뢰가 자리를 잡아가는 사회라고 평가를 할 수 있을 것이다.

1. 신뢰를 통해 인간경영에 성공한 역사적 사례들

1) 알렉산더

신뢰와 연관 지어 많이 회자되는 것이 알렉산더 대왕의 이야기이다. 알렉산더 대왕이 페르시아(Persia) 원정을 떠났을 때 그는 심한 열병을 앓게 되었다. 여러 의사들이 백방으로 노력을 하였지만 그의 병세는 더욱 심해졌으며 인사불성의 상황으로까지 치달았다. 이때 본국에 주재하고 있던 파르메니오 장군으로부터 밀서 한 장이 그에게 전달이 되었다. 그 밀서의 내용은 의사 필립이 페르시아 왕 다리우스(Darius)의 첩자이므로 조심하라는 것이었다. 대왕은 적잖이 놀랐으나 내색을 하지 않았다.

이윽고 필립이 왕에게 나타나 병이 위중하니 극약처방을 해야 될 것 같다고 하면서 이 약을 먹게 되면 사나흘은 정신을 못 차릴 것이지만 병세는 호전될 것이니 자신을 믿고 약을 드시라고 말을 하면서 약을 건네었다.

대왕이 약을 받아들려고 하자 근위대장 크르타스가 얼른 나서서 그 약을 가로챘다. 대왕은 그런 행위를 한 크르타스를 꾸짖고 약사발을 받아들고 이를 마셨다. 주위에 있던 신하들의 얼굴이 흙빛이 된 것은 당연한 일이었다. 약을 마신 후 며칠이 지나자 이 약 덕분에 대왕의 병세가 완연하게 회복이 되었다.

대왕은 필립을 불러 밀서를 내 보였다. 밀서를 받아 읽어 본 필립은 몸 둘 바를 몰라 하며 몸을 와들와들 떨다가 털썩 주저앉아버렸다. 백지장이 된 그의 얼굴을 바라보며 왕은 "염려 말라. 나는 그대를 믿는다."라는 말을 건네었다.[425)]

이 이야기에서 전달하고자 하는 바는 믿음이 모든 인간관계의 처음이며 마지막이라는 점이다. 생사의 갈림길에서 대왕은 필립을 믿었고 그 믿음으로 인하여 자신의 소중한 생명을 건질 수 있었을 뿐만 아니라 필립의 믿음을 확실하게 얻어낼 수 있었던 것이다. 필립의 입장에서 생각하면 그런 상황에서 조차 자신을 믿고 극약을 먹어준 대왕에게 어찌 매료되지 않을 수 있으며 그에게 충성을 바치지 않을 수 있겠는가.

결국 대왕은 필립에 대한 믿음을 통해 자신의 생명도 건지고 필립이라는 충직한 부하를 얻게 되었을 뿐만 아니라 이를 지켜 본 자신의 부하들

---

425) 정우일, 『리더와 리더십』(서울 : 박영사, 2006), 76쪽.

의 충성과 믿음을 더욱 공고히 가질 수 있게 된 것이다.

이와 같이 믿음 즉 신뢰는 인간경영의 리더십에서 매우 중요한 의미를 가지게 되는 것이다.

2) 왕건(王建)

또 다른 예로 고려를 창업한 태조 왕건(王建)을 들 수 있다. 그는 자신의 수하들을 사랑하였을 뿐만 아니라 신뢰하였다. 그는 결코 권력을 독식하지도 않았으며 자기 한 사람에 집중된 리더십을 그의 수하들과 나누고 공유하였다.426) 바로 그러한 나눔이 사랑과 신뢰를 낳았고 이것이 궁예를 등지고 왕건에게 충성을 바치게 만든 것이다.

이에 반해 궁예(弓裔)는 부하를 불신하였을 뿐만 아니라 자기 교만과 자만에 도취되어있었다. 독심술 또는 관심법이라 하여 부하들에게 혐의 아닌 혐의를 덮어 씌어 고문하고 죽이기를 다반사로 하였고 자신 스스로 미륵불을 자처하며 독선과 아집을 서슴없이 드러냈던 것이다. 과연 이러한 상황에서 어느 누가 그를 믿고 따를 수 있겠는가?

이런 궁예와는 달리 왕건은 부하들을 아끼고 그들을 믿음으로써 그들로 하여금 충성을 가지게 만들었던 것이다. 그의 수하들로는 신숭겸(申崇謙), 배현경(裵玄慶), 홍유(洪儒), 복지겸(卜智謙) 등이 있었는데 이들은 918년 궁예를 폐하고 왕건을 추대하여 고려 개국의 대업을 이루었다. 바로 왕건과의 신뢰가 빛을 보게 되는 것이다.

그리고 927년(태조 10) 공산(公山)전투에서 견훤(甄萱)의 군대에게 태조 왕

---

426) 권민 등은 한 사람에 집중된 리더십을 나누고 공유하는 '양손잡이 리더'가 되라고 강조한다. 그러면 약점을 보완하고 강점을 극대화할 수 있다는 것이다. 또한 경영이 주는 고독감에서 벗어날 수 있고, 서로의 네트워크를 결합해 보다 탁월한 네트워크를 만들 수 있으며, 입체적이고 균형 잡힌 시각을 가지고 의사를 결정할 수 있다고 강조한다. 권민, 『앞의 책』.

건이 포위되자 신숭겸은 김락(金樂) 등과 함께 왕건을 구출하고 전사를 하였다. 일부 전해지는 말에 의하면 상황이 너무나 다급하고 왕건의 죽음이 목전에 달함을 안 신숭겸이 왕건의 복장으로 갈아입고 자신이 태조인 것처럼 꾸미고 전투를 벌이는 사이 태조 왕건은 평복으로 갈아입고 탈출을 하여 구사일생으로 목숨을 건져 후일을 도모했다고 한다. 부하들의 이러한 죽음을 건 왕건에 대한 믿음이 없이는 불가능한 일이었던 것이다.

또한 왕건의 신뢰성은 견훤과 김부(金傅 : 敬順王)의 항복에서도 찾아 볼 수 가 있다. 왕건과 사활을 건 대결을 벌인 후백제 견훤을 상부로 받들어 그의 품으로 투항하게 만들었고 신라의 김부로 하여금 천년왕국 신라를 고스란히 두 손으로 들어 바치게 만든 것이다.[427] 그의 신뢰는 후백제 견훤과 신라의 김부를 예를 다해 받아들임으로써 절정에 이르게 되었던 것이다.

왕건과 궁예의 리더십을 일본전국시대의 바쿠후의 장군인 쇼군들과 비교해 보자면 궁예는 오다 노부나가(織田信長)와 유사하고 왕건은 도쿠가와 이에야스와 유사하다고 볼 수 있다. 오다 노부나가를 용장(勇將)으로 표현하고 도쿠가와 이에야스를 덕장(德將)으로 칭송하는 까닭도 여기에 있지 않나 싶다. 오다 노부나가는 성격이 강직하고 다혈질이었으며 부하들에게는 권위적인 카리스마를 가졌다.[428] 이에 반해 도쿠가와 이에야스는 성격이 온유하고 은인자중하는 스타일로 부하들을 사랑과 덕으로 이끌음으로써 민주적인 리더십을 가지는 지도자로 분류할 수 있을 것이다.[429]

---

427) 고려 태조는 국서를 받아보고, 대상 벼슬의 왕철 등을 신라까지 보내어 경순왕을 맞게 하였다. 마침내 경순왕은 백관을 거느리고 서라벌을 떠나 송도로 향하는데, 행렬이 30리에 뻗쳤다. 고려 태조 왕건이 송도 교외에 나와 예를 다하여 경순왕을 맞아 위로하니, 이로써 신라는 나라를 세운 후 922년 만에 멸망하게 되었다.

428) Ronald Lippitt and Ralph K. White, "An Experimental Study of Leadership and Group Life," in E. E. Maccoby et al. (eds.) *Readings in Social Psychology*, 3rd ed. (New York : Holt, Rinehart & Winston, 1958). ; John R. P. French and Bertram Raven, "The Bases of Social Power," in Dorwin Cartwright and Alvin Zander, *Group Dynamics*, 3rd. ed. (New York : Harper and Row, 1968).

3) 이순신(李舜臣)

신뢰를 얻는 가장 좋은 방법은 직접 부하들에게 믿음이 갈 수 있도록 행동을 해서 보여주는 것이다. 진실 된 신뢰를 주고 또 받고 싶다면 미사여구가 가득 담겨진 화려한 연설이 아니라 우직한 행동으로 보이는 것이다.

칠천량 해전의 패배로 인해 12척의 배만 남았을 때 이순신이 조선수군들에게 "아무 걱정 하지마라. 우리는 이길 수 있다."고 아무리 사자후를 토했어도 수군들은 이순신의 진정성을 믿지 못했을 것이다. 이순신은 이 점을 너무나 잘 알고 있었다. 그래서 그는 이길 수 있다는 것을 싸우면서 직접 부하들에게 행동으로 보여주었다. 적이 나타날 때면 뒤로 물러서지 않고 어김없이 싸웠고 그리고 반드시 이겼다. 적의 척후 선들조차 이순신의 공격에 꽁무니를 빼곤 했다. 이것을 본 조선 수군들은 정말 우리가 이길 수 있다고 믿기 시작했던 것이다.[430)]

압도적인 양적 우위를 가지고 밀려드는 왜선을 맞아 싸운 명량대첩 당시에도 이순신은 함대의 맨 선두에 섰다. 선두에 서서 달려드는 적선을 홀로 막으면서 정말로 죽기를 각오하고 싸우면 이길 수 있고 또 살아날 수 있다는 것을 직접 보여주었다. 아무리 화려한 미사여구가 담긴 연설도 신뢰를 주지 못한다. 세치의 혀를 나불거리는 것이 아니라 묵묵한 행동으로 보여줄 때 사람들은 믿기 시작할 것이다.[431)]

다음으로 필요한 것은 통찰력이다. 전체 전황을 읽고 남보다 한발 먼저 생각할 수 있는 능력, 그것이 필요하다. 이순신은 미리 군사들에게 적의 야습에 대비하라는 지시를 내린다. 군사들은 이순신이 점쟁이도 아닌 이상

429) Ronald Lippitt and Ralph K. White, *Ibid.* ; John R. P. French and Bertram Raven, *Ibid.*.

430) 윤영수, 『불패의 리더 이순신, 그는 어떻게 이겼을까』(서울 : (주)웅진 씽크빅, 2005), 221-222쪽.

431) 『앞의 책』, 222쪽.

적의 야습을 어찌 알 수 있는지 반신반의했다. 그러나 이순신이 예상 했던 대로 적은 쳐들어왔다. 이제 군사들은 이순신이 팥으로 메주를 쑨다고 해도 믿지 않을 수 없게 되었다. 이렇게 상하가 신뢰하는 군대라면 어찌 강한 군대가 되지 않겠는가?[432)]

바로 이순신의 23전 23승이라는 신화 같은 전적도 이러한 믿음에서부터 시작이 된 것이다.

4) 오기(吳起)

위(衛)나라 장수 오기는 모든 것을 일반 군사들과 함께 했다. 먹는 것도 차별 없이 부하들과 똑같이 먹었고 잠자리도 함께 했다. 그리고 직접 자신의 식량과 짐을 꾸려 메고 다녔다.[433)] 이러한 오기의 일거수일투족을 지켜 본 군사들이 그를 믿고 따른 것은 당연했다. 그러다가 어느 날 병사 하나가 종기를 심하게 앓았다. 오기는 서슴없이 자신의 입으로 병사의 종기를 빨아 고름을 빼내고 치료해 주었다.

그러자 이 소식을 들은 병사의 어머니가 대성통곡을 했다. 지난해 남편이 종기가 났을 때도 장군이 입으로 빨아서 치료해 주었는데 그에 감격한 남편이 앞장서 싸우다가 전사했다는 것이다. 그런데 이제 아들까지 장군이 치료를 해주었으니 아들 역시 앞장서 싸우다가 전사하고 말 거라며 통곡했다.[434)] 군사들이 지휘관을 믿고 따르면 그 군대는 저절로 강군이 되는 것이다.[435)]

---

432) 『앞의 책』, 222-223쪽.

433) 모리야 히로시 지음, 박연정 옮김, 『성공하는 리더를 위한 중국고전 12편』(서울 : 예문, 2002), 223쪽.

434) 김정빈, 『리더의 아침을 여는 책』(서울, 동쪽나라, 2007), 167쪽.

435) 윤영수, 『앞의 책』, 221쪽. ; 모리야 히로시 지음, 박연정 옮김, 『앞의 책』, 223-224쪽.

5) 이우에 도시오(井植歲男)와 빌 휴렛(Bill Hewlett)

이우에 도시오는 일본의 산요전기(三洋電氣 : Sanyo Electric Co., Ltd.)[436]를 세계적인 기업으로 성장을 시킨 인물이다. 그는 마쓰시타 고노스케(松下幸之助)가 이끌고 있는 마쓰시타 전기의 전무로 열심히 일하면서 회사발전에 크게 기여를 하였으나 1946년 말에 상무 가메야마 다케오와 함께 사표를 내고 마쓰시타 전기를 떠난다.[437] 그리고 새롭게 자신의 회사를 설립하게 된다.

회사 창립 초기 이우에는 대량생산한 제품에 대해 품질검사를 하던 중 램프에 장착할 부위의 지축이 부러져있는 것을 발견했다. 그로서는 참으로 난망한 일이 아닐 수 없었다. 왜냐하면 이미 신문에 제품 출시 일까지 홍보를 해 놓은 상황인데다가, 얼마 전 간신히 부도 위기를 넘긴 어려운 시점에 치명적인 문제가 발생을 했기 때문이다. 불량제품의 양도 예상했던 것보다 많아서 1만여 개에 달하였으며 두 달간 꼬박 생산을 해 내야 충당할 수 있는 생산물량이었다. 그는 모른 척하고 출시를 할 것인가 그렇지 않으면 전부 폐기하고 재생산에 돌입을 할 것인가의 두 가지 선택 앞에서 고민하고 갈등을 했다. 일단 모른 척하고 내다 팔면 당장의 자금난은 해결할 수 있겠지만 결국 회사의 신뢰도에 먹칠을 하는 행위가 될 것이 불 보듯 뻔한 일이었다.

갈등과 고민 끝에 그는 모든 제품을 폐기 처분하기로 결심을 하고 이

---

436) 1947년 마쓰시타 전기산업 이사를 지낸 이우에 도시오가 마쓰시타 전기로부터 일부 시설을 양도받아 산요 덴키 제작소를 설립하고 자전거용 발전 램프를 생산한 것이 효시이다. 1950년 현재의 상호로 개칭을 하고 라디오 생산을 개시하였으며, 1953년 분류식(噴流式)세탁기로 성공을 하여 그룹 기업으로서의 경영기반을 확립하였다.
두산백과사전 EnCyber & EnCyber.com ; http://100.naver.com/100.nhn?docid=85430

437) 기타 야스토시 지음, 박현석 옮김, 『동행이인 : 경영의 신 마쓰시타 고노스케와 함께하는』(서울 : 21세기북스, 2009), 248쪽.

틀날 신문에 산요전기의 사과광고를 실었다. '여러분이 오랫동안 기다려 온 장치식 램프가 품질검사 과정에서 불량제품이 일부 발견되어 예정대로 출시되지 못함을 알려드리며, 정중히 사과드립니다.'[438] 시장 소비자들의 반응은 소비자들과 신의를 중시하는 산요전기의 기업철학을 높이 사는 쪽으로 움직였다. 시장의 믿음을 얻는 쪽으로 내린 용기 있는 선택이 산요전기의 세계적 기업으로의 성장을 가져오게 하였던 것이다.

이우에 도시오는 경영에 있어서 원칙을 지킬 것을 강력하게 주문하고 있다. 이익을 우선시하며 사회에 폐를 끼치거나 그에 대한 이유를 얼버무리는 것은 경영자나 회사 모두 실격이라고 그는 단언을 한다. 경영자는 원칙이 무엇인지 늘 생각해야 하며 만약 회사가 원칙의 궤도에서 벗어나는 것을 발견하면 즉시 원칙의 궤도 위에 올려놓아야 할 중대한 책임이 있다고 주장을 한다.[439] 그의 이러한 경영철학이 있었기에 믿음에 기초한 앞선 사례와 같은 결단이 가능할 수 있었던 것이다.

이와 같이 신뢰를 중시하여 기업경영에 성공을 이룬 사례로 미국 휴렛팩커드(HP)[440]의 공동창업자인 빌 휴렛에 얽힌 일화가 있어 소개를 한다.[441] 그는 어느 날 사무실을 둘러보던 중, 창고가 자물쇠로 잠겨 있는 것을 발견을 하였다. 그는 창고관리자를 불러 창고 문이 잠긴 이유를 물

---

438) 이우에 도시오의 산요전기 사례는 다음의 글을 재인용하였다. 박혜나, "신뢰가 남긴 발자취 : 산요전기의 사과 광고", 『행복한 동행』, 2009년 5월호, 16쪽. ; http://blog.naver.com/wangson1220?Redirect=Log&logNo=10046537068

439) 고바야시 마사히로 지음, 강길원 옮김, 『사장이 가장 알고 싶어 하는 경영이야기』(서울 : 원앤원북스, 2008), 56쪽.

440) 휴렛 팩커드 사는 1939년 캘리포니아 주(州) 팰러앨토에서 스탠퍼드대학교 · 매사추세츠공과대학 출신의 엔지니어 빌 휴렛(Bill Hewlett)과 대학동문인 데이비드 패커드(David Packard)가 단돈 538달러로 차고를 빌려 설립한 회사이다.

441) 휴렛 팩커드의 빌 휴렛 사례는 다음의 글을 재인용하였다. 박혜나, "신뢰가 남긴 발자취 : 창고 자물쇠를 자른 빌 휴렛", 『행복한 동행』, 2009년 5월호, 16-17쪽. ; http://blog.naver.com/wangson1220?Redirect=Log&logNo=10046537068

었고 창고관리자는 직원들이 고가 부품을 몰래 가져가기 때문에 창고 문을 잠갔다고 말하자 그는 관리자를 크게 꾸짖었다. 그가 꾸짖으며 한 말의 요지는 휴렛 팩커드의 경영이념은 종업원들에 대한 신뢰를 기반으로 하고 있는데 관리자조차 종업원들을 신뢰하지 못해 창고에 문을 잠그면 누가 종업원들을 신뢰할 것이며, 신뢰받지 못한 종업원들이 과연 회사를 위해 무엇을 할 수 있겠느냐는 것이었다.

결국 휴렛은 절단기로 자물쇠를 해체한 뒤에 창고개방정책(open door policy)을 실시하여 필요에 따라 자유롭게 부품을 가져다 쓸 수 있도록 하였다. 이러한 창고개방정책은 결과적으로 크게 빛을 보며 성공을 하였는데 이는 종업원들이 부품을 가져다가 자신의 컴퓨터를 고칠지언정, 그것 역시 종업원들의 학습과 성장을 위한 노력의 일환으로 믿고 지켜 줄 수 있을 때 신뢰경영의 토대가 마련된다는 휴렛의 믿음에 근거한 경영철학에 기반을 두고 있었기 때문이었다.442)

2. 신뢰를 얻지 못해 인간경영에 실패한 역사적 사례들

1) 맥나마라(Robert McNamara)

케네디 대통령과 국방장관 맥나마라가 1961년 1월에 집권을 시작했을 때 베트남은 이미 전쟁 중이었다. 1950년대 드와이트 아이젠하워 대통령

---

442) 빌 휴렛의 경영철학을 이해하는데 도움을 줄 수 있는 책들은 다음과 같다. 말콤 글래드웰 지음, 노정태 옮김, 『아웃라이어(Outliers) : 성공의 기회를 발견한 사람들』(서울 : 김영사, 2009). ; 제임스 C. 헌터 지음, 김광수 옮김, 『서번트 리더십 : 내 안의 위대한 혁명』(서울 : 시대의창, 2002). ; 조나단 B. 와이트 지음, 안진환 옮김, 『애덤 스미스 구하기』(서울 : 생각의나무, 2009).

이 소규모의 미군을 고문관으로 베트남에 파견한 것이 미국의 베트남전 개입의 시초가 되었다. 케네디는 집권 후에도 아이젠하워의 정책을 이어갔다. 하지만 시간이 경과하면서 미국은 전쟁에 더욱 깊숙이 개입하게 되었고 군인 사상자의 급격한 증가를 맛보아야 했다. 그럼에도 불구하고 미국 국민은 베트남 전쟁에 많은 지지를 보냈다.

미국이 베트남전에 개입한 이래로 1966년까지 총 20만 명이 넘는 미군이 베트남전에 참전을 하였지만 루이스 해리스(Louis Harris)에 따르면 미국 국민의 3분의 2가 베트남은 미군이 공산주의에 대항해 싸워야 할 곳이라고 믿었다고 한다. 또 대부분의 국민들은 미군이 전쟁이 끝날 때 까지 베트남에 주둔해야 한다고 믿었다.

하지만 이러한 베트남전에 대한 국민의 지지는 오래가지 않았다. 전쟁을 잘 수행하지 못했을 뿐만 아니라 베트남전 개입에 대한 석연찮은 점들이 언론들에 의해 흘러나왔고 이러한 사실들이 국민들의 귀로 흘러들어가기 시작했던 것이다. 국민들은 잘못된 전쟁개입에 대해 분노하게 되었고 이는 전쟁을 수행하고 있는 정부에 대한 불신으로 커나가게 되었다.

1964년 8월 2일 월맹의 초계 어뢰정이 하노이 동남지역 통킹 만에서 활동중이던 미국 항공모함 매독스 호에 공격을 가한 소위 '통킹 만 사건'이 발생하여 미국의 베트남 전 개입이 본격화되기 시작했다. 존슨 대통령은 다음날 즉시 월맹의 어뢰정 기지와 석유저장소 4곳을 폭격하고 25척의 월맹선박을 격침시켰으며 의회에 전쟁수행에 필요한 대통령의 전권을 위한 결의안을 요청해 의회는 이를 거의 만장일치로 가결했다. 1965년 2월 미국은 월맹에 대한 북폭을 개시하고 미병력을 증강시켰다. 1968년 말 주월미군 숫자는 이미 50만 명을 넘어섰다. 그러나 나중에 폭로 된 미국 국방부의 베트남 비밀보고서(펜타곤 페이퍼)에 의하면 이미 64년 2월 1일부터 사이공의 미군사원조군사령관의 지휘아래 '34-A작전계획'이라는 북베트남에 대한 광범위한 비밀작전이 발동되고 있었고, 통킹 만 사건은 이와 같은 작전의 일환으로 일으킨 사건임이 밝혀졌다.443)

이러한 개전의 석연치 않은 의혹뿐만 아니라 정부불신을 더욱 크게 만든 것은 베트남전을 주관했던 리더들이 미국이 베트남전에서 승리하지 못하리라는 것을 알고서도 전쟁을 계속했기 때문이다. 무엇보다도 최악의 실수는 맥나마라 국방장관과 존슨 대통령이 전쟁에 대해 국민들에게 정직하지 못했다는 것이다. 그 실수가 국민들의 정부에 대한 믿음을 깨트렸고 존슨 행정부의 리더십에 대한 신뢰를 무너뜨리게 하였던 것이다.

맥나마라는 베트남전에서 입은 손실을 반복적으로 축소시켜 실제 손실의 절반만을 보고했다고 전해진다. 하지만 시간이 흐르고 사람들은 맥나마라가 했던 말과 사실이 일치하지 않음을 깨닫기 시작하였다. 바로 그때가 미국 국민이 정부에 대한 신뢰를 잃기 시작한 때이다.444)

몇 년이 지나고 맥나마라는 자신의 실패를 인정하며 이렇게 말했다. "나를 포함하여, 베트남전과 관련된 여러 결정에 참여했던 케네디 정부와 존슨 정부의 관료들은 미국의 원리와 전통에 따라 행동했다. 우리는 그런 가치에 준해 결정을 내렸다. 그러나 우리는 실수를, 그것도 아주 끔찍한 실수를 범했다."445)

맥나마라와 존슨 대통령은 국민의 신뢰를 잃었고 결과적으로 더 이상 국민을 이끌어 나갈 수가 없었다. 맥나마라는 국방장관직에서 물러났고 존슨 대통령은 자신의 좁혀진 입지를 감지하고 재선을 포기했다. 하지만

---

443) 양동주, 『한 권으로 보는 20세기 대사건 79장면』(서울 : 가람기획, 1997), 172쪽.

444) 존 맥스웰 지음, 김환영·홍석기·우덕삼 옮김, 『리더십 21가지 법칙 : 워크북』(서울 : 청우, 2007), 94-95쪽.

445) Robert S. McNamara with Brian VanDeMark, *In Retrospect : The Tragedy and Lessons of Vietnam* (New York : Times Books, 1995).

한 번 깨진 신뢰가 끼친 영향은 거기에서 멈추지 않았고 정치인에 대한 미국 국민의 불신은 오늘날까지 계속되고 있으며 그 불신의 정도가 더욱 깊어지고 있다.[446]

여기에서 제시된 역사적 사실에서 교훈으로 얻을 수 있는 사실은 신뢰를 저버린 리더는 자신의 영향력을 유지할 수 없고 그럼으로써 리더로서의 생명을 더 이상 유지할 수 없다는 것이다.

신뢰는 리더에게 있어 매우 소중한 것이다. 리더가 제대로 된 리더십을 발휘하기 위해선 추종자들인 팔로워(follower)들에게서 신뢰를 받아야 한다. 그러한 리더에 대한 믿음이 없을 경우 리더의 리더십은 아무런 의미가 없게 된다.

펩시콜라의 회장이면서 최고경영자이기도 했던 크랙 웨더럽(Craig Weatherup)은 "사람들은 정직한 실수는 눈감아 준다. 하지만 일단 그들의 신뢰를 저버리면 다시 그 신뢰를 회복하기 어렵다. 이것이 신뢰를 최고의 자산으로 여겨야 하는 이유다."[447]라고 말하면서 리더십에 있어 신뢰의 중요성을 강조하고 있다. 또한 그는 "신뢰에 관해 말한다고 신뢰가 쌓이지는 않는다. 성과를 내고 항상 성실하게 그리고 함께 일하는 사람들을 인간적으로 배려할 때 신뢰가 쌓인다."고 말함으로써[448] 신뢰는 행동의 결과로 만들어지는 것이지 입으로 만들어지는 것이 아님을 분명히 하고 나아가 신뢰는 따뜻한 가슴과 마음으로 만들어지는 것이지 차가운 머리로 만들어지는 것이 아님을 분명히 하고 있다.

능력이 부족하여 실수를 하더라도 사람들은 그를 신뢰한다. 하지만 성품이 부족한 사람은 신뢰하지 않는다. 실수와는 달리 성품에 작은 결함만 있어도 이는 치명적이다. 제1차 걸프전을 성공적으로 이끈 노먼 슈워

446) 존 맥스웰 지음, 김환영·홍석기·우덕삼 옮김, 『앞의 책』, 96쪽.

447) 『앞의 책』, 96-97쪽.

448) Robert Shaw, "Tough Trust", *Leader to Leader* (Winter 1997), pp.46-54.

츠코프(Norman Schwarzkopf) 장군은 "리더십은 전략과 성품의 결합체이다. 그러나 둘 중 하나가 꼭 빠져야 한다면 그것은 전략이다."라고 말함으로써 리더십에서 성품의 중요성을 강조하고 있다. 왜냐하면 앞서 말했지만 성품에 결함이 있을 경우 신뢰를 받을 수 없게 되기 때문이다.

미국 상공회의소 회장인 앤서니 해리건(Anthony Harrigan)은 성품이 국가의 흥망성쇠에 핵심적인 역할을 해왔으며 성품이야말로 국가를 분열과 해체로 이끄는 내적, 외적 힘에 대한 유일한 보루449)라고 주장하고 있다. 이는 리더의 성품이 국가의 흥망성쇠에 영향을 줄뿐만 아니라 국가가 분열과 해체로 나가는 위기의 상황에서도 이를 제어할 수 있는 역할을 해준다는 점을 지적한 것으로 앞서 말한 주장들과 맥을 같이 하는 것이다.

리더에게 있어 이렇게도 중요한 성품은 이를 통해 신뢰를 낳고 또 역으로 신뢰는 리더십을 낳게 되는 것이다.

2) 리처드 닉슨(Richard Nixon)

지도자로서 신뢰를 잃음으로써 인간경영에도 실패하고 나아가 정부에 대한 불신을 가져와 국가경영에도 실패한 지도자로 리처드 닉슨 전 미국 대통령을 들 수 있다. 그는 대통령의 권한을 넘는 정치행위를 통해 정부의 신뢰를 잃게 하는 어리석음을 저지르게 되는 것이다.

리처드 닉슨을 대통령 자리에서 낙마시킨 워터게이트 사건을 보는 시각은 여러 가지가 있지만 닉슨이 과욕을 부려 재선을 하고자 하는 빗나간 사심과 베트남전으로 비대해진 대통령의 권한에서 유래한 권력의 횡포로부터 출발되어졌다는 것이 이 정치스캔들을 보는 일반적인 시각이다.

어떠한 시각으로 보든 이 사건은 있어서는 안 될 일이 일어난 것으로

---

449) 존 맥스웰 지음, 김환영·홍석기·우덕삼 옮김, 『앞의 책』, 100쪽.

정부에 대한 불신을 초래한 대표적인 사건 중 하나로 간주되고 있다.

이 사건은 닉슨 대통령과 그의 보좌관들이 대통령 재선에서 당선이 되려는 욕심을 가지고 이 당시 야당인 민주당의 선거 전략과 선거운동 내용들을 감시하고 캐내기 위해 불법적으로 전화도청을 하고 이것이 들통이 나자 대통령의 개인기관도 아닌 공공기관인 중앙정보부(CIA), 국세청(IRS), 연방수사국(FBI) 등을 불법으로 동원하여 이를 은닉하고 은폐시키려는 부정을 저지른 사건이었다. 그들은 이 사건 이전에도 대통령이 가지는 권한을 휘두르면서 국가안보와 밀접한 관련성을 가지는 비밀의 누설을 방지하기 위해서라는 명분을 가지고 법원의 승인도 없이 불법적으로 공무원과 언론인들에 대한 전화도청을 서슴지 않았었다.

1971년 닉슨 대통령의 승인 아래 '허드슨 계획'이란 비밀작전을 펴고 국가기밀 누설의 혐의가 있는 인사들에 대한 가택침입과 통신검열을 시작했으며, 같은 해 특별조사팀(파이프 수리공으로 변장)을 만들어 베트남전에 관한 국방성 기밀문서 누출혐의를 갖고 있는 다니엘 엘즈버그 박사(정신과 의사)의 사무실에 난입하여 적법절차 없이 전화도청 장치와 백악관으로 송신되는 특별장치를 설치했다. 엘즈버그를 간첩혐의로 법원에 고소할 목적으로 그에 대한 철저한 자료를 수집하기 위해서였다. 엘즈버그는 법원에 의해 그 해 6월 국방성 기밀문서를 '뉴욕타임스'와 '워싱턴 포스트' 신문사에 건네준 혐의로 영장이 발행되었으며, 89일간의 법원 심리 끝에 무혐의로 고소가 기각되어 풀려났다. 또한 엘즈버그에 의해 건네받은 국방성 문서가 대법원 판결에 의해 뉴욕타임스와 워싱턴 포스트에 게재가 되었다.[450)]

이러한 불법적으로 마구 자행된 도청은 결국 부메랑으로 되돌아와 리처드 닉슨을 얽어매는 올가미가 되어버렸다. 결과적으로 닉슨의 입장에서 보면 자가당착의 자충수가 되고 만 워터게이트 사건의 전모를 간략히

450) 양동주, 『앎의 책』, 306쪽.

설명하자면 다음과 같다.

1972년 6월 17일 닉슨 대통령의 공화당 재선대책본부가 고용한 5명의 정치스파이들이 야당의 민주당본부 사무실이 위치한 워터게이트 빌딩 6층에 침입한 혐의로 경찰에 체포가 되었다.[451] 수사결과 이들은 민주당의 대통령 선거 전략과 조직 그리고 자금 나아가 총체적인 선거운동 내용 등을 파악하기 위해 전화도청 장치를 하려고 침입한 것으로 드러났다. 물론 이러한 사건의 단서와 실체를 권력에 굴하지 않고 용감하게 국민들에게 밝힌 '워싱턴 포스트'도 대통령의 불법적 월권을 고발하는데 크게 기여를 하였다.

사건이 확대되고 점점 수사망이 백악관과 대통령의 목을 조여오자 닉슨은 수단과 방법을 가리지 않고 자신이 쥐고 있는 권력을 총동원하여 자신을 옥죄고 있는 언론과 수사기관을 대상으로 하여 협박과 탄압을 가하기 시작하였다. 그리고 자신은 이 사건과는 전혀 무관하다는 점을 강조하였다. 그러나 그의 이러한 행동은 마치 손바닥으로 해를 가리는 형국이 되었으며 이러한 불법적 행동은 오히려 그를 더욱 궁지로 몰아넣는 결과를 낳았다.

결국 1974년 7월 대법원은 만장일치(8:0)로 닉슨 대통령에게 워터게이트 사건에 관련 된 백악관 녹음테이프를 특별검사에게 제출하도록 명령을 하였다. 닉슨은 이 녹음테이프를 '대통령의 특권'(executive privilege)[452]이

---

451) 『앞의 책』, 305쪽.

452) 헌법에는 어떤 특권도 명시되어 있지 않지만 대통령의 권력 속에 내재하는 것으로 이해할 수 있다. 미국의 경우 대통령은 "특권화 된 의사소통"의 법적 원리(the legal doctrine of "privileged communications")를 유추해 이 특권을 주장한다고 한다. 여기에서 특권화 된 의사소통이란 남편과 아내, 의사와 환자, 변호사와 고객, 사제와 신도 간의 대화 그리고 그 내용을 의미한다. 사실상 이 원리는 대통령과 그의 백악관 참모간의 구두 혹은 서면상의 의사소통의 은밀성을 보호하는데 가장 강력한 힘을 발휘한다. 특히 닉슨 행정부의 워터게이트 사건 동안에 가장 잘 나타났었다. Donald F. Kettl and James W. Fesler, *The Politics of the Administrative Process* (Washington, D.C. : CQ Press, 2009).

라는 이유를 들어 내놓지 않고 있었다.[453] 대법원장 워렌 버거는 "대통령 특권은 절대적이 아니며 법 정의의 공정한 사법부에 의해 보다 가치 있게 보전되어야 한다."고 말하면서 대통령 특권이 더 이상 진실을 감출 수 있는 전가의 보도가 아님을 분명히 하였다. 닉슨은 이에 대해 사법권에 대해 도전을 포기하겠다는 의사를 밝히고 문제가 된 녹음테이프를 내 놓겠다고 하였다. 이러한 분위기 속에서 닉슨에 대한 정치적 그리고 법적 압력은 더욱 가중이 되어져 갔다. 의회 법사위원회가 대법원의 판결에 따라 닉슨 대통령의 탄핵권고안을 27 : 11로 가결을 하였던 것이다.[454] 이러한 사면초가 적 위기에 접한 닉슨 대통령은 1974년 8월 8일 자신의 신념보다는 미국의 국익이 우선이라는 입장을 밝히고 대통령직 사임을 발표하고 대통령 자리에서 물러났으며 후임 대통령의 자리에 오른 제럴드 포드에 의해 사면을 받았다. 그러나 이 사건 관련자 30여 명은 재판에 회부되어 형을 언도받았다.

닉슨은 이 사건으로 인해 자신의 정치적 신뢰에 치명상을 입고 정치적 생명에 종지부를 찍었음은 말할 것도 없고 고위 공직자들의 도덕성과 윤리성에도 돌이킬 수 없는 오점을 남기게 만들었던 것이다. 그는 끝까지 정직하지 못했고 자신을 정당화하고 합리화시키기 위해 온갖 그릇되고 추악한 수단과 방법을 동원하는 옳지 못한 행동을 국민들에게 보여주고 말았다.

한 자연인으로서 닉슨이 불법 적 비행을 저질렀다 해도 그에 대한 응분의 처벌을 받아야 하겠지만, 이 경우는 대통령이라는 최고 공인으로서 불법을 저질렀을 뿐만 아니라 이를 합리화시키기 위해 거짓말을 했다는 것이 국민들에게는 엄청난 충격으로 와 닿았던 것이다.

톰슨(Frank J. Thompson)은 이러한 제도화된 불신이 공적 신뢰를 좀먹고

453) 양동주, 『앞의 책』, 306쪽.

454) 『앞의 책』, 306쪽.

모든 수준에서의 공공서비스를 활성화시키고자 하는 노력을 손상시킨다고 비판을 하였으며[455] 캔터(D. L. Kanter)는 이런 것들이 정치에 대한 냉소적인 태도를 증폭시켜 정치 불신을 가속시켰다고 주장을 한다.[456] 그리고 피터스(B. Guy Peters)는 정부불신이 정부의 정통성에 대한 불신에서부터 시작이 된다고 주장을 하면서 이러한 정통성에 대한 불신은 베트남전, 워터게이트 사건, 정부에서 제공하는 융자제도에서 기인된 경제적 문제들, 그리고 클린턴 대통령이 연루된 화이트워터 사건 등에서 비롯되었다고 주장을 한다.[457]

이러한 비판과 주장들을 통해 느낌 수 있는 것은 공직자들이라고 해서 다른 직업의 종사자들과 비교를 해 볼 때 특이하게나 도덕적으로나 윤리적으로 우월하다고 생각을 할 수 없다는 점[458]과 그렇기 때문에 이들에게 과도한 권력을 부여할 경우 앞 선 사건들의 재발을 초래하게 될 것이며 그렇게 될 경우 정부에 대한 불신은 더욱 커질 것이라고 하는 우려이다.

---

455) Frank J. Thompson, "Critical Challenge to State and Local Public Service", in Frank J. Thompson (ed.), *Revitalizing State and Local Public Service : Strengthening Performance, Accountability, and Citizen Confidence* (San Francisco, CA : Jossey-Bass, 1993).

456) D. L. Kanter, and D. H. Mirvis, *The Cynical Americans : Living and Working in an Age of Discontent and Disillusion* (San Francisco, CA : Jossey-Bass, 1989), pp.1-2.

457) B. Guy Peters, *American Public Policy : Promise and Performance*, 4th ed. (Chatham, New Jersey : Chatham House Publishers, Inc., 1996), p.10.

458) C. T. Goodsell, *The Case for Bureaucracy : A Public Administration Polemic* (3rd ed.) (Chatham, New Jersey : Chatham House, 1994), pp.103-131. ; G. B. Lewis, "In Search of the Machiavellian Milquetoasts : Comparing Attitudes of Bureaucrats and Ordinary People", *Public Administration Review*, Vol.50 (1990), pp.220-227. ; Carl W. Lewis and Bayard L. Catron, "Professional Standards and Ethics," in James L. Perry (ed.), *Handbook of Public Administration*, 2nd ed. (San Francisco, CA : Jossey-Bass Publishers, 1996), p.700.

리처드 닉슨을 대통령 직 사임으로 몰아간 워터게이트 사건은 정치적 불신과 정부불신의 뿌리가 바로 고위공직자의 올바르지 못한 정치 및 행정행위에 있음과 이러한 고위공직자의 권력을 효과적으로 통제할 수 있는 제도적 장치가 마련되지 못하고, 올바른 공직관을 갖지 못한 공직자가 고위직에 오를 경우 발생할 폐단을 잘 보여 줌으로써 반면교사의 훌륭한 교훈을 던져 주었다고 평가할 수 있을 것이다.

3) 궁예(弓裔)

궁예는 신라를 병합하려는 뜻을 품고 신라를 멸도(滅都)라 일컫게 하고 투항한 신라인을 모조리 죽이는 등 전제군주로서 횡포가 심하였다. 국가 지도자로서 그는 비록 적이라 해도 넓은 가슴으로 감싸 안을 수 있는 포용력을 가지지 못하고 신라인들을 내침으로써 그들의 마음에 원한을 쌓이게 하였고 이것은 결국 그들의 마음을 갖지 못하게 되는 결과를 초래하여 이것이 후일 왕건에게 왕위를 찬탈당하는 원인 중 하나가 되었다.

그의 신라인에 대한 횡포는 결국 신라인들로부터 국가 지도자로서의 믿음을 철회 당하게 만드는 비극적 결과를 가져오게 만들었던 것이다. 이렇듯 신뢰를 상실한 지도자의 최후는 너무나 비참해질 수밖에 없다는 역사적 교훈을 궁예를 통해 되돌아보게 되는 것이다.

궁예의 실덕은 이에 그치지 않았다. 그는 자신의 지위를 합리화하기 위하여 미륵신앙을 교묘하게 이용하였다. 자신을 미륵불(彌勒佛)이라고 지칭하고, 자신의 두 아들은 보살(菩薩)[459]이라고 칭하게 하였던 것이다. 그리고 한 술 더 떠 미륵불처럼 행세하면서 독심술(讀心術) 또는 관심법(觀心法)을 구사한다고 허세를 부리고 이를 이용하여 915년에는 올바른 정치를 간하는 부인 강(康)씨와 그 소생의 두 아들을 살해하였다.

---

459) 청광보살(青光菩薩)과 신광보살(神光菩薩)이다.

그 뒤 더욱 의심이 많아지고 성급해져서 남의 마음을 꿰뚫어 볼 수 있는 관심법을 가지고 살펴보니 반역의 마음을 먹고 있다고 닦달을 하면서 마음에 들지 않거나 또는 의심이 가는 신하들을 위협하고 살해하였던 것이다. 이러한 피비린내 나는 반 궁예 세력에 대한 정치적 숙청은 계속 이어졌고 이에 따른 정치적 불안은 더욱 더 가중되어졌던 것이다. 그리고 점입가경이라고 이러한 패악 질이 이에 그치지 않고 백성을 수탈하고 괴롭히는 등 그야말로 목불인견의 호탕방일(豪蕩放逸)한 생활을 하였다.

이러한 그의 실덕이 결국 자신의 신하들과 백성으로부터 그에 대한 신뢰의 마음을 떠나게 만들었던 것이다. 다른 말로 표현하자면 민심을 저버린 궁예에 대한 지도자로서의 자격인정을 철회해버린 것이다.

이러한 결과는 자신의 부하인 신숭겸(申崇謙), 홍유(洪儒), 복지겸(卜智謙), 배현경(裵玄慶) 등이 왕건을 왕으로 추대하게 만들었고 이를 지켜 본 자신은 생명의 위협을 감지하고 변복을 하고 도망가다 부양(지금의 평강(平康))에서 원한에 사무친 백성들에게 피살되는 처참한 꼴을 당하게 되었던 것이다.

자신의 측근으로부터 그리고 백성으로부터 믿음을 상실한 지도자의 종말을 궁예를 통하여 처절하게 느껴보게 되는 것이다. 팔로우(follower)들로부터 신뢰를 받지 못하는 리더십이 얼마나 깨지기 쉽고 유약한 것인지 궁예는 자신의 처참한 죽음을 통해 증명하고 있는 것이다.

4) 공민왕과 신돈(辛旽)

공민왕은 고려의 제31대 군주로서 1341년(충혜왕 2년) 12세의 나이에 원나라에 갔다가 1349년(충정왕 1년)에 원나라 황족 출신으로 위왕(魏王)의 딸인 노국대장공주(魯國公主)를 아내로 맞아들였다. 충정왕의 어머니 희비 윤씨가 국정을 농단하자, 원나라 황제는 충정왕을 폐위시키고, 그를 노국대장공주와 함께 원나라에 온지 10년 만에 귀국시켜 1351년 국왕이 되도록 하였다.

그러나 공민왕은 원의 의도와는 달리 뒤에 반원개혁정책을 추진하였다. 1356년(공민왕 5년) 음력 4월 공민왕은 당시 원나라의 기황후(奇皇后)를 등에 업고 세력을 부리던 기철(奇轍)[460]등과 권겸, 노정 등의 부원 세력을 역모죄로 숙청하였는데, 이를 병신정변(丙申政變)이라 한다. 또한 몽골의 연호와 관제를 폐지하고, 무신정권 당시 최우가 설치한 정방(政房)을 폐지하였으며 또한 내정을 간섭하던 원나라의 정동행중서성이문소를 폐지하였다. 1356년 음력 4월, 공민왕은 유인우(柳仁雨)에게 백 년 동안 존속되어 오던 원나라의 쌍성총관부(雙城摠管府) 공격을 명하였다. 쌍성총관부 공격은 공민왕 반원 개혁의 상징적 사건이었다.

공민왕은 이러한 반원정책 이외에 홍건적과 왜구에 대해서도 강건한 정책을 밀고 나갔다. 1359년(공민왕 8년) 음력 12월부터 1360년(공민왕 9년) 음력 2월까지, 홍건적 장수 모거경에 의한 홍건적의 침입 이래 1361년(공민왕 10년) 음력 11월부터 1362년 음력 1월까지 반성, 관선생, 사류, 파두반이 이끄는 홍건적 20만 명이 재차 고려를 침입하여, 개경까지 함락이 된 적이 있었으나 최영과 이성계 장군 등의 분투로 이를 격퇴하였다. 또한 1358년(공민왕 7년) 최영 휘하의 고려군이 4백 척 규모의 함대로 오예포(吾乂浦)에 침입한 왜구를 물리쳤고 1364년 음력 5월 김속명의 고려군이 진해에 침입했던 3천 명의 왜구를 격파하였다.

그러나 이러한 홍건적과 왜구의 계속적인 침범은 고려의 국력을 소모시켰으며 이로 인해 공민왕은 어려움을 겪었다. 그러나 공민왕을 파멸로 이끌게 되는 사건이 벌어지게 된다. 그것은 1365년(공민왕 14년)에 일어난 일로써 노국대장공주가 난산 끝에 죽음을 맞이하게 된 것이다. 공민왕은

460) 기철은 공녀로 갔던 누이동생이 원나라 황제의 황후가 되어 태자를 낳자 그 세력을 등에 업고 온갖 기고만장한 못된 짓을 자행을 하였다.

이러한 사실 앞에 망연자실하였고 공주에 대한 추모의 정으로 정사를 제대로 수행하지 못하였다. 그는 그녀를 깊게 추모하여 불사(佛事)에만 전심할 뿐이었다.461)

난산 끝에 죽음을 맞은 노국대장공주는 공민왕이 반원 정책을 실시하자 자신이 태어난 고국을 배척하고, 남편을 적극적으로 도왔으며 그의 반원정책을 지지하였다.462) 이러한 탓으로 공민왕은 공주를 무척이나 사랑을 하였다. 그러나 둘 사이에는 아이가 생기지 않았다. 노국대장공주는 후에 겨우 아이를 갖게 되었으나 난산으로 결국 죽었다.

앞서 말했듯이 실의에 빠진 공민왕은 1365년 (공민왕 14년) 음력 5월 을사환국(乙巳換局)을 통해 신돈(辛旽)을 등용하고 정사를 뒤로 한체 불사에만 매달렸다. 신돈은 진평후(眞平侯)라는 봉작을 받고, 정치 개혁을 단행하였는데 그 중 하나가 전민변정도감(田民辨整都監)이라는 토지개혁 관청을 설치하여 권문세족이나 부호들이 권세로 빼앗은 토지를 백성에게 돌려주는 일과 억울하게 노비가 된 자들을 해방시키고 국가 재정을 잘 관리하며 성균관을 다시 설치하는 일이었다.

결국 신돈의 개혁으로 권문세족과 신흥 무인세력은 힘을 잃게 되었고, 이들은 곧 신돈의 정책에 대해 거세게 반발하였다. 그의 개혁 정치는 고려 내부의 혼탁한 사회적 폐단을 타개하고 질서를 확립하려는 것이어서 기득계층으로 부터 많은 반발을 사게 되었던 것이다.

그러나 신돈은 이러한 반발을 합리적이고 사리에 닿는 방법을 통해 해

---

461) 노국대장공주가 죽자 공민왕은 매우 슬퍼하였으며 그녀가 죽은 지 얼마 안 되어 모든 정사와 관련된 정치권력을 신돈(辛旽)에게 양도한 후 불사에만 매달렸다. 신돈은 승려로써 김원명(金元命)의 추천으로 공민왕으로부터 신임을 받아 사부가 되어 국정을 맡았다. 전해 내려오는 바에 의하면 공민왕은 그녀의 초상화를 그려 벽에 걸고 밤낮으로 바라보면서 그리워했다고 한다. 또한 공민왕은 그녀의 영혼을 위로하기 위해 혼제를 지냈으며, 그 진영을 모시기 위해 호화로운 영전을 짓도록 하였다고 한다.

462) 박상진, 『짝짓기로 배우는 세계사』(서울 : 도서출판 모아, 1996), 57쪽.

결을 하지 않고 왕과의 특수한 관계에서 생긴 권력을 통해 해결을 하려고 하였다. 그리고 권력을 자의적으로 확대하고 이를 구사하였다. 시간이 흐르면서 그는 초심을 잃고 오만하고 방자한 행태를 드러내기 시작하였다. 절대 왕권아래에서 신하로써의 도리를 넘어서는 행동도 서슴지 않았다.

> 공민왕이 여러 능에 참배할 때 그(신돈)만이 절을 하지 않았다고 한다. 그는 또 관람석상이나 법회석상 같은 데서도 왕과 자리를 같이하고 옷차림도 왕과 비슷하게 입어 구별을 어렵게 하였다. 그리고 그가 출입을 할 때에는 백여 명의 기병이 뒤따라 왕의 행차를 방불케 하였으며 왕을 마치 친구처럼 대하는 등 감히 신하로서는 할 수 없는 행동을 취하였다.463)

그 결과 1369년 왕을 살해하려는 역모에 휘말려 수원에 유폐되었다가 2년 만인 1371년 음력 7월 신해환국(辛亥換局)으로 참형(斬刑)되었다. 이로서 공민왕의 개혁이 사실상 끝나게 되었다.

한편, 노국대왕공주를 잃은 공민왕은 심경의 변화를 일으켜 날로 변태적인 성격으로 변하였다. 정사는 이미 신돈에게 모든 것을 위양한 후였다. 공민왕은 변태적이 되어 동성애를 즐겼다. 그래서 1372년 자제위(子弟衛)를 설치하고 홍륜(洪倫), 한안, 권진, 홍관, 노선 등 젊고 외모가 잘생긴 청년들을 뽑아서 이곳에 머물게 하였다. 그리고 필요할 때마다 자신의 좌우에서 시중을 들게 하면서 이들과 날마다 변태적인 동성애를 즐겼다.

또한 자신이 아들이 없음을 걱정하여 홍륜, 한안 등을 시켜 여러 왕비와 강제로 간통하게 하였다. 그러나 여러 왕비 중 정비(定妃)와 혜비(惠妃) 그리고 신비(愼妃)는 죽기로써 거절하여 따르지 않았다 한다. 익비(益妃) 역시 죽기로 거절하였으나 왕이 칼을 빼어서 치려하니 왕비가 두려워서

463) 『앞의 책』, 23쪽.

홍륜과 간통을 하였다 한다.[464)]

이미 공민왕에 대해 왕비들이나 신하들, 그리고 자제위의 젊은이들은 실망을 하였고 그에 대한 신뢰는 땅에 떨어진 후였다. 동성애에 미쳐 변태적으로 몰락해가는 공민왕을 지켜보면서 그들은 한결같이 왕에 대한 믿음을 져버리게 되었던 것이다. 이러한 왕에 대한 신하나 부하들에 대한 믿음의 상실이 커다란 사단을 일으키게 되는 계기가 된 것이다.

이러한 사단의 단초는 익비 왕씨의 임신이었다. 환관 최만생(崔萬生)이 이 사실을 왕에게 은밀히 고하였다. 왕은 매우 기뻐하면서 누구와 관계하여 얻었느냐고 물었다. 최만생은 익비의 말을 인용하여 홍륜이라고 고하였다. 그러자 왕은 익비가 낳을 아이의 아비가 자신이어야 한다는 생각에서 이 비밀을 알고 있는 자신의 동성애 상대자인 홍륜과 최만생을 죽이고자 하였다. 이에 대해 위협을 느낀 홍륜과 최만생 그리고 일부 동성애 상대자들이 왕을 살해하려는 음모를 꾸몄다. 그리고 홍륜과 최만생이 주도가 되어 1374년에 크게 취하여 침전에 들어간 공민왕을 칼로 난자하여 살해를 하였다.[465)]

이때 칼질을 한 이들이 자신들이 시해를 한 것을 위장하기 위해 "적이 밖에서 들어왔다"라며 울부짖었다. 그런데 궁정의 위계나 질서가 얼마나 형편이 없었던지 왕을 호위하는 책무를 지고 있는 위사들조차 겁을 내 떨면서 움직이지 못했다하며 왕을 모셔야 할 재상을 비롯한 신하들 역시 왕의 시해와 관련 된 변고를 통보받았음에도 불구하고 궁으로 들어오는 사람이 하나도 없었다 한다. 오직 내시 이강달이 사실을 알았지만 자신의 안위를 위해 비밀에 붙였다 한다.

한 마디로 왕의 권위나 체통이 실종 된 막되어가는 시정잡배의 행태가 궁중에서 일어난 것이다. 물론 이렇게 까지 되게 만든 공민왕의 실책이

---

464) 『앞의 책』, 58쪽.

465) 『앞의 책』, 58-59쪽.

크다 하겠다. 부하들에 대한 믿음을 받지 못한 리더의 불행한 종말을 지켜보는 것 같아 안타까울 뿐이다.

다음날 태후가 와서 왕의 죽음을 숨기고 상사를 발표하지 않은 채 왕의 명령이라 하여 이인임(李仁任), 경복흥, 안사기 등을 소집해 사태 수습 방안과 왕을 죽인 역적을 잡아들이는 문제를 논의했다. 이인임은 처음에는 승려인 신조를 의심해 그를 감옥에 가두었으나 병풍과 최만생의 옷에 묻은 피를 보고 그를 심문하여 사태의 진상을 밝혀 낼 수가 있었다. 왕을 시해한 홍륜 등 일파는 체포돼 사지가 찢겨지는 참형을 당하고 삼족이 멸해지는 극형을 받았다.

이 사건 이후 어린 우왕이 즉위하면서 권문세족의 친원 보수 정치가 다시 재개되었다. 우왕은 공식적으로 궁녀 한씨의 소생이었으나 실은 신돈의 여종이며 애첩인 반야(般若)[466]의 소생이었다. 우왕의 출생과 관련되어 전해 내려오는 이야기에 의하면 우왕이 왕의 소생이기는 하나 신돈의 여종인 반야의 소생이라는 설과 신돈이 궁녀와 정을 통하고 낳은 아이가 바로 우왕이라는 설이다. 전자는 왕이 자주 신돈의 집에 출입을 하여 신돈의 여종인 반야와 정을 통하여 아들 모니노(牟尼奴)를 낳았는데 이가 곧 그 말 많은 우왕이라는 설이고[467] 후자는 신돈이 궁녀와 정을 통해 낳은 아들이 우왕이라는 설이다. 그래서 우왕의 아버지는 신돈이라는 이야기가 설득력 있게 퍼져 나갔던 것이다.[468]

---

466) 신돈은 공민왕이 죽은 노국공주를 그리워하여 실신상태에 빠져 있는 것을 보자 이를 기화로 하여 공민왕에게 접근해서 총애를 받으려는 목적으로 법력으로 노국공주를 현신시켜 주겠다고 유혹을 하였다 한다. 그는 왕을 법당으로 인도하여 향을 피우고 불공을 드리게 한 후 자기의 여종인 반야를 공주와 똑같이 꾸며서 법당 안으로 들여보냈다 한다. 노국공주를 그리워하는 마음에 사로잡혀 정신착란 증세까지 보인 왕은 반야를 노국공주로 알고 매일 밤 법당을 찾아왔다 한다. 『앞의 책』, 57-58쪽.

467) 『앞의 책』, 24쪽.

468) 고려 태조 왕건은 본래 이씨였다고 한다. 태조가 낳은 자녀 가운데 간혹 양쪽 겨드랑이에 용비늘이 있었다고 한다. 태조의 외가가 용이었다고 하는데 아마 그것에 영향을 받

이러한 사실은 신돈이 공민왕의 후원아래 얼마나 권세를 누리며 국정을 농단을 하고 궁녀들과 퇴폐적인 행각을 펼쳤는지 그리고 어엿한 유부녀들과 간통 등 엽색행각을 펼쳤는지를 알게 하는 것이다.

> 그(신돈)는 머리를 기르고 날이 갈수록 탐음하여 집에는 술과 고기와 여자로 가득 차게 되었다. 그는 기현(奇顯)의 집에 살면서 기현의 아내와 간통하고 음식을 맡아 만들게 하였다. 기현이 그의 아내와 함께 아침 저녁으로 곁에서 신돈을 모시기를 마치 늙은 노비처럼 하니, 기현이 갑자기 등용되었다. 마침내 나중에는 왕궁 못지않은 화려한 저택을 짓고, 따로 별실을 만들어 승방을 차렸으며, 이 승방에서 그는 끊임없이 색에 빠졌다고 한다. 그래서 항상 검은 닭과 흰 말을 잡아서 양기를 돋우니 당시 사람들이 그것을 두고 '늙은 여우의 정기'라고 하였다.[469)]

또한 이러한 신돈의 국정농단과 퇴폐적 행각을 이용하여 입신영달을 꾀하려고 했던 자들도 많았던 듯 싶다. 그 예로 밀직부사로 있던 김난(金蘭)은 이러한 신돈의 색 밝힘을 간파하고 신돈에게 잘 보여 출세하려는 의도를 가지고 자신의 두 딸을 신돈에게 바치기 까지 하였다 한다.[470)] 신돈은 중으로써 그리고 국정에 책임을 지는 요직에 있는 공인으로서 넘어서는 안 되는 금도를 넘고 만 것이다. 그래서 많은 사람들이 신돈을 요승(妖僧)이라고 격하하여 부르고 있는 것이다.

참고적으로 신돈과 비슷한 길을 걸어가다가 결국 똑같이 비극적 삶을

은 듯 하다. 훗날 우왕을 신돈의 아들이라 하여 강릉에 귀양을 보내 죽일 때, 우왕이 겨드랑이를 들어 보이면서 "나를 신씨라 하지만 나는 왕씨이며 용의 후손이므로 겨드랑이에 비늘이 있으니 너희는 똑똑히 보아라."하였다 한다. 구경하던 사람들이 가까이 가서 보니 과연 그러하였다 한다. 이것은 우왕이 신돈의 소생이 아니라 공민왕의 소생임을 입증하려는 이야기로 판단이 된다. 『앞의 책』, 138-139쪽.

469) 『앞의 책』, 23쪽.

470) 『앞의 책』, 24쪽.

마감하는 서양의 요승이 있어 잠시 소개를 한다. 그는 온갖 악행을 서슴지 않았고 정치적으로 니콜라이 2세 황제와 알렉산드라 왕비의 후광을 등지고 러시아를 쥐락펴락하였으며, 음탕하고 사악한 행위를 일삼아 신돈과 같이 요승이라고 불리다가 반대세력에 의해 암살을 당하였다. 그가 바로 라스푸틴(Grigorii Efimovich Rasputin)이다.

라스푸틴은 1872년 시베리아의 포크로프스코예(Pokrovskoye)라는 작은 마을에서 에피미 라스푸틴(Efimy Rasputin)의 아들로 태어났다. 그런 후 18세가 된 라스푸틴은 방랑의 길에 오르고 그러던 어느 날 신비주의 종파를 접하게 된다. 성적 타락을 뜻하는 집단 성교 의식을 통해서 원죄를 씻을 수 있다는 믿음을 가진 종파였다. 이 종파에서 그는 밤마다 성의 광연을 펼친다. 결국 정교회의 신고로 경찰의 수사대상에 오른 그는 처자를 고향에 남겨 둔 채 다시 방랑의 길로 접어들었고[471] 이 기간 동안 예언도 하고 환자들을 치료하기도 하였다. 이러한 활동을 통해 그는 농민들에게 한 걸음 다가가 있었고 농민들 사이에서 성자(聖者)라는 평판을 얻었다.[472]

그는 이를 발판으로 해서 1903년 상트페테르부르크에 모습을 드러냈다. 이곳에서 예언자, 치유사로 인정을 받았다. 상트페테르부르크의 신학교장인 페오판이 그곳 상류사회에 그를 소개하였고 드디어 귀족들의 부인들을 외모와 화술로 휘어잡아버린다. 이 귀부인들 중 한 명이 안나 비루보바라는 여인이었는데 그녀는 러시아 황후의 친구였다. 그래서 황후와 손이 닿게 되고 황후의 애간장을 태우던 황태자의 혈우병을 기도를 통해 고쳐주어 그녀의 신임과 총애를 받게 된다.[473]

---

471) 박상진, 『짝짓기로 배우는 세계사』(서울 : 모아, 1996), 26쪽.

472) 이경윤·정승원, 『세계 악남 이야기』(서울 : 삼양미디어, 2009), 230-232쪽.

473) 『앞의 책』, 232-234쪽. ; 황제부처는 외아들의 병을 낫게 하기 위해 러시아와 프랑스의 저명한 의사를 모두 불러 치료를 해봤지만 소용이 없게 되자 이번에는 종교의 힘을 빌리려고 유명한 명승과 수도사를 불러들였으나 병을 낫게 할 수 있는 자는 나타나지 않

라스푸틴은 이를 발판으로 직접 황실 내부 문제를 간섭하는 것은 예사였고 러시아 국정에까지 막강한 권력을 행사하였다.[474] 그러면서 궁전 바깥에서는 술과 성적 쾌락에 취해 살았다. 그러나 그의 이러한 악행은 세상에 모습을 드러내게 되었고 세상 사람들은 라스푸틴을 '추악한 요승'이라고 부르면서 질타를 하고 라스푸틴을 비호하는 니콜라이 2세를 바보 같은 황제라고 비아냥거리며 놀려댔다. 황제도 그를 내치고 싶었으나 라스푸틴에게 푹 빠진 왕비 탓에 그를 어떻게 할 수가 없었다. 라스푸틴은 계속해서 성적 쾌락에 몸을 내 맡겼으며 아첨하는 자들로부터 뇌물을 받는 일도 서슴지 않았다. 그는 황제와 황후의 위에 군림하면서 왕족들 앞에서 황제를 비하하는 말도 서슴지 않았다.[475]

> 니콜라이 황제는 (라스푸틴의) 예언을 믿고 황후에게 내정을 맡긴 후 전선으로 나갔고, 황후를 마음대로 조정할 수 있었던 라스푸틴은 무소불위의 권력을 휘두르기 시작한다. 러시아의 실제적인 권력자가 된 것이다. 그는 자기 마음대로 인재를 뽑았으며, 반드시 거기에는 응당한 대가를 받았다. 그 대가는 다름 아닌 뇌물이나 여자의 몸이었다. 뿐만 아니라 왕족들 앞에서도 니콜라이 황제를 비하하는 말을 서슴지 않았다. 상황이 이렇다 보니 그의 주변에 수많은 적들이 생겼고, 그가 권력을 휘두르는 동안 러시아 경제는 곤두박질쳤으며, 이대로 가다간 나라가 망할 지경이었다.[476]

았다. 그 때 요승 라스푸틴이 나타나 불치의 병으로 여겨진 황태자의 병을 기도를 통해 고치게 되는 것이다. 기쁨에 넘친 황후는 라스푸틴의 무릎에 매달려 눈물을 흘리며 그의 손을 잡고 몇 번이고 키스하였다. 라스푸틴은 황후까지 자기편으로 만들어 놓은 것이다. 박상진, 『앞의 책』, 27쪽.

474) 그는 종교 및 내치, 외교에 관여하여 겨우 2년이라는 짧은 기간에 수상을 네 번, 내상을 여섯 번, 국방상을 네 번, 농상을 네 번이나 바꿔치는 어이없는 짓을 서슴없이 해 냈다. 박상진, 『앞의 책』, 28쪽.

475) 이경윤·정승원, 『앞의 책』, 235-239쪽.

476) 『앞의 책』, 238-239쪽.

결국 '과유불급'(過猶不及)인가, 그가 러시아를 멸망으로 이끌 인물이라 판단을 한 러시아 왕족 중 한명인 펠릭스 유수포프(Felix Yusupov)와 몇몇 의견을 같이하는 대공들에 의해 유수포프의 모이카 궁(Moika Palace)에서 살해되고 만다.477) 그의 기괴하면서 방탕하고 방자했던 권력놀음과 색마적 광기는 이로서 막을 내리게 된 것이다. 신돈과 같이 종교를 빌미로 하여 당대의 최고 권력자에게 신임과 총애를 받으면서 이를 발판으로 온갖 악행을 저지르다가 반대세력에 의해 죽음을 당한 것이다.

신돈과 관련 된 라스푸틴의 이야기를 마치고 다시 본론으로 되돌아가 보자.

노국대장공주와의 사별 이후 실의에 빠져 정사를 그르친 공민왕과 그의 휘하에서 권력을 휘두른 신돈에 대한 사람들의 믿음은 허망한 것이었고 진실이 아니었다. 그들은 권력 앞에 자신의 속내를 드러내지는 않았지만 이들에 대해 믿음을 이미 철회했던 것이다. 왕의 품격은 땅에 떨어졌고 그 대가는 혹독한 것이었다.

공민왕도 그리고 신돈도 결국 자신의 신하와 그를 따르는 사람들의 뜻에 반하는 행동을 했던 것이다. 그리고 그러한 신뢰상실은 결국 자신들이 믿는 사람들에 의해 비참한 최후를 맞이하게 되는 비운을 가지게 한 것이다.

공민왕이 사랑했던 노국대장공주의 죽음에도 의연함을 보이고 지금까지 보여주었던 반원정책과 백성사랑에 대한 일관된 정책을 펼쳐나가고 개혁을 주도해 나갔다면 그는 신하와 백성들로부터 많은 사랑을 받는 진실 된 군주가 될 수 있었을 것이다. 신돈 역시 기득권 세력과 화합을 하면서 개혁을 현실에 맞게 주도해 나갔다면 기득권 세력으로 부터도 배척받지 않았을 것이다. 그리고 신돈이 상생을 하고자 하는 의도를 분명히 기득권 세력에게 보내고 그 틀 속에서 개혁을 추진시켜 나갔다면 그 역시

477) 『앞의 책』, 240-243쪽.

기득권 세력으로부터 신뢰를 받았을 것이고 그렇게 되었다면 역모사건에 연루되지 않고 백성들을 위한 참 된 개혁정치를 추진시켜 나갈 수 있었을 것이다.

공민왕과 신돈의 사례를 통해 우리가 얻을 수 있는 결론은 정치를 이끌어 가는 지도자가 부하나 백성들에게 신뢰를 상실할 경우 아무리 좋은 개혁정치나 어떤 빛나는 명분을 가진 정책이라고 해도 소용이 없다는 사실이다. 또한 신뢰를 상실한 지도자는 바로 자기를 있게 해 준 사람들에게서 먼저 배척을 받게 된다는 사실이다. 물은 배도 띄울 수 있지만 뒤집을 수도 있다는 평범한 진리를 우리는 이들의 사례에서 교훈으로 얻을 수 있는 것이다.

이러한 맥락에서 지도자는 신뢰를 얻어내는 것이 가장 중요한 일이라는 점을 새삼 인식하게 되는 것이다.

삶이 무엇인지 한번 되짚어보고 싶다. 많은 사람들이 삶이란 과정이라고 생각하고 삶의 과정 그 자체가 삶의 결과보다 더 소중하다고들 말들한다. 나름대로의 삶의 목적을 세우고 그 목적을 성취하기 위하여 한 단계 한 단계 노력해 가는 과정 속에서 인생의 보람을 느끼기도 하고 또 좌절도 느끼기도 하면서 삶의 성숙과 진실을 얻고 터득해 가는 것이 삶 그 자체라고 보기 때문이 아닐까싶다.

박목월의 "나그네"라는 시에서 나오듯이 '구름에 달 가듯 한' 슬픈 달관의 세계를 내세워 유랑의 슬픔과 아름다움의 정서와 분위기를 자아내게 하여 슬픔과 아름다움은 더불어 가는 것이고 그 속에서 삶의 진실이 배어있다는 내용을 조화롭게 접목시키려고 한 것도 삶의 이중성, 즉 삶 속에 내재된 슬픔과 아름다움 그리고 보람과 좌절을 표현하고 이를 통해 삶의 완성을 꿈꾸려고 했던 것이 아닐까 싶다.

노력과 좌절 없이 그냥 행복이 마냥 주어지는 것이라면 사람들은 그

행복이 얼마나 소중하고 귀한 것인지를 모를 것이다. 그리고 행복이란 느낌을 제대로 받아들이지도 못할 것이다. 그러나 노력과 좌절이라는 힘든 과정을 통해 조그마하나마 값진 행복을 얻었을 때는 노력에 따른 성취감과 좌절을 딛고 힘들게 얻은 행복의 소중함 그리고 귀함을 뼈저리게 느끼지 않을까 싶다.

이와 같이 삶은 올바른 목적을 성취시키기 위해, 과정을 힘들여 밟아나가는 자들에게 보다 큰 기쁨과 환희를 안겨주는 것이라 사료된다. 비록 노력의 과정이 실패로 끝난다하더라도 과정상에서 이루어진 노력의 실체들은 아주 밝고 맑게 사람들의 삶에 밑거름이 되어 줄 것이다. 그래서 "실패는 성공의 어머니"라는 옛 말씀이 있는 것 같다.

수단과 방법을 가리지 않거나 또는 우연스럽게 좋은 결과를 얻었다하더라도 그것이 이러한 삶의 과정을 힘겹게 겪으면서 얻은 것이 아니라면 그것은 무의미할 것이라 생각된다. 그리고 우연으로 찾아왔던 것처럼 우연스럽게 가버리지 않을까 싶다.

삶의 과정이 비록 힘겹고 어렵다하더라도 그러한 길을 불평 없이 성실하게 노력하며 살아가는 자에게 행운의 여신은 승리의 따사로운 미소를 던져주는 것이 아닐까 싶다.

힘겨움 속에서도 서로간의 깊은 믿음과 그 속에서 자연스럽게 우러나오는 사랑과 희생 그리고 배려는 우리의 삶을 더욱 따사롭고 풍요롭게 만들어 주는 촉매제가 아닐까 싶다. 오 헨리(O. Henry)가 쓴 "마지막 잎새"(The Last Leaf)라는 글에 나오듯이 창문 너머로 보이는 마지막 남은 담쟁이덩굴 잎이 세찬 비바람에도 결코 떨어지지 않을 것이라는 굳은 믿음이 있었기에 삶에 대한 희망과 의미를 되찾을 수 있었던 것이 아닐까 싶다. "믿음이 있으면 큰 산도 옮길 수 있다"는 옛말, 결코 삶을 살아가는데 있어 흘려들어서는 안 될 말이 아닌가 싶다.

제9장 사랑 그리고 용서와 관용

1. 사랑

에토 노부유키는 “사랑이란 실패까지도 인정해 줄 수 있는 힘이다.”라고 정의를 내리고 있다. 실수나 잘못이 있을 때 이를 용서 할 수 있는 것도 사랑이라고 볼 수 있다는 의미이다.478)

또한 정신과 의사이며 심리학자로 유명한 프랭클은 “사랑이란 인간의 능력을 개화시켜 그 인간의 가치를 크게 발휘하게 만드는 마술과도 같은 행위, 현상이다.”라고 정의를 내리고 있다.479) 사람의 동기가 극대화하도록 격려하고 후원함으로써 그 사람이 가지고 있는 자신의 잠재력을 최대화시킬 수 있도록 북돋울 수 있는 힘이 바로 사랑이 가지는 힘이라고 보는 시각이다.

사실 사랑에 대한 개념정의는 이외에도 셀 수 없이 많다. 사랑이 가지는 의미적 그리고 가치적 뜻이 입장이나 시각의 차이만큼이나 많기 때문이다.

그래서 사랑이 무엇인가에 대해 여러 가지 의미가 난무하고 있고 이것

---

478) 쓰지 슈이치 지음, 배정숙 옮김, 『Power Coach : 사람을 움직이는 20가지 원칙』(서울 : 다리미디어, 2002), 57쪽.

479) 『앞의 책』, 57쪽.

을 단 한 마디로 명쾌하고 간결하게 설명하는 것은 지극히 어려운 일이다. 그러나 애를 써서 사랑이 무엇인지 그에 대한 대답을 해 보라고 하면 크게 네 가지로 나누어 그 의미를 설명 할 수 있을 것이다

온유한 사랑, 엄한 사랑, 희생적인 사랑, 그리고 파격적인 사랑이다.[480]

우선 온유한 사랑이란 남의 처지에 서 보는 것을 의미한다.[481] 한자말로 표현하자면 역지사지(易地思之)라 말 할 수 있다. 울고 있는 사랑하는 딸을 마음을 다해 달래는 것이 그 좋은 예가 될 것이다.

둘째로 엄한 사랑을 들 수 있다. 이것은 상대방을 진정으로 위하는 마음에서 시실을 사실 그대로 말하는 것을 의미한다. 다른 말로 표현하자면 친밀한 관계 속에서 진리를 지켜나가는 것을 의미한다.[482] 지난 밤 과음으로 인한 숙취로 출근을 못하는 남편을 위해 그의 상관에게 핑계 대주던 일을 그만 두는 것이 그 좋은 예가 될 것이다. 엄한 사랑을 알고 이를 효과적으로 표현하기 위해서는 먼저 사실을 사실대로 말하는 것이 평온을 유지하는 것보다 중요하다는 것을 알아야 한다는 확신과 그 사람을 위한 행동을 하는 것이 당장 편안한 관계로 지내는 것보다 더 중요하다는 것을 깨달아야 한다는 것이다.[483]

셋째로 희생적인 사랑이다. 이것은 아무 조건 없이 끊임없이 주는 것을 의미한다.[484] 가족과 떨어져야하는 승진기회를 포기하고 가족들과 계속 같이 살겠다고 작정하는 것 등이 그 좋은 예가 될 것이다.

넷째로 파격적인 사랑이다. 이것은 적대감의 연쇄 고리를 끊는 것을 의미한다.[485] 젊은 과부가 남편을 치어 죽인 음주 운전자를 용서해주겠

480) 빌 하이블즈 지음, 박영민 옮김, 『아무도 보는 이 없을 때 당신은 누구인가?』(서울 : 한국기독학생회출판부, 2001), 65-121쪽.

481) 『앞의 책』, 65쪽.

482) 『앞의 책』, 78쪽.

483) 『앞의 책』, 81쪽.

484) 『앞의 책』, 95쪽.

다고 말하는 것이 그 좋은 예가 될 것이다. 또한 종교적인 사랑도 이에 해당이 된다. 성경에는 "악한 자를 대적하지 말고 네 오른 쪽 빰을 치거든 왼편도 돌려 대며 또 속옷을 가지고자 하는 자에게 겉옷까지도 가지게 하며 또 오리를 가게 하거든 그 사람과 십리를 동행하라."는 말이 나온다.[486] 이 것 역시 파격적인 사랑을 잘 표현한 말이다.

사실 보복이나 복수는 막다른 골목으로 가는 길이다. 복수는 적대감을 지속시키고 부추길 뿐이다. 누군가가 그 무자비한 행동을 중단시켜야 한다.[487] 다시 말해 적대감의 연쇄 고리를 끊어야 하는 것이다. 바로 그러할 때 파격적인 사랑이 이루어지는 것이다.

김수환 추기경의 말씀에 "사랑이 머리에서 가슴으로 내려오는데 칠십년 걸렸다."고 한다. 머리와 입으로 하는 사랑에는 진실 된 향기가 없다. 진정한 사랑이란 가슴에서 우러나오는 것이며 이해, 관용, 포용, 동화, 그리고 자기낮춤이 선행되어야 한다.

나아가서 사랑은 시기하거나 질투하는 마음과는 결별을 하여야 한다. 시기나 질투로 눈이 먼 자는 결코 진정한 사랑을 일구어 낼 수 없기 때문이다. 또한 시기나 질투는 진정한 사랑에 이르는 길을 가로막는 걸림돌이기 때문이다.

하비스에 따르면 "승자(勝者)는 자기보다 우월한 사람을 보면 존경심을 갖고 그로부터 배울 점을 찾지만 패자(敗者)는 자기보다 우월한 사람을 만나면 질투심을 갖고 그의 갑옷에 구멍 난 곳이 없는지 찾아본다."는 것이다. 시기나 질투가 세상사에 어떻게 투영되어 그릇 된 인간의 마음으로 나타나는가를 잘 표현한 말이라 생각이 든다.

세상에서 가장 무서운 것은 타인에 대한 시기와 질투심이다. 사람이

---

485) 『앞의 책』, 111쪽.

486) 『마태복음』5 : 39-41.

487) 빌 하이블즈 지음, 박영민 옮김, 『앞의 책』, 116쪽.

불행을 만났을 때는 꼭 누구의 질투심이 구렁 속에 있는 것을 발견하게 된다. 조금이라도 자신이 사람들의 주의를 끌고 눈에 띄게 될 경우가 있으면 우선 자기신변에 주의하여서 남의 질투심을 일으키지 않도록 하는 동시에 어떠한 질투심에도 걸려들지 않을 만큼 세심한 마음 씀씀이가 필요하다.

이러한 시기나 질투심에서 벗어나 진정한 사랑을 펼쳐 나갈 수 있는 자가 바로 인간경영의 승리자라고 말할 수 있다.

1) 사랑을 통해 인간경영에 성공한 역사적 사례들

(1) 안와르 사다트(Muhammad Anwar al Sadat)와 이즈하크 라빈(Yitzhak Rabin)

시기와 증오를 사랑으로 바꾼 사례로 안와르 사다트 이집트 대통령과 라빈 이스라엘 수상을 들 수 있다.

안와르 사다트는 1970년 부통령이었는데 대통령이었던 나세르(Gamal Abdel Nasser)가 심장마비로 서거를 하자 대통령직을 승계하였다. 그는 나세르와 사관학교 동기이자 쿠데타의 공모자였다. 그러나 그는 대통령직을 승계한 후 나세르와는 다른 국정을 펼쳐 나갔다. 이집트 식 사회주의 실험이나 아랍민족주의 따위는 나세르와 함께 무덤에 묻어 버렸다.488)

그는 전임자였던 나세르나 다른 아랍 국가들과는 달리 이스라엘과의 적대적 관계에서 벗어나 현실주의적인 온건노선을 취하였다. 이것이 결실을 맺어 1977년 이스라엘을 방문하고 중동평화의 길을 열었으며 이로 인하여 1978년 이스라엘의 수상 베긴(Menachem Wolfovitch Begin)과 함께 노벨평화상을 받았다. 이어서 1979년 3월 이스라엘과의 평화조약에 조인하였다. 그는 이스라엘과의 관계에서 증오 보단 사랑을 선택하였던 것이다.

그러나 그는 1981년 10월 6일 카이로(Cairo) 근교 '나시루'에서 거행 된

---

488) 한겨레신문사 문화부, 『20세기 사람들 : 하』(서울 : 한겨레신문사, 1995), 56쪽.

대(對) 이스라엘 10월 전쟁 8주년 기념식장에 참석하였다가 이스라엘과의 유화적 정책에 반감을 품은 일단의 무장군인들의 총격을 받고 사망하였다.

증오를 사랑으로 바꾸려다가 안와르 사다트와 비슷한 운명으로 생을 마감한 이스라엘의 라빈은 1992년 총선에서 총리로 당선되어 1993년 9월 '팔레스타인해방기구'(Palestine Liberation Organization : PLO) 의장 야세르 아라파트(Yasser Arafat)와 '팔레스타인자치원칙선언'을 체결하였으며, 이어 요르단 국왕 후세인 1세(Hussein bin Talal) 와의 정상회담으로 46년간의 아랍권과의 적대관계를 청산하고 중동의 긴장완화시대를 열었다. 이러한 공로로 1994년 아라파트와 이스라엘 외무장관 시몬 페레스(Shimon Peres)와 함께 노벨평화상을 공동 수상하였다. 그 역시 사다트와 같이 적대적인 증오를 넘어 사랑을 선택하였던 것이다. 그러나 그 역시 1995년 아랍에 대한 유화적 정책에 반감을 품은 극우파 청년에게 암살당하였다.

비록 이들은 똑같이 암살을 당하였지만 그들이 펼치고자했던 평화와 사랑의 복음은 인류의 마음속에 깊이 뿌리내리고 있다.

(2) 세종대왕

사랑의 사례로 들 수 있는 것은 세종대왕[489]의 훈민정음 창제에 깃든 애민사상, 즉 백성을 사랑하는 마음이다.

1446년 9월에 반포 된 세종대왕의 '훈민정음(訓民正音)해례본' 서문에 나오는 글을 살펴보면 "짐이 백성을 어여삐 여겨 새로이 28자를 만드노니(予爲此憫然 新制二十八字)..........."라는 구절이 나온다.[490] 이는 불쌍한 백

489) 태종의 셋째 아들로 원경왕후(元敬王后) 민씨(閔氏)의 소생으로 출생을 하였다. 1408년(태종 8)에 충녕군(忠寧君)에 봉군되었고 1418년에 왕세자에 책봉이 되었으며 동년 8월에 22세의 나이로 태종의 왕위를 받아 즉위하였다. 즉위 뒤 정치, 경제, 문화면에 훌륭한 치적을 쌓아 수준 높은 민족문화의 창달과 조선 왕조의 기틀을 튼튼히 하였다. http://100.naver.com/100.nhn?docid=93122

성이 자기의 생각을 표현할 수단을 가지지 못한데서 오는 억울함과 불편함을 덜어주기 위해 새로이 28자의 글을 만들었다는 의미로서 '백성에 대한 애틋한 사랑'(愛民)[491]의 마음이 배어나온다.

세종은 즉위 후, 나라와 백성을 살찌우기 위해 가장 먼저 농업 생산력 향상에 혼신의 힘을 쏟았는데, 이를 위해서는 무엇보다 과학기술의 발전이 시급함을 느꼈다. 그리고 훌륭한 인재만이 나라와 백성을 구하는 길임을 깨닫고 인재를 발굴, 육성하고 장려하는 데 지원을 아끼지 않았다. 태평성대를 이루기 위해 과학 기술의 중요성을 누구보다 먼저 깨달은 세종의 앞선 시대정신은 무리를 이끌고 다스림에 있어 가장 강력한 리더십의 원동력이 되었다.[492]

세종은 누구보다 인간에 대해 잘 알고 인간의 마음을 다스릴 줄 알았던 임금이다. 어린 시절, 피로 얼룩진 권력 투쟁을 지켜본 세종은 '허무'를 통해 인간에 대한 연민을 인간경영의 출발로 삼았다. 일찍부터 권력의 구조와 속성에 대한 인식과 이의 활용법에 대해 누구보다 잘 알았던 세종은 백성에게는 한없이 부드럽고 따뜻한 성군이었지만 신하를 대함에 있어서는 밤낮으로 감시하고 꾸짖기와 몰아세우기를 일삼던 엄격한 폭군과도 같았다.

그러나 신하를 대함에 있어서 항시 엄격함으로 다스렸던 것은 아니다.

---

490) 국어가 중국과 달라서 한자와 서로 통하지 아니하므로 일반 백성이 말하고자 하나 제 뜻을 능히 펴지 못할 자가 많은 지라, 내 이를 불쌍히 여겨 새로 28자를 만드나니 사람마다 쉽게 학습하여 일용(日用)에 편케 하고자 할 따름이다. (國之語音 異乎中國與文字不相流通 故愚民有所欲言 而終不得伸其情者多矣 予爲此憫然 新制二十八字 欲使人易習使於日用矣).

491) 실제로 세종대왕의 인간경영 철학을 사업에 적용하여 성공을 거둔 사례로는 에버랜드 허태학 사장의 '고객만족경영' 방침을 들 수 있다. 그는 세종대왕의 백성을 위한 '위민사상'을 '고객만족경영'으로 받아들여 실제 사업에 적용함으로써 커다란 성공을 거두었다. 최기억, 『CEO 세종대왕 인간경영 리더십』(서울 : 이지북, 2004).

492) 『앞의 책』.

세종은 누구보다 재능 있는 부하를 사랑하였는데, 재주 있는 신하에 있어서는 실수를 범해도 관대하게 용서하는 등 사람을 다룸에 있어 원칙보다 인간적인 부분을 중요시하였다.[493]

세종이 가장 먼저 계획한 것은 재주 있는 자를 발탁해서 나라의 동량지재로 키우는 일이었다. 그러나 세종은 인재를 발탁함에 있어 신분과 출신에 얽매이지 않았다. 왕실의 종친이라 특혜를 주는 일도 없었고 아비가 훌륭하다고 하여 아들에게 특혜를 주는 일도 제한하였다.

오로지 나라와 종사에 이익을 주는 작은 재주라도 가진 자라면 그가 어떤 재주를 가졌든 간에 그에 합당한 대우를 해주었다. 장영실은 비록 관노의 자식으로 천민 출신이었지만, 재주가 뛰어나고 탁월한 과학적 재능을 보여 세종은 그가 과학기술 발전에 힘쓰도록 지원을 아끼지 않았다.

그러나 세종에게 있어 무엇보다 중요한 것은 훌륭한 인재를 적재적소에 배치하는 일이었다. 세종은 문장과 글에 뛰어난 학자는 집현전에 배속시키고, 나라 살림의 운영과 숫자에 밝은 자들은 살림살이와 관계된 부처의 일을 맡겼다. 또한 일을 도모하고 새로운 생각을 잘 내놓는 자는 전략을 짜는 일을 맡기는 등 그들이 지닌 능력을 최대한 고양시키기 위한 체계를 만드는 데 혼신의 힘을 다하였다. 세종의 이 같은 인재경영 방법은 무리를 이끄는 리더에게 있어 가장 필요한 자질이라 할 수 있다.[494]

이러한 세종대왕의 인간경영의 모든 것은 바로 애민, 즉 백성사랑에 그 바탕을 두고 있었다는 것이 중요하다. 과학기술을 증진시키고 영농을 잘 할 수 있도록 지원을 하고 나라의 인재를 적재적소에 잘 중용을 하여 쓰고 신상필벌을 엄격히 하여 나라의 기강을 제대로 잡아 나간 것은 바로 나라를 강건하게 만들고 백성을 평안하게 하려는 데 그 높은 뜻이 존

493) 『앞의 책』.

494) 『앞의 책』.

재했던 것이다. 그가 백성에 대한 사랑을 바탕으로 하여 모든 국정을 경영해 나간 조선시대 최고의 현군이었다고 평가가 되는 것도 바로 이러한 그의 높은 뜻을 이해할 수 있기 때문이다. 이러한 맥락에서 세종대왕의 애민사상을 아무리 강조한다고 해도 지나침이 없는 것이다.

(3) 이순신

이순신은 왜적을 철저하게 두드려 부셔버린 다음에도 반드시 적이 철수 할 수 있도록 배를 일부러 남겨 두었다 한다. 그것은 배를 모두 잃은 일본군이 육로로 후퇴하면서 조선 백성들에게 저지를 만행을 막기 위한 이순신의 백성사랑에 대한 표현이었다.495)

단 한 명의 적도 상륙시키지 않고 거둔 대승이었지만 일부러 적선 한 척을 남긴 당항포 해전에서도 이러한 이순신의 백성사랑은 잘 나타나고 있다. 백성들의 피해를 최소화하겠다는 이순신의 넓고 깊은 마음이 담긴 아름다운 승리였다.496)

아무리 세계 전쟁사를 들추어보아도 민간인을 보호하기 위해 자신을 희생한 지휘관은 찾아보기 어렵다. 지휘관과 장교들은 오로지 승리만을 생각했다. 이기는 것 외에 전쟁을 종식시키는 다른 방법이 없을 것이요, 승리야말로 최고의 가치가 아니던가.497) 그러나 이순신은 그러한 차원을 훌쩍 뛰어 넘어 그 이상의 가치를 실현시키기 위한 노력을 마다하지 않았다. 백성이 없다면 나라도 없고 나라가 없으면 임금도 없고 장군도 없는 것이다. 바로 그 근본을 지켜야 한다는 것이 이순신의 깊은 생각이었던 것이다. 이순신이 역사에 남고 후세들에 의해 깊은 존경을 받는 이유가 바로 여기에 있다. 그는 백성을 지키고, 위하는 싸움에서 이겼을 뿐만

495) 윤영수, 『불패의 리더 이순신, 그는 어떻게 이겼을까』(서울 : (주)웅진 씽크빅, 2005), 94쪽.
496) 『앞의 책』, 94-95쪽.
497) 『앞의 책』, 96쪽.

아니라 그 싸움으로 인해 피해를 보게 될 백성의 안위까지 배려를 했던 것이다. 그런 의미에서 그는 진정 백성을 위한 지도자였으며 인간경영의 성공자였던 것이다.

(4) 경순왕

경순왕 김부는 후백제의 견훤에 의해 경애왕이 포석정에서 처참하게 참살이 된 이후 저물어 가는 신라의 왕권을 물려받았다. 서기 935년 10월 경순왕은 천년 사직을 이어 내려 온 신라의 영토가 모조리 남의 땅으로 빼앗기고 나라의 힘이 약하여 스스로 지킬 수 없음을 알고 신하들과 항복할 것을 의논하였다. 이때 신하들은 갑론을박하면서 그 의논이 분분하였다.

이 때 왕자498)가 말하기를 "나라가 존재하거나 망하는 것은 반드시 하늘이 정하는 것이오. 그러니 마땅히 충신과 의로운 사람들을 모아 민심을 수습하고 우리 힘으로 나라를 굳게 지키다가 힘이 다한 후이면 모르거니와, 어찌 천 년을 지켜온 국가를 하루아침에 남에게 내줄 수가 있으리오." 하였다.

이에 대해 경순왕이 말하기를, "외롭고 위태함이 이와 같으니 우리의 힘으로는 온전히 지킬 수가 없다. 이제 와서 더 강해질 수도 없고 더 약해질 수도 없을 만큼 약하게 되었으니, 죄 없는 백성들을 참혹하게 죽게 하는 일은 차마 하지 못하겠다."하고, 시랑(侍郞) 김봉규(金封休)에게 국서를 주어 고려 태조 왕건에게 항복을 청하게 하였다.

이러한 사실에 입각하여 볼 때 경순왕은 신라의 마지막 왕으로서 끝까지 신라를 국가로서 유지시키지 못한 책임은 있지만 그의 말에서도 배어

---

498) 신라 멸망 후 마의 태자라 불려졌다. 신라가 망하자 개골산(금강산)으로 들어가 바위 옆에 움막을 짓고 그 곳에서 베옷 차림에 풀뿌리, 나무 열매를 먹으며 일생을 마쳤다 한다.

나오지만 그의 백성에 대한 사랑은 컸다고 볼 수 있다. 이미 돌이킬 수 없는 지경에 처한 신라를 위해 '죄 없는 백성들을 참혹하게 죽게 하는 일은 차마 하지 못하겠다.'는 그의 말에서 진하게 배어나오는 애민사상을 느낄 수 있기 때문이다.

(5) 예수 그리스도(Jesus Christ)

예수 그리스도만큼 파격적인 사랑을 실천하고 보여준 분도 드물 것이다. 그는 자신이 한 말과 같이 행동하고 처신하였다. 십자가에 못 박히는 최대의 수난시기에도 그는 결코 자신을 유해하고 중상한 자들을 원망하지 않았다. 그리고 자신에게 매질을 하고 심지어 십자가에 묶고 못질을 하는 자에게도 원망을 하지 않았다. 그는 오히려 그들을 위해 기도를 하였다. 그는 그들에 대해 적대적인 보복과 복수 그리고 저주의 칼날을 갈은 것이 아니라 그들에게 사랑의 축복을 내려주었다. 자신의 생명까지 앗아가려는 자들에게 그는 온몸으로 나서 복수를 한 것이 아니라 자신의 생명을 원하는 자에게 자신의 생명을 내주면서 그들에게 사랑의 축복을 내리는데 인색하지 않았다. 바로 파격적 사랑을 몸소 실천한 것이다.

> 예수님은 전 생애를 통해서 파격적인 사랑을 보여 주셨다. 십자가의 고난을 받으실 때는 뺨을 맞고도 아무 말씀도 하지 않으셨다. 또 매를 맞으면서도 누구를 욕하지 않고 이를 수용하셨다. 손과 발에 못이 박힐 때에도 못 박는 이를 향해 "이런 짓을 한 벌로 지옥에서 썩게 될 거다!"라고 하지 않으셨다. 예수님은 "아버지여, 이 사람들은 당신께 소중한 사람들입니다. 이 죄 값을 이들에게 묻지 마소서. 될 수 있으면 이들을 용서해 주소서"라고 말씀하셨다.[499]

499) 빌 하이블즈 지음, 박영민 옮김, 『앞의 책』, 119쪽.

2) 사랑을 베풀지 못하여 인간경영에 실패한 역사적 사례들

(1) '검은 구월단'(Black September)

반면 사랑대신 증오의 씨앗만을 남긴 사례들로는 1972년 뮌헨 올림픽 시 '검은 구월단'(Black September)에 의한 이스라엘 선수단에 대한 테러나 오사마 빈 라덴에 의해 자행된 9·11테러 등을 들 수 있다. 이것은 중동평화나 팔레스타인의 문제를 근본적으로 해결하지 못한 체 증오는 증오를 낳는다는 뼈아픈 교훈만을 새삼 갖게 하는 사례들이 되어버렸다.

특히 검은 구월단에 의해 자행 된 이스라엘 선수단에 대한 테러를 좀 더 객관적인 시각에서 보고자 한 것이 『뮌헨』(Munich)[500]이라는 제목으로 영화화 된 것이다. 더불어 이 영화는 증오가 또 다른 증오를 낳는다는 교훈을 잘 극화하여 보고 주고 있다.

2005년 12월에 개봉된 이 영화는 이스라엘과 검은 구월단과 같은 테러단체 중 어느 것이 더 나쁜가 그리고 옳지 않은가하는 원론적인 정의론이나 도덕론을 보여주려고 한 것이 아니라 정의라는 이름하에 이루어지는 폭력에 의해 망가지고 유린되는 인간성에 초점을 맞추고 있다.

이스라엘 정부가 검은 구월단의 테러에 대해 '이에는 이, 눈에는 눈'이라는 '동해보복(同害報復) 사상'(lex talionis)에 입각하여 가해자에 대해 동일한 보복을 하는 과정에서 이러한 대업을 수행하는 자들의 인간적 고뇌와 번민을 잘 그려내고 있다. 뒤집어 보면 국가폭력에 대한 또 다른 국가폭력이 가져오는 역기능을 이 영화는 고발하려고 했는지도 모른다. 그러한 의미에서 이 영화는 국가권력과 관료제의 폭력화를 잘 묘사해 주고 있으

---

500) 이 영화는 스티븐 스필버그(Steven Spielberg) 감독이 에릭 바나(Eric Bana)(아브너 역), 대니얼 크레이그(Daniel Craig)(스티브 역), 제프리 러쉬(에프라임 역), 시아란 힌디스(Ciaran Hinds), 매티우 카소비치(Mathieu Kassovitz), 한스 찌쉴러(Hanns Zischler) 등을 주연으로 하여 2006년 2월 9일에 개봉시켰다.

며 매우 정교하게 국가폭력의 순환구조를 그리고 있다.

영화 제목처럼 1972년 독일 뮌헨에서 개최된 세계올림픽대회에서 '검은 구월단' 이라는 반 이스라엘 테러조직이 뮌헨의 올림픽촌에 잠입을 하여 이스라엘선수단의 선수들을 인질로 잡게 된다. 그리고 경찰과 대치하면서 자신들의 요구와 주장이 관철되지 않자 11명의 이스라엘 선수들을 차례로 살해를 한다. 이러한 테러행위는 방송매체를 통해 세계전역으로 전파되고 참혹한 사태에 대해 경악과 함께 많은 공분이 일어나게 된다.

이 사건 이후 이스라엘의 특수비밀정보국은 이스라엘 선수들의 주검에 대한 보복으로 이 사건에 참여했던 테러분자들에 대해 피의 보복을 하기로 결정을 한다. 비밀리에 선발된 이스라엘 비밀정보국의 요원들은 검은 구월단이라는 테러조직의 테러리스트들을 찾아내어서 희생 된 이스라엘 선수의 숫자와 일치하는 11명을 차례대로 처절하게 피의 보복을 펼쳐 나간다.

이 과정에서 이스라엘 측 요원들은 국가의 명령에 따르기는 하지만 자신의 행위에 대해 인간적인 면에서 그리고 자신과의 양심의 대화에서 많은 회의와 번뇌를 갖게 된다. 피가 피를 부르고 '이에는 이, 눈에는 눈'이라는 그야말로 '탈리오의 법칙'이 판을 치는 피의 보복의 세계에서 그들의 양심은 멍들게 가게 되는 것이다.

아무리 국가이익을 위한 것이라고 해도 살인을 정당화 할 수 있는 것인가? 그리고 국가권력은 정당성과 명분만 주어진다면 이러한 엄청난 폭력을 구사해도 되는 것인가? 이러한 물음이 꼬리에 꼬리를 물면서 비밀요원들의 무뎌진 인간성을 자극한다. 이들은 점차적으로 자신의 행위에 대한 신념과 소신을 잃게 된다.

국가이익이라는 명분 속에서 서로 죽이고 죽이는 살인을 정당화하는 국가권력은 결국 이러한 살육에 좋건 싫건 가담한 자들의 인성을 황량하게 만들고 결국 무너지게 만든다는 점을 이 영화는 잘 보여주고 있다.

결국 이 영화를 통해 느끼는 것이지만 서로간의 사랑의 부재가 이러한 비극을 초래하게 되는 것이다. 만약 상호간에 조금이라도 사랑이라는 것이 존재할 수 있었다면 이러한 비극적 테러는 발생하지 않았을 것이며 또한 새로운 또 다른 국가폭력을 낳지도 않았을 것이다.

(2) 군사 만능주의와 힘을 앞세운 일방주의에 경도되었던 부시행정부

1991년 소련이 붕괴되고 그 위성국들이 차례대로 무너져 내렸다. 동서냉전의 시대는 막을 내리고 이제 21세기의 유일 초강대국은 미국으로 자리매김을 하게 되었다. 한편으로 보면 미국이 이제 자신의 의지대로 세계를 이끌어 나갈 수 있는 힘을 가지게 되었다는 것을 의미하기도 하지만 다른 한편으로 보면 이제 미국이 지구상의 유일 초강대국으로서 이 세계를 책임져야 한다는 강한 의무감을 가지게 되었다는 것을 의미한다.

모든 사람들이 꿈꾸는 미래의 세상은 평화와 행복으로 점철 된 세상이다. 유일 초강대국으로서 미국은 지구시민들을 그러한 세계로 이끌고 나가야 할 무거운 책임을 지게 된 것이다. 미국은 이러한 상황에서 미래를 위한 두 가지 선택을 앞에 가지게 된 것이다.

하나는 유일 초강대국으로서 세계를 독자적이고 자의적으로 요리해 나가는 길이다. 좀 더 리얼하게 표현하자면 세계에 미국식을 강요하는 윌슨주의에 입각한 지도노선을 걸어 나가는 것이다. 다른 하나는 책임 있는 유일 초강대국으로서 세계의 크고 작은 나라들과 서로 상부상조하면서 더불어 나아가는 길이다.

만약 미국이 전자의 길을 선택한다면 고대 로마제국의 전철을 밟게 될는지도 모른다. 사랑 없는 칼은 그 칼로 스스로의 운명을 저버리게 되기 때문이다.[501]

---

501) 프랜시스 후쿠야마 지음, 이상훈 옮김, 『역사의 종말』(서울 : 한마음사, 1993) ; Francis

에이미 추아(Amy Chua)는 미국이 현재 제국이 되려고 하고 있다고 비판하면서 그래서 미국에게는 지금 무엇보다 필요한 것이 관용이라고 주장을 하고 있다. 미국은 유일 초강대국으로서 막강한 세계 권력을 행사하고 있지만 다른 나라를 배려하지 않는 관용 없는 자만과 교만은 스스로 쇠락의 길을 자초하는 것이라고 경고를 하고 있다.502)

미국 국내에서는 이미 오래 전부터 이러한 에이미 추아 류의 비판이 쏟아져 나오고 있다. 부시 행정부의 람보 식 군사 만능주의와 힘을 앞세운 일방주의에 대한 자성의 논리들이 봇물 터지듯 쏟아져 나오고 있음도 이와 무관치는 않을 것이다. 이제 새롭게 들어선 오바마 행정부는 윤리적 현실주의의 길로 걸어갈 것으로 상정이 된다. 여기에서 말하는 윤리

Fukuyama, *The End of History and the Last Man*, Reprint edition (New York : Harper Perennial, 1993). ; 베세비치 지음, 『미국 제국』; Andrew J. Bacevich, *American Empire : The Realities and Consequences of U.S. Diplomacy* (Cambridge, Mass. : Harvard University Press, 2004). ; 뷰캐넌 지음, 『공화국이지 제국은 아닌데』; Patric J. Buchanan, *A Republic, Not An Empire : Reclaiming America's Destiny* (New York : Regnery Publishing, Inc. 1999). ; 헌팅턴 지음, 『문명의 충돌』; Samuel P. Huntington, *The Clash of Civilizations and the Remaking of World Order*, 1st Touchstone Ed edition (New York : Simon & Schuster, 1998). ; 조지프 나이 지음·홍수원 옮김, 『제국의 패러독스』(서울 : 세종연구원, 2002). ; Joseph S. Nye, Jr., *The Paradox of American Power : Why the World's Only Superpower Can't Go It Alone* (New York : Oxford University Press, 2002). ; 로버트 W. 메리 지음, 최원기 옮김, 『모레의 제국』(서울 : 김영사, 2006). ; Robert W. Merry, *Sands of Empire : Missionary Zeal, American Foreign Policy, and the Hazards of Global Ambition* (New York : Simon & Schuster, 2005). ; 마이클 만 지음, 이규성 옮김, 『분별없는 제국 : 미국의 일방주의와 패권적 신군사주의』(서울 : 심산, 2005). ; 자크 사피르 지음, 박수현 옮김, 『제국은 무너졌다 : 미국과 함께 몰락한 신자유주의, 딜레마에 빠진 세계』(서울 : 책보세, 2009). ; 레비 바트라 지음, 황해선 옮김, 『그린스펀 경제학의 위험한 유산』(서울 : 돈키호테, 2006). ; Ravi Batra, *Greenspan's Fraud : How Two Decades of His Policies Have Undermined the Global Economy* (New York : Palgrave Macmillan, 2005).

502) Amy Chua, *Day of Empire : How Hyperpowers Rise to Global Dominance and Why They Fall* (New York : Random House, Inc., 2007).

적 현실주의란 미국이 대테러전쟁을 수행함에 있어서 모든 이가 공감할 수 있는 정책은 현실주의와 도덕성의 조합을 바탕으로 추구되어야 한다고 주장되어지는 것을 의미한다.[503)]

그리고 정의를 위해 미국이 가지고 있는 우월적 힘을 사용함에 있어서도 다음과 같은 정당성을 확보하는 방식으로 이루어져야 한다는 것이다. 먼저 부시 행정부처럼 하드파워(hard power)만으로 안보이익을 추구하는 것을 지양해야 한다는 것이다. 하드파워만으로 밀어 붙이는 것은 미국의 국익에도 도움이 되지 않고 오히려 미국에 대한 신뢰와 미국의 지도력을 훼손하고 미국의 패권을 오히려 저해한다는 것이다.

따라서 미국이 원래가지고 있는 우월한 제도와 가치 그리고 문화에 기반을 두고 있는 소프트파워(soft power)를 배양하여 적절히 하드파워와 조화롭게 접목을 함으로써 장기적으로 지속가능한 미국의 패권을 유지할 수 있다고 지적하는 것이다.[504)] 하드파워와 소프트파워가 스마트하게 접목이 되어 그러한 방향으로 나아갈 때 미국의 힘도 의미를 갖고 또한 무력 사용에 대한 국제적 정당성과 지지 역시 획득될 수 있다는 주장이다. 그리고 특히 무력 다른 말로 하자면 군사력의 사용에 있어 군사행동의 내용, 절차, 규범적 기초가 정당해야만 정당성을 획득할 수 있다는 것이다. 그 이유는 미국의 힘과 국제적 리더십에 대한 회의적인 시각의 대두와 심화가 정당성 위기의 근원이기 때문이다.[505)]

---

503) Anatol Lieven & John Hulsman, *Ethical Realism : A Vision for America's Role in the World* (New York : Pantheon Books, 2006).

504) Joseph S. Nye Jr., *Soft Power : The Means To Success In World Politics* (New York : PublicAffairs, 2004). ; Joseph S. Nye Jr., *The Paradox of American Power : Why the World's Only Superpower Can't Go It Alone* (Oxford & New York : Oxford University Press, 2002). ; Joseph S. Nye Jr., *The Powers to Lead* (Oxford & New York : Oxford University Press, 2008).

505) Ivo H. Daalder and Robert Kagan, "America and the Use of Force : Sources of Legitimacy," *Foreign Affairs*, (2008).

따라서 미국도 종전의 인간 사랑이 결여된 증오로 불타오르는 힘만 전제가 된 밀어붙이기 식 국익추구는 지양이 되어야 하고 인간 사랑에 기초를 둔 윤리적 현실주의의 실현을 위한 노력의 방향으로 나아가야 할 것이다. 그것이 보다 강력한 미국을 지켜나가는 첩경이 될 것이다.

이러한 상반된 사례들에서 배울 수 있는 해법은 증오를 사랑으로 바꾸는 것이며 인간경영의 성공을 위해서는 증오보다는 사랑이 우선되어야 한다는 점이다.

(3) 헨리 8세(Henry VIII)

헨리 8세는 그리니치에 있던 프라센티아 궁전에서 아버지인 헨리 7세와 어머니인 엘리자베스의 둘째 아들로 태어났다. 헨리 위로 아서(Arthur)라는 형이 있었기에 관례상 왕위는 장남인 아서의 차지였으나 1502년에 형 아서가 갑자기 죽어 버림으로서 헨리가 그의 뒤를 이어 왕위 계승자가 되었다.506)

그는 왕위에 오른 뒤 강력한 왕권을 과시하며 여섯 번이나 결혼한 군주로 유명하다. 그리고 그의 결혼 상대자들은 모두 처참하거나 비극 적인 죽음을 맞이하였다. 여섯 명의 왕비 중 두 명은 목이 잘려 죽었고, 두 명은 이혼을 당했고 나머지 두 명은 병으로 죽었다.507)

그의 결혼은 성스럽고 진솔한 사랑에 기초를 한 것이 아니라 동물적인 탐욕과 정치적 정략에 기인한 것이었다. 그의 사생활은 매우 문란했다. 한 여자와의 결혼 중에도 그는 자신의 성적 욕구를 충족시켜 줄 수 있는 많은 정부(情婦)를 두고 있었다.

그의 생애 중에 가장 대표적인 정부가 엘리자베스 블런트(Elizabeth Blount)와 메리 볼린(Mary Boleyn)이었다. 엘리자베스 블런트는 정부임에도 불구

506) 이경윤·정승원, 『세계 악남 이야기』(서울 : 삼양미디어, 2009), 154쪽.

507) 『앞의 책』, 153-154쪽.

하고 헨리의 사생아인 헨리 피츠로이(Henry FitzRoy)를 낳았고 피츠로이는 어린 나이임에도 불구하고 1525년 6월 리치먼드 공작의 작위를 받았다.[508] 헨리의 남아선호 성향은 아주 병적일 만큼 심각한 것이었다. 그는 왕비이건 정부이건 누구이건 간에 아들을 낳아주는 여자에게 많은 사랑과 관심을 보여주었고 그렇지 못한 여성에게는 잔혹하리만큼 냉정했다.

1533년에 피츠로이는 앤 볼린(Anne Boleyn)의 사촌인 메리 하워드(Mary Howard)와 결혼하였으나 3년 후에 후계자를 남기지 못한 채 죽었는데 헨리는 이 당시 피츠로이와 같은 사생아에게도 왕위를 계승할 권리를 부여하는 법을 통과시키려고 무던히 노력하는 중이었다.[509] 이걸 보아도 헨리 8세가 얼마나 아들을 두고 싶었는지 그리고 그 아들을 자기 후계자로 삼고자 했는지를 알 수 있는 것이다.

다른 또 하나의 정부였던 메리 볼린은 앤 볼린의 언니로 여겨지며 1519년부터 1526년 동안 헨리와 성적 관계를 유지했던 것으로 보인다. 메리 볼린은 두 아이인 캐서린 캐리와 헨리 캐리를 낳았다. 그런데 이 둘의 아버지가 사실은 헨리 8세라는 의혹이 있긴 하지만 아직은 그에 대한 확실한 증거는 없다.[510]

헨리가 정식으로 결혼을 한 왕비는 앞서 말했지만 여섯 명이었다. 첫째가 아라곤의 캐서린(Catherine of Aragon)이고 둘째가 앤 볼린이었고 셋째가 제인 시무어(Jane Seymour)이었고 넷째가 클리브즈의 앤이었고 다섯째가 캐서린 하워드이었고 여섯째가 캐서린 파아이었다.

첫 번째 헨리의 왕비였던 아라곤의 캐서린은 헨리의 형이었던 아서와 결혼한 여인이었는데 아서가 죽자 헨리가 거두어들였다. 불행하게도 헨리와 캐서린 사이에서는 오랫동안 아들을 낳지 못하였다. 이러한 사실은

---

508) http://en.wikipedia.org/wiki/Henry_VIII_of_England

509) http://en.wikipedia.org/wiki/Henry_VIII_of_England

510) http://en.wikipedia.org/wiki/Henry_VIII_of_England

헨리 8세를 매우 조급하게 만들었다.

그러던 중 1525년 헨리 8세는 당시 캐서린 왕비의 젊은 시녀이자 한때 자신의 애인이었던 메리 볼린의 동생인 앤 볼린에게 눈독을 들이게 된다. 헨리는 그녀를 자기의 여자로 만들려고 하는 강한 성적 욕구를 가지게 되는 것이다. 그러나 앤 볼린은 자기의 언니인 메리 볼린처럼 정부신세가 되어 그늘에 묻힌 왕비가 되는 것을 거부하였다. 그래서 그녀는 헨리의 집요한 유혹을 거절하며 헨리에게 저항하였다.

그녀의 매몰찬 저항에 직면한 헨리 8세는 오히려 더욱 그녀에게 끌리게 되면서 집요하게 그녀를 유혹하였다. 이러한 헨리 8세의 계속된 유혹에도 앤 볼린은 계속해서 거절하였다. 그러나 헨리 8세의 앤 볼린에 대한 열정은 결코 식지 않았다. 그의 정염은 뜨겁게 달아올라 있었다. 그는 시녀에게 왕이 보냈다고 상상조차하기 어려운 뜨거운 사랑을 담은 연서를 앤 볼린에게 보내기조차 하였다. 사랑에 눈이 먼 그는 왕의 체통도 자존심도 그녀를 얻는다면 모두 버릴 수 있다는 마음이었음을 엿볼 수 있는 대목이다.

> 이제부터 내 마음은 오직 당신에게만 바쳐질 것이오.
> 당신의 아름다운 단어로 채워진 편지는 너무나 진실했고, 그것은 나로 하여금 당신을 존경하고, 사랑하며, 섬기도록 만들었소.511)

이러한 헨리 8세의 자신에 대한 간절한 마음을 간파한 앤 볼린은 헨리 8세에게 캐서린과의 혼인을 무효화시키라는 제안을 하였다.512)

과거 헨리 8세의 아버지인 헨리 7세가 왕위에 오르기 전에 잉글랜드 왕국은 왕위를 놓고 장미전쟁(Wars of the Roses)이란 내전을 겪은 전례가 있

---

511) 『앞의 책』, 161쪽.

512) http://en.wikipedia.org/wiki/Henry_VIII_of_England ; 『앞의 책』, 161쪽.

었음을 잘 알던 헨리 8세는 왕위 계승을 탄탄히 하고 싶어 했다. 그와 캐서린 사이에는 딸 메리[513]를 제외한 모든 아이들이 얼마 못 가 죽었기 때문에 아들이 없는 상태였다. 이러한 헨리의 사정을 파악한 앤은 이 기회를 이용해 자신이 캐서린을 대신해 정식 왕비로 등극하고자 하였던 것이다.

얼마 후 그녀는 헨리 8세로부터 캐서린과의 혼인을 무효화시키겠다는 약속을 받아냈다. 한편 앤과 약속을 한 헨리 8세는 곧바로 자신의 비서인 윌리엄 나이트(William Knight)를 교황 클레멘스 7세(Clement VII)에게 보내 캐서린과의 혼인을 무효화시켜 줄 것을 청원케 하였다.

혼인이 무효라는 주장의 근거는 캐서린은 헨리의 형인 아서와의 이전 결혼에서 순결을 잃었으며, 따라서 레위기에 어긋나는 비(非) 성경적인 결혼이며 율리우스 2세(Julius II) 교황의 관면은 효력이 없다는 것이었다. 또한 혼인이 무효가 될 경우에는 헨리 8세가 새로운 여성과 새로 결혼식을 해도 허락해달라는 내용도 포함되어 있었는데 여기서 새로운 여성이란 사실상 앤을 의미하는 것이었다.[514]

이러한 청원을 접한 교황은 로마에서 직접 판결을 내리기 전까지 헨리 8세가 새로 결혼하는 것을 금지하였다. 이러한 소식을 접한 앤은 토머스 울지(Thomas Wolsey) 추기경이 배신했을 거라고 확신하고 헨리 8세에게 계속 압력을 넣어 그를 1529년에 공직에서 물러나게 만든다. 공직에서 쫓겨난 울지는 앤에게 자신의 정권 복귀를 도와 달라고 부탁했으나 거절당하자 울지는 앙심을 품고 앤을 국외로 추방하려는 책략을 비밀리에 꾸미고 다른 한편으로는 캐서린 왕비와 로마 교황청과의 연락을 중간에서 연결

513) 헨리 8세의 뒤를 이어 왕위에 오른 캐서린 왕비의 딸 메리1세는 한 맺힌 어머니의 원수를 갚는다는 명목 아래 가톨릭을 복원하여 수많은 신교도들을 처참하게 처형함으로써 '피의 여왕 메리'라는 별명을 얻게 되었다. 『앞의 책』, 159쪽.

514) http://en.wikipedia.org/wiki/Henry_VIII_of_England

해주었다.

이 사실이 뒤에 발각되자 헨리 8세는 울지의 체포를 명령하였으며 1530년에 울지는 호송 도중 병에 걸려 죽었다. 울지를 대신해 대법관의 자리에 오른 토머스 모어(Thomas More)는 헨리 8세의 새로운 정책에 협력하여 의회에서 울지를 탄핵하였고 헨리와 캐서린의 결혼이 불법이라는 옥스퍼드와 케임브리지의 신학자들의 견해를 공포하였다. 그러나 독실한 신자였던 모어는 헨리 8세가 교황의 권위에 대해 반감을 품기 시작하면서 그의 불안감은 커져만 갔다.[515)]

1년 후 법원의 판결에 따라 캐서린 왕비는 궁전에서 추방되었으며 헨리와 앤은 비밀리에 결혼식을 올렸다. 앤은 곧바로 임신하였고 왕실 관습에 따라 1533년 1월 25일 런던에서 다시 한 번 결혼식을 올렸다. 1533년 6월 1일에는 앤의 이름이 왕의 배우자 목록에 오름에 따라 캐서린의 왕비 칭호는 자동적으로 박탈이 되었다. 1533년 9월 7일 앤은 예상보다 일찍 출산하였는데 딸을 낳았다. 앤은 딸의 이름을 헨리 8세의 모후인 요크의 엘리자베스(Elizabeth of York)의 이름을 따 엘리자베스라고 지었다.

1533년 왕위계승법을 제정하면서 잉글랜드 왕국의 합법적인 왕비는 앤 볼린이라고 확정하였다. 그에 따라 캐서린의 딸인 메리는 서출로 신분이 격하되었으며 왕위 계승 서열에서 엘리자베스 다음이 되었다. 특히 헨리와 앤의 결혼을 무효라고 주장하는 사람은 누구든지 간에 반역죄로 다스려 사형으로 처벌받았다.[516)]

결혼을 한 다음 두 사람은 평온하고 사랑스러운 날들을 즐겁게 보냈지만 헨리 8세의 꺾일 줄 모르는 바람기와 앤에게 안겨주는 여러 가지 믿음이 가지 않는 일들 때문에 앤 볼린은 눈물과 분노를 함께 느끼며 힘겨워하였다. 반면에 헨리 8세는 앤의 끊임없는 성급함과 과격함을 싫어했다.

---

515) http://en.wikipedia.org/wiki/Henry_VIII_of_England

516) http://en.wikipedia.org/wiki/Henry_VIII_of_England

1534년 앤이 상상 임신 혹은 유산을 하면서 그는 그녀가 자신에게 아들을 주지 못하는 것에 대해 큰 배신감을 느꼈다. 1534년 성탄절 이전 헨리는 비밀리에 크랜머와 크롬웰을 만나 캐서린의 복귀 없이 앤을 내쫓고 새 왕비를 맞이할 수 있는 방법을 상의하였다.[517)]

한편 앤과의 결혼과 연관되어 불거져 나온 헨리의 종교 정책에 대한 반발은 잉글랜드 내에서 빠르게 진압되어갔다. 헨리 8세에게 항거한 무수히 많은 로마 가톨릭교도들이 고문당한 다음 처형되었다. 그 가운데 가장 눈에 띈 사람은 로체스터의 주교(Bishop of Rochester) 존 피셔(John Fisher)와 헨리 8세의 전직 대법관 토머스 모어였다. 그들은 둘 다 수장령[518)]에 대해 서약하는 것을 거부한 일로 반역죄로 몰려 유죄 판결을 받아 티번에서 참수되었다. 존 피셔는 목이 잘려 죽기 전 교황청으로부터 추기경으로 추대를 받음으로서 명예를 회복하게 된다. 이후 많은 수도원이 1539년 5월 의회의 승인에 따라 잇달아 강제로 폐쇄되고 해산되었다.[519)]

1536년 1월 8일 헨리 8세와 앤 볼린에게 아라곤의 캐서린이 죽었다는 소식이 날아들었다. 전해지는 바에 따르면, 그녀가 죽었다는 소식을 들은 헨리와 앤은 밝은 노란색 옷을 차려입었고 헨리는 캐서린의 죽음에 대해서 공개적으로 기쁨을 드러내었다 한다.

앤은 다시 아이를 임신하였으나 헨리 8세가 경기 중 낙마하여 심한 상처를 입었다는 소식을 접한 앤은 그 충격으로 15주간 잉태하였던 사내아이를 유산하였다. 그날이 1536년 1월 29일로 마침 캐서린의 장례식을 거행한 날이었다. 대부분의 역사가는 이후부터 두 사람의 관계가 틀어졌다고 본다.

---

517) http://en.wikipedia.org/wiki/Henry_VIII_of_England

518) '잉글랜드의 국왕만이 잉글랜드 교회의 유일한 수장'이라는 칙령을 공포하였다. 이로써 최초의 영국 성공회가 탄생하게 되는 것이다. 『앞의 책』, 158쪽.

519) http://en.wikipedia.org/wiki/Henry_VIII_of_England

앤은 필사적으로 임신을 하였고 아들을 낳으려 노력하였다. 그것이 자신의 지위를 안정적으로 유지하는데 무엇보다 도움이 된다는 사실을 잘 알고 있었기 때문이다. 그러나 그녀는 불운이 연속되었다. 사산을 한다거나 유산이 되어 헨리가 그렇게 바라는 아들을 헨리에게 안겨줄 수 없었기 때문이다. 앤이 마지막 유산에서 회복할 즈음 헨리는 자신의 혼인이 마법의 산실이라고 단언하였다. 새로운 시대에 맞춰 헨리의 새로운 정부인 제인 시무어가 급격히 대두하였다. 앤의 형제에겐 거부된 가터훈장(Order of the Garter)이 제인의 형제에게는 허락되었다.[520)]

앤의 천일천하는 서서히 그 막을 내리고 있었다. 헨리와의 사이가 완전히 틀어진 상태였다. 결국 헨리의 사랑을 잃게 된 앤은 자기 오빠를 포함하여 다섯 명의 남자와 간통을 하고 근친상간을 하고 반역을 조장했다는 죄목으로 체포되었다. 그녀와 성관계를 가졌다고 의심되는 남자들도 모두 기소 당했다. 1536년 5월 2일에 앤은 포박당한 채로 런던탑(Tower of London)에 투옥되었으며 간통, 근친상간, 반역의 죄목으로 기소되었다. 비록 앤을 위시해 그들에게 불리한 증거는 불확실했지만 법원에서는 피고인들에게 유죄를 선고하면서 죽음을 선고하였다. 조지 볼린과 다른 피고인들은 1536년 5월 17일에 처형되었고 같은 해 5월 19일 아침 피의 탑(Tower Green)으로 끌려간 앤은 그곳에서 도끼로 내리 찍혀 참수를 당하였다.

1536년 헨리는 앤을 처형시킨 지 얼마 지나지 않아 그녀를 모시던 시녀 제인 시무어를 총애하여 약혼하였으며 10일 후에는 결혼식을 올렸다. 1536년 개정된 왕위계승법에 따라 제인이 낳은 헨리의 아이들이 일차적으로 왕위계승권을 가지게 되었고 메리와 엘리자베스 공주들은 서출로 격하되는 교지가 선언되었다. 제인은 1537년에 에드워드 6세(Edward VI)가 되는 에드워드 왕자를 낳았으나 출산 후유증으로 1537년 10월 24일 그리

---

520) http://en.wikipedia.org/wiki/Henry_VIII_of_England

니치 궁전에서 죽고 만다. 제인의 죽음 후 헨리와 전 왕실은 장기간 동안 애도하였다. 헨리는 제인만을 자신의 참된 아내로 생각하였는데 그 이유는 그녀만이 그에게 그토록 원하던 아들을 낳아 주었기 때문일 것으로 생각된다.[521)]

제인을 떠나보내고 나서 헨리 8세는 에식스 백작으로 승진한 토머스 크롬웰(Thomas Cromwell)이 추천한 여인과 네 번째 결혼을 하게 된다. 그녀는 로마 교황청이 잉글랜드를 향해 공격해올 경우 중요한 동맹자가 되어줄 개신교도인 클리브즈 공작[522)]의 누이인 25살의 앤(Anne of Cleves) 이었다. 궁정화가 한스 홀베인이 그린 앤의 초상화가 헨리 8세에게 보내졌으며 초상화를 본 헨리는 만족해하며 앤과의 결혼에 동의를 하였으나 잉글랜드에 도착한 앤을 본 헨리는 그림과 다른 그녀의 실제 모습을 보고 실망하여 "플랑드르산 암말"(Flanders Mare), "뚱뚱한 추녀" 등으로 부르며 멀리 하였다.[523)] 그러면서 헨리는 다른 여인과 결혼하려고 또다시 혼인을 무효로 하고 싶어했다. 결국 클리브즈의 앤은 혼인 무효를 당하였다.[524)]

한편 이 잘못된 결혼을 추진했다는 죄목으로 헨리 8세는 자신의 오른팔 역할을 해왔던 토머스 크롬웰을 반역죄로 몰아 런던탑에 가두고 목을 베어버렸다. 이 결혼으로 인한 분노가 얼마나 컸는지를 알 수 있는 대목이며 나아가 헨리 8세의 야만성과 악행을 읽을 수 있는 것이다.[525)]

---

521) http://en.wikipedia.org/wiki/Henry_VIII_of_England

522) 클리브즈 공국의 왕이다. 『앞의 책』, 163쪽.

523) 『앞의 책』, 163쪽.

524) 외모와 달리 그녀의 성격과 인품은 인정받을 정도로 좋아 합방 불가라는 이유로 이혼당한 뒤에도 헨리 8세의 친구로 궁정출입이 자유로웠고 죽은 뒤 웨스트민스터 사원(Westminster Abbey)에 묻혔다. 『앞의 책』, 163쪽.

525) 헨리 8세는 일부러 솜씨가 서툰 사람에게 크롬웰의 사형 집행을 맡겼고, 그는 세 번이나 크롬웰의 목을 내리쳤다고 하니 가히 헨리 8세의 분노와 악행을 짐작할 수 있다. 『앞의 책』, 164쪽.

크롬웰을 처형한 바로 그날인 1540년 7월 28일 헨리는 자신보다 30살 가까이 어린 앤 볼린의 외사촌인 젊은 캐서린 하워드(Catherine Howard)와 결혼하였다. 그는 자신의 새 왕비를 무척 좋아했으나 캐서린 하워드의 결혼 전 몸가짐과 관련 된 문제들이 불거져 나오고 결혼 후의 스캔들이 유포되기 시작하였다. 그 내용은 헨리와 결혼하기 이전에 그녀가 프란시스 더햄(Francis Dereham)과 비공식적으로 약혼하여 공공연히 잠자리를 같이하였으며, 왕비가 된 후에는 왕의 시종 토머스 컬페퍼(Thomas Culpeper)를 총애하였다는 것이다.[526]

독실한 가톨릭 집안이었던 하워드 가문을 좋게 생각하지 않았던 토머스 크랜머(Thomas Cranmer)는 헨리 8세에게 캐서린의 헤픈 몸가짐에 대해 밀고를 하였다. 처음에 헨리는 그의 주장을 믿지 않았지만 뒤에 크랜머가 캐서린과 관련된 문제를 조사하는 것은 허락했다.

캐서린은 조사대상이 되었고 심문을 받게 되었다. 이 과정에서 캐서린은 더햄과 이전에 결혼을 약속한 사이라는 것을 인정하였다. 이로 인해 헨리와의 결혼은 법적으로 무효가 되었다. 그리고 캐서린은 더햄이 자신에게 강제로 불륜 관계를 맺을 것을 강요했다고 주장을 하였다.

이에 발끈한 더햄은 토머스 컬페퍼와 캐서린 왕비의 부적절한 성적 관계를 폭로하였다. 앤 볼린의 경우와 마찬가지로 혼인이 공식적으로 가치가 없으며 처음부터 무효하다는 판결이 내려졌다. 그리고 캐서린 하워드는 간통죄로 1542년 2월 13일에 처형되었다. 그때 그녀의 나이는 겨우 열여덟 살이었다.

헨리는 1543년에 유복한 미망인 캐서린 파아(Catherine Parr)[527]와 여섯 번

---

526) http://en.wikipedia.org/wiki/Henry_VIII_of_England

527) 시골 귀족의 딸로 이미 두 번이나 결혼한 경력이 있는 여자였으며 헨리 8세가 관심을 보일 무렵 그의 세 번째 왕비였던 제인 시무어의 오빠 토머스 시무어(Thomas Seymour)와 사랑하는 관계에 있었다. 그럼에도 불구하고 헨리 8세는 강제로 그녀와 결혼식을 올려 버렸다. 『앞의 책』, 166쪽.

째이자 마지막으로 결혼을 하였다. 그녀는 현명하게도 헨리에게 순종을 표함으로써 스스로 자신을 구하였다. 그녀는 헨리와 그의 두 명의 딸들인 메리와 엘리자베스를 화해시키는 데에 앞장섰다. 그녀들은 아직도 서출 신세를 면하지 못하였지만 1544년 의회법에 따라 에드워드 다음으로 왕위계승자에 포함되었다.528)

헨리는 정염의 포로가 되어 여섯 번이나 결혼을 하고 수많은 정부를 두어 성적 욕망을 충족시켰다. 그의 사랑은 영적이고 정신적인 것이 아니었고 동물적이고 자신의 쾌락을 충족시키기 위한 탐욕스런 것이었다. 일국의 국왕으로서 국가를 지도해 나가야하는 위치에 있음에도 불구하고 결혼 상대를 국가나 국민의 입장에서 생각을 하지 않고 자신이 성적으로 끌리는 대상에게 무차별적으로 선택을 하였다.

그는 앤 볼린과 결혼하기 위해 캐서린을 내쳤을 뿐만 아니라 이를 반대하는 교황청에 맞서 영국성공회(Church of England)를 만들어 자신이 교회의 수장이 되었다. 그리고 이에 반대하는 신도들을 잔혹하게 고문하고 참수함으로써 종교적 탄압을 자초하였다.

그는 이에 그치지 않고 싫증이 난 앤 볼린을 내치고 새로운 구미에 맞는 여인을 배필로 맞이하기 위해 앤 볼린을 간통, 근친상간, 그리고 반역의 죄로 뒤집어 씌어 단두대의 이슬로 사라지게 만든다. 그는 자신이 원하는 것을 위하여 너무나 많은 피를 뿌린 것이다.

그가 자신의 왕비나 정부들에게 쏟은 사랑은 진정한 사랑이 아니었다. 왕비나 정부들은 단지 자신의 쾌락과 탐욕을 위한 성적 노리개였으며 아들을 낳아주는 씨받이에 불과하였던 것이다. 그리고 자기의 신료들과 국민들에게는 어떠한 진솔한 사랑도 제대로 베풀어 주지 못했다.

진정한 사랑이 결여된 그의 그릇되고 빗나간 사랑 놀음은 많은 피를 뿌리게 하였고 결과적으로 나라를 어지럽히게 되는 원흉이 되었던 것이

528) http://en.wikipedia.org/wiki/Henry_VIII_of_England

다. 만약 헨리가 올바르고 따뜻하며 진솔 된 사랑을 펼쳐 나갈 수 있었다면 앤 볼린의 비극도 없었을 것이고 이로 인한 무자비하고 참혹한 종교개혁에 따르는 피비린내도 없었을지 모른다.

이러한 관점에서 볼 때 헨리는 자신뿐만 아니라 자신의 여인들 그리고 자신의 신민들을 다스리는데 실패를 한 것이라 평가할 수 있을 것이다. 그에게는 진정한 사랑과 믿음이 없었고 따뜻하고 진솔 된 인간 존중의 깊은 마음이 결여되어 있었던 것이다. 그에게는 오직 정염에 불타는 탐욕스런 그릇된 육욕적 사랑만이 있었던 것이다. 이로 인해 자신을 포함한 모든 사람들이 고통 받고 힘들어하는 세상을 만들어 놓은 것이다. 결과적으로 리더로서 그는 실패자였고 인간중심의 경영에 승리자가 될 수 없었던 것이다.

조금이라도 그의 마음에 따스하며 진솔 된 사랑의 불씨만 있었어도 영국의 역사는 좀 더 희망적인 방향으로 써내려가지 않았을까 하는 아쉬움을 가지게 된다.

(4) 마르크스 안토니우스(Marcus Antonius)와 클레오파트라 7세(Cleopatra VII)

마르크스 안토니우스는 로마 공화정 시대 말기 율리우스 카이사르의 충실한 부하로 카이사르 군대 지휘관이자 행정가였다. 그는 율리우스 카이사르 휘하의 기병대 지휘관으로서 갈리아에서 탁월한 군사적 재능과 지휘 능력으로 카이사르의 갈리아 정복에 큰 도움을 주었으며, 카이사르가 루비콘 강을 건널 때 함께 했다. 이어 벌어진 카이사르의 내전에서 그는 카이사르의 오른팔로 좌익 기병대를 지휘하며 폼페이우스의 군대에 맞서 싸웠고 큰 전과를 올렸다.

기원전 47년경 카이사르가 독재관에 취임하고 아프리카에서 폼페이우스의 잔당을 축출하는 동안 이탈리아 반도의 통치를 맡았으며 기원전 44년 카이사르의 다섯 번째 집정관 임기 때 동료집정관직에 올랐다. 같은 해 3월 15일 율리우스 카이사르가 왕위를 노린다는 혐의로 원로원에서 암살당하자 그 혼란 중에 노예로 변장하고 로마를 탈출하였다가 곧 로마로 되 돌아와 카이사르를 변호하여 그의 암살의 부당함을 로마 시민에 설득시키고 여론을 반전시켰다.

원로원 공화파인 마르크스 브루투스와 가이우스 카시우스가 그리스에서 반 카이사르 파를 규합해 군대를 조직하자 기원전 43년 11월초 옥타비아누스는 보노니아에서 안토니우스와 레피두스(Lepidus)를 만났으며 세 사람은 공식적으로 5년 기한의 독재통치 협정을 맺어 제2차 삼두정치를 수립했다. 여기서 원로원의 권한은 완전히 배제시켜 버렸다. 그리고 키케로는 곧이어 처형을 시켜버렸다. 이듬해 10월 마케도니아에서 벌어진 두 번의 필리피 전투에서 안토니우스는 카이사르 파 군대를 승리로 이끌었고 브루투스와 카시우스는 패하여 자살했다.[529)]

이로서 카이사르 파에 반대하는 공화파가 모두 제거 되자 제2차 삼두정치는 새로운 국면으로 돌입하였고 옥타비아누스는 로마로 돌아가고 안토니우스는 이집트와 동방의 속주, 레피두스는 이스파니아와 아프리카속주를 각각 맡아 통치하기로 하였다.[530)]

안토니우스는 자신의 구역인 동방 속주를 둘러보면서 이집트 프톨레마이오스 왕조의 여왕 클레오파트라 7세(Cleopatra VII)를 타르수스로 불러 그녀의 반란혐의를 조사하고 이후 기원전 41년과 40년의 겨울을 알렉산드리아에서 함께 지냈다.

여기서 잠시 율리우스 카이사르와 마르크스 안토니우스와 매우 깊은 관계를 맺었던 클레오파트라 7세에 대해 살펴보고 논의를 계속해 나가기

---

529) 크리스 스카레 지음, 윤미경 옮김, 『로마황제』(서울 : 갑인공방, 2004), 19쪽.

530) 기원전 40년 10월 브룬디시움 조약을 맺고 로마제국을 양분해 동방은 안토니우스가 맡고 서방은 옥타비아누스가 차지했으며, 더 이상 동등한 세력을 갖지 못한 레피두스는 아프리카 속주를 통치하게 되었다. 협정을 확고히 할 목적으로 안토니우스는 옥타비아누스의 누이인 옥타비아와 결혼했다. 『앞의 책』, 19-20쪽.

로 하자.

기원전 51년 클레오파트라 7세는 부왕이 죽은 뒤 18세의 나이로 15세 된 남동생 프톨레마이오스 13세와 결혼을 하고 공동 파라오가 되었다. 하지만 또 다른 남동생인 프톨레마이오스 14세와 프톨레마이오스 왕조[531]의 권력 기반인 그리스계의 외면으로 공동파라오의 자리에서 일시 물러나 있는 상태였다.

그러다가 기원전 48년 10월, 클레오파트라 7세는 폼페이우스와 권력투쟁을 벌이다가 이집트에 온 율리우스 카이사르(Gaius Julius Caesar)와 협상을 하고 그의 힘을 얻어 다시 파라오 자리에 복귀를 하고 정치적 반대자들을 물리친 후 정치 입지를 강화시켰다. 그러다가 기원전 47년 3월 27일 승리를 거둔 카이사르는 이후 2주일 동안 클레오파트라와 지낸 뒤 이집트를 떠났다. 클레오파트라의 아들 카이사리온(Caesarion)[532]이 실제로 카이사르의 아들이었는지는 지금까지도 밝혀지지 않았다.

그 후 기원전 44년에 카이사르가 암살당한 후에는 카이사르를 따라 이집트를 오가면서 얼굴을 익힌 마르크스 안토니우스와 관계를 유지했고 기원전 42년에 그와 손을 잡았으며 3년 후 결혼하였다.[533]

많은 사람들은 클레오파트라가 성(性)적으로 이 두 로마의 영웅들을 섭렵한 것으로만 이해를 하고 있지만 실상은 그렇지 않다. 클레오파트라는 이집트의 독립과 국익을 위해 정치적으로 이 둘을 이용한 것이었다. 그런 면에서 보면 매우 영악하고 계산적이며 냉정한 여자였던 것이다.

---

531) 혈통적으로는 이집트인이 아니라 정복자 마케도니아인 이었다. 즉 알렉산드로스 대왕 휘하의 뛰어난 장수중의 하나인 라고스의 후손들이 일으킨 왕조였다. 시부사와 다츠히코 지음, 이성현 옮김, 『세계 악녀 이야기』(서울 : 삼양미디어, 2009), 16쪽.

532) 뒤에 프톨레마이오스 15세가 되어 기원전 44년부터 기원전 30년까지 이집트를 지배한 프톨레마이오스 왕조의 마지막 왕이 된다. 『앞의 책』, 23쪽.

533) 결혼 후 그녀는 남편 안토니우스의 권력투쟁을 경제적으로 도운 대가로 페니키아, 유다 등의 쓸모 있는 영토를 할양받아 확장하였다.

클레오파트라에게 있어 카이사르와 안토니우스는 그 당시 가장 강력한 국가였던 로마의 실질적 지배자들이었으며 그렇기 때문에 그들을 자신의 치마 속에 넣고 부리는 것이 자신뿐만 아니라 이집트 국익을 증진시키는데 도움이 된다고 생각을 했던 것이다.[534] 어쨌든 카이사르 사후 안토니우스는 클레오파트라와 관계를 깊이하면서 로마의 국익에 반하는 일을 하게 되고 이것이 자신의 몰락을 재촉하는 길이 되었다.

다시 본론으로 돌아와서 2차 삼두정치가 성립되어 이루어져 가는 과정에서 뜻하지 않은 사건이 터지게 된다. 로마에서 옥타비아누스에게 불만을 품은 안토니우스의 세 번째 부인 풀비아가 안토니우스의 동생인 루키우스 안토니우스와 함께 독자적으로 옥타비아누스에 대한 반란을 주동하고 로마를 잠시 장악했다가 실패하고 페르시아로 퇴각하는 일이 벌어졌고 그 와중에 풀비아가 죽음을 맞는 그런 사건이었다. 또한 안토니우스가 담당한 동방지역에서는 로마의 전통적인 적대국인 파르티아가 로마의 영토인 시리아를 침공하는 일이 벌어졌던 것이다.

안토니우스는 파르티아의 침공에도 불구하고 먼저 이탈리아로 가서 옥타비아누스와 오해를 풀고 화해하고 옥타비아누스의 여동생 옥타비아와 정략적으로 결혼을 했다. 이후 두 사람은 동방정책에 대해 합의했는데 헤로데를 원조하여 유대를 다시 찾고 헤로데를 왕으로 세우기로 하였다. 또한 시칠리아를 중심으로 지중해의 제해권을 장악하고 해적질을 하던 폼페이우스의 아들 섹스투스 폼페이우스와 잠시나마 휴전을 하였다.[535] 그러나 이 휴전을 하면서 두 사람은 다시 사이가 나빠졌다. 기원전 38년 타렌툼에서 삼두정치를 5년 더 연장하기로 하고 옥타비아누스는 안토니우스의 동방원정에 군대를 보내겠다고 합의 했다.

그러나 안토니우스는 파르티아 문제에 대한 옥타비아누스의 지원을

---

534) 『앞의 책』, 14-15쪽.

535) 크리스 스카레 지음, 윤미경 옮김, 『앞의 책』, 20쪽.

점점 더 의심하게 되었다. 두 사람사이는 점점 더 벌어져 안토니우스는 임신한 옥타비아를 이탈리아로 돌려보내고 이집트의 클레오파트라와 전략적 제휴의 형태로 손을 잡았다. 앞서 간단히 언급하였듯이 현실적으로 클레오파트라는 프톨레마이오스 왕조의 옛 영토를 되찾고 자신의 정치적 입지를 위해 안토니우스의 군대가 필요했고 안토니우스는 자신의 입지 강화와 파르티아에 대한 원정에 필요한 자금과 보급품의 지원에 이집트가 필요했건 것이다.

기원전 37년 안토니우스는 이집트의 지원으로 예루살렘과 유대를 회복하고 헤로데를 왕으로 세우고 이어 다음해 시리아와 파르티아로 진군해 들어갔다. 그러나 그 결과는 참담한 패배였다.[536]

이무렵 로마에서는 실패한 정치로 인해 레피두스[537]는 실각하고 옥타비아누스는 과거 공화파 귀족을 자기편으로 끌어들여 권력을 강화하고 안토니우스에 대한 공격을 시작했다. 정숙한 로마인 부인을 버리고 난잡한 이집트의 여왕과 놀아나 로마의 명예를 실추시켰다고 비난하는 내용이었다.[538] 안토니우스는 기소되어 몇 차례 로마로 소환을 당했으나 알렉산드리아에 머물면서 이에 응하지 않았다.

기원전 35년 안토니우스는 다시 한 번 이집트의 지원으로 아르메니아 공략에 성공했다. 원정에서 돌아와 안토니우스는 기원전 34년 알렉산드리아에서 성대한 개선식을 거행했는데 이것은 전통적인 로마 개선식에 대한 모욕으로 받아들여져 로마인들에게 커다란 반감을 샀다. 이 당시 로마인들은 안토니우스를 치마폭 안에 넣고 주무르는 클레오파트라를

536) 『앞의 책』, 20쪽.

537) 기원전 36년에는 삼두정치에서 제외되어 정계에서 물러났으며, 기원전 13년에 사망할 때까지 최고신관자리에 있었다. 『앞의 책』, 20쪽.

538) 실제로 옥타비아는 전남편과 사별을 하기는 했지만 보기 드문 미모에 정숙과 품위를 갖춘 여인으로 로마에서는 평판이 높은 부인이었다. 시부사와 다츠히코 지음, 이성현 옮김, 『앞의 책』, 30쪽.

보고 분개하여 '나일강의 마녀' 혹은 '창부 여왕'이라고 비난하였다.[539]

개선식 직후 그는 클레오파트라를 이집트의 '왕 중의 여왕'으로, 그리고 카이사리온을 이집트의 '왕 중 왕'으로 선포하고 그와 클레오파트라 사이에서 태어난 2명의 아들과 1명의 딸에게도 '아르메니아와 파르티아[540]의 왕', '시리아와 리비아의 왕' 등 거창한 제왕의 칭호를 붙였다. 특히 카이사르와 클레오파트라의 아들이라고 여겨지던 카이사리온[541]은 카이사르의 적법한 후계자로 공표되었다. 이러한 안토니우스의 발표는 잘못하면 로마를 분열하고 카이사르의 정통 후계자로 자처하는 옥타비아누스의 법통을 무시하는 것이 되어 옥타비아누스는 물론 로마와의 단절을 의미하는 것이었다.

이후 2년간 옥타비아누스와 안토니우스는 서로에 대한 엄청난 비난과 선전전을 벌였다. 안토니우스는 옥타비아누스가 카이사르의 양자임을 위조하고 적법한 후계자가 아님에도 권력을 찬탈한 자라고 주장했고 옥타비아누스는 안토니우스가 불법으로 속주를 차지하고 원로원을 무시하고 외국과의 전쟁에 들어갔으며 영토를 이집트의 자기 자식들에게 팔아넘겼다고 주장했다.

로마가 두 토막이 날 지경에 이른 것이다. 이제 두 진영사이의 내전은 피할 수 없게 되었다. 기원전 32년 원로원은 안토니우스를 해임하고 클레오파트라 7세에게 선전포고를 했고 안토니우스편인 그해의 집정관 2명과 원로원 의원의 3분의 1이 그리스에 있는 안토니우스 진영으로 넘어갔다.

기원전 31년 드디어 내전이 시작되었다. 안토니우스는 에페수스, 아테네, 파트라스에 잇달아 전선을 구축하고 암브라키아 만에서 주력함대를

539) 『앞의 책』, 14쪽.

540) 파르티아는 단 한 번도 로마에 정복된 적이 없음에도 불구하고 그는 그렇게 불렀다.

541) 프톨레마이오스 15세 카이사르라고 불리기도 했다.

지휘했다. 그러나 옥타비아누스와 그의 장군 마르크스 빕사니우스 아그리파는 이탈리아에서 이오니아 해를 건너는 상륙작전에 성공했고 안토니우스의 주요 방어지점을 차례로 점령했다.

안토니우스 진영은 점차 분열되었고 드디어 9월 2일 벌어진 악티움(Actium) 해전에서 안토니우스와 클레오파트라 7세의 해군은 명분상 클레오파트라 7세에게 선전포고한 옥타비아누스 해군에 대항하여 싸웠으나 괴멸당하고 두 사람은 남은 배를 끌고 이집트로 도망했다.

옥타비아누스는 유일한 권력에 한걸음 더 다가가게 되었고 기원전 30년 8월 아그리파의 부대가 이집트에 상륙했으며 알렉산드리아 전투에서 승리를 하였다. 안토니우스는 클레오파트라 7세가 죽었다고 믿고 패배의 절망 속에서 자살했고 며칠 후 그의 연인이자 함께 옥타비아누스에 대항을 한 이집트의 클레오파트라 7세도 자신을 일개 이집트 여인으로 취급하는 옥타비아누스와 연합할 수 없음을 직감하고 스스로 목숨을 끊었다. 뱀에 물려 자살한 것으로 알려져 있으나, 독가스를 사용했다는 설도 있다.

그러나 자살이 아니라는 설도 있다. 옥타비아누스가 죽여 놓고 뱀에 물려 자살했다고 발표해 클레오파트라 7세의 이미지를 깎아내리려고 했을 가능성도 배제할 수 없다. 물론 클레오파트라 7세의 혈육이었던 카이사리온 역시 살해 되었다.[542]

클레오파트라는 『팡세』(Pensées)를 지은 지식인인 블레즈 파스칼(Blaise Pascal)조차도 그녀의 코가 조금만 낮았어도 역사가 바뀌었다고 할 정도로 남성들에게 성적인 관점에서 높게 평가받았다. 그리고 살아 있을 때에도 옥타비아누스로부터 로마를 짓밟는 이집트 여인 취급을 받은 일이 있다. 하지만 클레오파트라는 현실적인 외교 감각을 지닌 정치가답게 강대국 로마 제국을 이용하여 자신의 나라를 보전한 업적을 남겼으며 이집트어

542) http://ko.wikipedia.org/wiki/%EC%95%88%ED%86%A0%EB%8B%88%EC%9A%B0%EC%8A%A4

를 배움으로써 이집트 계 주민들을 이해하려고 노력했다.543)

하지만 문제의 핵심은 클레오파트라가 자신의 지혜와 미모 그리고 냉철한 계산을 통해 카이사르와 안토니우스를 조종하고 요리했다는데 있다. 그녀는 과연 누가 로마의 실권자인가를 주도면밀하게 계산을 하고 그러한 계산의 결과에 따라 행동을 했다는 것이다. 그 당시 실권자였던 카이사르를 유혹했다는 자료들도 있어 이러한 심증을 더욱 굳혀준다.

클레오파트라는 이집트를 독립된 국가로 유지를 하고 옛 영토를 되찾는 등 국익을 극대화하기 위해선 그 시대의 로마 실권자였던 카이사르와 안토니우스를 자기가 원하는 방향으로 조종을 해야 했고 그것은 상당부분 성공을 할 수 있었다. 심지어 자기에게 푹 빠진 안토니우스를 통해 그녀는 동방지역의 상당한 부분을 영향권 안에 넣을 수 있었고 카이사리온이 이집트의 왕 중 왕이며 카이사르의 후계자라는 대어(大魚)까지 낚아낼 수 있었다.

이러한 그녀의 능수능란한 수완은 그녀와 대척점에 서있으면서 날카로운 대립각을 세우고 있었던 옥타비아누스에게는 재앙으로 다가왔다. 로마의 국익을 가장 으뜸 되는 제일의 가치로 여기는 옥타비아누스로는 이러한 안토니우스와 클레오파트라의 행동은 바로 로마의 국론을 분열시키고 동과 서로 로마를 분할시키는 음모로밖에 비쳐지지 않았다.

그는 또한 자기의 누이인 옥타비아를 정략적으로 안토니우스와 결혼을 시켰으나 본래 생각했던 대로 정략적 목적이 실현되기는커녕 옥타비아가 안토니우스에게 버림을 받아 내쳐지게 되자 개인적으로도 심한 모멸감과 배신감을 느꼈을 것이다. 이러한 것들이 한데 뭉쳐져서 그는 로마의 공적(公敵)으로 안토니우스와 클레오파트라를 생각했을 것이다. 그래서 그는 로마의 분열을 막는다는 대의명분을 가지고 안토니우스와 클레오파트라의 연합군에 대항하여 전쟁을 치렀으며 이 전쟁에서 승리를

543) http://ko.wikipedia.org/wiki/

거머쥘 수 있었다.

자신과 안토니우스를 로마의 공적으로 생각 하는 옥타비아누스의 마음을 꿰뚫어 볼 수 있을 정도의 안목을 지닌 클레오파트라는 카이사르나 안토니우스와는 다르게 옥타비아누스의 마음을 비집고 들어가 자신이 원하는 방향으로 그를 조종할 수 없다는 판단이 들었기에 그녀 스스로 목숨을 끊었는지도 모른다.

만약 옥타비아누스가 카이사르나 안토니우스처럼 그녀의 외모나 재색에 반했다거나 또는 그녀의 해박한 지식과 높은 정치 외교력 등에 매료가 될 수 있는 남정네라는 판단이 되었다면 클레오파트라는 스스로 목숨을 끊지는 않았을 것이다. 왜냐하면 그녀는 다시 세 번째 남자로 옥타비아누스를 삼아 로마를 자기가 원하는 방향으로 마음껏 조종해 나갔을는지도 모르기 때문이다. 그러나 클레오파트라가 깊은 안목을 통해 감지했듯이 옥타비아누스는 그런 남자가 아니었던 것이다.

그러나 클레오파트라가 자살을 한 것이 아니라 옥타비아누스에게 살해를 당했다는 일부 다른 사학자들의 주장에도 귀 기울일 필요가 있다. 왜냐하면 클레오파트라가 마지막 순간까지도 희망을 가지고 옥타비아누스를 유혹하여 자신의 정치적 입지를 강화하는 희생양으로 삼을 수 있다고 생각을 했을 수도 있기 때문이다.

클레오파트라가 옥타비아누스에게 살해가 되었다고 주장하는 사학자들의 시나리오와 논거는 다음과 같다.

클레오파트라는 옥타비아누스에게 패배를 하여 더 이상 이용가치가 없어진 안토니우스를 버리기 위해 자기가 죽은 것처럼 위장을 했고 이를 곧이곧대로 믿은 안토니우스는 이에 상심을 하여 자살을 했다는 것이다. 클레오파트라는 안토니우스가 죽은 후 개선장군으로 자기 앞에 우뚝 선 옥타비아누스를 향해 카이사르나 안토니우스를 유혹했던 것처럼 접근해 갔다는 것이다. 그러나 누차 언급하였듯이 옥타비아누스는 그런 유혹에 넘어갈 남자는 아니었다는 것이다.

사실 그는 그녀의 아름다운 육체와 돋보이는 장점에 탄복하고 매료되어 있을 수가 없는 입장이었다는 것이다. 그에게는 앞으로 로마의 국정을 어떻게 운영해 나가야 하며 이를 위해 어떠한 문제해결 방법을 강구해 나가야 할지 등에 대한 복잡한 정치문제 등으로 골머리를 앓고 있었으며 또한 카이사르와 안토니우스와 같은 어리석은 전철을 밟아서는 안된다는 타산지석(他山之石)에서 우러나오는 생각을 하고 있었다는 것이다.

그는 그녀를 일단 일정한 곳에 유폐를 시키고 그녀를 어떻게 처리해야 할지 고민을 했다는 것이다. 그녀를 데리고 로마로 가서 개선의식을 취할 때 관례대로 정복당한 군주로 내세워 로마시민들 앞에 끌고 가는 모습을 보여주어서 자신의 위업을 한층 돋보이게 하는데 활용을 할까도 생각을 해보았지만 그럴 경우 자신이 감내해야 할 위험부담이 너무 크게 느껴졌을 지도 모른다는 것이다. 혹시 클레오파트라가 그 아름다운 미모와 뱀과 같은 요설로 로마시민들을 사로잡게 된다면 그는 결국 화를 스스로 자처하게 되는 결과를 가져 올 수 있다고 생각을 하였을 지도 모른다는 것이다.

그래서 그는 결심을 했다는 것이다. 후환을 없애는 쪽으로 말이다. 그래서 옥타비아누스는 은밀하게 클레오파트라를 살해하고 뱀으로 자살을 한 것처럼 위장을 시켰을지도 모른 다는 것이다. 물론 그 사실을 아는 사람 대부분도 영원한 비밀을 위해 클레오파트라와 같이 모두 살해당했을 것이다. 그래서 진실은 지금까지 묻혀 있을는지도 모른다는 것이다.

일부 사학자들이 내세운 역사적 가정이지만 일리가 있고 충분히 상정해 볼 수 있는 일이라 생각이 든다. 로마의 영웅이었던 옥타비아누스까지 그녀의 지혜와 재능을 두려워하여 그녀를 없애버릴 수밖에 없었고 한때 희대의 영웅으로 군림을 했던 카이사르와 안토니우스를 자기 마음대로 조종하고 요리했던 여인 클레오파트라는 자살이건 타살이건 이렇게 비참한 최후를 마친 것이다.

그녀의 이러한 비극은 진정한 사랑은 도외시 된 채 카이사르와 안토니우스를 자신의 정치적 목적을 위해 이용했다는데서 비롯되었다고 볼 수 있다. 그리고 그녀는 한술 더 떠서 옥타비아누스까지 정치적 목적을 위해 이용을 하려다가 결국 뜻을 이루지 못하고 마는 것이다.

만약 그녀가 진정한 사랑을 카이사르와 안토니우스에게 느끼고 베풀었다면 그리고 커다란 정치적 야심을 이루기 위해 사랑을 이용하지 않았다면 아마 세계의 역사는 다시 새롭게 써져야 됐을 것이다. 그리고 그녀의 비극도 아마 없었을지도 모른다.

이집트의 파라오로서 천수를 다하고 부귀공명의 화려한 생활을 했을지도 모르고 옥타비아누스가 로마의 국익을 위협하는 제1의 공적으로 낙인을 씌워 찍어내지도 않았을 것이다. 그녀는 자신의 분수를 뛰어넘는 큰 정치적 야심을 위해 사랑을 이용함으로서 그녀 스스로 자멸의 길을 걸어갔던 것이다.

역사적 가정이긴 하지만 파스칼의 말처럼 그녀의 코가 조금이라도 낮았다면 뛰어난 미모를 가지지 못했을는지도 모르며 그런 그녀에게 유혹을 당하는 카이사르나 안토니우스도 없었을 것이다. 그녀의 뛰어난 미모와 정치적 야심이 로마의 영웅 안토니우스를 파멸시키고 자신까지 해치는 결과를 가져 온 것이다.

이러한 관점에서 볼 때 안토니우스나 클레오파트라 역시 사랑을 진정으로 올바르게 하지 않고 정략적으로 그리고 정치적 목적을 위해 이용을 함으로써 인간경영에 실패한 지도자로 역사는 기록이 될 것이다.

(5) 당 현종 이융기(唐玄宗 李隆基)와 양귀비(楊貴妃)

당 현종은 중국 당나라의 제6대 황제로서 태종 이세민 이후 당의 번영을 이끌었으나 동시에 쇠퇴를 이끌기도 한 황제로 기록되어 있다.

그는 중국의 3대 악녀로 너무나도 유명한 측천무후의 손자로 태어났다. 현종의 아버지는 측천무후의 아들이었던 예종이었고 그의 어머니는 숙명황후 유씨였으며 현종은 이들의 셋째 아들이었다.[544)]

현종이 재위 초기에 얼마나 정치에 전력을 쏟았는가를 잘 보여주는 말이 있는데 바로 "짐이 마르더라도 천하와 백성들이 살찌면 아무 여한이 없다."라는 것이다.

> 한휴라는 신하는 언제나 현종에게 직언을 올리며 논쟁하기로 유명한 재상이었고, 소숭이라는 신하는 현종의 비위를 잘 맞추기로 유명한 신하였다. 이런 가운데 하루는 수척해 보이는 현종을 보고 한 신하가 이렇게 말했다. "한휴 때문에 많이 힘드신가 봅니다. 그렇게 폐하를 괴롭히니." 그러자 현종은 다음과 같이 말했다고 한다. "나는 마르더라도 백성들은 살찌니 괜찮아. 소숭은 내 말을 잘 듣기만 하나 그가 가고 나면 내 마음이 편치 않아. 그러나 한휴는 늘 나와 논쟁하며 나를 괴롭히나 그가 가고 나면 마음이 편안해져."[545)]

현종은 중앙의 유능한 관리를 지방에 도독이나 자사로 파견하였고, 적성에 맞지 않는 관리는 모두 교체하였으며 사찰과 승려의 수를 줄이고, 권력가들을 제압하는 한편, 조정을 정비하여 상벌을 엄정히 나누어 주어서 중종 이현[546)] 이후 혼란스러웠던 정치 상황을 안정시켰다.

---

544) 이경윤·정승원, 『앞의 책』, 322쪽.

545) 『앞의 책』, 325쪽. ; 김정빈, 『리더의 아침을 여는 책』(서울 : 동쪽나라, 2007), 209쪽.

546) 현종의 큰 아버지이다. 측천무후의 뒤를 이어 황제가 되었으나 어머니와 달리 매우 유약하였다. 이에 황후였던 위씨가 중종을 몰아내고 측천무후처럼 자신이 당나라의 여황제가 되려고 하였다. 이를 위해 그녀는 자신의 딸이었던 안락공주와 함께 중종을 무참히 살해하였다. 이 사실을 알아챈 현종은 재빨리 군사를 모아 궁중으로 쳐들어가서 황후 위씨와 안락공주를 죽여 버리고 위씨 일족과 할머니 가문이었던 무씨 일족을 모두 참살하였다. 후환을 없애기 위한 조치였다. 그런 후 자신의 아버지 예종 이단을 황제의

그의 백성들을 위한 어진 치세는 여기에 그치지 않았다. 그는 나라에 가뭄이 들자 황궁의 쌀을 백성들에게 나누어주었고 환관과 인척을 정사에 관여하지 못하도록 했다.

이러한 정치를 하자 당의 국력은 강성해졌으며, 태종 이세민이 이룩한 태평성세에 버금가는 치세를 하여 후세 사람들은 이를 당시의 연호인 개원(開元)을 따 '개원의 치(治)'로 불렀다.

그러나 세월이 흘러가면서 현종의 심경과 치세에 변화가 오기 시작하였다. 점점 거만해졌고 충언하는 신하들을 내치고 대신 자신에게 아첨을 떨고 순종하는 신하들을 중용하였다. 그 예로 유능한 장구령을 해임하고 이임보(李林甫)를 승상으로 임명한 것을 들 수 있다.[547] 이임보는 무식하고 무능한 인간이지만 아첨에 뛰어나서 현종의 총애를 받아 승상까지 오른 인물이며 현종에게 오는 모든 정보를 차단하고 19년간이나 국정을 농단하고 전횡을 한 간신배이다.[548]

설상가상으로 737년 자신이 가장 사랑했던 무혜비(武惠妃)[549]마저 죽자 마음 둘 곳이 없어 방황하던 중 어느 날 한 여자를 보게 되는데 순간 그

자리에 앉힌 후 황태자의 수순을 거쳐 27세에 당나라 제6대 황제가 되었다. 이경윤·정승원, 『앞의 책』, 323쪽.

547) 자신의 욕심만 채울지 알지 무지하고 무능하기 그지없는 이임보가 승상으로 등용된 이유는 현종의 총애를 받던 무혜비의 베개 잎 송사가 작용했기 때문이었다. 무혜비는 현종의 총애를 뒷배삼아 자신을 거스른 충신을 폐위하고 자기의 입맛에 맞는 간신을 등용하도록 하였다. 『앞의 책』, 328쪽.

548) 『앞의 책』, 326쪽.

549) 원래 현종의 첫 부인은 왕씨였다. 왕씨는 현종이 황제가 되면서 황후의 자리에 올랐다. 왕씨는 현종이 왕이 되기 전 어렵던 시절부터 온갖 고생을 함께 했고 그가 왕위에 오를 때도 중심적인 역할을 했던 조강지처였지만 왕위에 오른 현종이 여색을 탐닉하면서부터 그녀는 점점 현종으로부터 외면을 당했다. 현종이 피운 첫 바람의 상대가 바로 무혜비였다. 그녀는 측천무후의 친정 조카딸의 딸로 어릴 적 고아가 되자 측천무후에 의해 궁녀로 입궁한 여인이었다. 현종이 무혜비에게 빠져들었을 때의 나이는 29세였고 무혜비는 16세의 꽃다운 나이였다. 『앞의 책』, 326-327쪽.

녀에게 반해버려 만사를 제치게 된다. 결국 당대 최고의 권력가인 환관 고력사를 시켜 그녀를 데려오게 하는데 그녀가 바로 수왕비 양옥환(楊玉環)이었다. 양옥환은 현종 자신의 13남인 수왕(壽王) 이모(李瑁)의 아내였으며 또한 자신의 며느리였다. 그는 그녀의 미모와 총명[550]에 완전히 빠져서 자신의 며느리를 취하고 말았다. 현종은 자신의 욕망을 채우기 위하여 아들의 아내를 빼앗는 매정하고도 잔인한 아버지였던 것이다.[551]

이리하여 745년, 현종의 나이 61세 때에 양옥환을 귀비로 책봉하였다. 양옥환의 이 때 나이는 27세였으며 궁중에 들어 온지 6년 만에 정식 귀비로 책봉이 된 것이다. 귀비는 황후 다음가는 자리였는데 당시 황후가 죽고 없었으므로 그녀가 황후의 역할을 대신하다시피 했다. 바로 이 여인이 널리 알려진 양귀비이다.

현종은 양귀비의 미색에 빠져 죽은 양귀비의 아버지부터 그녀의 세 명의 언니에 이르기까지 벼슬을 내리거나 국부인으로 책봉을 하였으며 이로 인한 세도가 하늘을 찔렀다. 이 중 가장 세도를 누린 사람은 양귀비의 사촌 오빠인 양검(楊釗)이었다. 양검은 품행이 나쁜 인물이었으나 현종의 총애를 받아 '국충'(國忠)이란 이름을 하사받기까지 하였다.

이임보가 죽자 양국충은 승상에까지 올라 국정을 전횡하였는데 양국충도 이임보 못지 않는 소인배요 간신배인지라 충신은 죽이거나 내치고 아첨꾼들을 현종 옆에 붙여놓는 등 갖은 전횡을 일삼았다.

양귀비를 취하고 그 친족들에게 과분한 벼슬과 재물을 내리는 것에 그

---

550) 정사(正史)도 그녀를 "자질풍염(資質豊艷)"이라 적었으며, 절세(絶世)의 풍만한 미인인데다가 가무(歌舞)에도 뛰어났고, 군주(君主)의 마음을 끌어당기는 총명을 겸비하였다고 전하고 있다. 이백(李白)은 그를 활짝 핀 모란에 비유하면서, "향기가 엉킨 한 송이 꽃"(一枝濃艶露凝香)이라고 읊었고, 백거이(白居易)는 귀비와 현종과의 비극을 영원한 애정의 곡(曲)으로 하여 『장한가』(長恨歌)로 노래한 바 있다. http://100.naver.com/100.nhn?docid=109100 ; 김정빈, 『앞의 책』, 209쪽.

551) 이경윤 · 정승원, 『앞의 책』, 329쪽.

치지 않고 현종은 양귀비의 셋째언니 괵국(虢國)부인에게도 반해 그녀와도 애정 행각을 벌였으며 그녀를 질투한 양귀비가 괵국공주를 황궁에 들어오지 못하게 하자 현종이 매우 노하여 양귀비를 궁에서 내치기까지 했다.

이렇게 내쳐진 양귀비는 양국충의 집에 있었는데, 양국충이 환관 고력사와 담합하여 양귀비와 현종의 관계를 화해시키려 했고 결국 현종이 그 화해를 받아들였다.552)

747년 현종은 돌궐족 장군이며 절도사인 안록산(安祿山)이 장안으로 오자, 성대한 잔치를 베풀었고, 여기서 안록산과 양귀비가 처음 대면을 하게 되었다. 이후 안록산은 현종과 양귀비의 총애를 받아 비록 양귀비의 나이가 더 어림에도 불구하고 751년에 양귀비의 수양아들이 되었고 변방의 국방까지 책임지게 되었다. 이때 양귀비는 넘어서는 안 되는 선을 넘게 되는데 그것이 바로 안록산을 사랑하게 되는 것이다.

이 때 승상 양국충은 현종과 양귀비에게 총애를 받는 안록산의 등장으로 점점 위기감을 느꼈고 그래서 현종에게 안록산을 모함하였다. 그러나 양귀비는 언제나 안록산을 변호하여 그를 위기에서 구했다. 양귀비는 조정의 권세까지 장악하게 되었던 것이다.

755년 당시 3곳의 절도사를 겸임했던 안록산은 변방으로 돌아가 부하 사사명과 함께 양국충 타도를 명분으로 반란을 일으켰는데 이 반란이 바로 안록산의 난이다. 반란이 일어나자 현종과 양귀비, 양국충과 그 일가친척들은 모두 장안에서 쓰촨성(四川省) 쪽으로 피신하였고, 반란군은 카이펑(開封)과 뤄양을 점령한 뒤 계속 장안(長安)을 향해 진격해오며 목을 조여 왔다.

위기일발의 상황에서 티베트족이 피난가는 통로를 차단하자 현종을 호위하던 관군이 일행이 머무르고 있는 마외역(馬嵬驛)에서 양국충과 그 일가를 모두 죽일 것을 현종에게 강요하였고 결국 양국충은 이들의 손에

552) 『앞의 책』, 332쪽.

의해 참살이 되었다. 그런 후 그들은 현종이 쉬고 있던 역관에서 계속 시위를 하며 양귀비의 목숨까지 요구를 하였다.553)

현종은 신하 위견소, 위방진을 보내 이들을 달래려하였으나 실패하자 자신이 직접 나서 그들을 설득했지만 무위로 끝났다. 결국 고력사 역시 선택의 여지가 없다 하자 현종은 어쩔 수 없이 양귀비에게 자결 명령을 내렸다. 양귀비는 울면서 역관 옆 나무에 목을 매어 죽었는데554) 이 때 그녀의 나이가 38세이었으며 때는 756년이었다. 양귀비가 죽었다는 소리를 들은 병사들은 환성을 내질렀다 한다.555)

안록산의 난이 평정되고 757년 12월, 태상황 이 된 현종은 장안으로 돌아와 감로전에 거처하며 쓸쓸한 나날을 보내다가 5년 뒤인 762년 5월에 양귀비에 대한 그리움과 지난날의 영화에 대한 허무함 때문에 병이 들어 숨을 거두었는데 그 때 나이 78세였다.556)

앞서 살펴 본 마르크스 안토니우스와 클레오파트라 7세의 그릇된 사랑에서처럼 당 현종과 양귀비의 사랑도 그렇게 비극적인 결말을 가져왔다. 당 현종은 재위 초의 그렇게 추앙받고 존경받던 어진 성군에서 노추를 그대로 드러내는 추하고 탐욕스럽고 색에 미쳐버린 내쳐져야 할 무능한 군주로 전락해 버렸던 것이다.

당 현종의 실패는 여색에 빠져 육욕적인 쾌락만을 추구했고 이로 인해 군주로서 마땅히 해야 할 본분을 제쳐놓고 다하지 못했다는 것이다. 이

---

553) '마외역의 변'이라고 불린다. 앤 팔루던 지음, 이동진 · 윤미경 옮김, 『중국황제』(서울 : 갑인공방, 2004), 115쪽.

554) 양귀비가 군사들에 의해 살해되었다는 설도 있다. http://100.naver.com/100.nhn?docid=109100

555) 후에 시인 백거이(白居易)가 '장한가'(長恨歌)에서 묘사한 것처럼 현종은 비탄에 빠진 채 서쪽으로 피난을 갔다. 참고삼아 장한가를 소개하면 다음과 같다. "군왕은 얼굴을 가린 채 귀비를 구하지 못하고/ 뒤돌아보며 피눈물만 흘렸다/ 흙먼지 휘날리고 바람은 쓸쓸히 부는데/ 하늘과 땅이 영원하다 하나 다할때가 있을 테지만/ 이 한은 길이길이 끊일 날이 없으리라" 앤 팔루던 지음, 이동진 · 윤미경 옮김, 『앞의 책』, 110쪽.

556) http://ko.wikipedia.org/wiki/%EB%8B%B9_%ED%98%84%EC%A2%85

에 부가하여 그는 충신의 충언을 멀리하고 간신배들의 간악한 아첨에 귀를 기울임으로써 군주로서의 총기를 상실하고 신하나 백성으로부터 믿음을 상실 당했다는 것이다. 이러한 군주의 실덕을 예리하고 정확하게 파악한 안록산은 이것이 역성혁명을 위한 좋은 기회로 이해를 하고 당 왕조를 뒤집어엎으려는 난을 획책한 것이다.

현종의 신하나 그를 호위하는 장졸들은 이러한 진실을 정확히 알고 있었고 그래서 이런 사단의 발단이 된 양국충과 양귀비를 제거하려고 하였던 것이다.

당 현종은 양귀비의 미색에 빠져 군주로서의 본분을 제대로 행하지 못했다는데서 인간경영에 실패한 지도자로 기록이 되었으며 양귀비는 미색으로 현종을 현혹시켜 나라와 백성에게 고통을 가져다 준 경국지색(傾國之色)의 미인으로서 지탄을 받았다는 면에서 인간경영에 실패한 지도자로 기록이 되었던 것이다.

사랑이란 진솔하고 진실적이어야지 동물적인 쾌락과 탐욕을 위한 수단이 되어서는 안 된다는 점과 지도자는 사랑을 육체가 아닌 마음을 통해 진솔하게 영위해 나가야 한다는 점을 이 역사적 사례는 우리에게 교훈으로 던져주고 있는 것이다.

(6) 최충헌(崔忠獻)을 비롯한 무신정권의 지도자들

고려시대 역시 조선시대와 비슷하게 문신이 무신보다 더 우대를 받았다. 무신들은 전쟁이 터졌을 때 신명을 받쳐 국가를 보위한다. 그러나 그들의 이러한 역할이 어떤 면에서는 과소평가를 받고 있다고 보여지는 면이 없지 않다. 이러한 문무의 차별에 대해 불만을 품는 세력이 없지 않다.

고려 시대에도 이러한 무신계급의 불만 세력에 의해 정변이 일어나고 무신이 정권을 장악하는 100년의 세월이 존재하게 된다. 이때 백성들은 새로운 계급에 의한 정권장악에 기대와 희망을 걸었지만 그 결과는 참담한 것이었다. 그들 역시 참다운 사랑을 백성들에게 주지 못했기 때문이다. 그 이유에 대해 역사적 사건을 살펴보면 다음과 같다.

무신세력은 1170년 8월 30일 흥왕사에서 정변을 일으킨다. 이것을 가리켜 '무신의 난'이라고도 이야기를 한다. 의종이 보현원으로 행차를 하다가 오문이라는 곳에 잠시 쉬면서 무신들로 하여금 수박(手搏)을 겨루게 한다. 여기에서 수박이란 주로 손을 써서 상대를 공격하는 우리나라의 고유 전통 무예 중 하나이다.

수박을 겨루던 연로한 이소응 대장군이 힘이 부치다 는 이유로 기권을 하자 이를 지켜보던 문신 중 한뢰라는 젊은 문신이 뛰쳐나와 이소응의 빰을 때리는 사건이 발생을 하였다. 이를 지켜 본 상장군 정중부는 분노를 하였으나 참고 보현원까지 무사히 행차를 마치는 것을 지켜 본 후 밤에 미리 반란을 획책했던 이의방, 이고 등과 함께 문신들을 모조리 살육하고 그 길로 개경으로 내달려 궁궐을 장악하였다.

그런 후 의종과 태자를 체포한 후 거제현과 진도현으로 귀양을 보냈다. 그리고 고려 제19대 왕인 명종을 추대하였다. 그리고 후환을 없앤다는 명분으로 정중부의 심복인 이의민이 의종을 참혹하게 살해를 한 후 커다란 가마솥에 넣어 연못에 던져버리는 일까지 발생을 하게 되었다.

무신의 난 이후 세상은 무신들의 것이 되었다. 왕은 그저 허수아비일 뿐이었다. 무신의 난 이후 100년 동안의 세월을 일컬어 '무인정권시대' 혹은 '무신정권시대'라고 이야기를 한다.

이 100년 동안 백성들은 문신들이 지배했던 시대의 폐단들이 없어지고 백성들이 더 잘 사는 세상을 기대했지만 그것은 꿈만으로 끝이 났다. 무신들은 주요 관직을 독차지하고 무소불위의 권력을 행사하면서 토지와 노비 등 자신들의 이익을 늘리는데 만 혈안이 되었던 것이다. 그리고 이를 위해 서로 사병을 육성하였고 이를 바탕으로 처절한 이전투구(泥田鬪狗)식의 권력투쟁을 펼쳐나갔다. 1179년에 정중부가 경대승에게 살해를 당하였고 경대승이 4년 만에 병사를 하자 천민 출신인 이의방이 권력을 잡았다.

그야말로 목불인견이었다. 그들에겐 백성이란 안중에도 없는 존재였던 것이다. 이러자 많은 백성들의 봉기가 전국적으로 일어났다. 대표적인 것이 지금의 공주에서 일어난 망이·망소이 형제의 난, 운문사를 중심으로 해서 일어난 김사미의 난, 초전에서 일어난 효심의 난, 그리고 개경에서 일어난 최충헌의 가노 만적의 난 등 이다.

이러한 혼란 상황에서 1196년에 최충헌이 동생 충수(忠粹)와 함께 이의민(李義旼)을 살해하고 새로운 권력자로 등장을 하였다.[557] 그는 민심을 수습하고 다잡기 위해 명종에게 '봉사10조'(封事十條)를 올려 곪아터진 조정의 문제를 해결하기 위한 개혁안을 올렸으나 그 자신부터 이것을 지킬 의도는 전혀 없었다. 따라서 그런 개혁안이 성공할리는 만무한 것이었다.[558]

최충헌은 정권을 장악한 후 자신을 정점으로 하는 새로운 무신지도체제를 구축하고 이를 기반으로 고려를 이리 저리 운영해 나갔다. 그러던 중 중국대륙을 평정한 몽골 족이 몽골 사신 저고여의 피살 사건을 빌미로 삼아 1231년 고려를 침입해 왔다.[559] 살리타가 이끄는 몽골군은 귀주성을 함락하기 위해 한 달여 동안 전력을 기울였으나 여의치 않자 개경 쪽으로 우회기동을 하여 고려 조정을 압박하였다.

결국 고려 조정은 몽골과 협상을 하였고 이로 인해 몽골군은 철수를

---

557) http://ko.wikipedia.org/wiki/%EC%B5%9C%EC%B6%A9%ED%97%8C

558) http://100.naver.com/100.nhn?docid=148191

559) 이것을 제1차 여몽전쟁이라 한다. 그리고 1232년에 고려정부가 강화도로 수도를 옮기고 장기적 항쟁태세를 갖추자 쳐들어왔는데 이것을 제2차 여몽전쟁이라 한다. 이후 계속된 전쟁이 이루어지다가 1271년 삼별초가 반란을 일으키고 진도에 세력을 키워 저항을 하자 이를 섬멸하기 위해 전쟁을 일으키는데 이것이 제7차 여몽전쟁이다. 제7차 여몽전쟁을 끝으로 7차에 걸쳐 40년간 끌어온 고려와 몽고의 전쟁이 종결이 된다.

하였다. 그러나 이것이 발단이 되어 몽골은 고려의 정사에 사사건건 관여를 하며 자신들의 이익을 극대화시켜 나갔다. 이렇게 되자 최충헌의 아들이며 최충헌의 뒤를 이어 고려의 권력을 좌지우지하는 최우는 도읍을 강화도로 옮겨 장기항전을 하겠다는 결심을 하게 된다.

그러나 이것은 어디까지나 외부로 드러난 명분에 불과하였고 실제 그의 내심은 몽골군이 바다에 약하다는 것을 잘 알고 있는 그가 강화도로 도읍을 옮겨 정권을 유지하고 자신과 자신의 척족들의 안위를 도모코자 한 것이다.

1232년 왕까지 포함하여 고려 조정은 결국 최우의 주장에 따라 강화도로 도읍을 옮기게 된다. 최우를 비롯한 그 당시 집권 무신세력들의 마음에는 이미 백성의 안위에 대한 걱정은 없었다. 오로지 정권유지와 자신들의 안위뿐이었다.

고려 조정이 강화로 옮겨지자 몽골의 2차 침입이 이루어져 많은 백성들이 이들에게 도륙을 당하고 강산이 찢겨졌다. 그러나 최우의 무신정권은 이를 외면하였다. 몽골족의 칼 아래 놓여 진 백성들에 대한 사랑과 배려가 전혀 없었던 것이다. 최우의 무신정권은 최항 그리고 최의로 대를 이어 세습되면서 몽골의 원과 대립을 하였다. 자신들을 버린 백성들의 마음엔 그들에 대한 믿음이 사라졌으며 몽골과의 전쟁에서도 패배를 거듭하게 된다. 결국 1258년 최의는 왕의 명령을 받은 김준에게 살해당함으로써 최씨 무신정권은 막을 내리게 되는 것이다.

정중부를 필두로 하는 무신세력들은 애당초 백성들의 안위에 대해서는 관심이 없었고 자신들의 이익을 극대화하기 위해 혈안이 되어있을 뿐이었다. 그리고 서로의 이익을 극대화하기 위해 피비린내 나는 권력투쟁을 하였으며 이 와중에 백성들의 삶은 말로 형용하기 어렵게 피폐해져갔던 것이다.

또한 최충헌에 의한 최씨 무신정권의 탄생 역시 이와 다를 바가 없었다. 오히려 더 심한 면도 있었다. 그들은 몽골의 침입을 받자 자신들의 정권을 유지하고 자신들의 안위만을 위해 백성을 버리고 강화도로 도망을 쳤다. 백성들은 무자비한 적에게 던져진 먹잇감 신세가 된 것이다. 그들에게서 백성에 대한 사랑이란 찾아보기 어려웠던 것이다. 결국 백성으로부터 버림을 받은 최씨 무신정권은 결국 최후의 통치자가 살해되는 비극을 맞이하게 되는 것이다. 백성에 대해 사랑할 줄 모르는 정권의 비참한 말로였던 것이다.

이러한 역사적 사실을 통해 우리는 중요한 교훈을 얻게 된다. 아무리 강력한 독재정권이라 하더라도 백성을 사랑하지 않고 버리는 정권은 결코 오래갈 수 없다는 것을 말이다. 이러한 관점에서 최충헌을 비롯한 무신정권세력의 지도자들은 인간경영에 실패한 리더들로 역사에 기록될 것이다.

(7) 히틀러(Adolf Hitler)와 스탈린(Iosif Vissarionovich Stalin)

히틀러는 1939년 8월에 독일과 소련은 상호간에 침략을 하지 않는다는 독소(獨蘇)불가침협정(일명 리벤트로프-몰로토프 조약)을 체결하였음에도 불구하고 소련을 침공하는 결정을 내리고[560] 1941년 6월 22일[561] 자신의 대규모 휘하병력을 소련으로 진군을 시킨다.

독일 군부는 영국을 후방에 두고 소련을 공격하여 2개의 전선을 만드는 것을 우려하였지만, 히틀러는 측근들의 조언을 무시하고 작전개시를 명령했던 것이다. 바바로사 작전으로 불리어진 이 소련 침공 작전은 3개의 집단군을 활용하여 소련의 핵심거점지역을 공격하여 무력화시키고

560) 1940년 12월 18일 총통의 비밀 지시 21호이다. 이것은 소련을 침공하는 청사진을 담고 있었으며 일명 바바로사(Barbarossa) 작전으로도 불려진다. 스티븐 앰브로스 외 지음, 로버트 카울리 엮음, 이종인 옮김, 『만약에 : 군사 역사편』(서울 : 세종연구원, 2003), 380쪽.

561) 이 날은 나폴레옹이 러시아를 침공한 날과 같은 날이다.

이를 지렛대로 하여 소련의 항복을 받아내려는 것이었다.

3개의 집단군은 빌헬름 폰 레프원수가 이끄는 북부집단군, 페드로 폰 보크원수의 중부집단군, 게르트 폰 룬트슈테트원수의 남부집단군이었으며 북부집단군의 목표는 레닌그라드(지금의 상트페테르부르크)이었고 중부집단군의 목표는 모스크바이었으며 남부집단군의 목표는 우크라이나 지역의 키에프이었다.

개전이 되자 히틀러는 프랑스 점령 등에서 효능을 보였던 전격전에 큰 기대를 걸었다. 그러나 생각보다 소련군의 대응은 강력했으며 워낙 넓은 영토를 가진 소련의 지리적 여건은 독일군에게 어려움을 안겨주었다. 더군다나 3개 지역으로 병력과 화력을 분산시킴으로써 집중에서 오는 전술적 이점을 가질 수 없었다. 특히 중부집단군과 남부집단군이 강력한 저항에 부딪쳐 어려움을 겪었고 남부집단군의 어려움을 돕기 위해 중부집단군의 기갑부대를 빼낸 것이 어려움을 가중 시켰다.

진군속도는 늦어지고 병참지원이 어렵게 됨으로 해서 전체적으로 전황은 정체상태로 지속되었다. 겨울이 오자 독일군의 진군은 속도를 낼 수 없었고 답보상태를 거듭하였다. 그리고 이에 반비례하여 소련군의 저항은 더욱 강력해졌다. 전선의 사령관들은 히틀러에게 퇴각을 요청하였으나 히틀러는 끝까지 현 전선을 사수할 것을 명령하였다.

이렇게 되자 히틀러의 퇴각 불가명령에 따르지 않은 장군들이 속출하였고 히틀러는 이러한 장군들을 경질하였는데 그 숫자가 상당하였으며 이러한 여파로 군부는 동요하면서 불평집단으로 전락되어갔다. 그러나 히틀러는 이들을 윽박지르면서 전의를 불태우고 전투를 독려하였다.

겨울이 끝나고 다음해인 1942년에 접어들면서 독일군은 전력을 재충전하고 재편성하여 동부전선에서 어느 정도의 전과를 올리기 시작하였다. 그러나 히틀러의 명령에 의해 전력이 카프카스 지역과 스탈린그라드 지역으로 나눠지게 되었다. 이러한 전력의 분산은 결국 스탈린그라드에서 치명적인 시가전에 말려들어 가게 되는 계기가 되었다.

프리드리히 파울루스와 에발트 폰 클라이스트를 선두로 한 33만 명의 독일군은 스탈린그라드를 점령하기 위하여 기갑부대를 동원하여 수차례 공격하였으나 소련군의 완강한 저항에 부딪혔다. 10월 중순 무렵 가까스로 소련군을 볼가 강 가까이로 밀어냈으나 추위와 보급품의 부족으로 완전히 제압하지 못하고 어려움을 겪었다.

그러나 11월 중순 소련군은 남북 협공으로 대대적인 반격을 시작하여 독일군 측의 루마니아 군대를 격퇴시켰으며 23일에는 파울루스의 군대와 기갑부대 일부를 포위하였다. 독일군은 이들을 구출하려 노력하였으나 실패하였다. 히틀러는 파울루스를 원수로 승진시키는 등 격려하였으나 이듬해 1월 31일 파울루스는 소련에 항복하였고 2월 2일 살아남은 독일군 9만 1000여 명도 스스로 항복을 선택하였다.

독일군은 이 스탈린그라드전투(Battle of Stalingrad)[562]에서 22만여 명의 전사자를 남긴 채 패배함으로써 수세에 몰리고 소련군은 사기가 충천하여 반격함으로써 아돌프 히틀러의 전체 전쟁 작전에 차질이 생기게 했고 결국은 나치 독일의 패배의 원인이 되었다.

히틀러는 소련군의 초토전략과 강력한 저항으로 인해 바바로사 작전이 내리막길을 내달리며 전세가 불리해져서 독일군의 피해가 속출됨에도 불구하고 끝까지 항전할 것을 명하였을 뿐만 아니라 스탈린그라드 전투에서 소련군에 포위된 독일군을 항복하지 말고 끝까지 싸울 것을 명하는 등 자신의 욕심을 위해 자신의 군대를 헌신짝 내다버리는 식으로 몰아 붙였다. 이로 인해 많은 군 장군들이 항명죄로 경질되었으며 파울루스 장군 역시 스탈린그라드에 고립되어 결국 소련군에게 항복을 하였던

---

562) 1942년 여름부터 이듬해 2월까지 소련 스탈린그라드(지금의 볼고그라드)에서 벌어진 전투이다. 독일군이 포위되어 많은 인명피해를 입었고 바바로사 작전을 실패로 몰아넣었으며 이로 인해 독일의 패색을 짙게 만든 전투였다.

것이다.

인간의 한계를 뛰어넘는 엄청난 시련에도 불구하고 악전고투하고 있는 자신의 군대를 진정으로 사랑하였다면 후일을 도모하기 위해서도 철수를 명하는 것이 지도자로서의 도리였을지도 모른다. 그러나 자신의 이념에 따른 소련에 대한 거부감과 승리하고야 말겠다는 승부욕 그리고 군 전문가들의 조언을 무시하고 자신의 의지대로 전쟁을 이끌어 나가는 독선적인 행태로 인해 히틀러는 결국 무너지고 마는 것이다.

그는 생명을 바치면서까지 자신을 리더로 생각하고 추종했던 장군과 병사들을 진정한 자신의 분신으로 사랑하지 않고 자신의 탐욕과 야욕을 채우는 도구로 생각을 하였던 것이다. 히틀러의 이러한 부하사랑의 실종이 보다 더 큰 불행을 그에게 가져다 준 것이다.

> 그는 리더로서 용서할 수 없는 사람이었다. 왜냐하면 그는 우선 사람을 사랑할 줄 몰랐다. 예를 들어 25만 명에 달하는 독일군들이 소련의 스탈린그라드에 포위되었을 때 현지의 장군들의 판단에 의하면 병력·장비·무기·탄약 및 보급물자의 공수가 거의 불가능하여지고, 추운 겨울에, 기후는 계속 내려가는 가운데 병들고, 굶주리고, 얼어 죽는 군인들이 싸우다 죽는 군인들보다 더 많이 속출하여 지탱할 수 없게 되자 후퇴허락을 히틀러에게 요청을 하였지만 끝까지 사수하라고 하여 그의 군대를 거의 전멸시키게 한 그는 분명히 부하를 사랑하는 리더는 아니었다. 현지의 장군들은 군대를 이곳에 사수하게 하는 것은 범죄행위라고도 주장을 하였지만 그는 듣지 않았다. 결국 1943년 독일군은 2월 2일에 최후의 생존한 독일군마저 항복을 하였다.[563)]

히틀러의 사랑 결핍은 바바로사 작전과 스탈린그라드 전투에서만 나타나는 것이 아니다. 그는 유태인 박해정책을 통해 약 600만 명에 달하는

563) 정우일, 『리더와 리더십』(서울 : 박영사, 2006), 10쪽.

무고한 유태인들을 학살하였다. 이 숫자는 유럽 전역에 거주하고 있던 유태인 830명 중 약 72%를 학살한 셈이 되는 것이다.[564] 그는 애당초 인본주의적인 사고나 인간에 대한 사랑은 접어두고 자신의 삐뚤어진 이념과 탐욕에 도취되어 권력을 자의적으로 휘두른 전형적인 독재자였고 살인자였던 것이다.

스탈린 역시 이점에 있어서는 히틀러와 크게 다를 바가 없다. 그는 자신의 정적을 1934년부터 1938년 동안 약 2,000만 명을 죽였다. 또 사회주의 경제 정책의 구현을 위해 신경제정책(NEP)을 발표하고 1928년부터 1940년까지 약 500만 명의 농민을 농장으로 이주, 수용하는 과정에서 수많은 사람들을 죽게 만들었다.[565] 그 역시 인간에 대한 애정이라고는 눈곱만치도 없고 오로지 자신이 신봉하는 이념과 자신의 탐욕을 위해 무고한 국민들을 죽음에 이르게 하였던 것이다. 히틀러와 스탈린은 나쁜 리더였으며 이로 인해 인간경영에 실패한 리더로 역사에 기록이 되게 된 것이다.

2. 용서와 관용

용서(容恕)의 국어사전적 의미는 '지은 죄나 잘못한 일에 대하여 꾸짖거나 벌하지 아니하고 덮어 주는 것'이다.[566] 또 다른 의미에서 보면, 용서란 '남의 허물을 덮고 자기 안으로 싸안는 마음이며 동시에 자기의 마음을 상대편에게 열어 보이는 행동'이다.

관용(寬容)의 국어사전적 의미는 '마음이 넓어 남의 잘못을 너그럽게

564) 『앞의 책』, 72쪽.

565) 『앞의 책』, 72쪽.

566) http://krdic.naver.com/detail.nhn?docid=28601500

받아들이거나 용서를 하는 것'이다.[567] 또 다른 의미에서 보면, '특정한 종교나 신앙내용·형식을 절대시하여 남을 배제하지 않고 신교(信敎)의 자유를 인정하는 일'이다. 관용은 단순히 개인의 덕(아량)뿐 아니라 사회적인 차원과 관련되며 종교·정치·국가라는 연관에서 생기는 문제이다. 대체로 동일한 사회 안에 복수의 종교가 있는 경우에는 관용의 경향이 많다.[568]

용서와 관용은 또한 배려와도 상통이 된다.

배려(配慮)의 국어사전적 의미는 '도와주거나 보살펴 주려고 마음을 쓰는 것'이다.[569]

또 다른 의미에서 보면, 배려는 상대방의 마음을 이해하고 그러한 입장에서 상대방에게 조건 없이 베푸는 행위를 하는 것이다. 남의 입장과 나의 입장을 한번 바꾸어 본다는 의미를 지닌 '역지사지'(易地思之)라는 말이 필요로 되는 행위라고 말할 수 있다.

B. 조셉 화이트는 냉혈동물인 파충류의 냉철하고 민첩한 모습과 온혈동물인 포유류의 따뜻하면서도 포용하는 모습 모두를 갖추는 것이 성공하는 리더십의 중심임을 강조하고 있다.[570] 이것이 의미하는 바는 리더에게는 냉철한 이성적 면모도 중요하지만 그 것 못지않게 따뜻한 포용과 배려의 감성적 면모도 중요하다는 점을 나타내 보이고 있는 것이다.

이러한 관점에서 볼 때 고통스런 과정을 통해 자신의 지나 온 삶을 냉철하게 반성하고 경쟁이 아닌 배려가 행복과 성공으로 가는 지름길[571]임을 깨닫는 것이 지도자로서 매우 중요한 일이라는 점을 인지하여야 할

567) http://krdic.naver.com/detail.nhn?docid=3675000

568) http://100.naver.com/100.nhn?docid=18230

569) http://krdic.naver.com/detail.nhn?docid=15973900

570) B. 조셉 화이트 지음, 김정한 옮김, 『파충류처럼 냉정하고 포유류처럼 긍정하라』(서울 : 홍익출판사, 2007), 9쪽.

571) 한상복, 『배려』(서울 : 위즈덤하우스, 2006).

것이다.

그리고 배려는 칭찬과 격려를 낳는다는 점을 유념할 필요가 있을 것이다.

한 사람의 꿈을 이루기 위해서는 많은 조건들이 필요하지만 가장 중요한 것은 한마디의 격려가 아닐까 싶다. 어릴 적 부모님의 따스한 한마디, 그리고 선생님의 신뢰어린 격려 한마디로 인생의 좌표를 굳게 설정한 위인들이 얼마나 많은가를 헤아려보면 쉽게 이 말이 의미하는 바를 이해할 수 있을 것이다.

사람을 변화시키려면 비록 작고 사소한 일일지라도 격려의 말을 아끼지 말아야 한다. 작은 여러 개의 물방울이 모여 하나의 큰 물방울을 이루고 또 이러한 큰 물방울들이 수없이 많이 모여 작은 물결을 이루며 이것이 많이 모여 큰 물결이 되듯이 그 힘은 일찍이 꿈꾸지도 못했던 거대한 제방을 허물어뜨릴 수도 있을 만큼 거대한 것이다.572)

사실 다른 사람을 칭찬한다는 것은 그리 쉬운 일이 아니다. 그러나 다른 사람의 장점을 보려고 하고 그런 시각에서 다른 사람을 칭찬하는 것이 중요하다. 괴테(Johann Wolfgang von Goethe)가 이야기 하였듯이 칭찬을 하면 자신이 낮아지는 것 이 아니라 도리어 상대방과 같은 위치에 놓이게 되는 것이다.

실제로 칭찬이 얼마나 커다란 영향력을 가지는지를 보여주는 좋은 실예가 있는데 그게 바로 범고래(Killer Whale)를 훈련시키는데서 나타나는 칭찬의 효과이다.

플로리다 주 '씨 월드'(Sea World) 해양관에서 무게 3톤이 넘는 범고래의 멋진 쇼를 연출하고 있는 범고래 조련사인 데이브는 범고래와의 관계는 인간 사이의 관계와 다르지 않으며 멋진 쇼를 하게 만드는 비결은 상대방에 대한 긍정적인 관심과 칭찬, 그리고 격려라고 말한다. 누구나 인간

572) 데일 카네기 지음, 이상각 옮김, 『생각이 사람을 바꾼다』(서울 : 들녘미디어, 2003).

관계에서 긍정적 관심과 칭찬 그리고 격려가 중요하다고 생각한다.[573] 그러나 실제로 우리 삶은 타인에 대한 무관심과 부정적 반응으로 둘러싸여 있다.

캔 블렌차드(Ken Blanchard)는 씨 월드의 범고래 쇼를 연출하는 조련사들과의 인터뷰와 관련된 연구결과를 토대로 하여 칭찬이 고래도 춤추게 할 수 있는데 만물의 영장인 인간에 대한 칭찬은 이보다 더욱 큰 성과를 가져 올 수 있다는 점을 분명히 하고 있다.[574]

또 칭찬이 가지는 영향력으로 이순신의 부하에 대한 지휘통솔의 실 예에서 이를 찾아볼 수 있다.

이순신은 야박하리만치 휘하 장수들이 세운 전공을 칭찬하는데 인색했다. 그러나 전투 결과를 조정에 보고할 때는 부하들의 전공을 매우 상세히 보고했다. 시일이 지나자 휘하 장수와 군사들의 사기는 더욱 높아졌다. 직접 칭찬하지는 않지만 자신들의 전공을 임금과 조정에 세세히 보고하는 장군을 어찌 믿고 따르지 않을 수 있겠는가?[575]

칭찬 중에서도 '그림자 칭찬'이 가지는 영향력은 더욱 크다. 직접 칭찬을 받는 사람 앞에서 칭찬을 할 경우 칭찬을 받는 사람이나 그 주변 사람들이나 칭찬을 하는 사람이 혹시 아부나 아첨을 하는 것이 아닌가 하여 그 칭찬의 진실성에 대해 의혹을 품을 수도 있어서 칭찬의 본래 뜻을 달성하기가 어려운 경우도 비일비재하다. 그러나 칭찬을 받는 사람이 없는 상태에서 다른 사람들에게 칭찬을 하였을 경우 '발 없는 말이 천리를 간다.'고 사람의 입과 입을 통해 칭찬을 받는 사람에게 간접적으로 전달이 되는 간접 칭찬 일명 그림자 칭찬일 경우 칭찬의 효과는 더욱 배가가 되

573) Ken Blanchard, Thad Lacinak, Chuck Tompkins, and Jim Ballard, *Whale Done! : The Power of Positive Relationships* (New York : The Free Press, 2002). ; 켄 블랜차드 지음, 조천제 옮김, 『칭찬은 고래도 춤추게 한다』(서울 : 21세기북스, 2002).

574) 켄 블랜차드 지음, 조천제 옮김, 『앞의 책』.

575) 윤영수, 『앞의 책』, 110쪽.

는 것이다. 칭찬을 받는 사람이나 그 주변 사람들도 그 칭찬을 진실 된 것으로 받아들일 수 있기 때문이다. 그래서 칭찬을 하는 방법도 매우 중요한 것이다.

1) 용서와 관용을 통해 인간경영에 성공한 역사적 사례들

(1) 율리우스 카이사르(Julius Caesar)

역사적으로 많은 위인들이 용서와 관용을 베풀음을 통해 지도자로서의 위상을 거머쥐었지만 그 중에서도 율리우스 카이사르의 용서와 관용은 대표적이라 생각이 된다. 율리우스 카이사르는 관용의 정치를 통해 로마를 보다 더 위대하게 성장시키려 했다. 『로마 이야기』로 유명해 진 시오노 나나미의 글에서도 그의 관용의 정치가 잘 드러나고 있다.

> 54세를 맞이한 카이사르는 우선 그가 수립하고자 하는 새 질서의 표어로 '클레멘티아'(관용)을 내걸었다......... 카이사르는 기회가 있을 때마다 "나는 술라와는 다르다."고 공언하였다. 반대파를 처단하기 위한 '살생부' 작성을 거부하고, 망명한 사람도 원하면 귀국을 허락하고, 그의 의중을 헤아리지 못하고 폼페이우스 파 사람들의 재산을 몰수한 안토니우스에게는 그 재산을 반환토록 시켰다. 포로 로마노의 연단에 폼페이우스 파 사람들의 목이 효수되는 일도 없었다. 귀국과 복직을 원한 사람 가운데 카이사르의 허락을 받지 못한 사람은 하나도 없었다. '원로원 최종권고'를 발동하여 카이사르를 반역자로 규정한 전직 집정관 마르켈루스의 귀국도 허락했다. 카이사르가 원한 것은 적과 동지도 없이 일치단결하여 국가 로마의 재생을 위해 애쓰는 것이었다. 카이사르의 방식은 반대파를 배제하고 자기편끼리만 개혁을 단행한 술라의 방식보다 훨씬 어려울 수밖에 없었다.[576]

576) 시오노 나나미 지음, 김석희 옮김, 『로마인 이야기 : 율리우스 카이사르(하)』(서울 : 한길사, 1999), 285쪽.

율리우스 카이사르 보다 한 시대 앞서 로마를 다스렸던 독재관 술라(Sula)는 율리우스 카이사르와 달리 부하를 불신하였을 뿐만 아니라 자기 교만과 자만에 흠뻑 빠졌으며, 자신에게 반대하는 정적들에게 피와 보복의 정치를 선사한 인물이었다. 어떻게 보면 그의 정치방식이 율리우스 카이사르의 관용의 정치보다 더 손쉬웠을지도 모르는 일이다.

> 술라는 한마디로 말하면 체제 내 개혁을 단행했다. 아무도 반대할 수 없는 독재관에 취임하여 일종의 위기관리내각을 조직하고, 반대파는 죽이거나 공직에서 추방하거나 재산을 몰수하는 탄압정책으로 숙청한 뒤에 단행한 술라의 정치개혁은 원로원체제를 보강함으로써 통치능력을 회복하려 한 것이었다.......... 연공서열제도를 엄격히 실시하여 개인의 부상(浮上)을 방지하고, 그와 동시에 통치자계급인 원로원 의원에게는 통치능력을 갈고 닦을 기회를 더 많이 주어 지도층의 질적 향상을 꾀했다. 다만 술라가 생각한 통치자 계급은 그와 생각을 같이 하는 사람들만으로 구성되어야 했다. '살생부'까지 만들어 반대파를 철저히 숙청한 것도 술라로서는 로마공화정에 대한 충성도가 높은 사람들로 국정 담당계급을 구성하려는 나름대로의 이유가 있었던 셈이다. 술라보다 한 세대 아래인 키케로는 로마를 현재의 위기에서 구출하는 방책으로 무엇을 생각했을까. 키케로는 술라가 단행한 반대파 숙청과 이를 통한 통치자 계급의 강화에 반대했다. 술라의 공포정치가 결국 사람들의 마음을 황폐하게 만든 것을 '카틸리나의 음모'당시 집정관이었던 그는 깊이 우려하고 있었기 때문이다.[577]

율리우스 카이사르는 자신에게 반역을 한 폼페이우스와 그를 따르던 귀족이나 병사들을 모두 관용으로 다스려 방면을 하였다.

> 카이사르는 앞에 늘어선 폼페이우스군 패잔병에게 무기를 버리라

---

577) 『앞의 책』, 283쪽.

고 명령했다. 포로가 된 사람의 수는 2만 4천. 그들 중에는 카이사르의 발밑에 엎드려 울면서 목숨만 살려달라고 애걸하는 사람도 있었다. 카이사르는 그들에게 일어나라고 말하고, 포로들의 두려움을 없애기 위해 자신의 방식인 관용정신에 대해 잠깐 연설했다. 그런 다음, 모든 포로에게 거취선택의 자유를 주었다. 그는 포로들을 자유롭게 풀어주겠다고 말했을 뿐 아니라, 아군 병사들한테는 패잔병을 해치면 안 되고 그들의 물건에 손을 대서도 안 된다고 엄명했다.578)

그는 자신의 정적이었던 폼페이우스의 죽음을 알고 눈물을 흘릴 만큼 적을 사랑할 수 있는 마음이 넓은 사나이였다.

(폼페이우스가 시해를 당한 것은) 파르살로스 회전이 끝난 지 한 달 20일밖에 지나지 않았다. 그리고 그로부터 나흘 뒤에 카이사르가 알렉산드리아 앞바다에 모습을 나타냈다. 그 카이사르에게 향유 항아리에 담긴 폼페이우스의 목과 도장을 겸한 폼페이우스의 금반지가 전해졌다. 후세 역사가들-후세라 해도 플루타르코스나 카시우스 디오 같은 로마시대의 역사가들이지만-에 따르면, 이것을 본 카이사르의 뺨에는 눈물이 흘러내렸다고 한다.579)

또한 자신을 후에 시해하는 브루투스까지 용서를 한다. 그렇게도 자식처럼 아끼고 사랑했던 브루투스는 율리우스 카이사르를 배신하고 그의 정적이었던 폼페이우스에게 붙어 반역의 칼을 율리우스 카이사르에게 겨누었으나 율리우스 카이사르는 그를 관용으로 포용하고 오히려 벌보다는 요직에 임용하는 방식을 통해 그를 감싸 안았다.

파르살로스 회전이라는 이름으로 역사에 남은 카이사르와 폼페이

578)『앞의 책』, 178쪽.

579)『앞의 책』, 192쪽.

우스의 결전은 카이사르의 완승으로 끝났다. 패배한 폼페이우스 쪽 전사자는 6천 명, 포로는 무려 2만 4천명에 달했다. 포로로 잡혔다가 석방된 자들 중에는 카이사르가 애인인 세르빌리아한테 특별히 부탁 받은 마르크스 브루투스도 끼여 있었다. 세르빌리아의 아들인 브루투스는 그 해 나이 37세였다. 말단 병사에 이르기까지 브루투스는 죽이지 말라는 명령이 하달되어 있었기 때문에 포로들 가운데 그가 끼여 있다는 것을 알자마자 당장 카이사르한테 보고되었다. 다른 포로들과 함께 석방된 마르크스 브루투스는 카이사르가 강요한 것도 아닌데, 도망친 폼페이우스 쪽 고관들과 행동을 함께 하지 않고 앞으로는 카이사르한테 충성을 다 하겠다고 맹세한 병사들과 같은 길을 택했다.[580]............ 석방된 뒤 일단 달아난 브루투스는 피신처에서 카이사르에게 승리를 축하하는 편지를 보내 자기가 있는 곳을 알렸다. 이에 안심한 카이사르는 당장 호위병을 보내 그를 정중히 호위하게 했다. 그리고는 마치 가출한 아들을 어머니에게 돌려보내듯, 브루투스를 세르빌리아에게 보내주었다........ 폼페이우스도 죽고, 이집트 내분도 해결되고, '왔노라, 보았노라, 이겼노라'로 소아시아도 평정된 뒤, 로마로 개선한 카이사르에게 세르빌리아는 또다시 외아들의 장래를 맡겼다. 카이사르는 평생 애인의 부탁을 뿌리칠 사나이가 아니었다. 국가공직을 하나도 경험하지 않은 브루투스가 전직 법무관이라는 직위를 받고 북이탈리아 속주 총독에 부임한 것은 기원전 46년, 그의 나이 39세 때였다.[581]

그의 이러한 관용은 후에 자신을 시해하는데 앞장을 선 카시우스에게도 예외는 아니었다. 폼페이우스의 측근으로 율리우스 카이사르에게 대항을 했던 그 역시 율리우스 카이사르는 조건 없이 용서를 한다. 카시우스는 이러한 율리우스 카이사르의 용서를 배은망덕하게 역이용을 한다. 그는 파르살로스에서 용서받은 마르크스 브루투스까지 끌어들여 4년 뒤

580) 『앞의 책』, 178-179쪽.

581) 『앞의 책』, 373쪽.

인 기원전 44년 3월 15일에 일어나는 카이사르 암살의 주모자가 되는 것이다.

> 그(카이사르)는 폼페이우스가 바다로 도망친 것을 안 뒤에도 배를 마련하여 그 뒤를 쫓지 않고, 여전히 육로를 따라 동쪽으로 나아가 그리스와 소아시아 사이에 가로놓인 다르다넬스 해협에 이르렀다. 폼페이우스의 명령을 받고 그 근해를 지키고 있는 사람은 카시우스였다............ 폼페이우스파인 카시우스도 파르살로스 회전의 결과를 알고 있었다. 카시우스는 저항을 시도해보지도 않고 폼페이우스가 맡긴 10척의 군선과 함께 카이사르에게 투항해버렸다. 물론 카이사르는 그들을 모두 받아들였다. 하지만 바로 이 카시우스가 파르살로스에서 용서받은 마르크스 브루투스를 끌어들여 4년 뒤에 일어나는 카이사르 암살의 주모자가 된다.[582]

이러한 율리우스 카이사르의 관용과 용서 그리고 포용은 그 당시 정적이었던 키케로(Marcus Tullius Cicero)[583]의 마음을 감동시켰다.

> 카이사르는 폼페이우스파 사람들을 석방했지만, 코르피니오에서 석방한 요인들 중에는 에노발부스가 포함되어 있었기 때문에 사람들에게 특히 강한 인상을 주었다. 에노발부스는 카이사르 후임으로 갈리아 총독에 임명된 인물이고, 따라서 카이사르에게는 당면한 최대의 적이었다. 이런 사실을 안 키케로는 친구에게 보낸 편지에서 이렇게 말했

582) 『앞의 책』, 186-187쪽.

583) 키케로는 기원전 106년 로마에서 태어났다. 그는 당시의 웅변가 크라수스와 안토니우스에게서 웅변술을 배웠다. 그런 후에 스카에볼라에게서 법률과 그리스 철학 등을 배웠다. 또한 그는 아카데미아 학파의 필론과 스토아학파의 디오도로스에게서도 배웠다. 기원전 80년 27세 때 키케로는 변론가로서 정치적 생활을 시작하였다. 박덕은 편저, 『쉽고 재미있는 철학이야기』(서울 : 서지원, 1997), 150쪽.

다. "적을 용서하는 카이사르와 자기편을 버리는 폼페이우스는 얼마나 다른가!" 친구한테 말하는 것만으로는 부족했는지, 키케로는 카이사르한테도 편지를 보내 그 관대한 조치를 칭찬했다.[584)]

율리우스 카이사르는 이렇게 용서와 관용 그리고 포용을 리더의 덕목으로 실행을 하였다. 그를 따르는 사람들은 많았고 그는 황제와 버금가는 지위와 명예 그리고 부를 가질 수 있었다. 그는 범부들이 하기 어려운 이러한 리더의 덕목을 실행함으로써 인간경영에 성공한 사람이 될 수 있었던 것이다.

(2) 아브라함 링컨(Abraham Lincoln)

고대 로마시대의 걸출한 영웅이었던 율리우스 카이사르 못지않게 넓은 포용력으로 상대방을 감화시킨 인간경영의 대가로 미국 대통령 링컨을 들 수 있다.

링컨은 대통령이 된 이후 윌리엄 슈어드(William H. Seward), 새먼 체이스(Salmon P. Chase), 그리고 에드워드 베이츠(Edward Bates)와 같은 자신의 정적(政敵)들을 국무부 장관, 재무부 장관, 그리고 법무부 장관 등 핵심적 자리에 앉혔다. 많은 사람들이 우려하였듯이 처음에는 긴장과 대립이 많은 어려움을 자아냈지만 이내 링컨의 넓은 가슴은 이들로 하여금 충성을 하게끔 만들어 버렸다. 남의 입장을 이해하고 공감함으로써 그들의 마음을 갖게 되고 이를 통해 그들이 지니고 있는 높은 재능을 결집해 냄으로써 자신의 목적을 달성시킬 수 있었던 것이다. 결국 그의 넓은 포용력이 적을 친구로 바꾸는 기적을 실현시킨 것이다.[585)]

포용력이 힘을 얻기 위해선 배려하는 마음이 전제가 되어야 한다.

---

584) 시오노 나나미 지음, 김석희 옮김, 『앞의 책』, 28쪽.

585) 도리스 컨스 굿윈 지음, 이수연 옮김, 『권력의 조건』(서울 : 21세기북스, 2007).

배려하는 마음을 기르기 위해선 먼저 상대의 마음의 상태를 잘 파악하여야 한다. 상대의 마음의 상태를 제대로 파악하지 못할 경우 배려하는 자세나 마음은 상대방으로 하여금 아첨하는 것으로 비쳐질 수도 있고 또한 모욕으로도 받아들여 질 수 있다.

다음으로 상대의 생각이나 가치관 등을 잘 알아야 한다. 상대의 생각이나 가치관을 모른 채 자신의 기준에 따라 배려를 할 경우 오해를 살 수도 있고 잘못 받아들여져 오히려 교만스럽거나 오만스러운 것으로 비쳐 질 수도 있다. 그래서 칭찬인줄 알고 상대에게 한 말이 때로는 따가운 질책이 되는 바람에 곤욕을 치르기도 하며 또 어떤 때 능변으로 남을 즐겁게 해주려다 이를 듣는 타인의 입장에서는 악담이 되어 상대의 기분을 그릇 치는 사람도 없지 않다. 누군가 나를 미워하는 사람이 있다면 그 사람을 미워하기 이전에 내 행동을 먼저 살펴야 되는 이유도 바로 여기에 있다.

2) 용서와 관용을 베풀지 못해 인간경영에 실패한 역사적 사례들

(1) 마르크스 브루투스(Marcus Junius Brutus)

브루투스는 공화정 말기인 기원전 49년의 내란 때 폼페이우스 편에 가담하여 율리우스 카이사르에게 대항을 하였다. 그리고 도망치는 폼페이우스를 따라 그리스로 건너가 그 곳에서 카이사르에게 대항할 준비를 하였다. 그는 카이사르와 폼페이우스 간의 사활을 건 혈투의 장인 팔사로스의 회전(會戰)(Battle of Pharsalus)에서 패배를 하여 포로가 되었다. 그러나 카이사르는 그를 사면하여 주었다.

전해 오는 이야기로는 카이사르가 자신의 정부인 세르빌리아(Servilia Caepionis)의 부탁을 받고 특별히 전쟁터에서 브루투스를 죽이지 말 것을 부하들에게 명령했고 폼페이우스 군이 대패를 한 전투장에서 체포되어 포로가 된 그를 벌하지 않고 사면하여 석방을 해 주었다는 것이다.

참고적으로 카이사르의 정부였던 세르빌리아는 브루투스의 어머니였다. 그래서 『플루타르코스 영웅전』을 집필한 플루타르코스(Lucius Mestrius Plutarchus)는 브루투스가 카이사르의 아들이라고 하였다. 왜냐하면 세르빌리아가 카이사르와 오랜 연인관계였기 때문에 얼마든지 브루투스가 카이사르의 아들일 수 있다는 추정이 가능할 수 있기 때문이다. 그러나 정설은 이러한 플루타르코스의 주장을 일축하고 그럴 가능성이 매우 적다고 보고 있다.

어쨌든 그래서 그랬는지는 몰라도 카이사르는 브루투스를 아들처럼 각별히 아끼고 사랑을 했으며 그에게 많은 관심과 배려를 아끼지 않았다. 카이사르는 정부인 세르빌리아의 청을 받아들여 자신의 목에 칼을 겨눈 브루투스를 무죄방면을 시켰을 뿐만 아니라 한 걸음 더 나아가 그의 재간을 높이 평가하여 기원전 46년 갈리아 키사르피나의 총독(總督)이라는 요직에 앉히기까지 하였다.

이 당시 브루투스의 삼촌인 카토(Cato)는 메텔루스 스키피오(Metellus Scipio)와 함께 북아프리카에서 카이사르와 격전을 벌이고 있었던 때였다. 물론 카토는 이후 카이사르와의 힘겨루기에서 패배를 하고 스스로 자결을 하고 만다. 그러나 삼촌의 불운과는 관계없이 브루투스는 이후 카이사르의 총애를 받아 지속적으로 승진을 하였고 BC 44년에는 플라에토르(법무관)의 요직에 임명되기도 하였다.[586)]

그러나 지난 날 로마의 왕정을 무너뜨리고 공화정을 창건한 루키우스 유니우스 브루투스의 자손이라고 자처한 그는 기원전 44년 카이사르가 종신 독재관이 되자 그가 공화정을 뒤엎고 왕위를 노린다는 의심을 갖게 되었다. 그러던 차에 카이사르의 반대파들은 카이사르의 암살을 모의했고 브루투스를 그들의 중심으로 삼는데 성공했다. 아마도 삼촌인 카토와 현재의 부인인 카토의 딸 포르키아의 영향이 컸을 것으로 추정이 된다.

---

586) http://100.naver.com/100.nhn?docid=80676

그 해 3월 15일 카이사르가 원로원으로 등청하려 할 때 그의 부인인 칼푸르니아(Calpurnia Pisonis)가 꿈자리가 좋지 않았다는 느낌을 이유로 그의 등청을 막아섰다. 이로 인해 카이사르의 등청이 지연되었다. 암살을 모의한 자들은 카이사르가 등청을 하지 않자 음모가 드러날 것을 염려하여 좌불안석의 불안상태에 떨었다고 한다. 그러나 운명의 여신은 카이사르를 외면하고야 말았다. 결국 카이사르는 부인의 등청제지를 뒤로하고 운명의 장소에 나타났다.

브루투스는 동지 가이우스 카시우스(Gaius Cassius Longinus) 등 여러 명의 암살자들과 함께 원로원 회의장에서 카이사르를 암살했다. 그 때 카이사르는 "브루투스여! 너마저?"라고 외치며 죽었다고 한다. 암살 직후 브루투스는 "폭군은 죽었다!"(Sic semper tyrannis), "자유가 회복되었다!" 고 외치며 원로원 회의장 밖으로 나왔지만 누구도 호응하지 않았다 한다.[587)]

암살 다음날 브루투스는 로마 시민들을 상대로 암살의 정당성을 연설했으나 폭도로 변한 시민들과 카이사르의 군단병 들의 위협을 받았다. 그 기세에 눌려 브루투스를 비롯해 암살에 가담한 자들은 마르크스 안토니우스(Mark Antony)와 타협하여 카이사르의 유지를 받들기로 하고 위기의 순간에 목숨을 부지하였다. 그러나 브루투스는 로마에 오래 머물 수는 없다는 것을 알았다. 성난 군중들로 인해 언제 생명의 위협을 받을지 모르는 상황이었던 것이다. 그는 성난 군중들을 피하기 위해 로마를 떠나야하겠다는 생각을 하게 된다. 그는 이러한 생각을 실행에 옮겨 로마를 떠나 이탈리아의 이곳저곳으로 피해 다니는 일종의 방랑생활 비슷한 도피행각을 펼친다. 그러다가 나중에 안토니우스와 타협하여 마케도니아 속주 총독자격으로 망명하듯 이탈리아를 벗어나 떠나버린다.[588)]

---

587) http://ko.wikipedia.org/wiki/%EB%A7%88%EB%A5%B4%EC%BF%A0%EC%8A%A4_%EB%B8%8C%EB%A3%A8%ED%88%AC%EC%8A%A4

588) http://en.wikipedia.org/wiki/Marcus_Junius_Brutus

한편 로마에서는 카이사르의 후계자로 서서히 옥타비아누스(Octavian)가 부상하고 있었고 그는 안토니우스, 레피두스와 함께 제2차 삼두정치를 결성하고 카이사르 암살파에 대한 복수에 나섰다. 브루투스는 이러한 낌새를 알아차리고 카이사르 암살 공모자인 가이우스 카시우스와 함께 그리스에서 군사를 모집하였고 안토니우스, 옥타비아누스 군을 맞아 싸울 준비를 하였다.[589)]

기원전 42년 마케도니아 동부에서 두 번에 걸친 필리피 전투(Battle of Philippi)가 옥타비아누스, 안토니우스 군과 브루투스, 카시우스 군에 의해 이루어졌다. 기원전 42년 10월 3일 치러진 첫 번째 전투에서는 브루투스 군이 옥타비아누스 군을 이긴 반면에 안토니우스 군은 카시우스 군을 이겼다. 물론 전투에서 패배한 카시우스는 자살을 하였다. 홀로 남게 된 브루투스도 동년 10월 23일 치러진 두 번째 전투에서 패하자 스스로 자살의 길을 선택하였다.[590)]

전해지는 말에 의하면 브루투스의 시신을 안토니우스가 거두어 그의 어머니인 세르빌리아에게 인도하였다고 하며 그의 전사소식을 들은 그의 부인 포르티아(Portia) 역시 자결을 하였다고 한다.[591)]

브루투스는 자신에게 관용과 용서를 몇 번이고 베풀은 카이사르를 단지 그가 왕이 되려하며 그로인해 공화정이 무너질지도 모른다는 의심만으로 가이우스 카시우스를 비롯한 카이사르 암살파의 꾐에 넘어가 암살 음모에 가담을 했던 것이다. 그러나 카이사르는 이러한 브루투스의 생각과 행동을 전혀 눈치 채지 못하였다. 아니 어쩌면 그가 자신을 시해하는 암살파의 중심에 서리라는 사실을 상상도 하지 못했을는지도 모른다. 그는 브루투스를 어쩌면 정말 자신의 아들로 생각을 했을는지도 모르기 때

---

589) http://en.wikipedia.org/wiki/Marcus_Junius_Brutus

590) http://en.wikipedia.org/wiki/Marcus_Junius_Brutus

591) http://en.wikipedia.org/wiki/Marcus_Junius_Brutus

문이다.

세르빌리아가 자신만이 아는 그런 사실을 은밀히 카이사르에게 이야기를 했거나 혹은 흘리는 방식으로 암시를 주었을 수도 있다. 그러기에 그는 암살의 현장에서 암살의 무리들에 의해 칼에 수십 곳을 찔려 절명하는 순간에 브루투스가 마지막 일격을 가하기 위해 다가올 때 “브루투스여! 너마저?”라는 마지막 절규의 말을 던졌을는지도 모른다.

어쩌면 그가 던진 마지막 말은 브루투스를 향했다기보다는 너무나도 브루투스를 믿은 자기 자신에 대한 실망감과 배신감에서 기인된 마지막 절규라는 생각도 든다. 정말로 브루투스가 카이사르의 아들이건 혹은 아니건 그것이 중요한 것이 아니다. 카이사르가 브루투스를 자신의 진짜 아들 이상으로 정말 사랑했고 그리고 아꼈다는 점이 중요하다. 그랬기에 그는 폼페이우스와의 사생결단의 싸움에서 브루투스가 폼페이우스 편을 들어 그에게 칼을 겨누었을 때도 그를 용서하고 감싸 안았던 것이다. 그리고 그에 그치지 않고 오히려 그를 총독으로 임명하고 이후 법무관으로 임명하는 등 그에 대한 관용과 아량을 끝없이 베풀어 나갔던 것이다.

그런 브루투스가 이번에는 암살자들과 의기투합이 되어 자신의 목을 노렸고 이제 그 실행을 하고 있다는 것을 마지막 절명의 순간 알았을 때 카이사르는 어리석은 브루투스를 저주하기 보다는 그것을 운명으로 받아들이고 자신이 입고 있던 피로 적셔진 토가(toga)로 자신의 얼굴을 가리고 브루투스의 일격을 받아냈던 것이다. 카이사르의 브루투스에 대한 사랑과 용서 그리고 관용은 이와 같이 넘치고도 남음이 있었던 것이다.

그러나 브루투스는 카이사르가 보여 준 관용과 용서 그리고 사랑에 있어서 결코 그를 넘어설 수가 없었다. 그는 자기에게 끝없는 사랑과 관용을 베풀어 주는 카이사르 대신 자신의 아버지의 원수인 폼페이우스에게 복수를 하기는커녕 그를 주군으로 섬겼다. 브루투스의 이러한 어처구니없는 행동을 이해하기 위해서는 다음과 같은 브루투스 아버지와 폼페이우스 간에 얽힌 악연을 알아야 한다.

브루투스의 아버지는 폼페이우스 휘하의 군단장이었다. 그러다가 기원전 77년 술라의 대숙청 때 아버지가 죽었는데 이때 폼페이우스가 그의 죽음에 깊이 관여가 되어있었다. 폼페이우스가 실제적으로는 브루투스의 아버지를 죽인 것이나 마찬가지였다. 그 사실을 브루투스는 알고 있었으며 그래서 그를 미워하였다. 그가 제1차 삼두정치 당시 폼페이우스가 그 중 한명으로 나서는 것을 극력 반대했던 것도 이러한 이유 때문이었다.

그러나 그는 자기식의 정의관에 도취되어 원로원파가 카이사르의 절대 권력에 맞설 수 있는 유일한 정의라고 반지빠르게 생각을 하고 원로원파의 중심에 있는 폼페이우스를 따르게 된 것이다. 아이러니컬하게도 그는 자기의식에 도취되어 폼페이우스를 위해 죽음도 마다하지 않았다. 그리고 자신에게 관용과 포용 그리고 사랑으로 다가오는 카이사르의 넓은 가슴을 거부했다. 단지 그는 교활하게도 자신에게 입신영달이 보장되는 이득이 될 때만 선별적으로 카이사르를 따랐다.

카이사르는 그러한 그의 얕고 어리석은 생각을 알고 있었는지도 모른다. 그러나 카이사르는 마치 부모가 자식에게 하듯이 조건 없는 사랑을 브루투스에게 했고 브루투스는 그것이 득이 된다고 생각을 하면서 이를 어떤 거부감도 없이 받아들이며 승진가도를 달려 나갔다. 정말 카이사르와 생각을 달리하고 이념을 달리한다면 일관성 있게 반대세력에 서있어야 했고 그가 내리는 권력과 명예와 부를 거부했어야 마땅하지만 그는 그러하지 않았다.

겉으로는 자기식의 정의관에 도취되어 대의와 명분을 내세우고 공화정을 위해 자신이 희생양이 될 듯 말하면서도 그는 안으로는 자신의 안위와 영달을 위해 자신의 신조와 신념을 저버리기 일쑤였던 것이다.

그의 이러한 얄팍한 행태는 그의 젊은 시절의 생활의 한 단면에서도 그대로 여과 없이 드러나고 있다. 그는 이종삼촌인 카토의 영향을 많이 받았는데 처음 정치생활을 시작한 것도 카토가 키프로스의 총독으로 갈 때 그를 보좌하면서 부터 시작되었다. 브루투스는 키프로스에서 고리대금업으로 많은 돈을 벌어 부자가 되어 로마로 돌아왔다 한다. 이 때 소아시아의 총독으로 있던 키케로는 그의 고리대금업을 강하게 비난했다 고 한다.[592] 그의 도덕성이 의심받는 대목이다.

또한 그의 사람 됨됨이는 카이사르를 암살한 다음의 태도에서도 잘 드러난다. 자신에게 불리하게 국면이 돌아가자 "나는 카이사르를 사랑한다. 그러나 로마를 더 사랑하기 때문에 카이사르를 죽여야 했다."는 구차한 궤변을 통해 현상을 호도하려고 했으며 사태가 여의치 않자 마르크스 안토니우스에게 목숨을 구걸하였고 결국 그의 도움을 받아 로마를 떠났다. 정말 그가 로마를 위해 카이사르를 죽여야만 했다면 형세가 불리하게 돌아가서 자신의 목에 칼이 들어와도 자신의 신념을 그런 식으로 꺾어서는 안 되었을 것이다.

브루투스는 카이사르를 암살함으로써 결과적으로 카이사르가 그에게 베푼 사랑과 관용 그리고 포용을 배신으로 되갚은 셈이 되어버렸다. 그는 자신에게 아버지처럼 대해준 카이사르를 진정한 사랑과 관용 그리고 포용으로 감싸않지 않았다. 아니 그는 그러한 것조차 할 수 없는 그래서 자신이 살았던 한 시대를 책임질 수 있는 그런 큰 그릇이 아니었는지도 모른다.

그는 한 시대를 이끌어 가는 리더 중 하나로서 자살이라는 가장 처참한 선택을 하여야 했고 관용과 용서 그리고 포용 대신 배신이라는 가장 졸렬한 선택을 한 인간경영의 실패자가 되었던 것이다.

---

592) http://en.wikipedia.org/wiki/Marcus_Junius_Brutus

(2) 연산군(燕山君)

연산군은 자신의 생모가 당파싸움에 휘말려 폐비가 되고 결국 사약을 받아 살해되었다는 사실을 임사홍 등을 통해 듣게 된다. 그는 사사(賜死)를 받아 죽은 생모의 복수를 위한 분노에 치를 떤다. 그는 그 당시 자신의 생모의 죽음과 연관되는 모든 이들을 잡아들여 무자비한 고문을 가하고 처참하게 죽여 버린다. 이 때 처참하게 희생된 사람으로는 윤필상(尹弼商)과 김굉필(金宏弼) 등 수십 명이 넘고 이미 죽은 한명회(韓明澮) 등도 시신을 관에서 끄집어내어 참하는 부관참시(剖棺斬屍)를 당하였다.

이러한 피바람은 이에 그치지 않고 심지어 자신의 아버지인 성종의 후궁인 정씨(鄭氏)와 엄씨(嚴氏)가 자신의 생모를 중상하고 모함하여 폐비로 만들고 궁에서 내치게 하고 끝내 사사(賜死)를 시켰다고 해서 자기 손으로 두 후궁을 죽여 산야에 버리는 포악한 성정을 드러내기도 하였다. 그는 그것으로도 모자라 생모의 죽음과 깊은 관련이 있다고 생각한 조모 인수대비(仁粹大妃) 역시 구타하여 죽게 만들었다. 그리고 그의 난행을 비방한 투서가 언문으로 쓰였다는 이유 하나만으로 한글 교습을 중단시키고 언문구결(諺文口訣)을 모조리 거두어 불태워 버렸다.593) 그는 이미 넘어서는 안 될 금도를 넘어선 복수의 화신이 되어있었던 것이다.

그의 이성을 잃은 이러한 피의 복수극은 그를 포악하게 만들고 정사를 돌보기는커녕 주지육림(酒池肉林) 속에서 방탕한 생활을 하도록 타락을 재촉하기만 할 따름이었다. 그의 복수극으로 비롯된 실정은 국정을 혼란스럽게 만들었고 이를 명분과 빌미로 하여 성희안, 박원종이 주도를 한 중종반정이 일어났다. 결국 연산군은 폐왕이 되었고 교동(지금의 강화)으로 쫓겨났으며 연산군으로 강봉(降封)되었다. 그리고 그 해에 30세의 젊은 나이에 병을 얻어 죽었다.594) 한마디로 비극적인 결말이었다. 그가 조

593) http://100.naver.com/100.nhn?docid=112584

594) http://100.naver.com/100.nhn?docid=112584

금이라도 용서와 관용의 미덕을 믿고 따르기만 했더라도 이러한 불행한 결과는 초래되지 않았을지도 모른다. 그가 피가 거꾸로 치솟고 끓어오르는 복수의 혈기를 이겨내고 자신의 생모에 대한 가해자들을 용서하고 관용을 베풀었다면 이렇게 다른 사람에게 상처를 주고 심지어 자기까지 철저하게 상처를 받고 망가지는 그런 결과는 초래하지 않았을지도 모른다.

이런 면에서 정조(正祖)의 사람됨과 비교가 되는 것은 어떻게 보면 자연스러운 것인지도 모른다. 정조는 어린 시절 자신의 아버지인 장헌세자(莊獻世子)[595] 가 뒤주 속에서 죽어가는 것을 지켜보아야만 했던 비운의 주인공이었다. 그의 아버지의 죽음 역시 당파와 관련된 중상과 모함에 기인한 것이었다.

정조의 아버지였던 사도세자가 영조의 뒤를 이어 왕위에 오를 경우 이미 정권을 장악한 자신들의 입지가 위축될 것을 우려한 노론들은 정순왕후(貞純王后) 김씨와 함께 그의 잘못을 영조에게 과대 포장하여 무고하는 등 세자의 지위에서 끌어 내리고자 혈안이 되어있었다. 또한 김한구(金漢耉)와 그의 일파인 홍계희(洪啓禧), 윤급(尹汲) 등은 세자의 장인인 영의정 홍봉한(洪鳳漢)이 크게 세력을 떨치자 그 일파를 몰아내고 세자를 폐위시키고자 윤급의 종 나경언(羅景彦)을 사주하여 세자의 비행 10조목을 영조에 올리도록 하였다. 이 일로 인해 세자의 비행을 올린 나경언은 참형에 처하여지고 영조는 세자를 불러 조목조목 다그치고 자결할 것을 명하였으나 세자가 살려달라고 애원하자 서인으로 폐하고 뒤주 속에 가두어 8일 만에 굶어죽게 하였던 것이다.[596]

이러한 아버지의 비극을 지켜보았고 어린 나이에 자신의 할아버지인 영조에게 아버지를 살려달라고 울음으로 호소를 했던 정조였다. 세월이 흘러 그가 왕위에 올랐지만 그는 연산군과 같은 피의 복수극을 펼치지는

---

595) 사도세자(思悼世子)로 더 잘 알려져 있다.

596) http://100.naver.com/100.nhn?docid=133415

않았다. 그리고 연산군처럼 채홍준사(採紅駿使)를 전국방방곡곡으로 보내 미색을 갖춘 여인네들을 선발하여 이들을 궁중으로 불러들여 주지육림이 난무하는 방탕한 그런 생활도 하지 않았다.

그는 단지 세손시절 대리청정 시 국정을 문란케 했던 홍인한과 정후겸 등을 사사(賜死)하고 그 무리 70여 명을 처벌하였을 뿐이다. 그리고 『명의록』(明義錄)을 지어 그들의 죄상을 하나하나 밝혔을 뿐이다. 이후 정조는 숙종과 영조의 탕평론을 이어받아 왕정체제를 강화하였고 실학육성 등 많은 위업을 달성하였으며 진정한 위민(爲民)을 실현시키고자 노력하였다.597)

정조 역시 왜 연산군 못지않게 자신의 부친을 뒤주 속에 가두고 굶겨 죽인 가해자들에 대한 사무친 복수의 한이 없었겠는가? 그러나 그는 그것을 이겨내고 용서와 관용의 정치를 펼쳐나갔다. 그리고 그는 이를 통해 세종 이후 가장 위대한 현군으로 자리매김을 할 수 있었던 것이다. 이러한 맥락에서 그를 용서와 관용을 통해 인간경영에 성공한 리더로 이야기한다 해도 지나침이 없을 것이다.

연산군은 이와 반대로 복수의 한을 극복 못하고 용서와 관용의 정치를 펼쳐나가지 못해 인간경영에 실패한 리더로 자리매김을 하게 된 것이다.

(3) 장희빈(張禧嬪)

일반적으로 널리 장희빈이라고 불리어지는 희빈 장씨(禧嬪 張氏)는 조선 제19대 왕인 숙종의 빈(嬪)이었으며 제20대 왕인 경종(景宗)의 어머니였다. 특히 그녀는 조선 왕조 역사상 유일하게 궁녀 출신으로 왕비까지 오른 입지전적인 여인이기도 하였다.

본명은 장옥정(張玉貞)이었으며 인경왕후 김씨와 사별한 20세의 청년 숙종과 연을 맺고 정인이 되었지만 서인의 대표 격으로 숙종의 어머니였던 대비 명성왕후 김씨(明聖王后 金氏)가 남인이 입궁시킨 장희빈을 싫어하여

597) http://100.naver.com/100.nhn?docid=136845

궁에서 쫓아내었다. 1683년 명성왕후가 41세의 나이로 승하하자 자의대비[598]는 숙종과 인현왕후를 설득하여 장옥정을 재 입궐시켰는데 이때 장옥정이 남인이라는 것을 아는 서인들은 그녀의 입궐을 격렬히 반대했지만 숙종은 장옥정을 내명부 종 4품 숙원의 후궁으로 봉해 주는 한편 창경궁의 취선당(就善堂)에 머무르게 하였다.

남인인 숙원 장씨는 서인인 인현왕후 민씨(仁顯王后 閔氏)와 대립하였지만 인현왕후는 기본적으로 장 숙원[599]을 후덕한 성품으로 감쌌다.

1688년 당시 소의(昭儀)[600]였던 장옥정은 드디어 왕실이 그토록 고대하던 장남 '윤'(昀)을 낳았고 이 왕자가 후에 조선 왕조 제20대 왕 경종(景宗)에 오르게 된다. 숙종은 크게 기뻐하여 소의 장씨의 품계를 정1품 빈(嬪)으로 승격시키고 아들인 왕자를 원자(元子)로 책봉하려 하였으나 남인인 희빈의 아들이 원자, 나아가 세자가 되었을 때의 후일을 염려해 송시열 등 당시 집권을 하고 있던 서인이 지지하지 않으므로 남인의 원조를 얻어 책봉하려 하였다.

이에 서인의 노론과 소론은 모두 아직 왕비 민씨(閔氏)가 나이가 많지 않으니 후일을 기다리자고 주장하였다. 숙종은 듣지 아니하고 1689년(숙종 15년) 정월에 원자를 봉하고 장 소의를 희빈(禧嬪)으로 봉했다. 그리고 세자를 봉함이 아직 빠르다고 상소하는 송시열에 대해 남인 이현기(李玄紀), 남치훈(南致薰), 윤빈(尹彬) 등이 논박을 하자 숙종은 송시열을 파직시켜 제주도로 유배하게 하고 다시 정읍(井邑)으로 이배시켰다가 사사하였다. 그리고 이 밖에 서인의 영수들도 파직 또는 유배를 면치 못하였고, 반면에 남인의 권대운(權大運), 김덕원(金德遠) 등이 등용되었다. 이로써 경신대출척 이후 밀려난 남인이 다시 집권하게 되었는데 이를 기사환국이

598) 장렬왕후라고도 한다.

599) 숙원은 내명부 종4품이다.

600) 내명부 정2품의 품계이다.

라고 한다.

환국의 여파로, 이해 음력 5월에 민비를 폐하고 장희빈을 왕비로 삼았다. 그리고 장비(張妃)의 오빠인 장희재(張希載)는 포도대장, 총융사, 한성부 좌윤 등 고관의 자리에 앉게 되었다. 장옥정은 조선조 최초로 중인의 신분으로 정비(正妃)가 된 여인이었다.

기사환국 후 시간이 감에 따라 숙종은 폐비 사건을 후회하게 되었다. 그러던 중 1694년(숙종 20)에 서인의 김춘택(金春澤), 한중혁(韓重爀) 등이 폐비의 복위 운동을 꾀하다가 고발되었는데 이때 숙종은 폐비에 대한 반성으로 옥을 다스리던 남인의 영수요 당시 우상(右相)으로 있던 민암(閔黯)을 파직하고 사사하였으며, 권대운, 목내선, 김덕원 등을 유배하고 소론(少論)의 남구만(南九萬), 박세채(朴世采), 윤지완(尹趾完) 등을 등용하고 장씨를 희빈으로 내렸는데, 이것을 갑술환국이라고 한다. 또한 이미 죽은 송시열, 김수항 등은 다시 복작(復爵)되고 남인은 정계에서 물러나게 되었다.

소론이 들어서고 남인이 물러나게 될 때 장희빈의 오빠 장희재가 장희빈에게 보낸 서장(書狀) 속에 폐비 민씨에 관련된 문구가 논쟁이 되어 여러 사람이 장희재를 죽이자고 하였으나 세자에게 화가 미칠까 염려하여 남구만, 윤지완 등이 용서하게 하였다. 결국 장희재는 제주도로 유배를 갔고, 장희빈의 처소 또한 대조전이 아닌 과거에 사용하던 창경궁 취선당으로 옮겨졌다.

장희빈은 이때 자신에게 닥친 불운에 대해 이를 겸허하게 받아들이고 자숙하려는 마음가짐을 가지기는커녕 이런 불운을 모두 남의 탓으로 돌리기 바빴으며 이렇게 곤궁한 처지에 빠지게 만든 자들에 대해 저주와 원망을 쏟아내었다. 또한 복위된 인현왕후를 저주하기 위해 모든 못된 수단을 총동원하였다.

그녀는 자신이 뿌린 악의 씨앗이 이런 결과를 가져왔다고 반성하고 밝고 희망찬 미래를 위해서는 그리고 자신이 낳은 아들의 장래를 위해서는 비록 자신에게 이렇게 불운을 가지게 만든 이들이라 할지라도 그들을 용서하고 포용하는 마음가짐을 가졌더라면 그녀의 삶도 그리고 그녀의 아들의 미래도 역사에 기록된 것과는 다른 결과를 가져왔을 것이다.

그러나 그녀는 그러한 넓은 마음을 가지는데 실패하고 오로지 자신의 불운을 가져오게 한 자들에 대해 미워하고 저주하고 증오하는 자기 파괴적 행태의 악순환을 거듭하고 있었다.

이러한 과정에 1701년 음력 8월 14일에 한 많은 생을 뒤로 하고 인현왕후가 세상을 떠났다. 장희빈은 과거 숙종의 총애를 믿고 살아생전의 인현왕후를 여러 차례 홀대하였을 뿐만 아니라 남인들과 결탁하여 인현왕후를 폐비로까지 몰아넣었다. 그러나 인현왕후는 그런 교활하고 음흉한 흉계를 꾸려 자신을 폐비로까지 만든 장희빈을 결코 미워하거나 저주하거나 시기하지 않았다. 그리고 자신을 모시며 충성을 바치는 궁녀들에게도 장희빈을 욕하거나 시기하지 말 것을 명하였으며 장희빈의 온갖 패악질에도 이를 개의치 않고 의연하게 받아들이는 초인적 자세를 보여주기도 하였다. 그야말로 누구나 하기에는 너무나 어려운 인내와 용서 그리고 관용을 몸소 실천해 보인 것이다.

그러나 운명의 여신은 결코 장희빈에게 지속적으로 행운의 미소를 던져주지는 않았다. 숙종도 시간이 흐름에 따라 인현왕후를 폐비로 만들고 못쓸 짓을 한 것을 점차 후회하게 되었고 장희빈의 교활한 패악 질과 성정에 서서히 싫증을 느끼기 시작하였던 것이다. 숙종의 마음은 장희빈에게 멀어지는 대신 인현왕후에게 다가가고 있었던 것이다. 그러나 불행하게도 인현왕후는 왕비로 다시 복위된 다음에 건강에 발목을 잡혔다. 이로 인해 인현왕후를 아끼는 많은 사람들의 시름이 컸다. 그러다가 인현왕후는 드디어 한 많은 세상을 뒤로 하게 된 것이다.

장희빈은 자신에게 사랑과 관용으로 넓은 마음을 드러내 보인 비운의 여인이었던 인현왕후의 사망에 애도의 깊은 뜻을 가지기는커녕 그녀의 세상 떠남을 노골적으로 기뻐하였다. 어떻게 보면 그녀의 입장으로서는 성가셨던 눈에 가시를 빼낸 것만큼이나 속 시원하고 기쁜 일이 아닐 수 없었을 것이었다. 그러나 이러한 기쁨도 잠시, 장희빈의 행운도 여기까지로 막을 내리게 하는 큰 사단이 벌어지게 되는 것이다.

인현왕후와 함께 노론에 있던 숙종의 후궁 숙빈 최씨가 장희빈이 평소 인현왕후를 저주했다는 사실과 함께 그 증거로 신당(神堂)의 존재를 왕에게 고변하였던 것이다. 인현왕후의 죽음에 슬퍼하고 자신이 행한 인현왕후에 대한 잘못된 일을 후회하고 있던 숙종은 바로 이 고변에 분노하였으며 이를 근거로 하여 진상을 파악하기 위한 조사에 들어갔다. 조사결과 장희빈은 취선당 서쪽에다 신당을 설치하고 은밀하게 무녀를 데려다가 왕비 민씨가 죽기를 기도하고 그녀를 저주했다는 것이 백일하에 드러나게 되었다.

숙종의 노여움은 매우 컸다. 이로 인해 1701년 음력 10월 10일 장희빈은 사약이 내려져 사사되었고 이 일에 관련된 장희빈의 오빠인 장희재 역시 처형되었다. 당시 장희빈의 나이는 43세였다. 또한 이 사건과 연관된 궁인(宮人)과 무녀(巫女) 그리고 그 족당도 화를 입었다. 이것을 '무고의 옥'(巫蠱獄)이라 한다.

이때에 장희빈에 대하여 관대한 태도를 취한 남구만, 최석정(崔錫鼎), 유상헌(柳尙憲) 등 소론의 선비들도 동반 몰락하게 되고 이를 기화로 다시 노론이 득세하게 되는 결과를 가져오게 되었다. 숙종은 이후 빈어(嬪御)[601]에서 후비(后妃)[602]로 승격되는 일을 금지하는 법을 만들었다.

장희빈은 중인의 신분으로 최초의 왕비가 된 여자였고 조선 역사상 유일하게 궁녀에서 왕비가 된 여자였다. 장희빈은 이러한 자신의 남다른 행운에 감사를 하고 자신을 낮추고 자중자애를 했어야 했다. 그리고 어진 인

601) 임금의 첩을 의미한다.

602) 임금의 정실을 의미한다.

현왕후의 후대에 화답을 하며 더불어서 함께 살아가는 상생의 진솔 된 모습을 보였어야 했다.

그러나 그녀는 그렇게 하지 못했다. 너무나 많은 야심과 욕심이 있어서 그러했는지는 모르지만 그녀는 자신이 원하는 모든 것을 손아귀에 검어 쥐려고 하였으며 자신의 그러한 앞길에 장애가 되는 모든 것을 없애려 하였다. 그녀의 마음속에는 사랑이나 배려 그리고 용서나 관용이라는 단어는 없었는지도 모른다. 오로지 자신의 허황된 꿈을 이루어줄 수 있는 것만을 쫓아갔는지도 모른다. 그녀는 지위를 격상시키고 자신의 삶을 살찌우고 부귀영화를 가져다 주는 그런 것만을 속절없이 뒤쫓았는지 모른다. 그것이 무지개의 꿈이요 허상인지도 모르고 말이다.

조금이라도 장희빈이 용서와 관용의 마음을 가지고 인현왕후를 비롯해 주변의 사람들에게 베풀고 배려했더라면 이러한 처참한 결말을 맞이하지는 않았을 것이다. 일부 사가들은 장희빈을 당파싸움의 희생양으로 보는 시각도 있지만 그녀가 진정 사랑과 배려 그리고 용서와 관용의 화신으로 주위 사람들에게 다가갔더라면 피비린내 나는 당파의 그늘에서도 얼마든지 벗어날 수 있었을 것이다. 무엇이라 변명을 해도 그녀의 하늘 높은지 모르는 야심과 욕망이 결국 그녀를 참혹한 비극의 주인공으로 만들어버리고 만 것이다.

우리는 장희빈을 통해 얼마나 사랑과 배려 그리고 용서와 관용이 위대하고 필요한 것인가를 교훈으로 알게 되는 것이다.

(4) 흥선대원군(興宣大院君)과 명성태황후 민비(明成太皇后 閔妃)

흥선대원군[603]은 조선 말기의 왕족이자 정치가로, 이름은 이하응(李昰

603) 대원군(大院君)은 조선 시대 적통인 임금의 자손이나 형제의 대가 끊겨 방계(傍系)인 종친 중에서 왕위를 이어받을 때, 그 임금의 친아버지에게 주는 칭호 및 관직으로서, 군호 가운데 하나이다. 주로 추존을 하여 묘호를 올려서 하는 것이 본래 흔한 것이었으나

應)이며 고종의 친아버지이다. 그는 오위도총부 도총관 등 한직을 지내면서 안동 김씨의 세도정치 밑에서 불우한 생활을 하였다. 세도 가문의 잔칫집을 찾아다니며 걸식도 서슴지 않았다 한다.[604)]

철종이 후사(後嗣) 없이 죽자 후사 결정권을 가지고 있던 조대비와 밀계(密計)를 하고 자기 둘째 아들 명복을 세자로 삼고 자기는 대원군(大院君)이 되어 정책 결정권을 부여받았다.

1863년 아들인 고종이 즉위하자 조대비가 수렴청정을 하였으나 곧 흥선대원군에게 고종을 보필하라며 형식상으로 수렴청정을 행하니 이때부터 흥선대원군이 집권하기 시작하였다. 흥선대원군은 세도가였던 안동 김씨 일문을 축출하고 문벌과 사색당파를 배제한 인사등용을 하였다.

한편 흥선대원군과 반목과 갈등을 첨예하게 했던 민비는 외척으로 인한 폐해가 없으리라 기대한 흥선 대원군의 뜻에 따라 1866년 음력 3월 6일 왕비로 간택되어 음력 3월 20일 고종의 왕비가 되었다.[605)]

그러나 1868년 궁인 이씨가 완화군을 낳았는데, 흥선대원군이 완화군을 세자로 삼으려 하면서 갈등이 생기기 시작했으며, 흥선대원군의 반대세력을 규합하여 세력 기반을 이루었다. 1871년 첫 아들을 낳았으나 태어난 지 나흘 만에 죽자, 이를 대원군의 탓으로 돌려 갈등이 더욱 노골화되고 커졌다.

대원군이라는 칭호를 선조 때부터 사용하였으며, 대원군이라고 하면 흔히 흥선대원군 이하응으로 알려져 있다. 역대 대원군 중 생전에 대원군이 된 것은 흥선대원군이며, 조선의 마지막 대원군도 역시 흥선대원군이다. http://ko.wikipedia.org/wiki/%EB%8C%80%EC%9B%90%EA%B5%B0

604) 소설가 김동인은 『운현궁의 봄』에서 당시 흥선대원군의 모습에 대해 겉모습은 술에 취해서 사는 모습이지만 실제로는 대장부로서의 기개가 있었다고 묘사하고 있다. 그는 식은 전 조각에다가 침을 퉤퉤 받아 내던지면 그것을 얼른 주워 도포 자락에 쓱쓱 닦아 앙천대소하며 게걸스럽게 먹어대는 모욕까지도 감수했다고 한다. http://ko.wikipedia.org/wiki/%ED%9D%A5%EC%84%A0%EB%8C%80%EC%9B%90%EA%B5%B0

605) http://ko.wikipedia.org/wiki/%EB%AA%85%EC%84%B1%ED%99%A9%ED%9B%84

그 당시 서구 열강의 개항 압력이 점점 노골화되었으나 대원군은 일관되게 쇄국정책으로 맞섰다. 1866년 평양에서 통상을 요구하면서 행패를 부리던 미국 상선 제너럴셔먼호를 불태워 없앴고, 그 직후 프랑스[606]와 미국[607] 등과 강화도에서 군사 분쟁이 일어났으나 대원군은 단호한 집념으로 이들을 모두 물리치고 척화비까지 세웠다. 한편 양요가 일어났을 때 한양에서 도주한 양반은 관리 임용에서 불이익을 주기도 하였다.[608] 1869년 일본이 메이지 유신과 왕정복고를 알리는 국서를 보내왔으나 이 또한 거절하였다.

그는 대외적으로는 이와 같이 쇄국정책을 일관되게 밀고나가는 한편, 대내적으로는 구태를 청산하는 개혁정책을 강도 높게 추진시켜 나갔다. 무엇보다 우선적으로 세도정치로 인해 약해진 왕의 권위를 높이기 위해 8천만 냥의 공사비를 들여 경복궁을 재건하였다.[609] 그리고 종전까지 당쟁의 소굴이요 국가 재정을 좀먹고 국정을 어지럽히는 유생들의 소굴인 서원도 대폭 정리하여 오직 47개소만 남겨 두었다.[610] 그의 사이비 서원의 정리는 착취로 고통 받던 민중의 전폭적인 지지를 받았다.

그는 이러한 개혁정책이외에 당파(黨派)를 가리지 않고 인재를 고루 등용하였으며, 의정부의 기능을 부활시키고, 조선 후기의 상설 기관이던 비변사를 완전 폐지하고 삼군부를 두어 군국기무를 맡게 하여 정권과 군권을 분리하는 등 군제를 개혁하는데도 앞장을 섰다.

그러나 대원군 집권 시에 어두운 면이 없었던 것은 아니다. 8천만 냥이라는 과도한 국가재정을 들여 경복궁을 무리하게 재건하는 일등으로 인

---

606) 1866년에 일어난 병인양요를 말한다.

607) 1871년에 일어난 신미양요를 말한다.

608) 신복룡, "대원군과 개혁 정치", 『한국사 새로 보기』, 초판 2쇄 (서울 : 도서출판 풀빛, 2001), 180-189쪽.

609) 박은식 지음, 김승일 옮김, 『한국통사』(서울 : 범우사, 1997), 76-77쪽.

610) 『승정원일기』, 고종 8년 3월 20일자 기사.

하여 국가의 살림살이가 많이 어려워졌다. 왕권을 회복하기 위한 경복궁 재건에 들어간 8천만 냥의 재원조달은 대부분 원납전이라는 강제 기부금을 백성들에게서 징수하였으며 이것이 부족해지자, 다시 악성화폐인 당백전, 원납전 등을 주조하여 공사비를 조달하고 동원하는 등 상당한 무리가 따랐다.[611]

1873년 최익현 등의 보수적 유학자들을 앞세운 고종의 견제로 실각을 하게 되고 뒤를 이어 아들 고종이 친정을 하게 되었다. 명성황후는 이때를 놓치지 않고 민씨 집안사람 몇몇을 조정의 요직에 앉혔다. 대외적으로도 쇄국정책을 버리고 1876년 일본과 병자 수호 조약을 체결하는 등 외국에 문호를 개방하였고 김홍집, 어윤중, 김윤식 등 중도 개화파를 지원하였다.

1881년 흥선대원군의 서자 이재선이 안기영, 권정호 등과 함께 음력 9월 13일로 예정된 경기도 향시를 치르려고 모인 유생들을 동원하여 대신들과 민씨 척족을 몰아내려다 발각된 사건이 발생하였다. 이 사건의 배후에 흥선대원군이 있다고 여기는 사람이 많았다. 그럼에도 불구하고 명성황후의 정치적 집권은 계속 되었고 대원군은 칩거를 하는 양상이 벌어졌다.

그러나 1882년 임오군란을 계기로 다시 대원군은 정치전면에 나타나 재집권을 하게 된다. 당시 신식 군대였던 별기군(別技軍)과의 차별대우[612]에 대한 불만이 폭발하여 봉기한 구식 군대의 추대로 재집권을 하게 된 것이다. 이때 명성황후는 생명의 위협을 느끼고 변복을 하고 홍계훈(洪啓薰)의 등에 업혀 궁궐을 벗어나 장호원을 거쳐 충주로 피신을 하였다. 봉기군의 추대로 입궐한 흥선대원군은 명성황후가 이미 죽었다고 거짓 보고한 뒤 황후가 입던 옷을 관에 넣고 장례를 치르기까지 하였다.

그러나 민씨 세력과 내통한 청나라의 군사적 압력으로 임오군란은 진

611) 박은식 지음, 김승일 옮김, 『앞의 책』, 76-77쪽.

612) 이들 별기군은 급료나 피복 지급 등 모든 대우가 구식군대보다 월등하였다.

압되고 홍선대원군 자신도 이홍장 일파에게 납치되어 청나라의 톈진으로 압송됨으로써 1개월 만에 실권을 하고 다시 고종이 복권하여 친정체제가 이루어졌다. 서울로 되돌아온 황후는 자신의 울타리를 더욱 튼튼하게 만들기 위해 민씨 척족을 더 등용한다. 홍선대원군의 도발이 오히려 민씨 척족을 더욱 단결하게 만든 셈이다.

임오군란은 대원군과 명성황후를 물과 기름처럼 만들어 놓은 결정적인 계기를 마련 해 준 사건이었다. 이들은 서로 시아버지와 며느리 사이였지만 정치적 이해관계에 있어서는 서로 첨예하게 대립을 하고 있었다. 그러한 갈등과 대립이 본격적으로 표면화되기 시작한 것이 임오군란의 발발이었다. 이 둘은 이로써 서로 돌아올 수 없는 강을 건너게 되는 것이다.

1884년 음력 10월 17일(양력 12월 4일) 갑신정변으로 조정을 장악하고 있던 민씨 척족 상당수가 김옥균, 박영효 등 급진 개화파에 의해 죽음을 당하였다. 이 과정에서 명성황후의 개인 비서인 내관 유재현까지 살해되었다. 다행히도 조카 민영익은 미국인 의사인 호레이스 알렌의 치료로 생명을 건졌다. 이 일로 말미암아 명성황후는 일본과 급진 개화파를 경계하며 의심하고 멀리하게 되었다.

임오군란 등으로 인해 홍선 대원군과 명성황후사이에는 갈등의 봇물이 터지게 되고 이에 기름을 부은 사건이 터지게 되는데 그것이 바로 1892년 봄에 일어난 운현궁 폭발 사건이었다. 이것은 운현궁에서 화약이 터지고 여러 건물에 장치된 화약이 발각된 사건이다. 황현은 명성황후를 이 사건의 배후로 지목하였다. 황현에 따르면, 운현궁의 폭탄 테러 사건은 명성황후가 대원군 일가를 폭살하기 위해 벌인 짓이라고 하였다. 이때 홍선대원군의 사랑채와 이재면과 이준용 부자의 거처에도 폭약이 장치되어 있었으나 다행히 점화되지 않은 상태에서 발견되었다.

이는 과거 1874년 홍선대원군이 명성황후의 오라비인 민승호에게 선물로 위장된 폭약을 보내 민승호와 어머니 등 일가를 폭사시켰던 폭탄테러의 전례에 대한 정치적 보복이라는 주장이 있으나 배후는 밝혀지지 않았다.[613] 이 사건 이후 명성황후는 민씨 조카들을 등용하여 자신을 보호할 울타리를 쳤다. 이 사건으로 대원군과 명성황후의 감정의 골은 더욱 깊어지게 되었다. 이들에겐 용서와 관용을 찾아 볼 수 없었다. 먹지 않으면 먹히는 살벌한 생존경쟁이 자행되었던 것이다.

1894년 봄 동학 농민 운동 발생 당시 대원군이 일부 동학군 지도자와 결탁하였다는 견해도 있다. 동학 농민 운동이 실패로 돌아간 후 전봉준은 대원군과의 연관성을 추궁당하기도 했다.

동학란이 일어났을 때 배일(排日)로 돌아선 고종과 황후 세력 및 동학군을 진압하려고 출동한 청군을 견제하기 위해 일본은 그들과 대립 관계에 있던 홍선대원군을 앞세웠다. 그해 음력 6월 21일(양력 7월 23일) 일본군 혼성여단을 투입하여 경복궁을 강제로 점령하고, 일시적으로 흥선대원군을 내세웠던 것이다. 정권 회복과 왕조 중흥 방안 마련에 골몰하던 대원군은 "조선의 땅을 한 치도 요구하지 않겠다."라는 스기무라 후카시 일본 공사관 서기관의 확약을 곧이곧대로 믿고 일본 장사배의 호위를 받으며 입궐하였다. 이로써 민씨 세도는 무너졌다.[614]

이튿날인 음력 6월 22일 흥선대원군은 측근 이원긍을 오토리 일본 공사에게 보내 명성황후 폐서의 취지가 담긴 문건을 제시하고 동의를 요구하였다. 이준용도 24일까지 오토리 공사를 설득하기 위해 일본 공사관을 두 차례 방문하였다. 그러나 스기무라 서기관을 비롯한 일본 공사관 요원들이 강력히 반발했기 때문에 대원군과 이준용의 의도는 성사되지 못하고 좌절당하였다.[615] 그는 6월 24일 이준용을 별입직에 임명하여 고종과 명성황후에 대한 감시를 한층 강화하였다.[616]

---

613) 오영섭, 『한국 근현대사를 수놓은 인물들 (1)』(서울 : 경인문화사, 2007), 315쪽.

614) 『앞의 책』, 315-316쪽.

615) 『앞의 책』, 315-316쪽.

청일전쟁이 일본의 승리로 끝난 직후 일본은 1895년 4월 17일 강화조약인 시모노세키조약(下關條約)을 통해 중국의 요동반도(遼東半島) 등 전략적 요충지를 전리품으로 상당수 챙길 수 있었다. 그러나 서양 삼국, 즉 러시아, 독일, 프랑스가 일본의 이권에 간섭을 하여 청일전쟁에서 승리하여 얻은 이권을 내놓게 하였다. 즉 일본에 할양하도록 되어 있는 요동반도(遼東半島) 등을 청나라에 다시 되돌려 줄 것을 강력히 권고한 것이다. 이것이 삼국간섭이며, 그에 따라 일본은 조선에서 조차 그들이 누려왔던 그리고 앞으로 누릴 지위조차 흔들리게 되었다.

이러한 일련의 사태를 예의주시하던 고종과 명성황후는 일본보다 훨씬 강하게 여겨지는 러시아와의 친분을 강화하려고 시도하였다. 이러한 시도의 내면에 담긴 고종과 명성황후의 생각은 일본의 세력을 약화시키고 견제하기 위해 일본보다 더 강하다고 생각되는 러시아의 힘을 이용하려 한 것이다. 오랑캐로 오랑캐를 무찌른다는 뜻을 담고 있는, 보다 쉽게 표현을 하자면 한 세력을 이용하여 다른 세력을 제어함을 이르는 일종의 이이제이(以夷制夷) 전법을 구사하려고 하였던 것이다. 그러나 이러한 조선정부의 시도는 정책상 일본에게는 매우 불리하게 작용을 하였다. 그래서 일본은 이러한 시도의 중심에 서있는 명성황후를 제거하려는 음모를 추진하게 되는 것이다.

1895년 일본 공사로 부임한 미우라 고로(三浦梧樓)와 스기무라(杉村濬), 오카모도(岡本柳之助) 등이 일본정부에 의해 자신들에게 내려진 명성황후 제거명령을 이행하기 위해 음모를 추진시켜 나갔다. 물론 이 음모의 진정한 주동자는 미우라에 앞서 공사를 지낸 이노우에 가오루(井上馨)를 비롯한 일본 정치의 최고 원로(元老)들[617]과 이토 히로부미 총리를 비롯한

616) 『앞의 책』, 317쪽.

617) 『명성황후와 대한제국』, 42-45쪽. ; 『노스 차이나 헤럴드』, 1895년 11월 21일자. ; http://ko.wikipedia.org/wiki/%EC%9D%84%EB%AF%B8%EC%82%AC%EB%B3%80

각료들이었다.[618] 이때 이들은 자신들의 음모에 이용하고자 대원군을 끌어들이려 하였으나 대원군은 이들의 저의를 의심하여 처음에는 거절하였다. 대원군은 장손 이준용이 교동에 유폐된 이래 이에 불만을 품고 공덕동 별장에 칩거하면서 외출도 하지 않고 있었다. 뒤에 오카모도가 운현궁을 찾아 대원군을 설득하였다.[619]

1895년 음력 8월 20일(양력 10월 8일) '여우사냥'이라는 작전명에 따라 명성황후를 제거하려는 일단의 무리들이 낭인들을 동원하여 경복궁으로 침입을 하여 고종 황제를 위협하는 한편 다른 무리들은 명성황후를 찾으려고 혈안이 되어 난동을 부렸다. 이들은 명성황후를 찾기 위해 닥치는 대로 궁녀들을 참살을 하였다. 결국 이들은 옥호루(玉壺樓)에 피신해 있는 명성황후를 찾아내어 발을 걸어 넘어뜨린 후 가슴을 수차례 밟고 이어 참혹하게 난자하여 살해를 한 후 그 시신을 궁궐 밖으로 운반하여 소각하였다. 일설에 의하면 명성황후는 살해되기 전 낭인과 군인들에 의해 능욕까지 당했다고 한다.

> 흉도들은 궁녀들의 머리채를 잡아끌고 명성황후의 처소를 대라고 윽박지르는 등 난폭하게 행동했다. 그러나 궁녀들은 두들겨 맞고 내던져짐에도 신음조차 내지 않았다. 건청궁 동쪽 곤녕합에서 황후를 찾아냈는데, 궁내부 대신 이경직이 두 팔을 벌려 황후 앞(또는 황후가 있는 방문 앞)을 가로막고 나서다가 권총을 맞고 쓰러졌으며, 이어 신문기자 히라야마 이와히코(平山岩彦)가 다시 칼로 두 팔을 베었다.[620] 흉도들은 궁녀들 사이에 숨었다가 도망치는 명성황후를 쫓아가 그녀를 마

---

618) 김기철. "'이토 히로부미, 명성황후 시해 개입' 뒷받침하는 근거 사료 일 국회도서관서 발굴", 『조선일보』, 2005년 10월 5일. ; http://ko.wikipedia.org/wiki/%EC%9D%84%EB%AF%B8%EC%82%AC%EB%B3%80

619) 박은식 지음, 김승일 옮김, 『앞의 책』, 193쪽.

620) 『명성황후와 대한제국』, 54-58쪽. ; 박종효, "자료발굴 : 베베르의 시해 보고서와 증언서", 『신동아』, 2002년 1월 1일., 472-485쪽. ; http://ko.wikipedia.org/wiki/

룻바닥에 넘어뜨려[621] 내동댕이친 뒤 구둣발로 짓밟고 여러 명이 칼로 찔렀다.[622] 『에조 보고서』를 근거로, 일본 군인들은 황후를 죽이기에 앞서 능욕했다는 주장이 있다. '특히 무리들은 안으로 깊숙이 들어가 왕비(王妃)를 끌어내어 두세 군데 칼로 상처를 입혔다(處刃傷). 나아가 왕비를 발가벗긴(裸體) 후 국부검사(局部檢査)를 하였다. 그리고는 마지막으로 기름(油)을 부어 소실(燒失)시키는 등 차마 이를 글(筆)로 옮기기조차 어렵도다. 그 외에 궁내부 대신을 참혹한 방법으로 살해(殺害)했다.'[623]

명성황후를 시해하고 일본세력 강화를 획책한 이 정변을 을미사변(乙未事變)이라 한다.

명성황후가 살해된 양력 10월 8일을 전후하여 대원군은 친일적 성향으로 변신하였다. 박은식은 춘추전국시대에 조순(趙盾)이 왕을 암살한 것과 다를 바 없다고 평가하였으며 감정이 사람의 양심을 가린다며 비판하였다.[624] 그러나 이 시기의 성향에 대해 단지 '반일 성향이 아니었을 뿐이다.'라는 주장도 있다.

대원군이 시행한 정책 전반에 대해서는 역사를 역행한 시대착오론 자라는 평가[625]가 나오고 있다. 시대착오론 자라는 평가에 대해서는 오히려 일본에 줄기차고 거세게 저항했던 흥선대원군의 민족주의적 성격을 의도적으로 폄하 하려는 식민사관에서 유래 된 유산이라는 반론도 있다.[626]

---

621) 박종효, "앞의 글", 472-485쪽. ; http://ko.wikipedia.org/wiki/

622) 정지환. "단독발굴 : '에조 보고서' 일본서 입수 국내 첫 공개", 『오마이뉴스』, 2002년 6월 3일. ; 『명성황후와 대한제국』, 54-58쪽. ; http://ko.wikipedia.org/wiki/

623) 이시즈카 에조(石塚英藏), 『에조 보고서』; 정지환. "앞의 글". ; http://ko.wikipedia.org/wiki/

624) 박은식 지음, 김승일 옮김, 『앞의 책』, 193쪽.

625) 신복룡, "대원군과 개혁 정치", 『한국사 새로 보기』, 초판 2쇄 (서울 : 도서출판 풀빛, 2001), 180-189쪽. ; 이능화, 『조선기독교 및 외교사(下)』, (1928), 4쪽. ; http://ko.wikipedia.org/wiki/

명성황후에 대해서는 여러 가지 엇갈린 평가가 내려지고 있다. 여성답지 않게 권력지향 적이었다거나 자신의 일족인 민씨 가문을 위해 공과 사를 구별하지 않고 친인척을 등용하였다거나 외세에 의존하여 자신의 정치기반을 구축하려고 했다거나 하는 것이 명성황후에 대한 부정적인 평가이다.

그러나 이에 반해 명성황후를 긍정적으로 평가하는 시각도 많다. 흥선 대원군의 쇄국정책에 맞서 개방정책을 펼쳐 나갔을 뿐만 아니라 흥선 대원군의 도가 넘치는 권력욕을 적절하게 견제하였고 뛰어난 학문과 지성적인 강한 개성과 굽힐 줄 모르는 의지력을 지녔으며, 시대를 추월한 앞서가는 정치가이자 외교가로 조선의 독립을 위해 애를 썼다는 것이다.

이러한 명성황후에 대해 서양인들이 내린 평가는 상당히 긍정적이다. 예를 들어 보면 영국 왕립지리학회회원이기도 한 지리학자 이사벨라 버드 비숍은『한국과 그 이웃나라들』(Korea and Her Neighbours)에서 명성황후와 흥선 대원군과의 정치적 대립에 대해서 언급하면서도, 명성황후를 대화내용에 홍미를 가지게 되면 눈부신 지성미로 얼굴이 빛나는 지식인이자 우아한 자태를 가진 귀부인으로 묘사하였다.[627]

또한 어의였던 언더우드 여사의 기록에서도 명성황후는 우아하고 근엄했다고 표현하였다. 이 두 사람은 공통적으로 왕비가 우아하고 근엄했으며, 체형은 수척했고, 얼굴은 창백했으며, 눈빛은 날카롭고 초롱초롱했

---

626) http://ko.wikipedia.org/wiki/%ED%9D%A5%EC%84%A0%EB%8C%80%EC%9B%90%EA%B5%B0

627) "왕비는 마흔 살을 넘긴 듯 했고, 퍽 우아한 자태에 늘씬한 여성이었다. (중략) 대화가 시작되면, 특히 대화의 내용에 홍미를 갖게 되면 그녀의 얼굴은 눈부신 지성미로 빛났다. 왕비의 주위는 온통 적들로 둘러싸여 있었다. 그 우두머리는 왕의 아버지인 대원군이었다. 왕비가 그녀의 재능과 권력으로 조정의 고위관직을 친인척을 등용하여 거의 석권해 버렸으므로 그녀에 대한 대원군의 반감은 엄청났다." 이사벨라 버드 비숍 지음, 이인화 옮김,『한국과 그 이웃나라들』(서울 : 살림, 1994).

다고 밝히고 있다.[628] 게다가 순박하고 순수하면서도 뛰어난 기지와 매력을 지닌 분으로, 서양의 기준에서 볼 때도 완벽한 귀부인이었다고 밝히고 있다.

또한 윌리엄 프랭클린 샌드는 “뛰어난 학문과 지성적인 강한 개성과 굽힐 줄 모르는 의지력을 지녔으며, 시대를 추월한 정치가이자 외교가로 조선의 독립을 위해 애쓴 분이었다.”라고 썼다.

어찌되었든 홍선대원군과 명성황후는 서로를 용서하고 포용하지 못했다. 대원군이 가지고 있는 경륜과 명성황후가 가지고 있는 기예가 서로 합해졌다면 역사는 또 다르게 전개되었을는지도 모른다. 그들은 반목과 대립보단 사랑과 협력을 통한 상생을 도모해야 했으며 그것이 조선을 위해서도 그리고 백성들을 위해서도 더 좋았을 것이다.

같은 하늘을 같이 지고 살 수 없는 정치적 라이벌로써 각축을 벌린 이들은 누군가 먼저 양보와 타협의 손을 내밀었어야 했다. 비록 대원군이 궁인에게서 먼저 태어난 아들인 완화군을 세자로 책봉하려고 했을 때부터 싹튼 갈등의 싹을 명성황후가 의연하게 도려내었다면 그리고 대원군이 명성황후와 민씨 일족을 폭사시키기 위해 폭탄을 터트렸을 때 명성황후가 이러한 구원을 접고 대원군에게 손을 내밀었다면 그리고 대원군이 임오군란과 동학혁명을 정치적으로 이용하려고 하지 않았더라면 상생을 통한 보다 큰 정치가 가능했을 것이고 역사는 새롭게 쓰여 졌을 것이다.

사랑과 용서 그리고 관용과 포용이 결여된 대원군과 명성황후의 죽기살기 식의 이전투구(泥田鬪狗)는 결국 국운을 기울게 하고 백성을 도탄에 빠트리게 하고 급기야 나라를 잃어버리는 상황으로까지 내몰리게 하였던 것이다.

홍선대원군이나 명성황후나 이런 점에서 그들은 인간경영에 실패한 지도자로 역사에 각인될 수밖에 없는 것이다.

---

628) 신복룡, “앞의 글”, 190-198쪽.

제10장 긍정적 적극적 사고

이 장 역시 부정을 낳고 긍정을 낳는 여러 역사적 사례들이나 현실적 사례들을 풍부하게 예시를 통해 제시함으로써 독자들의 이해를 돕도록 하였다.

사람에게 있어 마음은 어떻게 보면 육체보다 더 강한 것일지 모른다. 마음이 병이 들면 육체도 병이 들 수밖에 없다는 것이 일반적인 생각이다. 그래서 옛말에 "건강한 육체에 건전한 정신이 깃들고, 건전한 정신에 건강한 육체가 만들어진다."고 했다. 마음이 제대로 자리를 잡지 못하고 있는데 육체인들 온전할 수 있겠는가?

그래서 예로부터 인간의 문제를 해결하고자 할 때 마음에 초점을 둔 처방 들이 많이 쏟아진다. 우리의 정신세계를 지배하는 종교도 바로 이러한 이치에 기반을 두고 있다. 오랫동안 우리들의 정신세계를 지배해 왔던 종교 중에 불교가 있다. 부처의 가르침을 기반으로 하는 이 불교에서는 진정한 행복을 얻기 위해서는 마음을 비우라고 한다. 모든 행복과 불행이 우리의 마음속에 있다는 것이다. 마음이 비워지면 행복으로 채워지지만 그렇지 않을 경우 불행해진다는 것이다. 너무 평범한 진리라 잘 실감이 나지도 않을 뿐만 아니라 실천을 하려고 하면 이 보다 더 어려운 것이 없음을 알게 된다. 마음을 자신의 뜻에 따라 관리하고 통제 할 수만 있다면 행복에 이르는 길은 얻은 것이나 진배없다.

이와 같이 마음은 우리가 가지고 있는 육체뿐만 아니라 우리가 살아가고 있는 삶의 질까지 결정하게 한다.

긍정적 사고와 부정적 사고를 설명하기 위해 흔히 사용되는 비유로 물이 반 만 들어있는 컵이 많이 인용이 된다. 긍정적인 사고를 가진 사람은 물이 반만 든 컵을 보고 "아직 물이 반이나 남아있군."하고 생각을 한다. 이에 반해 부정적 사고를 가진 사람은 물이 반만 든 컵을 보고 "아! 물이 반밖에 남아있지 않구나."하며 탄식을 한다. 어떻게 보면 별 것이 아닌 차이인 듯싶지만 이러한 사고의 차이가 시간이 흐르고 또한 결과적인 차원에서 볼 땐 엄청난 차이를 가져오게 되는 것이다.

등산전문가들이 분석한 바에 따르면 대개 조난당한 등산객이 죽는 장소가 마을에 인접한 곳이거나 생존을 가능케 하는 장소 근처라는 것이다. 이것이 의미하는 바는 인간이 어떤 한계상황에 도달하였을 때 한 걸음 더 나아갈 수 있느냐 그렇지 않으면 더 나아가지 못하느냐 하는 것은 바로 긍정적 사고를 가지고 있느냐 그렇지 않으면 가지고 있지 않으냐하는 백지장 하나의 차이에 불과하다는 것이다.

만약 조난당한 등산객이 긍정적 사고의 소유자라면 그는 인간이 느끼는 한계상황에서 긍정적이고 낙천적인 생각을 가지고 '이 언덕만 넘어보자. 분명 사람이 사는 마을이 있을 것이다.'라고 생각을 한다는 것이다. 그래서 사력을 다해 언덕을 넘은 결과 그는 마을을 발견하게 되는 것이다. 그렇지만 부정적인 사고를 가진 사람은 시도를 해보지도 않고 "내가 이럴 줄 알았어. 아! 나는 왜 이렇게 재수가 없을까."하며 푸념을 하다가 귀중한 시간과 체력을 다 허비하고 결국 죽음에 이르게 되는 것이다. 생각의 차이는 미미할지 모르지만 그 결과는 엄청난 차이를 가져오게 되는 것이다.

옛말에 '정신만 바짝 차리면 못 이룰 것이 없다.'(精神一到何事不成)는 말이나 '호랑이한테 물려가도 정신만 바짝 차리면 살 수 있다.'는 속담이 있다. 비록 호랑이에게 물려가는 절대 절명의 한계상황에 다 달았다 해도 결코 좌절하거나 절망하지 말고 분명히 '하늘이 무너져도 솟아 날 구멍이 있다.'는 긍정적인 생각을 가지고 대처해나간다면 분명히 살 길이 열리게 될 것이다. 그만큼 긍정의 힘이란 큰 것이다.

캐나다 온타리오 주 토론토에 가면 높이가 553.33미터에 이르는 CN타워(Canadian National Tower)라는 방송 송신탑이 있다. 이 송신탑의 외관이 수려할 뿐만 아니라 높은 탑이기 때문에 이를 구경하기 위해 많은 국내외 관광객들이 이곳을 찾는다. 그래서 이를 상업적으로 이용하려는 토론토 시당국에 의해 이 송신탑은 관광 명소 화 되어있다. 이곳을 찾은 관광객들은 고속엘리베이터를 타고 전망대까지 올라가 이 송신탑의 위용을 직접 체험하면서 이 탑 주변의 아름다운 도시 미관을 전망해 볼 수 있는 기회를 가지게 된다.

특이한 것은 전망대 제일 아래 부분 층에 일부바닥을 개조해서 강화유리를 깔아 놓은 부분이 있다. 투명한 유리이기 때문에 그 위에 올라서서 아래를 내려다보면 아래의 풍광을 볼 수 있다. 그래서 많은 관광객들이 이런 색다른 체험을 해 보기 위해 이 강화유리로 되어있는 유리 바닥 위에 올라서서 아래를 내려다보기도 하고 사진도 찍기도 한다.

그러나 일부 관광객들은 이 유리바닥 위로 올라서지를 못한다. 겁을 먹고 있는 것이다. 왜 그러면 이들은 겁을 먹고 이 유리바닥위로 올라서지 못하는 것일까? 그들은 심리적 공포감을 가지고 있기 때문이다. 이 심리적 공포감은 '유리는 깨진다.'는 평범한 일상적 생각에서 기인이 된다. 유리는 깨지는 것이기 때문에 이 유리바닥 위에 올라서게 되면 유리바닥이 깨질 것이고 그러면 자기는 수 백 미터 아래로 떨어져서 목숨을 잃을 것이라고 생각을 하고 있는 것이다.

이러한 생각이 그로 하여금 유리바닥에 올라서는 것을 막게 되는 것이다. 그러나 '유리는 깨진다.'는 습관화 되고, 관성 화 된 생각을 뒤집을 수만 있다면 그는 얼마든지 이 유리바닥 위로 올라설 수 있게 될 것이다.

바로 이러한 생각의 뒤집음이 긍정의 힘을 갖게 할 수 있는 주요한 원동력이 되는 것이다. '나는 안 돼.' 혹은 '나는 할 수 없어.'라는 비관적이고 패배적인 생각은 실패의 두려움을 낳게 되고 이러한 두려움은 결국 그를 실패자로 전락하게 만드는 것이다. 그가 실패할 것으로 생각했기 때문에 그는 결국 실패자가 된 것이다.

이와 반대로 생각을 뒤집어서 비록 비관적이고 절망적인 상황에 처했다고 하더라도 이를 낙관적이고 희망적인 상황으로 인식하고 이를 자기 확신으로 바꿀 수만 있다면 그는 성공할 것으로 생각했기 때문에 결국 성공한 자로 자리매김을 할 수 있게 되는 것이다.

흔히 하는 말로 위기라는 것은 위험과 기회가 같이 병존하는 말로 이해 할 수 있는 것이다. 위험한 쪽만 과도하게 의식할 경우 그는 그 위험의 벽을 넘기 어렵다. 결국 좌절하고 실패할 것이다. 그러나 기회의 쪽으로 생각을 하고 그렇게 믿는다면 위기는 기회가 될 수도 있을 것이고 이를 잘 활용한 사람은 성공의 영광을 거머쥐게 될 것이다. 결국 자기 자신이 어떠한 생각을 하느냐 하는 것에 따라 결과는 결정되는 것이다.

그렇다면 이렇게 생각할 수도 있을 것이다. 성공할 것이라는 생각만을 가진다면 결과는 성공으로 나올 것이라는 점이다. 그래서 모든 일에 대해 긍정적 사고를 갖는 것이 무엇보다 중요하게 되는 것이다.

베트남의 유명한 스님인 틱낫한(釋一行 : Thích Nhất Hạnh)은 우리가 가지고 있는 마음을 밭으로 비유하여 우리에게 가르침을 주고 있다. 그는 이 밭 안에는 기쁨, 사랑, 즐거움, 희망과 같은 긍정의 씨앗이 있는가 하면 미움, 절망, 좌절, 시기, 두려움 등과 같은 부정의 씨앗이 있다고 한다. 어떤 씨앗에 물을 주어 꽃을 피울지는 자신의 의지에 달렸다고 말한다.[629]

---

629) 틱낫한 지음, 최수민 옮김, 『화』(서울 : 명진출판사, 2002), 5쪽, 13쪽.

그의 말에 의하면 결국 화란 우리 마음속의 일이므로 그것을 다스리는 것도 우리 마음속의 일이라는 것이다.[630] 자신이 미움, 절망, 좌절, 시기, 두려움과 같은 부정의 씨앗에 물을 주기 시작하면 결국 화를 키우는 결과가 된다는 것이다. 결국 화를 가질 것인가 안 가질 것인가 하는 문제는 자기 자신의 선택에 달려 있다는 것이다.

이와 같은 맥락에서 동일한 가르침을 주는 사례가 하나 있어 소개를 한다.

한 제자가 붓다에게 물었다 한다. "제 안에는 마치 두 마리의 개가 살고 있는 것 같습니다. 한 마리는 매사에 긍정적이고 사랑스러운 온순한 놈이고, 다른 한 마리는 아주 사납고 성질이 나쁘며 매사에 부정적인 놈입니다. 이 두 마리가 항상 제 안에서 싸우고 있습니다. 어떤 녀석이 이기게 될까요?"

붓다는 생각에 잠긴 듯 잠시 침묵을 지키다가 짧은 한 마디를 건넸다. "네가 먹이를 주는 놈이다."

이것 역시 결국 긍정이냐 부정이냐 하는 것은 자기 자신의 마음에 달려 있다는 것을 비유한 표현인 것이다.

빌 게이츠는 많은 사람들이 변화를 싫어한다고 한다. 변화는 우리에게 우선 불편을 갖다 주고 또 여러 가지 번거로운 도전을 요구하며 이에 적응하기 위한 부단한 노력을 요구하기 때문이다. 인간은 행동이나 생각이나 모두 지금처럼 익숙하게 습관화 되어져 있는 것을 원한다.

그렇지만 사람을 둘러싸고 있는 환경은 시시각각으로 변화를 하고 있으며 사람은 이러한 변화하는 환경에 적응을 못할 경우 낙오되거나 도태될 수밖에 없게 되는 것이 냉혹한 현실이다. 따라서 변화를 부정적으로 생각하고 이를 회피하는 것만이 능사가 아니라 이를 적극적으로 수용하고 긍정적으로 관리해 나가려는 노력이 더욱 필요로 된다고 볼 수 있다.

---

630) 『앞의 책』, 11쪽.

이러한 변화의 수용과 효율적인 관리는 변화 이전 보다 더 많은 혜택과 편익을 던져준다. 그래서 빌 게이츠는 이러한 변화 속에서 기회를 찾아보라는 조언을 던진다. 그는 이를 은유 화하여 변화의 영어철자 Change에서 g 대신 c를 쓰게 되면 Chance 즉 기회로 바뀌어 진다는 것이다.

이 말이 의미하는 것은 생각만 하나를 바꾸어도 변화 속에서 기회를 찾을 수 있다는 것이다. 그는 변화를 적극적이고 긍정적으로 받아들이고 그런 생각과 행동을 통해 기회를 가질 것을 우리에게 조언하고 있는 것이다.

이와 연관하여 다른 비유를 하나 더 들어보도록 하자. 아프리카 사파리(safari)지역의 사진을 보다 보면 얼룩말이 자주 등장하는 것을 알 수 있다. 얼룩말은 하얀색과 검은색으로 된 줄을 가진 말을 의미한다. 그러면 얼룩말의 본래의 바탕색은 무엇일까? 하얀색일까 혹은 검은색일까? 하얀색이 바탕색이라면 검은 색 줄이 쳐져 있는 것이고 검은색이 바탕색이라면 하얀 색 줄이 쳐져 있는 것이 된다.

재미있는 것은 이러한 질문을 사람들에게 해보면 많은 사람들이 자기의 시각에서 보고 서로 다른 답을 이야기 한다는 것이다. 어떤 사람은 하얀색이 바탕색이라고 이야기하고 다른 어떤 사람은 검은색이 바탕색이라고 이야기를 하는 것이다. 결국 현상을 보되 자기가 보고 싶은 쪽으로 현상을 본다는 것이다.

마찬 가지로 우리가 어떤 현상을 대할 때에도 우리가 보고 싶은 쪽으로 보면 그것이 결국 그러한 모습으로 다가오게 된다는 것이다. 물론 과학자가 이래서는 곤란할 것이다. 왜냐하면 과학자는 현상의 관찰을 통해 객관적인 진실을 밝혀내야하기 때문이다.

그러나 일반 사람들은 그 현상을 자기에게 유리하게 바라보려고 하는 것이 경우에 따라서는 독(毒)이 되는 것보다 약(藥)이 되는 경우도 많이 있는 것이다.

심리학에서 보면 플레시보 효과(placebo effect)라는 것이 있다. 이것은 일명 위약(僞藥)효과라고도 말해지는 것으로 가짜 약을 진짜인 것처럼 속여 먹였을 때 그 효과가 진짜 약과 똑같게 나타나는 효과를 의미하는 것이다. 실제로 의사들도 이러한 위약효과를 환자에게 적용하는 경우가 종종 있다고 한다.

이와 연관하여 재미있는 일화가 하나있는데 그게 바로 태조 이성계와 무학 대사의 일화이다.

서로 장기를 두면서 태조는 슬그머니 울화가 치밀어 올랐다. 계속 무학 대사에게 지고 있는 것이다. 태조는 상대편에 대한 배려 없이 계속 이기기만 하는 무심한 무학 대사에게 농을 던졌다. "그대 생긴 것이 꼭 돼지처럼 생겼어." 무심하게 계속 이기기만 하는 그가 얼마나 미운 털이 박혔으면 이런 말을 그에게 하였겠는가?

이 말에 무학 대사는 빙그레 웃으면서 이렇게 대답을 했다. "그러시는 상감께서는 부처님처럼 생기셨습니다." 이 말에 태조는 어안이 벙벙해졌다. 분명 무학 대사도 인간인지라 태조의 농에 기분이 상해서 태조를 비꼬는 말이 나왔을 법 한데 그의 입에서 나온 말은 태조를 기분 좋게 하는 말이 아닌가 말이다.

그래서 태조는 그 연유를 알고 싶어 무학 대사에게 물음을 던졌다. "아니 대사, 나는 대사에게 돼지처럼 생겼다고 말을 하였는데 그 대는 어찌 나를 부처와 같다고 하시오." 그런 태조의 말에 무학 대사는 여느 때와 변함없이 빙그레 웃으면서 이렇게 대답을 하였다고 한다. "사람의 눈은 자기 생긴 대로 보고 그리고 자기가 보고 싶은 대로 본다고 합니다. 상감은 저에게 돼지와 같이 생겼다고 하시니 상감의 눈은 돼지의 눈인 것이고 제가 말하길 상감은 부처와 같이 생기셨다고 했으니 저의 눈은 부처님의 눈입지요." 이 말에 태조는 뒤통수를 맞은 것처럼 얼얼한 기분을 느꼈다 한다.

이런 태조와 무학 대사의 일화에서 깨달을 수 있는 것은 결국 모든 현상에 대한 이해와 인식은 결국 우리 자신의 마음의 눈을 통해 이루어진다는 사실이다. 우리가 검은 현상일지라도 그것이 희다고 하면 흰 것이 되는 것이고 흰 현상이라고 해도 그것이 검은 것이라고 하면 검은 것이 되는 것이다. 아무리 불행한 상황이 닥쳐도 그것을 불행이라 보지 않고 긍정으로 그리고 행복으로 보려는 눈이 있다면 그러한 불행도 행복으로 여겨질 수 있는 것이다. 바로 여기에서 말하고자 하는 긍정의 마음이란 이런 것을 두고 하는 말인 것이다. 여기에서 소개 된 태조와 무학 대사의 일화는 바로 이러한 사실을 우리에게 일깨워주고 있는 것이다.

결국 사람의 마음 여하에 따라 현상에 대한 이해나 반응도 달라질 수 있다는 것이다. 부정적인 사고를 가진 사람에게는 매사가 부정적인 만치 부정적인 일만 발생할 수밖에 없을 것이고 이와 반대로 긍정적인 사람에게는 매사가 긍정적인 마치 긍정적인 일만 발생할 수밖에 없는 것이다.

그래서 BBC최고의 앵커인 빌 맥파란은 부정화법을 '분홍색 코끼리'(Pink Elephant)라고 말하면서 이런 말을 쓰지 말라고 강조한다. 결국 그런 말이 자신을 부정의 구렁텅이로 밀어 넣게 된다는 것이다.

론다 번(Rhonda Byrne)이 출간한 『비밀』(the Secret)에서는 이러한 긍정의 힘을 '끌어당김의 법칙'(law of attraction)으로 설명을 하고 있다.[631] 론다는 자신이 우리에게 말해주려고 하는 비밀이 바로 끌어당김의 법칙이라는 점을 분명히 한다. 그녀는 당신의 인생에 나타나는 모든 현상은 당신이 끌어당긴 것이라고 말한다.[632] 그래서 당신이 하는 생각이 앞으로 당신의 삶을 만들어낸다는 것이다.[633] 예수님도 "내가 믿는 대로 된다."고 말씀하셨다.

---

631) 론다 번 지음, 김우열 옮김, 『비밀(the Secret)』(서울 : (주)살림출판사, 2007).

632) 『앞의 책』, 19쪽.

633) 『앞의 책』, 33쪽.

무엇이든지 뿌린 대로 거두는 것이고 생각은 씨앗이고 수확물은 당신이 뿌린 씨앗에 좌우가 된다는 것이다.[634] 그래서 론다는 자유의지를 써서 자기 생각을 선택하여야 하고 이를 통해 의도적으로 생각하고 그리하여 원하는 삶을 창조하라고 조언을 한다.[635]

이러한 생각들을 한 마디로 표현을 하자면 피그말리온 효과(pygmalion effect)라고 이야기 할 수도 있다. 피그말리온 효과란 그리스 신화에서 유래한 것으로, 누군가에 대한 사람들의 믿음이나 기대 예측이 그 대상에게 그대로 실현되는 경향을 말한다.[636]

브라이언 트레이시는 이러한 긍정의 효과를 다음과 같이 역설하고 있다. '긍정적으로 생각하고 그렇게 기대하라. 그러면 언젠가 꿈은 이뤄진다. 강한 바람은 성취되게 마련이다.' 우리는 항상 누군가에게 기대한다. 부모, 배우자, 자식, 상사, 직원, 그리고 또 하나, 자신에 대한 기대이다. 밝고 활기찬 기운을 얻는 방법은 다른 곳에 있는 것이 아니다. 기대한 만큼 당신의 삶도 변한다.

당신을 둘러싸고 있는 환경은 달라지지 않는다. 그리고 당신 주변의 사람들도 바뀌지 않는다. 하지만 다 바꿀 수 있는 방법이 한 가지 있다. 그것은 내 생각을 바꾸는 것이다.

이와 연관 지워 생각할 수 있는 좋은 이야기가 있다.

에스키모는 늑대를 사냥할 때 날카로운 칼에 동물의 피를 발라 눈 위에 세워둔다 한다. 냄새를 맡고 모여든 늑대들은 피를 핥다가 자신의 혀를 베이고 만다. 그러나 추운 날씨 탓에 혀가 마비된 늑대들은 자신의 혀에서 피가 나와도 누구의 피인지 모르고 계속 칼끝을 핥다가 결국 비극적으로 죽어간다고 한다.

---

634) 『앞의 책』, 34쪽.

635) 『앞의 책』, 37쪽.

636) 김정빈, 『리더의 아침을 여는 책』(서울 : 동쪽나라, 2007), 73-74쪽.

죽지 않으려면 타성에서 벗어나야 한다. 타성, 즉 매너리즘에 빠지면 결국 망하게 되는 것이 당연한 이치다. 따라서 이러한 타성에서 벗어나려면 나 자신이 먼저 변해야만 하는 것이다. 잡고 있는 헌 밧줄을 놓고 새 밧줄을 잡아야 한다. 타성에서 벗어나 남다른 내일을 만들어 나가는 것이 중요한 일이다.

현실 속에서 일어나는 상황은 좋은 것과 나쁜 것, 옳은 것과 그른 것이 한데 어울려 나타난다. 문제는 우리가 그걸 어떻게 보는가 하는 것이다. 자꾸 나쁜 쪽으로 생각하면 더욱더 기운이 빠지고 자신감이 줄어들게 된다. 그래서 나쁜 상황 때문에 힘이 들더라도 무엇이 옳은 지 반드시 생각을 하여야 하는 것이다.[637)]

대부분의 사람들은 자기 자신에 대해서는 관대하면서 남에 대해서는 매우 엄격한 잣대를 들이미는 경우가 많이 있다. 옛 속담에 '남의 눈에 들어있는 티는 무어라 하면서 정작 자기 눈에 들어있는 대들보는 보지 못한다.' 그리고 '똥 묻은 개가 겨 묻은 개보고 무어라 한다.' 등이 있는데 이것 역시 자기 허물은 작게 보고 덮으면서 남의 허물은 크게 보고 들추려하는 인간적 속성을 꼬집는 이야기가 아닌 듯싶다.

이러한 맥락에서 우리 자신의 생각들을 한 번 되 돌이켜 자문해 볼 필요가 있을 것 같다.

남이 자기 방식을 고수하면 완고한 것이고 내가 내 방식을 고수하면 심지가 굳고 단호한 것일까? 남이 내 친구를 싫어하면 편견에 사로잡힌 것이고 내가 남의 친구를 싫어하는 건 사람을 볼 줄 알기 때문일까? 남이 누군가에게 특별히 잘해주는 건 아부 성 노력이고 내가 잘해주는 건 순수한 배려일 뿐일까? 남이 일을 할 때 오래 걸리면 게으른 탓이고 내가 시간을 많이 들이는 이유는 꼼꼼한 탓일까? 남이 지출을 많이 하면 씀씀이가 헤픈 것이고 내가 지출이 많은 건 마음이 넉넉한 탓일까? 남이 잘못

637) 스펜서 존슨 지음, 형선호 옮김, 『선물』(서울 : 랜덤하우스, 2007), 50쪽.

을 지적하면 비판 적인 것이고 내가 잘못을 지적하면 예리한 것일까? 남이 온순하면 나약한 것이고 내가 온순한 건 우아한 것일까? 남이 잘 차려 입으면 허영심이 많은 것이고 내가 잘 차려 입으면 미적 감각이 뛰어난 것일까? 남이 자기 생각을 말하면 성질이 나쁜 것이고 내가 내 생각을 말하면 솔직한 것일까? 남이 큰 위험을 감수하면 무모한 것이고 내가 위험을 감수하면 용감한 것일까?[638]

냉정하게 자문을 해 본다면 자기 자신에 관대한 편견을 가지고 있음이 느껴 질 것이다. 그래서 기존의 생각을 바꾸어야 하는 것이다.

이러한 맥락에서 긍정의 사고는 발상의 전환과도 유기적으로 연계가 된다. 여기 그 발상의 전환에 대한 좋은 예화가 있다. 애꾸눈 임금에 대한 이야기이다.

젊은 시절 나라를 위해 적과 싸우다 한쪽 눈을 잃은 임금께서 나이가 들어 자신의 존재를 남기기 위해 초상화를 그려 놓으려는 생각을 하였다. 그래서 임금은 시종들에게 명하여 전국에서 제일 능하다는 화가를 불러오게 하여 자신의 초상화를 그리게 하였다.

이 화가는 사실 그대로 임금의 얼굴을 그렸고 이를 본 임금은 대노(大怒)를 하였다. 자신의 애꾸눈이 너무 흉측하게 그려졌다는 것이 그 이유였다. 결국 그 화가는 임금의 노여움을 사서 죽음을 당하였다.

다시 임금은 시종들에게 명하여 다른 화가를 찾게 하였고 시종들은 임금의 명에 따라 새로운 화가를 불러와 임금의 초상화를 그리게 하였다. 첫 번째 와서 비극적인 최후를 마친 화가의 이야기를 전해들은 두 번째 화가는 임금의 초상화를 그리면서 임금의 애꾸눈을 그려 넣지 않고 두 눈이 말짱한 잘 생긴 임금의 얼굴을 그려 넣었다. 이를 본 임금은 대노하면서 "이 놈이 나를 업신여기고 나를 능멸하고 있다."고 하면서 분노를

638) 홍종락, 『햇살 한 숟가락 : 세상에서 가장 따뜻한 109가지 이야기 』(서울 : 생명의말씀사, 2004).

사기지 못하였다. 결국 두 번째 불려온 화가 역시 죽음을 맞이할 수밖에 없었다.

다시 임금은 시종들에게 명하여 세 번째 화가를 불러오도록 하였다. 세 번째 부름을 받은 화가는 첫 번째, 두 번째 화가의 비극적인 죽음을 잘 알고 있는지라 많은 생각을 하게 되었다. 그는 애꾼 눈을 사실대로 그릴 경우 흉하게 그렸다는 이유로 첫 번째 화가처럼 죽임을 당할 것이 확실하다고 생각을 했고 사실과 다르게 그렸을 경우 임금을 속이고 능멸했다는 이유로 두 번째 화가처럼 죽임을 당할 것이 확실하다고 생각을 했다. 그래서 그는 고민 끝에 임금의 초상화를 그렸다. 그가 그린 임금의 초상화는 애꾸눈이 아닌 정상적인 눈이 달린 임금의 옆얼굴을 그린 것이었다.

우리는 생각을 달리해서 초상화를 그림으로써 세 번째 화가와 같이 궁지를 벗어 날 수 있을 것이다. 꼭 정상적인 눈을 가진 임금의 옆얼굴 만 그릴 필요가 있겠는가? 잠을 자고 있는 임금을 그려도 될 것이고 머리카락이 흘러내려 애꾼 눈을 가리고 있는 모습을 그릴 수도 있을 것이고 예쁜 공주를 가슴에 안고 있는 임금을 그려 공주의 얼굴이나 머리로 임금의 애꾸눈을 가릴 수도 있을 것이며 한쪽 눈을 찡그리고 활을 쏘는 임금을 그릴 수 도 있을 것이다. 또한 적에게 눈을 잃기 전에 적과 용감히 싸우는 젊은 시절의 임금을 그릴 수도 있을 것이다.

이와 같이 사람의 생각은 무궁무진(無窮無盡) 할 뿐만 아니라 생각의 차이로 인해 죽음을 당할 수도 있고 살아날 수도 있다는 것을 알 수 있다.

생각을 달리하면 꽉 막혀 문제해결의 출구를 발견할 수 없었던 문제들도 해결의 실마리를 찾을 수 있다는 것이 이 애꾸눈 임금 이야기가 우리에게 던져 주는 값진 교훈이다.

다음의 두 개의 예화에서도 생각을 달리함으로써 발상의 전환을 이루는 실 예를 볼 수 가 있다.

어머니는 자물쇠로 문을 잠그고 있었다. 옆에 서 있던 어린 아들이 말했다. "나쁜 사람이 들어 올까봐 그렇게 잠그는 거지요". "아니란다. 정직한 사람을 위해서 잠그는 거란다. 문이 열려 있으면 정직한 사람이라도 유혹을 받을 수 있기 때문이지."

또 다른 예화 역시 마찬 가지이다.

그는 전부터 친구에게 많은 돈을 빌렸었다. 마침내 친구의 빚 독촉이 시작되었다. 내일 아침까지는 어떤 일이 있어도 갚아야만 했다. 그런데 그의 주머니에는 한 푼도 없었다. 그는 걱정이 되어 잠을 이루지 못했다. 침대에서 뒤척거리다가 방 안을 서성거리기도 했다. 그 모습을 보며 아내가 물었다. "여보, 대체 왜 그러세요? 무슨 근심이 있으세요?" "내일 빌린 돈을 갚아야 하는데, 한 푼도 없으니 어찌해야 할지 모르겠소." "당신도 참 딱하시구려. 그렇다면 오늘밤 정작 잠을 못 이루고 서성거려야 할 사람은 그 친구잖아요."

정말 생각하기에 따라 그 결과는 달라질 수도 있는 것이다.

시각과 청각 장애가 있음에도 불구하고 앤 설리번(Anne Sullivan)의 조력으로 이를 극복하고 미국의 작가 겸 교육가이고 사회사업가로 성공을 한 헬렌 켈러(Helen Adams Keller)는 "행복의 문 하나가 닫히면 다른 문들이 열린다. 그러나 우리는 대개 닫힌 문들을 멍하니 바라보다가 우리를 향해 열린 문을 보지 못한다."고 안타까워하였다.

> 한쪽 문이 닫히면 다른 문이 열리고 다른 방, 다른 곳에서 다른 사건이 일어난다. 우리 삶에는 열리고 닫히는 많은 문들이 있다. 당신을 바꿀 수 있는 것은 오로지 당신 자신이다. 우리 삶에는 여러 문이 있다. 고통의 문, 행복의 문이 있고 열린 문, 닫힌 문도 있다. 고통의 문에 들어섰을 때 너무 당황하지 말라. 그 다음 열리는 문이 행복의 문일지도 모른다. 한쪽 문이 닫혔을 때 절대로 주저앉지 마라. 또 다른 더 좋은 문이 곧 열릴 테니까.[639]

639) 헬렌 니어링 지음, 이석태 옮김, 『아름다운 삶 사랑 그리고 마무리』(서울 : 보리, 1997).

1. 긍정적 적극적 사고를 통해 인간경영에 성공한 역사적 사례들

1) 조엘 오스틴(Joel Osteen)

놀라운 긍정의 힘을 잘 대변해 주고 있는 사람으로 '웃는 목사'(the Smiling Preacher)라는 별명으로 유명한 조엘 오스틴(Joel Osteen)을 들 수 있다. 그는 미국 차세대 리더로 급부상하고 있는 목사다. 그 역시 론다 번과 같이 인생의 긍정적인 측면에 시선을 고정시킬 것을 주문하고 있다.

> 심리학에 의하면, 우리 삶은 우리를 지배하고 있는 생각을 따라간다고 한다. 기쁨과 평안, 승리, 풍요로움, 복이 우리의 생각을 지배하고 있으면 그런 긍정적인 요소들과 우리 삶은 자석처럼 서로를 끌어당긴다. 한 마디로 우리 삶은 우리 생각을 따라간다. 우리의 생각이 오랫동안 특정한 패턴을 이루는 것은 강을 깊이 파서 물이 한 방향으로만 흐르게 만드는 것과 같다. 비관적인 생각을 할 때마다 부정적인 방향으로 향하는 물길의 바닥을 점점 더 깊이 파고 있는 것이다. 물줄기는 점점 빠르고 거세지다가 조만간 모든 물이 부정적인 방향으로만 흐르게 된다. 마음의 방향이 부정적인 사고 패턴으로 고정되는 것이다. 다행히도 우리는 마음먹기에 따라 긍정적인 방향으로 향하는 새로운 물꼬를 틀 수 있다. 그 방법은 한 번에 좋은 생각을 하나씩 품는 것이다.......... 부정적인 생각을 거부하면서 꾸준히 물줄기의 방향을 바꿔나가면 마침내 큰 변화가 일어난다........... 부정적인 물줄기는 줄어들고 긍정적인 물줄기의 힘이 거세진다. 그리고 결국 부정적인 물줄기는 완전히 말라버리고 오직 믿음과 승리로 가득한 긍정적인 새 물줄기만 남게 된다.[640)]

---

640) 조엘 오스틴 지음, 정성묵 옮김, 『긍정의 힘 : 믿는 대로 된다』(서울 : 사단법인 두란노서원, 2006), 128-129쪽.

조엘은 이러한 긍정의 힘을 자신의 어머니에 얽힌 일화를 통해 보여주고 있다. 1981년에 조엘의 어머니가 암으로 몇 주밖에 살지 못한다는 진단을 받았다고 한다. 그리고 의사들은 모든 것을 포기하고 어머니를 집으로 돌려보냈다고 한다. 이러한 절망적 상황에서 조엘의 어머니는 결코 포기하지 않았다 한다. 불평과 패배의 말 대신 하나님의 말씀을 마음과 입에 두기로 선택을 하고 믿음으로 충만한 말을 하루 종일 하셨다 한다.

이렇게 며칠이 지나자 정말 기적 같은 일이 일어났다고 한다. 조금씩 상황이 호전되기 시작했고 점차 식욕이 돌아오고 몸무게가 불어나기 시작했다는 것이다. 느리지만 분명하게 건강이 돌아오고 있었던 것이다. 몇 달이 지나자 회복세는 더욱 빨라졌고 며칠 밖에 살지 못한다는 사형선고를 받은 지 20여 년이 흘렀건만 어머니는 건강하게 생존해 계신다는 것이다.[641)]

결국 하나님에 대한 믿음이라는 긍정의 힘이 조엘의 어머니를 다시 일으켜 세우는 커다란 힘이 되었던 것이다. 역시 생각 하는 대로 되어지는 것이다. 그래서 긍정의 힘이 의미를 가지는 것이다.

2) 빌 게이츠(Bill Gates : William H. Gates)

이러한 맥락에서 볼 때 빌 게이츠 역시 뒤집어 생각하는 것이 매우 중요함을 강조하고 있다. 기존의 생각만으로는 새로운 변화에 대처해 나갈 수 없다는 것이 빌게이츠의 생각이다. 그래서 그는 새로운 변화에 효율적으로 시의성 있게 대처해 나가기 위해서는 기존의 생각을 거꾸로 뒤집어 보는 역발상이 필요하다는 점을 강변하고 있는 것이다.

변화를 영어로 쓰면 Change인데 이 글자에서 g를 c로 바꾸면 Chance 즉 기회가 된다는 것이다. 변화를 기피하고 두려워하지 말고 변화가 곧 기

641) 『앞의 책』, 150-152쪽.

회라는 역발상적 긍정의 생각으로 바꾸어 보라는 것이다. 그러면 새로운 시야가 펼쳐지고 변화에 대한 두려움이 없어지고 변화를 새로운 기회로 인식하게 된다는 것이다.

빌 게이츠는 아주 짧은 시간에 세계 최고의 부자가 될 수 있었다. 그러나 그는 자신의 부모로부터 많은 유산을 받아서 단기간에 큰 부자가 된 것이 아니다. 그는 앞서 언급한 역발상을 통해 아주 짧은 시간에 세계 최고의 부자가 될 수 있었던 것이다. 한 마디로 그가 큰 부자가 될 수 있었던 것은 바로 긍정의 힘이었던 것이다.

그는 큰 부자가 된 후 다시 한 번 더 역발상을 실현시키려 하고 있다. 세계에서 제일가는 큰 기부자가 되려고 하는 것이다. 그가 가진 큰 재산의 상당 부분을 사회를 위해 기부를 하고 있는 것이다. 그는 긍정의 힘을 믿고 있기에 자신이 벌어들인 큰 돈을 아낌없이 이 사회를 위해 다시 환원시키고 있는 것이다.

긍정에 대한 믿음이 없이 큰 돈을 우연스럽게 벌은 사람이라면 돈을 잃어버릴 것이 두려워 자신이 운 좋게 벌어들인 돈을 꼭 쥐고 놓지 않으려 할 것이다. 그러나 긍정의 힘을 믿기에 그는 서슴없이 자신이 벌어들인 큰 돈을 이 사회를 위해 환원시키고 있는 것이다.

그는 긍정의 믿음을 통해 인간경영의 성공을 일구어 낸 이 사회가 존경하는 명사가 된 것이다. 그가 큰 부자가 되는 것만으로 만족하였다면 그는 현재와 같은 그러한 존경을 받는 지도적 명사가 되지는 못하였을 것이다.

3) 해양사관과 스코피오(Publius Cornelius Scipio Africanus)

(1) 해양사관과 대륙사관

이러한 역발상은 한반도의 지정학적 위치를 대륙사관에서 해양사관으로 인식을 전환시키는 촉매제가 되었다. 지금까지 한반도의 위치를 대륙 중심으로 보던 사관에서 벗어나 해양을 중심으로 보는 새로운 사관으로 바꿈에 따라 우리의 생각도 종속과 부정에서 주도와 긍정으로 바뀌게 되는 것이다.642)

대륙사관의 입장에서 보면 항상 모든 사고의 근본이 대륙 중심이 되기 때문에 한반도는 거대한 대륙의 주변부에 조그마하게 붙어있는 마치 맹장 꼬리 같은 존재에 불과하다. 이러한 사관이 오랫동안 우리의 사고를 지배했기 때문에 사대주의(事大主義) 사상이나 모화주의(慕華主義) 사상이 판을 쳤던 것이다.

그러나 고대 로마를 생각해보자. 그 당시 세계의 중심은 지중해였다. 지중해를 제패하는 자가 세계를 지배하는 자였던 것이다. 그래서 로마로서는 해양세력인 그리스(Greece)나 카르타고(Carthago)와 사활을 건 혈전을 벌였던 것이다. 특히 카르타고와의 전쟁(the Punic War)은 세 차례에 걸쳐 치열하게 이루어졌다.

대륙사관의 입장에서 볼 때 거대한 유럽대륙에 맹장 꼬리처럼 붙어있는 로마라는 자기 패배적이고 유아적인 생각을 지우고 해양사관이라는 역발상을 통해 지중해라는 바다로 뻗어 나갈 수 있었기 때문에 세계제패라는 위업을 이루고 찬란한 고대문화를 꽃 피울 수 있었던 것이다.

같은 반도국가로서 한반도의 지정학적 위치도 생각하기에 따라서는 얼마든지 고대 로마와 같은 세계적 국가로 웅비할 수 있는 좋은 기회를 우리에게 부여해 줄 수 있을 것이다.

고대 로마처럼 우리도 해양사관을 가지게 된다면 그렇게 된다는 것이다. 과감하게 대륙이 중심이 된 지도를 거꾸로 뒤집어 보자.

태평양이라는 거대한 바다를 앞에 두고 한반도는 가장 앞서 있고 대륙의 대국이라는 중국과 러시아는 우리 등 뒤에 붙어 우리를 뒤 따르는 형

---

642) 김재철. 『지도를 거꾸로 보면 한국인의 미래가 보인다』(서울 : 김영사, 2000).

국이 펼쳐지고 있는 것이다. 우리가 주도가 되고 그 뒤를 중국과 러시아 등이 따르는 형국이 되는 것이다.

이렇듯 생각의 차이에 따라 얼마든지 현상도 결과도 바뀔 수 있는 것이다. 중요한 것은 긍정의 힘을 믿고 그렇게 생각하고 일을 추진시켜 나가는 것이다. 긍정의 사고에서는 더 이상의 나약한 패배주의나 유아적인 생각이 존재할 수 없다.

(2) 제2차 포에니전쟁과 스키피오

제2차 포에니전쟁을 일으킨 한니발(Hannibal)은 자신의 부친인 하밀카르(Hamilcar Barca)가 1차 전쟁에서 당한 쓰라린 패배에 대한 복수에 이를 갈면서 로마를 파괴하기 위해 철저한 전쟁준비를 하였다. 그리고 전쟁준비가 끝나자 용병과 기병 그리고 보병, 여기에 코끼리 부대 등 막강한 전력을 바탕으로 카르테헤나를 떠나 에브로 강을 건너고 스페인 그리고 피레네 산맥을 넘고 프랑스를 거쳐 알프스 산맥을 넘는 대장정을 통해 우회기동을 하여 로마의 목줄을 죄게 된다.[643] 칸네 전투(Battle of Cannae)에서 한니발은 전력상으로 절대 우위에 있던 로마군을 대패시키고 완벽한 승리를 장식한다.[644] 로마는 일순간 패닉(panic)상태로 돌변해 버린다.

한니발의 무지막지한 군대가 로마에서 멀지않은 곳에 다다르고 있다는 사실 하나만으로도 로마시민들을 공포에 몰아넣기는 손쉬운 일이었다. 한니발 자신뿐만 아니라 그 휘하의 군졸 들 그리고 많은 로마시민들이 이제 로마는 끝이 났다고 생각을 했을 것이다.

그러나 로마의 스키피오(Publius Cornelius Scipio Africanus) 장군은 그렇게 생

643) 김정빈, 『리더의 아침을 여는 책』(서울 : 동쪽나라, 2007), 95쪽.

644) 이 전투에서 로마군은 전사자 6만 명과 포로 8천 명의 피해를 입은 반면, 한니발이 치른 희생은 5천 500명에 불과했다. 게다가 한니발의 정예라고 불린 병사들 중에서는 전사자가 거의 없었다고 한다. 시오노 나나미 지음, 김석희 옮김, 『로마인 이야기 : 율리우스 카이사르 (하)』(서울 : 한길사, 1999), 156쪽.

각하지 않았다. 그는 침착하게 한니발의 아킬레스건을 생각해 내었다. 강한 자에게도 반드시 약점이 있기 마련이란 평범한 진리를 되새긴 것이다. 그는 생각을 바꾸어 먹었다. 그 약점을 찾아 적절하게 대응을 한다면 아무리 강한 자도 쓰러뜨릴 수 있다고 생각한 것이다.

구약성경에 나오는 이야기이지만 다윗(David)과 골리앗(Goliath)의 싸움에서도 양치기 소년이었던 다윗과 용맹하기로 이름난 천하장사인 골리앗과는 애당초 싸움이 되지 않는 것이었다. 골리앗이 이길 수밖에 없는 싸움이었다. 그러나 다윗은 결코 이 싸움을 지는 싸움이라고 생각하지 않았다. 그는 양치기이기 때문에 양을 몰기위해 필요한 기술인 물매를 이용한 돌팔매질을 잘 익히고 있었다. 그는 그것을 자신의 강점으로 활용을 하였다.

골리앗은 힘이 장사였고 용맹스럽기는 했지만 한 줌도 안 되는 약한 다윗을 좀처럼 잡을 수가 없었다. 날쌔게 도망치며 던지는 그의 돌팔매질에 그는 머리를 맞아 죽었다. 이길 수 없는 싸움에서 다윗은 예상을 뒤엎고 승리를 한 것이다. 다윗은 골리앗의 쓰러진 시신 위로 달려들어 그가 가진 칼로 골리앗의 머리를 잘라 치켜 올렸다. 이것을 본 골리앗의 군대들은 도망치기 바빴고 이스라엘민족은 커다란 승리를 쟁취하였던 것이다.

> 그들과 함께 말할 때에 마침 블레셋 사람의 싸움 돋우는 가드사람 골리앗이라 하는 자가 그 항오에서 나와서 전과 같은 말을 하매 다윗이 들으니라 이스라엘 모든 사람이 그 사람을 보고 심히 두려워하여 그 앞에서 도망하며......... 다윗이 사울에게 고하되 그를 인하여 사람이 낙담하지 말 것이라 주의 종이 가서 저 블레셋 사람과 싸우리라 사울이 다윗에게 이르되 네가 가서 저 블레셋 사람과 싸우기에 능치 못하리니 너는 소년이요 그는 어려서부터 용사임이니라.......... 손에 막대기를 가지고 시내에서 매끄러운 돌 다섯을 골라서 자기 목자의 제구 곡

> 주머니에 넣고 손에 물매를 가지고 블레셋 사람에게로 나아가니라......... 블레셋 사람이 일어나 다윗에게로 마주 가까이 올 때에 다윗이 블레셋 사람에게로 마주 그 항오를 향하여 빨리 달리며 손을 주머니에 넣어 돌을 취하여 물매로 던져 블레셋 사람의 이마를 치매 돌이 그 이마에 박히니 땅에 엎드러지니라. 다윗이 이같이 물매와 돌로 블레셋 사람을 이기고 그를 쳐죽였으나 자기 손에는 칼이 없었더라. 다윗이 달려가서 블레셋 사람을 밟고 그의 칼을 그 집에서 빼어내어 그 칼로 그를 죽이고 그 머리를 베니 블레셋 사람들이 자기 용사의 죽음을 보고 도망하는지라..........645)

다윗의 용기와 일반사람들과는 다르게 생각하는 긍정의 힘이 이길 수 없는 싸움을 이기게 만든 것이다.

다윗과 같이 스키피오는 한니발 군대의 약점을 알고 있었으며 자신의 군대의 강점을 정확히 알고 있었다. 그는 로마를 구하려고 로마로 달려간 것이 아니라 또 한니발을 제압하기 위해 한니발에게 달려 간 것이 아니라 한니발의 세력기반이었던 스페인을 무력화 시키고 한니발의 본거지인 카르타고 본국으로 달려가 카르타고의 수도를 포위하고 압박을 가하였다. 그야말로 카르타고의 운명은 풍전등화상태로 전락해 버린 것이다. 대부분의 군사적 역량이 한니발에 집중된 처지였기에 카르타고의 수도는 그야말로 무주공산지역이었다. 한니발과 그 휘하장졸들의 가족들이 스키피오의 볼모가 되어버린 것이다.

한니발은 로마점령이라는 평생 동안 간직하고 있던 목전의 목표를 뒤로 하고 분루(忿淚)를 삼키면서 퇴각을 시작 하였다. 그가 출정을 한지 16년만에 고국으로 발길을 돌리는 것이었다. 그들의 마음은 무척이나 바빠졌다. 하루 빨리 카르타고로 가서 자신들의 가족들을 로마군의 손아귀에서 벗어나게 해야 했기 때문이다. 그러나 스키피오는 정확히 역지사지(易

645) 사무엘상 17장, 『아가페 큰글성경』(서울 : (주)아가페 출판사, 1999), 437-438쪽.

地思之)의 마음 씀을 통해 한니발과 그 휘하장졸들의 마음을 들여다보고 있었다.

일단의 군을 한니발이 퇴각할 예정통로에 매복을 시켰다. 그리고 허둥지둥 퇴각을 하는 한니발의 군대를 마치 짐승을 덫에 걸리게 하듯 매복에 걸리게 하여 전멸을 시키게 되는 것이다. 이것이 그 유명한 자마전투(Battle of Zama)이다.[646] 이 전투에서 로마군대는 한니발의 군대를 격멸하고 제2차 포에니전쟁을 승리로 이끌어 내는 것이다.

이러한 승리 뒤에는 적의 움직임을 손바닥 들여다보듯이 한 스키피오 장군의 뛰어난 예측력이 큰 역할을 했던 것이다. 그는 한니발과 그 휘하 장졸의 입장에서 생각하고 그들의 약점이 무엇인지를 알아내고 그것을 집중하여 가격 한 것이다.

스키피오에게는 모든 사람을 공포에 떨게 했던 한니발의 로마진군을 한니발을 몰락시키고 패배시킬 수 있는 새로운 기회로 바꾸어 놓았던 것이다. 그는 그러한 믿음으로 전쟁을 했고 그러한 그의 희망대로 한니발의 군대는 스키피오 군이 원하는 방식대로 싸워주었고 패배해 주었던 것이다.

많은 사람들이 위기라고 생각하는 것도 생각여하에 따라서는 마치 스키피오가 역전승을 거두어 내는 것처럼 기회가 될 수 있는 것이다. 중요한 것은 우리가 원하는 것을 우리는 간절히 원하면서 그것을 위해 실천하여야 한다는 것이다.

자기 최면의 법칙이나 끌어당김의 법칙은 예외 없이 우리에게 우리가 원하는 것을 가져다 줄 것이다. 바로 그것이 긍정의 힘인 것이다. 스키피오 장군의 제2차 포에니전쟁 대승에서 우리는 또 하나의 인간경영의 성공과 그에 따르는 교훈을 배우게 되는 것이다.

---

646) 이 전투는 기원전 202년에 지금의 튀니지 중부에 있는 자마 평원에서 치루어졌다. 전투 결과 카르타고 쪽은 전사자 2만 여명과 포로 2만 명의 피해를 입은 반면, 로마쪽 전사자는 1천 500명에 불과했다. 시오노 나나미 지음, 김석희 옮김, 『앞의 책』, 156-161쪽.

4) 박정희와 정주영

1975년 더운 여름 어느 날 박정희 대통령이 현대건설의 정주영 사장을 급히 청와대로 불렀다 한다. 박 대통령은 정주영 사장을 보자마자 앞 뒤 가리지 않고 불쑥 자신이 하고 싶은 말을 내뱉었다 한다.

달러 벌어들일 좋은 기회가 왔는데 일을 못하겠다는 작자들이 많이 있다고 하면서 직접 정 사장이 중동에 가서 지금 달러를 벌어들일 좋은 기회인지 아닌지를 판단해서 보고하라는 것이 주된 내용이었다.

잘 이해가 안 된 정주영 사장이 재차 되묻자 박 대통령은 2년 전 석유파동이후 지금 중동국가들은 달러를 주체하지 못해 그 돈으로 여러 가지 사회 인프라를 건설하고 싶은데 너무 더운 나라라 선뜻 일하러 오는 나라가 없어 노심초사하던 끝에 우리 한국에 일할 의사가 있는지를 타진해 왔다는 것이다. 그래서 좋은 기회라고 생각하고 대통령인 자신이 직접 지시를 내려 관련 담당 관리들을 중동으로 보냈더니 2주 만에 돌아와서 하는 얘기가 낮엔 너무 더워서 일을 할 수가 없고 건설공사에 절대적으로 필요한 물이 없어 공사가 불가능하다는 보고를 해 왔다는 것이다. 그래서 하는 수 없어 정주영 사장을 불러 직접 조사를 부탁하게 되었다는 요지의 말을 하였다.

이 말을 들은 정주영 사장은 피가 용솟음치는 것을 느낄 수 있었다 한다. 그는 항상 불가능한 일을 가능으로 바꾸어 오는데 기쁨을 느끼는 그런 사람이었기 때문이다. 그의 이러한 도전적 성품을 제일 잘 나타내는 말이 그가 제일 자주하고 좋아하는 말인 "한번 해봤어!", 또는 "해보고 하는 소리야!"였다고 한다. 그는 일을 하기도 전에 염두구상으로 이런 저런 생각을 한 후 된다, 안된다고 말하는 사람들에게 이 말을 자주 사용하였다고 한다.

그에게는 불가능이란 것이 없었다. 일단 일을 저지르는 스타일이었다.

그런 후 그는 그 일을 집요하게 그리고 끈기 있게 해결해 나가는 스타일이었다. 어떤 일이고 그는 어렵다거나 혹은 그렇지 않다는 것을 예단하지 않았다 한다. 그는 강한 담력과 자신감 그리고 어느 사람도 넘볼 수 없는 예리한 판단력으로 일단 일을 시작해 보고 그 안에서 최선을 찾는 그런 행동이 앞서가는 사람이었다.

그런 믿음이 앞서가는 사람이었기에 박 대통령도 그를 청와대로 불러들여 이 문제에 대해 상의를 한 것이고 그런 사람이었기에 그는 그에 대해 화답을 하고 박 대통령에게 오늘 당장 가보겠다는 말을 남기고 청와대를 나와 그 길로 중동 출장을 떠났던 것이다. 그는 해보기전에 자기에게 던져진 기회를 결코 포기할 줄 모르는 긍정의 힘으로 똘똘 뭉쳐진 그런 사람이었다.

정주영은 5일 후 출장을 마치고 다시 청와대로 들어가 박 대통령을 만났다 한다. 이 자리에서 정주영은 관리들이 보고한 말과는 정반대되는 이야기를 하였다. 중동 땅은 건설공사 하는데 제일 좋은 땅이라는 것이다. 1년 12달 비가 오지 않으니 1년 내내 공사를 할 수 있고, 건설에 필요한 모래, 자갈이 현장에 지천으로 깔려있어 자재 조달이 쉽고, 가장 문제가 되는 물 걱정은 어디서 실어오면 해결되는 것이고 50도나 된다는 더위 역시 낮에는 천막 치고 자고 밤에 일하면 된다는 것이었다.

정반대의 보고에 잠시 어안이 벙벙하긴 했지만 정주영 사장의 긍정적인 보고에 고무되어 박 대통령은 즉시 비서실장을 불러 현대건설의 중동진출에 정부가 최대 지원할 것을 지시했다 한다. 정주영 사장은 자신이 한 말 그대로 낮에는 자고 밤엔 횃불 들고 일했다 한다.

많은 사람들이 불가능하다고 생각한 것을 가능한 것으로 바꾼 그의 강한 담력과 긍정적 의지에 온 세계가 놀랐다. 그리고 정주영 등이 일구어낸 중동의 기적은 또 한 번 한국을 세계의 국가로 발 돋음 하게 하는데 커다란 기틀이 되어주었다.

사실 이러한 선각자들의 긍정적인 생각 때문에 그렇게도 못살던 세계 최빈국이 이제 중도 선진국의 일원이 되어 세계를 누비고 있는 것이다.

스위스 국제경영개발원(IMD)이 예측한 자료에 의하면 "20세기 국가경쟁력 1위 국가는 스위스이지만 21세기 1위 국가는 한국이 될 것이다."라는 내용이 나오는데 이것과 골드만삭스가 "2050년 한국 국내총생산은 81,000달러가 될 것이다."[647]라는 내용을 보면서 한국사회를 긍정의 눈으로 보면 얼마든지 희망이 있어 보인다.

다만 현재 우리에게 아쉽고 부족한 정치개혁, 공공개혁, 대기업 구조조정, 기초질서 확립, 금융개혁, 중소기업 육성, 연구개발비 확충 등을 하고, 창의력을 높여 나가고 자랑스러운 가족구성체에서 나오는 결집력과 우리 고유의 근면성실성과 환경적응력만 잘 갖추어 나간다면 한국은 세계에 수위국가로써 우뚝 서게 될 것이다.

국가나 개인이나 마찬가지이다. 매사 활기차고 희망차게 생각하는 사람은 틀림없이 인생에서 최선을 다하게 된다. 생각이란 비슷한 결과를 생산하기 마련이다. 침울하게 생각하는 사람은 침울한 결과를 얻게 되고, 희망적으로 생각하는 사람은 건설적인 결과를 끌어들이는 경향이 있다.[648] 바로 이러한 사실을 박정희와 정주영의 긍정적 사고에서 교훈으로 얻을 수 있는 것이다.

5) 레나 마리아(Lena Maria)

레나 마리아는 1968년 스웨덴의 중남부 하보 마을에서 태어났다. 그는 태어날 때부터 중증장애인으로 태어났다. 양팔이 없고 한 쪽 다리는 퇴

---

647) 황인태, "21세기 한국의 생존전략", 『세계경제리더십』(울산 : 글로벌리더십칼리지, 2009), 195쪽.

648) 노먼 빈센트 필 지음, 노지양 옮김. 『믿는 만큼 이루어진다』(서울 : 21세기북스, 2006).

화된 상태로 짧게 태어난 것이다. 그러나 그녀는 성장을 해서도 이러한 자신의 처지를 비관하지 않았다.

물론 그 부모들의 생각 역시 레나 마리아와 같았다. 그녀가 출생을 했던 병원에서는 중증장애인으로 태어난 그녀를 보호소에 맡길 것을 권유했지만 '비록 두 팔이 없어도 이 아이에게 필요한 것은 가족이다.'라는 말로 부모들은 이를 일축해버렸다. 물론 장애가 있는 아이를 키운다는 것은 부모에게 있어서는 큰 부담이요 대단한 도전이긴 했지만 그녀의 부모들은 그녀를 누구 부럽지 않게 격려하며 올바르게 성장시켰다. 그들은 긍정적 사고를 가지고 자신이 처한 불운한 여건을 극복하였던 것이다.

레나 마리아는 어릴 때부터 일반 정상인과 다르지 않은 모든 일을 해냈다. 그녀는 3살 때부터 시작한 수영을 비롯하여 십자수 놓는 것, 요리, 피아노 연주, 운전, 성가대 지휘 등 자신이 할 수 있는 것은 무엇이든 가리지 않고 해내었다. 그녀는 세계 장애아 수영대회에서 4개의 금메달을 목에 걸었다. 1986년부터 세계장애인수영선수권대회 스웨덴 국가대표로 활약하였으며 1988년 서울 장애인 올림픽 때도 스웨덴 수영 국가대표로 좋은 성적을 보이며 활동을 하였다.

그리고 그녀는 어렸을 때부터 교회 성가대에서 활동했고 고등학교에서 음악을 시작하여 스톡홀름 음악대학 현대음악과를 졸업했다. 그리고 지금은 월드투게더 홍보대사가 되어 자신과 같은 처지에 있는 중증신체장애자들을 격려하고 후원하기 위해 전 세계를 돌며 자선음악회를 개최하거나 자신의 노래를 들려주는 일을 하고 있다. '신의 놀라운 은총'(Amazing Grace)과 '나의 생애'(My Life) 등이 그것이다.

2003년에는 서울에 와서 자신의 노래를 한국인들에게 전하기도 했다. 그녀는 이렇게 세계를 돌아다니면서 장애인들에게 이러한 노래를 통해 비록 일반 정상인과 다른 신체를 주셨다 하더라도 그것이 축복임을 일깨우기 위해 많은 노력을 기울이고 있다.

이러한 그녀의 노력은 바로 긍정에 대한 강한 믿음의 발현이라 말할 수 있다. 그녀는 바로 이러한 긍정의 힘을 통해 인간승리를 거두었으며 이를 통해 인간경영에도 성공을 거두고 있는 것이다.

6) 폴 포츠(Paul Robert Potts)

레나 마리아 못지않게 긍정의 힘을 통해 인간경영에 성공한 사람으로 폴 포츠를 들 수 있다. 그는 영국에서 출생을 하였다. 그는 원래 휴대폰을 파는 영업사원이었다. 그러나 그는 어릴 때부터의 꿈이 성악가가 되어 아름다운 오페라를 마음껏 부르는 것이었다. 그러나 그는 자신감 부족과 교통사고 그리고 뇌종양 등 건강상의 이유 등에 밀려 그 꿈을 실현시키지 못하고 있었다.

그러다가 한 계기를 맞이하여 그는 오페라 가수의 꿈을 이루게 되는 것이다. 바로 그 계기가 된 것이 2007년 영국 ITV의 '브리튼스 갓 탤런트'(Britains Got Talent)에 참가하여 우승을 한 것이다. 여기서 그는 오페라의 기량을 마음껏 뽐내고 드러냄으로써 심사위원들을 비롯하여 청중들을 감동시켰다. 그는 자신의 꿈을 실제로 실현시킨 것이다.

이것을 계기로 하여 그는 휴대폰 영업사원 직을 그만두고 정식 오페라 가수로 활동을 시작하였다. 그는 이미 1집 앨범인 '한 번의 기회'(One Chance)를 내놓아 세계가 주목하는 오페라 가수로서 좋은 평판을 거두어 들이고 있다. "그것이 내 전 인생을 바꾸어 놓았습니다. 나는 여태 내가 작고 중요하지 않다고 생각했습니다. 하지만 나는 이제 내가 어떤 사람이라는 것을 알았습니다. 나는 폴 포츠이고 이것이 내가 하는 일입니다."

어릴 때 미치도록 노래를 부르고 싶었지만 자신감이 부족하여 다른 사람 앞에서 노래를 부르지 못했던 그가 이제 그 자신감의 부족을 딛고 일어나 당당히 그리고 자랑스럽게 자신이 꿈꾸어 왔던 그리고 원하던 길을 걸어갈 수 있게 된 것이다. 그도 레나 마리아와 같이 긍정의 힘을 통해 인간 승리를 거두었으며 이를 통해 인간경영에도 성공을 거두고 있는 것이다.

7) 온달(溫達)[649]과 평강공주(平岡公主)

많은 사람들은 온달을 바보로 여겨 그를 천시하고 무시하였다. 그러나 평강공주는 그의 잠재력을 높이 평가하여 그가 잘 다듬어지기만 하면 이 사회와 국가를 위해 훌륭한 일을 해 낼 거라고 생각을 하였다. 그녀는 자신의 부친인 평원왕(平原王)의 반대를 물리치고 온달과 결혼을 한다. 그리고 그를 다듬기 시작한다. 결국 여러 가지 노력을 통해 온달을 동기화하는데 성공을 하게 되는 것이다.

온달은 이러한 공주의 노력에 의해 학문과 무예를 익혀 고구려 제일의 장군이 되어 고구려를 외적으로부터 보위를 하고 국내외적으로 국위를 선양하는데 큰 기여를 하게 된다. 후주(後周)의 무제(武帝)가 요동을 거쳐 고구려에 침입하자 선봉에 나서 승전하여 제1의 전공자가 되고, 대형(大兄) 작위를 받기도 하였다.[650]

바로 평강공주가 가진 긍정의 마인드가 이러한 결과를 가져오게 한 것이다. 평강공주는 많은 사람들이 바보라고 여기는 온달의 사람됨 속에서 가능성을 발견하였고 그녀는 바로 그 가능성을 현실로 바꾸어 놓은 것이다. 아무리 값비싼 보석이라고 하여도 흙속에 묻혀있으면 아무런 의미가 없는 것이다. 그것을 찾아내어 갈고 다듬는 노력이 있어야 비로소 값진 보석으로서의 의미를 갖게 되는 것이다. 많은 사람들이 거들떠보지도 않

---

649) 영양왕(嬰陽王) 1년(590년) 신라(新羅)에게 빼앗긴 한강 이북 땅을 탈환하고자 출정하여 아단성(阿旦城)에서 적병의 화살에 맞아 전사했다. http://enc.daum.net/dic100/contents.do?query1=10XX268387

650) http://enc.daum.net/dic100/contents.do?query1=10XX268387 ; http://ko.wikipedia.org/wiki/온달

던 온달을 찾아내서 그를 고구려 제일의 장군으로 갈고 다듬어 낸 평강 공주의 노력은 바로 긍정의 힘을 실현시킨 살아있는 사례라고 말 할 수 있을 것이다. 평강공주는 이러한 노력을 통해 인간경영에 성공한 사람으로 역사에 남게 된 것이다.

2. 긍정적 적극적 사고를 가지지 못해 인간경영에 실패한 역사적 사례들

1) 폼페이우스(Gnaeus Pompeius Magnus)

폼페이우스는 술라(Sulla)의 지지자로서 정계(政界)에 등장하였고 이베리아 반도의 세르토리우스(Quintus Sertorius)를 토벌한 뒤 노예들이 일으킨 스파르타쿠스(Spartacus)의 반란651)을 진압하였다. 그리고 이 여세를 몰아 크라수스(Marcus Licinius Crassus)와 함께 기원전 70년에 집정관인 콘술(Consul)이 되었다.

이 시기의 로마는 정치적으로 안정되지 못하고 혼란한 시기였다. 기원전 60년 율리우스 카이사르(Gaius Julius Caesar)는 크라수스, 폼페이우스와 함께 제1차 삼두정치(the First Triumvirate)를 펼치면서 과두적인 혼란에 빠진 로마공화정을 안정된 정치체제로 탈바꿈시키기 위해 많은 노력을 경주하였다. 또한 국외적으로도 지속적인 정복사업을 펼쳐나갔다.

카이사르는 오랜 시간 갈리아 지역에 머무르는 경우가 많았다. 국내정치는 주로 폼페이우스에게 일임을 한 체 정복사업에 마음과 몸을 집중을 하였다. 삼두정치의 한 축을 이루었던 크라수스는 나이도 상대적으로 많았고 여러 자료들을 종합해 볼 때 총명한 것 같지는 않다. 또한 정치가로

651) 기원전 74년 고대 로마에서 스파르타쿠스의 지휘 아래 일어난 노예 폭동이다.

서 군인으로서의 그의 역량 역시 대단했던 것 같지는 않다. 그의 주된 관심사는 정치보다는 부를 축적하는 축재에 있었던 듯 싶다. 그 결과 그는 많은 돈을 거머쥐었다. 따라서 세 사람이 이끄는 삼두정치체제라고 하지만 실질적으로는 카이사르와 폼페이우스가 로마의 공화정을 이끌고 나갔던 것이다.

어쨌든 삼두정치아래에서 국내 정치안정의 기반을 마련했다는 점에서 그리고 국외적으론 활발한 정복사업을 통해서 카이사르의 힘은 이러한 것이 보다 공고화해지는 것과 비례하여 더욱 커져만 갔고 로마시민들의 카이사르에 대한 사랑과 인기는 더욱 더 커져만 갔다. 카이사르에게 여러 가지 이유로 인해 반목을 가지고 있던 원로원의 핵심세력들과 폼페이우스는 이러한 카이사르의 권력 비대에 불안감을 가지고 있었다. 그리고 그들은 카이사르의 카리스마적인 리더십을 시기하고 질투를 하였다.

결국 폼페이우스는 뜻을 같이하는 원로원의 일부 핵심 원로들과 결탁을 하여 기원전 49년 카이사르를 정치일선에서 내몰기 위한 음모를 펼친다. 이런 결과 원로원에서는 삼두정치의 실질적인 실력자로 폼페이우스를 내정하고 그를 종신집정관으로 임명을 하고 카이사르를 갈리아지역에 머무르게 하는 결정을 내림과 동시에 그가 지휘하고 있는 군대에 대해 무장을 해제하라는 명령을 내리게 된다.

이러한 결정에 대한 소식을 접한 카이사르는 매우 분노하였으며 이에 대해 일단의 결단을 내려야 한다는 필요성을 절감하게 된다. 폼페이우스는 이 당시 최고정치결정기관인 원로원의 결정과 그에 따른 명령을 아무리 카이사르라고 한들 무시할 수는 없을 것이라고 생각을 하고 자신의 정치아성을 쌓아 가는데 혈안이 된다. 그러나 그것은 카이사르의 야심과 의지를 과소평가한 것이다.[652]

---

652) 폼페이우스와 원로원은 보잘 것 없는 병력으로, 더구나 전투에 적합하지 않은 한 겨울에 국법을 어기고 카이사르가 루비콘 강을 건너는 따위의 무모한 짓은 하지 않을 것으

카이사르는 폼페이우스를 중심으로 한 원로원의 결정이 로마공화정을 위태롭게 하고 결국 자신에게도 커다란 해악이 된다고 생각을 하기에 이르렀고 이를 해결하기 위해서는 자신이 일어나야함을 알았다. 그는 동원 가능한 군대를 소집하여 폼페이우스와 원로원에 반하는 행동을 취하기로 결심한다. 기원전 49년 1월 10일 밤, 일단의 군대를 수습한 카이사르는 국법을 어기고 몇 명의 부하들과 함께 무장병력을 데리고 루비콘(Rubicon) 강을 건넌다.

이 당시의 관례는 루비콘 강을 건너 로마로 들어오는 군대는 엄격한 지휘통제를 로마로부터 받아야하고 원칙적으로 무장을 해제하고 들어오도록 되어있었다. 이를 어기고 무장을 유지한 채 군을 로마 쪽으로 이동시키는 것은 바로 반역을 의미하는 것이었다.[653] 이를 카이사르가 모를리 없었다. 그는 루비콘 강을 건너며 자신의 전의와 결의가 드높고 분명함을 드러낸 "주사위는 던져졌다."는 유명한 말을 하였다.[654] 카이사르는 기동성이 매우 높은 기병병력을 주축으로 하여 매우 빠른 속도로 남하를 하였다.

폼페이우스는 자신이 가지고 있던 안이한 생각에 뒤통수를 맞는 격이 되었다. 폼페이우스는 원로원과 담합하여 카이사르를 축출하려는 음모를 꾸몄다면 보다 주도면밀하고 적극적으로 카이사르에 대한 다음의 대항 전략까지 구상을 하고 이를 실행에 옮겨 대비를 확실히 했어야 했다. 그러나 그는 너무나 안이한 자세로 일관을 해왔던 것이다. 로마 주변의

로 생각을 했던 것 같다. 시오노 나나미 지음, 김석희 옮김, 『로마인 이야기 : 율리우스 카이사르 (하)』, 제5권 (서울 : 한길사, 1999), 11쪽.

653) 1월 7일 원로원 회의에서 의결된 '원로원 최종권고'에는 카이사르에게 당장 군단을 해산하고 귀국할 것을 명령하면서 이 명령에 따르지 않으면 대권을 부여받은 폼페이우스가 '원로원 최종권고'에 따라 비상사태를 선포하고 카이사르를 국가의 적으로 간주하겠다는 내용이 담겨있었다. 『앞의 책』, 13쪽.

654) 박덕은 편저, 『쉽고 재미있는 철학이야기』(서울 : 서지원, 1997), 152쪽.

군을 동원시키려했지만 시간상 역부족이었다.

그는 빠른 기동력으로 접근해 오는 카이사르의 군대를 막을 수가 없었다. 유일한 방법은 빨리 패닉상태에 빠져있는 로마를 벗어나는 일뿐이었다. 그는 가족과 일부 노예들을 데리고 급히 피난길에 올랐다.

그는 카이사르와 비교해 볼 때 항상 긍정적이고 적극적인 행동을 하지 못했다. 그는 좀 더 여유를 가지고 주도면밀하게 카이사르의 동태를 살폈어야 했다. 사실 카이사르가 이끄는 군대는 그렇게 폼페이우스가 생각한 것처럼 많은 군대가 아니었다. 그리고 그들의 전투력도 폼페이우스가 생각하는 것만큼 강력하진 못했다.

그러나 폼페이우스는 적의 동향을 세밀하게 살피고 적의 강점과 약점을 예리하게 분석하는 그러한 주도면밀성을 가지지 못했다. 그는 카이사르의 카리스마적 리더십에 어떻게 보면 압도되어있었는지도 모른다. 카이사르를 그저 크게만 보고 그의 기습적 공세에 혼비백산하여 도망을 치기에 급급했던 것이다.

자신은 작게 보고 상대를 크게 보는 전형적인 부정적 마인드의 소유자였던 것이다. 그는 카이사르가 로마를 점령하는 것을 닭 쫓던 개 지붕 쳐다보는 식으로 이탈리아 남단의 피난지에서 지켜보아야 하였다.

카이사르는 전격적으로 로마를 접수하고 로마에 잔류하고 있던 폼페이우스 추종자들을 제압하고 곧바로 그의 오른팔인 안토니우스를 시켜 폼페이우스를 체포하기 위해 군을 파견한다. 생명에 위협을 느낀 폼페이우스는 자신의 가족과 노예 그리고 호위군대 등을 이끌고 부룬디시움 항구에서 배를 타고 그리스로 도망을 친다.655) 이제 주객이 전도되는 신세가 된 것이다.

바로 이렇게 결과가 나타나게 되는데 는 폼페이우스의 우유부단 성으로 점철된 부정적 사고가 결정적이었다. 그리스로 도망친 폼페이우스를

---

655) 시오노 나나미 지음, 김석희 옮김, 『앞의 책』, 31-32쪽.

추격하여 카이사르와 안토니우스가 군대를 몰고 그리스로 들어가 그와 기원전 48년 8월 9일 테살리아 지방의 파르살로스(Pharsalus) 평원에서 대접전을 벌린다. 결국 폼페이우스는 이 전투에서 대패를 하게 된다.[656)]

이미 폼페이우스에게는 전투에서 이기고자 하는 적극적이고 능동적인 마음이 존재하지 않고 있어서 질 수 밖에 없는 전투였던 것이다. 그는 패잔병일부와 자신의 가족을 데리고 최후의 망명지를 물색하고 있었다.[657)] 그의 마음은 온통 자신과 자신의 가족의 안위에만 쏠려 있었다. 국가고 국민이고 자신의 명예고 자신을 의지하고 따르는 부하들에 대한 사랑이나 그들의 안위는 그 다음의 문제였다.

폼페이우스는 카이사르가 자기를 반드시 죽일 거라고 생각을 하였다. 그리고 그는 다시 재기하려는 마음도 없었다. 오직 이 난국에서 빨리 벗어나기만을 학수고대하는 심정이었다. 그에게는 이 어려움을 딛고 일어나 새롭게 카이사르와 대결하여 자신의 뜻을 펼치겠다는 그런 긍정적 마인드는 찾아 볼 수 없었던 것이다.

그래서 폼페이우스는 자신의 최후 망명지로 이집트를 생각해 냈다. 왜냐하면 그곳에는 자신이 임명을 한 이집트 주재 로마군 총사령관과 자신들의 옛 전우들이 있기 때문이었다. 그는 그들이 반드시 자기를 반겨줄 것으로 생각을 하였다. 그리고 이집트의 파라오로 있는 어린 왕인 프톨레마이오스 13세(Ptolemy XIII)도 그와 사이가 나쁜 관계는 아니었기 때문에 이집트만큼 자신의 안위를 보존하는데 적합한 곳은 없을 것이라고 생각을 했던 것이다. 그가 이렇게 판단을 한 근거는 현재 이집트를 공동 통치하고 있는 오누이(누이인 클레오파트라와 남동생인 프톨레마이오스 13세)의 선왕인 프톨레마이오스 12세가 왕위에서 쫓겨났을 때 그를 도와 왕위에 복귀시켜 준 인물이 바로 폼페이우스 자신이었기 때문이다. 그는

---

656) 『앞의 책』, 175-177쪽.

657) 『앞의 책』, 186-189쪽.

이러한 은혜는 부모한테서 자식으로 계승된다고 믿고 있었다.[658]

그는 자신의 가족과 휘하 장졸들을 거느리고 이집트의 알렉산드리아 항으로 피난을 한다. 물론 바닷길에서 폼페이우스를 나포할 수도 있었지만 카이사르는 도망을 치는 폼페이우스를 그런 식으로 체포 하려는 마음이 없었다.[659]

기원전 48년 9월 29일, 자신의 58번째 생일을 맞이하는 날 폼페이우스는 드디어 알렉산드리아 항에 도착을 하였다. 폼페이우스는 안도의 한숨을 쉬고 상륙준비를 하였다.

그러나 실제 상황과 분위기는 폼페이우스가 생각한대로 돌아가고 있지는 않았다. 이곳 주재 총사령관은 비록 폼페이우스에게 많은 신세를 지고 또 그로인해 이 곳 사령관으로까지 임명이 되긴 하였지만 냉엄한 현실을 직시할 필요가 있었다. 만약 폼페이우스를 비호했을 경우 카이사르의 미움을 사게 되고 이렇게 카이사르의 눈 밖에 날 경우 결국 자신의 안위까지 위협받게 되는 결과를 가져올 것이라고 생각을 하게 되었던 것이다.

폼페이우스나 이 곳 주재 총사령관은 카이사르의 넓은 마음을 헤아리지 못했던 것이다. 그만큼 사고의 폭이 좁은 부정적인 마인드로 꽉차있던 인간이었다. 주재 총사령관은 이것을 기회로 착각을 하였다. 폼페이우스를 처치해서 그 수급을 카이사르에게 바치면 카이사르에게 믿음과 사랑을 받을 수 있을 거라고 생각을 한 것이다. 그는 그러한 생각에 기초하여 폼페이우스를 제거하는 일을 실행에 옮겼다. 그리고 소년 왕을 보좌하고 있던, 아니 보다 엄밀하게 말하자면 조종하고 있던 이집트 고급관리 들인 측근들도 이러한 생각에서 귀찮은 존재로 전락한 폼페이우스를 처치하는 일에 끼어들었다.[660]

---

658) 『앞의 책』, 188-189쪽.

659) 『앞의 책』, 186쪽.

항구에 도착하여 상륙을 기다리는 폼페이우스에게 옛날의 전우들인 아킬라스(Achillas)와 셉티무스(Lucius Septimius)를 보냈다. 폼페이우스는 옛 전우들을 보고 반가움을 표시하였고 아무런 경계 없이 그들이 권하는 대로 작은 배로 옮겨 탔다. 그리고 배가 육지에 상륙하는 동안 배안에서 이집트 왕과 상면했을 때 할 이야기를 정리하고 있었다. 이 때 그의 옛 전우들은 폼페이우스 등 뒤에서 칼과 단검으로 그의 등을 공격하였다.

폼페이우스는 급습을 당하고 저항할 여력도 없이 자신의 옛 전우들의 손에 주살을 당하였다. 그리고 그의 수급이 향유 항아리에 담겨져서 카이사르에게 바쳐졌다. 그때 카이사르는 기뻐하기 보다는 슬퍼했다고 전해진다.[661] 한때는 로마의 집정관으로 카이사르와 같이 동고동락을 하며 로마공화정을 지켜 온 친구이자 동지인 폼페이우스의 죽음은 카이사르의 마음을 아프게 했을 것이다.

카이사르는 폼페이우스 죽음에 가담한 주재 총사령관을 비롯한 군 장교들 그리고 이집트 고급관리들을 모두 처형을 했다. 그리고 폼페이우스의 죽음을 애도하였다.

이러한 역사적 사실에서 알 수 있듯이 폼페이우스는 보다 긍정적이고 적극적인 마음을 가지지 못하여 결국 인간경영에 실패를 한 것이다. 그가 만약 긍정적인 마인드의 소유자였다면 그는 카이사르의 리더로서의 역량과 사람됨을 인정하고 그와 서로 상생할 수 있는 방안을 강구해 나가야 했을 것이다.

그리고 정치적 스펙트럼이나 정치적 이해관계가 상충되어 서로 반목할 수밖에 없었다고 한다면 보다 정확히 카이사르를 알기위한 적극적인 노력을 기울였어야 할 것이다. 카이사르의 장점과 강점 그리고 약점과 허점을 정확하고 예리하게 알아내고 그에 대한 체계적인 대비책을 강구했어

660) 『앞의 책』, 190쪽.

661) 『앞의 책』, 192쪽.

야 할 것이다. 그리고 좀 더 카이사르의 마음을 읽을 수 있는 적극적인 노력을 기울였어야 할 것이다.

그리고 카이사르가 루비콘 강을 넘어섰을 때 그의 군 병력의 허와 실 그리고 기동움직임 등을 보다 적극적으로 살펴 이에 대비를 했어야 할 것이다.662) 우왕좌왕하기보다는 침착하게 이러한 대비를 하였다면 실 병력 만 가지고도 카이사르의 공격을 막아냈을지도 모르는 일이다. 그는 너무 카이사르를 크게 보았고 그런 그를 대적하려는 마음이 애시 당초 없었는지도 모른다. 그는 이미 마음의 전쟁에서 그에게 진 것이다.

그리고 그리스에서 대패를 했을 때 그는 안토니우스에게 항복을 하고 카이사르에게 모든 것을 맡겼으면 더 좋았을 것이다. 그는 그 길을 택하지 않고 소극적으로 자신이 심어 놓은 사람을 맹신하였던 것이다. 그의 소극적인 마음은 결국 그와 가족의 생명을 소인배에게 의탁하려는 결과를 초래하였고 결국 그것은 비극적인 결과를 초래하게 만들었던 것이다.

폼페이우스의 이러한 소극적이거나 우유부단한 결정과 행동은 결국 그의 정치생명에 종지부를 찍게 만들고 결국 자신의 생을 비참하게 만드는 결과를 가져오게 하였던 것이다. 만약 카이사르에게 자신을 의탁하였다면 마치 카이사르에게 맞서 싸운 키케로를 대하듯이 카이사르는 넓은 가슴으로 폼페이우스를 싸안았을 것이다.

정치적 역량이나 리더의 그릇으로 볼 때 폼페이우스는 카이사르의 상대가 되지 못했던 것이다. 독일의 역사학자인 테오도르 몸젠이 폼페이우스를 평하여 이르길 "극히 평범한 사람"이라고 하였는데 어쩌면 그의 말이 맞았는지도 모른다. 시오노 나나미의 말을 들으면 몸젠의 말이 보다 더 확실하게 이해가 된다. 시오노 나나미는 그를 지극히 허영심이 많은

---

662) 이 당시 카이사르 휘하에 있는 병력은 제13군단 10개 대대뿐이었다. 게다가 카이사르는 결원을 보충하지 않았기 때문에, 10개 대대라 해도 정원 6천 명보다 훨씬 적은 4천 500명 안팎에 불과했다. 『앞의 책』, 11쪽.

사람으로 묘사를 하고 있다. 국가질서의 수호자가 되고 싶다는 그의 허영심이 50대 중반의 노구를 이끌고 그를 이용하려는 원로원의 카이사르 반대세력과 결탁하는 어리석음을 저지르게 되었다고 시오노 나나미는 말하고 있는 것이다.[663] 정말 어쩌면 그녀의 말처럼 그는 허영심이 컸던 그저 그런 사람의 한 부류에 속했는지도 모른다.

그의 적극적이지 못하고 능동적이지 못한 소극적 사고가 결국 그를 그렇게 역사의 패자로 그리고 인간경영에 실패한 자로 기록하게 만든 것이다. 이러한 것을 볼 때 적극적이고 능동적인 사고가 리더에게 얼마나 중요한 것인가를 알게 하는 것이다.

2) 광해군(光海君)

광해군은 왕비 소생이 아닌 후궁 공빈(恭嬪) 김 씨의 소생이라는 점과 둘째 아들로 태어났다는 것 등이 세자로 추존되는데 많은 어려움을 갖게 하였다.

선조는 광해군이 장성을 하였는데도 불구하고 정비인 의인왕후(懿仁王后)박 씨한테서 아들을 얻으려는 속셈으로 세자 책봉을 한 없이 늦추었으며 광해군의 형인 임해군(臨海君)을 세자로 책봉하지 않고 둘째 아들인 광해군을 세자로 책봉하는 문제 때문에 어려움이 컸던 것이다.

특히 둘째아들인 광해군을 세자로 책봉하는데 있어 명나라의 반대가 적지 않았다. 명나라는 장자인 임해군을 뛰어 넘어 차남인 광해군이 세자로 책봉되는 것이 예법에 어긋난다는 논리를 내세워 광해군의 세자책봉을 허가치 아니하였다.

그러나 광해군으로서는 다행스럽게 정비인 박 씨로부터 아들이 출산되지 않았고 선조 25년인 1592년에 임진왜란이 발발한 것이다. 선조의 입

663) 『앞의 책』.

장에서 볼 때 절체절명의 위난의 시기에 왕실을 온건하게 보존하기 위해서는 자신의 유고와 같은 유사시 왕권을 계승할 왕세자가 필요로 되었던 것이다. 선조는 서둘러서 18세에 이른 광해군을 세자로 책봉을 하였던 것이다.664)

그러나 이것으로 광해군의 시련이 다 끝난 것은 아니었다. 세자 책봉이 된 이후에도 계비의 소생으로 영창대군(永昌大君)이 탄생하자 세자로써의 지위가 위협을 받게 되었다.665)

선조는 의인왕후 박 씨가 후사 없이 승하하자 새로운 계비로 인목왕후(仁穆王后)를 맞이하였다. 인목왕후는 새로운 대군을 출산하였는데 그가 바로 영창대군이었다. 선조는 대군을 얻게 되자 매우 기뻐하였다. 선조는 이미 광해군으로 세자를 책봉하였음에도 불구하고 대군으로 왕통을 잇고 싶다는 생각과 유영경(柳永慶) 등 주변 인물의 부추김 등으로 광해군을 폐하고 영창대군을 세자로 세우려고 하였다. 이전에도 선조는 대군이 아닌 광해군을 세자로 책봉할 바에는 자신이 총애하는 인빈김 씨(仁嬪金氏)의 소생인 신성군(信城君)을 세자로 책봉하려고 했던 적이 있었다. 이러한 사실을 잘 알고 있던 광해군으로서는 커다란 위기상황을 마주하게 된 것이다.

광해군을 지지하는 정인홍(鄭仁弘), 이이첨(李爾瞻) 등이 이러한 움직임에 제동을 걸려고 노력하다가 귀양을 가게 되고 대세는 광해군을 폐하고 영창대군에게 세자를 책봉하는 방향으로 가닥이 잡혀가게 되었던 것이다. 그러나 광해군으로서는 다행스럽게 선조가 갑자기 승하를 하였다. 이로 인해 34세의 나이에 광해군이 조선조 제15대 임금으로 즉위를 하였다.

이렇게 되자 형세는 급전되었다. 이원익이 영의정이 되고 정인홍, 이

---

664) 국난에 대비한다는 명분으로 피난지 평양에서 세자에 책봉되었다. http://100.naver.com/100.nhn?docid=19222

665) http://100.naver.com/100.nhn?docid=19222 ; http://ko.wikipedia.org/wiki

이첨, 이경전 등이 중용되었으며 유영경, 이홍로, 이효원 등이 살해되거나 귀양을 가게 되었다. 또한 광해군의 측근들은 광해군의 친형인 임해군을 제거하기 위해 탄핵상소를 올렸다.

이렇게 탄핵상소를 올린 이유는 임해군이 명나라를 등에 업고 모반을 일으킬 가능성을 배제할 수 없었기 때문이었다.

임해군은 선조 생존 시 세자 책봉의 문제가 불거져 나왔을 때 정철 등이 세자로 책봉되어져야 한다고 적극적으로 주장을 하여 광해군의 세자 책봉을 어렵게 한 적이 있었고, 보다 중요한 것은 이때 장자를 제치고 차남을 세자로 책봉하는 것은 예법에 어긋난다는 이유를 들어 명나라가 광해군의 세자 책봉을 16년이 지나도록 미루었던 적이 있었던 것이다.

설상가상으로 선조가 죽고 광해군이 왕위를 계승한다는 승습을 전하는 사신이 명나라에 갔을 때 이를 허락하지 않고 요동도사 엄일괴가 조선에 왔을 때 은밀하게 임해군과 회동을 한 사실이 드러났던 것이다.

그리고 임해군이 역모를 꾀하기 위해 철을 사들여 병장기를 제조한다는 소문도 나돌았고 이러한 내용을 담은 탄핵상소가 올라오기도 하였다. 광해군의 측근들은 임해군에 대한 공격을 멈추지 않았다. 결국 광해군은 임해군을 교동으로 귀양을 보내 사태가 진정되기를 기다렸지만 측근들은 광해군 원년인 1609년에 교동 현감 이직을 시켜 임해군을 살해하였다.

이러한 피의 숙청은 이에 그치지 않았다. 뒤이어 진릉군과 인목대비의 아버지 김제남이 역모에 연루되었다 하여 죽이고 광해군 6년인 1614년에 영창대군까지 살해하였으며 능창군을 살해하고 인목대비까지 서궁(지금의 덕수궁)에 유폐하였다.

설상가상으로 그와 그의 측근들은 금전에 밝고 뇌물 받기를 좋아하여서 매관매직을 서슴지 않았다.

광해군은 금권정치를 실시하여 벼슬을 임명할 때도 돈의 많고 적음을 보면서 하였으니 병사나 수사를 지내려면 천 냥을 바쳐야만 했다.[666]……….. 광해군 7년부터는 벼슬이 높고 낮음을 가리지 않고 모든 관리의 임명은 오직 뇌물의 많고 적음에 따라 발령을 하였는데, 이이첨은 자신의 탐욕을 숨기려고 이조를 맡지 않고 항상 예조판서 겸 대제학으로 있으면서 조정, 이정원과 같은 무리를 이조에 두고 자기 마음대로 지휘하였다.[667] …….. 또, 은 수백 궤를 궁중에 쌓아 놓았는데 만약 왕위를 잃게 되면 중국에 뇌물을 써서 복위(復位)를 도모하기 위해서였다고 한다.[668]

또한 광해군은 넓게 귀를 열어 놓지 않고 제한적으로 사람들의 말을 들었고 특정인에 대해 과도하게 신뢰를 줌으로써 스스로 화근을 키웠다.

광해군의 정치에 환멸을 느낀 함흥판관을 지낸 이귀(李貴)와 유생 김자점(金自點) 등이 작당을 하여 역모를 꾀하였다. 광해군을 패주로 만들어야 될 명분으로 동생인 영창대군을 죽이고 어머니격인 인목대비를 서궁으로 유폐시킨 인륜을 저버린 일과 척족이나 측근들만을 감싸고 다른 당파와 백성들을 박해한 일 등을 내세웠다. 그러나 이러한 역모는 새어나가 이귀와 김자점을 위협하였다. 이들은 살기위해 광해군이 가장 총애하는 김 상궁을 뇌물로 포섭하여 이 위기에서 벗어난다. 광해군은 다른 사람들의 말을 모두 물리치고 자기가 총애하는 김 상궁의 말만을 믿고 받아들인 결과였다. 그 이후에도 몇 차례 이귀 등에 의한 역모 고변이 있었지만 그 때마다 이런 식으로 위기를 모면하였다. 결국 이귀의 역모세력은 이런 틈새를 파고들어 힘을 규합하여 능양군을 옹립하기로 하고 김자점, 이서, 장유, 이흥립의 도움을 받아 반정을 성공적으로 마무리 지었다. 결국 광해군은 폐주가 되어 강화로 유배되고 왕비 유씨를 포함하여 세자와

---

666) 박상진, 『짝짓기로 배우는 세계사』(서울 : 도서출판 모아, 1996), 178쪽.

667) 『앞의 책』, 178쪽.

668) 『앞의 책』, 180쪽.

세자빈이 죽었다. 그러다가 제주도로 옮겨졌으며 결국 그곳에서 비참한 생을 마감하였다. 1641년 인조 19년의 일이었다.

역사적 사료에 의한다면 그는 상당히 합리적이고 영특한 군주였던 것으로 판단이 된다. 특히 저물어 가는 명나라와 새롭게 떠오르는 후금(뒤에 청으로 개명) 사이에서 조선의 국익을 극대화하는 길을 모색하고 이를 현명하게 운영해 나간 그의 외교적 역량이나 국제정세에 대한 깊은 인식은 이러한 판단을 뒷받침해주는 것이다. 그렇다면 왜 광해군은 이러한 무리수를 두어 스스로 자신을 파멸의 길로 몰아넣었을까? 몇 가지 이에 대한 해답을 추론해 낼 수 있을 것이다.

우선, 광해군은 총명하고 성군으로서의 자질을 타고 났지만 정비의 소생도 아니었으며 또 장자도 아닌 차남이었는 점을 주목해 볼 필요가 있다. 그는 이러한 신분적 한계에 대해 많은 번뇌와 고민을 했을 것으로 생각이 든다. 그리고 이와 연관하여 자신의 한계를 벗어나기 위해 발버둥을 치지만 이것 역시 생각만큼 쉽게 이루어지지 않는다는 초조감과 절망감이 그를 괴롭히지 않았나 생각이 든다.

자신이 최선을 다 해 섬기는 아버지인 선조로부터 상응된 총애를 받지 못한다는 것에 대한 초조감과 배신감이 마음 깊숙이 내재하고 있었던 것으로 사료가 된다. 이러한 것들이 그를 자신이 피해자라는 질곡에 가두어 두게 만들지 않았나 싶다.

그리고 두 번 째로 이러한 어려운 시기에 자신을 밀어주고 후원해 준 측근들에 대한 고마움이 반사적으로 컸던 것으로 판단이 된다. 그래서 그는 왕이 된 이후에도 자신의 측근들의 말만 믿고 그들에 의존하는 정치를 펼쳐 나간 것이 아닌가 싶다.

세 번째로는 앞서 언급한 여러 한계들이 그의 심리적 박탈감을 증대시켰고 이것이 결국 보상심리로 되돌아와서 왕이 된 이후 권력을 남용하고 금권을 추구하는 패악으로 나타나게 된 것이 아닌가 싶다.

결국 이러한 환경적 요인이 그의 성정에 영향을 주었고 그가 권력을 장악하자 결국 영창대군의 살해와 인목대비 폐출이라는 사단으로 비화되게 만들었으며 자신의 선정에도 불구하고 이런 것이 문제가 되어 인조반정을 맞이하고 비극적인 삶을 마치게 되는 결과를 가져오게 되는 것이다.

그는 자신의 이러한 피해의식 그리고 이에 기인된 열등의식과 보상심리를 긍정적인 방향으로 승화를 시키는데 실패를 함으로써 인간경영에 실패를 한 군주로 역사에 남게 된 것이다.

제11장 인간중심의 리더십을 지향하면서

인간의 잠재력은 무한대이다. 흙 속에 파묻힌 진주도 꺼내어 닦을 때 자신의 본래 가치를 찾게 되는 것이다. 따라서 무한대의 자기 잠재력을 깨워 일으키는 노력이 매우 중요하다. 인간 경영에 충실한 리더는 자신을 신뢰하고 자신의 잠재력을 믿으며 나아가, 자기의 부하를 신뢰하고 그의 잠재능력이 최대한으로 발휘되게 도와주는 일을 서슴지 않는다.

인간중심의 지도자는 사람들에게 무언가를 요구하기 전에 그들의 마음을 움직여야 한다. 머리보다 항상 마음이 먼저 앞서야 한다.[669] 그리고 투자 없는 미래는 없다는 생각을 항상 염두에 두어야 한다. 세상사는 반드시 투입이 있어야 산출이 있게 마련인 것이다. 그래서 내가 먼저 움직여야 다른 사람들도 움직이게 되는 것이다. 지도자는 그래서 지금까지의 생각을 바꾸어 볼 필요가 있는 것이다. 종전의 생각처럼 지도자는 뒤에서서 명령만 내리면 다 되는 그런 시대가 아니라는 점을 유념할 필요가 있다.

윌리엄 제임스(William James)가 주장하듯 "생각을 바꾸면 우리의 삶도 바꿀 수 있다."는 생각을 가질 필요가 있는 것이다. 그러면 인간경영의 성공자가 될 수 있다. 처음부터 인간경영의 성공자로 그리고 지도자로

669) 존 맥스웰 지음, 김환영·홍석기·우덕삼 옮김, 『리더십 21가지 법칙 : 워크북』(서울 : 청우, 2007), 159쪽.

탄생되는 것은 아니다. 워런 베니스(Warren G. Bennis)의 말처럼 "리더는 태어나는 것이 아니라 만들어 지는 것."이다. 뜻을 가지고 노력하다보면 그리고 생각의 틀을 바꾸다 보면 지도자의 길이 보이게 된다. 또한 이러한 마음가짐을 가지고 지속적인 노력을 하면서 '진인사대천명'(盡人事待天命)의 자세로 기다림의 미학을 즐겨볼 필요도 있다.

보거더스나 호킹이 이야기하듯 "위대한 리더의 출현은 시간, 장소, 상황의 결과이다." 윈스턴 처칠(Winston Churchill)도 수상에 취임하기 전에는 평범한 국회의원에 불과하였다. 그러나 2차 대전이 터지자 그는 성공적인 리더로 거듭났다. 전쟁 속에서 국민들에게 희망을 불어넣어주고 광범위한 자원을 동원하고 국가존망의 절체절명의 순간에 어려운 결단을 내리는 카리스마를 보여주었던 것이다.[670] 만약 2차 대전이 없었다면 아마 그의 리더십도 없었을는지 모르는 일이다. 위대한 리더는 시간과 장소 그리고 상황의 결과인 것이다.

기다림이 아무리 길어 진다하여도 때가 되면 스스로 인간경영의 성공자로 자리 매김을 할 수 있을 것이다.

이러한 생각에 공감하는 많은 사람들이 오늘도 인간경영에 성공하기 위해 뜻을 세우고 이를 이루기 위한 나름대로의 노력들을 아끼지 않는다. 그러나 누구는 인간경영에 성공을 하고 다른 누구는 뜻을 이루지 못한다. 왜 그럴까?

인간경영에 성공을 하기 위해선 무엇보다 우선 사람이 되어야 한다. 다시 말하자면 사람의 품성을 지니고 인간다운 품격, 다시 말하자면 인격을 갖추어야 한다는 것이다. '인면수심'(人面獸心)이란 말이 있다. 인간의 탈을 쓴 짐승이라는 의미를 가지는 말이다. 불행하게도, 요즈음 이러한 사람들이 너무나 많다. 이러한 사람들은 결코 인간경영에 성공할 수 없다. 왜냐하면 그들은 인간으로서 갖추어야 할 품격과 품성이 없기 때문

670) 정우일, 『리더와 리더십』(서울 : 박영사, 2006), 58쪽.

문이다. 인간적 품성과 품격을 갖출 때 지도자로서의 자격을 가지게 된다. 그 자격은 자신이 스스로 만들어 가지는 것이 아니라 그를 둘러싸고 있는 많은 사람들의 마음에서 자연스럽게 우러나와 나타나는 것이다.

인간으로서의 품격과 품성을 갖출 때 그 자신 스스로 사심이나 사리사욕으로부터 자유로울 수 있을 뿐만 아니라 주변의 사람들로부터 존경과 떠받듦을 자연스럽게 얻어낼 수 있다. 그래서 지도자는 탄생하는 것이 아니라 자신을 포함한 주변 사람들에 의해 만들어진다고 말을 하는 것이다. 이러한 존경받을 수 있는 인품과 인격을 갖출 때 내면적으로는 자기 자신의 인간경영에 성공하는 것이고 외면적으로는 다른 사람을 성공적으로 다스려나가고 이끌어 나감으로써 또한 다른 의미의 인간경영에 성공을 하게 되는 것이다. 인격은 지도자로서 당연히 갖추어야 할 기본적인 덕목이며 인간경영의 성공자들이 반드시 갖추어야 할 요소인 것이다.

다음으로 인간경영에 성공하기 위해서는 자신이 뜻한 바를 실천에 옮길 수 있는 의지와 용기가 무엇보다 선행이 되어야 한다. 누구나 인간경영의 성공을 꿈꾸지만 그것을 실제로 실현하는 사람들은 그렇게 많지 않은 이유가 바로 여기에 있다. 사람들이 가진 성공의 꿈은 고통스런 노력의 실천과정을 통해 이루어지기 때문이다.

인간경영에 있어 성공을 하기 위해서는 역설적으로 들릴지도 모르지만 실패 역시 두려워해서는 안 된다. 성공보다 실패를 통해 얻는 교훈이 더 많고 값진 경우가 많다. 성공은 자칫 잘못 관리되어질 경우 오히려 자만과 교만 그리고 허황한 자기 과신을 가져오게 할 수 있다. 이에 반해 실패는 반성과 자성 그리고 겸손과 신중을 배우게 한다. 이러한 이유 때문에 타산지석(他山之石)이나 반면교사(反面敎唆) 역시 중요한 자기 성찰의 수단으로 받아들여지고 있기도 하다.

세계적으로 회자되는 많은 성공한 사람 치고 실패를 안 해 본 사람은 거의 없다. 우리가 발명왕으로 널리 알고 있는 토마스 에디슨(Thomas

Edison)도 전기를 발명하기 위해 수많은 실패를 거듭했음을 잘 알고 있다. 또한 유비 현덕이 국가경영에 필요한 책사를 얻기 위해 제갈공명을 세 번씩이나 찾았던 삼고초려(三顧草廬)의 고사도 이러한 사실을 잘 보여주고 있다. 실패가 없는 성공이란 있을 수 없음을 보여주는 역사적인 사례들이다.

따라서 실패를 두려워하여 도전하지 못함은 성공을 스스로 포기하는 매우 못난 짓이다. 진정한 용기란 두려움이 없는 것이 아니라 두려움을 이겨내고 자기가 뜻한 바를 이루어내는 것이기 때문이다. 성공과 창조는 실패라는 자양분이 없이는 자라날 수 없는 것임을 명심해야 할 것이다.

세 번째로 인간경영에 성공을 하기 위해선 또한 자기 자신에 대해 매우 엄격해야 한다. 자기 관리와 자기 통제는 성공을 이루어나가는 사람이 반드시 가져야 할 기본 덕목이다. 자기 자신을 이겨내지 못하는 자가 다른 사람을 이겨낼 수 없기 때문이다. 그래서 "자신의 몸과 마음을 바르게 한 사람만이 가정을 다스릴 수 있고, 가정을 다스릴 수 있는 자만이 나라를 다스릴 수 있으며, 나라를 다스릴 수 있는 자만이 천하를 평화롭게 다스릴 수 있다."(修身齊家治國平天下)는 공자님의 말씀에도 자기 자신의 몸과 마음을 먼저 올바르게 수양해야 함을 강조하고 있는 것이다.

우리 주변에서 자기 자신을 제대로 관리하지 못해 어려운 처지에 빠진 사람들을 많이 볼 수 있음도 이러한 연유에서이다. 그리고 무엇보다 성공을 하기 위해 그리고 성공을 올바르게 오래 유지하기 위해서 간과해서는 안 되는 것으로 건강을 들 수 있다. 건강은 성공하려는 삶의 의지와 투지를 강하게 만들어 줄뿐만 아니라 이를 유지하고 관리해 나가는데도 매우 중요한 역할을 수행한다. 건강한 신체에 건전한 정신이 깃들 기 때문이다. 그래서 옛 성현들은 "돈을 잃는 것은 가장 적게 잃는 것이고 명예를 잃는 것은 그 보다 조금 더 잃는 것이지만 건강을 잃으면 모든 것을 잃는 것이다."라고 말씀하시며 건강의 중요성을 강조하였다.

네 번째로 인간경영에 성공을 하기 위해선 지도자는 누구보다 인내하는 자가 되어야 한다. 지도자의 길이란 그야 말로 형극의 길이다. 다른 말로 표현을 하자면 가시밭길을 걷는 것과 같다고 비유할 수 있을 것이다. 돌아오는 것은 칭찬과 찬사보다는 비난과 비판이 더 많은 것이 지도자의 길이다. 그러나 지도자는 이러한 길을 마다하지 말아야 한다. 그는 참고 견디며 그 길이 옳은 길이라고 생각을 한다면 조직성원들의 반대나 비판이 있다고 하더라도 그 길로 나아갈 수 있어야 한다.

다섯 번째로 인간경영에 성공을 하기 위해선 지도자는 비전을 제시하여 조직성원들을 하나로 조율하고 이들을 올바른 방향으로 나아갈 수 있도록 하는 추진력을 제공해 줄 수 있어야 한다는 것이다. 마치 오케스트라의 지휘자처럼 팀원들의 역량을 극대화시킬 수 있는 조정과 조율의 대가가 되어야 할 것이다. 오케스트라가 이루어내는 아름다운 음률과 서정도 지휘자를 중심으로 한 팀원들의 하모니가 제대로 이루어질 수 없다면 결코 실현될 수 없는 것이다. 오케스트라의 진면목을 보여주는 것은 각 팀원들의 역량을 있는 그대로 보여줄 수 있는 지휘자의 역량과 직결되는 것이라 이해할 때 지휘자의 조정과 조율 능력은 매우 중요한 것이라 말할 수 있다.

이러한 지도력이 특히 상황에 따라 시시각각으로 변화하는 현재의 조직 환경에서는 더욱 필요로 된다 할 수 있다. 오스본(David Osborne)이 주장하였듯이 현재의 조직은 노를 젓는 지도자를 원하는 것이 아니라 팀원들을 조화롭게 지휘하여 그들의 역량을 극대화시키면서 자신은 팀 전체가 올바른 방향으로 나아갈 수 있도록 방향키를 잡는 지도자를 원하는 것이다.[671]

---

671) David Osborne and Ted Gaebler, *Reinventing Government : How the Entrepreneurial Spirit is Transforming the Public Sector* (Reading, Mass. : Addison-Wesley, 1992).

여섯 번째로 인간경영에 성공을 하기 위해선 지도자는 창조적 지성을 갖추어야 한다. 이를 위해 지도자는 전문적 지식과 지혜로 무장한 문제해결능력의 소유자가 되어야 할 것이다. 급변하는 세계화의 물결 속에서 살아남기 위해서는 변화하는 환경에 슬기롭게 도전하여 이를 극복해 나갈 수 있는 전문적 문제해결능력을 갖추어야만 할 것이다. 스티븐 코비(Stephen Covey)가 이야기하였듯이 우리가 어렵사리 얻어낸 지식의 절반이 매년 낡고 진부한 지식으로 쓸모가 없어지고 있다. 따라서 이를 만회하고 변모되는 환경에서 살아남기 위해서는 지속적으로 교육과 훈련을 받아야 하고 자신의 전문적인 문제해결능력을 제고시켜 나가야 할 것이다. 글로벌 리더는 세계적 변화에 도전하고 이를 극복해 나갈 수 있는 전문적 문제해결능력을 갖춘 창조적 지성으로 무장된 인물이 되어야 할 것이다.

일곱 번째로 인간경영에 성공을 하기 위해선 지도자는 믿을 수 있는 사람이 되어야 할 것이다. 믿을 수 없는 사람은 결코 지도자가 될 수 없다는 말이다. 인간관계나 사회관계에서 신뢰만큼 중요한 것이 없다. 모든 관계성이 바로 이 신뢰에 기반을 두고 있기 때문이다. 아무리 가까운 부부사이라고 해도 믿음이 깨어지면 더 이상의 관계가 이루어질 수 없는 것처럼 사회적 관계 역시 이러한 믿음에 기초를 하고 있는 것이다.

이러한 믿음을 얻기 위해선 정직만큼 좋은 것이 없다. 이 세상에 공짜 점심이란 있을 수 없다. 정직하게 뿌린 만큼 거두는 것이 가장 믿음직한 생각이며 행동이다. 프랭클린 루즈벨트(Franklin Delano Roosevelt) 대통령은 "정직이 최상의 방책이다."라고 말하였다. 정말 정직이 바로 믿음의 기반이 되는 것임을 강조한 말이다.

믿음으로 쌓여진 인간관계는 다른 어느 것보다 공고하며 이러한 믿음을 통해 새로운 위업이 창출될 수 있는 것이다. '겨자씨만한 믿음만 있어도 이 산을 옮길 수 있을 것'이라는 말도 믿음의 중요성을 강조한 말이다.

지도자는 자신 스스로 믿음으로 꽉 충만해 있어야 할 뿐만 아니라 다른 사람들과의 관계에 있어서도 믿음을 주고받을 수 있는 관계형성이 전제가 되어야 할 것이다. 인간경영에 성공하기 위해서는 믿음을 형성하고 이를 유지해 나가야 하는 것이다.

여덟 번째로 인간경영에 성공을 하기 위해선 지도자는 사랑의 마음으로 충만 하여야 한다. 자기 자신을 올바르게 사랑하는 것만큼 다른 사람들을 신실하게 사랑하여야 한다. 성경에 가장 많이 나오는 단어 중에 하나가 바로 이 사랑이라는 단어이다. 그만큼 사랑이 가지는 의미는 중요하고 위대하다. 사랑은 앞서 말한 믿음을 일구어 내는데 있어서도 절대 불가결한 요소이다. 자신을 희생하면서 까지 다른 사람을 위하는 바로 그러한 마음이 사랑인 것이다. 그만큼 사랑이 가지는 힘은 크며 또 가지는 의미가 위대하다.

아홉 번째로 인간경영에 성공을 하기 위해선 글로벌 리더는 넓은 마음을 가져야 할 것이다. 다른 말로 표현을 하자면 지도자는 용서와 관용의 달인이 되어야 한다는 것이다. 모든 것을 수용하고 이를 감싸 안을 수 있는 그릇이 되어야 한다는 이야기이다. 지장(智將), 용장(庸將), 덕장(德將) 등과 같이 장군이 가져야 할 리더십 역량을 표현하는 말 들이 많이 있긴 하지만 이중 가장 값어치 있는 역량으로 덕장을 드는 이유도 바로 여기에 있다 할 수 있다. 또한 많은 사람들의 좋은 점, 강한 점뿐만 아니라 허물이 되는 점, 부족한 점들을 모두 감싸 안고 깊게 포용할 수 있는 리더가 되어야 함이 바로 이러한 연유에서이다. 일본의 전국시대 최후의 승자는 오다 노부나가도 아니었고 도요토미 히데요시도 아니었다. 최후의 승자는 도쿠가와 이에야스이었는데 그는 무엇보다 넓은 가슴을 가지고 있었다.

열 번째로 인간경영에 성공을 하기 위해 지도자에게 무엇보다 중요한 것은 앞에서도 누차 말하였지만 긍정적이고 적극적인 마음을 갖는 것이 중요하다. 인간경영의 요체는 인간의 잠재력을 믿고 이를 실천 할 수 있는 능력이 있다고 믿는 긍정의 눈이다. 왜냐하면 세상은 보는 대로 보이고 또 존재하기 때문이다. 어떻게 보느냐, 그것은 자신의 책임이다.

결과를 바꾸고 싶다면 반드시 원인부터 바꾸어야 한다. 그러나 모든 것을 다 바꿀 필요는 없다. 조준 각도를 1도만 바꿔도 탄착 지점은 완전히 달라지듯이 생각과 행동을 1%만 바꿔도 인생은 180도 달라질 수 있다.[672)]

미국 작가이며 아동교육가인 도로시 피셔는 "어머니는 기대야 할 존재가 아니라 기댈 필요가 없게 만들어주는 존재이다."[673)]라고 말을 하였다. 이것은 역발상의 중요성을 이야기 해주는 것이다. 의존적 자세에서 벗어나 홀로 서기를 스스로 해 낼 수 있도록 보이지 않게 뒤에서 지원해주고 뒷받침을 해주는 것이 바로 우리들의 어머니라는 것이다. 생각의 차이는 이렇게 결과의 엄청난 차이를 나타나게 만든다. 완전히 다른 결과가 나타나게 되는 것이다.

또한 이러한 맥락에서 보면 강점도 보기에 따라서는 약점 투성이다.

이순신은 당포해전 시 "위험한 만큼, 성공할 때 효과도 클 것이오."[674)] 라고 주장하면서 겹겹의 호위를 받고 있는 적의 대장선을 집중 공격하는 작전을 기획 실행하여 성공하였다. 그는 강점에서 약점을 찾은 것이다.

크기가 큰 피자를 상대로 할 때는 음식점 쓰레기 문제를 거론해야 한다. 크기로 승부하던 그곳에 약점이 있었던 것이다. 만년 2위이던 어느 렌터카 회사는 이렇게 광고했다. '우리 회사는 기다리는 줄이 짧습니다.' 즉, 잘 나가는 렌터카 회사의 차를 빌리기 위해 오랫동안 고객이 기다려

---

672) 이민규, 『1%만 바꿔도 인생이 달라진다 - 셀프 리모델링을 위한 25가지 프로젝트』(서울 : 더난출판, 2006).

673) 『중앙일보』, 2007년 5월 1일., 26쪽.

674) 윤영수, 『불패의 리더 이순신, 그는 어떻게 이겼을까』(서울 : (주)웅진 씽크빅, 2005), 75쪽.

야 한다는 점, 그것이 약점이라고 판단 한 것이다. 상대의 강점을 역으로 이용하여 약점으로 만들고 자신의 약점은 강점으로 만든 사례이다.[675]

이겨보지 못한 자는 승자만이 누릴 수 있는 충만감을 알지 못한다. 그러다가 결국에는 패자의 정서에 익숙해지고 만다. 실패가 두 번 세 번 반복되다 보면 어느새 실패에 익숙해져 스스로 실패의 논리를 만들어낸다. 즉 자기변명에 급급한 것이다. 내가 진 것은 나의 잘못이 아니라 상황이 그렇게 되었기 때문이며, 큰 잘못이 아니라 작은 실수에 지나지 않는다고 스스로 위안하고 합리화한다. 이것이 반복되다 보면 어떻게 되겠는가? 결국 자신의 인생이 어디로 흘러가는지조차 모르게 되고 마는 것이다.[676]

급변하는 세계화의 시대에 우리가 원하는 진정한 글로벌 경영리더는 그가 공공부문에 있건 민간부문에 있건 우선 열린 귀와 열린 눈을 가져야만 하며 종합적인 판단력과 과감한 결단력을 가져야 한다. 모든 방면에서의 변화가 급물살을 타며 급격하게 이루어지기 때문이다. 이러한 상황에서 닫힌 사고를 가지고 균형을 잃은 편파적 판단을 하며 나아가 우유부단한 결정을 내린다면 경영리더 그 자신은 물론이고 그가 이끌고 있는 조직의 생존 역시 보장받을 수 없을 것이다.

존 나이스비트(John Naisbitt)가 '대변혁'(Megatrend)이라고 표현한 그 현실에 적응을 하지 못할 때 우리의 미래는 결코 존재할 수 없다는 것이 냉혹하고 엄정하게 이루어지고 있는 세계화가 보내는 메시지이다.

인간경영에 성공을 이루기 위해선 여러 가지 먼저 이루어야 할 것들이 많이 있지만 우선적으로 여기에서 말한 덕목들이 잘 가꾸어지고 다듬어져야 할 것이다.

다시 말하면 올바른 인간으로서의 품격과 품성을 가져야 하며 뜻을 행

---

675) 『앞의 책』, 81쪽.

676) 『앞의 책』, 24쪽.

동으로 옮길 수 있어야 되고 실패를 두려워하지 않는 용기를 가져야 하며 자기관리와 통제를 철저히 하고 나아가 건강을 잃지 말아야한다. 또한 리더는 올바른 비전을 제시하여 팀원들의 역량을 조화롭게 한 곳으로 접목시켜 이를 극대화 시킬 수 있도록 조정하고 조율해 나가는 지도자가 되어야 하며 나아가 그 길이 비록 가시밭길이라 하더라도 자신을 추스르면서 자신을 추종하는 사람들을 이끌고 나아갈 수 있는 인내심을 가져야 할 것이다. 그리고 열린 마음을 가지고 종합적인 판단과 과감한 결단력을 지니고 넓은 가슴으로 많은 사람들을 감싸 안을 수 있는 용서와 관용으로 점철 된 지도자가 되어야 할 것이며, 자신의 언행과 처신을 올바르게 하여 주위로부터 신뢰받는 믿음의 지도자가 되어야하고 다른 사람의 마음을 헤아릴 수 있고 자기 자신을 희생하더라도 다른 사람의 행복을 위해 헌신할 수 있는 그런 진정한 사랑을 펼쳐나갈 수 있어야 하며 어떠한 환경에도 굴하지 않고 환경이 강요하는 변화를 극복하고 헤쳐 나갈 수 있는 전문적 문제해결능력을 지니는 창조적 지성을 갖춘 지도자가 되어야 하고 나아가 긍정의 마음을 갖는 지도자가 되어야 할 것이다.

이러한 덕목들이 제대로 갖추어질 때 진정한 의미의 지도자가 될 수 있고 나아가 인간경영에 성공한 자로 기록될 수 있을 것이라는 것이 역사가 바로 우리에게 전하고자하는 가장 중요한 메시지라고 사료가 된다.

참고문헌

머리말

B. 조셉 화이트 지음, 김정한 옮김. (2007). 『파충류처럼 냉정하고 포유류처럼 긍정하라』, 서울 : 홍익출판사.

최평길.(2007). 『대통령학』, 서울 : 박영사.

Covey, Stephen R. (2004). *The 7 Habits of Highly Effective People*, 2nd ed., New York : Free Press, A Division of Simon & Schuster, Inc.

Covey, Stephen R. (2006). *The 8th Habit : From Effectiveness to Greatness*, New York : Free Press, A Division of Simon & Schuster, Inc.

Drucker, Peter F. (2001). *Management Challenges in the 21st Century*, New York : Harper Collins Publishers.

Emery, F. E. and E. L. Trist. (1971). "The Causal Texture of Organizational Environments," in John G. Mauser (ed.), *Readings in Organizational Theory : Open System Approach*, New York : Random House.

Fukuyama, Francis. (1995). *Trust : The Social Virtues and The Creation of Prosperity*, New York : Free Press, A Division of Simon & Schuster, Inc.

Gardner, John W. (1990). *On Leadership*, New York : The Free Press.

Goleman, Daniel. (1995). *Emotional Intelligence : Why It Can Matter More Than IQ*, 10th Anniversary Edition, New York : A Bantam Book.

Goleman, Daniel. (2007). *Social Intelligence : The New Science of Human Relationships*, New York : A Bantam Book.

Hersey, Paul and Ken Blanchard. (1982). *Management of Organizational Behavior : Utilizing Human Resources*, 4th ed., Englewood Cliffs, New Jersey : Prentice-Hall, Inc.

Herzberg, Frederick, B. Mausner and Barbara Snyderman. (1959). *The Motivation to Work*, 2nd ed., New York : John Wiely & Sons, Inc.

Herzberg, Frederick. (1966). *Work and the Nature of Man*, New York : World Publishing Co.

Herzberg, Frederick. (1968). "One More Time : How Do You Motivate Employees?", *Harvard Business Review*, Vol.46, No.1 (January-February).

Stogdill, R. M. (1974). *Handbook of Leadership : A Survey of Literature*, New York : The Free Press.

Terreberry, Shirley. (1963). "The Evolution of Organizational Environments," *Administrative Science Quarterly*, Vol.12 (March).

Toynbee, Arnold J. (1946). *A Study of History*, Oxford, New York : Oxford University Press.

Waldo, Dwight. (ed.). (1971). *Public Administration in a Time of Turbulence*, Scranton & London : Chandler Publishing Company.

White, B. Joseph. (2007). *The Nature of Leadership : Reptiles, and the Challenge of Becoming a Great Leader*, New York : AMACOM.

Yukl, Gary. (1994). *Leadership in Organizations*, Englewood Cliffs, New Jersey : Prentice-Hall, Inc.

제1장

공병호. (2005). 『공병호의 10년 후, 세계』, 서울 : 해냄출판사.

김태호 외. (2008). 『중국외교 연구의 새로운 영역』, 서울 : 나남.

김현기. (2007). 『선택과 집중의 기술』, 서울 : 한스미디어.

두산백과사전 EnCyber & EnCyber.com

드러커 지음, 이재규 옮김. (2001). 『변화리더의 조건』, 서울 : 청림출판.

드러커 지음, 이재규 옮김. (2002). 『21세기 지식경영』, 서울 : 한국경제신문사.

드러커 지음, 이재규 옮김. (2002). 『자본주의 이후의 사회』, 서울 : 한국경제신문사.

드러커 지음, 이재규 옮김. (2002). 『미래경영』, 서울 : 청림출판.

드러커 지음, 이재규 옮김. (2002). 『Next Society』, 서울 : 한국경제신문사.

드러커 지음, 이재규 옮김. (2003). 『단절의 시대』, 서울 : 한국경제신문사.

레스터 써로우 지음, 이근창 옮김. (1992). 『세계경제전쟁』(Head to Head), 서울 : 고려원.

로버트 그린 지음, 안진환·이수경 옮김. (2007).『전쟁의 기술』, 서울 : (주)웅진씽크빅.

로즈크레인스 지음, 이태섭 옮김. (1987).『무역이냐! 전쟁이냐!』, 서울 : (주)시사영어사.

맨큐 지음, 김경환·김종석 옮김. (2007).『맨큐의 경제학』, 서울 : 교보문고.

박덕은 편저. (1997).『쉽고 재미있는 철학이야기』, 제1권, 서울 : 서지원.

박영준. (2008).『제3의 일본 : 21세기 일본외교·방위정책에 대한 재인식』, 서울 : 한울.

박정태. (1998).『아시아 경제 위기, 1997~1998』, 서울 : 부·키.

배정호. (2006).『일본의 국가전략과 안보전략』, 서울 : 나남.

빌게이츠(Bill Gates) 지음, 안진환 옮김. (2006).『빌게이츠 @ 생각의 속도』, 서울 : 청림출판.

샘힐 지음, 형선호 옮김. (2005).『당신의 미래를 바꾸는 Next Trend』, 서울 : 한국경제신문사.

샘힐 지음, 형선호 옮김. (2004).『60 트렌드 60 기회 : 60 TREND 60 CHANCE 』, 서울 : 한국경제신문사.

서울사회경제연구소. (2005).『신자유주의와 세계화』, 서울 : 한울아카데미.

서정민. (2006).『두바이』, 서울 : 글로연.

손혜원. (2006).『브랜드와 디자인의 힘 : Brand & Design Power』, 서울 : 해냄.

스펜서 존슨 지음, 이영진 옮김. (2008).『누가 내 치즈를 옮겼을까』, 서울 : 진명출판사.

실뱅 알르망 지음 , 김태훈 옮김. (2007).『세계화 : 세계화는 신자유주의의 승리인가』, 서울 : 웅진지식하우스.

앙트완 반 아그마엘 지음, 김민주 옮김. (2007).『이머징마켓의 시대』, 서울 : 김영사.

양동주. (1997).『한 권으로 보는 20세기 대사건 79장면』, 서울 : 가람기획.

UN.『아랍인적보고서』

이태환. (2008). "동아시아 공동체와 중국," 하영선 편,『동아시아 공동체 : 신화와 현실』, 서울 : EAI.

자크 아탈리 지음, 양영란 옮김. (2007).『미래의 물결』, 서울 : 위즈덤 하우스.

장시복. (2004).『세계화 시대 초국적기업의 실체』, 서울 : 책세상.

전여옥. (1993).『일본은 없다』, 서울 : 지식공작소.

쩡비젠 지음, 이희옥 옮김. (2007).『중국 평화부상의 새로운 길』, 오산 : 한신대학교출판부.

B. 조셉 화이트 지음, 김정한 옮김. (2007).『파충류처럼 냉정하고 포유류처럼 긍정하라』, 서울 : 홍익출판사.

존 나이스비트. (1983).『대변혁의 물결』, 서울 : 동광출판사.

최종택. (2009). "Empowering Leadership,"『감성리더십』, 울산 : 글로벌리더십칼리지.

최평길. (2007). 『대통령학』, 서울 : 박영사.
타마라 드라우트 지음, 에밀리 문 옮김. (2006). 『빈털터리 세대』, 서울 : 오픈마인드.
토플러 지음, 이규행 옮김. (1970). 『미래쇼크』, 서울 : 한국경제신문사.
토플러 지음, 이규행 옮김. (1980). 『제3의 물결』, 서울 : 한국경제신문사.
토플러 지음, 이규행 옮김. (1990). 『권력이동』, 서울 : 한국경제신문사.
토플러 지음, 김중웅 옮김. (2006). 『부의 미래』, 서울 : 청림출판.
패트리셔 E. 무디(Patricia E. Moody) · 리처드 E. 모얼리(Richard E. Morley) 지음, 이재규 옮김. (2001). 『2020년 기업의 운명 』, 서울 : 사과나무.
폴 케네디 지음, 변도은 외 옮김. (1993). 『21세기 준비』, 서울 : 한국경제신문사.
피터 앳킨스 지음, 이한음 옮김. (2006). 『갈릴레오의 손가락』 Galileo's Finger : The Ten Great Ideas of Science, 서울 : 이레.
호아킴 데 포사다 · 엘런 싱어 지음, 김경환·정지영 옮김. (2005). 『마시멜로 이야기』, 서울 : 한국경제신문.
후지와라 마사히코 지음, 오상현 옮김. (2006). 『국가의 품격』, 서울 : 북스타.
『조선일보』, 2003년 4월 8일.
『조선일보』, 2007년 7월 25일.
『조선일보』, 2007년 10월 24일.
『중앙일보』, 2006년 12월 9일.
Bell, Daniel. (2001). *The Coming of Post-Industrial Society : A Venture in Social Forecasting*, Basic Books ; Reissue edition.
Cairncross, Frances. (1997). *The Death of Distance : How the Communications Revolution Will Change Our Lives*, Cambridge, Mass. : Harvard Business School Press.
The Census Bureau (of the U. S. Commerce Department). (1994). *The Earnings Ladder*, October.
Covey, Stephen R. (2004). *The 7 Habits of Highly Effective People*, 2nd ed., New York : Free Press, A Division of Simon & Schuster, Inc.
Covey, Stephen R. (2006). *The 8th Habit : From Effectiveness to Greatness*, New York : Free Press, A Division of Simon & Schuster, Inc.
Dawson, Anthony Dalston. (1996). *The Two Faces of Economics*, London & New York : Longman & Addison Wesley Longman Limited.
Drucker, Peter F. (2001). *Management Challenges in the 21st Century*, New York : Harper Collins Publishers.

Friedman, George & Meredith Lebard. (1991). *The Coming War With Japan*, New York : St. Martin's Press.

Fukuyama, Francis. (1995). *Trust : The Social Virtues and The Creation of Prosperity*, New York : Free Press, A Division of Simon & Schuster, Inc.

Galbraith, John K. (1958). *The Affluent Society*, Boston, Mass. : Houghton Mifflin.

Gardner, John W. (1990). *On Leadership*, New York : The Free Press.

Goleman, Daniel. (1995). *Emotional Intelligence : Why It Can Matter More Than IQ*, 10th Anniversary Edition, New York : A Bantam Book.

Goleman, Daniel. (2007). *Social Intelligence : The New Science of Human Relationships*, New York : A Bantam Book.

Herzberg, Frederick, B. Mausner and Barbara Snyderman. (1959). *The Motivation to Work*, 2nd ed., New York : John Wiely & Sons, Inc.

Herzberg, Frederick. (1966). *Work and the Nature of Man*, New York : World Publishing Co.

Herzberg, Frederick. (1968). "One More Time : How Do You Motivate Employees?", *Harvard Business Review*, Vol.46, No.1 (January-February).

Jenks, Christopher. (1994). *The Homeless,* Cambridge, Mass. : Harvard University Press.

Johnson, Spencer. (1998). *Who Moved My Cheese? : An Amazing Way to Deal with Change In Your Work and In Your Life*, New York : G. P. Putnam's Sons Publishers.

Ishihara, Shintaro. (1989). *The Japan That Can Say No*, New York : Simon & Schuster Publishing.

Kennedy, Paul (1993). *Preparing for the Twenty-first Century*, New York : Random House, Inc.

Naisbitt, John. (1982). *Megatrends : Ten New Directions Transforming Our Lives,* New York : Warner Books.

Rosecrance, Richard. (1986). *The Rise of The Trading State : Commerce and Conquest in the Modern World*, New York : Basic Books, Inc., Publishers.

Slaughter, Anne-Marie. (2004). *A New World Order*, Princeton, New Jersey : Princeton University Press.

Slaughter, Anne-Marie. (2009). "America's Edge : Power in the Networked Century," *Foreign Affairs* (January/February).

Spencer, Herbert. (2005). *The Principles of Psychology : Volume 1*, New York : D. Appleton and Company, Adamant Media Corporation.

Stogdill, R. M. (1974). *Handbook of Leadership : A Survey of Literature*, New York : The Free Press.

Tawney, R. H. (1938). *Equality*, London : Penguin Books.

Thurow, Lester C. (1993). *Head to Head : The Coming Economic Battle Among Japan, Europe, and America*, New York : Warner Books Edition.

Toffler, Alvin. (1780). *Future Shock*, New York : A Bantam Book & Random House, Inc.

Toffler, Alvin. (1980). *The Third Wave*, New York : A Bantam Book, & William Morrow Co., Inc.

Toffler, Alvin. (1990). *Power Shift : Knowledge, Wealth, and Violence at the Edge of the 21st Century*, New York : A Bantam Book.

Toffler, Alvin and Heide Toffler. (2006). *Revolutionary Wealth : How It Will Be Created and How It Will Change Our Lives*, New York : Alfred A. Knopf, & Random House, Inc.

Toynbee, Arnold J. (1946). *A Study of History*, Oxford, New York : Oxford University Press.

White, B. Joseph. (2007). *The Nature of Leadership : Reptiles, and the Challenge of Becoming a Great Leader*, New York : AMACOM.

Yukl, Gary. (1994). *Leadership in Organizations*, Englewood Cliffs, New Jersey : Prentice-Hall, Inc.

Zakaria, Fareed. (2008). *The Post-American World*, New York : W. W. Norton & Company, Inc.

제2장

김정빈. (2007). 『리더의 아침을 여는 책』, 서울 : 동쪽나라.

마태복음 5:44

모리야 히로시 지음, 박연정 옮김. (2002) 『성공하는 리더를 위한 중국고전 12편』, 서울 : 예문.

박덕은 편저. (1997). 『쉽고 재미있는 철학이야기』 제1권, 서울 : 서지원.

백완기. (2006). 『행정학』, 서울 : 박영사.

신인철. (2007). 『팔로워십 : 리더를 만드는 힘』, 서울 : 한스미디어.

유종해. (1986). 『현대조직관리』, 서울 : 박영사.

B. 조셉 화이트 지음, 김정한 옮김. (2007). 『파충류처럼 냉정하고 포유류처럼 긍정하라』, 서울 : 홍익출판사.

최평길. (2007). 『대통령학』, 서울 : 박영사.

Bennis, Warren G. (1966). *Changing Organizations*, New York : McGraw-Hill.

Bennis, Warren G., and Michael Mische. (1995). *The 21st Century Organization : Reinventing Through Reengineering*, San Francisco, California : Jossey-Bass Inc., Publishers.

Bennis, Warren G., and Burt Nanus. (2003). *Leaders : Strategies for Taking Charge*, New York : HarperCollins Publishers Inc.

Bennis, Warren G., and Robert J. Thomas. (2007). *Leading for a Lifetime : How Defining Moments Shape Leaders of Today and Tomorrow*, Cambridge, Mass. : Harvard Business School Press.

Bennis, Warren G. (2009). *On Becoming a Leader*, New York : Basic Books, Warren Bennis Inc.

Davis, Keith. (1967). *Human Relations at Work*, 3rd ed., New York : McGraw-Hill Book Co.

Etzioni, Amitai. (1965). "Dual Leadership in Complex Organizations," *American Sociological Review*, Vol.30, No.5 (October).

Gardner, John W. (1990). *On Leadership*, New York : The Free Press.

Hall, Richard H. (1982). *Organizations : Structure and Process*, Englewood Cliffs, N.J. : Prentice-Hall, Inc.

Hersey, Paul and Ken Blanchard. (1982). *Management of Organizational Behavior : Utilizing Human Resources*, 4th ed., Englewood Cliffs, New Jersey : Prentice-Hall, Inc.

Pfiffner, J. M., and R. V. Presthus. (1960). *Public Administration*, New York : Ronald.

Schein, Edgar H. (1992). *Organizational Culture and Leadership*, San Francisco, CA : Jossey-Bass Publishers.

Schein, Edgar H. (1996). "Leadership and Organizational Culture," in Frances Hesselbein, Marshall Goldsmith, and Richard Beckhard (eds.), *The Leader of the Future*, San Francisco, CA : Jossey-Bass Publishers.

Stogdill, R. M. (1974). *Handbook of Leadership : A Survey of Literature*, New York

: The Free Press.
Yukl, Gary. (1990). *Skills for Managers and Leaders : Text, Cases and Exercises*, Englewood Cliffs, New Jersey : Prentice Hall.
Yukl, Gary. (1994). *Leadership in Organizations*, Englewood Cliffs, New Jersey : Prentice-Hall, Inc.
Yukl, Gary., and Richard Lepsinger. (2004). *Flexible Leadership : Creating Value by Balancing Multiple Challenges and Choices*, New York : Pfeiffer.
Yukl, Gary. (2009). *Leadership in Organizations*, 7th Edition, Englewood Cliffs, New Jersey : Prentice Hall.

제3장

김성진. (2006). 『박정희를 말하다』, 서울 : 삶과 꿈.
김정빈. (2007). 『리더의 아침을 여는 책』, 서울 : 동쪽나라.
드러커 지음, 황병준 옮김. (1981 & 1991). 『현대의 경영』(상), (하), 서울 : 서음출판사.
렁청진 편저, 장연 역. (2003). 『지전(智典) : 춘추전국시대편』, 서울 : 김영사.
모리야 히로시 지음, 박연정 옮김. (2002). 『성공하는 리더를 위한 중국고전 12편』, 서울 : 예문.
박기봉. (2006). 『충무공이순신 전서』, 서울 : 비봉출판사.
빌 하이블즈 지음, 박영민 옮김. (2001). 『아무도 보는 이 없을 때 당신은 누구인가?』, 서울 : 한국기독학생회출판부.
양동주. (1997). 『한 권으로 보는 20세기 대사건 79장면』, 서울 : 가람기획.
윤영수. (2005). 『불패의 리더 이순신, 그는 어떻게 이겼을까』, 서울 : (주)웅진 씽크빅.
이희영. (2004). 『솔로몬 탈무드』, 서울 : 동서문화사.
정우일. (2006). 『리더와 리더십』, 서울 : 박영사.
B. 조셉 화이트 지음, 김정한 옮김. (2007). 『파충류처럼 냉정하고 포유류처럼 긍정하라』, 서울 : 홍익출판사.
존 맥스웰 지음, 김환영·홍석기·우덕삼 옮김. (2007). 『리더십 21가지 법칙 : 워크북』, 서울 : 청우.
편집부 지음, 이동민 옮김. (2001). 『탈무드』, 서울 : 인디북.
한겨레신문 문화부 편. (1995). 『20세기 사람들』 상권, 서울 : 한겨레신문사.
『중앙일보』, 2001년 1월 15일.
Jeffrey J. Fox. (1998). *How to Become CEO : The Rules for Rising to the Top*

of Any Organization, New York : Hyperion.

제4장

김정빈. (2007). 『리더의 아침을 여는 책』, 서울 : 동쪽나라.
데보라 M.콜브 지음, 김성 옮김. (2007). 『칼리 피오리나처럼 당당하게 일하고 마사 스튜어트처럼 우아하게 설득하라』, 서울 : 비전코리아.
로이스 P. 프란켈 지음, 정준희 옮김. (2008). 『최고의 여자에게 배워라 : 힐러리 클린턴에서 칼리 피오리나까지』, 서울 : 해냄출판사.
마이클 델 지음, 김중찬 옮김. (2001). 『다이렉트 경영』, 서울 : 동방미디어.
빌 하이블즈 지음, 박영민 옮김. (2001). 『아무도 보는 이 없을 때 당신은 누구인가?』, 서울 : 한국기독학생회출판부.
스티븐 앰브로스 외 지음, 로버트 카울리 엮음, 이종인 옮김. (2003). 『만약에』, 제1권 군사 역사편, 서울 : 세종연구원.
신규호. (1998). 『한국역사인물사전』, 서울 : 석필.
아산 정주영과 나 편찬위원회. (1997). 『아산 정주영과 나』, 서울 : 정문출판(주).
유영만. (2007). 『용기』, 서울 : 위즈덤하우스.
윤영수. (2005). 『불패의 리더 이순신 그는 어떻게 이겼을까』, 서울 : 웅진지식하우스.
이경윤·정승원 공저. (2009). 『세계 악남 이야기』, 서울 : 삼양미디어.
이현희. (1996). 『이야기 인물 한국사』, 서울 : 청아출판사.
임원빈. (2005). 『이순신 병법을 논하다』, 서울 : 신서원.
정우일. (2006). 『리더와 리더십』, 서울 : 박영사.
정주영. (1991). 『시련은 있어도 실패는 없다』, 서울 : 제3기획.
조지 앤더스 지음, 이중순 옮김. (2007). 『세계최고의 여성 CEO 칼리 피오리나』, 서울 : 해냄출판사.
존 맥스웰 지음, 김환영·홍석기·우덕삼 옮김. (2007). 『리더십 21가지 법칙 : 워크북』, 서울 : 청우.
진 랜드럼 지음, 조혜진 옮김. (2006). 『기업의 천재들』, 서울 : 말글 빛냄.
칼리 피오리나 지음, 공경희 옮김. (2006). 『칼리 피오리나, 힘든 선택들』, 서울 : 해냄출판사.
하동식 편저. (2007). 『칼리 피오리나의 좌절을 컴백 기회로 바꿔라』, 서울 : 텐북.
한창수. (2004). 『천년전의 글로벌 CEO 해상왕 장보고』(SERI연구에세이 10), 서울 : 삼성경제연구소.

『조선일보』, 2008년 7월 12일.
Iacocca, Lee. (1988). *Talking Straight*, New York : Bantam Books.
Iacocca, Lee and William Novak. (1984). *Iacocca : An Autobiography*, New York : Bantam Books.
Time, 2008. 7. 8.

제5장

김정빈. (2007). 『리더의 아침을 여는 책』, 서울 : 동쪽나라.
김종래. (2002). 『CEO 칭기스칸』(SERI연구에세이2), 서울 : 삼성경제연구소.
라인홀트 노이만 지음, 배인섭 옮김. (1999). 『칭기즈칸』, 서울 : 한길사.
로버트 그린 지음, 안진환·이수경 옮김. (2009). 『권력의 법칙』, 서울 : 웅진 지식하우스.
로버트 그린 지음, 안진환·이수경 옮김. (2007). 『전쟁의 기술』, 서울 : (주)웅진씽크빅.
르네 그뤼쉐 지음, 김정수 옮김. (2006). 『칭기즈칸의 생애』, 서울 : 간디서원.
르네 그루세 지음, 최한식 옮김. (1999). 『칭기즈칸』, 서울 : 정음문화사.
매일경제신문사. (1991). 『칭기즈칸 경영전략』, 서울 : 매일경제신문사.
바바라 켈러먼 지음, 한근태 옮김. (2005). 『배드 리더십』, 서울 : 랜덤하우스코리아.
빌 하이블즈 지음, 박영민 옮김. (2001). 『아무도 보는 이 없을 때 당신은 누구인가?』, 서울 : 한국기독학생회출판부.
스코트 펙(Scott Peck) 지음, 김창선 옮김. (1988). 『끝나지 않은 길』, 서울 : 소나무.
쓰마안 지음, 김보경 옮김. (2006). 『CEO 칭기즈칸처럼 경영하라』, 서울 : 일빛.
신완선. (2006). 『CEO 칭기즈칸처럼 경영하라』, 서울 : 디지털교보문고.
신현덕. (1998). 『징기스칸은 살아있다』, 서울 : 강.
윤영수. (2005). 『불패의 리더 이순신, 그는 어떻게 이겼을까』, 서울 : (주)웅진씽크빅.
이경윤·정승원 공저. (2009). 『세계 악남 이야기』, 서울 : 삼양미디어.
이민규. (2006). 『1%만 바꿔도 인생이 달라진다 - 셀프 리모델링을 위한 25가지 프로젝트』, 서울 : 더난출판.
이호종. (2006). 『칭기즈칸 리더십』, 서울 : 오늘의책.
B. 조셉 화이트 지음, 김정한 옮김. (2007). 『파충류처럼 냉정하고 포유류처럼 긍정하라』, 서울 : 홍익출판사.
존 맥스웰 지음, 김환영·홍석기·우덕삼 옮김. (2007). 『리더십 21가지 법칙 : 워크북』, 서울 : 청우.
최기억. (2004). 『CEO 세종대왕 인간경영 리더십』, 서울 : 이지북.
최평길. (2007). 『대통령학』, 서울 : 박영사.

해럴드 램 지음, 문선희 옮김. (2009). 『해럴드 램의 칭기즈칸 : 폭풍의 심장을 가진 세계의 정복자』, 서울 : 대성닷컴.

호아킴 데 포사다·엘런 싱어 지음, 김경환·정지영 옮김. (2005). 『마시멜로 이야기』, 서울 : 한국경제신문.

『중앙일보』, 2007년 5월 1일.

Brinton, Crane. (1965). *The Anatomy of Revolution*, Revised edition, New York : Vintage.

Collins, Jim. (2001). *Good to Great : Why Some Companies Make the Leap and Others Don't*, New York : Harper Collins Publishers, Inc.

Goodwin, Doris Kearns. (2005). *Team of Rivals : The Political Genius of Abraham Lincoln*, New York : Simon & Schuster, Inc.

Green, Gerald. (1978). *Holocaust*, New York : Bantam Books, Inc.

Kellerman, Barbara. (2004). *Bad Leadership : What It Is, How It Happens, Why It Matters*, Boston, Mass. : Harvard Business School Press.

Shirer, William L. (1959). T*he Rise and Fall of the Third Reich*, Greenwich, CT : Fawcett Books.

Toland, John. (1976). *Adolf Hitler*, New York : Ballantine Books.

제6장

강인선. (2006). 『힐러리처럼 일하고 콘디처럼 승리하라』, 서울 : 웅진지식하우스.

고광철. (2008). 『오바마의 희망과 힐러리의 슈퍼리더십』, 서울 : 북리슨.

김용철 지음, 김&정 옮김. (2008). 『힐러리 클린턴』, 서울 : 에버그린문고.

김정빈. (2007). 『리더의 아침을 여는 책』, 서울 : 동쪽나라.

김종현. (2008). 『힐러리의 수퍼 리더십』, 서울 : 일송북.

김진혁. (2008). "소크라테스가 강조하는 인내심", 『한국재경신문』, 10월 13일.

도몬 후유지 지음, 이정환 옮김. (2000). 『도쿠가와 이에야스의 인간경영』, 서울 : 작가정신.

로버트 그린 지음, 안진환·이수경 옮김. (2007). 『전쟁의 기술』, 서울 : 웅진씽크빅.

박덕은 편저. (1997). 『쉽고 재미있는 철학 이야기』제1권, 서울 : 서지원.

박상진. (1996). 『짝짓기로 배우는 세계사』, 서울 : 도서출판 모아.

박순교. (2006). 『김춘추, 외교의 승부사』, 서울 : 푸른 역사.

빌 하이블즈 지음, 박영민 옮김. (2001). 『아무도 보는 이 없을 때 당신은 누구인가?』, 서울 : 한국기독학생회출판부.

서지원 지음, 임미란 그림. (2008). 『어린이를 위한 여자라면 힐러리처럼』, 서울 : 다산 어린이.
스펜서 존슨 지음, 형선호 옮김. (2007). 『선물』, 서울 : 랜덤하우스.
시오노 나나미 지음, 김석희 옮김. (1999). 『로마인 이야기 : 율리우스 카이사르(하)』, 서울 : 한길사.
에드워드 클라인 지음, 서영조 옮김. (2006). 『힐러리의 진실』, 서울 : 행간.
오정은 지음, 이일선 그림. (2008). 『내 딸아 힐러리 같은 리더십을 키우렴』, 서울 : 글고은.
윌리엄 J. 오닐(O'neil) 지음, 이근수·이덕로 옮김. (2005). 『정치·군사 리더와 성공(Military and Political Leaders & Success) : 최고는 무엇이 다른가 3』, 서울 : 지식의날개.
윤영수. (2005). 『불패의 리더 이순신, 그는 어떻게 이겼을까』, 서울 : (주)웅진 씽크빅.
이지성. (2007). 『여자라면 힐러리처럼』, 서울 : 다산북스.
정우일. (2006). 『리더와 리더십』, 서울 : 박영사.
B. 조셉 화이트 지음, 김정한 옮김. (2007). 『파충류처럼 냉정하고 포유류처럼 긍정하라』, 서울 : 홍익출판사.
조신영. (2007). 『경청』, 서울 : 위즈덤하우스.
조앤 브렌 구언지 지음, 신영주 옮김. (2006). 『힐러리 클린턴 : 선생님도 놀란 인물뒤집기』, 서울 : 성우(주성우).
청쥔이 지음, 박미경 옮김. (2004). 『유비처럼 경영하고 제갈량처럼 마케팅하라』, 서울 : 랜덤하우스코리아.
칼 번스타인 지음, 조일준 옮김. (2007). 『힐러리의 삶』, 서울 : 현문미디어.
호아킴 데 포사다·엘런 싱어 지음, 김경환·정지영 옮김. (2005). 『마시멜로 이야기』, 서울 : 한국경제신문.
힐러리 로댐 클린턴 지음, 김석희 옮김. (2007). 『힐러리 로댐 클린턴 : 살아 있는 역사』, 서울 : 웅진지식하우스.
『조선일보』, 2006년 11월 9일.
『조선일보』, 2007년 3월 9일.
『한국일보』, 2008년 11월 15일
Brinton, Crane. (1965). *The Anatomy of Revolution*, Revised and Expanded Edition, New York : A Vintage Book.

第7장

공병호. (2005). 『공병호의 10년 후, 세계』, 서울 : 해냄출판사.
김종래. (2002). 『CEO 칭기스칸』(SERI연구에세이2), 서울 : 삼성경제연구소.
모로야 히로시 지음, 박화 옮김. (2004). 『중국 3천년의 인간력』, 서울 : 청년정신.
로버트 그린 지음, 안진환·이수경 옮김. (2007). 『전쟁의 기술』, 서울 : (주)웅진씽크빅.
로버트 댈럭 지음, 정초능 옮김. (2007). 『JFK 케네디 평전 1, 2』, 서울 : 푸른숲.
박덕은 편저. (1997). 『쉽고 재미있는 철학 이야기』제3권, 서울 : 서지원.
박홍윤. (2009). 『전략적 기획론』, 서울 : 대영문화사.
빌 하이블즈(Bill Hybels) 지음, 박영민 옮김. (1996). 『아무도 보는 이 없을 때 당신은 누구인가?』(Who You Are When No One's Looking), 서울 : 한국기독학생회출판부.
손욱. (2007). 『지식을 넘어 창조로 전진하라』, 서울 : 웅진씽크빅.
스펜서 존슨 지음, 형선호 옮김. (2007). 『선물』, 서울 : 랜덤하우스.
쓰지 슈이치 지음, 배정숙 옮김. (2002). 『Power Coach : 사람을 움직이는 20가지 원칙』, 서울 : 다리미디어.
신명기. (1999). 『아가페 큰글성경』, 34장, 서울 : (주)아가페 출판사.
양동주. (1997). 『한 권으로 보는 20세기 대사건 79장면』, 서울 : 가람기획.
여호수아. (1999). 『아가페 큰글성경』, 1장, 서울 : (주)아가페 출판사.
윌리엄 앳킨슨 지음, 권인택 옮김. (2008). 『생각 한 스푼의 기적』, 서울 : 파워북.
윤명철. (2005). 『광개토태왕과 한고려의 꿈』(SERI 연구에세이 32), 서울 : 삼성경제연구소.
이경윤·정승원 공저. (2009). 『세계 악남 이야기』, 서울 : 삼양미디어.
전경일. (2005). 『글로벌 CEO 누르하치』(SERI 연구에세이 23), 서울 : 삼성경제연구소.
전옥표. (2008). 『이기는 습관』, 서울 : 쌤앤파커스.
정민. (2006). 『다산선생 지식경영법』, 서울 : 김영사.
정우일. (2006). 『리더와 리더십』, 서울 : 박영사.
조 루비노 지음, 정은비 옮김. (2007). 『석세스 코드 45』, 서울 : 쌤앤파커스.
B. 조셉 화이트 지음, 김정한 옮김. (2007). 『파충류처럼 냉정하고 포유류처럼 긍정하라』, 서울 : 홍익출판사.
존 맥스웰 지음, 김환영·홍석기·우덕삼 옮김. (2007). 『리더십 21가지 법칙 : 워크북』, 서울 : 청우.
존 코터 지음, 한정곤 옮김. (1996). 『기업이 원하는 변화의 리더』, 서울 : 김영사.

최평길. (2007). 『대통령학』, 서울 : 박영사.
출애굽기. (1999). 『아가페 큰글성경』, 17장, 32장, 서울 : (주)아가페 출판사.
호아킴 데 포사다 · 엘런 싱어 지음, 김경환 · 정지영 옮김. (2005). 『마시멜로 이야기』, 서울 : 한국경제신문.
『조선일보』, 2007년 3월 9일.
『조선일보』, 2008년 6월 25일.
『조선일보』, 2009년 3월 30일.
Gardner, John W. (1990). *On Leadership*, New York : The Free Press.
Kotter, John P. (1995). "Leading Change : Why Transformation Efforts Fail," *Harvard Business Review*, Vol.73, No.2.
Kotter, John P. (1996). *Leading Change*, Boston, MA : Harvard Business School Publishing.
Nanus, B. (1992). *Visionary Leadership : Creating a Compelling Sense of Direction for Your Organization*, San Francisco, CA : Jossey-Bass.
Popovich, Mark G. (ed.). (1998). *Creating High-Performance Government Organizations : A Practical Guide for Public Managers*, San Francisco, CA : Jossey-Bass.
Schein, Edgar H. (1996). "Leadership and Organizational Culture." in Frances Hesselbein, Marshall Goldsmith, and Richard Beckhard. (eds.), *The Leader of the Future*, San Francisco, CA : Jossey-Bass Publishers.
Yukl, Gary. (1994). *Leadership in Organizations*, Englewood Cliffs, New Jersey : Prentice-Hall, Inc.

제8장

고바야시 마사히로 지음, 강길원 옮김. (2008). 『사장이 가장 알고 싶어 하는 경영이야기』, 서울 : 원앤원북스.
권민. (2006). 『양손잡이 리더십』, 서울 : 고즈윈.
김익겸. (2009). "신뢰하면 신뢰 받는다.", 『행복한 동행』, 5월호.
김정빈. (2007). 『리더의 아침을 여는 책』, 서울 : 동쪽나라.
기타 야스토시 지음, 박현석 옮김. (2009). 『동행이인 : 경영의 신 마쓰시타 고노스케와 함께하는』, 서울 : 21세기북스.
두산백과사전 EnCyber & EnCyber.com
말콤 글래드웰 지음, 노정태 옮김. (2009). 『아웃라이어(Outliers) : 성공의 기회를 발견한 사람들』, 서울 : 김영사.
모리야 히로시 지음, 박연정 옮김. (2002). 『성공하는 리더를 위한 중국고전 12편』, 서울 : 예문.
박상진. (1996). 『짝짓기로 배우는 세계사』, 서울 : 도서출판 모아.
박헤나. (2009). "신뢰가 남긴 발자취 : 산요전기의 사과 광고", 『행복한 동행』, 5월호.
박헤나. (2009). "신뢰가 남긴 발자취 : 창고 자물쇠를 자른 빌 휴렛", 『행복한 동행』, 5월호.
양동주. (1997). 『한 권으로 보는 20세기 대사건 79장면』, 서울 : 가람기획.
울산투명사회협약실천협의회. (2009). "2008 대한민국 부패인식지수(CPI) 세계 40위," 『투명울산소식』, 제3호.
윤영수. (2005). 『불패의 리더 이순신, 그는 어떻게 이겼을까』, 서울 : (주)웅진 씽크빅.
이경윤·정승원. (2009). 『세계 악남 이야기』, 서울 : 삼양미디어.
정우일. (2006). 『리더와 리더십』, 서울 : 박영사.
제임스 C. 헌터 지음, 김광수 옮김. (2002). 『서번트 리더십 : 내 안의 위대한 혁명』, 서울 : 시대의창.
조나단 B. 와이트 지음, 안진환 옮김. (2009). 『애덤 스미스 구하기』, 서울 : 생각의나무.
존 맥스웰 지음, 김환영·홍석기·우덕삼 옮김. (2007). 『리더십 21가지 법칙 : 워크북』, 서울 : 청우.
호아킴 데 포사다·엘런 싱어 지음, 김경환·정지영 옮김. (2005). 『마시멜로 이야기』, 서울 : 한국경제신문.
French, John R. P. and Bertram Raven. (1968). "The Bases of Social Power," in Dorwin Cartwright and Alvin Zander, *Group Dynamics*, 3rd. ed., New York : Harper and Row.
Goodsell, C. T. (1994). *The Case for Bureaucracy : A Public Administration Polemic* (3rd ed.), Chatham, New Jersey : Chatham House.
Kanter, D. L. and D. H. Mirvis. (1989). *The Cynical Americans : Living and Working in an Age of Discontent and Disillusion*, San Francisco, CA : Jossey-Bass.
Kettl, Donald F. and James W. Fesler. (2009). *The Politics of the Administrative Process*, Washington, D.C. : CQ Press.
Lewis, Carl W. and Bayard L. Catron. (1996). "Professional Standards and Ethics," in James L. Perry (ed.), *Handbook of Public Administration*, 2nd ed., San Francisco, CA : Jossey-Bass Publishers.

Lewis, G. B. (1990). "In Search of the Machiavellian Milquetoasts : Comparing Attitudes of Bureaucrats and Ordinary People", *Public Administration Review*, Vol.50.

Lippitt, Ronald and Ralph K. White. (1958). "An Experimental Study of Leadership and Group Life," in E. E. Maccoby et al. (eds.) *Readings in Social Psychology*, 3rd ed., New York : Holt, Rinehart & Winston.

McNamara, Robert S. with Brian VanDeMark. (1995). *In Retrospect : The Tragedy and Lessons of Vietnam*, New York : Times Books.

Peters, B. Guy. (1996). *American Public Policy : Promise and Performance*, 4th ed., Chatham, New Jersey : Chatham House Publishers, Inc.

Shaw, Robert. (1997). "Tough Trust", *Leader to Leader* (Winter).

Thompson, Frank J. (1993). "Critical Challenge to State and Local Public Service", in Frank J. Thompson (ed.), *Revitalizing State and Local Public Service : Strengthening Performance, Accountability, and Citizen Confidence*, San Francisco, CA : Jossey-Bass.

제9장

김정빈. (2007). 『리더의 아침을 여는 책』, 서울 : 동쪽나라.

데일 카네기 지음, 이상각 옮김. (2003). 『생각이 사람을 바꾼다』, 서울 : 들녘미디어.

도리스 컨스 굿윈 지음, 이수연 옮김. (2007). 『권력의 조건』, 서울 : 21세기북스.

레비 바트라 지음, 황해선 옮김. (2006). 『그린스펀 경제학의 위험한 유산』, 서울 : 돈키호테.

로버트 W. 메리 지음, 최원기 옮김. (2006). 『모래의 제국』, 서울 : 김영사.

마이클 만 지음, 이규성 옮김. (2005). 『분별없는 제국 : 미국의 일방주의와 패권적 신군사주의』, 서울 : 심산.

마태복음 5 : 39-41.

박덕은 편저. (1997). 『쉽고 재미있는 철학이야기』, 서울 : 서지원.

박은식 지음, 김승일 옮김. (1997). 『한국통사』, 서울 : 범우사.

박종효. (2002). 「자료발굴 : 베베르의 시해 보고서와 증언서」, 『신동아』, 1월호.

빌 하이블즈 지음, 박영민 옮김. (2001). 『아무도 보는 이 없을 때 당신은 누구인가?』, 서울 : 한국기독학생회출판부.

시부사와 다츠히코 지음, 이성현 옮김. (2009). 『세계 악녀 이야기』, 서울 : 삼양미디어.

시오노 나나미 지음, 김석희 옮김. (1999). 『로마인 이야기 : 율리우스 카이사르(하)』,

서울 : 한길사.
신복룡. (2001). “대원군과 개혁 정치”, 『한국사 새로 보기』, 초판 2쇄, 서울 : 도서출판 풀빛.
스티븐 앰브로스 외 지음, 로버트 카울리 엮음, 이종인 옮김. (2003). 『만약에 : 군사 역사편』, 서울 : 세종연구원.
쓰지 슈이치 지음, 배정숙 옮김. (2002). 『Power Coach : 사람을 움직이는 20가지 원칙』, 서울 : 다리미디어.
앤 팔루던 지음, 이동진 · 윤미경 옮김. (2004). 『중국황제』, 서울 : 갑인공방.
오영섭. (2007). 『한국 근현대사를 수놓은 인물들 (1)』, 서울 : 경인문화사.
윤영수. (2005). 『불패의 리더 이순신, 그는 어떻게 이겼을까』, 서울 : (주)웅진 씽크빅.
이경윤 · 정승원. (2009). 『세계 악남 이야기』, 서울 : 삼양미디어.
이사벨라 버드 비숍 지음, 이인화 옮김. (1994). 『한국과 그 이웃나라들』, 서울 : 살림.
자크 사피르 지음, 박수현 옮김. (2009). 『제국은 무너졌다 : 미국과 함께 몰락한 신자유주의, 딜레마에 빠진 세계』, 서울 : 책보세.
정우일. (2006). 『리더와 리더십』, 서울 : 박영사.
정지환. (2002). “단독발굴 : ‘에조 보고서’ 일본서 입수 국내 첫 공개”, 『오마이뉴스』, 6월 3일.
B. 조셉 화이트 지음, 김정한 옮김. (2007). 『파충류처럼 냉정하고 포유류처럼 긍정하라』, 서울 : 홍익출판사.
조지프 나이 지음, 홍수원 옮김. (2002). 『제국의 패러독스』, 서울 : 세종연구원.
최기억. (2004). 『CEO 세종대왕 인간경영 리더십』, 서울 : 이지북.
켄 블랜차드 지음, 조천제 옮김. (2002). 『칭찬은 고래도 춤추게 한다』, 서울 : 21세기북스.
크리스 스카레 지음, 윤미경 옮김. (2004). 『로마황제』, 서울 : 갑인공방.
프랜시스 후쿠야마 지음, 이상훈 옮김. (1993). 『역사의 종말』, 서울 : 한마음사.
한겨레신문사 문화부. (1995). 『20세기 사람들 : 하』, 서울 : 한겨레신문사.
한상복. (2006). 『배려』, 서울 : 위즈덤하우스.
헌팅턴 지음, 이희재 옮김. (1997). 『문명의 충돌』, 서울 : 김영사.
Bacevich, Andrew J. (2004). *American Empire : The Realities and Consequences of U.S. Diplomacy*, Cambridge, Mass. : Harvard University Press.
Batra, Ravi. (2005). *Greenspan's Fraud : How Two Decades of His Policies Have Undermined the Global Economy*, New York : Palgrave Macmillan.
Blanchard, Ken., Thad Lacinak, Chuck Tompkins, and Jim Ballard. (2002). *Whale*

Done! : The Power of Positive Relationships, New York : The Free Press.
Buchanan, Patric J. (1999). *A Republic, Not An Empire : Reclaiming America's Destiny*, New York : Regnery Publishing, Inc.
Chua, Amy. (2007). *Day of Empire : How Hyperpowers Rise to Global Dominance and Why They Fall*, New York : Random House, Inc.
Daalder, Ivo H. and Robert Kagan. (2008). "America and the Use of Force : Sources of Legitimacy," *Foreign Affairs*.
Fukuyama, Francis. (1993). *The End of History and the Last Man*, Reprint edition, New York : Harper Perennial.
Huntington, Samuel P. (1998). *The Clash of Civilizations and the Remaking of World Order*, 1st Touchstone Ed edition, New York : Simon & Schuster.
Lieven, Anatol & John Hulsman. (2006). *Ethical Realism : A Vision for America's Role in the World*, New York : Pantheon Books.
Merry, Robert W. (2005). *Sands of Empire : Missionary Zeal, American Foreign Policy, and the Hazards of Global Ambition*, New York : Simon & Schuster.

Nye, Joseph S. Jr. (2002). *The Paradox of American Power : Why the World's Only Superpower Can't Go It Alone*, New York : Oxford University Press.
Nye, Joseph S. Jr. (2004). *Soft Power : The Means To Success In World Politics*, New York : PublicAffairs.
Nye, Joseph S. Jr. (2008). *The Powers to Lead*, Oxford & New York : Oxford University Press.

제10장

김재철. (2000). 『지도를 거꾸로 보면 한국인의 미래가 보인다』, 서울 : 김영사.
김정빈. (2007). 『리더의 아침을 여는 책』, 서울 : 동쪽나라.
노먼 빈센트 필 지음, 노지양 옮김. (2006). 『믿는 만큼 이루어진다』, 서울 : 21세기북스.
데일 카네기 지음, 이상각 옮김. (2003). 『생각이 사람을 바꾼다』, 서울 : 들녘미디어.
론다 번 지음, 김우열 옮김. (2007). 『비밀(the Secret)』, 서울 : (주)살림출판사.
박덕은 편저. (1997). 『쉽고 재미있는 철학이야기』, 서울 : 서지원.
박상진. (1996). 『짝짓기로 배우는 세계사』, 서울 : 도서출판 모아.
사무엘상. (1999). 『아가페 큰글성경』, 17장, 서울 : (주)아가페 출판사.

스펜서 존슨 지음, 형선호 옮김. (2007). 『선물』, 서울 : 랜덤하우스.
시오노 나나미 지음, 김석희 옮김. (1996). 『로마인 이야기』, 제4권 : 율리우스 카이사르(상), 서울 : 한길사.
시오노 나나미 지음, 김석희 옮김. (1999). 『로마인 이야기』, 제5권 : 율리우스 카이사르(하), 서울 : 한길사.
조엘 오스틴 지음, 정성묵 옮김. (2006). 『긍정의 힘 : 믿는 대로 된다』, 서울 : 사단법인 두란노서원.
틱낫한 지음, 최수민 옮김. (2002). 『화』, 서울 : 명진출판사.
헬렌 니어링 지음, 이석태 옮김. (1997). 『아름다운 삶 사랑 그리고 마무리』, 서울 : 보리.
홍종락. (2004). 『햇살 한 숟가락 : 세상에서 가장 따뜻한 109가지 이야기』, 서울 : 생명의말씀사.
황인태. (2009). "21세기 한국의 생존전략". 『세계경제리더십』, 울산 : 글로벌리더십칼리지.

제11장

윤영수. (2005). 『불패의 리더 이순신, 그는 어떻게 이겼을까』, 서울 : (주)웅진 씽크빅.
이민규. (2006). 『1%만 바꿔도 인생이 달라진다 - 셀프 리모델링을 위한 25가지 프로젝트』, 서울 : 더난출판.
정우일. (2006). 『리더와 리더십』, 서울 : 박영사.
존 맥스웰 지음, 김환영·홍석기·우덕삼 옮김. (2007). 『리더십 21가지 법칙 : 워크북』, 서울 : 청우.
『중앙일보』, 2007년 5월 1일.
Osborne, David and Ted Gaebler. (1992). *Reinventing Government : How the Entrepreneurial Spirit is Transforming the Public Sector*, Reading, Mass. : Addison-Wesley.

이름찾기

내용 찾기